David Abulafia

Friedrich II. von Hohenstaufen

Friedrich II. (1194–1250) gehört zu der kleinen Schar mittelalterlicher Herrscher, die bis heute ihre Bewunderer finden. Seine Gelehrsamkeit und breitgefächerten kulturellen Interessen, seine Toleranz gegenüber Juden und Moslems, sein unerschrockenes Auftreten vor den Päpsten – all dies hat seinen Nimbus genährt. Doch er verstand es auch, grausam seinen Herrscherwillen durchzusetzen und bestrafte jeden Verrat mit großer Härte. Seine Persönlichkeit, in der die einen das Mittelalter in seiner Vollendung, die anderen den Anbruch des Modernen sehen, fasziniert und erschreckt zugleich. David Abulafias Biographie zeichnet sich durch eine Neubewertung der Quellen und eine souveräne Gesamtschau aus.

David Abulafia lehrt an der englischen Universität Cambridge.

David Abulafia

Friedrich II.
von Hohenstaufen

Herrscher zwischen den Kulturen

Aus dem Englischen von Karl Heinz Siber

Ein Siedler Buch bei Goldmann

Die Originalausgabe erschien unter dem Titel
»Frederick II. A Medieval Emperor«
1988 bei Allen Lane The Penguin Press, London.

Umwelthinweis:
Alle bedruckten Materialien dieses Taschenbuches
sind chlorfrei und umweltfreundlich.

Der Goldmann Verlag
ist ein Unternehmen der Verlagsgruppe Bertelsmann

Mit einem Nachwort versehene Taschenbuchausgabe November 1994
Wilhelm Goldmann Verlag, München
© 1988 by David Abulafia
© der deutschsprachigen, gekürzten Ausgabe unter dem Titel
»Herrscher zwischen den Kulturen. Friedrich II. von Hohenstaufen«
1992 by Wolf Jobst Siedler Verlag GmbH, Berlin
Umschlaggestaltung: Werner Rebhuhn, Cuxhaven
Umschlagabbildung: Archiv für Kunst und Geschichte, Berlin
Druck: Presse-Druck Augsburg
Verlagsnummer: 12853
Karten: Holger Everling, Hamburg
Reproduktionen: Rembert Faesser, Berlin
ss · Herstellung: Barbara Rabus
Made in Germany
ISBN 3-442-12853-6

10 9 8 7 6 5 4 3 2 1

Inhalt

Vorwort 7

1 Das normannische Erbe 13
2 Das deutsche Erbe: Friedrich Barbarossa und Heinrich VI. 71
3 Das Königskind, 1194–1220 103
4 Römischer Kaiser, Beschützer der Kirche, 1220–1227 . . 151
5 Die Reise nach Jerusalem, 1227–1230 187
6 Gesetz und Monarchie in Sizilien 229
7 »Oh Absalom, mein Sohn, mein Sohn!« 253
8 Höfische Kultur 271
9 Das Ende der Eintracht, 1235 301
10 Die Verwaltung des Königreichs 329
11 Ein anderes Verfahren, 1239–1245 343
12 Ein Kreuzzug ohne Ende, 1245–1250 369
13 Die Geister der Hohenstaufen 401

Schlußbetrachtung 435

Nachwort zur Taschenbuchausgabe 439

Karten
Europa zur Zeit der staufischen Kaiser 448
Italien zur Zeit der staufischen Kaiser 450

Bibliographie und Anmerkungen 453

Register 469

Bildnachweis 473

Vorwort

Friedrich II. gehört zu der kleinen Schar mittelalterlicher Herrscher, die noch heute ihre Bewunderer finden. Seine breitgefächerten kulturellen Interessen, seine augenscheinliche Toleranz gegenüber Juden und Moslems und sein unerschrockenes Auftreten gegenüber den Päpsten – all dies hat ihm einen außerordentlichen Nimbus zuwachsen lassen. Man porträtiert ihn zuweilen als Genie, das die Ideen späterer Generationen vorweggenommen und eine neue, säkulare Weltordnung zu schaffen versucht habe. Selbst wenn nichts davon der Wahrheit entspräche, würde doch die bloße Tatsache, daß er in ein solches Licht gerückt worden ist, diesen Kaiser dem besonderen Augenmerk der Historiker und des geschichtlich interessierten Publikums anempfehlen.

Um das Entscheidende vorwegzunehmen: Im vorliegenden Buch wird die These vertreten, daß nur wenig von dem, was Friedrich II. zugeschrieben worden ist und wird, historisch belegbar ist. Die Tatsache, daß er sich auf eine Reihe von Machtkämpfen mit den Päpsten einließ, zog Legenden über sein Wirken nach sich oder führte dazu, daß Aspekte seines politischen Handelns über jedes realistische Augenmaß hinaus vergrößert worden sind. Er bot ideale Angriffspunkte für Gerüchte. Kaum ein anderer mittelalterlicher Herrscher korrespondierte wie er mit jüdischen und islamischen Gelehrten; kein anderer Kaiser des Heiligen Römischen Reiches trug seine Krone in der Heiligen Grabeskirche zu Jerusalem; kein anderer Herrscher seines Zeitalters konnte sich eines so effizient verwalteten, lückenlos kontrollierten Staatswesens rühmen, wie es das sizilianische Königreich Friedrichs II. war. Und es ist richtig, daß nach seinem Tod das Heilige Römische Reich in eine lange Niedergangsphase geriet, aus der es sich erst wieder befreite, als Karl V. zu Beginn des 16. Jahrhunderts seine Herrschaft über Deutschland und Spanien errichtete. Ein Problem, das sich beiden Kaisern gleichermaßen stellte, bestand in der Verwaltung einer doppelten Erbschaft: hier deutsch, dort mediterran. Friedrich II. löste diese Aufgabe in vielerlei Hinsicht mit besserem Erfolg als sein phlegmatischer habsburgischer Nachfahr.

So gesehen, markiert die Regierungszeit Friedrichs II. eine wichtige

Etappe auf Europas Weg von einer Gemeinschaft lateinischer Christen unter dem Zepter zweier konkurrierender Mächte mit universalem Herrschaftsanspruch – Papsttum und Kaisertum – zu einem Konglomerat von Völkern und Staaten, für das der römische Kaiser keine überragende Rolle mehr spielte. Es ist in vieler Hinsicht Friedrichs zweites Lehen, das kleinere, aber straffer verwaltete Königreich Sizilien (häufig nur als das *regno*, d.h. Königreich, bezeichnet), das sich als Ausgangspunkt für die wissenschaftliche Beschäftigung mit der Entwicklung des Nationalstaats anbietet; zwar waren seine Bewohner weit davon entfernt, eine Nation im heutigen Sinne des Begriffs zu sein, aber die zentralistischen Regierungsmethoden, die in Sizilien Anwendung fanden, waren für die Entwicklung des Nationalstaats genauso wichtig wie die sich allmählich herausbildenden Vorstellungen von ethnischer, kultureller und sprachlicher Einheit, die sich in Sizilien freilich langsamer durchsetzten als in den meisten anderen europäischen Königreichen. Friedrich regierte sowohl ein universelles Reich als auch ein Territorialfürstentum, und er regierte beide auf höchst unterschiedliche Weise und ganz ohne die ihm häufig unterstellte Absicht, beide zu einer monolithischen, von den Gestaden Dänemarks bis an die Südspitze Italiens und Siziliens reichenden römischen Autokratie zusammenzufügen.

Ein Monarch, dessen Herrschaft sich über ein Gebiet erstreckte, das heute so unterschiedliche Staaten umfaßt wie Deutschland, die Niederlande, Österreich, Polen, die Tschechoslowakei, Frankreich (südliches Burgund und Provence), Italien, Malta, Zypern, Israel und den Libanon, ein Monarch, der die Deutschordensritter mit der Kolonisierung des späteren Baltikums beauftragte und dessen Einfluß sogar bis an die Küsten Tunesiens reichte, verlangt seinem Biographen einen Wissenshorizont ab, mit dem ich mich nicht zu schmücken vermag. Da meine Forschungsschwerpunkte das Königreich Sizilien, die Kreuzzüge, das Oströmische Reich sowie Gesellschaft und Politik der norditalienischen Städte sind, fühle ich mich nicht qualifiziert, etwa ein Urteil über Friedrichs Politik in Deutschland oder über das kulturelle Leben an seinem Hof abzugeben. Andererseits zögere ich nicht, in bezug auf den letzteren Gegenstand die eine oder andere überraschende Schlußfolgerung zu ziehen. Was Deutschland betrifft, so erhebe ich keinen weitergehenden Anspruch als den, daß ich das, was über Friedrichs dortige Politik bekannt ist, in ein umfassenderes Bild seiner politischen Bestrebungen in Italien und im lateinischen Osten einzugliedern versucht habe. In Anbetracht der relativen Unerforschtheit der letzten fünfzehn

Regierungsjahre Friedrichs habe ich einen Großteil meiner eigenen Forschungsbemühungen auf den Zeitraum zwischen 1235 und 1250 konzentriert und mich außerdem noch ein wenig um die Erforschung seiner Kindheit und seines Kreuzzugs gekümmert. Detaillierte Studien galten insbesondere den im vatikanischen Geheimarchiv aufbewahrten päpstlichen Registern und dem Dokumentenregister Friedrichs II. aus den Jahren 1239-40, ein kostbares archivalisches Unikat; in beiden Fällen bin ich auf den erhalten gebliebenen Manuskriptbestand zurückgegangen, anstatt mich auf unvollständige oder fehlerhafte Editionen zu verlassen.

Gleichwohl erhebe ich nicht den Anspruch, etwa eine Vielzahl neuer Fakten über Friedrich zutage gefördert zu haben; die meisten der von mir genutzten Quellen, mit Ausnahme des Registers von 1239-40, sind schon viele Male von deutschen Gelehrten, die dem rätselhaftesten ihrer Kaiser auf die Spur zu kommen trachteten, durchgearbeitet worden. Aus diesem Grund habe ich mich auch zu dem Entschluß durchgerungen, auf Anmerkungen zu verzichten, wohl wissend, daß Ernst Kantorowicz eben diese Unterlassung zum Vorwurf gemacht wurde, als er 1927 seine Friedrich-Biographie herausbrachte; ich darf jedoch darauf hinweisen, daß zwischen seiner Deutung Friedrichs II. und der meinen Welten liegen. Diejenigen meiner Leser, die in meinem Text auf Aussagen ohne Quellenangabe stoßen, denen sie auf den Grund gehen möchten, finden in dem 1931 von Kantorowicz nachgelieferten Ergänzungsband sowie den Jahrbüchern des Deutschen Reiches Nachschlagewerke von bleibendem Wert.

Das Anliegen dieses Buches besteht nämlich nicht darin, etwa über die Frage zu räsonieren, wie die Schlacht von Cortenuova im einzelnen verlief, sondern darin, eine Gesamtbewertung der Regierungszeit Friedrichs II. vorzulegen. Was die faktischen Details betrifft, so liegen darüber verläßliche Abhandlungen vor, wie beispielsweise Winkelmanns sorgfältige und unbestechliche Studien zur Frühphase der Regierungszeit Friedrichs oder van Cleves gewichtige Biographie, die zwar zu einzelnen Punkten irrige Deutungen enthält, den Gang der Ereignisse aber nüchtern und übersichtlich schildert. An und für sich steht der Verlauf von Friedrichs Herrscherleben zweifelsfrei fest, außer bei jenen Historikern, die ihre zweifellos vorhandene Gelehrsamkeit in den Dienst einer zwar reizvollen, aber letzten Endes fruchtlosen Effekthascherei stellen. Ich vertrete nachdrücklich die Auffassung, daß wir heute genug über die Lebensstationen von Friedrich II. wissen, um uns an eine Neubewertung seiner Motive und Zielsetzungen wagen zu können; seltsam aber ist, daß es mir möglich war, zu teilweise völlig anderen Schlußfolgerungen zu gelangen als beispielsweise van Cleve oder Haskins, obwohl ich sehr häufig von demselben dokumentarischen Material ausging, auf das sie ihre Argumente gründeten. Einiges von dem, was ich vorbringe, resultiert also eher aus einer kritischen Überarbeitung von Autoren wie van Cleve oder Kantorowicz als etwa aus dem Bemühen, in allen Punkten ganz zu den Quellen zurückzugehen und eine von Grund auf neue Friedrich-Biographie zusammenzustellen. Soweit es lediglich um die Feststellung der Tatsachen geht, bedarf es keines neuen Ansatzes. Nötig ist hingegen eine neue Sicht der Absichten und Leistungen des Kaisers.

Das bedeutet, daß Friedrich II. in einem umfassenderen Kontext gesehen werden muß, als es bislang unternommen worden ist. Seinen normannischen Hintergrund auszublenden hieße ihn überlebensgroß zu machen; ich habe es daher als notwendig empfunden, mich in einem längeren einleitenden Kapitel mit der Begründung des sizilianischen Königreichs durch die Normannen zu befassen und dabei beständig auf die Probleme zu verweisen, die Friedrich II. gleichsam von seinen normannischen Vorgängern erbte. Roger II., Friedrichs Großvater, beherrscht nicht nur das erste Kapitel; er wirft seinen Schatten über das ganze Buch. Im übrigen existieren noch keine Gesamtdarstellungen des normannischen Königreichs Sizilien, in denen die von mir im ersten Kapitel behandelten Themen eine adäquate Würdigung fänden. In ähnlicher Weise habe ich den deutschen Hintergrund Friedrichs II. ausgeleuchtet, indem ich das zweite Kapitel Kaiser Friedrich Barbarossa und seinem Sohn Heinrich VI., dem Vater Friedrichs II., widme; nicht nur die politischen Probleme Deutschlands, sondern auch die Gründe für das Interesse Deutschlands an der Lombardei, der Toskana und der Kreuzzugsbewegung müssen in diesem Kontext erörtert werden, wenn man zu einem sinnvollen Urteil über die Laufbahn Friedrichs II. gelangen will. Und schließlich hielt ich es, um einen Sprung zum Ende des Buches zu machen, für unbedingt erforderlich, die Geschicke der Hohenstaufen über den Tod Friedrichs im Jahr 1250 hinaus zu verfolgen, bildete sein Tod doch lediglich eine unscheinbare Zäsur in einem zu diesem Zeitpunkt gerade in voller Stärke entbrannten Machtkampf. Der Papst dachte nicht daran, den Kampf nach Friedrichs Tod aufzugeben, sondern die Auseinandersetzung zwischen Friedrichs Herrscherhaus und dem Papsttum ging weiter und erreichte ihren Höhepunkt in den unter dem Namen Sizilianische Vesper in die Geschichte eingegangenen Ereignissen. Es ging, wie die Päpste und ihre Verbündeten unverblümt erklärten, um die Vernichtung der ganzen Dynastie. Unter dieser Perspektive wird deutlich, daß Friedrich II. 1250 nicht als ein von seinen päpstlichen Widersachern Besiegter starb; der Kampf stand bei seinem Tod bestenfalls unentschieden (aus päpstlicher Sicht). Die Geschichte im Jahr 1250 abrupt enden zu lassen hieße die gebieterischsten Motive der Protagonisten aus den Augen zu verlieren: die Sorge um den Fortbestand oder Untergang der eigenen Dynastie, eine Sorge, die allen mittelalterlichen Herrschern, geistlichen wie weltlichen Machthabern, eigen war. Und gerade einem deutschen Kaiser mußte diese Sorge um das Überleben der eigenen Dynastie besonders angelegen sein, rangen doch die deutschen Fürsten mit ebenso großer Zähigkeit um ihr Recht der Kaiserwahl wie dieser um die Etablierung eines erblichen Kaisertums. Ein weiteres Thema des Schlußkapitels ist der spätere Nimbus Friedrichs II., dessen Name noch bis zum Jahr 1500 Träume vom Beginn einer neuen Menschheitsepoche heraufbeschwor.

Auch Friedrichs Gegenspieler verdienen breiten Raum. Für die Päpste des 13. Jahrhunderts wurde die Bedrohung ihrer Macht durch das Haus Hohenstaufen zur fixen Idee; ich bin nicht davon überzeugt, daß eine solche Bedrohung je bestand. Sowohl in der Lombardei als auch im christlichen Osten gingen die Widersacher Friedrichs zumindest teilweise von irrigen Annahmen über seine Absichten aus. Da Friedrich sowohl fehlbar als auch inkonsequent war, ist es nicht allzu verwunderlich, daß seine Feinde Berichten über ihn Glauben schenkten, die man so deuten konnte, daß der Kaiser als Bedroher lokaler Freiheitsrechte und als Gefahr für den Wohlstand und die Macht der römischen Kirche erschien.

Dabei verstand Friedrich sich selbst vor allem als Friedensfürst, als Bewahrer der *iustitia*, d.h. des Prinzips der moralischen Rechtschaffenheit, das seiner Überzeugung nach jeder guten Regierung zugrunde liegen mußte; darüber hinaus war er von einem alles überragenden Ehrgeiz beseelt, der seine Politik entscheidend prägte: das Überleben und den territorialen Besitzstand seiner Dynastie zu sichern.

Anna Sapir Abulafia begleitete mich auf meinen Reisen und war stets die erste, die las und kommentierte, was ich geschrieben hatte. Ihr widme ich dieses Buch.

Gonville and Caius College, Cambridge
26. Dezember 1986 (792. Geburtstag Friedrichs II.)

KAPITEL 1
Das normannische Erbe

I

Wenn im 13. Jahrhundert ein Kaiser des Heiligen Römischen Reiches an hohen kirchlichen Feiertagen mit Krone und in vollem Ornat auftrat, trug er eine Tunika und eine Dalmatika aus sizilianischer Seide, rote Schuhe und Strümpfe – ebenfalls aus sizilianischer Seide – und perlenbesetzte rote Handschuhe. Auch sein Mantel war von tiefroter Farbe und mit Goldstickereien verziert. Ein aufgesticktes Motiv zeigte einen Löwen, der sich auf ein Kamel stürzte, und eine entlang dem Saum laufende, arabische Inschrift besagte, daß der Mantel in den Jahren 1133/34 für den ruhmreichen König Roger in seiner Residenzstadt Palermo angefertigt worden war. Auch die Kronen waren Symbole höchster Prachtentfaltung. Die Kaiserkrone, die in Deutschland und Norditalien oder auch in Rom getragen wurde, war ein Vermächtnis der sächsischen Kaiser des ausgehenden 10. Jahrhunderts. Ihr Reif war mit mehreren emaillierten, edelsteinbesetzten Plättchen verziert und wurde von einem feingliedrigen bogenförmigen Bügel überspannt, unter dem sich eine kleine Mitra aus Stoff befand; die auf Sizilien und in Süditalien getragene Krone hingegen entsprach der im byzantinischen Kaiserreich kreierten Mode: rundum geschlossen, bestehend entweder aus kostbar besticktem und besetztem Stoff oder aus edlen Metallen und mit langen edelsteingeschmückten Gehängen an den Seiten – in der Grundform eine Halbkugel, als Symbol für den Umfang des weltlichen Reiches, über das der Monarch gebot.

Diese Kleidungsstücke und Kronen waren nicht bloß als Sinnbilder von Schönheit und Prachtentfaltung gedacht. Sie waren vielmehr der sichtbare Selbstausdruck einer Monarchie, die, aus griechischem, lateinischem und auch arabischem Herrschaftsdenken schöpfend, dem König eine Stellung hoch über seinen Untertanen zuwies, einer Monarchie, deren eigentliches und ursprüngliches Vorbild das christlich-römische Universalreich eines Konstantin oder Justinian war. Ihren vollständigsten Ausdruck fand diese Herrschaftsphilosophie freilich nicht in einem Land, das sich selbst als integralen Bestandteil eines universalen Reiches sah, sondern in einem randständigen Königreich mit einer historisch jungen Monarchie, die ihre Existenz gerade durch die römisch-deutschen und die byzantinischen Kaiser bedroht sah: im Königreich Sizilien. Auch nach der Eroberung durch den deutschen Kaiser im Jahr 1194 blieb dieses Königreich ein Gebilde für sich; es wurde nicht dem Reich einverleibt, sondern galt als persönliches und besonderes Besitztum des Kaisers in seiner Eigenschaft als König von Sizilien. Die Frage nach dem Verhältnis von Reich und sizilianischem Königreich sollte das ganze 13. Jahrhundert hindurch für politischen Zündstoff sorgen, und der energischste Befürworter einer besonderen Identität des Königreichs Sizilien war Friedrich II.

Die besagten Krönungsgewänder und -insignien selbst verwiesen auf die ungeklärten Statusfragen. Es hat den Anschein, als habe Friedrich sie in seiner Eigenschaft als Kaiser getragen; dabei waren sie die althergebrachten Krönungskleider der Könige von Sizilien. Sie stammten aus Sizilien, gefertigt von den Seidenmanufakturen der Königlichen Paläste, deren Handwerker Araber waren oder Nachfahren der von Friedrichs Großvater Roger II. nach Sizilien verschleppten griechischen Juden. Die rote Farbe der Seide, die möglicherweise identisch war mit dem im Westen lange so begehrten byzantinischen »Purpur«, deutete auf die römische Abkunft des Herrschaftsanspruchs dieses Fürsten hin, war es doch die Farbe der byzantinischen Kaiser, der Päpste und aller anderen Herrscher, die Anspruch auf universale oder absolute Macht erhoben. Tunika, Dalmatika und Mitra symbolisierten die Auffassung, daß der gesalbte König *rex et sacerdos* war, König und Priester zugleich, ein durch seine Salbung weit über den Status der gewöhnlichen Sterblichen hinausgehobener Mensch, der, ähnlich einem Priester, vermittelnd zwischen Gott und den Menschen stand und die Herrlichkeit Gottes auf Erden repräsentierte. Ein berühmtes Mosaik in Palermo zeigt den ersten sizilianischen König, Roger II., wie er von Christus gekrönt wird; die darauf zu erkennenden Ähnlichkeiten zwischen König und Christus sind keineswegs zufällig, galt der König doch als Stellvertreter Christi auf Erden.

Aber die gekrönten Häupter des lateinischen Europa hatten Rivalen, die ihnen den Anspruch auf die Stellvertreterschaft Gottes streitig machten: die Päpste. Und dabei bestand gerade zwischen dem Papsttum und jenen Königen von Sizilien, die ihren königlichen Herrschaftsauftrag unmittelbar von Christus erhalten zu haben behaupteten, eine besondere Beziehung. Die normannischen Könige von Sizilien waren päpstliche Vasallen, denen ihre Herrscherlegitimation (zumindest nach päpstlicher Auffassung) vom Papst verliehen worden war, wofür der Heilige Stuhl ihnen gleichsam als Gegenleistung ein allerdings sehr umstrittenes Recht auf Regelung der Angelegenheiten der sizilianischen Kirche zugestanden hatte. Die Kaiser des Heiligen Römischen Reichs lagen mit den Päpsten seit langer Zeit im Streit um universale päpstliche Vorherrschaftsansprüche – unter anderem auch um das Recht, sündige Herrscher ermahnen, belehren oder gar absetzen zu dürfen. Der Konflikt zwischen Papst Gregor VII. und König Heinrich IV. von Deutschland gegen Ende des 11. Jahrhunderts war im 13. Jahrhundert noch in bester Erinnerung. Die Gegensätze zwischen den konkurrierenden Herrschaftsansprüchen führten zu Beginn des 13. Jahrhunderts zum heftigsten aller Zusammenstöße zwischen weltlicher und geistlicher Macht: In der Regierungszeit Friedrichs II., König von Sizilien und Kaiser des Heiligen Römischen Reichs, verschärfte sich ein ohnehin schon erbitterter Konflikt, und zugleich verlagerten sich die Schauplätze des Kampfes aus den Fürstenhöfen Europas südwärts in die Rathäuser der Lombardei und der Toskana.

II

Sizilien war die Heimat dieses monarchischen Selbstverständnisses. Sizilien war für Friedrich II. das Kleinod unter seinen Domänen, ein bedeutsamer Zankapfel zwischen Papst und Kaiser. Sizilien war ein reiches Land (oder zehrte wenigstens von früherem Reichtum) und beherrschte die Handelswege über das Mittelmeer. Alle diese Faktoren übten Wechselwirkungen aufeinander aus. Es gab allerdings mehrere »Sizilien«. Da gab es die festländischen Teile: Apulien, die Campagna und Kalabrien, dazu die Marken Abruzzi und Molise, die an das Territorium des Kirchenstaats grenzten, und das eigentliche Sizilien mit Malta und einigen anderen Inseln. Für diese beiden geographisch getrennten Teile, den kontinentalen und den insularen, bürgerte sich im Spätmittelalter der Name »beider Sizilien« ein.

Zwei verschiedene Sizilien gab es auch noch in einer anderen Hinsicht: das bereits erwähnte Sizilien, eine auf weit entwickelten absolutistischen Ideen beruhende Monarchie mit einer hochentwickelten Verwaltung, einer einigermaßen gefüllten Staatskasse und einer von vielfältigen Einflüssen geprägten kulturellen Tradition, repräsentiert durch die Anwesenheit von Griechen, Juden und Arabern am Hofe. Ein Sizilien, das sich grandiose Eroberungskriege in Afrika, Griechenland und in der Levante, ja sogar in Spanien leisten konnte, ein Sizilien, dessen Herrscher sich seiner Verpflichtungen als Stellvertreter Gottes auf Erden bewußt war und ihnen gerecht wurde, indem er seine Untertanen vor den Übergriffen raubgieriger Feinde beschützte. Dies traf im großen und ganzen auf das sizilianische Königreich von Roger II. zu, das in der ersten Hälfte des 12. Jahrhunderts durch den unbeugsamen Willen eines einzelnen Mannes geschaffen worden war. Würde diese Art von Königreich hundert Jahre später noch imstande sein, seine Schlachten zu gewinnen? Würde es die dazu erforderlichen Kraftquellen noch besitzen?

Ihm gegenüber stand das andere Sizilien: ein von der Aufsässigkeit unterworfener Volksgruppen, allen voran der islamischen Bewohner Westsiziliens, zerrüttetes Königreich, ausgeblutet durch die ständigen Kriege, die der Herrscher gegen seine Feinde in Rom und Norditalien führte, obgleich diese nur selten Anstalten machten, Sizilien und seine Bewohner zu bedrohen; ein Königreich, dessen legendärer – oder womöglich nur noch vermeintlicher – Reichtum Abenteurer anlockte, die auf der Jagd nach einer Krone waren, und dessen Bürokratie weit mehr den Interessen der Krone als denen der Untertanen verpflichtet war, die unter finanziellen Belastungen, despotischen Eingriffen in ihre Erbangelegenheiten und militärischen Zwangsaushebungen zu leiden hatten.

Der Ruf, Sizilien und Süditalien seien mit Reichtum gesegnete Regionen, lag vielen Problemen des 13. Jahrhunderts zugrunde. Es heißt, daß allein Palermo im 12. Jahrhundert soviel Überschuß abwarf, wie der König von England aus allen seinen Besitzungen erlöste. Das wäre eine um so bemerkenswertere Leistung gewesen, als das England des 12. Jahrhunderts, nicht zuletzt wegen seiner Silbervorkommen, als wohlhabendes Königreich galt. Und während England in der Folge seinen Wohlstand der Wolle verdankte, schöpfte Sizilien den seinen aus Getreide und Rohstoffen für seine Manufakturen, vor allem Baumwolle und Leder. Ein seit antiken Zeiten bekanntes und geschätztes sizilianisches Exportgut war der Hartweizen, der sich durch eine besonders gute Lagerfähigkeit auszeichnete. Sizilien, Nordafrika und Ägypten waren die Kornkammern der antiken Welt gewesen; im 12. und 13. Jahrhundert war Nordafrika aus diesem Kreis ausgeschieden, da Raubbau und Erosion den Großteil seiner Ackerböden vernichtet hatten; Tunesien avancierte infolgedessen zu Siziliens bestem Abnehmerland. Dies war ein Umstand, dessen Friedrich II. sich bewußt war und aus dem er Kapital zu schlagen verstand.

Der sizilianische Weizen wurde hauptsächlich an den Berghängen im Westen und Südosten der Insel angebaut; die Einwohnerzahl Siziliens scheint im Verlauf des 12. und 13. Jahrhunderts auf einen ziemlichen Tiefstand gesunken zu sein, aber die Untertanen wurden systematisch zu Hand- und Spanndiensten herangezogen, und es wurde mehr Getreide erzeugt, als der Markt aufnehmen konnte. Die Ernteerträge waren nach den Maßstäben des 13. Jahrhunderts erstaunlich hoch: Für jedes ausgesäte Korn wurden, so versichern die Chronisten, zehn eingefahren, und Hungersnöte gab es bis gegen Ende des 13. Jahrhunderts kaum.

Die Städte im südlichen Italien und in Sizilien unterschieden sich freilich in einer sehr bedeutsamen Hinsicht von denen des Nordens. Im Norden beherrschten die Städte das umliegende Land, das *contado*, dessen Grundherren sich in den Städten niedergelassen oder sich mit ihnen arrangiert hatten (oder die hin und wieder auch von ihnen in Besitz genommen worden waren); so besaßen die Städte des Nordens tatsächlich die Kontrolle über ihre eigene Lebensmittelversorgung, zumindest solange sie nicht zu groß für ihren *contado* wurden (wie es Genua, Florenz und anderen großen Städten passierte). Im Süden Italiens hingegen machte sich die harte Hand des normannischen Regimes fühlbar: Die Städte übten hier kein vergleichbares Maß an Herrschaft über das nahe Umland aus, die Verfügungsgewalt über die Nahrungsmittelversorgung lag weniger bei den Städten als bei der königlichen Bürokratie. Diese fehlende Dominanz über das Umland erklärt vielleicht die geringere Dynamik der Kaufmannsschicht in den Städten Süditaliens: Nur die Kaufleute von Amalfi und Messina genossen an den internationalen Handelsplätzen einen nennenswerten Ruf; zu den mit Abstand vitalsten Kräften innerhalb des sizilianischen und süditalienischen Außenhandels wurden die Kaufleute Genuas, Pisas und Venedigs, die ihre Position vor Beginn des 13. Jahrhunderts wesentlich ausbauen konnten. Im Jahr 1156 beispielsweise gewährte der König von Sizilien den Genuesern bevorzugte Zugriffsrechte und niedrigere Steuern auf Baumwolle, Häute und Weizenvorräte.

Niedrige Steuern also auf die wichtigste Ressource des Königreichs, eine im gesamten Mittelmeerraum gefragte Ware: Weizen. Denn überall in Europa und in großen Teilen der mediterranen Welt kam es im 12. und 13. Jahrhundert zu einem beträchtlichen Bevölkerungswachstum und damit zu einer Steigerung der Nachfrage nach Lebensmitteln, vor allem nach dem lagerfähigen, vielfältig verwendbaren sizilianischen Weizen. Er avancierte denn auch zur wichtigsten Zutat des Schiffszwiebacks und lieferte den Rohstoff für die Pasta, die zunehmend auf den Tellern Norditaliens auftauchte. Von sizilianischem Weizen ernährte man sich mitunter sogar in Ägypten, wenn das Hochwasser des Nil ausblieb, und im christlichen Königreich Jerusalem. Wer seine Produktion kontrollierte, konnte aus Verkauf und den darauf liegenden Steuern beträchtliches Kapital schlagen. Im 13. Jahrhundert arbeitete Friedrich II. mit Nachdruck daran, höhere Qualitätsnormen durchzusetzen. Wenn er sich in seinen Briefen besorgt nach einer Raupenplage in den Weizengebieten Siziliens erkundigte, so stand dahinter nicht bloß das Interesse eines leidenschaftlichen Naturwissenschaftlers (der er freilich auch war). Welcher Anteil des auf der Insel geernteten Weizens ausgeführt wurde, ist übrigens höchst unklar; fest steht hingegen, daß die Krone ein großer, wenn nicht der größte Nutznießer des Weizenexports war.

Die Könige von Sizilien waren in ihrem Königreich die größten und mächtigsten Grundherren. Es scheint, daß im 12. Jahrhundert große Teile Siziliens direkt zum königlichen Domänenbestand gehörten, d.h. nicht an adlige Lehensleute vergeben waren, sondern unmittelbar von der Zentralregierung verwaltet wurden. Kleine Teile des Inselterritoriums befanden sich in der Hand normannischer Barone; eine Dynastie, die der Aleramici, verfügte über Ländereien im östlichen Sizilien. Die Familie stammte freilich aus Nordwestitalien und war mit dem Königshaus nahe verwandt (Adelaide von Aleramici war die Mutter von König Roger II. gewesen). Die übrigen größeren Lehen waren kirchliche Pfründen: die Abtei von San Salvatore, das große basilianisch-griechische Kloster von Messina und seit 1182 die Abtei von Monreale, eine lateinische Gründung, der ein noch weitgehend von Moslems bewohntes Gebiet im Westen Siziliens übereignet wurde, ein großes Eingeborenenreservat namens Bantustan. Auf dem Festland lagen die Verhältnisse ganz anders: Hier gehörten nur dreißig Prozent des Territoriums unmittelbar zur königlichen Domäne, doch handelte es sich dabei vorwiegend um gebirgige, unfruchtbare Landstriche. Hier gab es allenfalls noch Großgrundbesitzer wie die Conversanos in Apulien, die große Getreideanbaugebiete kontrollierten. Wie auch immer, die Konzentration wirtschaftlicher Macht in den Händen des Königs und seiner engsten Verwandtschaft, wie sie in Sizilien bestand, war nach den Maßstäben des christlichen Europa außergewöhnlich.

In seiner Blütezeit lieferte das Königreich Sizilien außer Weizen auch noch andere begehrte Exportgüter: Maulbeeren und Rohseide kamen von hier und Kalabrien, dazu auch fertige Seidenstoffe, die in der Qualität freilich nicht an die Seidenerzeugnisse des Fernen Ostens heranreichten. Um 1060 hatte sich die Maulbeerzucht großflächig verbreitet, und manches spricht für die Annahme, daß sizilianische Rohseide nach Byzanz exportiert wurde. Wie bereits erwähnt, verfügten die Könige von Sizilien an ihrem Hof über eine Gruppe auf Seidenverarbeitung spezialisierter Handwerker, darunter auch solche, die die Sizilianer als Beute eines Raubzugs ins griechische Theben im Jahr 1147 mitgebracht hatten. Im 11. und 12. Jahrhundert ging sizilianische Seide bis nach Ägypten und in den Jemen, wie aus Briefen der jüdischen Kaufleute von Kairo hervorgeht. In zahlreichen Fällen sind in den Gräbern nordeuropäischer Fürsten und Bischöfe des 12. Jahrhunderts Reste sizilianischer Seide gefunden worden; es ist freilich nicht immer einfach, Seidenstoffe ihren möglichen Herkunftsländern Spanien, Byzanz, Ägypten, Syrien oder Sizilien zuzuordnen, da sich die Muster, bis hin zu den arabischen Inschriften, weitgehend gleichen. Sie alle waren denselben Vorbildern - koptischen oder persischen Stoffmustern - nachgebildet. Sizilien war von seiner Lage her prädestiniert, die Märkte des Mittelmeerraums zu versorgen, und seine Verkehrsverbindungen ins westliche Europa (über Genua, Pisa, Venedig und die provenzalischen Städte) sorgten dafür, daß die Nachfrage nach seinen Luxuswaren rege blieb. Vergünstigungen, die ausländischen Kaufleuten eingeräumt wurden, veranlaßten diese, einen immer größeren Teil ihrer Stapelware aus Sizilien zu beziehen, und verhalfen ihnen langfristig sogar zu einer wirtschaftlichen Vormachtstellung in Süditalien und Sizilien, die auf Kosten der einheimischen Kaufleute ging.

Es wäre aber falsch, hieraus den Schluß zu ziehen, die sizilianischen Könige hätten die binnenwirtschaftliche Erzeugung vernachlässigt und sich damit begnügt, Gewinn aus dem Export von Getreide, Baumwolle und Seide zu ziehen. Friedrich II. regte den Anbau von Indigopflanzen an, daneben gab es auch Zuckerrohrplantagen. In Gela und Umgebung entwickelte sich im späten 12. Jahrhundert eine leistungsfähige Keramikindustrie. An wirtschaftlicher Diversifizierung waren die Hohenstaufen und vor ihnen die Normannen schon seit längerem interessiert gewesen. Die islamische Periode hatte eine ganze Reihe neuer Anbauprodukte nach Sizilien gebracht, das wegen seiner Fruchtbarkeit gerühmt wurde - es war ein im Vergleich zu Nordafrika niederschlagreiches Land, in dem fast alles zu gedeihen schien. Man mag dem Spanier Ibn Dschubair, der Sizilien in den Jahren 1184-85 bereiste, seinen Patriotismus nachsehen, wenn er schreibt: »Der Reichtum der Insel ist unbeschreiblich. Begnügen wir uns damit, zu sagen, sie sei in jeder Hinsicht die Tochter Spaniens: Im Ausmaß der Bebauung des Bodens, in der Üppigkeit der Ernten und in ihrem Wohlergehen, bringt sie doch Naturprodukte im Überfluß und Früchte jeder Art und Sorte hervor.« Und über das auf halbem Weg zwischen Cefalù und Palermo gelegene Termini berichtet er: »Es erfreut sich außerordentlicher Fruchtbarkeit und besitzt Nahrungsmittel im Überfluß; die ganze Insel gehört in der Tat, was dies betrifft, zu Gottes bemerkenswertesten Schöpfungen.«

Allerorten gab es Märkte, Gärten (in den Städten und um sie herum), Orangenhaine und Land, »wie wir es in solcher Güte, Fruchtbarkeit und Üppigkeit noch nie gesehen haben«. Widerwillig gestand Ibn Dschubair schließlich sogar ein, daß nicht einmal die Umgebung von Cordoba sich mit Sizilien messen könne. Dazu konnte er auch noch über niedrige Preise berichten. Die Vermutung ist freilich nicht von der Hand zu weisen, daß aufgrund der Verfolgung der islamischen Bauernschaft ein Teil der landwirtschaftlichen Kenntnisse, die die islamische Zivilisation kennzeichneten, um das Jahr 1200 in Sizilien verlorenging. Nicht zuletzt daher rührte das große Interesse Friedrichs II. an einer Wiedereinführung orientalischer Kulturpflanzen wie Indigo, Zucker und Henna. Die vorherrschende Tendenz war freilich, daß der Anteil der für den Weizenanbau verwendeten Flächen, insbesondere im westlichen Sizilien, anstieg und die erzeugten Überschußmengen in Palermo, Neapel, Tunis, Genua und anderswo auf den Markt drängten.

Es ist unerheblich, ob das Sizilien des Reichtums und des Überflusses tatsächlich so existierte. Jedenfalls war es das Bild, das die, die es auf die Eroberung Siziliens abgesehen hatten, von der Insel besaßen. Ihnen müssen wir uns zuwenden.

III

Die Rede vom »normannischen« Sizilien beschwört die Vorstellung eines Königreichs ähnlich dem Normannenstaat auf englischem und französischem Boden herauf, geschaffen und beherrscht von einer mächtigen Eroberer-Aristokratie nordischer Herkunft. Tatsächlich ist die Bezeichnung »normannisch« im Hinblick auf Sizilien nur als dynastisches Etikett anwendbar, nämlich auf die Herrscherfamilie der Hautevilles, die mit Hilfe normannischer, italienischer und anderer Ritter die sizilianische Monarchie errichtete. Wie wir bereits bemerkten, konnten diese Ritter sich auf der sizilianischen Insel keine großen Ländereien sichern, während auf dem süditalienischen Festland viele normannische Siedler Fuß faßten und prosperierten. Die Normannen mischten sich durch Heirat mit der süditalienischen Aristokratie, und ihre Verbindungen zum Herzogtum Normandie gingen, von den Familiennamen einmal abgesehen, weitgehend verloren. Die Erinnerungen an die normannische Herkunft blieben zwar lebendig, aber dies eigentlich mehr in den Köpfen anglonormannischer Chronisten, die das *stirps* oder Geschlecht, aus dem Wilhelm I. und Heinrich I. von England stammten, in möglichst hellen Glanz zu tauchen trachteten, als bei den italisierten Normannen Apuliens, Kalabriens oder Siziliens selbst.

Gegen Ende des 10. Jahrhunderts hatten sich fahrende normannische Ritter einen über ganz Europa verbreiteten Ruf als wilde und zähe Kämpfer und Söldner erworben. Seit 911 bestand im nördlichen Frankreich ein normannisches Herzogtum mit nordischer Bevölkerung, die aber ebenfalls bald den Kontakt zur skandinavischen Urheimat verlor. Wahrscheinlich stammte sogar nur eine Minderheit der normannischen Herzöge und Ritter in direkter männlicher Linie von nordischen Kolonisten ab. Die in der Normandie geltenden Erbregeln benachteiligten, so hört man jedenfalls oft, die nachgeborenen Söhne; der Erstgeborene erbte Haus und Hof, von den jüngeren Brüdern wurde erwartet, daß sie anderswo ihr Glück versuchten. Romantische Historiker sehen hierin den Geist der Wikinger weiterleben, und vielleicht haben sie damit sogar recht. Wie auch immer, um die Jahrtausendwende tauchten südwärts ziehende Normannen an der islamisch-christlichen »Grenze«, im byzantinischen Reich und auch bei dessen feindlichen Nachbarn auf und boten ihre Söldnerdienste an, in der Hoffnung, Beute machen und nicht zuletzt auch Ruhm ernten zu können. Es machte ihnen nichts aus, gegen ihre normannischen Landsleute zu kämpfen, wenn diese in den gegnerischen Reihen standen, oder auch gegen ihre entfernten skandinavischen Vettern, die als »Waräger« in den byzantinischen Söldnerheeren Dienst taten. Es handelte sich übrigens nicht durchweg um nachgeborene Söhne; einige der Rädelsführer bei der normannischen Eroberung Süditaliens waren erstgeborene Söhne, wie etwa der Seigneur von Cullei, der zu Beginn des 12. Jahrhunderts von zu Hause auswanderte und in Spanien, unweit von Tarragona, ein kurzlebiges normannisches Fürstentum errichtete.

Oft fielen die Einwanderer durch ihre Frömmigkeit auf. Gegen Ende des 10. Jahrhunderts tauchten auf dem Sporn des italienischen Stiefels, am Schrein des Erzengels Michael auf dem Monte Gargano, normannische Pilger auf. Sankt Michael war eine bedeutsame Kultfigur, ein kämpferischer Heiliger, der sich auch in der Normandie großer Beliebtheit erfreute, wofür beispielsweise das Kloster Mont Saint-Michel an der normannisch-bretonischen Grenze bis heute Zeugnis ablegt. Einer von mehreren Überlieferungen zufolge begann die normannische Eroberung Süditaliens damit, daß im Jahr 1013 ein lateinischer Christ namens Meles, der gegen die byzantinische Vorherrschaft im südlichen Italien aufbegehrte, vor dem Schrein des heiligen Michael auf dem Monte Gargano normannische Pilger aufforderte, als Söldner für ihn zu kämpfen. Eine andere Version läßt schon vierzehn Jahre früher, im Jahr 999, normannische Landsknechte im südlichen Italien in Erscheinung treten, und zwar auf der gegenüberliegenden Seite des Stiefels, in Salerno. Es war sicher diese am Monte S.Angelo ansässige normannische Gruppe, die in der Folge den Gang der Ereignisse stärker beeinflußte. Es gelang ihr, sich in einem umkämpften Gebiet festzusetzen, wo die regierende byzantinische Krone sich mit einer mächtigen lombardischen Adelsfronde herumschlagen mußte.

Nominell waren die lombardischen Adelsfamilien Untertanen des griechischen Kaisers, doch faktisch hatten sie in Capua, Benevento, Neapel, Amalfi und anderswo längst eigenständige Kleinfürstentümer errichtet; einzig die an der apulischen Küste ansässigen Lombarden sahen sich direkter Bevormundung durch einen byzantinischen *doux* oder Gouverneur ausgesetzt, und ihre Anführer trachteten danach, für sich ein ähnliches Maß an Autonomie zu erringen, wie es den übrigen lombardischen Herren im südwestlichen Italien bereits eigen war. Normannische Söldner sollten als Werkzeug für die Schaffung nicht eines normannischen, sondern eines lombardischen Staatswesens in Apulien dienen.

Im Jahr 1016 fanden sich normannische Söldner in großer Anzahl und kriegsmäßig ausgerüstet im südlichen Italien ein. Im Jahr 1030 war einer von ihnen bereits Besitzer eines eigenen Gutes bei Aversa im Hinterland von Neapel. Was mit Söldnerdiensten begonnen hatte, mündete schließlich in eine Reihe von Versuchen der angelockten Söldner, selbst die Herrschaft an sich zu reißen. Sie machten die Rebellion ihrer Auftraggeber zu ihrer eigenen, heirateten in deren Familien ein und fuhren fort, bei günstiger Gelegenheit oder zwingender Notwendigkeit die Fronten zu wechseln.

Es handelte sich weder um eine Invasion noch um eine Eroberung; was sich hier vollzog, war eine Machtübernahme durch eine Serie kleiner, unscheinbarer *coups d'état*, bewerkstelligt von normannischen Kriegern, die nicht etwa von der Vision eines künftigen normannischen Königreichs beseelt waren, sondern von schnödem Eigeninteresse. So entstand eine Reihe normannischer Kleinstaaten, erbaut aus den Bruchstücken byzantinischer, lombardischer und einheimisch-feudaler Regierungsstrukturen. Eines dieser Kleinfürstentümer, das von Aversa, erlangte durch Heirat, Krieg und diplomatische Schachzüge die Kontrolle über das südlich von Rom gelegene Fürstentum Capua. Diese Dynastie konnte sich ein Jahrhundert lang behaupten, doch lag sie in ständiger Rivalität mit einer zweiten normannischen Gruppierung, die schließlich in den dreißiger Jahren des 12. Jahrhunderts die Kontrolle über Capua erlangte und die Aversa-Dynastie verdrängte. Diese zweite Fraktion, dominiert von Nachfahren des Tankred von Hauteville, begründete die sizilianische Monarchie und brach den ehrgeizigsten aller normannischen Kriege vom Zaun, den gegen die Byzantiner im westlichen Balkan und gegen die islamischen Emire im nordafrikanischen Tunesien. Doch im Jahr 1120 hätte es wohl kaum jemand für möglich gehalten, daß die versprengten normannischen Territorien bald zu einem einheitlichen monarchischen Staatsgebilde zusammengeschweißt werden würden.

Die Abkömmlinge Tankreds von Hauteville wagten sich an eine viel schwierigere Aufgabe heran als vor ihnen das Haus Capua. Hatten sich die normannischen Fürsten von Capua die lombardische Uneinigkeit zunutze gemacht, um einen schon bestehenden Thron an sich zu reißen und nach ihrer Machtübernahme den vorgefundenen bürokratischen und militärischen Apparat zu übernehmen, so ging es den Hautevilles darum, die italienische Machtbasis des größten christlichen Staates des 11. Jahrhunderts, des byzantinischen Kaiserreichs, zu zerschlagen. Außerdem maßen sie ihre Kräfte mit einer Handvoll von Kleinfürsten in Neapel, Salerno und Amalfi sowie mit moslemischen Emiren in den arabisierten Teilen Siziliens. Es waren die Brüder Robert (genannt Guiscard, d.h. der Schlaue) und Roger, denen es schließlich gelang, die Macht der Byzantiner und der Moslems zu brechen. Die beiden kämpften an mehreren Fronten: Bari, der letzte byzantinische Stützpunkt auf italienischem Boden, fiel 1071, Palermo, Hauptstadt des den zähesten Widerstand leistenden Emirats, ein Jahr später. Ihre Erfolge im südlichen Italien machten die Brüder Hauteville zu wichtigen Figuren auf dem politischen Schachbrett Roms und des Heiligen Römischen Reiches: Sowohl der Papst als auch der deutsche Kaiser mußten sich darüber Gedanken machen, ob die Beseitigung der byzantinischen Macht in Süditalien in ihrem wohlbedachten Interesse lag.

Die Päpste betrachteten die Normannen in den Jahren nach 1072 als mächtige potentielle Bündnispartner, mächtig genug, um Rom vor dem

Eindringen deutscher oder anderer ausländischer Armeen zu schützen; die deutschen Kaiser hingegen entschieden sich, nachdem sie den normannischen Anspruch, Apulien als kaiserliche Herzöge zu regieren, zunächst stillschweigend akzeptiert hatten, sehr bald dafür, in den Normannen Usurpatoren zu sehen, die dem weströmischen Reich seinen legitimen Souveränitätsanspruch in Italien streitig machten. Daß seit der Krönung des ersten sächsischen Kaisers, Ottos des Großen, im Jahr 962 kaum einmal ein deutscher Kaiser diesen Teil Italiens besucht hatte, bedeutete nicht, daß die deutschen Ansprüche aufgegeben worden wären. Der weströmische Kaiser, der sich als Nachfolger der Cäsaren und Karls des Großen fühlte und nominell auch König von Italien war, machte deutlich, daß das südliche Italien ihn sehr wohl interessierte. Aber natürlich betrachtete auch der byzantinische Kaiser Süditalien als historischen Bestandteil seines Reichs, das in seinen Augen das einzig echte römische Kaiserreich war.

Die Normannen konnten aus dieser Rivalität bis zu einem gewissen Grad Kapital schlagen, auch wenn sich gelegentlich die Gefahr eines gemeinsamen griechisch-deutschen Vorgehens am Horizont zeigte. Außerdem aber bekamen sie es mit einem dritten Fürsten zu tun, der seine Ansprüche auf die Oberherrschaft über Süditalien und Sizilien anmeldete: mit dem Papst. Gegen Ende des 11. Jahrhunderts unterstrich der Heilige Stuhl sein vorgebliches Anrecht, als geistliche Oberinstanz über den weltlichen Herrschern aller christlichen Staatswesen zu stehen. Daneben ergriffen die Päpste auch die Gelegenheit, ihre historischen Ansprüche auf Grundbesitz und andere Vermögenswerte in Sizilien, Sardinien und anderen Gebieten zu reaktivieren, in denen es einst umfangreiche Kirchengüter gegeben hatte. Die Päpste des 11. Jahrhunderts begrüßten daher die Errichtung eines Herzogtums in Süditalien, das Robert Guiscard, wie sie voraussetzten, als Vasall des Heiligen Stuhls verwaltete. Guiscard erwies sich in der Tat als ein über alle Maßen entschlossener Verteidiger des Papsttums und Roms: Als Papst Gregor VII. im Jahr 1085 dem von kaiserlichen deutschen Truppen unterstützten Gegenpapst zu unterliegen drohte, ermöglichte Guiscard ihm die Flucht aus Rom und vertrieb dann den Feind durch Anwendung eines altbewährten Rezepts: Er zerstörte dessen Machtbastion, indem er sie niederbrennen ließ – unglücklicherweise handelte es sich dabei um die Stadt Rom selbst.

Guiscards vordringliches Ziel bestand jedoch darin, das byzantinische Regime zunächst einmal aus Apulien zu vertreiben und sodann sicherzustellen, daß es nicht zurückkehrte. Nicht alle apulischen Städte zogen mit; die Erzbischöfe von Bari beispielsweise hielten Bindungen an Konstantinopel – und keineswegs nur solche formeller Art – aufrecht, und die Gefahr probyzantinischer Erhebungen blieb bis zur Mitte des 12. Jahrhunderts bestehen. Das lag nicht daran, daß die apulischen Stadtbürger vorwiegend der griechischen Sprache, Kultur und Religion angehört hätten; nein, sie waren in ihrer Mehrheit Lateiner, doch in dem Bemühen, sich ihre Loyalität zu sichern, hatten es die byzantinischen Herrscher ihnen an nichts fehlen lassen. Die byzantinische Integrationspolitik war so erfolgreich gewesen, daß nicht einmal Robert Guiscard die vorhandenen emotionalen und politischen Bindungen an Konstantinopel zu erschüttern vermochte. Daraus resultierte eine neue Politik: der Versuch, auf dem Balkan Fuß zu fassen und das byzantinische Kernland zu erobern. Wenn es Guiscard und seinen normannischen Horden gelungen war, binnen zwanzig Jahren eine byzantinische Kolonie in Italien an sich zu bringen, würden sie dann nicht auch in der Lage sein, in das Herz des Kaiserreichs vorzustoßen und Konstantinopel einzunehmen?

Es ist schwierig, sich Klarheit über die Absichten Guiscards zu verschaffen, aber Tatsache ist, daß er zwei militärische Expeditionen auf den Balkan unternahm, wobei er beide Male bei Dyrrachium (der heute zu Albanien gehörenden Hafenstadt Durazzo) landete. Er hatte in seinem Troß einen Anwärter auf den Thron von Konstantinopel, doch kann man annehmen, daß er sich selbst als künftigen Kaiser sah. Sein Sohn Bohemond, sein wahrer Erbe und Nachfolger im Geiste, begleitete ihn auf den Balkan und erhielt so Gelegenheit, Erfahrungen in der Kriegführung zu sammeln, in eben jener Landschaft, die ihm später zum Schicksal werden sollte, als er sich dem Ersten Kreuzzug anschloß und seine Legion über die Balkanhalbinsel und Konstantinopel bis ins syrische Antiochia führte und es eroberte. Es kommt in unserem Zusammenhang aber weniger auf den Ehrgeiz Guiscards an, von Konstantinopel aus zu regieren, als auf die Mischung aus Neid und Bewunderung, mit der die Normannen Süditaliens nach Byzanz hinüberblickten. Als Rechtsnachfolger des byzantinischen *doux* oder Herzogs in Apulien trat Guiscard in der Tracht eines byzantinischen Gouverneurs auf und bemühte sich um prächtige Hofhaltung (jedenfalls gab er sehr viel Geld für Seide und andere bei Hofe benötigte Luxuswaren aus). Er spielte also eine wichtige Rolle bei der Übertragung byzantinischer Regierungsmethoden auf die spätere normannische Herrschaft; des weiteren war er, wie gesehen, wesentlich mitverantwortlich für das enge Verhältnis zwischen den normannischen Herrschern und dem Papsttum.

Die dritte Gruppe normannischer Herrscher neben den Häusern Capua und Apulien hatte sich in Kalabrien und Sizilien etabliert. In den sechziger Jahren des 11. Jahrhunderts eroberte Robert Guiscards Bruder Roger die Spitze des italienischen Stiefels, mit Guiscards Hilfe und Segen (und trotz gelegentlichen Bruderzwists). Es war ein Gebiet, in dem seit zwei Jahrhunderten die Grenze zwischen dem byzantinischen Italien und der islamischen Welt verlief, das demoralisierte und entvölkerte Opfer wiederholter arabischer Feldzüge. Kalabrien befand sich zum Zeitpunkt der normannischen Machtübernahme gerade in einer Phase der Erholung, die womöglich schon etwas früher eingesetzt hatte, so daß man den Normannen nicht das alleinige Verdienst daran zusprechen kann. Wie es scheint, wurden von Beginn des 11. Jahrhunderts an die kalabrischen Maulbeerplantagen rekultiviert und neue Siedlungen angelegt, namentlich um wohlhabende griechische Klöster herum. Kalabrien war im 11. Jahrhundert noch mehr als vorher ein Ableger Griechenlands, und seine neuen normannischen Machthaber bedienten sich weiterhin einer von griechischen Familien getragenen byzantinischen Verwaltung. Einige dieser Familien, wie beispielsweise die Maleinoi, sollten bei der Übertragung byzantinischer Regierungsmethoden auf das sizilianische Kernland eine maßgebliche Rolle spielen.

Die Sicherheit Kalabriens hing, wie sich in den voraufgegangenen Jahrhunderten schmerzhaft erwiesen hatte, von der Neutralisierung des islamischen Siziliens oder seiner Rückgewinnung für das Christentum ab. Das war das große Projekt, das Roger I. anvisierte. Sah er darin einen heiligen Krieg gegen die Ungläubigen? Die meisten seiner Urkunden sprechen in glühenden Worten von seiner Rolle als Krieger im Dienste Christi, aber bei den meisten überlieferten Urkunden handelt es sich in Wirklichkeit um Fälschungen aus späterer Zeit. Bei zeitgenössischen Chronisten finden sich gelegentlich Hinweise darauf, daß Roger sich selbst als Eroberer in christlicher Mission begriffen hat. Manche modernen Historiker haben die Idealisierung des normannischen Siziliens auf die Spitze getrieben und die Hautevilles geradezu als die Verkörperung von Toleranz, ja als Freidenker in einer von Fanatikern geprägten Epoche dargestellt – womit man ihnen weidlich Unrecht tut. Diese verzerrende Sicht hat dazu beigetragen, auch Friedrich II. den Nimbus eines Angehörigen dreier Kulturen, eines Mannes mit ungewisser Religionszugehörigkeit zu verleihen. Tatsächlich aber verfolgte Roger I. deutlich abgesteckte Ziele, und seine Toleranz gegenüber den nichtchristlichen Untertanen war mehr ein Mittel seiner Regierungstechnik als ein Zweck an sich.

Die Christianisierung Siziliens war kein über Nacht erreichbares Ziel: Mehr als die Hälfte der Bevölkerung war islamischen Glaubens, es gab viele Juden, und die Christen hingen überwiegend oder durchweg dem griechisch-orthodoxen Ritus an. Worauf es ankam, war, die Insel zunächst einmal unter römisch-christliche Herrschaft zu bringen, die politische Front der islamischen Welt zurückzudrängen und die Kontrolle über den zentralen Mittelmeerraum zu erlangen. Die Eroberung Siziliens war Bestandteil einer Bewegung, an der außer den Normannen auch Pisaner, Genuesen und Katalanen äußerst regen Anteil nahmen; zu ihren Zielen gehörten die Befreiung Sardiniens und der westeuropäischen Küstenländer von der Gefahr sarazenischer Überfälle, die Inbesitznahme Mallorcas und der spanischen Mittelmeerküsten, die Rückgewinnung des westlichen Mittelmeers. Zu den Leistungen Rogers I. gehörte, nicht zu vergessen, der Aufbau einer Flotte zur Eindämmung der von Afrika aus operierenden Sarazenen.

Und langfristig ging es natürlich auch darum, auf Sizilien das Wort Gottes zu predigen. Im Jahr 1098 traf Roger II. mit Papst Urban II., dem Initiator des Ersten Kreuzzugs, zusammen und wurde von ihm praktisch in den Rang eines Apostolischen Legaten erhoben, ein Status, der verbunden war mit dem Recht, Bischöfe eigener Wahl zu ernennen, die kirchlichen Einkünfte zu kontrollieren und in kirchlichen und geistlichen Streitfragen innerhalb Siziliens als höchster Richter zu entscheiden. Damit verfügte der König auf dem Territorium Siziliens über eine Machtstellung, die der des Papstes glich. Diese Machtfülle hat die Historiker in Erstaunen versetzt. In dem Augenblick, da der Heilige Stuhl sich überall in Westeuropa an die Durchsetzung seines Vormachtanspruchs machte, verlieh er in Sizilien, vor seiner Haustür, einem normannischen Abenteurer eine papstähnliche Machtfülle! Die Erklärung ist freilich einfach: Urban II. hatte klar erkannt, daß Sizilien, dem es nach jahrhundertelanger islamischer Vorherrschaft an festgegründeten kirchlichen Einrichtungen fehlte, zunächst einmal in den formellen Status einer Diözese erhoben, aus der griechischen in die römische Vormundschaft herübergezogen und zum Mittelpunkt einer energischen missionarischen Arbeit gemacht werden mußte. Alle diese Aufgaben riefen nach einem militärisch starken Herrscher, der in der Lage war, regionale Verwaltungszentren aufzubauen, sich auf die bestmögliche Weise mit der islamischen Mehrheit zu arrangieren und neue, von Christen bewohnte Siedlungen zu gründen. So wurden beispielsweise die Liparischen Inseln unter Roger I. zu einem Schauplatz christlicher Siedlungstätigkeit; seine Frau Adelaide brachte aus ihrer norditalienischen

Heimat einen ganzen Troß »lombardischer« Siedler mit, die sich als Kolonisten im Osten Siziliens niederließen. Rogers Aufgabe als Apostolischer Legat bestand, vereinfacht gesagt, darin, für eine höhere Anzahl von Christen auf Sizilien zu sorgen. Als weltlicher Herrscher bekleidete er dabei, rein formell betrachtet, eine nicht besonders hohe Stellung: Er war Graf von Sizilien und Kalabrien und als solcher Vasall des Herzogs von Apulien, der seinerseits päpstlicher Vasall war. Urban II. war nur zu gern bereit, Roger von Sizilien den Legatenstatus zu verleihen, betrachtete er doch Sizilien als ein vom Kirchenstaat abhängiges Staatswesen. Auf der anderen Seite lieferte er den sizilianischen Herrschern durch die Erteilung seiner Blankovollmacht durchaus eine Reihe von Argumenten, mit denen sie gegen jeglichen Versuch des Papstes, sich in innersizilianische Angelegenheiten zu mischen, aufbegehren konnten. Gewiß, in letzter Instanz mußten sie den Papst als ihren obersten Herrn anerkennen, aber das änderte nichts daran, daß der sizilianische Herrscher in Sizilien als bevollmächtigter Vertreter des Papstes amtierte. Die hier begründete Tradition der vikarischen Leitung der sizilianischen Kirche sollte sich zu einem ernsthaften Problem für die Beziehungen zwischen den Hohenstaufen und den Päpsten des 13. Jahrhunderts auswachsen.

Um die Mitte des 12. Jahrhunderts beschwerten sich römische Bürger beim deutschen König Konrad III. darüber, daß Roger II., der Sohn Rogers I., in der Tracht des Papstes auftrat – Mitra, Tunika und Dalmatika, und auch die roten Sandalen fehlten nicht; gelegentlich wird die Auffassung vertreten, die sizilianischen Herrscher hätten hierdurch ihren Status als Apostolische Legaten unterstreichen wollen. Wie bereits angedeutet, ist jedoch schwer zu entscheiden, ob diese Kleidungsstücke dem päpstlichen oder dem byzantinischen Vorbild nachempfunden waren. Klar ist, daß die normannischen Herrscher jede Gelegenheit nützten, um ihren Legatenstatus hervorzukehren: In der von Roger II. errichteten Kathedrale von Cefalù stand der Thron des weltlichen Herrschers an der Nordseite des Eingangs zum Chor, während der Bischofsthron gegenüber postiert war. Nach normannischem Brauch hätte eigentlich der Bischofsthron auf der nördlichen Seite stehen müssen, aber da der weltliche Herrscher zugleich geistlicher Oberhirte war, hielt man es offenbar für angemessen, ihm den würdigsten Platz zuzuweisen. Diese Beispiele offenbaren etwas Bedeutsames: Roger II. ging davon aus, er habe die seinem Vater verliehene Legatenwürde von diesem geerbt; die Päpste versuchten dagegen geltend zu machen, daß das Amt Roger I. nur auf Lebenszeit verliehen worden sei.

Überdies versuchte Roger II., sein Diözesangebiet auch auf Apulien und Capua auszudehnen, indem er das Recht beanspruchte, auch dort Bischöfe zu ernennen. Die Kontroverse lebte auch hundert Jahre später, unter Friedrich II., noch einmal auf, mit dramatischen Folgen.

Als Robert Guiscard im Jahr 1085 starb – während des vergeblichen Versuches, die Ionischen Inseln zu erobern –, befand sich Sizilien schon fast ganz in normannischer Hand: Noto fiel 1090; die Eroberung wurde gleichermaßen auf vertraglichem Weg wie durch Waffengewalt bewerkstelligt. Belagerte islamische Städte wurden ermuntert, sich um eine friedliche Lösung zu günstigen Bedingungen zu bemühen. Ibn-ath-Thumnah, der Emir von Catania, handelte in den sechziger Jahren Garantien für die Moslems von Ostsizilien aus; im Westen der Insel ließen die Eroberer große Gebiete praktisch unbehelligt, solange die Bewohner ihre Steuern zahlten und sich friedlich verhielten. Auf dieser Grundlage konnte die große *Bantustan-Enklave* südlich von Palermo entstehen, beherrscht von der islamischen Dynastie der Hammudiden, die faktisch so etwas wie westsizilianische Pfalzgrafen waren. Der Bischof von Girgenti (Agrigent) hatte nicht den Mut, sich in seinem Bistum auf Dauer niederzulassen: Ein flüchtiger Besuch in einem der ehemals griechischen Tempel von Agrigent, der später als Moschee gedient hatte und jetzt als Kathedrale fungierte, genügte ihm zur Geltendmachung seiner Rechte; im übrigen bangte der Bischof beim Besuch der Stadt ängstlich um seine Sicherheit.

In Palermo und anderen größeren Städten wurden Moscheen zu Kirchen umgebaut. Aus einer solchen Metamorphose soll auch die herrliche Kirche San Giovanni degli Eremiti in Palermo hervorgegangen sein: An der Stelle, an der die große Freitagsmoschee stand, wurde aus Steinblöcken mit arabischen Inschriften eine Kathedrale errichtet. Das religiöse Leben der islamischen Gemeinden hörte natürlich nicht schlagartig auf. Wie wir von Ibn Dschubair, dem Reisenden aus Granada, erfahren, fand er Trapani voll von Moscheen. Zweifellos vollzog sich in Sizilien ähnliches wie in Konstantinopel nach dessen Eroberung durch die Türken: die prächtigsten Bauten der einen Religion wurden von der anderen vereinnahmt und zu eigenen Zwecken benutzt; aber Moslems und Juden konnten sich in Sizilien weiterhin offen zum Gebet versammeln. Die Christianisierung Siziliens, wie Roger I. sie anstrebte, war ein allmählicher Prozeß. Es gibt Anzeichen dafür, daß Roger II. sich um 1150 dafür begeisterte und daß seine Nachfolger mit wachsendem Nachdruck darauf drängten, aber erst unter Friedrich II. wurde den islamischen Gemeinden der Garaus gemacht, und dies auf eine Art und

Weise, die auf päpstliche Bedenken stieß. Was die sizilianischen Juden betraf, so konnten sie sich als arabischsprachige Minderheit, die sich ihren Lebensunterhalt mit bescheidenen Handwerkstätigkeiten und in der Seidenindustrie verdiente, bis zum Ende des 15. Jahrhunderts halten; dann wurden sie von der durch die Vertreibung der Juden aus Spanien ausgelösten Welle erfaßt.

Aus der Regierungszeit Rogers I., der 1101 starb, sind wenige Dokumente und Monumente erhalten geblieben. Er hatte alle Hände voll zu tun mit »Befriedungswerken« militärischer und diplomatischer Art. Er regierte sein Reich noch weitgehend von Kalabrien aus, wo er in Mileto einen Verwaltungssitz unterhielt. Sizilien war zu dieser Zeit noch »Kampfzone«.

IV

Guiscard und sein Bruder hielten ihre Herrschaftsgebiete durch die Kraft ihrer Persönlichkeit zusammen. Als Roger starb, hinterließ er zwei minderjährige Kinder und eine willensstarke Frau, die die Regierungsgeschäfte weiterführte. Weiter nördlich standen die Zeichen nicht ganz so günstig: Guiscard vermachte sein Reich 1085 seinem zweitgeborenen Sohn Roger »Borsa«, unter Zurücksetzung des erfahreneren, eigenwilligen Bohemond, der der Erstgeborene war. Bohemond wollte sich nicht mit dem schönen Titel »Prinz von Tarent« begnügen, und als 1095 der Aufruf zum Kreuzzug – also zu kriegerischen Eroberungen in Syrien – erscholl, geriet er sogleich in Begeisterung. Der lombardisch-normannische Adel witterte beim Tod Roberts eine Chance, die Fesseln einer zentralen Ordnungsmacht abzuschütteln und den im Zuge der normannischen »Eroberung« Süditaliens zusammengerafften Grundbesitz konsolidieren zu können. Rebellion, Zersplitterung, mancherorts auch Chaos: Zu Beginn des 12. Jahrhunderts schien Süditalien wieder genauso heillos gespalten wie ein Jahrhundert zuvor, als die Normannen aufgetaucht waren und sich ihre Herrschaftsgebiete errungen hatten, die bestehenden Rivalitäten und Gegensätze geschickt dabei ausnutzend. Nun suchten größere Städte wie Amalfi ihr Heil in offener Rebellion. Wären die Byzantiner durch den Ersten Kreuzzug und die Eskapaden Bohemonds auf dem Balkan und in Antiochien nicht abgelenkt worden, es wäre dem griechischen Kaiser durchaus möglich gewesen, Apulien zurückzuerobern und seine Herrschaft dort wieder zu befestigen.

In einem der normannischen Territorien blieben die Herrschaftsverhältnisse indes vergleichsweise stabil: in Sizilien und Kalabrien. 1105 bestieg dort der jüngere Sohn Rogers I., Roger II., den Grafenthron und entfaltete in der Folge eine politische Geschicklichkeit, mit der er sich seines Onkels und seines Vaters würdig erwies. Er bot seinen Vettern in Apulien seine Unterstützung an, verlangte als Gegenleistung aber eine weitere Lockerung der ohnehin nur lasch ausgeübten Oberherrschaft des Herzogs von Apulien über Sizilien. Robert Guiscard hatte nach der Eroberung Palermos im Jahr 1072 die Hälfte der Stadt und des dazugehörigen Umlands für sich beansprucht, doch war dieser Anspruch schon zu Anfang des 12. Jahrhunderts als Gegenleistung für sizilianische Waffenhilfe aufgegeben worden. Nach 1120 stand ganz Sizilien unter der Kontrolle des Grafen. Diesem kamen denn auch die Aufstände in Apulien zugute, zumindest indirekt. Der Graf von Sizilien konnte von Glück sagen, daß es auf seiner Insel keine mächtigen Vasallen gab, die in der Lage gewesen wären, ihn herauszufordern. In der Tat konnte Roger II. es sich sogar erlauben, den Blick über seine Insel hinaus zu richten. Schon sein Vater, Roger I., war 1090 auf Malta gelandet und hatte dort versklavte und gefangengehaltene Christen befreit, und es gibt Hinweise darauf, daß er auch Nordafrika als lohnendes Objekt militärischer Begierden sah. Roger II. jedenfalls unternahm schon 1116 einen ersten verfrühten Landungsversuch an der tunesischen Küste, mit Hilfe der großen und kampfkräftigen sizilianischen Flotte, die sein Vater aufgebaut hatte. Die machtpolitischen Ambitionen Rogers II. endeten indes nicht an den Küsten Siziliens; er fühlte sich auch berufen, Afrika ins Visier zu nehmen, provoziert von moslemischen Überfällen auf sizilianische Hafenstädte und von Hilferufen bedrängter nordafrikanischer Emire, denen in ihren Auseinandersetzungen mit einheimischen Rivalen jeder mächtige Verbündete willkommen war, und sei es auch ein christlicher Graf von Sizilien.

Auch weiter östlich witterte Roger verheißungsvolle Chancen. Seine Mutter Adelaide hatte ein kurzes, wenig ruhmreiches Intermezzo als Königin von Jerusalem hinter sich – sie war gen Osten gezogen, um den Bigamisten Balduin I. zu heiraten. Daraus glaubte Roger II. so etwas wie einen Anspruch auf den Thron von Jerusalem ableiten zu können – es gab eine Vereinbarung, die besagte, daß ihm Jerusalem zufallen sollte, wenn Balduin und Adelaide keinen Erben hinterließen. Indes widerfuhr es Adelaide, daß sie mit Schimpf und Schande nach Hause geschickt wurde, als der König sich an seine schon früher geschlossene Ehe erinnerte (eine wertvolle Mitgift in Gold behielt er). Rogers

Anspruch auf Jerusalem wurde am sizilianischen Hof formuliert und ausgesprochen, aber nirgendwo zur Kenntnis genommen. Wie Wilhelm von Tyros, der im 12. Jahrhundert die Chronik des lateinischen Königreichs Jerusalem schrieb, zu berichten wußte, war Roger über die Behandlung, die seiner Mutter im Heiligen Land widerfahren war, so aufgebracht, daß er und seine Nachfolger dem Kreuzfahrerstaat keine nennenswerte Unterstützung mehr angedeihen ließen. Das ist vermutlich übertrieben, aber festzustehen scheint, daß der Umgang mit dem Königreich Jerusalem bei Roger einen bitteren Nachgeschmack hinterlassen hatte und daß ihm die Suche nach Freunden in Ägypten vielversprechender erschien als in den Kreuzfahrerstaaten. Roger korrespondierte (wie nach ihm Friedrich II.) mit den in Kairo residierenden ägyptischen Machthabern und scheint sich deren Hochachtung erworben zu haben: Wärst Du doch nur ein Moslem und nicht ein Christ, schrieben sie ihm, Du wärst der klügste König auf der Welt! Schmeicheleien gehören in der arabischen Welt von jeher zum guten Ton, aber die Ägypter mußten einfach beeindruckt sein von Rogers Interesse an Philosophie und Naturwissenschaft und von seiner Großzügigkeit gegenüber islamischen Gelehrten. Es war jedenfalls Roger, der einen Handelsvertrag mit Ägypten zustande brachte.

Ein weiterer Kreuzfahrerstaat erregte das Interesse Rogers II.: Antiochien, wo einst sein Vetter Bohemond regiert hatte. Auch hier konnte er einen Erbfolgeanspruch erheben, den der antiochische Adel (der zu einem beträchtlichen Teil normannischer Herkunft war) jedoch zurückwies. Roger versuchte mit allen Mitteln auf diejenigen einzuwirken, zu denen er Zugang hatte, beispielsweise auf den Patriarchen von Antiochien, der Roger einen Besuch abstattete und dabei höchst Schmeichelhaftes zu hören bekam – man sagte ihm, auch er sei Amtsnachfolger des Heiligen Petrus und sitze auf einem Bischofsstuhl, den der Apostel begründet habe, bevor er überhaupt nach Rom gekommen sei. Somit sei der Patriarch von Antiochien dem Bischof von Rom ebenbürtig. Aber mit Schmeicheleien war Antiochien nicht zu erobern.

Diese bemerkenswerten Ambitionen, auf ein so fernliegendes Ziel gerichtet, verraten eine ganze Menge. Roger war offensichtlich bereit, außer mit dem Papst auch mit anderen Patriarchen ins Geschäft zu kommen; wie es scheint, spielte er bei anderer Gelegenheit mit dem Gedanken, sich an den Patriarchen von Konstantinopel zu wenden. Das hing zweifellos damit zusammen, daß ihm die angemaßte päpstliche Oberherrschaft über sein Reich ein Dorn im Auge war; er hoffte, sich mit Hilfe anderer, und sei es auch orthodoxer Patriarchen, davon befreien zu können. Dazu kam, daß Roger in den Kreuzfahrerstaaten Staatswesen sah, die, wie sein eigenes, im geographischen Grenzbereich zwischen der christlichen und der islamischen Welt lagen, in diesem Fall zwischen dem byzantinischen Kilikien, dem türkischen Seldschukenstaat und dem Ägypten der Fatimiden. Es ist denkbar, daß er von Bohemond die Idee übernahm, sowohl Italien als auch Antiochien als Sprungbrett für die Eroberung byzantinischer Territorien zu benutzen. In erster Linie belegen diese Kontaktaufnahmen jedoch, daß Roger sich spätestens in den zwanziger Jahren des 12.Jahrhunderts Hoffnungen auf eine Königskrone machte. Jerusalem hatte eine solche Krone zu bieten, nicht aber die Grafschaft Sizilien, die ein feudales Anhängsel Apuliens und letzten Endes Roms war. Schließlich gibt es Anzeichen dafür, daß mit dem Gedanken an ein römisch-christliches Mittelmeerreich gespielt wurde, errichtet auf den Trümmern des alten römischen Imperiums, darunter Sizilien, Teile Afrikas und der Levante und sogar einige Gebiete in Spanien (wo Roger II. und der Graf von Katalonien 1127/28 einen militärischen Vorstoß gegen das islamische Valencia planten) – ein maritimes Großreich, zusammengehalten von der sizilianischen Flotte und finanziert (zumindest teilweise) durch die Reichtümer Siziliens.

Gerade als Rogers spanische Pläne Gestalt anzunehmen begannen, eröffneten sich auf dem süditalienischen Festland neue Chancen; unvermittelt zog er seine Flotte, die sich gerade auf die Expedition gegen Valencia vorbereitete, zurück und schickte sie statt dessen gegen eine christliche Stadt Salerno. 1127 starb Roger Borsas Sohn Wilhelm, Herzog von Apulien, kinderlos; er hinterließ ein politisches Chaos. Erneut konnte Roger II. seinen Erbanspruch anmelden, der ihm allerdings von vielen Rivalen streitig gemacht wurde. Zu deren Überraschung marschierte er unverzüglich in Süditalien ein und besetzte das beanspruchte Gebiet. Zwei Jahre später hatten selbst die normannischen Fürsten von Capua, deren Haus niemals den Hautevilles untergeordnet gewesen war, seine Oberherrschaft anerkannt.

So vollständig war der von Roger errungene Triumph, daß er es darüber versäumte, seine neu errungene Stellung ausreichend abzusichern. So bekam er es mit einer langen Reihe von Rebellionen, ja selbst mit Invasionen seitens der Byzantiner zu tun, ehe seine Rivalen seinen Vorrang endgültig anerkannten. 1129 freilich, im Augenblick seines glänzendsten Erfolges, erschien er als derjenige, dem es endlich gelungen war, Sizilien und Süditalien zu einigen – und auch Eintracht zwischen seinen alten und neuen Vasallen zu stiften. 1129 trat in Melfi im süditalienischen Hinterland ein großes *parliamentum* zusammen, eine Baronsversammlung, und proklamierte einen »Landfrieden«: Der Kleinkrieg zwischen den Vasallen sollte aufhören, zentrale Rechtsinstanzen sollten das letzte Wort haben, Straßen und Kaufleute sollten geschützt werden. Dieses *parliamentum* war nur das Vorspiel zu größeren Dingen: 1130 boten Rogers Barone ihm eine Krone an. Gewiß war es der künftige König selbst, der ihnen diesen Gedanken nahegelegt hatte. Er verließ sich jedoch nicht ausschließlich auf ihr Votum. Anaklet II., einer von zwei Anwärtern auf den Stuhl Petri – und im Jahr 1130 der aussichtsreichere Bewerber –, schickte einen Emissär nach Palermo, der Roger am Weihnachtstag des Jahres 1130 im Namen und Auftrag des Papstes zum »König von Sizilien und Italien« krönte. Diese Berufung auf die legitimierende Kraft einer Adelsversammlung, aber auch auf die Autorität des Stellvertreters Christi ist ein weiteres Beispiel für die Unbefangenheit, mit der Roger aus höchst unterschiedlichen Denktraditionen zu schöpfen bereit war, um seine Ziele zu erreichen.

Die Errichtung eines neuen Königreichs war auch im Mittelalter kein alltäglicher Vorgang. Wirklich neue Königreiche wie die von Sizilien, Zypern oder Armenien wurden im 12. Jahrhundert von Päpsten oder Kaisern ins Leben gerufen; eine Ausnahme bildete das christliche Königreich von Jerusalem, das nicht von einer höheren Instanz begründet wurde. Wenn der Papst ein neues Königreich stiftete, stellte sich die Frage, wie die weströmischen Kaiser darauf reagieren würden. Und diese wehrten sich heftig gegen die Schaffung eines sizilianischen Königreichs, betrachteten sie doch Süditalien als Bestandteil ihres eigenen *regnum Italicum*. Daß Roger sich »König von Sizilien und Italien« nannte, machte die Sache nicht besser, zeugte diese Namensgebung doch von einem Machtanspruch Rogers über das ganze *regnum Italicum* oder mindestens Teile davon. Tatsächlich kam in dem Titel, den er wählte, ein Problem anderer Art zum Ausdruck: Roger herrschte über einen Flickenteppich von Ländern, über römisch-christliche (die Abruzzen), über vorwiegend oder größtenteils griechische (Apulien, Kalabrien) und im westlichen Sizilien auch über islamisch dominierte Landesteile. Es gab keinen einfachen Herrschertitel, der sich ihm angeboten hätte; 1139 benannte er sich auf Drängen des Papstes um in »König von Sizilien, des Herzogtums Apulien und des Fürstentums Capua«. Damit war den päpstlichen Wünschen Genüge getan, machte dieser neue Titel doch den Fortbestand der normannischen Staaten auf süditalienischem Boden als separate Staatswesen deutlich, auch wenn sie nun unter einem Herrscher und einer Regierung vereint waren. Und diese Staaten waren nach geschichtlichem Herkommen Vasallenstaaten des Heiligen Stuhls.

Ein Flickenteppich von Ländern und ein Flickenteppich von Ideen über das Wesen ihrer eigenen Monarchie: Die Könige von Sizilien ließen sich von unterschiedlichsten Vorbildern inspirieren – von den byzantinischen Kaisern und ihren Statthaltern im ehemals byzantinischen Italien, von den Päpsten (besser gesagt von Macht und Ansehen des Heiligen Stuhls), von der Praxis des abendländischen Feudalismus, deren Einfluß sich in den *parliamenta* zeigte, die die Handlungen Rogers als oberster Gesetzgeber und Anwärter auf die Königswürde absegneten und unterstützten. Zweifellos wurden auch von den Moslems Dinge übernommen; in den von Roger eroberten nordafrikanischen Städten wurden Münzen geprägt, auf denen der König als Schutzherr der islamischen Gläubigen bezeichnet (allerdings nicht selbst als Gläubiger dargestellt) wurde, wobei genau dieselben Formeln verwendet wurden, deren sich seine islamischen Vorgänger bedient hatten. War es mehr als bloß ein eklektisches Bündel monarchischer Ideale, gegründet auf ein höchst praktisches Prinzip: daß der König sich seinen griechischen Untertanen als byzantinischer *basileus* präsentieren müsse, seinen moslemischen als Emir, seinen römisch-christlichen als feudaler Monarch? Manche Historiker haben dies nicht einmal erwogen, sondern stets nur einen dieser Aspekte gegenüber den anderen übermäßig in den Vordergrund geschoben. Ménager hebt die westlichen Attribute hervor: das Tragen »päpstlicher Gewänder« (auch wenn dieser Begriff selbst in Dokumenten aus dem 12. Jahrhundert eine nur vage umrissene Bedeutung hat), die Praxis liturgischer Akklamationen, auch *laudes* genannt, die offenbar aus dem normannischen Rouen übernommen und demgemäß nordeuropäischen Ursprungs war. Auch auf die *parliamenta* kann Ménager seine These stützen. Er wendet sich gegen die Auffassung, die normannische Monarchie habe sich mit großem Aufwand »byzantinisch« gebärdet; konfrontiert mit Mosaiken, die den König in byzantinischer Herrschertracht zeigen und in einem Fall sogar der ikonographischen Darstellung der byzantinischen Metropoliten nachempfunden sind, behauptet Ménager, dies beweise noch gar nichts – die sizilianischen Mosaikkünstler seien Einwanderer aus dem byzantinischen Kernland gewesen und hätten eben nach ihren eigenen Vorstellungen vom Erscheinungsbild eines Herrschers gearbeitet.

Diese Gedankengänge Ménagers sind insofern nützlich, als sie eine der Perspektiven erläutern, aus denen der König gesehen wurde – wahrscheinlich sahen ihn so im 12. Jahrhundert die römisch-christlichen

Bewohner des süditalienischen Festlands, der von Roger 1127 und danach erworbenen »neuen Gebiete«. Tatsächlich existierten in diesem Teil des Königreichs eingewurzelte Traditionen, aus denen Roger schöpfen konnte: Die lombardischen Fürsten von Capua und Benevento, die im 10. und 11. Jahrhundert hier regiert hatten, waren beim Empfang ihrer Herrscherwürde gesalbt worden und hatten Gewänder getragen, die denen der byzantinischen Kaiser oder der Päpste – oder beiden – nachempfunden waren. Die Erzbischöfe von Benevento hatten sogar eine Tiara getragen, bis das Papsttum dieser Praxis ein Ende machte. Das Wesentliche aber ist, daß im südlichen Italien die Vorstellung vom *princeps* als einem autonomen, souveränen Herrscher, der die gesamte Machtfülle seines höchsten Oberherrn in Konstantinopel repräsentiert, vom 10. Jahrhundert an festen Fuß gefaßt hatte. Die lombardischen Fürsten in Süditalien waren außer Königen und Kaisern die einzigen weltlichen Herrscher, die beim Empfang ihrer Herrscherwürde gesalbt wurden – ein höchst bedeutungsvoller Akt der Heiligung, der ihrer Macht eine höhere Weihe und ihnen selbst eine gleichsam übermenschliche Aura verlieh. Auf solche Traditionen griffen die Normannen, griffen Guiscard und die beiden Rogers zurück und modifizierten sie gemäß ihren Bedürfnissen.

Roger II. fügte dem Vorgefundenen aber auch eine ganze Menge hinzu. Wie Walter Ullmann gezeigt hat, bietet die Interpretation Ménagers nicht für alles eine Erklärung. Es gab eine gedankliche Klammer, die alles zusammenhielt; weder klaubte Roger einfach irgendwelche bestehenden Vorstellungen über das Wesen der Monarchie zusammen, noch war es so, daß die von Ménager herausgearbeiteten feudalen Praktiken in den Vordergrund traten. Das normannische Königreich war ein Territorialstaat, sein Herrscher ein Herr in seinem eigenen Königreich«, d.h. ein vollständig autonomer Herrscher mit dem legitimen Recht, die weltlichen und religiösen Angelegenheiten seiner Untertanen uneingeschränkt zu kontrollieren. Das soll nicht heißen, daß Roger sein Königreich als einen Nationalstaat begriffen hätte; dies wäre bei der tatsächlichen Vielfalt der darin ansässigen Völkerstämme und Religionen undenkbar gewesen. Außerdem ging Roger ebensowenig wie Guiscard vor ihm davon aus, daß die Grenzen seines Reichs mit den Küsten Italiens und Siziliens identisch sein und bleiben müßten; der Gedanke an eine militärische Expansion auf afrikanischem Boden oder auf dem Balkan lag ihm niemals fern. *»Omnes possessiones regni mei meae sunt«* – alle Besitzungen im Königreich gehören mir, schärfte der König einmal einer Gruppe von Bischöfen ein. Diese Einstellung wurde von Zeitgenossen registriert und unter dem Begriff »Tyrannei« zusammengefaßt. Manche Autoren, wie Johannes von Salisbury, verwendeten den Ausdruck wertneutral, zur sachlichen Kennzeichnung von Rogers schrankenlosem Machtanspruch; andere, wie der hl. Bernhard, erkannten das darin steckende polemische Potential.

Roger war nicht der Erfinder dieser Ideen; sie entstammten vielmehr dem römischen Gesetzeskodex. Allem Anschein nach kursierten im südlichen Italien Textauszüge aus dem Kodex Justinians, wie verfälscht sie auch immer gewesen sein mögen. Sicher scheint, daß die normannischen Herrscher aus einem umfangreichen Korpus nachher verlorengegangener Gesetzestexte schöpfen konnten, die schon zu Anfang des 12. Jahrhunderts außerhalb der Grenzen des normannischen Königreichs kaum noch bekannt waren. Roger II. war mit seinen Anleihen beim römischen Recht den deutschen Kaisern um mehrere Jahrzehnte voraus, und man kann mit guten Gründen behaupten, daß er die Grundsätze dieses Rechts rascher erkannte und entschiedener umsetzte als die Kaiser:

Die Urteile, Pläne und Unternehmungen des Königs soll niemand in Frage stellen. Denn Kritik zu üben an seinen Entscheidungen, Akten, Erlassen, Plänen oder daran, ob ein vom König Ausgewählter dieser Wahl würdig sei, ist einem Sakrileg vergleichbar.

Der König stand über dem Gesetz; das war reinster Justinian, übernommen von Roger, der lediglich an die Stelle von *princeps* den Begriff *rex* setzte. Es handelte sich also um einen genau auf Rogers Königreich zugeschnittenen Gesetzestext. Der Tatbestand des Majestätsverbrechens oder Hochverrats wurde nach römischem Vorbild definiert und so erweitert, daß er auch die Ketzerei mit einschloß. Denn indem ein Ketzer religiöse Dogmen in Frage stellte, zweifelte er zugleich auch die Gotterwähltheit des Herrschers an.

Somit war die sizilianische Monarchie kein absolutes Novum. Die Ideen, die Roger beseelten, waren Rechtsideen aus spätrömischer Zeit, vermittelt über das byzantinische Italien und nunmehr auf neue und andersartige Verhältnisse angewandt: auf eine Territorialmonarchie, deren Herrscher sich keiner höheren Autorität untertan fühlte, weder dem westlichen noch dem östlichen Kaiser noch selbst dem Papst. Alte Gesetzestexte dienten ihm zur Bestätigung der Rechte und Machtbefugnisse einer neuen Institution, der sizilianischen Monarchie. Das Revolutionäre daran war die Übertragung einer monarchischen Idee aus dem Universalismus spätrömischer Rechtsnormen auf die regionale Autonomie des sizilianischen Königreichs.

Roger war sogar selbst bestrebt, sein Königreich als gar nicht so neuartig darzustellen: In Syrakus und anderswo habe es schon 1500 Jahre zuvor »Tyrannen« gegeben. Das war schön und gut, aber es nährte doch auch die Kritik derer, die in Roger nichts weiter als einen Tyrannen sahen. Davon unbeeindruckt, ließ Roger Bronzemünzen nach dem Vorbild antiker Geldstücke prägen, offenbar um zu unterstreichen, daß das sizilianische Königreich nicht *ex nihilo* erschaffen, sondern lediglich wieder zum Leben erweckt worden sei.

Nichts hat so viel Verwirrung über das Selbstverständnis Rogers II. als Monarch hervorgerufen wie seine Beziehungen zu den byzantinischen Kaisern. Ein Großteil seiner Regierungszeit war mit offenen oder angedrohten Konflikten mit Byzanz angefüllt; doch in den Jahren 1141 und 1143 schickte er Gesandtschaften an die Kaiser Johann und Manuel Komnenos und übermittelte ihnen seine Forderung, als *basileus* anerkannt zu werden. Zu eben dieser Zeit erteilte sein Statthalter Georg von Antiochien den Auftrag für ein Mosaik, das die Krönung des Königs durch Christus zeigte, und ebenfalls zu dieser Zeit verschlechterten sich seine Beziehungen zum Papst wieder einmal wegen Differenzen über das Apostolische Legat. Worauf wollte Roger hinaus? Der Ausdruck *basileus* warf Probleme auf. Er war, wie man im Westen sehr wohl wußte, der zentrale Titel in einer langen Liste von Titeln, mit denen sich der byzantinische Kaiser schmücken konnte (die Byzantiner freilich wußten, daß die von Gott verliehene Autorität des Kaisers sich jeder menschlichen Beschreibung entzog). Im Altgriechischen hatte *basileus* die Bedeutung »König«. Wenn westliche Herrscher die Byzantiner herausfordern wollten, adressierten sie ihre Briefe nach Konstantinopel an den »König der Griechen«; die Byzantiner betrachteten ihren Herrscher nämlich als »Kaiser der Römer«, d.h. als den von Gott eingesetzten Universalherrscher, den Nachfolger Konstantins.

Rogers Idee, eine aus der universellen Gemeinschaft der Christen herausgelöste Territorialmonarchie zu akzeptieren, fiel den Byzantinern nicht leicht; es bestand in Byzanz eine Neigung, an der prachtvollen Fiktion eines universellen Kaiserreichs festzuhalten und die Königreiche im Westen als subalterne Provinzen einzustufen, denen man großzügigerweise gestattete, sich selbst zu regieren (wobei allerdings Süditalien und Sizilien als Ausnahmefall galten – sie waren den Byzantinern von den Normannen »gestohlen« worden). Was Roger von Konstantinopel verlangte, war die Anerkennung der neuen Gegebenheiten. Wenn er von den Byzantinern forderte, ihn als *basileus* anzuerkennen, so stand dahinter nicht ein dreistes Ansinnen, sich dem ost- oder dem weströmischen Kaiser gleichzustellen; worum es ihm ging, war die Anerkennung als Territorialmonarch, der in seinem Reich die volle monarchische Souveränität genoß, wie sie in den Gesetzestexten Justinians definiert war. Doch die Byzantiner erblickten selbst darin schon den Gipfel der Unbotmäßigkeit; der sizilianische Gesandte wurde gefangengesetzt, und die Beziehungen verschlechterten sich weiter.

Ein gewisses Licht auf diese Vorgänge wirft vielleicht ein Buch, das ein byzantinischer Gelehrter gerade um diese Zeit an Rogers Hof verfaßte: die *Geschichte der Fünf Patriarchate* von Neilos Doxopatrios. In diesem Buch werden die Normannen dafür getadelt, daß sie Länder des römischen Kaisers an sich gerissen hatten – eine bemerkenswerte Aussage in einem Buch, das einem Normannenkönig gewidmet war –, doch wird auch die These vertreten, Sizilien und das südliche Italien gehörten zum Patriarchat von Konstantinopel und stünden nicht unter der geistlichen Oberaufsicht des Bischofs von Rom. Es ist denkbar, daß Roger auf diesen Gedanken, dessen er sich bei seinen Auseinandersetzungen mit der Kirche bereits bedient hatte, zurückkam, um sich beim byzantinischen Kaiser Gehör zu verschaffen und ihm das Angebot einer Rückkehr in die orthodoxe Glaubensgemeinschaft anzubieten. Das wäre zumindest ein sehr geschicktes Verfahren gewesen, Druck auf den Papst auszuüben, wenn dieser Schwierigkeiten hinsichtlich des Apostolischen Legats machte.

Im Zentrum dieser diplomatischen und teilweise auch kulturellen Aktivitäten stand die Durchsetzung des Autonomieprinzips. Roger war sich des römischen Ursprungs seiner Ideen bewußt, und es war das Rom Konstantins oder zumindest das Römische Reich Justinians, von dem er sich inspirieren ließ – es erschien ihm als das beste zur Verfügung stehende Vorbild einer römisch-christlichen Monarchie. Nicht zufällig entschied er und seine Nachfolger sich für Grabsteine aus Porphyr, einem purpurfarbenen Marmor, wie ihn die römischen Kaiser der Antike und später viele Päpste für ihre Grabstätten gewählt hatten. In Byzanz dagegen war man vom Porphyr abgekommen, offenbar weil es keinen ausreichenden Nachschub dafür gab. Es war dies ein weiterer Bereich, in dem die sizilianische Monarchie an konstantinische Vorbilder anknüpfte.

V

Vor der Versammlung von Melfi im Jahr 1129 hatte Roger II. sich als ein außerordentlich kompetenter Herrscher präsentiert, der sich auch noch um die Vasallen seiner Vasallen und um die Fremden in seinem Land, etwa Pilger und Kaufleute, kümmerte – um alle, die in seinem Herrschaftsgebiet lebten oder es besuchten. Er verstand sich also bereits 1129 als umsichtiger Monarch; was noch fehlte, war die Absegnung seiner besonderen Stellung durch die Rituale der Krönung und Salbung. Mit der Autorität einer Königswürde würde Roger in der Lage sein, eine einheitlichere Gesetzgebung und Verwaltung durchzusetzen. Freilich funktionierten in seinem Herrschaftsgebiet Regierung und Verwaltung auch schon vor 1130 präziser und effizienter als in irgendeinem anderen abendländischen Staatswesen; die Wirren, die 1085 in Apulien eingesetzt hatten, vermochten das Regierungssystem, das ein Vermächtnis aus byzantinischer Zeit war, nicht zu erschüttern. In Kalabrien wie in Sizilien ruhte ein hochgradig zentralisierter Verwaltungspparat auf arabischen und byzantinischen Fundamenten. Roger II. war eigentlich nicht der Architekt dieses Gebäudes; sein Vater, sein Onkel, vor allem aber die griechischen Statthalter in Süditalien hatten die entscheidenden Beiträge geleistet. Von der Mitte des 11. Jahrhunderts an bis in die Regierungszeit Friedrichs II. fanden beständige Umbauarbeiten an einem Gefüge statt, das in seiner grundlegenden Form schon lange vor der normannischen Zeit entstanden war.

Neu war freilich der Versuch, die Verantwortung für die Untertanen in die Hände einer einzigen Person, des Königs selbst zu legen. Das war insofern außergewöhnlich, als nach den herkömmlichen Grundsätzen des Feudalsystems dem König im wesentlichen nur die Rechtsprechungs- und Entscheidungsgewalt in solchen Angelegenheiten vorbehalten war, die seine Stellung, seine Domänen und seine amtlichen Bedürfnisse betrafen, während die größeren unter seinen Vasallen in ihren Herrschaftsgebieten weitgehend souverän walteten. Im England des 12. Jahrhunderts erlebte dieses System eine weitgehende Aushöhlung und noch mehr in Sizilien, wo der Widerstand dagegen von der Krone selbst ausging. Der König behielt sich hier das Recht vor, in die Erbfolge seiner Lehensleute einzugreifen. Er konnte also beispielsweise verhindern, daß ein Lehen an einen Erben fiel, der ihm nicht genehm war, weil er ihn für zu jung oder zu unbotmäßig hielt. Selbstverständlich behielt er sich das Recht vor, über Kapitalverbrechen zu richten, vor allem über Verstöße der schwersten Art, nämlich Anschläge auf seine Person oder seine Höflinge. Allerdings schaffte er die Patrimonialgerichtsbarkeit nicht restlos ab; einige bedeutende Grundherren im südlichen Italien – die Äbte von Montecassino beispielsweise oder die Grafen von Conversano – blieben lokale Gerichtsherren. Roger ging jedoch zunehmend dazu über, als Gegenleistung für die Anerkennung solcher Sonderrechte militärische Dienstbarkeiten zu verlangen, und zwar auch von Klöstern. Das Entscheidende war, daß es im Ermessen des Königs lag, diese Rechte zu gewähren oder zu entziehen; auch die Ausübung von Patrimonialgewalt bedurfte der ausdrücklichen Bewilligung durch den König und konnte von ihm (zumindest theoretisch) nach Gutdünken storniert werden. Die Gewalt über Leben und Tod wurde im übrigen auch den ansonsten privilegierten Grafen und Äbten entzogen und den königlichen Gerichten überantwortet.

Es gab natürlich Probleme beim Zugang zu den zuständigen Gerichtsinstanzen. In den entlegeneren Landesteilen Süditaliens, wo der König selten oder nie seinen Fuß hinsetzte, mußten Bevollmächtigte eingesetzt werden. Roger II. griff hier einfach auf den byzantinischen Justiz- und Militärapparat zurück, wie ihn Guiscard und die Herzöge von Apulien hinterlassen hatten. Unter Roger II. entwickelte sich ein System von »Justitiaren«; es waren dies königliche Beamte oder Beauftragte, die die königliche Gerichtsbarkeit in den Randgebieten des Königreichs verkörpern und vollziehen sollten. Im 12. Jahrhundert waren viele dieser Justitiare angesehene lokale Grundherren; im Südosten Italiens beispielsweise erhielt Graf Boamund einen Gerichtsbezirk zugewiesen, der außer seinen umfangreichen eigenen Ländereien noch weitere angrenzende Gebiete umfaßte. Die Praxis, Grundbesitzer als Justitiare einzusetzen, überdauerte das 12. Jahrhundert nicht lange: Friedrich II. schaffte sie vollends ab. Es gibt Anzeichen dafür, daß sich schon unter Roger II. die Krone bemühte, sicherzustellen, daß ein Justitiar sein Amt nicht in dem Gebiet ausübte, in dem der Großteil seines eigenen Grundbesitzes lag. Zwar verfügten die Justitiare über Amtssitze in den wichtigsten Städten ihres Gerichtsbezirks – der des Bezirks Terra d'Otranto beispielsweise in Brindisi, Lecce, Otranto und Tarent –, doch wurde von ihnen erwartet, daß sie ihren Bezirk bereisten und an Ort und Stelle Ermittlungen anstellten. Das entsprach genau den Aufgaben, die im 10. und zu Beginn des 11. Jahrhunderts die byzantinischen Gouverneure wahrgenommen hatten.

Diese Regelung hatte ganz offenkundig zwei Seiten. Durch die Ausübung seiner richterlichen Gewalt führte der König den Untertanen seine Amtsautorität deutlich vor Augen und demonstrierte, daß er in der Lage war, auch bei persönlicher Abwesenheit die Regierungszügel zu führen. Die Richter waren Werkzeuge seiner Herrschermacht; sie sprachen mit der Stimme des Königs. Auf der anderen Seite aber war die Rechtsprechung auch eine Geldquelle. Die Einnahmen daraus – Geldstrafen, Vermögenseinziehungen oder die von Klägern zu entrichtenden Gebühren und »Provisionen« – trugen ihren Teil zu den stattlichen Einnahmen des normannischen Staates bei. Eine wachsame Verwaltung, die Erbfälle kontrollierte, Bodenstreitigkeiten schlichtete oder entschied und die Macht besaß, Privilegien zu verleihen und unanfechtbare Schiedssprüche zu erwirken, konnte auf diese Weise sich selbst finanzieren.

Die Provinzen bargen indessen noch andere Schätze, um die sich die Krone kümmerte. So berief der König Kämmerer (*camerarii*) zur Verwaltung der königlichen Domänen, der Staatswälder, der an ausländische Kaufleute vergebenen Lizenzen usw. Diese Kämmerer konnten sich wiederum auf ein Heer von Vögten (*baiuli*) stützen, die flächendeckend über ihren Amtsbezirk verstreut waren. Einige süditalienische Familien machten im Staatsdienst ihr Glück: Die apulische Familie Tassilgardo, die über städtischen Grundbesitz, nicht aber über große Latifundien verfügte, stellte über mehrere Generationen hinweg Kämmerer und andere Staatsdiener. Bereits im 12. Jahrhundert wurden häufig Ritter und gutsituierte Stadtbürger in den Staatsdienst berufen, Männer, die ihre Stellung weitgehend oder ganz der Gunst des Königs verdankten. Im 13. Jahrhundert sollte Friedrich II. diesen Grundsatz noch sehr viel konsequenter anwenden. Daß der Monarch gern auf Beamte von relativ bescheidener Herkunft zurückgriff, konnte natürlich auch Spannungen erzeugen. Auf Maio von Bari, der nach dem Tod Rogers II. als leitender Minister fungierte, blickten die normannisch-lombardischen Aristokraten geringschätzig herab: Sie sahen in ihm einen einfachen apulischen Ölhändler, obgleich er in seiner Heimatstadt Bari wahrscheinlich dem örtlichen Patriziertum angehörte. Sowohl Normannen als auch Hohenstaufen waren sich der Gefahr bewußt, daß der Unmut gegen die *novi homines* zu Gewaltausbrüchen führen konnte. Maio selbst wurde von seinen Feinden ermordet.

Besondere Probleme stellten sich im südlichen Italien: Einzelne Regionen wurden hier noch von mächtigen Großgrundbesitzern beherrscht, und die königlichen Prärogativen im Erbrecht und die königliche Gerichtsbarkeit reichten nicht aus, um die Macht dieser Großen zu brechen. Roger und seine Nachfolger konnten ihre Loyalität nur gewinnen, indem sie ihnen vor Augen führten, daß staatliche Verwaltung und Rechtsprechung reibungslos funktionierten, einigermaßen unparteiisch gehandhabt wurden und letzten Endes das Ziel einer guten christlichen Regierung anstrebten, die den Interessen der königlichen Untertanen diente. Seit 1129 gelang es Roger II. mit bemerkenswertem Erfolg, dieses Ziel hervorzuheben.

In Sizilien hingegen hatte er es leichter. Hier war die Machtbastion der Hautevilles, und ein großer Teil des Landes befand sich im Besitz des Herrschers oder von Rittern, die ihm unmittelbar zu Gefolgschaft und Loyalität verpflichtet waren. Hier lag auch die königliche Residenzstadt Palermo, die normannische Hauptstadt (die wirklich als Hauptstadt fungierte, zu einer Zeit, da andere Königreiche die Regierung in der Regel noch nicht an einem Ort konzentriert hatten). Rogers unmittelbarer Nachfolger Wilhelm I. (»der Schlechte«) verbrachte den größten Teil seiner Amtszeit in Palermo – und davon wiederum die meiste Zeit in den Lustgärten und Harems seines Palastes, wie zumindest seine Feinde ihm nachsagten. Die überwiegende persönliche Anwesenheit des Herrschers in Sizilien ermöglichte hier den Aufbau einer andersartig organisierten Verwaltung, die sowohl auf arabischen als auch auf byzantinischen Säulen ruhte. Eine Verwaltungsbehörde, die drei verschiedene offizielle Namen trug – *diwan at-tahqiq al-mamur, mega sekreton* und *duana de secretis* – und in drei Sprachen arbeitete, kümmerte sich um die inneren Angelegenheiten der Insel, nicht dagegen (oder wenigstens nicht sehr gründlich) um die des Festlands. Sie kontrollierte die Einkünfte aus den königlichen Domänen, von denen die meisten ohnehin auf der Insel lagen, beaufsichtigte Kämmerer und Vögte und stellte Bodenkataster zusammen, die von Historikern vielfach mit dem im normannischen England erstellten Domesday Book verglichen worden sind. Tatsächlich aber beruhten sie auf älteren griechischen und arabischen Grundbüchern, die im byzantinischen Kalabrien und im moslemischen Sizilien angelegt worden waren. Diese Kataster selbst sind nicht erhalten geblieben, doch finden sich in Lehensurkunden Auszüge daraus, in denen zuweilen sogar die Namen der zu der betreffenden Besitzung gehörenden islamischen Leibeigenen verzeichnet sind.

Ein Gelehrtenstreit ist über die Frage entbrannt, welche Kompetenzen die *duana de secretis* im einzelnen hatte und wie sie sich zu einer zweiten *duana* verhielt, der *duana* der Barone, die gegen Ende des 12. Jahrhunderts in Erscheinung trat und offenbar hauptsächlich für das süditalienische Festland zuständig war. Die Tatsache, daß unter Friedrich II. die *duana de secretis* reorganisiert wurde und fortan unter dem

Namen *secrezia* lief, macht das Problem nur noch komplizierter. Die Trennung zwischen Sizilien (einschließlich Kalabriens) und dem Rest Süditaliens hielten die Normannen, wie es scheint, im Grundsatz aufrecht, und sicherlich kamen in dieser Trennung die Unterschiede zum Ausdruck, die im Hinblick auf königlichen Einfluß und Domänenbesitz zwischen Insel und Festland bestanden. Diejenigen Historiker, die im normannischen Sizilien einen »Modellstaat« zu erkennen vermeinten, gingen davon aus, daß das Wort des Königs in den ländlichen Regionen Nordwestsiziliens ebensoviel Gewicht hatte wie in den Grenzregionen der Abruzzen. Doch ganz so homogen war das Königreich im 12. Jahrhundert noch nicht; erst unter Friedrich II. wurden Anzeichen sichtbar, daß sich eine einheitliche Verwaltungspraxis durchsetzte. Der »Modellstaat« umfaßte im 12. Jahrhundert erst Sizilien und die Spitze des italienischen Stiefels. In diesen Gebieten war die königliche Autorität mehr oder weniger unangefochten, aber auch hier gab es Ausnahmen: das islamische »Bantustan«, die lombardischen Besitzungen im östlichen Sizilien, die widerspenstige Stadt Messina, die Ländereien einiger griechischer Klöster.

Eine zweite These besagt, die Regierungsmethoden hätten sich nicht nennenswert gewandelt, die Regierung in Sizilien sei ein Beispiel für eine rationale Verwaltung mit dem Ziel höchster Effizienz gewesen. Doch so wurde im Mittelalter nicht regiert. Improvisation, Experimente, unvermittelte Kehrtwendungen waren an der Tagesordnung. Auf Roger folgte ein König, der sich ein Stück weit aus der Tagespolitik zurückzog und seinem leitenden Minister, dem sogenannten Emir der Emire, die Staatsgeschäfte überließ: Dies war der später ermordete Maio. Nach seiner Beseitigung verlangten die Barone Süditaliens die Abschaffung seines Amtes. So geschah es, doch wenig später wurde das Amt eines Kanzlers, mit ähnlich weitgehenden Machtbefugnissen geschaffen.

Einer dritten These zufolge nahm sich die sizilianische Regierung fürsorglich der Bedürfnisse aller Untertanen des Königs an, der griechischen ebenso wie der römisch-christlichen, jüdischen und islamischen. Amtliche Dokumente wurden in griechischer, lateinischer und arabischer Sprache veröffentlicht. Eine berühmte Miniatur aus dem Jahr 1189 zeigt die *duana de secretis* bei der Arbeit, assistiert von drei Schreibern: einem Lateiner mit Tonsur, einem bärtigen Griechen und einem Moslem mit Turban. Die Mehrsprachigkeit der Verwaltung aber war ein Gebot der Notwendigkeit; der König blickte keineswegs mit gleich großer Huld auf alle seine Untertanen, doch er wußte, daß seine Verwaltung ihnen allen verständlich sein mußte, wenn sie funktionieren sollte. Toleranz war eine Tugend, die in den höchsten Kreisen der sizilianischen Hierarchie nicht eben sehr verbreitet war. Von islamischen Beamten, zumindest in den höheren Rängen, wurde der Übertritt zum Christentum erwartet; Philip von Mahdia konvertierte, doch als ruchbar wurde, daß er rückfällig geworden war, wanderte er als Ketzer auf den Scheiterhaufen.

Dies trug sich 1154 zu, in Rogers letztem Lebensjahr. Sein Todesurteil gegen Philip wird hin und wieder als Fehlentscheidung eines todkranken Königs abgetan, der dem göttlichen Gericht entgegensah. Doch das war sicher nicht der Fall. Indem er als getaufter Christ an islamischen Praktiken festhielt, hatte sich Philip des Verrats schuldig gemacht. Spätere Könige, wie Wilhelm II., mochten dergleichen ignorieren, doch Ibn Dschubair berichtet von einem namhaften Höfling, der ihm gesagt habe:

Ihr könnt Euch kühn zu Eurem islamischen Glauben bekennen, habt mit Euren Unternehmungen Erfolg, und Eure Geschäfte gedeihen nach Gottes Willen. Wir aber müssen unseren Glauben verbergen und müssen aus Angst um unser Leben zu Gott beten und unsere religiösen Pflichten im geheimen verrichten.

Manche islamischen Theologen des 12. Jahrhunderts vertraten die Auffassung, für gläubige Moslems sei es ein Gebot der Frömmigkeit, Sizilien zu verlassen; es sei für einen Moslem unzulässig, unter christlicher Herrschaft zu leben. Dem rapiden Rückgang des islamischen Bevölkerungsanteils im Sizilien jener Epoche nach zu urteilen, fanden diese Mahnungen häufig Beachtung. Andererseits gab es auch noch zu Beginn des 13. Jahrhunderts am Hof Friedrichs II. hohe Beamte islamischer Abkunft, allen voran Uberto Fallamonaca.

Im gleichen Maß wie der islamische Bevölkerungsanteil schrumpfte auch der Umfang der von der *duana* produzierten arabischen Schriftstücke. Unter den erhalten gebliebenen Dokumenten aus dem 13. Jahrhundert finden sich nur noch wenige in arabischer Sprache. Zur gleichen Zeit erhöht sich die Zahl der lateinischen Quellen. Einst, unter König Roger II., hatte es in Palermo immer nur einen königlichen Schreiber gegeben, der die lateinischen Dokumente für Seine Majestät aufsetzte, und der hatte gleichzeitig noch als königlicher Kaplan gedient. Die meisten Schriftstücke waren auf griechisch abgefaßt; dies war die Verwaltungssprache *par excellence*, eine Sprache, die die normannischen Herrscher (und möglicherweise auch Friedrich II.) verstanden, neben einigen Brocken Arabisch. Roger II. scheint gerne griechische Predigten gehört und in der Öffentlichkeit griechisch gesprochen zu haben. Er benützte griechische Buchstaben, um sein Zeichen, ja selbst seine Unterschrift unter Dokumente zu setzen. Gegen Ende des 12. Jahrhunderts kamen griechisch aufgesetzte Dokumente jedoch offenbar aus der Mode und wurden durch lateinische verdrängt, ein Zeichen der allmählichen Latinisierung Siziliens in demographischer, religiöser und sprachlicher Beziehung. Nach wie vor fanden sich am Hofe einflußreiche Griechen, namentlich der Emir Eugenius, Angehöriger einer bedeutenden Beamtenfamilie; aber auch für sie wurden die Verhältnisse zunehmend schwieriger. Sie bekamen antigriechische Ressentiments zu spüren und wurden von lateinischen Höflingen verdrängt; Eugenius allerdings, der fließend Latein sprach, hatte unter den Lateinern noch zahlreiche Freunde.

Die wachsende Bedeutung der Lateiner war symptomatisch für zwei Entwicklungen. Zum einen strömten aus Nordeuropa zahlreiche Karrieristen und Abenteurer nach Sizilien, von denen einige in Rogers Königreich in höchste Ämter aufstiegen, eine Entwicklung, die sich im späten 12. Jahrhundert noch verstärkte. Stephan de la Perche, ein Franzose, wurde unter Wilhelm II. Kanzler, Richard Palmer wurde Bischof von Syrakus. Palmer war einer von mehreren Würdenträgern des sizilianischen Königreichs, die aus England zugewandert waren. Diese Einwanderer hatten für die nichtlateinischen Gruppen am Hof, für Griechen und Araber, nicht viel übrig. Eine weitere Veränderung war das zunehmend selbstbewußte Auftreten der normannisch-lombardischen Barone. Seit der Zeit ihres Aufbegehrens gegen Maio von Bari war ihre tiefe Abneigung gegen die Bevormundung durch eine höhere Autorität immer deutlicher hervorgetreten. Auch sie strebten nach mehr Einfluß bei Hofe, sahen sie sich doch als die eigentlichen Berater des Königs. In einer Hinsicht war das eine Wende zum Besseren, denn es hatte Zeiten gegeben, in der die Barone mit Byzanz und Deutschland geliebäugelt und auf die Zerschlagung der sizilianischen Monarchie und ihre Befreiung von deren Fesseln spekuliert hatten. Nach 1150 fanden sich die Barone offenbar mit der Existenz der Monarchie ab, forderten dafür jedoch mehr Mitspracherecht bei der Führung der Staatsgeschäfte. Sie hatten Vorbehalte gegen die französischen und englischen Emporkömmlinge und waren auch dagegen, daß der König sich mit islamischen und griechischen Staatsdienern umgab. Die Nichtlateiner wiederum, die ihre Stellung am Hof ganz und gar der königlichen Huld verdankten und in jeder Beziehung getreue Männer des Königs waren, verkörperten aufs lebendigste die Realität der königlichen Autokratie, den

Abstand zwischen der politischen Souveränität des Königs und den Rechten und Interessen der Barone. Das waren keine Hirngespinste: Roger II. war sich im klaren darüber, daß er seine islamischen Untertanen zumindest pro forma respektieren mußte, solange Sizilien zur Hälfte von Moslems bewohnt war, nicht bloß um sich ihr Wohlwollen zu sichern, sondern auch um seinen christlichen Untertanen deutlich vor Augen zu führen, daß er über eine große, ihm allein ergebene Gefolgschaft verfügte.

Zur großen Versöhnung mit den Baronen kam es unter Wilhelm II. (1176-89). Daß um diese Zeit eine eigenständige *duana baronum* für den festländischen Teil geschaffen wurde, gehörte vielleicht zu dieser Entwicklung – ein Versuch der Festlandsbarone, sich aus der Vormundschaft Palermos zu befreien. Einer der Beschlüsse, die die *duana* in ihrer Frühzeit, im Jahr 1187, faßte, betraf die Abschaffung von Steuern auf den Transport von Gütern durch königliches Domänengebiet in Süditalien. Das war wohl ein weiterer Versuch Wilhelms, die Loyalität der Festlandsbarone zu erkaufen. Wilhelm II., »der Gute«, war ein eifriger Gesetzgeber, und da er den Baronen wohlgesinnt war, zugleich aber als Hüter jener unparteiischen höheren Gesetzlichkeit galt, die auch Roger II. verfochten hatte, erntete er Lob und Anerkennung. Wenige Jahrzehnte nach seinem Tod sah man in den Jahren des »guten Königs Wilhelm« das Goldene Zeitalter des normannischen Staates, das Ideal, dem spätere Herrscher immer wieder nachzueifern beteuerten – Friedrich II. ebenso wie Karl von Anjou und Peter von Aragon. Selbst Boccacio konnte sich der Faszination Wilhelms nicht entziehen; in zwei der Geschichten des *Decamerone* schildert er Begebenheiten am Hof König Wilhelms II.

So beeindruckend all dies war, verbargen sich dahinter doch Anzeichen für eine Schwächung der königlichen Autorität: Tatsächlich bedeuteten die Zugeständnisse an die Barone eine wenn auch nur geringfügige Aushöhlung der monarchischen Macht. Zwar verhielten sich die Barone in den letzten Jahrzehnten des 12. Jahrhunderts noch weitgehend loyal, doch strebten sie immer nachdrücklicher nach mehr Mitsprache in den Angelegenheiten des gesamten Königreichs. Als sie es dann nach Wilhelms Tod mit mehreren rivalisierenden Anwärtern auf den sizilianischen Thron zu tun hatten, entlockten sie dem von ihnen erkorenen König, Tankred von Lecce, ein Zugeständnis nach dem anderen; selbst Städten wie Neapel wurden weitgehende Freiheiten eingeräumt, im Tausch gegen das Versprechen, sich gegen Tankreds Rivalen Heinrich von Hohenstaufen zu stellen, der aufmarschiert war, willens, in das Königreich einzufallen und die Krone an sich zu reißen. Durch diese Vorgänge büßte das sizilianische Königtum viel von seiner finanziellen und politischen Kraft ein. Die normannische Autokratie erwies sich als überraschend verletzlich.

VI.

Roger II. hatte auf dem Grundstock eines byzantinisch-arabischen Staatswesens, das ihm sein Vater hinterlassen hatte, in Sizilien eine Monarchie von beachtlicher Machtfülle aufgebaut. Seine Nachfolger Wilhelm der Schlechte und Wilhelm der Gute zeigten weniger Gespür für die Grundsätze von Rogers Staatsklugheit, vielleicht auch weil es für sie infolge demographischer Veränderungen nicht mehr möglich war, zwischen Lateinern, Griechen und Moslems ein Gleichgewicht zu halten. Die Latinisierung Siziliens war seit 1180 in vollem Gang.

In Ostsizilien wuchs die lombardische Bevölkerungsgruppe im frühen 12. Jahrhundert weiter an und verschaffte sich Sonderprivilegien (in manchen Fällen sogar die Freistellung vom Dienst in der königlichen Flotte). Die Regierung verlieh diese Sonderrechte in der Hoffnung, daß die Lombarden die dünnbesiedelten Gebiete bebauen und damit einen Beitrag zur Mehrung des Vermögens der Krone leisten würden. Die Lombarden indes verschafften sich zunächst einmal größere Ellenbogenfreiheit; ihr Führer Roger Sclavus, ein Verwandter des Königs, veranstaltete eine Reihe von Pogromen gegen die Sarazenen, von denen die Mehrheit die Flucht ergriff und sich in ihre sicheren Bastionen zwischen Palermo, Girgenti und Trapani zurückzog. Ein stetiger Strom von Siedlern aus dem Norden, offenbar zumeist aus der Gegend um Genua und Savona, läßt sich bis in die Zeit Friedrichs II. hinein beobachten, der den Zuwanderern Privilegien gewährte, beispielsweise Steuerbefreiungen bis zu zehn Jahren. Gewiß holte Friedrich neben Christen aus Norditalien auch Juden aus Tunesien auf seine Insel, aber die eigentliche Tendenz war die Latinisierung auf Kosten der Moslems und, in geringerem Grad, der Griechen.

Auch anderswo machte den Königen des Mittelalters der Mangel an Siedlern zu schaffen – in Spanien, im Königreich Jerusalem und im Baltikum (mit dem sich Friedrich auch zu befassen hatte). Bis zu einem gewissen Grad standen diese Regionen im Wettbewerb miteinander; so gewann Sizilien Siedler, die auf dem Weg ins Heilige Land hier Station machten und von den Chancen, die die Insel bot, verlockt wurden und blieben. Aber auch planvolle Politik spielte eine Rolle: Die Normannen und die Hohenstaufen gaben sich alle Mühe, Siedler herbeizuholen; sie erhofften sich von der Zuwanderung lateinischer Christen nach Sizilien politische und fiskalische Vorteile. Roger II. fand sich gegen Ende seines Lebens sogar bereit, dem Cluny- und dem Zisterzienserorden die Gründung von Klöstern auf der Insel zu gestatten; die Zisterzienser waren bekannt für ihre Tüchtigkeit beim Roden von Wäldern und beim Halten großer Schafherden. Friedrich hielt von Landvergaben an Mönchsorden weitaus weniger, jedenfalls war dies der Eindruck der römischen Kurie.

Ein weiteres Mittel, dessen sich die Krone bediente, um wirtschaftliche Aktivitäten zu steuern (und davon letzten Endes selber zu profitieren), war die Beanspruchung sogenannter Regalien, staatlicher Monopole für die Erzeugung und den Verkauf bestimmter Güter. Es ist im übrigen nicht ganz korrekt, Regalien mit Monopolen gleichzusetzen, auch wenn manche Historiker das gern tun. Zum einen war die Einrichtung Ausdruck des normannischen Absolutismus, dessen Absicht es war, bestimmte Produkte des Bodens und des Meeres ausschließlich der Krone vorzubehalten, zum anderen entsprang sie dem Streben nach Gewinn aus dem Verkauf dieser Erzeugnisse. Unter Friedrich II. erhielt dieses System der wirtschaftlichen Kontrollen einen wesentlich ausgefeilteren Charakter, doch wie überall baute der König auch hier auf normannischen Grundlagen auf.

Ein Vergleich zwischen den locker gehandhabten Regalien der Könige des 12. Jahrhunderts und den straffen und wirklich monopolistischen Kontrollen des 13. Jahrhunderts ist aufschlußreich. Während unter Friedrich beispielsweise Salzgärten unter die Kontrolle der Krone gestellt wurden, war unter den normannischen Königen, selbst noch im Jahr 1226, privates Eigentum an Salzgärten anerkannt worden; es scheint, als habe die normannische Monarchie nicht die Erzeugung, sondern nur die Beförderung des Salzes kontrolliert, indem sie den Salztransport besteuerte. Andererseits besaß die Krone in Kalabrien und anderswo ausgedehnte, gewinnabwerfende Salinen, und diese bildeten den Kern des von Friedrich II. seit 1231 aufgebauten Salzmonopols. Aber Salz war ein Produkt der Natur, das man nicht wie Getreide durch Anbau vermehren und dann ernten konnte. Es galt als ein Geschenk göttlicher Gnade, und daher war seine Gewinnung das Vorrecht des Vertreters Gottes auf Erden, des Königs, der über das allgemeine Wohl wachte. Die Vorstellung, daß Mineralien, Meeresfrüchte und andere Schätze der Erde der Allgemeinheit gehörten, deren Sachwalter der Herrscher war, war unmittelbar aus dem römischen Recht übernommen; davon abgesehen, kam sie einer Monarchie äußerst gut zupaß, der das Geldverdienen ein großes Anliegen war. Wir sehen hier also zwei Motive zusammenlaufen, die die sizilianische Monarchie kennzeichnen: einen ausgeprägten Fiskalismus und die Vorstellung vom Herrscher als Nachfolger des römischen *princeps* und Erbe von dessen uneingeschränkter Herrscherautorität.

So wurde auch Eisen zur Regalie erklärt, desgleichen die Herstellung von Stahl und Pech. Süditalienische Rechtsgelehrte gingen um 1300 davon aus, daß die normannischen Könige für diese Erzeugnisse ein Monopol an sich gezogen oder zumindest ein lückenloses System der Besteuerung aufgebaut hatten. Die praktischen Motive dafür waren ebenso klar einsichtig wie die prinzipielle Rechtfertigung: Es handelte sich um kriegswichtige Materialien, die es nicht im Überfluß gab und die überall in Europa und in der islamischen Welt sehr gefragt waren. Auch der Zugang zu den königlichen Forsten und der Holzeinschlag dort (für den Schiffs- oder Hausbau) unterlag strengen Beschränkungen. Es ist schwer zu entscheiden, ob die Krone hier als feudaler Grundherr agierte, der sich die Nutzung seiner Wälder selbst vorbehielt – wie Wilhelm der Eroberer es im Fall des New Forest getan hatte –, oder ob wiederum Grundsätze des römischen Rechts reaktiviert wurden. Roger I. sah die Sache zweifellos eher unter dem erstgenannten Blickwinkel, Roger II. hingegen und noch mehr Friedrich II. legten großen Wert auf die Betonung des rechtlichen Aspekts, auf den Gesichtspunkt des königlichen Absolutismus.

Die Liste der von der Krone monopolisierten Güter umfaßte noch mehr: Thunfisch gehörte dazu, der Koloß unter den Mittelmeerfischen, dessen Fang allein schon eine Strapaze war, auch wenn es in den sizilianischen Gewässern von Thunfischen nur so wimmelte. Spätestens von 1231 an umfaßte die Liste der Regalien eine ganze Reihe seltener oder begehrter Fischarten wie Stör und Neunauge. Die Mönche von S. Giovanni degli Eremiti in Palermo konnten sich glücklich schätzen, daß Roger II. ihnen 21 Faß Thunfisch pro Jahr zusprach. Fisch bedeutete im Mittelalter natürlich auch Salz; in vielen Regionen spielte gepökelter Fisch eine wichtigere Rolle als frischer. Es bestand daher ein gewisser Zusammenhang zwischen dem königlichen Interesse an der Salzsiederei und dem an der Fischerei. Dazu kam, daß Pökelfleisch und gesalzener Käse zu den wichtigsten Ausfuhrgütern Siziliens gehörten (Abnehmer waren insbesondere die kontinentaleuropäischen Länder; auch hier leistete Salz als Konservierungsmittel für hochwertige Lebensmittel wichtige Dienste.

In der normannischen Monarchie entstanden also die Voraussetzungen, auf die Friedrich II. sich stützen konnte, als er die Instrumente für eine straffe Kontrolle der Wirtschaftstätigkeit seiner Untertanen schuf und verfeinerte. Das soll nicht besagen, daß im 12. Jahrhundert schon klare Zielvorstellungen über die Ausübung einer solchen Kontrolle existiert hätten. Die normannischen Könige übten ihre Regalienrechte unregelmäßig und auf widersprüchliche Weise aus; sie waren bei allen hehren Grundsätzen doch zu beträchtlichen Zugeständnissen im Einzelfall bereit. So sahen sie beispielsweise ein, daß es den festländischen Baronen oder Klostergemeinschaften gegenüber wenig sinnvoll war, auf der vollen Wahrnehmung der theoretisch bestehenden Rechte der Krone zu beharren. Als Wilhelm II. das Kloster Monreale in Sizilien stiftete, überließ er ihm ein großes Gebiet, dessen Reichtum an natürlichen Ressourcen seine Vorgänger traditionell für die Krone beansprucht hatten. Es handelte sich freilich um eine überwiegend von Moslems bewohnte Region, in der die Steuererhebung ohnehin Schwierigkeiten bereiten mochte; die Abschöpfung der Einkünfte war hinfort das Problem der Mönche von Monreale.

Mit anderen Worten, es klaffte eine Lücke zwischen den theoretischen Rechten der Krone und ihrer Ausübung. Wie bereits gesehen, ließ der König 1187 bestimmte Steuern auf den Transport von Gütern durch königliches Domänenland in Süditalien streichen. Das war nicht einfach ein gnädiger Akt; die Krone hatte schon lange gemerkt, daß die Steuern, zu deren Einzug sie berechtigt war, ohnehin nie in ihrer Kasse landeten. Nicht daß sie nicht erhoben und gezahlt worden wären, aber die Einnehmer waren korrupte Steuerpiraten, die die einkassierten Gelder ganz oder überwiegend für sich behielten. Die königliche Wirtschafts- und Steuerverwaltung funktionierte nach westeuropäischen Maßstäben zwar beeindruckend gut, vergleichbar etwa mit der der Kalifen in Kairo, aber es wäre ein Irrtum, zu glauben, sie sei lückenlos oder unumgehbar gewesen. Vielmehr bestanden hier Defizite, zu deren Beseitigung Friedrich II. entschlossen war.

VII

An diesem Punkt erscheint die Frage sinnvoll, wohin das mit so verhältnismäßig effizienten Mitteln eingezogene Geld eigentlich floß. Allem Anschein nach blieben den normannischen Königen von Sizilien jene schwerwiegenden Finanzkrisen erspart, die die englischen Könige hin und wieder erschütterten und in das Netz ihrer Barone trieben. Die süditalienischen Großen erlangten zu keinem Zeitpunkt eine derartige Kontrolle über ihren Monarchen, so groß auch ihre Abneigung gegen seine als tyrannisch empfundene Steuerpolitik sein mochte; nur König Tankred konnten sie gegen Ende des 12. Jahrhunderts so unter Druck setzen, daß er sich gezwungen sah, ihren Forderungen nach der Gewährung von Privilegien nachzugeben.

Der Umfang der königlichen Ausgaben wie auch der gehorteten Mittel war beträchtlich. Romuald von Salerno, Chronist des normannischen Hofes, charakterisierte Roger II. als Geldscheffler und Geizhals, aber letzteres erscheint abwegig. Den spektakulärsten Gebrauch von seinen Reichtümern machte er, indem er Kriege führte; allerdings konnten Kriege, so wie Roger sie führte, auch durchaus Gewinne abwerfen – in Form von Kriegsbeute, Tributen oder der Erschließung neuer Steuerquellen in eroberten Ländern. Die Normannen unterhielten eine Streitmacht, die gemischt war aus Berufssöldnern und Glücksrittern einerseits, einheimischen Rittern und kriegsdienstpflichtigen Stadtbürgern andererseits.

Ein Verzeichnis der vom Festland erbrachten militärischen Beiträge, der sogenannte »Katalog der Barone«, liefert eine Vorstellung von den Quellen, aus denen Roger II. und Wilhelm I. schöpfen konnten; in einigen kriegswichtigen Bereichen wie dem Schiffsbau und der Unterhaltung von Garnisonen scheinen feudale Dienstpflichten allerdings keine tragende Rolle gespielt zu haben. In die Rubrik der militärischen Ausgaben gehörten auch Schmiergelder, die gezahlt wurden, um mögliche Angriffe zu unterlaufen – eine bewährte byzantinische Taktik. Die normannischen Könige pumpten Geld in die norditalienischen Städte, um sie zum Widerstand gegen den deutschen Kaiser Friedrich Barbarossa (den anderen Großvater Friedrichs II.) zu ermuntern. Was sie dazu veranlaßte, liegt auf der Hand: Da der deutsche Kaiser vorhatte, auch Süditalien und Sizilien zu überfallen, war es strategisch vernünftig, ihm bereits in der Lombardei Hindernisse in den Weg zu legen.

Aber der Reichtum diente auch der öffentlichen Prunkdarstellung: Als Adelaide, die Mutter Rogers II., als designierte Königin von Jerusalem gen Osten geschickt wurde, waren ihre Schiffe, wie Beobachter zu berichten wußten, bis zum Rand mit Weizen, Wein, Olivenöl, Pökelfleisch, Waffen, Pferden und – nicht zuletzt – mit unermeßlichen Geldschätzen gefüllt. Die Mittel, die Rüstung, Krieg und Diplomatie verschlangen, stammten aus den Einkünften des Königs beziehungsweise aus den militärischen Dienst- und Tributpflichten der Vasallen; nirgendwo finden sich eindeutige Hinweise darauf, daß die normannischen Herrscher es nötig gehabt hätten, zur Deckung ihrer Kriegskosten Anleihen aufzunehmen, oder daß sie beim Führen ihrer Kriege darauf spekuliert hätten, durch die Eroberung reicher Länder oder Gebiete die Kosten künftiger Feldzüge zu decken. Dies scheint hingegen, zumindest gegen Ende des 12. Jahrhunderts, das Kalkül der deutschen Kaiser gewesen zu sein, als sie die Eroberung Siziliens ins Auge faßten; Sizilien hatte den Ruf eines gesegneten Landes, einer unerschöpflichen Goldgrube.

Ganz anders war die Situation im 13. Jahrhundert: Friedrich II. borgte sich Geld von römischen und norditalienischen Bankiers, um seine Kriege finanzieren zu können; die Einkünfte aus dem eigenen Reich genügten den Ansprüchen der normannischen Krone nicht mehr. Die Goldmünzen allerdings, die Friedrich II. nicht anders als seine normannischen Vorgänger prägen ließ, blieben mit einem Goldgehalt von 66,7 Prozent auf einem konstanten Wert. Daraus läßt sich folgern, daß die Staatskasse im 12. Jahrhundert nicht gezwungen war, Gold aus dem Verkehr zu ziehen; doch gibt es Hinweise darauf, daß sich dies zu Beginn des 13. Jahrhunderts änderte, wenn auch nur für kurze Zeit.

Viel Geld wurde auch für Kultur im weitesten Sinne ausgegeben: für eine ausgiebige Förderung der Wissenschaften, für den Unterhalt von Palästen und Lustgärten, für die Beschaffung von Luxusgütern für den Hof. Genuß und Spektakel galten als legitime Lebenszwecke, die man sich etwas kosten lassen durfte. Daß eine so standesbewußte und so sehr auf die Anerkennung ihrer Rechte bedachte Monarchie sich eine prunkvolle Hofhaltung leistete und einige der führenden Geister ihrer Zeit an den Hof zu holen versuchte, überrascht nicht. Dies geschah indes nicht allein des Prestiges wegen; Roger II., Wilhelm I. und Wilhelm II. hatten naturwissenschaftliche Interessen und beherrschten mehrere Sprachen. In Friedrich II. fanden sie einen Nachfolger, der ihnen geistig ebenbürtig war, wenngleich er wegen der angespannten Finanzlage des Reichs die Ausgaben für die Hofhaltung, die Paläste und Mosaiken kürzen mußte.

Die kulturelle Atmosphäre, die am sizilianischen Hof herrschte, ist oft als eklektisches Gemisch aus Elementen arabischer, griechischer und lateinischer Philosophie und Wissenschaft charakterisiert worden, überliefert und gepflegt von jüdischen, christlichen und islamischen Gelehrten. Diese Charakterisierung hat viel gemein mit jener idealistischen Auffassung, die normannische Monarchie sei ein Schmelztiegel für hochbegabte Verwaltungsfachleute verschiedenster Herkunft gewesen. In der Tat rekrutierten sich die kulturelle und die administrative Elite weitgehend aus demselben Personenkreis. Es überrascht daher nicht, daß wie in der Verwaltung, so auch im kulturellen Bereich der islamische Einfluß, der die Regierungszeit Roger II. gekennzeichnet hatte, unter Wilhelm II. allmählich einer überwiegend lateinisch geprägten Kultur mit starken griechischen Einschlägen wich. Zwar bestanden auch im 13. Jahrhundert noch Kontakte zur islamischen Gelehrtenwelt, doch waren die Mittelsmänner in zunehmendem Maß nicht mehr Araber, sondern Juden; von diesen abgesehen, trug der Hof Friedrichs II. einen entschieden christlichen (wenn auch freidenkerisch-christlichen) Charakter.

Beginnen wir bei Roger: Im Umfeld seines Hofes bewegten sich im frühen 12. Jahrhundert islamische Dichter, die Loblieder auf ihn sangen, teils in der Hoffnung auf Belohnungen, teils aus Bewunderung für seine Weisheit. Viele dieser Dichter pendelten zwischen Sizilien und Afrika; einige, aber längst nicht alle, stammten aus Sizilien oder Malta. Was sie an Lyrik verfaßten, konnte der König wahrscheinlich im Original lesen, auch wenn nicht sicher ist, wie gut er das Arabische beherrschte. Unter Roger besaß der sizilianische Hof noch enge Verbindungen zu den zahlreichen islamischen Höfen, die über den zentralen Mittelmeerraum verteilt waren. Einige jener Dichter, die zwischen diesen Höfen umherreisten, erwarben sich bleibendes Ansehen, so beispielsweise Ibn Hamdis.

Rogers Interesse galt jedoch in erster Linie der Naturwissenschaft. Auch hier beschäftigte er ausländische wie einheimische Gelehrte, die Projekten arbeiteten, welche vom König selbst gefördert wurden. Eine dreisprachige Inschrift, die sich heute in einer Mauer des königlichen Palastes in Palermo unweit des Eingangs zur königlichen Kapelle befindet, kündet vom Bau einer Wasseruhr durch einen aus Malta stammenden islamischen Untertan Rogers.

Zur beherrschenden Gestalt avancierte indes ein Ausländer: Al-Idrisi entstammte einer nordafrikanischen Herrscherfamilie und war im Grunde ein politischer Flüchtling, dem König Roger Schutz und Förderung gewährte. Sein Lebenswerk war die Beschreibung der Bodenschätze und Wirtschaftsprodukte aller Regionen der bekannten Welt und die Anfertigung einer großen silbernen Weltkarte. Die silberne Karte wurde im Jahr 1161 bei einem Überfall auf den Palast zerstört, aber Al-Idrisis erstes geographisches Werk, das *Kitab Rujar* (das *Buch König Rogers*), ist erhalten geblieben. Es fußte auf zeitgenössischen Reiseberichten, arabischen Geographiebüchern und nur zum

Teil auf persönlichen Kenntnissen und weist daher große Lücken und Ungleichmäßigkeiten auf: Während Sizilien und Nordafrika darin sehr ausführlich behandelt werden, geraten die Beschreibungen um so kürzer und vager, je weiter der Blick des Autors sich nach Norden richtet, und in der Darstellung Indiens und Chinas überwiegt vollends die Phantasie.

Die Mängel in der Darstellung des Fernen Ostens sind nicht weiter verwunderlich, doch überrascht die oberflächliche Behandlung des nördlichen Europa, wenn man sich vergegenwärtigt, daß viele hochgestellte Persönlichkeiten am Hofe nordeuropäischer Herkunft waren. Ein Hauptproblem scheint gewesen zu sein, daß arabische Autoren nicht allzuviel von Berichten ihrer lateinischen Zeitgenossen und überhaupt nichts von lateinischen Geographiebüchern hielten. Aus dem Werk Idrisis läßt sich der Schluß ziehen, daß am normannischen Hof kein sehr gründlicher intellektueller Austausch zwischen Christen und Moslems stattfand. Man wohnte, forschte und lehrte Tür an Tür, aber man nahm nur wenig Notiz voneinander.

Van Cleve vertritt die Auffassung, Al-Idrisi habe für Friedrich II. Vorbildcharakter besessen – Friedrich habe seine naturwissenschaftliche Methodik dem Buch Idrisis entnommen und zu seinem Hofastrologen und Naturkundler Michael Scot ein sehr ähnliches Verhältnis gepflegt wie vor ihm Roger zu Idrisi. Wir haben es hier mit einem weiteren Beispiel dafür zu tun, wie gewissen Ähnlichkeiten dazu benutzt werden, ein übertriebenes Bild eines einheitlichen normannisch-hohenstaufischen Hofes zu zeichnen, dessen kulturelles Klima angeblich vom Ideal einer überkonfessionellen wissenschaftlichen Gemeinschaft geprägt war.

Al-Idrisi war auch für Wilhelm I. tätig, aber die Bedeutung islamischer Gelehrter bei Hofe verblaßte gegen Ende des 12. Jahrhunderts. Der von der Monarchie ausgeübte Christianisierungsdruck entmutigte die Moslems, eine Entwicklung, die der Sizilienreisende Ibn Dschubair registrierte und die allem Anschein nach zu einem Rückgang der islamischen Gelehrtentätigkeit in Sizilien führte. Für islamische Wissenschaftler aus anderen Ländern besaß der normannische Hof keine Anziehungskraft mehr, und sizilianische Moslems zog es nach Afrika, wo sie an ihr eigenes Kulturerbe anknüpfen konnten und von wo sie meist nicht zurückkehrten. Sizilien schloß sich allmählich von der islamischen Kulturwelt ab; wie langsam dies geschah, zeigt Ibn Sabaras *Buch des Ergötzens*, das im späten 12. Jahrhundert entstand und das Vorhandensein einer noch immer lebendigen islamisch-sizilianischen Tradition bezeugte. Man darf jedoch nicht vergessen, daß die Blüte der islamischen Kultur in Sizilien weitgehend das Werk der frühesten normannischen Herrscher war. Es gibt wenig Anzeichen einer höfischen Kultur im 11. Jahrhundert, als auf Sizilien noch islamische Emire herrschten.

Ebenso wie in Kalabrien etwa zur Zeit der Eroberungszüge Rogers I. eine Rehellenisierung stattfand, brachte die Regierungszeit Rogers II. für Sizilien – oder zumindest doch für das sizilianische Geistesleben – erfrischende neue islamische Impulse. Nicht zuletzt dies veranlaßte Al-Hafiz und andere ägyptische Kalifen zu ihren Lobpreisungen. Diese Blütezeit war nur von kurzer Dauer, doch hinterließ sie ein Erbe: Auch wenn es in der Umgebung Friedrichs II. wenige oder gar keine islamischen Gelehrten gab, hielten arabische Bücher (im Original oder in Übersetzungen) und jüdische Gelehrte, die mit ihnen vertraut waren, das Interesse des Herrschers lebendig; er eröffnete, wie wir noch sehen werden, einen Briefwechsel mit arabischen Gelehrten. Allerdings entstand hieraus eine ganz andersgeartete intellektuelle Verbindung als zuvor am Hof Rogers II., an dem die Moslems entscheidenden Einfluß ausgeübt hatten. Es hat den Anschein, als sei es den Höflingen Rogers weniger gut gelungen, arabische und christliche Wissenschaft fruchtbar zu kombinieren; lateinisches, griechisches und arabisches Kulturgut existierten offenbar Seite an Seite, ohne daß sich eine nennenswerte Gemeinsamkeit der Interessen eingestellt hätte. Friedrich hingegen bemühte sich, das überlieferte Wissen des Ostens in die Traditionen der abendländischen Wissenschaft, und besonders in deren naturkundliche Disziplinen, einzubringen.

Der sizilianische Hof gilt gemeinhin als eine der Hochburgen mittelalterlicher Übersetzungsarbeit neben Toledo in Kastilien. In einer Hinsicht trifft dies zu: Wann immer sich beim Austausch diplomatischer Gesandtschaften oder von Staatsgeschenken die Gelegenheit bot, setzten die lateinischen Hofgelehrten sich in den Besitz von Manuskripten aus den Bibliotheken Konstantinopels. Auf diese Weise erwarben sie Werke wie etwa Ptolemaios' *Almagest*, Platons *Menon* und *Phaidon* oder die sibyllinischen Orakel. Heinrich Aristippus, ein Höfling Wilhelms I., war ein besonders eifriger Übersetzer griechischer Manuskripte ins Lateinische; später setzte Eugenius der Emir, der selbst Grieche war, diese Tradition fort. Bemerkenswerterweise übersetzten die Sizilianer im allgemeinen direkt aus dem Griechischen, während in Toledo Umwege an der Tagesordnung waren: Oft nahm man dort einen ursprünglich griechischen, vor langer Zeit ins Syrische und dann ins Arabische übersetzten Text, ließ ihn von einem jüdischen Gelehrten in eine romanische Sprache und schließlich von einem einheimischen Christen ins Lateinische übertragen. Bei dieser Methode gingen im harmlosesten Fall die Feinheiten des Originaltexts verloren. Von Toledo gingen indessen die stärkeren Einflüsse aus: Der dortige Hof bestand länger, die Texte fanden größere Verbreitung und wurden ergänzt durch Kommentare arabischer und jüdischer Sachkenner, was ihre Rezeption durch die abendländische Wissenschaft erleichterte. Palermo hingegen bot kaum mehr als die Texte *tout court*, von griechischsprachigen Höflingen nicht übermäßig gut übersetzt.

Darüber hinaus stellt sich die Frage, ob diese rege Übersetzungstätigkeit wirklich jenes reiche kulturelle Leben bei Hofe bezeugt, dessen Existenz so oft unterstellt wird. Man suchte sich aus dem Fundus der griechischen Philosophie einzelne Werke aus, die man einer lateinischen Leserschaft zugänglich machen wollte; das aber hieß, daß man diese Texte aus dem Umfeld der griechischen Kultur, in der man sie gefunden hatte, herauslöste und sie einer neuen Öffentlichkeit präsentierte, die sich nicht viele Gedanken darüber machte, unter welchen Bedingungen sie entstanden waren. Die jetzigen Leser dieser Texte versuchten, die Ideen und Methoden, die sie darin fanden, der christlichen Philosophie dienstbar zu machen. Daß der eine oder andere westliche Gelehrte, allen voran Adelard von Bath, Sizilien als einen Fundort aufregender neuer philosophischer und naturwissenschaftlicher Materialien pries, soll nicht abgestritten werden, aber Tatsache ist auch, daß diese Gelehrten Sizilien eben nicht als eine Stätte der Begegnung mit der byzantinischen oder gar der arabischen Kultur empfanden. Weitaus höher schätzten sie den Zugang zur wissenschaftlichen Hinterlassenschaft der griechischen und römischen Antike.

Gleichwohl gab es am sizilianischen Hof Gelehrte aus der byzantinischen Welt; die Blütezeit ihres Wirkens scheint wiederum mit den Regierungsjahren Rogers II. zusammenzufallen. Daß er Doxopatrios (auch Doxapater genannt) protegierte, ist bereits erwähnt worden, und obwohl dessen Werke ein Dutzend Jahre vor denen von Idrisi entstanden, passen sie in das gleiche Bild: Gefördert wurden auch hier vor allem geographische Arbeiten im weitesten Sinn, Kartographie, Völkerkunde, auch kirchliche Geographie. Von unverhohlener Schmeichelei waren die Loblieder, die der Moralist und Prediger Theophanes Kerameios auf das normannische Königshaus sang, ein Mann, dem überhaupt große Leistungen zugeschrieben worden sind. So soll er den Entwurf für die Capella Palatina in Palermo gezeichnet haben, und zwar nach byzantinischen Vorbildern, womit er dem sizilianischen Monarchen schmeicheln wollte. Mit Sicherheit ließ Kerameios keine Gelegenheit aus, Roger mit Lob zu überhäufen, und es ist überliefert, daß er in Gegenwart des Königs griechische Predigten hielt. Im Jahr 1140 wurde ihm die Ehre zuteil, die Palmsonntagspredigt halten zu dürfen; die Monarchen des Mittelalters (nicht zuletzt die sizilianischen) nutzten die Gelegenheit dieses Feiertags gern, um ihre Rolle als Vertreter Christi auf Erden zu unterstreichen. Roger ritt am Palmsonntag 1140 wie Christus auf einem weißen Esel in die Kirche ein, um die Bestätigung zu erhalten, daß die ganze Welt sich für immer und ewig an seine gottgewollten Triumphe erinnern würde.

Gegen Ende des 12. Jahrhunderts nahm die Zahl der am Hofe weilenden griechischen Gelehrten ab. Eugenius dichtete sehr passable griechische Verse und schrieb auch eine ausgezeichnete lateinische Prosa; er war es, der die sibyllinischen Orakel aus dem Griechischen ins Lateinische übertrug. Man hat ihm sogar die Ehre erwiesen, in ihm den Autor eines der bedeutendsten lateinischen Werke aus der Epoche der normannischen Monarchie zu vermuten, der Chronik der Regierungszeit Wilhelms I. und II. Aber mag der Autorenname Hugo Falcandus, unter dem diese Chronik im 16. Jahrhundert erschien, auch eine Erfindung des Verlegers sein, so liegen doch keine zwingenden Gründe dafür vor, in Eugenius den authentischen Autor des Werkes zu sehen. Wichtig ist, daß Eugenius und »Falcandus« eine bestimmte politische Haltung teilten: die Abneigung gegen Maio, gegen die Andersgläubigen. Eugenius gehörte einem gemischten lateinisch-griechischen Kulturmilieu an, in dem zu seiner Zeit jedoch die Lateiner bereits ein klares Übergewicht hatten. Was »Falcandus« betrifft, so bediente er sich einer stilbewußten, an Tacitus erinnernden Prosa, die eine intime Vertrautheit mit klassischen Vorbildern verrät.

VIII

Ein weiteres Gebiet, auf dem sich die Krone als Mäzen betätigte, waren die bildenden Künste und die Architektur. Den meisten aus dem 12. Jahrhundert stammenden Kathedralen und Mosaiken ließ Friedrich II. nur wenig Neues hinzufügen. Zu seinen wenigen Ergänzungen gehören die Loggia und einige neue Mosaiken in Cefalù. Die großen normannischen Bauwerke lieferten allerdings den baulichen Hintergrund für seine Jugendjahre in Palermo; einige von ihnen, wie die Cappella Palatina, die Kirche Santa Maria oder das Kloster Monreale, umgab eine

Aura königlicher Größe und absoluter Herrschermacht, die ihren Einfluß auf den jungen Friedrich nicht verfehlt zu haben scheint. Hier zeigten Bilder, wie der König seine Krone unmittelbar von Christus erhielt, ohne päpstlichen Vermittler – ein Motiv, das sich sowohl in der Marienkirche als auch, weniger pompös, in Monreale findet. Die Mosaiken in der Cappella Palatina zeigten den König als den neuen David, Herrscher über das irdische Jerusalem.

Die Mosaikkunst war, wie Otto Demus geschrieben hat, »die kaiserliche Kunst *par excellence*«, die einzige Kunstform, die den höchst anspruchsvollen monarchischen Idealen, denen man in Sizilien frönte, gerecht zu werden vermochte. Sie war indes eine byzantinische Spezialität, und so mußten sich die Normannen ihre Mosaikleger aus Konstantinopel holen. Vielleicht entwickelte sich bis zum Ende des 12. Jahrhunderts eine einheimische Schule von Mosaikkünstlern, doch ist andererseits nicht zu übersehen, daß die Mosaikkunst unter Friedrich II. ihre herausragende Stellung einbüßte, entweder weil Konstantinopel nicht mehr in der Lage war, erstklassige Künstler auszubilden – es befand sich seit 1204 in westlicher Hand, und sein kulturelles Leben litt hierunter –, und die sizilianischen Mosaikleger keine schöpferische Kraft entfalteten oder weil Friedrich nicht bereit war, die hohen Preise zu bezahlen, die die Mosaikleger für ihre aufwendige Arbeit verlangten.

Die Paläste und Kirchen des normannischen Sizilien werden gewöhnlich als weitere Beispiele für das Zusammenfließen griechischer, lateinischer und islamischer Kultur in Sizilien angeführt. Die Palatina etwa besaß einen römischen Grundriß, byzantinische Mosaiken, romanische Skulpturelemente und eine im arabischen Stil bemalte Holzdecke. Aber paßt all dies zusammen? Aus dem Nebeneinander verschiedener Kulturen entstand, wie schon gesagt, keineswegs jene einheitliche Kultur, die manche Historiker zu erkennen glaubten. Auf den Mosaiken wurde der Königshof von Palermo als ein neues Jerusalem dargestellt, regiert von einem neuen David. Die arabische Holzdecke der Palatina weist im Gegensatz dazu nicht bloß keinerlei christliche Bezüge auf, sondern wirkt auch stilistisch als Fremdkörper unter den übrigen Gebäudeteilen. Und in der Regierungszeit Friedrichs machten sich in der Kunst Siziliens und Süditaliens überhaupt kaum islamische Einflüsse bemerkbar. Die eine Ausnahme – Keramik – zählte nicht wirklich als höfische Kunst.

Ob die normannischen Könige nun ein Gespür für diese stilistischen Unterschiede hatten oder nicht, jedenfalls ließen sie in ihrer Hauptstadt prächtige Paläste errichten. Der südliche Teil Palermos war von einem fast geschlossenen Ring von Parks und Seen eingeschlossen, angelegt zur Erbauung des Herrschers. Mit Mosaiken und Wasserfontänen ausgeschmückte Pavillons und Sommerhäuser wurden in einem Stil errichtet, der im wesentlichen nordafrikanischen Vorbildern nachempfunden war. Auch die Paläste und Parkanlagen brachten eine bestimmte Auffassung von Monarchie und Königtum zum Ausdruck: Die inmitten üppig bewässerter Gärten gelegenen Paläste kündeten von der legendären Fruchtbarkeit Siziliens.

In den Lustgärten frönten die Könige ihrem Hang zur Prunk- und Prachtentfaltung, ohne dabei jedoch ihr Interesse an den Naturwissenschaften zu verlieren: Als der deutsche Kaiser Heinrich 1194 Palermo eroberte, befanden sich unter seiner Kriegsbeute Kamele und eine Giraffe, Tiere, die auf ihrem Weg über Rom nach Deutschland allerorten großes Aufsehen erregten. Auch die normannischen Könige von England unterhielten eine Menagerie, aber die der sizilianischen Könige hatte höchstwahrscheinlich mehr Sensationen zu bieten; die diplomatischen Kontakte des sizilianischen Hofes nach Afrika, Ägypten und in die Levante sorgten für einen sicheren Nachschub an exotischen und wundersamen Tieren. Elefanten wurden sogar im Apulien Guiscards zu einem Lieblingsobjekt der Bildhauer.

Friedrich II. nahm seine Tiere sogar auf seine norditalienischen Feldzüge mit, eine Gewohnheit, die dazu beitrug, daß seine Feinde in ihm so etwas wie einen Magier sahen, der sich mit einer Leibwache aus erlesenen Ungeheuern umgab. In Wirklichkeit schätzten er und seine Vorgänger exotische Tiere als Beispiele für die wunderbare Vielfalt der Natur. Und war nicht schon Adam die Herrschaft »über Fische im Meer und über [die] Vögel unter dem Himmel und über alles Getier, das auf Erden kriecht«, zugesprochen worden? Die Herrscher der Menschenwelt waren von Gott auch zu Hütern der übrigen Schöpfung eingesetzt; eine königliche Menagerie konnte als Symbol für diese verantwortungsvolle Aufgabe dienen.

Die normannische Monarchie erntete für ihr naturwissenschaftliches Interesse, ihre Kontakte mit der islamischen Wissenschaft und ihrem luxuriösen Lebensstil nicht nur Lob. Für Kritiker im 12. und im 13. Jahrhundert bot gerade dies den Anlaß, die exaltierten Vorstellungen der normannischen Könige über die Autorität des Herrschers zu verdammen und die sizilianischen Monarchen als Banditenkönige darzustellen, nicht besser als die Sarazenen, die sie unterworfen hatten. Der Papst spielte sogar mit dem Gedanken, einen Kreuzzug gegen Roger II. zu unternehmen. Diese Kritik sollte unter Friedrich II. wieder aufleben und noch größere Hartnäckigkeit entfalten.

IX

Es geht an dieser Stelle darum, zu zeigen, welchen Traditionen Friedrich II. sein Verständnis von Monarchie und Regierungsstil, ja seine kulturelle Identität verdankte; zu viele Historiker haben seine Geburt als die Erscheinung eines gekrönten Messias porträtiert, dessen bloße Ankunft auf der Welt schon die Heraufkunft einer neuen Ordnung verhieß – so etwa liest es sich bei Ernst Kantorowicz. Eine Einbeziehung der normannischen Vorgänger Friedrichs, wie ich sie hingegen für notwendig erachtet und in diesem Kapitel zu leisten versucht habe, wäre unvollständig ohne einen Blick auf die Außenpolitik der normannischen Könige, ihre Beziehungen zu den byzantinischen und deutschen Kaisern, zu den Päpsten und zu den Herrschern auf dem afrikanischen Kontinent.

Einer der großen Rivalen der Normannen, das byzantinische Kaisertum, verschwand 1204 schlagartig von der Bühne der europäischen Politik, als Konstantinopel im vierten Kreuzzug erobert wurde, und die Beziehungen zwischen Sizilien und dem Deutschen Reich erhielten verständlicherweise eine ganz neue Färbung, als im Jahr 1194 der Kaiser den sizilianischen Königsthron bestieg. Der Frage, ob das südliche Italien wieder unter die Herrschaft des römischen Kaisertums (des westlichen oder des östlichen) gelangen solle oder könne, kam daher bald nach Anbruch des 13. Jahrhunderts keine große Bedeutung mehr zu; vielmehr stellte sich unter Friedrich II. die neue Frage, ob der Herrscher über Süditalien und der weströmische Kaiser ein und dieselbe Person sein konnten und durften. Die Frage hatte sich also regelrecht umgekehrt: Nicht die mögliche Wiedervereinigung Süditaliens mit dem Römischen Reich stand zur Debatte, sondern seine Abtrennung davon.

Im Zentrum dieser Debatte stand der Papst, der die Oberhoheit beanspruchte und den Guiscard, Roger II., Wilhelm I. und Wilhelm II. als ihren Souverän anerkannt hatten. Wie wir bereits gesehen haben, war der Papst im späten 11. Jahrhundert zu der Einsicht gelangt, daß die Anforderung normannischer Militärhilfe das beste Mittel zum Schutz der päpstlichen Unabhängigkeit sei. Im 12. Jahrhundert begannen ernsthafte Komplikationen das Verhältnis zu belasten: das Schisma von 1130, in dessen Verlauf Roger von Sizilien Anaklet II. unterstützte, die notwendige Verständigung mit dem Rivalen Anaklets, Innozenz II., der im Kampf um den Heiligen Stuhl schließlich siegte. Mit großer Gewandtheit sicherte Roger sich das, was er als seine rechtmäßigen Ansprüche betrachtete, nicht zuletzt den päpstlichen Segen für die ihm jüngst verliehene Königswürde. Er entwickelte außerdem jene Methode, die spätere sizilianische Könige sich zu eigen machen sollten: daß es im Konfliktfall ratsam war, sich der Person des Papstes zu bemächtigen.

Diese Empfehlung zu befolgen, erwies sich als ziemlich einfach. Innozenz II. beging den Fehler, die in Süditalien operierenden deutschen Invasionstruppen anzufeuern und sich sogar zu ihnen zu begeben; prompt fiel er den Normannen in die Hände und sah sich gezwungen, einem Arrangement zuzustimmen. 1156 sicherte sich Wilhelm I. die Anerkennung seiner Rechte durch den cholerischen Papst Hadrian IV., indem er ihn bei Benevento gefangennahm. Benevento war eine päpstliche Enklave inmitten sizilianischen Territoriums, die von den Päpsten zu Beginn des 12. Jahrhunderts leidenschaftlich gegen die normannische »Tyrannei« verteidigt wurde. Zu ihrem Unglück ging ihre Anhänglichkeit an die Stadt so weit, daß sie sich sogar dorthin begaben – und es Wilhelm damit sehr leicht machten, sie in Gefangenschaft zu setzen. So trotzte Wilhelm I. Papst Hadrian IV. die Zusage für den Weiterbestand der sizilianischen Monarchie und des Apostolischen Legats ab. Im Gegenzug erhielt der Papst die Zusage, daß der König von Sizilien künftig einen Tribut an Rom entrichten werde, den sogenannten *census*. Späteren Herrschern, vor allem Friedrich II., war diese Tributpflicht ein Dorn im Auge, was kaum verwunderlich ist, wenn man bedenkt, daß in Sizilien die Vorstellung von einer direkt von Gott verliehenen Königswürde vorherrschte.

Einen wichtigen Beitrag zur Verteidigung des Papsttums leistete Sizilien gegen Ende des 12. Jahrhunderts. Die von Guiscard eingeleitete Politik begann seit 1160 Früchte zu tragen und mündete schließlich in ein enges Bündnis, dessen Hauptzweck der Schutz Italiens vor den Herrschaftsansprüchen des deutschen Kaisers Friedrich Barbarossa war. Wilhelm I. und Wilhelm II. stärkten Papst Alexander III. in den achtzehn Jahren seines Ringens mit Friedrich I. unbeirrt den Rücken. Die Sizilianer spielten eine wichtige Rolle auf der Friedenskonferenz von Venedig im Jahr 1177, auf der Papst, Kaiser, lombardische Städte und sizilianische Krone ihren langwierigen Konflikt begruben und sich miteinander verständigten. Barbarossa hatte 1164 bei seinem großen Italienfeldzug vorgehabt, sowohl Rom als auch Palermo zu erobern; zum Glück für die Sizilianer hatte eine Epidemie den vor den Toren Roms lagernden deutschen Truppen arg zugesetzt und diesen Plan zunichte gemacht.

Aus der Gefahr einer deutschen Vorherrschaft über Rom und Mittelitalien ergab sich eine unmittelbare Bedrohung für das südliche Italien;

daß diese durchaus vorhanden war, zeigt sich daran, daß Friedrich Barbarossa erst 1177 das sizilianische Königtum anerkannte, obwohl es zu diesem Zeitpunkt schon nahezu seit einem halben Jahrhundert bestand; bis dahin war Sizilien wie ein Paria-Staat behandelt worden. Umgekehrt sahen die Päpste in der geplanten deutschen Invasion Siziliens eine tödliche Bedrohung für die Stadt Rom und eine potentielle Gefahr für die päpstliche Handlungsfreiheit. Während Barbarossa seine Ziele in Rom und weiter südlich nie erreichte, gelang es seinem Sohn Heinrich unter grundlegend veränderten Umständen, Sizilien mit Waffengewalt an sich zu bringen. Verständlicherweise gewährte Papst Cölestin III. den Rivalen Heinrichs in Sizilien, Tankred und dessen minderjährigem Sohn Wilhelm III., tatkräftige Unterstützung. Cölestin erkannte, welche Bedrohung die Personalunion zwischen Kaiserreich und sizilianischem Staat für seine Autorität darstellte. Er sah sehr genau die Probleme voraus, die sich unter Friedrich II. einstellen sollten.

Die deutschen Kaiser betrieben gegenüber dem normannischen Königreich keine konsequente Politik. Bis 1177 betrachteten sie die sizilianischen Könige als Usurpatoren, die ihnen ihre Souveränitätsrechte streitig machten; nach 1177 waren sie bereit, mit der in Palermo herrschenden Dynastie ein enges Bündnis einzugehen. In der ersten Phase hatte die Vorstellung, Sizilien zu erobern, fast schon Züge von Besessenheit: Sekundiert von Papst Innozenz II., trat Lothar II. zweimal zum bewaffneten Angriff gegen Sizilien an, 1135 und 1137, beide Male mit dem vorgeschützten Ziel, die Interessen Innozenz' gegen Roger II. und gegen Anaklet II., den Gegenpapst, zur Geltung zu bringen. In Wirklichkeit hatte Lothar ein Auge auf Süditalien geworfen, weil dort Reichtum, Prestige und militärisch nutzbare Ressourcen winkten und weil er wohl wußte, daß er zu Hause in Deutschland über keine Machtgrundlage verfügte. Sein Nachfolger Konrad III. war bereit, Süditalien mit seinen byzantinischen Bündnispartnern zu teilen, aber seit 1150 wurden unter Friedrich I. höhere Grundsätze geltend gemacht: daß diese Region Bestandteil des *regnum Italicum* und legitimes Eigentum des römischen Kaisers sei. Keine Rede war hinfort mehr von einer Teilung des Gebiets mit Byzanz. Die Ansprüche des griechischen Kaisers auf Süditalien wurden jetzt als null und nichtig betrachtet.

Gerade weil der deutsche Kaiser die Existenz des sizilianischen Königreichs bedrohte, taten die normannischen Könige an allen Fronten ihr möglichstes, um diesen Gegner in Verlegenheit zu bringen und niederzuhalten. Besonders wirksam war in dieser Hinsicht ihre finanzielle Unterstützung für die lombardischen Städte, die gegen die kaiserliche Herrschaft aufbegehrten. Es waren sizilianische, byzantische und venezianische Gelder, die dazu beitrugen, Friedrich vor Papst Alexander auf die Knie zu zwingen – ein Zusammenwirken, das schwer vorauszusehen gewesen war. Diese drei Mächte besaßen sehr unterschiedliche Vorstellungen über die Zukunft Italiens; überdies war Venedig, wenn es ansonsten auch eine eher feindliche Haltung gegenüber Barbarossa einnahm, gelegentlich doch bereit, in Verfolgung lokal begrenzter Ziele an seiner Seite gegen Byzanz ins Feld zu ziehen.

Nach seinem Kniefall vor Alexander III. in Venedig entschied sich Friedrich für eine neue Politik gegenüber Sizilien. 1183 schlug er dem sizilianischen Thron ein Bündnis vor, das 1184 mit der Heirat zwischen seinem Sohn Heinrich und Konstanze, der Tochter Rogers II., besiegelt wurde. Das bedeutete auch für Sizilien einen diplomatischen Wendepunkt. Schon Wilhelm II. von Sizilien hatte sich in den sechziger und siebziger Jahren des 12. Jahrhunderts mit der Tochter des griechischen Kaisers Manuel Komnenos vermählen wollen, und wahrscheinlich hatte Manuel Wilhelm auch die Thronfolge in Konstantinopel in Aussicht gestellt. Aber die Braut aus Konstantinopel war nie nach Sizilien gekommen, und Wilhelm hatte den Glauben an die byzantinischen Versprechungen verloren. Da die Heirat nicht zustande kam, versuchte Wilhelm auf anderem Wege, sich des oströmischen Kaiserthrons zu bemächtigen: Er unternahm einen Angriff auf Byzanz. 1185 eroberte er Thessaloniki und Durazzo, konnte beide jedoch nicht lange halten. Nicht von ungefähr erfolgte sein großangelegter Angriff auf Byzanz kurz nachdem er sich mit dem deutschen Kaiser geeinigt hatte. Die beiden waren von da an Bündnispartner, eine diplomatische Konstellation, die zwanzig Jahre früher noch unvorstellbar gewesen wäre.

Häufig wird die Auffassung vertreten, die Heirat zwischen Heinrich und Konstanze sei ein Geniestreich des alten Kaisers Barbarossa gewesen. Wilhelm II. war kinderlos, und nach seinem Tod würde die Krone an Konstanze fallen; das bedeutete, daß Heinrich von Hohenstaufen an der Seite seiner Frau Sizilien regieren würde. Zwar kam es später auch so, nach vielen Komplikationen. Aber im Jahr 1183 war Wilhelm noch ein junger Mann, und es war nicht anzunehmen, daß er kinderlos sterben würde. Seine Frau Joanna von England war jedenfalls nicht unfruchtbar; nach Wilhelms Tod und ihrer Wiedervermählung mit Raymond VI., dem Grafen von Toulouse und Widersacher der albigensischen Kreuzfahrer, bekam sie einen Sohn. Viel wahrscheinlicher war, daß Konstanze ohne Kinder bleiben würde; erst als Vierzigjährige, nach etlichen Ehejahren, gebar sie Heinrich einen Erben, Friedrich II. Es ist daher unwahrscheinlich, daß Wilhelm ernsthaft eine Vereinigung der beiden Kronen anstrebte; sein Anliegen war lediglich die Konsolidierung eines Bündnisses.

Die Beziehungen des normannischen Throns zu Konstantinopel lassen sich knapper abhandeln. Den Byzantinern waren die hochfliegenden Pläne Rogers II. und seiner Nachfolger sicherlich ein Ärgernis. Aber sie waren realistisch genug, um die Existenz des neuen Staates zu akzeptieren, jedenfalls solange dies mit ihrer Politik gegenüber dem Westen vereinbar war. So schloß Manuel Komnenos 1158 Frieden mit Wilhelm I., der noch kurz zuvor eine militärische Bedrohung gewesen war. Die Voraussetzungen für einen energischen Versuch, den byzantinischen Einfluß in Rom und Mittelitalien wiederherzustellen, wurden zunehmend günstiger, und der griechische Kaiser wollte seine Kräfte nicht in Reibereien mit den Sizilianern verausgaben. Zum Zerwürfnis kam es erst über die mißglückte Heirat zwischen Wilhelm II. und der byzantinischen Prinzessin. Es scheint, daß Wilhelm seinen Groll gegen die Griechen bis zu seinem Invasionsfeldzug von 1185 hegte, der ihn daran erinnerte, daß die sizilianische Krone einmal für kurze Zeit über den westlichen Teil der Balkanhalbinsel geherrscht hatte. Die Abneigung gegen Griechenland war ein Vermächtnis, das auf Heinrich von Hohenstaufen und seine Dynastie überging und vielleicht auch ein Motiv für die Eroberung Konstantinopels im Vierten Kreuzzug. Was Friedrich II. betraf, so pflegte er gute Beziehungen zu den byzantinischen Fürsten, die den Vierten Kreuzzug überlebt hatten und nun in den Trümmern des östlichen Kaiserreichs lebten, vertrieben aus Konstantinopel, das jetzt fränkisch war. Daß es in Konstantinopel keinen *basileus* mehr gab, der den universalen Anspruch hätte geltend machen können, den die byzantinischen Kaiser des 12. Jahrhunderts noch erhoben hatten, machte es Friedrich II. leichter, sich als den alleinigen römischen Kaiser und legitimen Nachfolger Konstantins zu präsentieren.

Es gab noch einen weiteren außenpolitischen Blickpunkt der sizilianischen Normannen – die islamische Welt. Während die Päpste und die deutschen und byzantinischen Kaiser ihre Souveränität über den Süden Italiens geltend zu machen versuchten, begnügten die Sarazenen sich damit, hin und wieder in Erinnerung zu rufen, daß Sizilien bis vor kurzem Teil des *dar-al-Islam* gewesen war und nach wie vor zahlreiche moslemische Bewohner hatte. Ungeachtet eines gelegentlichen fernen Donnergrollens vom Hofe Saladins und aus den Residenzen der marokkanischen Almohaden, ging von den großen islamischen Reichen kaum eine Gefahr für Sizilien aus. Ständige Probleme bereiteten hingegen die

Beziehungen zu den kleinen Emiren, die bis zur Mitte des 12. Jahrhunderts Tunesien und Tripolitanien beherrschten. Sie lagen dauernd im Krieg miteinander und baten die Sizilianer häufig um militärische Unterstützung gegen ihre Rivalen, ungeachtet der Tatsache, daß die sizilianischen Herrscher Christen waren. Roger II. nutzte die Gelegenheit eines Feldzugs in Nordafrika, der ursprünglich als Hilfsexpedition für afrikanische Emire begonnen hatte, zur Errichtung eines kleinen afrikanischen »Kolonialreichs«. Es umschloß auch die Städte Tripolis und Al-Mahdia, die Endpunkte der Goldkarawanen. Seinen Bemühungen, die Herrschaft über die Sizilien gegenüberliegende Küste Nordafrikas zu erlangen, konnte sich nur Tunis widersetzen; und selbst diese Stadt zahlte möglicherweise Tribut an ihn. Romuald von Salerno, Chronist des normannischen Sizilien, schreibt:

Da er ein stolzes Herz hatte und einen starken Herrscherwillen, da er mit Sizilien und Apulien allein nicht zufrieden war, stellte er eine riesige Flotte zusammen, schickte sie mit sehr vielen Truppen nach Afrika und besetzte und behielt Afrika.

Offenbar förderte Roger auch die Anlage christlicher Siedlungen in Afrika, was freilich nicht heißt, daß er in seinen afrikanischen Kriegen Kreuzzüge zur Verbreitung des Christentums gesehen hat; im Gegenteil dürften seine Truppen sogar zu einem beträchtlichen Teil aus Moslems bestanden haben. Um die Mitte des 12. Jahrhunderts zerfiel dieses afrikanische Reich. Eine neue islamische Macht, die fundamentalistischen Almohaden, drang vom Atlas-Gebirge aus nach Westen vor und bemächtigte sich im Jahr 1160 der letzten normannischen Besitzungen. Der religiöse Eifer der Almohaden legte sich schnell, und bald stellte sich zwischen dem Almohaden-Sultan in Tunis und dem König von Sizilien ein einigermaßen entspanntes Verhältnis her. Der Verkauf sizilianischen Getreides nach Afrika wurde wahrscheinlich niemals völlig eingestellt, ebensowenig wie die Lieferungen von Goldstaub aus der Sahara nach Sizilien, aus dem die Goldmünzen des normannischen Königreichs entstanden. So nahmen die sizilianischen Könige noch im 13. Jahrhundert regen Anteil an den Angelegenheiten Nordafrikas.

Dafür gab es mehrere Gründe. Zweifellos spielten vor allem die Einnahmen aus dem Handel mit Tunesien eine entscheidende Rolle, denn die Monarchie verdankte einen beträchtlichen Teil ihres Wohlstands den Steuern, die auf den Handelswaren lagen. Vielleicht gaben die sizilianischen Könige auch deshalb die Hoffnung nie auf, ihre Herrschaft über Teile der afrikanischen Künste wiederaufrichten zu können. Wer Mahdia, Tunis oder Jerba beherrschte, kontrollierte auch die Seewege zwischen Sizilien und Afrika, die von Handels- wie Kriegsschiffen befahren wurden, und besaß damit nicht nur eine reiche Quelle von Einkünften, sondern auch politische Macht. Genuesen, Pisaner, Katalanen und zuweilen natürlich auch islamische Schiffe wären eine sicherere Beute der sizilianischen Steuerbehörden und Küstenpatrouillen geworden, wenn die nordafrikanische Küste im Besitz Siziliens gewesen wäre. Die Monarchie hätte daraus diplomatische und finanzielle Vorteile gezogen. Aber auch ohne einen direkten Zugriff gab es die Hoffnung auf Tributzahlungen aus Afrika. Hier sollte Friedrich II. später beträchtlichen Erfolg haben, indem er an Präzedenzfälle anknüpfte, die die Normannen in Tunis geschaffen hatten.

Ein weiteres Problem, vielleicht das wichtigste, stellten die islamischen Piraten und ihre Überfälle auf die Südküste Siziliens dar. Islamische Sklavenhändler sahen in Sizilien eine unerschöpfliche Nachschubbasis für die von ihnen begehrte Handelsware. Einige islamische Bandenführer unterstützten sarazenische Rebellen im westlichen Sizilien mit Menschen oder Waffen; unter Friedrich II. erwuchs hieraus eine erhebliche Gefahr. Und natürlich gefährdeten die fortgesetzten Überfälle moslemischer Piraten auf Handelsschiffe vor der Küste Siziliens genau jene Handelswege, aus denen die Monarchie so großen Gewinn zog. Einige der gegen den Islam unternommenen Feldzüge Wilhelms II. waren womöglich gegen Piraten gerichtet; mit Sicherheit war dies beispielsweise bei der militärischen Expedition nach Mallorca im Jahr 1181 nach Fall.

X

In ihrer Afrikapolitik traten in mehrfacher Hinsicht die politischen Vorstellungen der Normannen zum Vorschein. Ganz gewiß sahen sie in der Eroberung, ja der erneuten Christianisierung Afrikas ein vorrangiges Ziel, eine würdige Aufgabe jener konstantinischen Monarchie, die zu errichten sie bestrebt waren. Bezeichnenderweise beklagte sich der deutsche Kaiser darüber, daß Roger II. mit seinen Afrikafeldzügen angestammte kaiserliche Rechte verletze, denn nicht weniger als Italien und Sizilien galt ihm Afrika als Bestandteil des *Imperium Romanum*, wenn er auch vorübergehend verloren war. In der Afrikapolitik zeigte sich aber auch ein praktischer Aspekt der normannischen Politik. Anspruch und Grundsätze des römischen Absolutismus, wie sie in Palermo verkündet wurden, waren in der Praxis nicht immer durchführbar. Die Beschaffung von Geldern, der Schutz der Schiffahrt und die Maßnahmen gegen die sizilianischen Sarazenen – all das erforderte eine ausgesprochen pragmatische Politik.

Nicht anders war auch die Anerkennung der päpstlichen Oberhoheit von praktischen Erwägungen bestimmt: Indem man den Anspruch des Papstes anerkannte, erhielt man einen wertvollen Verbündeten und sicherte sich Frieden an der Grenze im Norden. Daß gewisse Grundsätze dabei außer acht gelassen wurden, wog nicht viel. Überhaupt dienten die mit Pathos verkündeten Rechtsgrundsätze des römischen Reiches eher der Selbstdarstellung der Monarchie als daß sie konkrete politische Handlungsanweisungen waren. So galt in den überwiegend lombardischen, normannischen, griechischen, jüdischen oder arabischen Landesteilen weiterhin das jeweilige lokale Recht und wurde respektiert.

Der normannische Absolutismus besaß also große praktische Anpassungsfähigkeit. Der König hatte klare Vorstellungen von Ausmaß und Reichweite seiner Autorität, aber auch von den Grenzen ihrer Durchsetzbarkeit. Widerspenstige Barone in Süditalien und kampfeslustige Araber in Sizilien bildeten eine ständige Herausforderung der königlichen Macht und mußten durch Kompromisse in Schach gehalten werden. Das Geschick, mit dem Roger II. und seine Nachfolger dies erreichten und die unter ihrer Herrschaft vereinigten Gebiete zu einem relativ einheitlichen Staatswesen zusammenschweißten, ist bewunderungswürdig.

Aber natürlich kann im Hinblick auf Sizilien nur vergleichsweise von der Einheit des Königreichs gesprochen werden. Die Einheitlichkeit fand ihren Ausdruck vor allem in der Person des Königs; der Verwaltungsapparat hingegen, ja sogar das kulturelle Leben am Hof trugen, wie bereits gesagt, weit weniger einheitliche Züge, als vielfach angenommen wird. Doch hielt der königliche Absolutismus jene Kräfte im Zaum, die das Königreich auseinanderzureißen drohten, nicht zuletzt die fortbestehenden Autonomie- oder Unabhängigkeitsgelüste von Baronen, Stadtbürgern und Arabern. Fraglich aber war, ob die Vasallen im Fall eines Thronfolgestreits oder einer Invasion von außen loyal bleiben würden. Als Heinrich von Hohenstaufen gegen Ende des 12. Jahrhunderts an der Spitze einer Invasionsstreitmacht im südlichen Italien auftauchte, schien die Chance gekommen, der normannischen Herrschaft den Todesstoß zu geben. Es folgten dreißig Jahre voller Machtkämpfe, bis es unter Friedrich II. gelang, die autokratische Herrschaft wiederherzustellen.

Sowohl die Idee der normannischen Monarchie als auch die Struktur ihres Verwaltungsapparats überlebten so die Anarchie der kaiserlichen Kinder- und Jugendjahre und konnten nach 1220 einer wiedererstandenen normannischen Autokratie als Fundament dienen. Eine einschneidende Veränderung trat allerdings ein: Das sizilianische Königtum hörte auf, eine bloße Territorialmonarchie zu sein; es wurde zum Gegenstand eines in den Augen vieler Zeitgenossen eher unseligen Versuchs, die Prinzipien der römischen Autokratie und des Universalismus mit der Herrschaft über ein begrenztes Territorium, ein neues Königreich, zu versöhnen. Kaiser Friedrich eignete sich die normannische Auffassung vom Wesen der Monarchie an und übertrug sie auf die weltpolitische Bühne. Das Motiv des Universalismus, das bei Roger II. noch gefehlt hatte, war jetzt hinzugekommen und wurde in die Waagschale geworfen.

Es ist aufschlußreich, daß Friedrich, als er in Jesi zur Welt kam, zunächst den Namen Konstantin erhielt, wenn er schließlich auch auf die Namen Roger und Friedrich getauft wurde. Womöglich ist hier der Einfluß seiner Mutter zu spüren, ein Einfluß, dessen Spur sich auch durch sein weiteres Leben zog.

KAPITEL 2
Das deutsche Erbe:
Friedrich Barbarossa und Heinrich VI.

I

Das Wirken des Kaisers Barbarossa, des anderen Großvaters von Friedrich II., hinterließ ebenfalls ein komplexes Vermächtnis: eine Monarchie, die ihre eigenen Wurzeln im antiken römischen Reich suchte, ihren Herrschaftsanspruch in Italien geltend zu machen versuchte (weitgehend vergeblich), mit Konflikten innerhalb Deutschlands konfrontiert war und die die Kreuzzugsbewegung wesentlich ernster nahm, als die sizilianischen Könige es taten. Jeder dieser Aspekte der Politik Friedrichs I. und seines Sohnes Heinrich beeinflußte das Denken und Handeln Friedrichs II. Hinter diesen Schwierigkeiten stand das Problem des Verhältnisses zwischen Papst und Kaiser. Der Papst wünschte sich im Grunde einen Kaiser, der ihm als »weltliches Schwert« dienen konnte, der durch seine Regierungskunst der göttlichen Gerechtigkeit Geltung verschaffen würde, wenn nötig auch durch die Ausübung strafender Gewalt gegen Sünder. Papst und Kaiser erschienen aus dieser Perspektive als natürliche Verbündete – empfing nicht der Kaiser seine Krone aus den Händen des Papstes?

Doch dem Traum von einer Zusammenarbeit, im 12. und 13. Jahrhundert wieder und wieder beschworen, widersprach die Wirklichkeit in einem heiklen Punkt: der weströmische Kaiser weigerte sich, anzuerkennen, daß seine Autorität ihm vom Papst verliehen und er somit in einem gewissen Sinn dessen Werkzeug sei. Friedrich Barbarossas erste Kraftprobe mit dem Heiligen Stuhl entbrannte gerade über diese Frage: 1157 ließ Hadrian IV. in einem Brief an Friedrich nebenbei die Bemerkung fallen, das Kaiserreich sei ein vom Papst verliehenes *beneficium*. Die Zweideutigkeit dieses Ausdrucks war vom Papst beabsichtigt. Bezog sich *beneficium* nur auf den Akt der Krönung, ohne eine Unterordnung des Kaisers unter den Papst zu bedeuten? Friedrich war sicher, das Hadrian *beneficium* in einem feudalen Sinn interpretierte, als ein vom Papst an einen Vasallen übertragenes Lehen, und entgegnete unwirsch, seine Krone sei ihm von Gott allein verliehen worden, nachdem die deutschen Fürsten ihn zu ihrem Herrscher gewählt hatten; falls der Papst darüber anders denke, mangle es ihm an Verständnis für seine eigene apostolische Mission.

Es ging indes nicht nur um die Zurückweisung päpstlicher Ansprüche. Auch jene eben erwähnten »Verfassungsrechte« der deutschen Fürsten waren für den Kaiser ein Ärgernis. Wenn in Deutschland ein Monarch starb, gab es keine Gewähr dafür, daß sein männlicher Erbe ihm auf den Thron nachfolgen würde; nur ein starker Herrscher konnte hoffen, den Vorrang seiner Dynastie absichern zu können. Die ersten deutschen Kaiser, die im 10. Jahrhundert regierenden Sachsenkaiser, hatten ihre Macht mit so großem Erfolg zu festigen vermocht, daß die deutschen Kurfürsten am Ende des Jahrhunderts sogar einen Minderjährigen als ihren König akzeptierten.

Aber mochte die Krönung Minderjähriger auch ein Zeichen für das erfolgreiche dynastische Wirken früherer Herrscher sein, so wies es andererseits auch auf den Zerfall königlicher Macht hin. Denn die großen Fürsten merkten alsbald, daß kein mächtiger König da war, der ihren eigenen Machtgelüsten hätte entgegentreten können. Das späte 11. Jahrhundert sah deshalb nach einer Blütezeit um die Jahrhundertmitte eine Monarchie, die in bedenklichem Maße geschwächt war, geschwächt zunächst durch die Thronbesteigung des minderjährigen Heinrich IV., sodann durch dessen erbitterten Konflikt mit dem Heiligen Stuhl. Darauf erpicht, gerade gegenüber dem mächtigsten weltlichen Herrscher Europas den Anspruch auf päpstliche Suprematie durchzusetzen, versuchte Papst Gregor VII. Heinrichs Macht dadurch zu brechen, daß er die Wahl eines Gegenkönigs unterstützte, eines neuen Bewerbers um die Loyalität der Fürsten. Es gelang Heinrich, sich zu behaupten, aber nur um den Preis eines schwerwiegenden Verlustes an königlicher Autorität. Die Folge war, daß die deutschen Könige des beginnenden 12. Jahrhunderts sich von mächtigen Vasallen in Bayern, Schwaben und Sachsen zu Machtproben herausgefordert sahen. Dynastien wie die der Herzöge von Zähringen konnten ihre Hausmacht festigen; sie bauten sich weitere Burgen und zogen eine Gruppe unabhängiger Vasallen auf ihre Seite, die sogenannten *ministeriales*, Männer von häufig bescheidener Herkunft, die jedoch im Dienst ihrer Herren schnelle Karriere machten. Auch viele Städte entwickelten sich zu ernst zu nehmenden Machtfaktoren, wie das unter fürstlicher Schirmherrschaft stehende Köln.

Es zeigt sich, daß die deutsche Monarchie von völlig anderer Art war

Das Heer des letzten Staufers, des siebzehnjährigen Konradin, traf in der milden Hügellandschaft von Latium bei Tagliacozzo auf die weit überlegenen Truppen Karls von Anjou. Im August 1268 wurde der Staufer vernichtend geschlagen und als Gefangener nach Neapel geführt, wo ihn der französische König in einem auch nach damaligen Begriffen erstaunlichen Akt der Grausamkeit hinrichten ließ.

als die sizilianische. Dort standen einer gleichsam umherreisenden Monarchie, die nur über einen schwach entwickelten Verwaltungsapparat verfügte, mächtige Fürsten gegenüber, deren Unterordnung unter die Krone manchmal nur formaler Natur war; hier übte eine über effektive Machtmittel gebietende, in einer Hauptstadt ansässige Administration eine im allgemeinen wirksame Kontrolle über die Großen des Landes aus.

Auf der anderen Seite ruhte die deutsche Monarchie ebensowenig auf einem national-staatlichen Prinzip wie die sizilianische. Im 10. Jahrhundert hatte sich eine Gruppe ostfränkischer Adliger von den in Paris residierenden Nachfolgern Karls des Großen, deren Autorität bereits im Schwinden war, losgesagt und ein zweites *regnum Francorum* ausgerufen, in dem sich neben sächsischen Stämmen schließlich auch Bayern, Schwaben, Thüringer und sogar Lombarden sammelten; die meisten Untertanen der sächsischen Könige sprachen germanische Dialekte, viele aber auch französische und später auch slawische und italienische Idiome. Für dieses Völker- und Sprachgemisch bürgerte sich der Ausdruck »teutonisch« ein, denn es war im 10. Jahrhundert durchaus noch ein Bewußtsein dafür vorhanden, daß es sich bei diesen Völkern um Abkömmlinge der barbarischen Stämme handelte, die seit Beginn der Völkerwanderung fast jeden Winkel des antiken römischen Reiches in Besitz genommen und besiedelt hatten.

Eine verbreitete Deutung besagte, die Römer hätten ihr Imperium an weniger erschöpfte Völker wie die Lombarden in Italien, die Burgunder in Südfrankreich und die Sachsen in Germanien verloren. Dieses Argument diente schließlich der Rechtfertigung für die deutschen Ansprüche auf den römischen Kaisertitel, namentlich gegenüber den Einsprüchen aus Konstantinopel, dessen Machthaber sich ebenfalls als Nachfolger Konstantins und Justinians fühlten. Von einer kurzen Unterbrechung um das Jahr 1000 herum abgesehen, bedienten sich die deutschen Herrscher im 10. und 11. Jahrhundert des Kaisertitels nicht in erster Linie als Ausweis ihrer »Abstammung« von den römischen Kaisern, sondern verfolgten damit andere Ziele.

Otto I., der Eroberer des lombardischen Königreichs in Norditalien, des sogenannten *regnum Italicum*, marschierte nach Rom, um angesichts der dort tobenden Machtkämpfe dem Papst beizustehen. Er trat damit in die Fußstapfen Karls des Großen, der sich im Jahr 800 in Rom mit ähnlichen Diensten seine Kaiserkrone verdient hatte. Otto, König der Ostfranken und nunmehr auch Herrscher über *Italia* und damit mächtigster Fürst Europas, wurde 962 ebenfalls vom Papst zum Kaiser gekrönt. Dieser Akt war von doppelter Bedeutung: Zum einen erkannte der Papst damit Ottos Herrschaft über das nördliche Italien an und wies zugleich die Ansprüche der burgundischen und lombardischen Fürsten zurück. Zum anderen konnte Otto sich nun mit dem imposanten Titel eines Kaisers schmücken, der sich dazu eignete, das bunte Gemisch von Völkern und Territorien, über das er herrschte, auf einen einheitlichen Begriff zu bringen. Als die deutschen Fürsten ihn zu ihrem *princeps* gekürt hatten, war noch völlig unklar gewesen, was für eine Art von Königreich ihm da anvertraut worden war. Die Kaiserkrönung konsolidierte und sanktionierte diese Ansammlung von Territorien und

Das befestigte Ninfa in Latium war im 12. und 13. Jahrhundert ein blühender Ort; im 17. Jahrhundert aber wütete die Malaria in der Stadt und entvölkerte sie vollständig. Heute sind ihre Überreste am gleichnamigen Fluß Ninfa, vor allem der Geschlechterturm, ein Symbol für die Übermacht der vielen Seuchen, die für Jahrhunderte alles Leben bedrohten.

schmiedete sie zu einem einheitlichen Imperium römischer Provenienz zusammen.

Allerdings galt der Kaisertitel vorläufig eher als ein bloßes Ehrenzeichen denn als der Beweis dafür, daß tatsächlich Macht und Ansehen der Cäsaren auf das gekrönte Haupt der Deutschen übergegangen waren. So sehr seine Propagandisten die alles umfassende Autorität des Kaisers beschwören mochten, in der Praxis ließ sich dieser Herrschaftsanspruch, auch angesichts des Widerspruchs aus Byzanz, vorerst kaum durchsetzen. Selbst in seinem *regnum Italicum* ließ der Kaiser sich selten blicken, und noch um 1020 beschränkte sich seine Präsenz im wesentlichen auf Pavia, wo eine Finanzverwaltung ansässig war. Deren Akten gingen bei einem Aufstand in Flammen auf, und in der Folge wurde es für den deutschen Kaiser zunehmend schwerer, seine Rechte in Norditalien geltend zu machen.

Ausmaß und Art dieser Rechte waren zum Teil durch den Umstand bedingt, daß die Monarchie keinen festen Regierungssitz besaß; wenn die königlichen Truppen beispielsweise in den Städten des *regnum Italicum* aufmarschierten, waren diese verpflichtet, sie zu ernähren und auszurüsten. Traditionell stand der Monarchie darüber hinaus die Einnahme von Steuern auf die Binnenschiffahrt, auf Münzprägungen, auf die Ausstellung von Urkunden und die Ernennung kaiserlicher Notare zu. Der König sicherte neu ernannten Städten urkundlich bestimmte Privilegien zu und behielt sich dafür ein Mitspracherecht bei der Wahl von Bischöfen und anderen Prälaten vor, auch wenn ihn dies jedesmal in Konflikt mit dem Papst brachte. Inwieweit der Kaiser seine Rechte durchsetzen konnte, hing auch von seiner Macht gegenüber dem Papst ab, und es war der Konflikt zwischen Heinrich IV. und Papst Gregor VII., der die kaiserliche Position untergrub.

Im 11. Jahrhundert hatten die Bischöfe faktisch als Stadtgouverneure fungiert, und die Inhaber des Bischofsamts waren häufig aus der lokalen Nobilität rekrutiert worden. Wenn der Heilige Stuhl nun versuchte, die direkte Kontrolle über die Ernennung der Bischöfe wieder an sich zu reißen, so stellte dies eine Bedrohung nicht nur der königlichen Rechte, sondern auch der Interessen des städtischen Adels dar. Gegen Ende des 11. Jahrhunderts flammten daher in den norditalienischen Städten Konflikte und Unruhen unterschiedlicher Art auf, wie die Volksaufstände in Mailand und Parma oder die Spannungen zwischen Bischof und Adel in Pisa zeigen. In vielen Fällen aber gab es auch einen friedlichen Übergang der Macht von den Bischöfen zu den ortsansässigen Adelsfamilien oder ihren politischen Ausschüssen. Oft regierten dann nach wie vor dieselben Gruppen, aber nicht mehr vom Bischofspalast, sondern vom Rathaus aus. Die Bischöfe aber, die in zunehmendem Maß von außerhalb kamen, verloren ihren Einfluß auf die tagtäglichen politischen Entscheidungen.

Es war seit längerem Tradition, daß die deutschen Könige in der Anfangszeit ihrer Herrschaft nach Italien reisten, um in Monza oder Mailand die »eiserne Krone der Lombarden« in Empfang zu nehmen und sich anschließend in Rom zum Kaiser krönen zu lassen. Die lombardischen Städte waren verpflichtet, dem deutschen König auf seinem *iter Italicum* Hilfe und Unterhalt zu gewähren, doch herrschte zwischen allen Beteiligten Einverständnis darüber, daß die Reise überwiegend zeremoniellen Charakter besaß: Der König machte seine Aufwartung, empfing die ihm zustehenden Huldigungen, nahm in Rom die Kaiserkrone in Empfang und reiste nach Norden zurück. Zu ernsthaften Eingriffen des Kaisers in die italienische Politik kam es erst in späterer Zeit und in Notfällen, so als Lothar II. Papst Innozenz II. zu Hilfe kam.

Italien und namentlich die Lombardei wähnten sich daher vor Übergriffen der deutschen Herrscher weitgehend sicher, was sich dem rapiden Niedergang der staatlichen Institutionen des *regnum Italicum* und dem daraus resultierenden Zuwachs an Autonomie der neuen Stadtregierungen im späten 11. und frühen 12. Jahrhundert verdankte. Diese noch in der Entwicklung begriffenen italienischen Stadtstaaten, die an das Vorbild der antiken Stadtgemeinden aus republikanischer Zeit anknüpften, hatten keinen Sinn für den Autoritätsanspruch des deutschen Kaisers. Sie zollten ihm zwar Anerkennung als ihrem Souverän und zogen nicht unbeträchtlichen Nutzen aus seiner Bereitschaft, ihren Notaren das Siegelrecht zu verleihen, ihnen ihre Privilegien zu bestätigen und ihre Streitfälle zu schlichten. Aber sie waren froh, ihn in sicherer Entfernung zu wissen. Die Genuesen etwa bestanden darauf, daß sie dem Kaiser »nur Loyalität (*fidelitas*)« schuldig seien und »nicht für irgend etwas anderes herangezogen werden« könnten – so beschieden sie Kaiser Barbarossa, als er von ihnen Truppen, Schiffe und Geld haben wollte. Barbarossa freilich sah dies anders: Was bedeutete *fidelitas*, wenn sie keinen praktischen Niederschlag fand?

II

Friedrich Barbarossa wurde 1152 zum deutschen König gewählt, der zweite Herrscher aus der schwäbischen Dynastie der Hohenstaufen. Er hatte sich schon im Zweiten Kreuzzug einen Ruf erworben, und es scheint, als habe er bei dieser Gelegenheit seine Abneigung gegen den byzantinischen Anspruch entwickelt, alleiniger Erbe des römischen Universalreichs zu sein, eine Abneigung, die er wenig später in die Tat umsetzte. Die Kraftprobe mit Byzanz, mit dem anderen römischen Kaiser, war eines der Motive, die seinem kaiserlichen Selbstverständnis zugrunde lagen. Schon vor seiner Krönung in Rom bezeichnete er sich in seinen Briefen an Konstantinopel nicht als König der Römer, wie der Anwärter auf die römische Kaiserkrone formell genannt wurde, sondern als den wirklichen Kaiser der Römer, für den der Herrscher in Konstantinopel lediglich der Kaiser der Griechen war.

Von Bedeutung für Friedrichs imperiale Vorstellungen war auch sein Konflikt mit Hadrian IV. im Jahr 1157, in dem es um die Auslegung des Ausdrucks *beneficium* als Bezeichnung seines Amtes ging. Unmittelbar nach dieser Auseinandersetzung ließ ein neuer Sprachgebrauch im Machtbereich Barbarossas erkennen, welche weitgehenden und kompromißlosen Ansprüche er hatte: daß Barbarossa über ein *sacratissimum imperium*, ein allerheiligstes Reich, herrsche, war eine an die übliche Bezeichnung der römischen Kirche als *sancta Romana ecclesia* angelehnte, herausfordernde Begriffsschöpfung. Unter Friedrich I. vollzog sich damit die Umwandlung des deutschen Kaiserreichs: Aus dem Reich deutscher Nation und römischen Namens wurde das Heilige Römische Reich deutscher Nation. Um die Stellung des deutschen Kaisers symbolisch noch deutlicher zu erhöhen, erwirkte Friedrich – aus den Händen eines Gegenpapsts – die Heiligsprechung Karls des Großen, des Begründers des wiederauferstandenen römischen Reichs. Damit war die symbolhafte Wiedergeburt des Kaiserreiches vollzogen.

Hinter der ehrgeizigen Befolgung dieses Ziels stand nicht bloß die Rivalität zu Byzanz oder zum Papsttum. Es gab auch Urkunden, auf die der deutsche König sich berufen konnte. Hier lassen sich verblüffende Parallelen zum normannischen Königreich Sizilien ziehen; sie lagen in der Rückbesinnung auf das römische Recht, aber auch in der Wiederentdeckung Justinians. Zunächst waren es Päpste gewesen, die im ausgehenden 11. Jahrhundert die Erforschung römischer Gesetzesbücher gefördert hatten. Sie hatten dabei nach historischen Belegen für die

Legitimität des päpstlichen Verherrschaftsanspruchs gesucht. Unglücklicherweise ließen sich jedoch keine Aussagen Justinians über die weltliche Macht der Päpste finden, sehr viele hingegen über die des Kaisers. Nur allzu verständlich ist daher, daß Friedrich I. in den römischen Gesetzestexten eine Vielzahl von Rechten fand, aus denen sich die eindeutige Rechtfertigung kaiserlicher Vormachtansprüche ableiten ließ und die allein durch ihr Alter geheiligt erschienen.

Anders als in Sizilien unternahm man jedoch keinen Versuch, aus dem römischen Recht allgemeine Gesetzbücher nach Art der sizilianischen Assisen abzuleiten, sondern suchte sich nur diejenigen Bestimmungen zur Übernahme aus, die geeignet schienen, die Einkünfte des Herrschers zu sichern, ihm die Dienstpflichten seiner italienischen Vasallen zu garantieren und die Unabhängigkeit des römischen Kaisers gegenüber dem Papst zu unterstreichen. Die in diesem Zusammenhang aufgestellten Grundsätze waren zwar von Justinian abgeleitet, aber man kümmerte sich nicht sehr um die Einzelheiten in den spätrömischen Vorstellungen von der Autorität des Fürsten, die in Sizilien und Süditalien so aufmerksame Beachtung fanden.

Daß Friedrich zu dem Entschluß gelangte, die kaiserliche Autorität erstrecke sich weit über die Grenzen seines italienischen, deutschen und burgundischen Herrschaftsgebietes hinaus, darf nicht verwundern. Auch das südliche Italien gehörte für ihn zum *regnum Italicum*, und so mußten auch Roger und Wilhelm von Sizilien in seinen Augen als Usurpatoren erscheinen. Dieser Standpunkt war durchaus nicht neu. Neu aber war, daß Friedrich auch die Herrscher Frankreichs und Englands als seine Vasallen betrachtete, als *reguli* oder Provinzialfürsten. Tatsächlich scheint ein Brief Heinrichs II. von England, der in seiner Bedeutung jedoch umstritten ist, die Anerkennung eines Herrschaftsanspruchs Barbarossas zu bezeugen, und es liegt nahe, in dem erzwungenen Kniefall Richards I. von England vor Friedrichs Sohn Heinrich nach dem Dritten Kreuzzug ebenfalls den Beweis zu sehen, daß dem Kaiser als dem universalen Monarchen eine Art Befehlsgewalt über die anderen Könige zugestanden wurde. Auch die Versendung von Kronen nach Cypern und Armenien, ebenfalls unter Heinrich VI., paßt in dieses Bild. Theoretisch entsprach das Verhältnis Friedrichs als Kaiser zu den christlichen Monarchen ziemlich genau dem Verhältnis, in welchem er als deutscher König zu den deutschen Fürsten stand; er war ihr formeller Souverän, auch wenn dieses Verhältnis in der Praxis oft ohne Bedeutung war.

Friedrich Barbarossa legte anhand der ihm zu Gebote stehenden

Gesetzestexte seine Rechte im *regnum Italicum* sehr anders aus als seine Vorgänger. Er vermengte authentische römische Texte mit Erlassen deutscher Kaiser des 10. und 11. Jahrhunderts und gelangte zu dem Schluß, er könne von den italienischen Stadtstaaten nicht nur Unterhaltsleistungen für seine Truppen verlangen, sondern darüber hinaus eine ganze Reihe weiterer Dienstleistungen und Steuern, die sogenannten Regalien, d. h. die königlichen Rechte. Dabei ist aufschlußreich, daß Friedrich I. zwischen antiken und ottonischen Gesetzestexten keinen Unterschied machte. Er betrachtete die Ottonen als Nachfolger der Cäsaren und stellte sie in seinen eigenen Dekreten in eine Reihe mit Julius Cäsar, Augustus und Tiberius. Das Argument, das römische Imperium sei in fremde Hände übergegangen, verlor an Bedeutung; Friedrich ernannte sich, auch wenn er kein Römer war, zum direkten, durch göttliche Gnade ausersehenen Nachfahren der römischen Kaiser. Da war es nur selbstverständlich, daß er forderte, was er – nicht ganz korrekt – für ein bereits von seinen Vorgängern ausgeübtes Recht gegenüber den lombardischen Städten hielt. Als er 1158 in Roncaglia in der lombardischen Tiefebene Station machte, erließ er eine Reihe von Dekreten, in denen er die Wiederherstellung seiner Rechte in der Lombardei verkündete. Er tat dies natürlich nicht nur aus prinzipiellen Gründen, sondern weil er wußte, daß in der Lombardei ein großes Potential an Steuereinnahmen lag. Das konnte jedoch nur ausgeschöpft werden, solange sich der Kaiser an Ort und Stelle aufhielt – er kam dann vor allem in den Genuß des *fodrum* und *gistum*, der großzügigen Beherbergung seines Hofs und seiner Truppen.

Seine italienischen Kriege ließen ihn freilich kaum die Gelegenheit, mit Truhen voll italienischen Silbers über die Alpen nach Norden zurückzukehren. Doch nutzte Barbarossa den Aufenthalt in Norditalien als eine gute Chance zur Anhäufung von Reichtümern. Er wußte sehr wohl, daß die deutschen Monarchen den mächtigsten deutschen Fürsten gegenüber nicht zuletzt deswegen im Nachteil gewesen waren, weil dem Kaiser in Deutschland selbst nur begrenzte Ressourcen zur Verfügung standen. Die sächsischen Herzöge beispielsweise, die an der Spitze eines mächtigen Staatswesens standen, das sich aktiv an der Kolonisierung slawischer Gebiete im Osten beteiligte, konnten von ihrer deutschen Machtbastion aus die königliche Autorität herausfordern. Wenn es der Monarchie gelang, sich eine territoriale Hausmacht zuzulegen, und sei es auch außerhalb Deutschlands, würde sie ihren deutschen Herausforderern gegenüber einen besseren Stand haben. Die Pläne zur Eroberung Siziliens und Süditaliens können als anschauliches Beispiel für diese Verbindung von Prinzipien mit praktischen Zielen dienen: Sizilien war ein Piratenkönigreich, gleichsam illegal auf kaiserlichem Boden gegründet und die Rückeroberung war deshalb längst fällig. Aber es war auch ein Gebiet, in dem unter Umständen viel Geld, menschliche Arbeitskraft und Prestige zu holen waren. Wir werden sehen, ob sich etwas von diesen Verheißungen erfüllte, als die Nachfahren Friedrichs I. tatsächlich die Herrschaft über Sizilien und Deutschland erlangt hatten.

In der Lombardei erkannte man schnell, vor welche Herausforderung Italien gestellt war. Wenn der Kaiser mit der Durchsetzung seiner in Roncaglia proklamierten Rechte Ernst machte, war es mit der Autonomie der italienischen Stadtstaaten vorbei, zumindest in einigen Bereichen. So hielt sich Friedrich für berechtigt, die höchsten Verwaltungsbeamten der italienischen Städte zu ernennen. Doch war er, wie sich später zeigen sollte, entschlossen, nur äußerst behutsam von diesem Recht Gebrauch zu machen. Zumeist bestätigte er nur die von den Bürgern Gewählten in ihren Ämtern – ein Akt, für den er sicherlich eine erkleckliche Summe einforderte. Gebärdete sich eine Stadt aber widerspenstig, konnte Friedrich auch auf strengere Weise von seinen Rechten Gebrauch machen: So erhielt beispielsweise die unbotsame toskanische Gemeinde San Miniato einen deutschen Stadtgouverneur.

Etwas komplizierter verhielt es sich mit den Verpflichtungen, die Friedrich gegenüber den lombardischen Städten zu haben glaubte. In seinen Augen war seine Rolle nicht darauf beschränkt, auf die wortgetreue Durchsetzung seiner Rechte zu pochen. Er wollte Gegenleistungen bieten und war verärgert darüber, daß seine Bemühungen nur wenig Dankbarkeit fanden. Auf dem Konstanzer Reichstag von 1153 nahm er sich Zeit, die Klagen und Ersuchen seiner Untertanen entgegenzunehmen. Vor ihm erschienen zwei Bürger der Stadt Lodi, um sich über die Einnahme ihrer Stadt durch die Mailänder zu beschweren, bei der sie um ihr Eigentum gebracht worden waren. Ein solcher Fall war keine Seltenheit. Denn die kommunale Selbständigkeit, die die lombardischen Städte für sich zu behaupten trachteten, wurde gelegentlich von mächtigeren Nachbarstädten mit Füßen getreten. Das Fehlen jeder kaiserlichen Kontrolle in Norditalien hatte seit 1140 dazu geführt, daß die größeren Städte sich straflos am Grund und Boden ihrer Nachbarn, ja selbst an ganzen Orten vergriffen. Mailand war die mit Abstand mächtigste Stadt der westlichen Lombardei und nutzte jede Gelegenheit, um seine Herrschaft über ein weitläufiges Gebiet zwischen den oberitalienischen Seen und den nördlichen Ausläufern des Apennin zu festigen.

Nach dem Tod Friedrichs II. versuchte sein Sohn Manfred, das sizilianische Erbe des Vaters zu bewahren. Doch er unterlag seinem Rivalen Karl von Anjou. Bei Benevent, einer päpstlichen Enklave inmitten des Königreichs Sizilien, trafen die gegnerischen Heere 1266 aufeinander. Die Streitmacht Manfreds wurde vernichtend geschlagen, er selbst fiel in der Schlacht. Heute ist die fruchtbare Ebene in Campanien nur noch eine kaum bewahrte Erinnerung.

Barbarossa betrachtete es auch als Bestandteil seiner italienischen Mission, die Lombardei zu befrieden und den mailändischen Expansionsdrang in die Schranken zu weisen: wollte er diesen Vorsatz verwirklichen, so mußte er freilich sein Amt als oberster Richter in vollster Konsequenz ausüben. Er gab den Lombarden daher zu verstehen, daß sie sein Recht auf Urteilssprüche anerkennen müßten und daß jeder Versuch, dieses Recht zu mißachten, seinen Zorn heraufbeschwören würde. Damit gab Friedrich I. seinem Enkel ein Beispiel, wie die Probleme der Lombardei gelöst werden konnten: Die Durchsetzung der kaiserlichen Rechte galt als das probate Mittel der Friedensstiftung. Doch gerade das Beharren auf diesen Rechten führte sowohl Friedrich I. als auch Friedrich II. in kriegerische Auseinandersetzungen.

Dazu gesellte sich ein gewisses Unvermögen, Selbstverständnis und Tradition dieser Stadtrepubliken zu verstehen und ihre »Freiheiten« zu respektieren. Otto von Freising, ein Onkel Friedrichs I., hinterließ eine Chronik der Regierungszeit des Kaisers, in der er den Vorwurf erhob, Friedrich habe für die Grundsätze der Ständeregierung und der Gleichberechtigung innerhalb der Bürgerschaft, also für die Grundregeln der kommunalen Selbstverwaltung, kein Verständnis aufbringen können. Nun trifft gewiß zu, daß in manchen lombardischen Städten diese Grundsätze zwar beschworen, aber nicht sehr ernsthaft befolgt wurden: Die wirkliche Macht verblieb in den Händen der städtischen Aristokratie und einflußreicher ländlicher Großgrundbesitzer, die sich mit den städtischen Machthabern, in der Regel den erfolgreichsten Mitgliedern der im Aufstieg begriffenen Kaufmannschaft, verbündet hatten. Formell allerdings wurden die Konsuln von allen Bürgern gewählt, und sicherlich waren diejenigen, die das Bürgerrecht besaßen, stolz darauf und wußten es zu schätzen.

Von außen betrachtet, mochten die Städte wie republikanische Inseln in feudalen Territorien anmuten, aber auch innerhalb ihrer Mauern übte eine alte Feudalaristokratie nach wie vor großen Einfluß aus und gebot über viele Gefolgsleute. Tatsächlich kam es im 12. Jahrhundert häufig vor, daß es der Stadtregierung nicht gelang, ihren Willen der ganzen Stadt aufzuzwingen; Enklaven privater Verfügungsgewalt und Rechtszuständigkeit bestanden fort, so redlich die Kommunen sich auch bemühten, die betreffenden Feudalherren in die Ständeregierung einzubinden. Spannungen zwischen den herrschenden Gruppen und rivalisierenden Familien erschütterten häufig die norditalienischen Städte: Die Geschichte Genuas im 12. Jahrhundert liest sich wie eine Aneinanderreihung von Attentaten, Straßenschlachten und heftig umstrittenen Wahlergebnissen. In solchen Unruhen der Städte sahen die Hohenstaufen-Kaiser nur die Anzeichen eines Chaos, dem nur der Kaiser als oberster Richter Einhalt gebieten konnte. Zum andern führten diese Zustände immer wieder zu Eingaben an den kaiserlichen Hof, vorgelegt von Personen, die in einem kaiserlichen Eingreifen das einzige Mittel zur Wiedereinsetzung in ihre Rechte sahen. Hier lagen die Ursprünge jener unter dem Namen Ghibellinen bekannt gewordenen Gruppen: auf die Hohenstaufen eingeschworene Fraktionen in den italienischen Städten, deren Konturen sich schon im 12. Jahrhundert abzeichneten.

Die Drohung Barbarossas galt vornehmlich denjenigen lombardischen Städten, die es auf ihre Nachbarn oder deren Besitz abgesehen hatten. Um zu zeigen, wie ernst es ihm war, marschierte er nach Mailand und ließ die Stadt plündern. Als sie sich seiner Politik weiterhin widersetzte, indem sie unter anderem seine lombardischen Feinde mit Waffen belieferte, kehrte er zurück und machte die größte Stadt der Lombardei dem Erdboden gleich. Doch mit solchen übertrieben harten Maßnahmen, brachte er fast alle lombardischen Städte gegen sich auf, selbst Cremona, das dem Kaiser traditionell freundlich gesonnen gewesen war. Die Gefahren, die den Städten von diesem Kaiser her drohten, schienen schlimmer als die Bedrohungen, die bis dahin von den Mailänder Expansionsgelüsten ausgegangen waren. Die Cremoneser gingen sogar soweit, ihren alten Feinden tatkräftige Unterstützung zu leisten, als diese die Stadtmauern Mailands wieder aufbauten, entschlossen, Friedrich nach wie vor Widerstand zu leisten.

Vielleicht hatte Friedrich sich allzu sehr auf die traditionelle Rivalität zwischen den lombardischen Städten verlassen – zweifellos erschien es ihm unvorstellbar, daß sie ihre Feindseligkeit untereinander aufgeben und gegen ihn zusammenstehen würden. Genau dies passierte aber und führte zur Gründung des ersten lombardischen Bundes. Hier fanden sich das zerstörte Mailand, Cremona, Mantua und Brescia – alle seit alters her erbitterte Rivalen – zu einem Zweckbündnis zusammen, und weitere Städte, darunter auch etliche im Nordosten der Lombardei, folgten ihrem Beispiel. 1167 formierte sich ein umfassender Bund, in dem sich die west- mit den ostlombardischen Städten zusammentaten. Manche Historiker haben in diesem Bund die erste Regung eines italienischen Nationalgefühls erblickt, erwacht durch die maßlosen Forderungen eines Deutschen, eines Ausländers. Ganz so war es wohl nicht. Der lombardische Bund besaß weder eine gemeinsame Regierung noch mischte er sich in die inneren Angelegenheiten seiner Mitgliedsstädte; geleitet wurde er von »Rektoren« aus diesen Städten, und seine Hauptaufgabe bestand darin, die militärische Verteidigung gegen Barbarossa zu organisieren. Er bekam hilfreiche Zuschüsse aus Venedig, Sizilien und Byzanz, unterstellte sich aber trotz des wiederholten Werbens der Byzantiner nicht der Autorität des anderen, in Konstantinopel residierenden römischen Kaisers.

Der Bund hatte sich selbst das Recht zugesprochen, in Angelegenheiten, die normalerweise einen kaiserlichen Richterspruch erforderten, stellvertretend für den Kaiser zu handeln. So verlieh die Liga beispielsweise Notarspatente, weil die Städte dem Kaiser solche Anträge nicht vorlegen konnten; der Bund bediente sich hierzu eines Siegels, das dem kaiserlichen glich, ja sogar mit dem kaiserlichen Adler geschmückt war. Der Bund bemühte sich auch, den Ausbruch größerer Konflikte zwischen Mitgliedsstädten zu verhüten, besonders wenn dadurch die militärische Schlagkraft des Bundes bedroht war. Dies alles waren Aufgaben, für die im Grunde der Kaiser zuständig war. Dazu zählte auch das Recht zur Gründung neuer Städte: So rief der Bund im Hügelland der westlichen Lombardei die Stadt und Garnison Alessandria ins Leben, sehr zum Ärger Barbarossas, da der Name ein Tribut an seinen Gegenspieler auf dem Heiligen Stuhl, Alexander III., war. Als es nach 1175 zu Verhandlungen zwischen Barbarossa und dem lombardischen Bund kam, war der Fortbestand Alessandrias einer der Streitpunkte: Die bloße Existenz einer Stadt dieses Namens war ein Affront gegen die kaiserliche Autorität. Man kam schließlich überein, die Stadt in Caesarea umzubenennen. Doch die Bürger machten die Namensänderung schon bald wieder rückgängig, und die Stadt heißt bis heute Alessandria.

Dem lombardischen Bund war, wenn nicht an der Unterordnung unter eine höhere Autorität, so doch an deren schützender Hand gelegen, und Papst Alexander III. sollte diesen Schutz bieten. Er war eine Schlüsselfigur bei den Verhandlungen mit Konstantinopel und Sizilien. Die lombardischen Städte und der Heilige Stuhl verband ein gemeinsames Interesse: Beide lehnten den Anspruch Friedrichs auf die Rolle eines Universalkaisers nach antikem Vorbild entschieden ab. Ansonsten aber hatten ihre Motive nicht viel miteinander gemein. Alexander machte es zu schaffen, daß Friedrich seinen Rivalen Viktor IV. als Papst anerkannt hatte, nach einer umstrittenen Wahl, auf die der Kaiser keinen nennenswerten Einfluß hatte nehmen können. Den lombardischen Städten hingegen ging es um die Regalien, besser gesagt um den Versuch des Kaisers, seinen theoretischen Herrschaftsanspruch über das *regnum Italicum* einzulösen. Zwar kämpften deutsche Truppen auch in solchen Gebieten Italiens, die von alters her als zum Patrimonium von St. Peter gehörig betrachtet wurden, wie etwa in der Region um Ancona, in der Romagna oder im Herzogtum Spoleto. Das Hauptproblem war jedoch der lombardische Widerstand. Versuche, ihn durch eine Belagerung Roms im Jahr 1164 zu brechen, oder gar durch die Eroberung Siziliens, mit der man Italien vom Süden her hätte kontrollieren können, erwiesen sich als zu ehrgeizig.

Ein wichtiges Merkmal des lombardischen Bundes war, daß er die Mitgliedsstädte zu einer Einheit verknüpfte. Der erste lombardische Bund diente als Vorbild für spätere Bünde, die insbesondere gegen

Friedrich II. gerichtet waren. Im Rückblick wurde häufig der gemeinsame Kampf der Städte um die Anerkennung ihrer Freiheiten beschworen. Damals hatte es Zusammenhalt gegeben; das jedoch geschah nie wieder. Cremona etwa kehrte nicht in den Kreis der lombardischen Städte zurück.

Natürlich kam es auch innerhalb des ersten lombardischen Bundes zu Spannungen, so als Venedig beim Angriff Friedrichs auf die rivalisierende Hafenstadt Ancona im Jahr 1173 neutral blieb, obwohl die Lagunenstadt sonst entschlossen den Widerstand gegen den Kaiser unterstützte. Friedrich setzte alle Hebel in Bewegung, um aus diesen internen Spannungen Nutzen zu ziehen; so bemühte er sich beispielsweise, Cremona wieder auf seine Seite zu ziehen, und gab anderen Städten, wie Mantua und den mittelitalienischen Stadtrepubliken, zu verstehen, daß seine Forderung nach Anerkennung seiner Regalien nicht notwendigerweise den Verlust ihrer Selbstverwaltung und Selbständigkeit bedeuten mußte. Er war bereit, den Städten Zugeständnisse zu machen, wenn sie ihm prinzipiell die Rechtmäßigkeit seiner Ansprüche zubilligten; in diesem Fall versprach er, sie sogleich wieder an die Städte abzutreten, wofür er jedoch die Zusage militärischer Hilfsdienste erwartete. Auf diese Weise konnte er einige Söldnerscharen für seinen Feldzug nach Rom und Sizilien im Jahr 1164 ausheben. In den siebziger Jahren arbeitete er mit Nachdruck auf Vereinbarungen dieser Art auch mit den Städten Nordostitaliens hin. Sein Ziel war die Zermürbung des lombardischen Bundes, die Neutralisierung gerade jener Städte, auf die die Lombarden bei der Gründung ihres Bundes im Jahr 1167 die größten Hoffnungen gesetzt hatten, und die Isolierung Mailands und seiner Verbündeten. Diesen diplomatischen Bemühungen verdankte es Barbarossa, daß er die Niederlage von Legnano im Jahr 1176 überstand und einigermaßen gestärkt zu den Verhandlungen erscheinen konnte. 1177 mischte er sich sogar in Fraktionskämpfe ein, die in Venedig tobten, mit dem Ziel, einer prokaiserlichen Partei zur Macht zu verhelfen.

Dennoch wäre es ein Fehler, den Frieden von Venedig als Sieg für Barbarossa zu werten. In der Zeit zwischen dem Frieden von Venedig im Jahr 1177 und der Hochzeit Heinrichs mit Konstanze von Sizilien im Jahr 1184 gab er viele seiner kaiserlichen Rechte preis. Venedig war kein Triumph, sondern ein Tiefpunkt seiner Politik. Aber immerhin konnte er dort die Versöhnung mit der Kirche anbahnen und fand in dem jetzt nicht mehr von deutscher Seite bedrohten Wilhelm II. von Sizilien einen neuen, ebenso unerwarteten wie enthusiastischen Verbündeten. Er mußte das Recht der lombardischen Städte anerkennen, eigene Zölle und Steuern zu erheben. Damit alle Beteiligten ihr Gesicht wahren konnten, gewährte der Kaiser den Städten diese Rechte durch einen Gnadenakt offiziell und für alle Zeiten. Seine Mitwirkung bei der Wahl der Konsuln beschränkte sich fortan darauf, daß gewählte Konsuln hin und wieder an seinem Hof erschienen, um einen symbolischen Treueeid abzulegen. Wo die Bischöfe noch über politische Macht verfügten oder wo deutsche Stadtkommandanten regierten, konnte von außen Einfluß auf Wahlen genommen werden, aber das war nur in politisch rückständigen Gebieten der Toskana und Umbriens möglich. Hier verbuchte Barbarossa in der Tat einen Sieg, der freilich nur entfernt etwas mit dem Frieden von Venedig zu tun hatte: Dank des Testaments des Sachsenherzogs Welf VI. fielen dem Kaiser die »Mathildischen Güter« in der Toskana und im Apennin zu, eine Erbschaft, die den Interessen des Papstes zuwiderlief. Denn dieser verstand sich traditionell als Schutzherr der toskanischen Stände, nicht zuletzt in Erinnerung an die guten Beziehungen zu jener Gräfin Mathilde, nach der im ausgehenden 11. Jahrhundert das ganze Gebiet benannt worden war.

Sogar deutsche Garnisonen hatten es in der Vergangenheit kaum vermocht, dem Kaiser die Loyalität der italienischen Städte zu verschaffen; wenn Friedrich in der Toskana und in Umbrien nun so erstaunlich großen und raschen Anklang fand, so hat dies sicherlich damit zu tun, daß sich der Zugriff der kaiserlichen Verwaltung nach 1177 merklich lockerte. Auch Mailand konnte am Ende durchsetzen, daß es wesentliche Teile der Steuerhoheit zurückerhielt, die eigentlich zu den Regalien zählten. An die Verhandlungen zwischen dem Kaiser und den Lombarden schloß sich eine kurze Periode des Friedens an; es scheint, daß nicht einmal seine Ambitionen in Mittelitalien, also seine toskanischen Aktivitäten, den Argwohn der lombardischen Städte weckten. Die Lombarden hatten im wesentlichen bekommen, was sie wollten, und legten keinen Wert darauf, dem Papst oder den mittelitalienischen Gegenspielern Barbarossas irgendwelche Gefälligkeiten zu erweisen. Dieser Haltung, die sich auf die eigene Interessensphäre konzentrierte und Entwicklungen jenseits der eigenen Grenzen ignorierte, werden wir anläßlich des Konflikts zwischen Friedrich II. und dem Heiligen Stuhl wieder begegnen.

III

Auch in Deutschland gewann die Politik Friedrichs eine neue Qualität. Was ihm Probleme bereitete, war der Machtzuwachs seines welfischen Rivalen Heinrichs des Löwen, Herzog von Sachsen, der ein großes, sich nach Osten erstreckendes Territorialreich errichtet hatte und sich stark genug fühlte, kaiserlichen Forderungen nach Loyalität oder Gefolgsdiensten zu trotzen. Daß Heinrich sich am Vorabend der Schlacht von Legnano weigerte, Friedrich ein angemessen großes Truppenkontingent zur Verfügung zu stellen, bestärkte den Kaiser offenbar in seiner Entschlossenheit, den Herzog zu vernichten. Hinzu kam, daß Heinrich mitten in dem Versuch begriffen war, sich den Grundbesitz des Bischofs von Halberstadt anzueignen; Friedrich hoffte angesichts des darüber entflammenden Besitzstreits, in Deutschland Freunde zu finden, die ebenso wie er daran interessiert waren, die Macht der Welfen einzuschränken.

Der Aufmarsch gegen Heinrich begann bald nach dem Frieden von Venedig. Nachdem Heinrich einer Aufforderung, vor dem Reichstag zu Gelnhausen Rede und Antwort zu stehen, nicht gefolgt war, wurde ihm die sächsische Herzogswürde aberkannt. Doch das bedeutete keineswegs, daß die Macht seiner Dynastie damit gebrochen gewesen wäre. Der Kaiser konnte nämlich Heinrichs angestammten Familienbesitz nicht antasten, sondern hatte lediglich Zugriff auf die Gebiete, die ihm in seiner Eigenschaft als Herzog von Sachsen zu Lehen gegeben waren. So kam es, daß auch der junge Friedrich II. in Heinrichs Sohn Otto IV. einen ernst zu nehmenden Gegenspieler vorfand.

Auch in anderen Fällen versuchte Friedrich I., große territoriale Einheiten aufzulösen und in Schlüsselgebieten Fürsten einzusetzen, die loyale Gefolgsleute waren oder von denen er zumindest hoffen konnte, daß sie es werden würden, wie etwa Heinrich Jasomirgott in Österreich. Der Kaiser machte sich die Ausbreitung feudalen Gedankenguts zunutze, um den deutschen Adel an sich zu binden, sei es durch die Vergabe von Lehen oder durch Huldigungsrituale. Die Rückschläge, die er in Italien erlitt, taten seiner Autorität in Deutschland keinen Abbruch; im Gegenteil scheinen die Erfahrungen in Italien seiner deutschen Politik neue Impulse gegeben zu haben. Er hatte nicht nur die Hoffnung begraben müssen, aus Italien nennenswerte Einkünfte zu beziehen, sondern auch alle Träume, südlich der Alpen ein ernst zu nehmendes Staatswesen errichten zu können (seine toskanische Erbschaft ausgenommen).

Während der nur kurzen staufischen Herrschaft über Mailand wurde Friedrich Barbarossas Sohn Heinrich 1186 in der Basilika von Sant' Ambrogio in Mailand vermählt und durch den Patriarchen Gottfried von Aquileia zum König von Italien gekrönt. Die Festlichkeiten, zu denen Fürsten aus allen Teilen des Reiches herbeigereist kamen, waren eine Herausforderung des Papstes, dem die Krönung allein zustand. Die Sakralarchitektur mit Bauelementen aus der Zeit Barbarossas gibt ihre Herkunft aus dem antiken Formenschatz deutlich zu erkennen; die herrischen Kastelle in Sizilien, Apulien und Tirol lassen die andere Seite der staufischen Architektur nur allzu oft vergessen.

Auch im Königreich Burgund tat er sein Möglichstes, um der Macht und Autorität des Herrschers wieder mehr Geltung zu verschaffen. Er versammelte seine provenzalischen und burgundischen Vasallen in Arles und ließ sich in der Kathedrale von St. Trophime feierlich krönen. Es ist kaum anzunehmen, daß die Herrschaft über dieses französische Nebenkönigreich besonders einträglich war, doch ging es dem König wohl vor allem um die Demonstration seiner Macht.

IV

Barbarossa bietet hier das Bild eines Monarchen, der sich gern in der Tradition der römischen Cäsaren sah, gleichwohl aber in den gröberen politischen Kategorien des 12. Jahrhunderts dachte. Die höchst rationalen Prinzipien einer römischen Autokratie konstantinischer Prägung waren nicht seine Sache; sie paßten mehr in die Welt eines sizilianischen *tyrannus*, um eine bei Friedrichs Höflingen oft gebrauchte Bezeichnung für die Normannen zu zitieren. Wenn wir von der pragmatischen, eigensinnigen und wenig flexiblen Gestalt Barbarossas einmal absehen, so stoßen wir auf eine weitere Dimension seiner Herrschaft, die Otto von Freising in seinen Schriften festgehalten hat. Er war auch ein »Kaiser der Letzten Tage«, eine eschatologische Figur, von Gott dazu auserwählt, das Schlußkapitel der Menschheitsgeschichte einzuläuten: das Ringen gegen den Antichrist, das Fegefeuer im Tal von Jehosaphat, vor den Mauern des heiligen Jerusalem. Es ist schwer zu beurteilen, wie ernst solche Vorstellungen damals genommen wurden. Jedenfalls überlebten sie den Tod Barbarossas, denn auch seinem Enkel Friedrich II. wurde eine ähnliche eschatologische Bedeutung zugesprochen. Und als auch mit ihm die Menschheitsgeschichte nicht zu Ende ging, verlegte man sich auf König Friedrich von Sizilien aus dem Hause Aragon (im 14. Jahrhundert) oder auf den finsteren deutschen Kaiser Friedrich III. (im 15. Jahrhundert) und verband mit ihnen eine enthusiastische Heilserwartung. Dies hing auch mit Barbarossas letzter Unternehmung zusammen, seinem Kreuzzug.

Der Zweite Kreuzzug hatte Friedrich I. eine Abneigung gegen die Byzantiner eingeflößt. Abgesehen davon war er ein Fehlschlag gewesen; sein eigentliches Ziel, die Rückeroberung Edessas, wurde verfehlt. Im Laufe der Regierung Barbarossas wuchs die islamische Bedrohung für die Kreuzfahrerstaaten im Osten sehr stark an. Die Vereinigung Ägyptens mit den islamischen Kernländern unter Sultan Saladin wurde im oströmischen Reich als eine tödliche Bedrohung empfunden. Man wußte, daß das Königreich Jerusalem sein bisheriges Überleben ebensosehr den Gegensätzen innerhalb der islamischen Welt – zwischen Schiiten, Sunniten und anderen konfessionellen Gruppen – zu verdanken hatte wie den Kreuzfahrern und Siedlern. Ständig wiederholte Appelle an den Westen, an Sizilien, Frankreich, England und Deutschland fanden nur begrenzte Resonanz. Geld und Truppen wurden versprochen, aber mit Versprechungen war es nicht getan. In der Schlacht von Hattin wurden die Armeen des weströmischen Reiches 1187 fast völlig aufgerieben, und den Ungläubigen fiel die Reliquie des Kreuzes Christi in die Hände. Wenig später kapitulierte die Heilige Stadt, und bald war das Heilige Land bis auf Tyros besetzt.

Es war die bedrohlichste Lage, in die das oströmische Reich je geraten war, und die Reaktion im Westen ließ nicht lange auf sich warten: Kaum waren die unheilvollen Nachrichten eingetroffen, da wurde ein Kreuzzug anberaumt, und die großen Könige sagten ihre Unterstützung zu. Traditionsgemäß fiel den Franzosen die Führungsrolle zu, auch wenn viele der frühen französischen Kreuzfahrer Untertanen der deutschen, nicht der französischen Krone gewesen waren. Friedrich Barbarossas Entschluß zur Teilnahme wurde beifällig aufgenommen. Es war nicht das erste Mal, daß ein deutscher König sich auf einen Kreuzzug gen Osten begab: Konrad III. hatte es getan und wenig ausgerichtet, außer der Sorge des Heiligen Stuhls, er könne mit Byzanz konspirieren. Aber 1187 bot sich die Chance, das weltliche Schwert des römischen Kaisers für die Verteidigung des Christentums zu schärfen. Der Kaiser konnte sich als das bewähren, was die Päpste am liebsten in ihm sahen: als *gladius* (Schwert) Christi. Der bedeutendste Herrscher des Westens konnte sich jetzt, da er endlich in Frieden mit dem Papst lebte, von seinen vergeblichen Kriegen in der Lombardei abwenden, um nun Krieg für eine gerechte Sache zu führen. Für Barbarossa bot der Kreuzzug im übrigen auch die Gelegenheit, den anderen römischen Kaiser in Konstantinopel zu besuchen und seine Macht in Ungarn zu demonstrieren, einer Grenzregion zwischen Deutschland und Byzanz, deren Könige ihre Loyalität so schnell wechselten, daß Griechen und Deutsche oft nicht wußten, woran sie waren. Doch kurz bevor er Syrien erreicht hatte, ertrank Barbarossa bei einem Unfall in einem südanatolischen Flüßchen. Teile des deutschen Kreuzzugs zogen weiter, den konservierten Leichnam des Kaisers mit sich führend. Aber sie waren demoralisiert; mit Barbarossa waren auch die großen Hoffnungen untergegangen.

Den Hohenstaufen hingegen kam ihr Enthusiasmus nicht abhanden: Heinrich, der neue Kaiser, ging sogleich an die Vorbereitung eines weiteren Kreuzzugs, und auch seinen Sohn Friedrich II. sollte der Kreuzzugsgedanke nicht loslassen. Auch weiterhin bestand die Überzeugung, der deutsche Kaiser als mächtigster Herrscher Europas und vornehmster Soldat Christi müsse den Krieg zur Befreiung der heiligen Stätten von der Herrschaft der Ungläubigen anführen. Ein höheres Ziel konnte es nicht geben.

Und nun, langsam und bruchstückhaft, nahm die volkstümliche Legende vom schlafenden Kaiser Gestalt an: einem Kaiser, der einen langen Schlaf tief im Inneren des Berges Kyffhäuser schläft und auf den Augenblick seiner Erlösung und Rückkehr wartet. Je länger an der Legende gestrickt wurde, desto häufiger stellten sich Verwechslungen zwischen Großvater und Enkel ein. Doch paßt die Legende zweifellos besser auf Barbarossa, der schon zu Lebzeiten den Eindruck erweckte, als treffe er Vorkehrungen für die Ewigkeit.

V

Friedrichs Nachfolger Heinrich VI. war entschlossen, das Werk seines Vaters zu vollenden. Während seiner kurzen Regierungszeit geriet Sizilien unter die Herrschaft eines deutschen Kaisers, und seine Kreuzzugspläne und Tributforderungen an das byzantinische Reich offenbaren, daß er die Überzeugung seines Vaters vom universalen Herrschaftsanspruch des Heiligen Römischen Kaisers voll und ganz teilte. Als Richard I., der König von England, ihm auf der Heimreise aus dem Heiligen Land nach England in die Hände fiel, verlangte Heinrich sogar von diesem die Unterwerfung unter seine Oberhoheit.

Aber England wie auch Byzanz wurden lediglich gezwungen, sich der Souveränität des weströmischen Kaisers zu beugen. Sizilien dagegen erklärte Heinrich zu seinem persönlichen Eigentum und gedachte, die Insel selbst zu regieren. Er war kraft der Rechte seiner Frau Konstanze Erbe des sizilianischen Thrones und hatte nicht die Absicht, Sizilien wieder ins Kaiserreich oder ins *regnum Italicum* einzugliedern. Hierin wich er von den Plänen seines Vaters ab. Zu dessen erklärten Zielen hatte die bewaffnete Eroberung des »Banditenkönigreichs« gehört. Das sizilianische Königtum selbst war der Feind, es sollte zerschlagen werden und Sizilien in den Schoß des Reiches zurückkehren. Dagegen war Heinrich entschlossen, die Trennung Siziliens vom Kaiserreich beizu-

Der Staufer Friedrich I., seines roten Bartes wegen Barbarossa genannt, erwarb 1167 das Egerland in Böhmen und erbaute die Kaiserpfalz. Die Kapelle der Egerpfalz zählt zu den Höhepunkten staufischer Architektur. Vor allem die Säulen sind eines der schönsten Werkstücke staufischer Steinmetzen.

behalten; er regierte in Palermo als Nachfolger der normannischen Vorfahren seiner Frau. Die deutschen Fürsten sollten künftig nicht über den sizilianischen Thron bestimmen dürfen, wenn sie den deutschen König wählten und dabei nicht nur deutsche, sondern auch italienische und burgundische Interessen eine Rolle spielten. Sizilien sollte das private Besitztum der Hohenstaufen sein, eine Machtbastion, über die der deutsche Adel keinerlei Verfügungsgewalt besaß.

Das Vorhaben aber ließ sich nicht sogleich in die Tat umsetzen. Kurz vor dem Tod Barbarossas, im Jahr 1189, starb Wilhelm II. von Sizilien kinderlos. Aus Angst vor der Thronübernahme eines fremden Fürsten wählten die süditalienischen Magnaten sogleich einen unehelichen Abkömmling der Hautevilles zu ihrem König: Tankred, Graf von Lecce. Diese Wahl warf verfassungsrechtliche Probleme auf; da aber auch Roger II. im Jahr 1130 auf ähnliche Weise auf den Thron berufen worden war, handelte es sich nicht um einen völlig neuartigen Vorgang. Tankred war sich darüber im klaren, daß die Annahme der ihm angebotenen Krone die Deutschen auf den Plan rufen würde, aber er rechnete wohl nicht mit einem schnellen Eingreifen: Noch war der Dritte Kreuzzug im Gang, und auch in Deutschland hatte der Herrscher Probleme, besonders seit der Rückkehr Heinrichs des Löwen aus dem englischen Exil, der sich unversehens daran machte, seine sächsische Herrschaft auszubauen. Doch als Heinrich VI. die Königswürde erbte, wendete sich das Blatt sehr schnell. Es war anzunehmen, daß auch er sich auf den traditionellen *iter Italicum* begeben würde, um in der Lombardei die eiserne Krone und in Rom die Kaiserkrone entgegenzunehmen. Weshalb sollte er diese Gelegenheit nicht ergreifen, um weiter nach Süden zu marschieren und sich in Sizilien und Süditalien die Rechte zu sichern, die ihm und seiner Frau zustanden?

Ein erster Feldzug im Jahr 1191 führte nicht zum Ziel, auch weil die deutschen Truppen in Neapel von einer Epidemie dezimiert wurden. Aber 1194 unternahm Heinrich einen weiteren, energischeren Anlauf; die Großen Süditaliens streckten alsbald die Waffen, und er konnte bis Palermo marschieren. Tankred war zu diesem Zeitpunkt schon tot, sein minderjähriger Sohn Wilhelm III. war kein ernst zu nehmender Gegner. Die Hohenstaufen ließen ihn blenden und nach Deutschland schaffen, wo er sein kurzes Leben in Gefangenschaft beschloß. Es ist aufschlußreich, daß Heinrich – auch wenn seine Ansprüche auf Sizilien auf anderen rechtlichen Grundlagen ruhten – auf die Invasionspläne seines Vaters zurückgriff; seine Verträge mit den Genuesern und Pisanern, um deren Unterstützung zur See er bat, waren bis in den Wortlaut hinein identisch mit den Entwürfen Barbarossas. Wie damals, wurden den Hafenrepubliken auch jetzt Handelsplätze, Siedlungsland, ja ganze Städte angeboten (Syrakus beispielsweise); doch nachdem Heinrich Sizilien erst einmal erobert hatte, fühlte er sich mächtig genug, seine Verbündeten mit leeren Händen nach Hause zu schicken. So unverzichtbar sie als Bundesgenossen für seinen Feldzug gewesen waren, so leicht ließ sich nach dem Sieg auf sie verzichten.

Heinrich regierte in Palermo als König des Herzogtums Apulien, des Fürstentums Capua und natürlich des Königreichs Sizilien. Er nahm nur wenig Veränderungen in der Regierung vor, aber er widerrief etliche Privilegien, die von Tankred als Gegenleistung für erhaltene Hilfe verliehen worden waren (wie beispielsweise weitgehende Selbstverwaltungsrechte für Neapel und andere Städte). Hatte Tankred den normannischen Absolutismus gelockert, zog Heinrich die Zügel wieder an. Die Ausgabe neuer, nach norditalienischen Vorbildern geprägter Münzen gehörte zu den wenigen unter Heinrich eingeführten Neuerungen. Vielleicht hoffte er, sich für die im Gebrauch befindliche Goldwährung ein persönliches Münzmonopol sichern zu können, eine Idee, an der später auch Friedrich II. Gefallen fand.

Vor allem aber war der Triumph auszukosten, als Schätze von Gold und Seide, jugendliche Sklavinnen aus Tankreds Harem und die königliche Menagerie nordwärts über die Alpen geschafft wurden. Heinrich IV. war hier in der Rolle des römischen Triumphators, der seine Kriegsbeute präsentierte und damit Verbündeten wie Gegnern Respekt einflößte.

Es war zum einen wohl sicher der sprichwörtliche Reichtum Siziliens gewesen, der ihn angezogen hatte, aber zweifellos sah Heinrich in Sizilien und Süditalien auch einen geeigneten Stützpunkt, von dem aus er mit neuen finanziellen und personellen Ressourcen endlich den längst überfälligen Kreuzzug zur Wiedereroberung Jerusalems unternehmen konnte. (In Wirklichkeit langte es nur zu einer kleinen militärischen Expedition gegen Ende seines Lebens.) Von Sizilien aus aber konnte er auch dem oströmischen Reich selbstbewußter entgegentreten. Er verkündete den Byzantinern, daß er Anspruch auf »Rückgabe« jener Gebiete erhob, die Wilhelm II. 1185 bei seinem ehrgeizigen Balkanfeldzug erobert hatte; mindestens aber, so ließ er sie wissen, verlange er eine Entschädigung dafür, daß diese Gebiete an Byzanz zurückgefallen waren. Diese Drohung aus dem Mund eines sizilianischen Königs, der zugleich der römische Kaiser war, wurde in Konstantinopel ernst genommen. Man schickte eine stattliche Tributsumme nach Palermo (wenn auch weniger, als Heinrich erhofft hatte), Geld, das zur Vorbereitung des großen Krieges um die Befreiung Jerusalems verwendet wurde.

In der Außenpolitik fühlte Heinrich sich offenbar als Erbe sizilianischer wie deutscher Traditionen; er macht sich sizilianische Ansprüche gegenüber Byzanz zu eigen und beharrte zugleich auf der universalen Oberhoheit des weströmischen Kaisertums. Der Traum Rogers II. von einem mediterranen Großreich konstantinischer Prägung schien der Erfüllung näher denn je; Heinrichs Pläne schienen sich über ganz Europa zu erstrecken. Auch gegen England, möglicherweise sogar gegen Frankreich wurden kaiserliche Ansprüche angemeldet. Zypern und Armenien erhielten gekrönte Häupter von Heinrichs Gnaden, wobei die Verleihung einer Krone an Zypern die Kreuzzugspolitik seines Nachfolgers Friedrich II. mit zusätzlichen Komplikationen belastete. Doch war Zypern von nun an ein Vasallenkönigtum des Reiches.

Aber erhebliche Hindernisse stellten sich ein. Heinrich der Löwe sorgte in Norddeutschland für große Unruhe, und in den Jahren 1192 und 1193 schien in diesem Teil des Reiches eine Rebellion bevorzustehen. Doch als Heinrich der Löwe 1195 starb, drohte von hier aus zunächst einmal keine Gefahr mehr.

Gravierender war die Feindseligkeit, die vom Heiligen Stuhl ausging. Daß die Hohenstaufen Sizilien in Besitz genommen hatten und damit nördlich und südlich des Kirchenstaats saßen, mußte dem Papst Sorge bereiten, da seine politische Handlungsfreiheit dadurch spürbar eingeschränkt werden konnte. Überdies drohten die noch immer bestehenden Meinungsverschiedenheiten über päpstliche und kaiserliche Ansprüche auf die Mathildischen Güter, auf Umbrien und Ancona zu einem ernsten Konflikt auszuwachsen. Papst Cölestin III. stand auf der Seite Tankreds, solange dieser lebte, nach dem Sieg Heinrichs tat er alles in seiner Macht Stehende, um die italienischen Pläne des Kaisers zu durchkreuzen. Heinrich versuchte mit ihm zu handeln: seine Rolle als Kreuzfahrer hervorhebend, bat er Cölestin, sich mit den kaiserlichen Ansprüchen im mittleren Italien abzufinden und dafür die Einkünfte aller Kirchen des Heiligen Römischen Reiches als Geschenk anzunehmen – für unbegrenzte Zeit. Das hieß, daß er dem Heiligen Stuhl eine sichere und höchst ansehnliche Geldquelle für den Fall anbot, daß der Papst seinen althergebrachten Anspruch auf die Ausübung weltlicher Oberhoheit in der Region zwischen Rom und der Adria aufgab.

Es war ein unsicheres Angebot. Nahm der Papst an, so lief er Gefahr, sich oder doch seine Nachfolger vom guten Willen des Kaisers abhängig zu machen, denn wer konnte ausschließen, daß ein Kaiser, der der Kirche nicht wohlgesonnen war, den Geldfluß kappen würde? Bedeutsamer war noch, daß in dem päpstlichen Anspruch auf weltliche Herrschaft in Mittelitalien etwas Grundsätzliches enthalten war. Er zeigte, daß das Papsttum neben geistlichen auch weltliche Aufgaben zu erfüllen hatte und Wert darauf legte, letzteres aus eigenem Gutdünken und ohne Unterordnung unter den Kaiser oder einen anderen weltlichen Herrscher zu tun. Umgekehrt vertraten die Wortführer des Papsttums seit langem die Auffassung, daß der Kaiser nur das weltliche Schwert zu führen habe, nicht aber das geistliche. Schlagkräftige Argumente gegen kaiserliche Machtambitionen waren genau aus diesen Vorstellungen abgeleitet worden. Wie wir noch sehen werden, brachten die Jahre um die Wende zum 13. Jahrhundert eine erhebliche Festigung der päpstlichen Kontrolle über das mittlere Italien, womit einer Neuauflage der Politik Heinrichs VI. ein wirksamer Riegel vorgeschoben wurde.

In Rom erkannte man, daß der Papst nur dann wieder volle Handlungsfreiheit erlangen konnte, wenn es gelang, Heinrich aus Mittelitalien und Süditalien zu verdrängen. Vielleicht kam aus Rom schon damals die Forderung, mit der Friedrich II. wieder und wieder konfrontiert werden sollte: daß der Kaiser sich entscheiden müsse, ob er ein deutscher oder ein sizilianischer König sein wolle; beide Kronen könne er nicht tragen. Heinrich, dem es an der Fähigkeit zu entschlossenem Handeln nicht mangelte, antwortete, indem er seinen Vertrauten, Markward von Anweiler, zum Gouverneur Anconas und der Verbindungswege zwischen dem italienischen Nordosten und dem sizilianischen *regno* ernannte. Die Botschaft war eindeutig: Der Kaiser gedachte die Verhandlungen mit Papst Cölestin zu einem Ende zu führen und war nicht willens, sich von einem unschlüssigen Papst hinhalten zu lassen.

Einen Großteil seiner Energie setzte Heinrich überdies in einen Plan, zu dem er die deutschen Fürsten gewinnen mußte: Er wollte seinen vor kurzem geborenen Sohn Friedrich, der bereits designierter Erbe des sizilianischen Throns war, zum deutschen König wählen lassen. Heinrich war entschlossen, das verbriefte Recht der deutschen Fürsten auf die Wahl des Königs zur Durchsetzung eines ganz anderen Thronfolgeprinzips zu benutzen, der natürlichen Erbfolge. In Frankreich und anderen Königreichen war es üblich, daß der designierte Thronerbe schon vor dem Tod des Vaters gekrönt wurde und als Mitkönig regierte. Heinrichs vorrangiges Ziel in Deutschland war die Sicherung des Überlebens seiner Dynastie durch Einführung einer ähnlichen Regelung. Er führte damit die Familienpolitik fort, die bereits die Amtszeit Barbarossas geprägt hatte und die auch die Politik Friedrichs II. bestimmen sollte.

Heinrichs Rechnungen gingen aber nur teilweise auf. Die deutschen Fürsten versprachen zwar, Friedrich 1196 zum König zu wählen, aber Heinrich hatte gehofft, auch Cölestin für die Teilnahme an dieser Wahl zu gewinnen. Gelang es ihm, den Papst dazu zu bringen, höchstpersönlich die Taufe und Krönung Friedrichs zu vollziehen, würde dies Heinrich Gelegenheit zu einem weiteren Schlag gegen die deutschen Fürsten geben. Denn das Recht, den deutschen König zu krönen, stand traditionell dem Erzbischof von Köln zu, einem der mächtigsten deutschen Kurfürsten. Heinrich hoffte, ihm dieses Recht entziehen zu können und das Mitspracherecht der Fürsten damit auf empfindliche Weise auszuhöhlen; für den Fall, daß ein Kaiser sich entschlösse, auf ihr Votum zu verzichten und unmittelbar den Papst um die Krönung und Salbung seines Erben zu bitten, wären ihnen künftig die Hände gebunden.

Mit seinem Ungestüm und seinen kompromißlosen Forderungen erreichte Heinrich nur, daß seine Gegner sich zusammenfanden. Papst, deutsche Fürsten und sizilianische Barone begannen seit 1197, sich zu wehren. Auch in der Lombardei regte sich Widerstand, und ein neuer lombardischer Bund wurde gegründet, dem elf Städte angehörten. Heinrich hatte in der Lombardei einige umstrittene Entscheidungen getroffen; so hatte er beispielsweise das Städtchen Crema der Kommunalhoheit der ihm eng verbundenen Stadt Cremona unterstellt und den Bürgern von Pavia Schiffahrtsrechte eingeräumt, die auch Mailand für sich reklamierte. Kaum überraschend daher, daß Mailand sich zum Brennpunkt der Opposition gegen Heinrich entwickelte, wie es auch schon das Zentrum des Widerstandes gegen Barbarossa gewesen war. Heinrich ermunterte daraufhin einige kleinere Städte wie Como, Lodi und Bergamo, die unter den Machtansprüchen Mailands litten, sich gegen Mailand zu verbünden. Es ging bei diesen Konflikten nicht um grundsätzliche Machtfragen wie den Umfang der Regalien oder die Sicherung der dynastischen Erbfolge. Was die Lombarden in erster Linie bewegte, waren der umstrittene Verlauf der Grenzen ihrer Stadtstaaten und die von Mailand, Cremona und anderen Städten an den Tag gelegten Vorherrschaftsansprüche gegenüber den kleineren Gemeinden. Was die anerkannte Oberhoheit des Kaisers anging, so wurde sie eher widerwillig hingenommen; die im Frieden von Konstanz getroffenen Regelungen erwiesen sich als einigermaßen wirksame Garantien für eine gewisse Unabhängigkeit der Städte, und Heinrich war sogar bereit, Städten wie Piacenza, die ihm ihre Loyalität versicherten, noch weitergehende Privilegien zuzugestehen.

Wie geringfügig der Anlaß zu Auseinandersetzungen sein konnte, zeigt ein Beispiel: Piacenza erhielt die Jurisdiktion über den Borgo San Donnino, die heutige Stadt Fidenza, zugesprochen, wobei Heinrich jedoch offenbar außer acht ließ oder übersah, daß das nicht weit entfernte Parma dieselben Rechte für sich beanspruchte. Dies war einer der Konflikte, die zu dieser Zeit die Gemüter in der Lombardei erhitzten, und ähnliche Fragen sollten, wie wir noch sehen werden, auch Friedrich II. viel Kopfzerbrechen bereiten. War es schon in den Konflikten mit Barbarossa unter anderem um das Recht zur Steuererhebung und zur Wahl eines Magistrats gegangen, hatten auch die Auseinandersetzungen mit Heinrich VI. und Friedrich II. viel mit lokal- und regionalpolitischen Machtfragen zu tun, mit Gebietsansprüchen, mit der Steuer- und Zollhoheit über Straßen und Flüsse, der Unterordnung einer Stadt unter eine andere. Hinter all diesen Konflikten stand die Notwendigkeit, in erbittertem Wettbewerb die eigene Versorgung mit Lebensmitteln und anderen Rohstoffen zu sichern. Das waren die Fragen, um die man sich stritt. So viel zu den »hohen Grundsätzen« der Politik.

IV

1197 begehrte Sizilien auf. Die strenge Herrschaft Heinrichs reizte zum Widerstand; seine kompromißlosen Methoden gingen selbst Kaiserin Konstanze zu weit. Die normannisch-lombardischen Barone hatten während der kurzen Regierungszeit Tankreds Geschmack an einer weniger straffen Regierung gefunden und auf ihre Fortsetzung gehofft. Als sie einen Deutschen zum König bekamen, hatten sie darin womöglich eine Chance erblickt, noch weitergehende Zugeständnisse zu erwirken. Es war ja abzusehen, daß dieser König, der nicht einmal die sizilianischen Verwaltungssprachen beherrschte, für lange Zeiträume abwesend sein würde und seine Aufsicht über die Regierungsgeschäfte bestenfalls in Form gelegentlicher Inspektionen wahrnehmen würde.

Besonders unbotmäßig waren die Sarazenen im westlichen Sizilien. Ihr Anteil an der Gesamtbevölkerung des Landes war schon spürbar im Abnehmen, und die meisten von ihnen lebten unter der Patrimonalgewalt des Erzbischofs von Monreale. Der ausgeübte Christianisierungsdruck, die strenge Besteuerung und eine seit langem schwelende Abneigung gegen die christliche Vorherrschaft – all dies kam zusammen und führte zu Erhebungen. Der Aufstand der Sarazenen flackerte bis weit in die Amtszeit Friedrichs II. hinein und wurde erst im Jahr 1223 endgültig niedergeschlagen.

Dem Aufbegehren der Barone wurde rascher und wirkungsvoller ein Ende gesetzt. Einer von ihnen, dem man Ambitionen auf den Thron nachsagte, wurde von Heinrich mit exemplarischer Grausamkeit bestraft: Ihm wurde eine rotglühende Eisenkrone in den Schädel gehämmert. Die erbarmungslose Brutalität Heinrichs gegenüber den »Hochverrätern« weist Parallelen zum Verhalten Rogers II. und in der Folge auch Friedrichs II. auf, aber weder vor noch nach Heinrich übte ein sizilianischer Monarch Terror auf solche Weise aus. Er wußte, daß eine ernsthafte Schwächung seiner Macht in Sizilien ihn genau jener politischen Schlagkraft berauben würde, die er brauchte, um in Mittelitalien, in der Lombardei und in Deutschland seinen Willen durchzusetzen. Die Verräter in Sizilien gefährdeten also nicht nur seine Stellung in Sizilien selbst, sondern auch seine übrigen politischen Pläne und Ziele.

Nachdem die Brände ausgetreten waren, richtete sich der Blick Heinrichs wieder nach Jerusalem. Für seinen geplanten Kreuzzug hatten ihm die großen deutschen Fürsten Unterstützung zugesichert, und hier bot sich die Chance, seine Fähigkeiten als Feldherr unter Beweis zu stellen und sich durch die Demonstration überzeugender militärischer Führungsqualitäten die Loyalität seiner mächtigsten Vasallen in Deutschland und Italien – ja vielleicht sogar des Papstes – zu sichern. Doch im Sommer 1197 wurde Heinrich plötzlich von einer Krankheit ergriffen, und im September starb er.

Die Eroberung Siziliens war in seinen Planungen nur ein erster Schritt gewesen, und selbst hier waren die Rebellionen der letzten Jahre ein ernstes Hindernis gewesen. Einige seiner ehrgeizigen Ziele wurden von anderen Mitgliedern seiner Dynastie aufgegriffen: Sein Bruder Philipp von Schwaben, der einen erfolglosen Griff nach der deutschen Königskrone tat, nahm am Vierten Kreuzzug teil und entwickelte den Ehrgeiz, über seine byzantinische Frau in Konstantinopel Einfluß zu gewinnen. Heinrichs Witwe Konstanze blieb in Sizilien, umringt von normannischen und einheimischen Beamten, darunter loyalen Anhängern Tankreds, die zu den Gegnern Heinrichs gehört hatten. Gemeinsam mit ihnen sorgte Konstanze dafür, daß die normannische Staatstradition weiterlebte. Markward von Anweiler, der das mittlere Italien beherrschte, war erpicht darauf, seine Herrschaft auch auf den südlichen Landesteil auszudehnen. Diese Persönlichkeiten prägten Regierungszeit und Politik Friedrichs II., auch noch lange nach ihrem Tod;

denn die Rivalitäten, die sie erzeugt hatten, verschwanden nicht mit ihnen.

Zwei zentrale Fragen stellten sich: Würde der Normannenstaat überleben? Würde seine Bindung an Deutschland bestehen bleiben? Ein König sollte die Antworten darauf geben, der beim Tod seines Vaters erst ein Kind von zwei Jahren war: Friedrich Roger von Sizilien.

KAPITEL 3
Das Königskind, 1194–1220

I

Die Umstände, unter denen Friedrich II. geboren wurde, hingen eng mit den militärischen Unternehmungen seines Vaters Heinrich VI. in Sizilien zusammen. Die Kaiserin Konstanze befand sich hochschwanger auf dem Weg nach Sizilien, wo Heinrich sie erwartete. Als die Wehen einsetzten, mußte sie in dem Städtchen Jesi unweit Anconas Station machen.

Jesi gehörte gegen Ende des 12. Jahrhunderts zu den strategisch wichtigsten Orten in den umkämpften Regionen Mittelitaliens. Päpstliche und kaiserliche Gebietsansprüche trafen hier aufeinander, und während das weiter östlich am Meer gelegene Ancona überwiegend zur päpstlichen Seite tendierte, war in Jesi die kaiserliche Partei die stärkere. Das blieb auch so, als Friedrich erwachsen war: Zu Jesi hatte er, wie er später hervorhob, ein besonderes Verhältnis; schon der Name der Stadt beschwor die Erinnerung an Jesus herauf – es war das neue Bethlehem. Tatsächlich trieb Friedrich den Vergleich sogar noch weiter: Sein Geburtstag war der 26. Dezember 1194, zwei Tage nach Heiligabend und einen Tag nach der Krönung seines Vaters zum König von Sizilien und Süditalien in Palermo. Somit war er vom Augenblick seiner Geburt an der designierte Erbe des gekrönten Königs von Sizilien, ein Königssohn, Erbe auch des Heiligen Römischen Reiches (falls Heinrich sich durchsetzen konnte).

Die ursprüngliche Namenswahl für den Neugeborenen, Konstantin, betonte seinen Anspruch auf die Kaiserkrone, aber auch seine normannische Abkunft – wie denn auch seine Mutter den Namen Konstanze trug. Übrigens war sie schon um die vierzig Jahre alt; daß sie noch ein Kind zur Welt gebracht hatte, löste Verwunderung aus, und spätere Schriftsteller knüpften an diesen Punkt so manche Legende. In diesen Legenden spiegelt sich nicht nur das Bedürfnis, mit der Gestalt Friedrichs II. wundersame und unerklärliche Vorgänge zu verbinden, sondern auch das Unbehagen der Sizilianer darüber, daß dem verhaßten deutschen König und letzten Fürsten aus der normannischen Dynastie noch die Zeugung eines Thronfolgers gelungen war. Denn damit hatte Heinrich, so schien es, seine erfolgreiche Eroberung doppelt gesichert – er hatte sich nicht nur eine Krone errungen, sondern auch einen Erben gezeugt, der sie einst tragen würde.

Heinrich hatte in Süditalien aber auch Freunde. Was Peter von Eboli, der Chronist von Heinrichs Taten, an Schmeichelhaftem über den Monarchen und seine Familie zu sagen hatte, entsprach den traditionellen Lobpreisungen: Heinrich, der neue Augustus, habe einen Erben gezeugt, der noch mehr als sein Vater dazu bestimmt sei, ein *felix rex* zu werden: »Dieses Kind wird in jeder Hinsicht gesegnet sein.« Das Vorbild, an das sich Peter von Eboli in seinen Versen anlehnte, waren die Lobgesänge eines Dichters auf einen Kaiser, als deren Nachfolger Heinrich und die Seinen sich fühlten: die Hymnen Vergils auf Kaiser Augustus. Sowohl für das messianische Motiv als auch für die euphorischen Preisungen des Herrscherhauses finden sich Entsprechungen bei Vergil. Dessen vierte *Ecloga* ist immer wieder als Wahrsagung der Geburt Jesu gedeutet worden; Peter von Eboli schrieb sie auf das in Jesi geborene Kind um.

Auch Gottfried von Viterbo verfolgte mit seinen Dichtungen ähnliche Ziele; er hob hervor, daß das Kind Konstanzes als Erbe dreier Throne geboren war: von *imperium, regnum* und *monarchatum* – Kaiserreich, Königreich und Monarchie. Damit sollte zum Ausdruck gebracht werden, daß die durch Personalunion hergestellte Einheit von Kaiserreich und sizilianischem Königreich Bestand haben würde. Heinrich selbst unterstrich dies dadurch, daß er den Papst bat, seinen Sohn zu taufen und zu krönen, obgleich er wußte, daß Cölestin kein Interesse am Fortbestand der Einheit von Kaiserreich und sizilianischem Königreich hatte. Aber hier wuchs ein neuer Cäsar heran, der Erbe eines Reiches, das größer als das seines Großvaters, Friedrich Barbarossa, sein würde – sofern es Heinrich gelang, seine Pläne zu verwirklichen. Und mütterlicherseits war er der Enkel jenes Roger, der seine an Kaiser Konstantin orientierten monarchischen Ideale ebenso bewußt wie selbstbewußt vertreten hatte. Mit der schließlichen Wahl der Taufnamen Friedrich und Roger anstelle von Konstantin unterstrichen die Eltern noch einmal diese beiden Erbfolgelinien des Thronfolgers.

Doch Heinrichs plötzliche Erkrankung und sein Tod im Jahre 1197 in Messina stellte alles wieder in Frage. Noch war Friedrich nicht den deutschen Fürsten präsentiert worden, ja er war noch nicht einmal getauft. Seine Aussichten, das ganze Erbe seines Vaters anzutreten, schienen nicht sehr groß. Die deutschen Fürsten konnten die bevorstehende langjährige Regentschaft eines Minderjährigen nutzen, um die königliche Machtstellung auszuhöhlen; abgesehen davon, gab es andere, ältere und gewichtigere Thronbewerber. Da war zunächst einmal Heinrichs Bruder Philipp von Schwaben. Ihm war 1197 die Aufgabe übertragen worden, die deutschen Fürsten für die Krönung des kleinen Friedrich zum deutschen König zu gewinnen, und er hatte als Sendbote Heinrichs schon Teile Deutschlands bereist, als der Kaiser starb. Anfang des Jahres 1197 konnte er sich berechtigte Hoffnungen machen. Nach der Eroberung Siziliens hatte er sich mit Irene, der jungen Witwe von Tankreds früh verstorbenem Sohn Roger III. vermählt. Irene war eine gebürtige byzantinische Prinzessin, und die Hofdichter, unter ihnen der begabte junge Walther von der Vogelweide, verehrten sie sehr.

Heinrich hatte seinem Bruder Philipp auch die Mathildischen Güter in Mittelitalien anvertraut. Philipp stand somit im Brennpunkt der Auseinandersetzungen zwischen Papst und Kaiser um Gebiets- und Vorherrschaftsansprüche in Italien. Er war offenbar ebenso beliebt wie seine Frau und arbeitete in der ersten Zeit nach Heinrichs Tod getreulich an der Verwirklichung der Ziele seines Bruders weiter. So warb er trotz der Katastrophe, die Heinrichs Tod bedeutete, in Deutschland weiterhin für die Thronfolge Friedrichs. Die Nachricht von Heinrichs Ende erreichte auch deutsche Kreuzfahrer in Beirut, die spontan einen Treueeid auf den kleinen Thronfolger ablegten.

Eine zweite Kandidatur schien die Verkörperung einer alten, überwunden geglaubten Bedrohung zu sein: Heinrich der Löwe lebte nicht mehr, aber auch seine welfischen Söhne verfolgten ehrgeizige Ziele. Sie wurden darin unterstützt von einem der mächtigsten deutschen Fürsten, dem Erzbischof von Köln, dessen Absicht es war, der Einführung einer erblichen hohenstaufischen Monarchie entgegenzutreten. Daß Heinrich sich bemüht hatte, über den Kopf des Erzbischofs hinweg den Thronfolger direkt vom Papst krönen zu lassen, hatte in Köln nachhaltigen Unmut ausgelöst.

Gerade weil Adolf von Köln sich widersetzte, Friedrich als Thronfolger zu akzeptieren, drängten die deutschen Fürsten auf eine andere, aus der Sicht der Welfen aber kaum erfreulichere Lösung: Bei nächster Gelegenheit, im März 1198, wollten sie Philipp den Schwaben selbst zum König wählen. Die Wahl fand statt, doch waren mehrere Kurfürsten, darunter der Erzbischof, nicht zugegen. Diese antworteten drei Monate später mit der Wahl des Welfenprinzen Otto von Braunschweig, eines Sohnes Heinrich des Löwen. Otto hatte mächtige Gefolgsleute auch außerhalb Deutschlands: Seiner Wahl wohnte eine Abordnung aus England bei, denn Richard Löwenherz war entschlossen, aus seiner Unterwerfung unter die Oberhoheit Heinrichs VI. wenigstens nachträglich in irgendeiner Form Nutzen zu ziehen. Als Lehensmann des Kaisers bestand er jetzt auch auf Stimmrecht bei der Königswahl. Das ohnehin gestörte Verhältnis zwischen Engländern und Hohenstaufen wurde durch die freundschaftlichen Beziehungen zwischen England und Köln noch stärker belastet – Köln gehörte vom späten 12. Jahrhundert an zu den bedeutendsten Handelspartnern Englands.

Philipp von Schwaben war sich der von den Welfen ausgehenden Bedrohung deutlich bewußt; er rechtfertigte die Annahme der deutschen Krone sogar mit dem Argument, daß andernfalls auch Friedrich ausgespielt worden wäre. Der junge Prinz hatte wenig Aussichten auf Anerkennung seiner Ansprüche, und es bestand die Gefahr, daß solche Fürsten die Wahl entscheiden würden, »die seit langem Feinde unserer Familie sind und mit denen wir weder in Frieden noch in Ruhe leben könnten«. Dies schrieb er 1206 im Rückblick an Papst Innozenz, um seinen Titel zu rechtfertigen.

Der Tod Heinrichs ließ auch in Friedrichs südlichem Königreich die Probleme wieder eskalieren. Der Aufstand von 1197 war niedergeschlagen, in Sizilien herrschte zunächst einmal Ruhe. Doch entschloß sich Konstanze nun zu einer Politik, die sich von der ihres Mannes sehr unterschied. Sie umgab sich mit einer Gruppe einheimischer Berater und tat ihr Möglichstes, den Machtansprüchen Markwards von Anweiler Widerstand zu leisten. Dies erwies sich als äußerst schwierig, denn Markward verfügte auf dem italienischen Festland über eine solide Machtbasis und konnte in Teilen Süditaliens seine Stellung weiter festigen. Überdies behauptete er, im Besitz des Testaments Heinrichs VI. zu sein, das angeblich zu seinen Gunsten sprach, und stellte sich als loyalen Gefolgsmann Heinrichs und Philipps von Hohenstaufen dar. Zwar verkündete Konstanze schließlich die Ausweisung Markwards aus dem *regno*, aber das war bloßes Wunschdenken, denn seine Ländereien in Mittelitalien grenzten unmittelbar an das *regno* und lagen unweit von seinem eigenen Lehen Molise, das ihm von Heinrich VI. verliehen worden war und zum Königreich Sizilien gehörte.

Man hat Konstanze Verrat an den Grundsätzen Heinrichs vorgeworfen, weil sie die Annäherung an den Papst gesucht, den Hoheitsanspruch des Heiligen Stuhls anerkannt und auf das Apostolische Legat verzichtet habe, ein Verzicht, den Rom seit langem vergeblich gefordert hatte; sie soll sogar die Forderungen nach der römischen Krone aufgegeben haben, als ihr Sohn im Mai 1198 zum König von Sizilien gesalbt wurde. Das bedeutete, daß jener Anspruch fallengelassen wurde, dessen Geltendmachung der Zweck der Deutschlandreise Philipps des Schwaben gewesen war. Es ist aber denkbar, daß Konstanze ohnehin damit rechnete, daß die deutschen Fürsten eher Philipp als ihren Sohn zu ihrem König küren würden, und sei es auch nur zur Demonstration, daß die Königskrone nicht erblich war, sondern durch Wahl vergeben wurde. Nicht von der Hand zu weisen ist jedoch der Vorwurf, daß sie sich dem Papsttum gegenüber bemerkenswert nachgiebig zeigte.

Der neue Papst, Innozenz III., hoffte wie seine Vorgänger auf eine Abtrennung Siziliens vom Kaiserreich. Was er zunächst einmal erreichen konnte, war eine Verbindung Siziliens zum Heiligen Stuhl, wie sie nicht einmal in den besten Tagen der normannisch-päpstlichen Zusammenarbeit bestanden hatte. Gerade dies war aber ein besonderes Anliegen Konstanzes. Ihr oberstes Ziel war die Sicherung ihrer Monarchie in Sizilien selbst, und sie sah nicht ein, welchen Nutzen Friedrich von Ansprüchen in Deutschland haben sollte, wenn dies den guten Beziehungen zum Heiligen Stuhl Abbruch tat und Kräfte erforderte, die für dringendere Aufgaben zu Hause benötigt wurden. Deutschland und die Deutschen hatten genug Probleme heraufbeschworen. Konstanzes erste Sorge mußte jetzt die Wiederherstellung der königlichen Autorität in Sizilien sein. In dieser Beziehung war ihre kurze Regierung ein Vorgriff auf die Zeit Friedrichs II. Doch setzte ihr früher Tod solchen Bemühungen ein Ende. Sie starb im November 1198, nach nur anderthalbjähriger Regierungszeit.

In ihrem Testament vertraute sie den jungen König als Mündel seinem Oberhirten, dem Papst, an. Ihr Ziel war die Wiederherstellung der normannischen Monarchie gewesen, und in der Unterordnung unter die römische Kurie hatte sie nichts gesehen, was diesem Ziel abträglich war. Freilich hatte sie mit dem Verzicht auf das Apostolische Legat eine der wichtigsten Säulen monarchischer Souveränität umgestoßen, als das es ihr Vater, Roger II., verstanden hatte. Dieses Zugeständnis mochte vielleicht auch ein Ausdruck ihres großen Respekts vor der Kirche und dem Papsttum sein. Aber zweifellos zählte vor allem jener andere Gesichtspunkt: Konstanze war eine kluge, machtbewußte Frau, und sie wollte ihr Königreich auf sichere Fundamente stellen. Von ihren Verhandlungen mit der Kurie konnte sie sich eben dies versprechen. In der Wahl des Papstes zum Schutzherrn für ihren noch nicht vierjährigen Sohn verriet sich daher großes politisches Geschick. Dabei mußte Papst Innozenz nicht erst formell zu Friedrichs Vormund und Schutzherrn ernannt werden; als Souverän des Königs von Sizilien war es nach dem feudalen Herkommen seine Pflicht, sich eines ihm anvertrauten Mündels anzunehmen. Indem Konstanze ihren Sohn testamentarisch zum Schutzbefohlenen des Papstes erklärte, gemahnte sie die Welt an die Unantastbarkeit seines Erbes. Sizilien wurde von einem Minderjährigen regiert, aber es stand unter dem Schutz des Papstes. Angesichts der außergewöhnlichen und heiklen Umstände war dies ein äußerst geschickter politischer Schachzug.

II

Der Mann, der 1198 zum Papst gewählt wurde und sich den Namen Innozenz III. gab, war ein verhältnismäßig junger Jurist aus guter römischer Familie: Lotario de'Segni. Kaum ein anderer Papst des Mittelalters pochte so energisch auf seine Rechte als Stellvertreter Christi, kaum einer war so entschlossen, diese Rechte auch wahrzunehmen. Für Innozenz stand außer Frage, daß der König von Sizilien sein Vasall und zur Entrichtung des sizilianischen *census* oder Tributs verpflichtet war. Nicht anders betrachtete er das Apostolische Legat als eine Gnade, die er nach Gutdünken verleihen und wieder entziehen konnte. Der Papst stand zwischen Gott und den Menschen, als Vermittler und Instanz in geistlichen Fragen; und wie die geistlichen Dinge Vorrang vor den weltlichen hatten, stand der Papst auch über den Königen und Fürsten. Er besaß die Macht, Sünder zu bestrafen und von den weltlichen Herrschern eine gerechte Regierung zu fordern.

Indem Innozenz die Überlegungen der kanonischen Rechtsgelehrten des späten 12. Jahrhunderts der päpstlichen Machtpolitik dienstbar machte, konnte er Umfang und Bedeutung seiner Autorität beträchtlich ausweiten. So erklärte er denn auch schon kurz nach seiner Wahl im Jahr 1198, Gott habe »zwei große Würden geschaffen, eine erhabenere, bestimmt zur Herrin über die Seelen wie über den Tag, und eine geringere, bestimmt zur Herrin über die Leiber wie über die Nacht. Diese beiden sind die päpstliche Autorität und die königliche Macht. Nun gilt, daß ebenso wie der Mond sein Licht von der Sonne erhält und ihr gegenüber in Quantität und Qualität, in Position und Kraft tatsächlich der Geringere ist, auch die königliche Autorität den Glanz ihrer Würde von der päpstlichen Autorität erhält.«

Seine im selben Jahr gegenüber dem Erzbischof von Ravenna geäußerte Auffassung, die Freiheit der Kirche lasse sich am besten verteidigen, wenn Rom in der weltlichen wie der geistlichen Sphäre uneingeschränkte Macht ausüben könne, entsprach den zeitgenössischen Deutungen der Konstantinischen Schenkung. Und diese Macht übte der Papst auf vielen Feldern aus: Hartnäckig verfolgte Innozenz das Ziel, die Herrschaft über das Patrimonium von St. Peter wiederzuerlangen – weshalb viele Historiker in ihm einen der bedeutendsten Architekten des Kirchenstaates gesehen haben.

Eines der Hindernisse auf dem Weg dorthin war Markward von Anweiler, der kaiserliche Statthalter in Ancona. Aber bei der Kraftprobe zwischen Markward und Innozenz im Jahr 1199 ging es um weit mehr als um das Patrimonium von St. Peter. Für Innozenz war Markward in mehrfacher Hinsicht eine Gefahr, denn er unterhielt einigermaßen freundschaftliche Beziehungen zu Philipp von Schwaben, der in den Augen des Papstes nicht nur die deutsche, sondern auch die sizilianische Krone besitzen wollte. In jedem Fall hielt der Papst sich für berechtigt, selber über die Anwärter auf den Kaiserthron zu entscheiden, denn schließlich war er es, der den Erwählten zum Kaiser krönen würde. Ungeachtet Philipps anfänglichem Zögern, die deutsche Krone zu akzeptieren, rechnete Innozenz mit der Gefahr eines Wiedererstehens des von Heinrich zusammengefügten Reichs, bestehend aus Deutschland, der Lombardei, Mittelitalien und Sizilien. Die Abwehrstrategie dagegen nahm allmählich Gestalt an: die Unterstützung für Otto den Welfen, der die beste Gewähr für den Fortbestand der Trennung von Kaiserreich und sizilianischem Königreich zu bieten schien (was sich jedoch als Irrtum erwies).

Markward hingegen hatte nicht nur wegen seiner engen Beziehungen zu den Hohenstaufen den päpstlichen Zorn auf sich gezogen, sondern auch dadurch, daß er hartnäckig darauf bestand, nach dem Tod beider Eltern Friedrichs der legitime Regent von Sizilien zu sein. Für diesen Anspruch findet sich in dem erhalten gebliebenen Fragment von Heinrichs Testament kein Anhaltspunkt, aber Markward behauptete natürlich, über das vollständige Testament zu verfügen, wenn er sich der Überprüfung des Dokuments auch widersetzte. Van Cleve hat sicherlich recht, wenn er in diesem angeblichen Testament einen Vorentwurf von der Hand Heinrichs VI. vermutet, einen »Eventualplan«. Im Jahr 1200 fielen Markwards persönliche Habseligkeiten, darunter auch das Testament, in die Hände päpstlicher Truppen; Teile davon fanden Eingang in eine Chronik mit dem Titel *Gesta Innocentii Tertii*, aber man findet dort, wie kaum anders zu erwarten, nur die dem päpstlichen Interesse dienlichen Passagen wieder, etwa die Erklärung, der Papst sei oberster Herr auch über Sizilien, und die Verfügungsgewalt über das Königreich werde an den Heiligen Stuhl zurückfallen, falls die Hohenstaufen-Dynastie erlösche. Die Ansprüche, die Markward erhob, beruhten wohl eher auf mündlichen Zusagen, vor allem aber entsprachen sie der politischen Wirklichkeit: Er beherrschte ja tatsächlich einen großen Teil Mittelitaliens und der Region Molise und war überzeugt, seine Forderungen mit Waffengewalt durchsetzen zu können.

Die Probleme, die Markward dem Heiligen Stuhl bereitete, wurden durch eine unerwartete Entwicklung in Palermo verschärft. Denn die von Konstanze gemachten Zugeständnisse an Rom fanden im Familiarenrat, der nach ihrem Tod die Regierungsgewalt übernommen hatte und sich nun unvermittelt unter der Aufsicht des Papstes sah, wenig Gegenliebe. Eine zentrale Rolle spielte hier Walter von Pagliara, ein weltgewandter süditalienischer Prälat, der das Amt des Kanzlers innehatte. Er ließ einen päpstlichen Gesandten, der in Palermo eintraf, um die Auffassungen seines Herrn vorzutragen, unsanft abweisen, legte aber offenbar weiterhin ein Lippenbekenntnis zu den Rechtsansprüchen von Papst Innozenz ab. Auch Walter war Philipp von Schwaben nicht wohlgesonnen und stand, was das betraf, auf gemeinsamem Boden mit dem Papst. Walter war ein politischer Überlebenskünstler, klug und politisch beweglich; er sollte Friedrich II. noch einige Jahre zur Seite stehen.

Zum politischen Überleben gehörte auch, die Verbindungen zu den rivalisierenden Lagern, zu Innozenz und Markward, aufrechtzuerhalten. Das aber war ein heikler Balanceakt, und Ende 1199 hatte es den Anschein, als werde Walter daran scheitern. Ein wichtiger Trumpf in einem solchen Spiel war die Fähigkeit, sich Unterstützung zu sichern, indem man denen, die in ihrer Loyalität noch schwankten, Land und Rechte übertrug. 1199 beschwerte sich Innozenz bei Walter von Pagliara darüber, daß dieser »große Teile der königlichen Domäne ... verschiedenen Personen als Lehen abgetreten« habe. Als Schutzpatron und Vormund Friedrichs erkannte der Papst sehr wohl, daß Walter dabei war, die traditionelle Machtbasis der Krone aus der Hand zu geben.

Unter den Gebieten, die der Krone auf diese Weise verlorengingen, war vielleicht auch Malta, dessen Graf, Guglielmo Grasso, ein bekannter genuesischer Großbürger war. In einem kritischen Stadium seiner Politik sicherte sich Markward dessen Mitarbeit, indem er ihn im Oktober 1199 in Genua aufsuchte und ihn überredete, Schiffe für eine bewaffnete Landung in Sizilien zur Verfügung zu stellen. Ziel der Operation war die Eroberung der sizilianischen Hauptstadt; nur auf diesem Wege konnte Markward hoffen, seine Autorität als Regent durchsetzen zu können. Manche unterstellten ihm sogar, er habe eigene Ambitionen auf die Krone gehabt.

Was Walter von Pagliara betraf, so sah er sich außerstande, sich für eine der beiden Parteien zu entscheiden. Markward landete in Trapani an der Westspitze Siziliens und begann ostwärts zu marschieren, wohl wissend, daß die unzufriedenen islamischen Bewohner Westsiziliens leicht als Anhänger zu gewinnen waren. Aber indem er ihnen Angebote machte, setzte er sich noch mehr als bisher dem päpstlichen Zorn aus. Mit seinem Vorstoß hatte er Papst Innozenz zweifellos überrascht, denn in der Vergangenheit waren Versuche, das *regno* zu erobern, stets vom italienischen Festland aus unternommen worden, über die Meerenge von Messina hinweg. Es war ein kühnes Unterfangen, gleichsam durch die Hintertür in Sizilien einzudringen. Innozenz antwortete am 24. November 1199 mit einer donnernden Botschaft an das sizilianische Volk. Markward habe, so erklärte der Papst, »nicht bloß gegen das sizilianische Königreich, sondern gegen das christliche Volk« konspiriert, er sei ein »zweiter Saladin«, sowohl Feind der Christen als auch Verbündeter der Sarazenen, »ein schlimmerer Heide als die Heiden«. Innozenz sprach von der Gefahr, daß Sizilien noch einmal in die Hände der Moslems fallen könnte; von der Schrecklichkeit dieser Vision einmal abgesehen, müsse man auch daran denken, welche Folgen dies für das Heilige Land haben würde. Sizilien sei der Ort, von dem aus man »dem Heiligen Land am leichtesten zu Hilfe eilen« könne; falls es Markward gelänge, seinen Plan zu verwirklichen, könne man den Gedanken an eine Befreiung Jerusalems getrost begraben.

Der Papst wies auch gleich auf einen Ausweg: Alle, die gegen Markward Widerstand leisteten, sollten mit denselben Privilegien (Vergebung der Sünden und vieles mehr) belohnt werden wie die Kreuzfahrer, die sich um das Heilige Land verdient machten. Innozenz rief also zu einem Krieg zur Rettung Siziliens auf, einem Krieg, der einem Kreuzzug gleichgesetzt werden konnte, da sein Ziel die Niederwerfung der Ungläubigen und die Verteidigung der Verbindung zwischen Westeuropa und dem christianisierten Osten war. Dieser Brief war der Höhepunkt einer Propagandakampagne, die der Heilige Stuhl das ganze Jahr 1199 über aufrecht erhielt; schon vor der Landung Markwards in Trapani hatte der Papst dessen Aktivitäten im südlichen Italien, etwa seinen Einmarsch ins »Land des St. Benedikt« um Montecassino, argwöhnisch beobachtet. Die ersten Anhaltspunkte dafür, daß der Papst den Krieg gegen Markward als Kreuzzug deklarieren wollte, finden sich in einem im Frühjahr 1199 nach Capua gesandten Brief, in dem der Papst all denen, »die der Gewalttätigkeit Markwards und seiner Anhänger ein Ende bereiten«, jene sonst nur den Kreuzfahrern gewährten Privilegien zusicherte.

Der oben zitierte Brief vom November war der Versuch, die angedrohten Sanktionen in die Tat umzusetzen. Überdies befand sich der Papst auf der Suche nach einem Verbündeten und fand ihn in einem überraschenden Lager: Seine Wahl fiel auf einen französischen Ritter namens Walter von Brienne, der mit der Tochter von König Tankred verheiratet war. Seine Familie sollte während der gesamten Regierungszeit Friedrichs II. noch eine wichtige Rolle in der süditalienischen Politik spielen. Walter hatte bereits seinen Kreuzfahrerschwur abgelegt, um sich im Osten für das Christentum zu schlagen, aber entweder entband ihn Innozenz von seinem Eid oder er überzeugte ihn davon, daß er seine heilige Pflicht auch auf italienischem Boden erfüllen konnte. Außerdem bot der Papst Walter von Brienne die Grafschaft Lecce als Belohnung, die Tankreds Lehen gewesen war, ehe er sich 1190 zum König von Sizilien hatte krönen lassen. Freilich knüpfte der Papst sein Angebot an die Bedingung, daß Walter Friedrich als rechtmäßigen König anerkannte und auf jegliche Thronansprüche, etwa unter Berufung auf seinen Schwiegervater Tankred, verzichtete.

Hier kam das päpstliche Dilemma deutlich zum Vorschein: Eine ganze Ahnenreihe sizilianischer Könige hatte sich im Lauf des 12. Jahrhunderts bemüht, den Papst zu unterstützen, ja zu verwöhnen; so waren die engen Beziehungen zwischen Heiligem Stuhl und sizilianischem Königtum gereift. Jetzt aber, da Innozenz formell zum Vormund eines minderjährigen Königs bestimmt war, ergab sich eine neue Konstellation. Der Papst mußte dem sizilianischen König Unterstützung gewähren, doch der Heilige Stuhl verfügte nicht über die militärische Macht, seinen Vasallen wirklich zu schützen. In dieser Hinsicht war Innozenz kein guter, ja eigentlich ein ungeeigneter Anwalt der legitimen Rechte seines Schützlings. Daher griff er den Kreuzzugsgedanken auf, daher auch brauchte er den starken Mann aus Frankreich, der sich für den Papst und Sizilien schlagen würde. Der Kampf gegen Markward wurde, soweit wir wissen, nie allen Ernstes als Kreuzzug propagiert, und es gibt keine Hinweise darauf, daß die päpstlichen Truppen, die sich Markward entgegenstellten, wirklich das Selbstverständnis einer Kreuzfahrerarmee hatten.

Doch spielt diese Frage eine untergeordnete Rolle. Wichtiger ist es, die Gedankenwelt von Innozenz III. zu verstehen. Er sah die dem Papsttum zustehende Strafgewalt als ein Mandat, das seinen Inhaber zur Verhängung von Sanktionen berechtigte, auch in Form von Gewaltanwendung, und er hegte keinen Zweifel daran, daß die Propagierung des Kreuzzugs im gegebenen Fall die angemessene Strafmethode war. Dabei achtete er darauf, das traditionelle Vokabular des Kreuzzugs zu benutzen. So betonte er, daß der Feldzug, zu dem er aufrief, letzten Endes dem Heiligen Land zugute kommen solle, daß es ein Krieg gegen die sarazenischen Heiden und ihren falschen christlichen Bundesgenossen Markward sei. Während seines Pontifikats machte Innozenz noch häufigeren und zuweilen radikaleren Gebrauch von dem Instrument der Kreuzzugsidee: Schon bei seinem Amtsantritt hatte er Ketzern in Norditalien und Bosnien mit ähnlichen Strafmaßnahmen gedroht, und nicht anders deklarierte er den Krieg gegen die ketzerischen Albigenser in Südfrankreich als Kreuzzug.

Kreuzzüge auch anderswo als im Heiligen Land zu führen, war nichts Neues; die Kriege gegen die Mauren in Spanien sowie gegen slawische und baltische Heidenvölker im europäischen Osten wurden ebenfalls zu Kreuzzügen erklärt. Neu war jedoch, daß hier erstmals ein Kreuzzug dazu dienen sollte, die Interessen der Kirche in Italien und Sizilien zu verteidigen. In den dreißiger Jahren des 12. Jahrhunderts hatte zwar Papst Innozenz II. König Roger II. schon mit einem heiligen Krieg gedroht, der aber nie stattfand. Selbst in der Zeit der bewaffneten Konflikte zwischen Friedrich Barbarossa und Alexander III. hatte der Papst nie zu einem Kreuzzug gegen seinen Widersacher aufgerufen, obgleich er ihn exkommuniziert hatte. Der Historiker Kennan weist darauf hin, daß sich Innozenz, als er seinen Bannstrahl gegen Markward schleuderte, einer fast apokalyptischen Sprache in der Schilderung Markwards bediente.

Nachdem er bei seinem Eintreffen [auf der Insel] ein Bündnis mit bestimmten Sarazenen gemacht hatte, forderte er ihre Unterstützung gegen den König und die Christen an; und um ihre Gemüter noch wilder auf die Ermordung der Unseren zu machen und ihren Durst zu steigern, hat er ihnen bereits christliches Blut zu kosten gegeben und gefangengenommene christliche Frauen der Gewalt ihrer Wollust preisgegeben. Auch wenn es welche geben mag, denen die Sache des Kind-Königs nicht am Herzen liegt, kann es irgend jemanden geben, dem die Sache des Königs der Könige gleichgültig, der nicht betroffen wäre von den dem Gekreuzigten zugefügten Verletzungen? Wer würde nicht aufstehen gegen den, der gegen alle aufsteht und sich mit den Feinden des Kreuzes verbindet, um den Glauben des Kreuzes wegzuwerfen und Krieg gegen die Gläubigern zu führen, nachdem er selbst ein schlimmerer Heide als die Heiden geworden ist?

Das ähnelte sehr den fürchterlichen Verwünschungen, die später gegen Friedrich II. ausgesprochen wurden. Und gerade Friedrich II. sollte, wie wir sehen werden, in besonderem Maße zur Zielscheibe politischer Kreuzzüge und päpstlicher Gewaltanwendung werden. Wahrscheinlich wäre es trotzdem überzogen, in dem Krieg gegen Markward den »ersten politischen Kreuzzug« in Europa gegen *christliche* Widersacher der Kirche zu sehen. Kennan sieht es so, doch aus der Tatsache, daß Markward als »Heide« bezeichnet wurde, wird deutlich, daß Rom es noch für ratsam hielt, diesen Krieg als einen Kreuzzug gegen die Feinde des Christentums, gegen Moslems, Heiden und ihre Helfershelfer, darzustellen. Noch wurde der Krieg gegen einen Ungläubigen, gegen einen Abtrünnigen des Christentums geführt. Erst von 1230 an, während des Konflikts zwischen Friedrich II. und dem Papsttum, wurde der Gedanke eines »politischen Kreuzzugs« formuliert, geführt von Christen gegen Christen. Die Kampagne gegen Markward war lediglich ein Vorspiel.

Ob als Kreuzfahrer unterwegs oder nicht, die päpstlichen Truppen landeten in Sizilien und besiegten Markward in der Schlacht von Monreale unweit von Palermo. Aber es war nicht leicht, seine Macht zu brechen. Walter von Pagliara, der Kanzler, verhielt sich unschlüssig. Er wollte Walter von Brienne nicht in Sizilien sehen, der allerdings zu jenem Zeitpunkt die päpstlichen Truppen gar nicht anführte, sondern in die Champagne zurückgekehrt war, um Truppen auszuheben. Doch der Kanzler sah in ihm einen möglichen Rivalen und befürchtete seine Rückkehr. Und da Markward trotz seiner Niederlage bei Monreale seine Machtbastionen auf der Insel auszubauen vermocht hatte, war die einzige Lösung, sich mit ihm zu arrangieren. Der Kanzler erklärte sich bereit, die Herrschaft über das Königreich zu teilen, wobei dies anders geschah, als im ersten Moment auf der Hand zu liegen schien. Markward, so lange Zeit der starke Mann auf dem Festland, sollte nun in Sizilien regieren, während Walter von Pagliara und sein Familiarenrat auf dem Festland herrschen sollten. Palermo allerdings sollte vorläufig nicht an Markward fallen.

So setzte Walter von Pagliara auf das Festland über, der kleine Friedrich wurde der Obhut von Walters Bruder, dem Grafen von Manopello, anvertraut. Das war eine verhängnisvolle Entscheidung. Denn der machthungrige Markward mußte sich damit fast herausgefordert sehen, den jungen König zu entführen. Und so gingen denn auch bald Gerüchte um, Markward habe vor, Friedrich zu töten und sich selbst auf den Thron zu setzen.

Tatsächlich schlug Markward im Herbst 1201 zu. Palermo öffnete ihm nach kurzer Belagerung seine Tore; der Hüter des kleinen Friedrich, der Graf von Manopello, weilte in Messina und machte keine Anstalten, einzugreifen – vielleicht hatte er sich vorher mit Markward verständigt. Am Morgen des Allerheiligentages nahmen die Angreifer dank der Hilfe eines treulosen Kastellans, der mit ihnen im Bunde war, den gut befestigten königlichen Palast ein. Über das, was dann folgte, erstattete der Erzbischof von Capua, Rainald, dem Papst in einem erhalten gebliebenen Brief ausführlich Bericht; er ist ein frühes Zeugnis der Persönlichkeit Friedrichs, das den Historikern immer wieder Gelegenheit zu tiefschürfenden – und vielleicht überzogenen – psychologischen Deutungen gegeben hat. Nachdem Markward sich Zutritt zum Palast verschafft hatte, versteckte sich Friedrich, so erfahren wir, mit seinem Lehrer tief im Innern des Gebäudes, doch der Kastellan kannte das Versteck, und verriet seinen König ein zweites Mal. Markward versuchte Friedrich an sich zu reißen, doch der Knabe wehrte sich dagegen und griff Markward wütend an. Als er jedoch sah, daß er gegen den erwachsenen Mann nichts ausrichten konnte, warf er seinen Königsmantel ab, zerriß seine Kleider und kratzte sich blutende Wunden ins eigene Fleisch. Seine königliche Würde war angetastet worden, und der fünfeinhalbjährige Knabe konnte es nicht ertragen, daß er sie nicht aus eigener Kraft zu verteidigen vermochte. Der Erzbischof von Capua war außerordentlich beeindruckt. Wenn dieses Kind am Leben blieb, so folgerte er, würde eine Heldengestalt aus ihm werden.

Aber Markward trachtete gar nicht nach dem Leben des jungen Königs. Er brauchte ihn lebendig. Die Gewalt über Friedrich war eine Herausforderung an die Adresse von Papst Innozenz: Der wirkliche Schutzherr Friedrichs saß nicht in Rom, sondern in Palermo und war ein deutscher Feldherr. Vielleicht bewogen auch Neuigkeiten, die vom Festland kamen, Markward dazu, sich der Person des Königs zu versichern. Am 22. Oktober 1201, vier Tage nachdem er Palermo besetzt hatte, aber noch vor der Ergreifung Friedrichs, kam es zu einer Schlacht zwischen den vereinigten Truppen der mit Markward Verbündeten Dipold von Acerra und Walter von Pagliara und dem endlich aus der Champagne zurückgekehrten Walter von Brienne, dessen Streitmacht zahlenmäßig die unterlegene war. Dennoch ging Walter von Brienne, vielleicht auch zur Überraschung des Papstes, als Sieger aus dieser Schlacht hervor. Sein Traum von der Wiederinbesitznahme Lecces hatte sich damit erfüllt, ebenso wie die päpstliche Herrschaft über weite Teile Süditaliens Wirklichkeit geworden war. Walter wurde mit der Verwaltung Apuliens und der Campania betraut, erhielt seine Weisungen jetzt aber unmittelbar vom Papst anstelle des diskreditierten Familiarenrats. Unter schmerzhaften Wehen schien sich zumindest in einer Hälfte des Königreichs Sizilien eine neue Ordnung zu etablieren. Doch schien Walter von Brienne sich damit zu begnügen, seine Herrschaft in Apulien zu festigen, und wenig darauf erpicht zu sein, die ihm versprochene päpstliche Streitmacht nach Sizilien zu führen und den König aus den Händen Markwards zu befreien.

Gegen Ende des Jahres 1202 starb Markward überraschend an den Folgen einer Operation. Doch setzte sein Tod den Problemen kein Ende. Andere deutsche Söldnerführer drängten in das entstandene Machtvakuum, gerieten aber sogleich in Konkurrenz zueinander. Wilhelm »Capparone« war zunächst der erfolgreichste von ihnen: Palermo und der junge König waren bald in seiner Hand, und er proklamierte sich zum *Beschützer des Königs und Hauptmann des Königreichs*. Ein anderer Deutscher, Conrad von Urslingen, handelte dagegen im Auftrag Philipps von Schwaben, dessen Anspruch auf Sizilien jedoch auf fragwürdigen Grundlagen stand.

Zweifellos war Innozenz III. der Leidtragende dieser Entwicklung: Seine formelle Schutzherrenrolle für Friedrich erwies sich in der Praxis als bedeutungslos. Es wurde deutlich, daß Macht in Sizilien derjenige hatte, in dessen Händen das Leben des kindlichen Königs lag. So blieb dem Papst nichts anderes übrig, als dem neuen starken Mann, Wilhelm »Capparone«, seinen Segen zu erteilen. Dabei war es für Innozenz vielleicht ein kleiner Trost, daß der neue Herrscher Siziliens ihm förmlich die päpstliche Souveränität bestätigte. In dieser Hinsicht unterschied sich Wilhelm sehr angenehm von Markward.

Erschwerend kam hinzu, daß Walter von Brienne im Kampf gegen den Deutschen Diepold von Acerra den Tod gefunden hatte, und Innozenz damit seiner wichtigsten Stütze in Süditalien beraubt worden war; die Wiedergewinnung eines begrenzten Einflusses in Sizilien war nur eine unzureichende Entschädigung für diesen Verlust.

Hier und da ist die Meinung vertreten worden, es sei ein Konstruktionsfehler der Politik von Innozenz gewesen, daß er einem Abenteurer wie Walter von Brienne seine Unterstützung geliehen habe. Daß Walter so wenig Interesse an einem Eroberungsfeldzug nach Sizilien zeigte, beweise, wie wenig Nutzen er dem Papst brachte. Innozenz wäre daher besser beraten gewesen, mit Wilhelm »Capparone«, Walter von Pagliara und den auf dem Festland operierenden Deutschen zusammenzugehen. Doch setzt diese Argumentation zum einen voraus, Innozenz habe schon vor 1205 die Unmöglichkeit einer direkten Kontrolle über das Königreich Sizilien erkannt; zum anderen wird angenommen, er sei am Fortbestand seiner Vormundschaft über Friedrich nur deshalb interessiert gewesen, weil er sich davon die dauerhafte Anerkennung der päpstlichen Souveränität über das *regno* versprochen habe. Doch Innozenz verfolgte sehr viel weitergehende Ziele. Bezeichnenderweise fiel es ihm schwer, zu begreifen, daß es in Sizilien Söldnerführer gab, die seinen Anspruch als weltlicher Souverän und Stellvertreter Christi auf die oberste Befehlsgewalt nicht anerkannten. Als Walter von Brienne auf den Plan trat, schien er, so selbstsüchtig seine Motive auch sein mochten, dem Papst als geeignetes Werkzeug für die Bezwingung Siziliens. Erst sein Tod gab der Kurie Anlaß, ihre Politik gegenüber Sizilien zu überdenken. Dabei wurde schnell deutlich, daß inzwischen kein Weg an einem Kompromiß mit den *condottieri* in Sizilien vorbeiführte.

III

In diesen Jahren wurden einheimischen Grundherren und ausländischen Kaufleuten in Sizilien und Süditalien weitgehende Zugeständnisse gemacht. Wie bereits erwähnt, begann der Umfang des königlichen Domänenlandes bald nach dem Tod Konstanzes zu schrumpfen. Daß königliche Besitzungen und Rechte geradezu verhökert wurden, läßt sich beispielhaft aus einem Dokument ersehen, in dem Markward von Anweiler den Genuesern Dank für ihm geleistete Hilfe abstattet: Er gewährte genuesischen Kaufleuten, die mit dem Königreich Handel trieben, völlige Steuerbefreiung, was für die königliche Kasse einen schmerzlichen Einnahmeverlust bedeutete. Zu einer völligen Aushöhlung des normannischen Verwaltungsapparats kam es zwar nicht, aber die Zersplitterung des Königreichs in rivalisierende Fraktionen führte die Mächtigen im Lande in Versuchung, wirtschaftliche Privilegien im Tausch gegen militärische und politische Unterstützung einzuhandeln. In der Form der von der königlichen Kanzlei ausgefertigten Dokumente änderte sich nicht viel, der Unterschied aber lag in den verringerten Einkünften der Krone und in dem abnehmenden Einfluß der Verwaltung auf die entlegeneren Provinzen, wo deutsche Söldnerführer ihre Domänen vor fremdem Zugriff sicherten. Der Respekt vor den königlichen Rechten war selbst bei denen begrenzt, die ihren Rang formell der Krone verdankten; Alamanno da Costa, ein genuesischer Pirat und der Eroberer von Syrakus, legte sich den Titel eines Grafen von

Syrakus »durch die Gnade Gottes, des Königs und der Stadt Genua« zu – welche Art von Mitsprache die Genuesen bei der Verleihung eines Grafentitels zu einem fremden Land hatten, blieb freilich Alamannos Geheimnis.

Voraussetzung für die Wiederaufrichtung der königlichen Macht war somit die Unterwerfung der deutschen Barone und anderer auswärtiger Mächtegruppierungen, namentlich der Genuesen. Der Entwicklung, die 1198 eingesetzt hatte, sollte noch 1220 mit harten gesetzlichen Maßnahmen entschieden Widerstand geleistet werden. Doch auch die einheimischen Barone zeigten große Entschlossenheit, wenn es darum ging, auf Kosten der Krone ihre eigenen Vorrechte auszuweiten. Innozenz III. warf den sizilianischen Magnaten 1207 in einem Brief die Verhärtung ihrer Herzen vor: Die unglückliche Lage, in die das Königreich geraten sei, habe nicht ihre Pflicht zum gerechten Handeln gestärkt, sondern sich im Gegenteil als unwiderstehlicher Anreiz zur Unordnung erwiesen.

Aber bis 1208 besaß das Wort von Innozenz im Königreich wenig Gewicht. Wenn es in diesen Jahren in Palermo zu einer Reihe von Staatsstreichen kam, in deren Verlauf die Macht von Wilhelm »Capparone« an Diepold von Acerra und von diesem an Walter von Pagliara überging, so verdankte sich dies nicht dem päpstlichen Einfluß, sondern lediglich dem Machthunger ehrgeiziger Emporkömmlinge. Innozenz sah sich in der Tat gezwungen, sich mit allen dreien zu arrangieren, und der einzige Erfolg, den er davontrug, bestand darin, daß die tatsächliche Vormundschaft über den jungen König wieder an ihn zurückfiel. Ein päpstlicher Legat, der das Vertrauen Walters von Pagliara gewann, nahm Friedrich in seine Obhut.

Übrigens war Walters Staatsstreich gegen Diepold nur teilweise Erfolg beschieden gewesen. Er hatte den deutschen Söldnerführer gefangengenommen, doch Diepold war es gelungen zu fliehen, und er hatte sich auf das süditalienische Festland durchgeschlagen. Dort betrieb er papstfeindliche Aktivitäten, was um so bedrohlicher war, als sie praktisch unmittelbar vor den Augen des Papstes stattfanden, im nördlichen Grenzgebiet zwischen dem Königreich Sizilien und dem Kirchenstaat. Nur der hartnäckige Widerstand einiger einheimischer Barone gegen die deutsche Gefahr hielt den päpstlichen Einfluß im *regno* aufrecht. Der Abt von Montecassino persönlich war es, der die Loyalisten zum Angriff gegen deutsche Bastionen im Grenzgebiet führte. Der Erfolg für Innozenz war beträchtlich: Sowohl in der römischen *campagna* als auch im *regno* nahm die päpstliche Autorität wieder spürbar zu, und zwar so sehr, daß der Papst im Juni 1208 persönlich das Königreich bereisen und die Rolle des obersten Souveräns endlich auch in der Praxis übernehmen konnte. Natürlich war es ihm noch nicht möglich, bis nach Sizilien vorzudringen, wo Friedrich nach wie vor festgehalten wurde. Aber immerhin konnte er in San Germano, nur wenige Kilometer jenseits der Grenze auf sizilianischem Boden und mitten in dem noch vor kurzem von den Deutschen beherrschten Gebiet gelegen, ein Konzil abhalten, auf dem die mühsame Aufgabe des Wiederaufbaus in Angriff genommen wurde.

Was Innozenz anstrebte, war die Wiederherstellung der Grundstrukturen des normannischen Rechtssystems. Er legte jetzt keinen Wert auf die Ausübung direkter Kontrolle; Konflikte zwischen den Baronen sollten von Justitiaren geschlichtet werden, für deren Ernennung er sorgen würde. Doch das war leichter gesagt als getan. Gewiß, es gab von alters her königliche Gesetze und Verordnungen gegen Untertanen, die zu mächtig zu werden drohten, zur Beilegung auch von Landstreitigkeiten. Daneben gab es die traditionelle Verpflichtung königlicher Beamter, Rechenschaft gegenüber dem Monarchen abzulegen. Aber der Monarch war minderjährig, und seine Beamten auf dem Festland waren die großen Barone selbst. Daß sie der Versuchung erlagen, im eigenen Vorteil zu handeln, zeigte sich bald. Deshalb bemühte sich Friedrich seit den zwanziger Jahren, die politische Macht der Magnaten zu beschneiden und die Verwaltung mit Beamten zu besetzen, die nicht durchweg hochadliger Herkunft waren. Darin verriet sich die Erfahrung der Vertrauensbrüche und Treulosigkeiten, die er in seiner Jugendzeit von seiten süditalienischer Barone erlebt hatte.

Die Angelegenheiten Siziliens ließen sich von denen des Kaiserreichs nicht trennen, solange Philipp von Schwaben mit Innozenz um das Recht stritt, Friedrichs Vormund zu sein. Die Möglichkeiten der Einmischung, über die Philipp gebot, waren beachtlich. Er stand seit langem im Einvernehmen mit Diepold von Acerra. Darüber hinaus schickte er Liupold, den Bischof von Worms, an der Spitze einer Armee nach Italien. Er hegte die Hoffnung, in Mittelitalien, wo das Papsttum seit dem Tode Heinrichs VI. an Einfluß gewonnen hatte, die deutsche Vorherrschaft wiederherzustellen, und er zählte darauf, daß der Bischof ihm ein wertvoller Mittler zu den deutschen Söldnerführern in Süditalien sein werde. Dabei dachte Philipp keinesfalls daran, Friedrich von der Thronfolge auszuschließen, er wollte sich im Gegenteil der Krone Friedrichs bedienen, um seinen Einfluß auch südwärts der Alpen weiter auszudehnen und den Druck auf den Papst aufrechtzuerhalten. Daß

Innozenz Otto von Braunschweig unterstützte, hatte viel Ärger erregt, und daß an der Spitze der Expeditionsarmee Philipps ein Bischof stand, bereit, gegen päpstliche Truppen zu kämpfen, zeigte deutlich, daß Teile der deutschen Kirche für Philipp und gegen Otto und den Papst eingenommen waren.

Die Expedition hatte überraschenden Erfolg, auch wenn die päpstliche Armee dem Bischof eine schwere Niederlage beibrachte. Innozenz sah ein, daß seine Unterstützung für Otto allmählich zu einer Gefahr wurde und inzwischen dazu geführt hatte, daß Mittelitalien akut bedroht war. Philipp schien überdies Pläne für ein Heiratsbündnis zwischen Friedrich und dem Herzogshaus Brabant zu schmieden, um den hohenstaufischen Einfluß auch auf die Niederlande auszudehnen. Sein diplomatisches Geschick erwies sich als durchschlagend: Philipp und Innozenz einigten sich. Gleichzeitig gelang es Philipp aber auch, weitere Vertreter des deutschen Adels auf seine Seite zu ziehen. Das Jahr 1208 sah seine Autorität um etliches gestärkt.

Doch kurze Zeit später wurde er ermordet, von Otto von Wittelsbach, der um Philipps Tochter geworben und eine Abfuhr erhalten hatte, worüber er derart in Zorn geriet, daß er Philipp totschlug. Für Philipps Rivalen Otto von Braunschweig schien damit die deutsche Krone in greifbare Nähe gerückt. Doch war der Anspruch der Hohenstaufen auf den deutschen Königsthron mit der Ermordung Philipps nicht aus der Welt geschafft. Alle Blicke richteten sich auf Friedrich von Sizilien, nicht weil er oder Innozenz oder die sizilianischen Barone Ansprüche erhoben, sondern weil die deutschen Gegner der Welfen auf der Suche nach einem König waren.

IV

Ein weiterer Umstand, der für das Jahr 1208 Bedeutung besaß, war der Eintritt Friedrichs ins Jünglingsalter. Er vollendete im Dezember 1208 sein vierzehntes Lebensjahr, und Innozenz trat von seiner Vormundschaft zurück. Aber das änderte nichts an seiner Rolle als oberster feudaler Souverän, und er nutzte sie, indem er Vorsorge für die Zukunft betrieb. Er arrangierte die Heirat des heranwachsenden Königs mit einer um mehrere Jahre älteren Frau: Constanze von Aragon war die Witwe eines ungarischen Fürsten, und Innozenz hatte es eilig, sie mit Friedrich zu vermählen, da er um jeden Preis verhüten wollte, daß Philipp ihm mit einer deutschen Braut für den sizilianischen Thron zuvorkam. Aragon war kein besonders ansehnliches Fürstentum, aber sein Herrscher war ein päpstlicher Vasall, und Angehörige des Herrscherhauses besaßen in der Provence, innerhalb des Hoheitsgebiets des römischen Kaisers, wertvolle Ländereien. Eine weitere interessante Mitgift Constanzes war, daß das Königreich Aragon einen Namen als Lieferant gut ausgebildeter Truppen, Infanterie wie Kavallerie, besaß. Innozenz hatte Friedrich bereits die Übersendung von Truppen versprochen; auf dem Konzil von San Germano hatte er von zweihundert Rittern gesprochen, die Sizilien Frieden bringen würden.

Als Constanze von Aragon im Sommer 1209 in Palermo eintraf, befanden sich in ihrer Begleitung nicht weniger als fünfhundert Krieger, ausgewählt aus der Elite der katalanischen und provenzalischen Ritterschaft. Es war die erste in einer ganzen Reihe aragonesischer Expeditionen nach Sizilien und die am wenigsten erfolgreiche. Im Jahr 1282 sollten die Aragonesen auf Geheiß einer anderen Constanze, einer Nachfahrin Friedrichs, Sizilien kurzerhand erobern. Dazu kam es 1209 nicht einmal im Ansatz: Krankheiten rafften die Soldaten scharenweise dahin, und diejenigen, die am Leben blieben, kehrten entmutigt nach Aragon zurück. Eine wichtige Figur aber blieb im Spiel, Constanze selbst; sie erwies sich als gewissenhafte Ratgeberin des jungen Königs und stand ihm trotz des Altersunterschieds von fast zehn Jahren sehr nahe. Als sie 1222 starb, legte Friedrich seine Krone in ihren in der Kathedrale von Palermo aufgebahrten Marmorsarkophag. Vielleicht war Constanze von Aragon nicht nur ihres Namens wegen dem jungen König ein Ersatz für die früh verlorene Mutter.

Einige Quellen legen die Vermutung nahe, daß die Persönlichkeit des jungen Friedrich sehr viel reifer war, als es seinem Alter entsprach. Dafür spricht auch der Brief, mit dem Innozenz III. die Aragonesen in Spanien für seinen Heiratsplan zu gewinnen suchte: der Altersunterschied wurde darin als unwichtig beiseite getan. Kantorowicz hält die in dem Brief gemachten Mitteilungen für glaubhaft; sie enthalten Hinweise auf die Verärgerung Friedrichs darüber, mit dreizehn noch wie ein unmündiger Knabe behandelt zu werden. König war seiner Überzeugung nach nur der, der nicht unter der Aufsicht von Leibwächtern, Schutzherren und Regenten stand. Es war freilich eine Reife ohne Weisheit, gründend in Ungeduld und in Erinnerung an früh erlittene Kränkungen (nicht zuletzt an die erste Begegnung mit Markward). Auf Beobachter wirkte Friedrich im Jahr 1207 noch ziemlich ungehobelt, was nach Kantorowicz' Ansicht das Ergebnis einer wechselvollen Erziehung war.

Eine systematische Erziehung jedenfalls war dem jungen König nie zuteil geworden. Kantorowicz lädt seine Leser zu einer Wanderung durch die Basare von Palermo ein, auf den Spuren des jugendlichen Königs, der unbeaufsichtigt und oft hungrig durch die engen Straßen, Märkte und Gärten dieser halbafrikanischen Hauptstadt streifte, vorbei an Synagogen, Moscheen und Kirchen. Aber Kantorowicz schenkt den namentlich genannten Lehrern Friedrichs, wie beispielsweise Guglielmo Francesco, keine weitere Beachtung, glaubt aber an den Einfluß eines unbekannten »Chiron«, der nur ein philosophisch gebildeter Imam gewesen sein könne. Das Resultat sei eine Erziehung gewesen, wie sie keinem anderen Königskind je zuteil geworden sei. Vor allem Friedrichs Naturkenntnisse seien beträchtlich gewesen und hätten sich ebenso sehr den Ausflügen und Wanderungen des Jünglings verdankt wie seiner Lektüre des Aristoteles; er habe die Beobachtung für eine entscheidende Voraussetzung der Naturerkenntnis gehalten und schon mit vierzehn Jahren ein bemerkenswert geschultes Auge gehabt.

Das Leben als Universität. Andere Hinweise deuten indes durchaus auf eine sorgfältige formale Ausbildung hin. Ein Brief aus der Zeit, in der sich Friedrich auf die tatsächliche Übernahme der Regierung vorbereitete, schildert ihn als außerordentlich belesenen Monarchen, der vor allem Geschichtsbücher liebte – zweifellos eher Alexander-Legenden als Chroniken von Mönchshand. Überdies war er ein meisterlicher Reiter, der auch die Vollblutzucht zu schätzen wußte; ein guter Kämpfer sowohl mit dem Schwert als mit Pfeil und Bogen. Er besaß viel Ausdauer, Fleiß und Energie und trainierte unermüdlich Körper und Geist. Um die Mitte seines Lebens herum dürfte er Griechisch gelernt und mindestens ein paar Kenntnisse des Arabischen erworben haben, während Latein und Italienisch die Sprachen seiner Jugendjahre waren. Daß er auch deutsch sprach, ist sicher, obgleich sich nur schwer bestimmen läßt, wann er es lernte. Jedenfalls spricht manches für die Vermutung van Cleves, daß er durchaus standesgemäß erzogen und unterrichtet wurde, auch wenn dies weniger romantisch klingt.

In einigen zeitgenössischen Quellen wird Friedrich als gutaussehender Mann bezeichnet, doch mag sich das wohl auf seine Stellung, sein Auftreten und auf das Bild beziehen, das er im Schmuck seiner königlichen Robe bot. Wahrscheinlich sah er nicht auffällig gut aus, besaß aber ein interessantes Gesicht, dessen Züge hohe Intelligenz verrieten.

Nicht überall im Königreich löste Friedrichs Amtsübernahme Jubel aus. Das Jahr 1209 sah den ersten Ausbruch von Unruhen auf der sizilianischen Insel, angestiftet von Baronen, die während Friedrichs Minder-

Die Bewaffnung eines Ritters aus der Stauferzeit, wie ihn eine Kleinplastik aus Bronze in Florenz bewahrt, zeigt die schwere Rüstung der Epoche. Solche Bewaffneten konnten wenige Herrscher und dann auch nur in geringer Zahl aufstellen, weshalb denn in den zeitgenössischen Berichten ausdrücklich vermerkt wird, wenn ein Herrscher über ein paar Dutzend oder mehrere Hundert Ritter verfügte. Konstanze von Aragon war auch deshalb eine vorteilhafte Heirat für Friedrich II., weil sie als Mitgift fünfhundert Ritter in die Ehe brachte. Das war, gemessen an den Maßstäben der Zeit, eine gewaltige Streitmacht, denn Ritter bildeten die eigentliche Schlagkraft der Heere; mit ihnen konnte man ganze Provinzen, mitunter vollständige Herrschaften bezwingen. Nicht ganz zu Unrecht haben neuere Historiker die Ritter der Stauferzeit die Panzer des Mittelalters genannt.

jährigkeit Teile der königlichen Domäne übernommen hatten und sich jetzt weigerten, ihre unrechtmäßige Beute wieder herauszugeben. Friedrich setzte seinen Willen durch, indem er mit Hilfe zuverlässiger Truppen die Anführer ergriff und sie unter den erforderlichen Druck setzte. Es ging ihm dabei weniger um die Bestrafung derer, die sich gegen seine königliche Autorität vergangen hatten, sondern darum, der Krone zurückzugewinnen, was ihr verlorengegangen war. Vielleicht hatte er schon damals die Grundprinzipien normannischer Regierungskunst begriffen: daß jeder Versuch, königliches Eigentum zu schmälern, als rebellischer Akt zu betrachten und Widerstand gegen die Krone gleichbedeutend mit Widerstand gegen Gott war. Wie und wann er sich diese Glaubenssätze zu eigen machte, ist nicht bekannt; wahrscheinlich aber erkannte er früh den Unterschied zwischen der monarchischen Praxis der Normannen und den korrupten Regierungsmethoden seiner Erzieher und Aufpasser.

Wie sehr der junge Friedrich schon im Geist seiner normannischen Vorgänger dachte, zeigte auch die Auseinandersetzung zwischen König und Papst über das korrekte Verfahren für die Wahl eines neuen Erzbischofs von Palermo. Friedrich ging davon aus, daß ihm auf der Grundlage des Roger I. gewährten Legats das Recht zustand, die Wahl zu bestätigen. Doch hatte seine Mutter Konstanze auf eben dieses Recht verzichtet, so daß es in Sizilien mittlerweile einen regulären, von der römischen Kurie entsandten päpstlichen Legaten gab.

V

Dem Papst machten freilich die Probleme der deutschen Krone mehr zu schaffen als die der sizilianischen. Der Tod Philipps von Schwaben hatte ihn von einer Schwierigkeit befreit. Otto war jetzt der einzige deutsche Fürst, der den Anspruch erhob, die deutsche Königskrone zu tragen. Doch irritierend war und blieb die Tatsache, daß unter dem deutschen Adel eine bedenkliche Opposition gegen Otto bestand. Allerdings gab es etliche fremde Herrscher, die den Braunschweiger gerne im Besitz des Throns gesehen hätten, allen voran der englische König Johann. Auf jeden Fall mußte ein Kompromiß gefunden werden, wenn es gelingen sollte, Otto als unumstrittenen Herrscher auf den Thron zu heben.

Dieser Kompromiß war die Heirat Ottos IV. (wie er sich jetzt nennen ließ) mit Philipps ältester Tochter. Aber auch hier hatte der Papst ein

Wort mitzureden, denn die Brautleute waren so eng miteinander verwandt, daß für die Hochzeit die Erlaubnis des Papstes nötig war. Innozenz gab sie, doch nicht ohne Gegenleistungen zu fordern – wie er überhaupt während seiner gesamten Amtszeit mit Sondergenehmigungen für Heiraten und Scheidungen schnell bei der Hand war, wenn sich daraus politischer Nutzen schlagen ließ – oder, wie in diesem Fall, Frieden. Er verlangte eine Reihe von Zusagen in bezug auf die künftigen Beziehungen zwischen dem deutschen König und dem Papst; in die Wahl kirchlicher Würdenträger sollte der König sich von nun an nicht mehr einmischen, und Eingaben in kirchlichen Angelegenheiten konnten künftig an die päpstliche Kurie gerichtet werden. Königliche Mißbräuche wie der, die Einkünfte gerade nicht besetzter Prälatenstellen in die Staatskasse zu leiten, sollten aufhören.

Viele der hier auftauchenden Fragen ähneln denen, die zwischen Johann von England (oder vielmehr seinem Vater Heinrich II.) und dem Heiligen Stuhl umstritten waren. Die Forderungen, die Innozenz stellte, müssen als ein Bestandteil seiner auf ganz Europa zielenden Politik gesehen werden: Die königliche Macht über die Kirche sollte gezähmt, die Freiheit der Kirche auf Dauer geschützt werden. Der Schutz der Kirche sollte in Zukunft die höchste Pflicht eines guten Monarchen sein.

Auch einen zweiten Konfliktpunkt, auf dessen Lösung Otto schon lange gedrängt hatte, wollten Otto und Innozenz bald aus dem Weg räumen – so jedenfalls schien es zunächst. Es handelte sich um die von Heinrich VI. aufgeworfene Frage nach dem rechtmäßigen Herrscher über die mittelitalienischen Provinzen, allen voran die Toskana, Umbrien, die Romagna und die Marken, auf die Heinrich Anspruch erhoben hatte. Das waren Gebiete, in denen auch Innozenz in den abgelaufenen zehn Jahren seines Pontifikats seine Machtstellung ausgebaut hatte. Der Papst erwartete deshalb von Otto die formelle Billigung seiner bisherigen Politik in Mittelitalien und darüber hinaus die Abtretung derjenigen Gebietsteile, in denen noch hohenstaufenfreundliche oder andere Gruppierungen an der Macht waren.

Innozenz ahnte nicht, daß er mit diesen Forderungen an einen höchst gefährlichen Konfliktstoff rührte. Denn zwischen den italienischen Städten, auch denen in der nördlichen Toskana, bestand weiterhin eine erbitterte Rivalität, wobei sich die verfeindeten Fraktionen zunehmend auf verschiedene Schirmherrn beriefen. Die einen stellten sich unter den Schutz Ottos, die anderen unter den der Hohenstaufen. Diese Berufung auf einen äußeren Schutzherrn geschah ohne große

Rücksicht auf die wirklichen Wünsche und Interessen Ottos oder der Hohenstaufen. Jedenfalls aber entstanden aus den Namen der beiden rivalisierenden Adelsgeschlechter in Deutschland – Welfen einerseits, Staufer oder »Waiblinger« andererseits – die Bezeichnungen für die italienischen Parteien der Guelfen und der Ghibellinen, zwei Etiketten, die für eineinhalb Jahrhunderte das politische Geschehen in Italien prägen sollten.

1209 kam Otto nach Italien, um sich zum Kaiser krönen zu lassen. Dem Papst brachte dieser Besuch die bittere Erkenntnis, daß die Versprechungen, die er dem zukünftigen Kaiser so mühelos entlockt hatte, nichts wert waren. Vielleicht hätte schon die Großzügigkeit, mit der Otto auf die päpstlichen Forderungen eingegangen war, den Argwohn des Papstes erregen müssen. Jedenfalls erschien Otto, kaum gekrönt, in der Toskana, entschlossen, die Herrschaft über weite Teile Italiens an sich zu reißen. Was die mittelitalienischen Provinzen betraf, so brach er seinen dem Papst gegebenen Eid, indem er Städten in Umbrien und in der Mark Ancona Privilegien gewährte, als ob es sich um Teile seines Besitzstandes handle. Das eigentlich Beunruhigende für Innozenz aber war, daß die Städte diese Gunsterweise akzeptierten. Und doch konnte dies nicht überraschen. Wenn der Papst auf den Mathildischen Gütern oder im Herzogtum Spoleto regierte, so stellte dies für die Selbständigkeit der Städte eine weit größere Gefahr dar, als wenn der Souverän weit weg in Deutschland residierte. Viele Historiker haben den Konflikt zwischen Guelfen und Ghibellinen in ein zu starres ideologisches Schema gepreßt. Den Städten ging es schlicht und einfach um Schutz vor äußerer Einmischung, Schutz auch vor landhungrigen Nachbarn. Hier spielte Otto 1209 eine geschickte Rolle als Schirmherr und Garant ihrer Freiheit. Er schien willens, den ersehnten Schutz zu gewähren: ein Kaiser, wie man ihn sich wünschte.

Aber der Ehrgeiz Ottos erschöpfte sich nicht in der Gewährung von Vergünstigungen in Mittelitalien. Er hatte weit größere Ziele. Den Blick nach Süden gerichtet, sah er nun plötzlich auch in dem Königreich Sizilien kein päpstliches Lehen mehr, sondern einen Bestandteil des römischen Reiches. Das war nicht neu, schon Barbarossa war mit einer ähnlichen Begründung nach Süden marschiert. Doch hatte immerhin Heinrich VI. bei der Inbesitznahme Siziliens ausdrücklich die Existenz eines vom Kaiserreich losgelösten sizilianischen Staates anerkannt.

Die Motive für Ottos Anspruch auf Sizilien liegen auf der Hand. Zum einen war es der Wunsch, sich in der landwirtschaftlich reichsten Region Italiens eine Machtbastion zu sichern und zugleich Friedrich II., dem Sohn Heinrichs VI. und Neffen seines erbittertsten Rivalen, den Weg zu verlegen, zum anderen die Entschlossenheit, sich den ausufernden päpstlichen Ansprüchen, die der Würde des Kaisertums Abbruch taten, entgegenzustellen. Vielleicht spielte auch das Bestreben eine Rolle, die Seefahrerrepublik Pisa zu seinen Gunsten zu stimmen. Denn deren Kaufleute hatten die wirtschaftlichen und territorialen Gegenleistungen, die Heinrich ihnen für ihre Hilfe bei der Eroberung Siziliens versprochen hatte, nie erhalten.

All dies waren wichtige Motive, aber von Bedeutung war darüber hinaus auch noch das Wirken einer grauen Eminenz: Graf Diepold von Acerra traf in Pisa mit Otto zusammen und legte dem Kaiser vermutlich dar, daß er legitime Ansprüche auf ganz Süditalien habe. Prompt wurde er in seinem Amt als Großjustitiar von Apulien und Terra Lavoro im sizilianischen Königreich bestätigt. Und da der Konflikt mit dem Papst wohl ohnehin kaum noch zu vermeiden war, erhob Otto seinen Partner Diepold zum Herzog von Spoleto und machte damit deutlich, daß er sich auch als Herr über das Patrimonium des Heiligen Stuhls betrachtete. Anfang des Jahres 1210 herrschte daher in Rom höchster Alarm. Mit der Thronanwärterschaft des päpstlichen Schützlings Friedrich schien es so gut wie vorbei zu sein.

Was der Papst von den Hohenstaufen befürchtet hatte, kam nun im November 1210 von seiten der Welfen. Otto fiel ins Königreich Sizilien ein. Und während Heinrich VI., gegen den der Heilige Stuhl ebenso machtlos gewesen war, seinen Anspruch auf Sizilien damals wenigstens mit einer gewissen Folgerichtigkeit aus seiner Heirat mit Konstanze abgeleitet hatte, so war der Anspruch, den Otto erhob, eine Kampfansage an die Autorität des Papstes. Seine Exkommunikation ließ daher nicht lange auf sich warten.

Überraschenderweise bereitete es Otto kaum Probleme, seinen Anspruch in die Tat umzusetzen. Die apulischen Städte, für wirtschaftlich interessante Privilegien stets empfänglich, akzeptierten Otto als ihren Souverän, und Kalabrien folgte dem apulischen Beispiel. Um die Mitte des Jahres 1211 standen große Teile Süditaliens hinter Otto dem Welfen. Selbst die sizilianischen Sarazenen nahmen mit Otto Kontakt auf; ihre stets vorhandene Neigung, sich mit den Feinden Friedrichs zu verbünden, trat jetzt zum Vorschein. Zwar behielt Friedrich die Kontrolle über Palermo und einige andere Gebiete in Sizilien, aber es wurde ihm klar, welcher Bedrohung er ausgesetzt war. In Castellamare, unweit von Palermo, lag schon ein Schiff bereit, das den jungen König im Notfall nach Afrika übersetzen sollte. Zunächst aber bemühte sich Friedrich, seine Stellung durch Zugeständnisse zu retten. Er beteuerte, keinen Anspruch auf das deutsche Erbe seines Vaters zu haben, und erklärte sich bereit, dem welfischen Staatsschatz eine erhebliche Summe zufließen zu lassen. Doch für Otto, der sehr wohl wußte, welche Reichtümer auf den Eroberer Siziliens warteten, konnte dies kein lohnendes Angebot sein. Alle Vorkehrungen für seine Überfahrt nach Sizilien waren getroffen. Die Schiffe der mit ihm verbündeten Pisaner waren bereits unterwegs, und der Sieg schien ihm sicher.

Aber so sehr dem Welfen im Süden das Glück gewogen war, so wenig hatte er es in Norditalien und Deutschland. Der entscheidende Impuls zum Widerstand gegen Otto ging dort nicht etwa von dem einflußlosen Friedrich aus, auch nicht von Innozenz III., sondern von dem französischen König Philip Augustus. Es waren Faktoren der internationalen Machtpolitik, die dem Papst und dem sizilianischen König in diesem Moment zu Hilfe kamen. Philip von Frankreich setzte alles daran, dem englisch-welfischen Bündnis eine französisch-schwäbische Achse entgegenzusetzen; nur so konnte er hoffen, englische Ansprüche auf französische Gebiete abzuwehren.

Schon früh hatte Philip Innozenz davor gewarnt, Otto IV. zu vertrauen, jetzt zeigte sich, wie berechtigt die Warnung gewesen war. Doch wenn Philip Augustus und mit ihm der Papst in Deutschland nun den Widerstand gegen den welfischen Expansionsdrang anfachten, geschah dies freilich nicht einfach Friedrich zuliebe. Im Grunde hatte der französische König leichtes Spiel: Die Ermordung Philipps von Schwaben hatte zwar zu einer kurzlebigen Versöhnung zwischen Welfen und Hohenstaufen geführt, aber die Tatsache, daß Otto jetzt den König von Sizilien aus dem Hause Hohenstaufen herausforderte, beschwor den Zorn der früheren Gefolgsleute Philipps von Schwaben herauf. Die Folge davon war der Beschluß, daß Friedrich selbst zum deutschen König gewählt werden müsse, daß er der rechtmäßige Thronfolger sei, von den Welfen um sein Erbe gebracht.

Die Nachricht davon erreichte Friedrich im Jahr 1211. Um diese Zeit begannen auch die Städte und der Adel Norditaliens, sich gegen Otto zusammenzutun. Denn inzwischen hatten sie die Gefahr, die ihnen drohte, erkannt: Eine Ausdehnung der welfischen Vorherrschaft über die gesamte italienische Halbinsel würde das Ende der politischen Selbständigkeit bedeuten, um die sie ihren Kampf gegen Barbarossa geführt hatten. Doch gelang es den norditalienischen Städten nicht mehr, eine einheitliche Opposition zu bilden wie in den früheren Jahrzehnten. Während Cremona sich gegen Otto stellte, hieß Mailand ihn willkommen. Im großen und ganzen stellten sich diejenigen Städte, die während der Regierungszeit Heinrichs VI. kaisertreu gewesen waren, auch jetzt gegen den Welfen, während diejenigen für ihn Partei nahmen, die am entschiedendsten gegen die Hohenstaufen opponiert hatten. Es gab freilich auch innere Interessengegensätze, die darüber mitentschieden, welcher Partei die eine oder andere Stadtregierung zuneigte. In Florenz beispielsweise befehdeten sich die proschwäbischen Uberti und ihre guelfischen Widersacher. Dem Chronisten Villani zufolge, entstanden in jenen Jahren die erbitterten Fronten zwischen Guelfen und Ghibellinen. Den eigentlichen Hintergrund der Spannungen zwischen diesen beiden großen »Parteien« der italienischen Politik und der sich über mehrere Generationen hinziehenden Machtkämpfe bildeten jedoch familiäre Ressentiments und wirtschaftliche Konkurrenz.

Die Opposition in Deutschland und in Teilen der Lombardei regte sich zu einem ausgesprochen heiklen Augenblick. Otto zögerte, zu einem Zeitpunkt an die Eroberung Siziliens zu gehen, da seine Position im Norden derart bedroht war. Vielleicht waren diese Sorgen unbegründet: Es ist denkbar, daß die Gefangennahme Friedrichs und der Besitz Palermos seine Stellung hätten stärken können. Doch vermutlich war er überzeugt, das Aufbegehren im Norden binnen kürzester Zeit ersticken zu können. In diesem Glauben marschierte er bedächtig nordwärts und hielt in Lodi Hof, um anschließend die Alpen zu überqueren – und es schien, als käme die ganze Lombardei herbei, um ihm ihre Reverenz zu erweisen. Tatsächlich aber waren viele wichtige Städte nicht vertreten, wenigstens nicht durch ihre wirklichen Machthaber.

Immerhin gelang es Ottos Propagandisten, manchen seiner Gegner wankelmütig zu stimmen. Das Bild Friedrichs II., das sie präsentierten, zeigte einen jungen König, der nichts weiter als ein Werkzeug in den Händen des Papstes war. Die Einmischung des Papstes in die deutsche Königswahl wurde selbst von denen scharf kritisiert, die, wie der Dichter Walther von der Vogelweide, früher scharfe Kritiker der welfischen Ambitionen gewesen waren. Daß Walther sich 1212 sogar bereit fand, Otto zu huldigen, war Ausdruck jener schwankenden und orientierungslosen Stimmung an den deutschen Fürstenhöfen. Auf der einen Seite wünschten sie sich einen König, der den endlosen Auseinandersetzungen ein Ende bereiten, Gerechtigkeit walten lassen und Deutschland vor den Anmaßungen des Papstes schützen würde; auf der anderen Seite sahen sie, daß Otto politische Ziele verfolge, die weit über Deutschland und die Lombardei hinausreichten und zu schweren Konflikten mit dem Heiligen Stuhl und dem staufischen König in Sizilien führen würden, für den viele von ihnen noch immer Sympathie besaßen.

Friedrich war gerade zum ersten Mal Vater geworden und hatte seinen Sohn auf den Namen Heinrich, nach seinem Großvater, taufen lassen, als die Nachricht eintraf, er sei von einer antiwelfischen Fürstenrunde zum deutschen König gewählt worden. Seine Untertanen im Norden wünschten sich seinen Besuch, und der Papst hatte sich dem Votum der Fürsten angeschlossen. Er hatte auch kaum eine andere Wahl gehabt, hatte allerdings trotzdem versucht, seine Zustimmung an Bedingungen zu knüpfen, vor allem an die Forderung, daß der soeben geborene Heinrich unverzüglich zum König von Sizilien gekrönt werden solle. Damit sollte die Trennung zwischen Sizilien und dem deutschen Reich aufrechterhalten werden.

Es war ein mutiger, ja tollkühner Schritt Friedrichs II., sein Königreich zu verlassen. Noch waren in Sizilien die Auswirkungen von Ottos Invasionsversuch zu spüren; es gab eine Menge süditalienischer Barone, die sich Otto zurückwünschten. Viele Höflinge rieten Friedrich von der Reise nach Deutschland ab. Und nicht wenige vertraten die Meinung seiner verstorbenen Mutter Konstanze: daß Deutschland ein fremdes Reich sei, das kaum Berührungspunkte mit den Interessen Siziliens aufweise, abgesehen davon, daß die Insel immer wieder zum begehrten Objekt eroberungslustiger Kaiser wurde.

Wie auch immer, Friedrich mußte den Heiligen Stuhl für geleistete Dienste entlohnen. Die schon von Konstanze gemachten Zusagen im Hinblick auf das Verhältnis zwischen Sizilien und Rom wurden erneuert. Innozenz ergriff die Gelegenheit, um sein Einverständnis mit Friedrich öffentlich zu bekunden. Damit wollte er ein weiteres Mal deutlich machen, daß die Befugnis zur Ein- und Absetzung der Kaiser allein bei ihm lag: Er hatte Otto gekrönt, jetzt enthronte er ihn. Als Friedrich in Rom einzog, wurde er auf Veranlassung des Papstes vom *populus Romanus* als (allerdings noch nicht gekrönter) römischer Kaiser bejubelt. Das wußte Friedrich in seinem Sinne zu nutzen. Später ließ er verkünden, nicht der Papst, nicht die deutschen Fürsten, sondern das römische Volk, ja das ruhmreiche Rom selbst habe ihn ausgesandt wie eine Mutter ihren Sohn, um die höchsten Höhen des Kaiserreichs zu ersteigen. Tatsächlich aber hatte er als König von Sizilien dem Papst einen Huldigungseid geschworen, sein Versprechen erneuert, die päpstliche Souveränität zu achten, und vom Papst Geld zur Deckung seiner Kriegskosten erhalten.

Zwischen den beiden Partnern herrschte dennoch Spannung. Friedrich war jung, verfügte über verhältnismäßig geringe Mittel und hatte nicht einmal eine schlagkräftige Streitmacht. Alles was er besaß, waren Treueversprechen verschiedener deutscher und italienischer Fürsten, die von ungewissem Wert waren. Innozenz legte, was die Erfolgsaussichten Friedrichs betraf, zwar Zuversicht an den Tag, aber in Sizilien und Deutschland gab es zahlreiche Pessimisten und Spötter.

Pisa, sonst meist mit den Staufern verbündet, hatte sich diesmal auf Ottos Seite geschlagen, und noch kreuzte die pisanische Flotte vor der süditalienischen Küste und stellte ein Hindernis für Friedrichs Reisepläne dar. Immerhin aber war die Gegnerschaft Pisas in der Situation von 1212 für Friedrich die sicherste Garantie dafür, die Unterstützung von Genua zu erhalten. Die Rivalität dieser beiden Städte hatte sich erst vor kurzem in Sizilien von neuem entzündet, als Pisaner und Genuesen um die Verfügungsgewalt über Syrakus gekämpft hatten. Genua hatte den Sieg davongetragen. Einer der Nutznießer auf der Seite der Sieger war Heinrich »der Fischer«, der Graf von Malta, ein berühmt-berüchtigter genuesischer Freibeuter. Er befand sich in der Begleitung Friedrichs, als dieser am 1. Mai 1212 in Genua eintraf. Die Stadt setzte auf den Erfolg Friedrichs und schoß ihm Geld gegen die Zusage großzügiger Handelsvorrechte in Sizilien vor. Friedrich hatte keine Zeit zu vergeuden. Er versprach der Stadtregierung von Genua zusätzlich 575 Pfund Gold, vielleicht als Entschädigung dafür, daß Heinrich VI. den Genuesen damals die Erfüllung des für sie so günstigen Vertrages schuldig geblieben war, den er vor seinem Eroberungszug nach Sizilien mit ihnen geschlossen hatte. Friedrich verbrachte zweieinhalb Monate in Genua, möglicherweise weil die nach Norden führenden Straßen und die Alpenpässe für eine gefahrlose Weiterreise noch nicht sicher genug waren.

Sein Aufenthalt in Genua brachte aber auch einen weiteren Vorteil mit sich. Diejenigen lombardischen Städte, die zu Gegnern Ottos standen, bekamen nun Gelegenheit, ihren Kandidaten für den kaiserlichen Thron aus nächster Nähe kennenzulernen. So traf eine Abordnung aus Pavia ein, um Friedrich einen Zuschuß zu seinen Reisekosten zu überbringen, und die Bewohner des traditionell schwabenfreundlichen Cremona waren glücklich, ihn in ihrer Nähe zu wissen. Doch es gelang ihm nicht, die ganze Lombardei für sich einzunehmen. Mailand etwa blieb feindlich gesinnt, ja die Mailänder planten sogar, sich seiner zu bemächtigen.

Friedrich konnte nicht auf der kürzesten Route nach Norden reisen. Er mußte von einer ihm wohlgesinnten Stadt zur nächsten ziehen und die Alpen auf Umwegen überqueren, um den Verbündeten Ottos auszuweichen. Auf dem Weg nach Cremona ruhten Friedrich und seine Begleiter am Ufer des Flusses Lambro aus, wo sie auf Verstärkung aus dem loyalen Cremona warteten, als sie von den Mailändern aufgespürt und überfallen wurden. Der überraschende Angriff kostete viele Bürger aus Pavia das Leben, Friedrich aber sprang auf ein ungesatteltes Pferd und ritt durch den Strom auf die gegenüberliegende Uferseite, wo ihm die Cremonenser zu Hilfe eilten. Der Mailänder Chronist benutzte diese Episode, um über den König zu spotten: »Roger Friedrich«, schrieb er, »badete sein Hinterteil im Lambro.« Aber der König erreichte sicher Cremona und wurde dort mit Jubel empfangen.

Die Etappen nach Mantua und weiter nach Verona waren weniger gefährlich, doch der schwierigste Teil der Reise lag noch vor Friedrich. Er mußte die Alpen überqueren, ohne bayerisches Territorium zu betreten, denn der Herzog von Bayern war ein Gefolgsmann Ottos IV. Und auch schon nördlich von Verona, in Südtirol, hatte er mächtige Gegner in den Herren von Meran. Der bequemste und kürzeste Weg über den Brenner-Paß war also versperrt. Friedrich wählte statt dessen eine Route, die ihn über das obere Engadin in das Gebiet des befreundeten Bischofs von Chur führte. Damit war er auf deutschem Boden, auf dem Boden seiner Verbündeten. Von einem Kloster zum nächsten verbreitete sich die Nachricht von seiner Ankunft. Truppen wurden bereitgestellt, und bald hatte er ein Gefolge von rund dreihundert Reitern, fast durchweg Kirchenfürsten. Es schien, als sollte sein Abkommen mit Innozenz Früchte tragen.

Doch stand noch eine entscheidende Begegnung bevor. Otto IV., der die Konfrontation mit ihm suchte, näherte sich der Stadt Konstanz. Friedrich mußte versuchen, als erster dort einzuziehen und sich eine loyale Anhängerschaft zu sichern. Wenn Konstanz ihn nicht unterstützte, würde das die Chancen für einen Erfolg seiner Expedition nach Deutschland erheblich schmälern. Die Zeit drängte. In Konstanz bereitete man sich auf einen großen Empfang zu Ehren Ottos vor. Friedrich befand sich am gegenüberliegenden, südlichen Ufer des Bodensees, von wo aus er Konstanz in wenigen Stunden erreichen konnte. Wenig später stand er vor den Toren der Stadt und begehrte Einlaß. Der Konstanzer Bischof sah sich vor eine schwere Entscheidung gestellt und versuchte, Zeit zu gewinnen. Aber Friedrich machte Gebrauch von seinen päpstlichen Verbindungen. Er ließ den päpstlichen Legaten, den Erzbischof von Bari, das Wort ergreifen: War Otto nicht exkommuniziert? War es daher nicht verwerflich, ihn aufzunehmen und sich den Wün-

Konrad von Hohenstaufen, der Sohn Friedrichs II., hat als Lorscher Vogt einen pfälzischen Territorialstaat mit Heidelberg als Hauptort gegründet. Von der staufischen Burg bei Heidelberg sind nicht einmal mehr Reste vorhanden, aber im Innern der Pfalz hat sich Burg Reichenberg erhalten, die um 1230 entstand.

schen des Papstes zu widersetzen? Der Bischof war im Zwiespalt, aber er ließ die Tore öffnen. Der junge König betrat die Stadt und forderte die Bürger auf, mit ihm gemeinsam seine Krone zu verteidigen und die Brücke zu barrikadieren, über die Otto einreiten sollte. Binnen kurzem hatte Friedrich die Stadt hinter sich gebracht. Hätte er sich nur drei Stunden länger Zeit gelassen, so urteilte Guillelmus Armoricus später in seinem französisch abgefaßten Bericht, wäre er nie Herr über Deutschland geworden.

Aber hier war mehr am Werk als bloße Überrumpelung. Friedrichs Coup gelang gerade deshalb, weil er zunächst nur wenig politisches Gewicht besaß und sein Name nur noch ein Abglanz vergangenen Ruhmes zu sein schien. Bis er plötzlich in eigener Gestalt in Deutschland erschien und Gott um Hilfe anrief. Einige moderne Historiker führen seinen Erfolg auf Glück zurück, was immer sie damit meinen mögen. Sicherlich entsprang sein Einzug in Konstanz einem unter Zeitdruck gefaßten Entschluß, und es war ungewiß, wie das Ergebnis ausfallen würde. Aber vielleicht wuchs von nun an die Überzeugung in ihm, seine Aufgabe gefunden zu haben, und der Glaube, daß Gott ihm schon den Weg weisen werde, nicht nur zur Erlangung seiner Rechte, sondern auch zur Verkündigung eines neuen Zeitalters.

Der Triumph in Konstanz öffnete Friedrich natürlich nicht sofort alle Türen. Doch von nun an nahm in den Reihen der prostaufischen deutschen Adligen die Zuversicht von Tag zu Tag zu. Und Friedrich wußte, daß er sich weitere Unterstützung sichern konnte, indem er die deutschen Fürsten und Städte in ihren politischen und fiskalischen Rechten bestätigte. Er versuchte nicht, die Freiheitsrechte seiner Gefolgsleute einzuschränken, sondern bemühte sich im Gegenteil, ihre Unterstützung als Befürworter dieser Freiheiten zu gewinnen. So erklärten sich denn bald auch Basel und Straßburg für ihn, und er schlug einen Weg rheinabwärts in Richtung Norddeutschland ein. Hier lagen die größeren Städte, von denen einige Sitze bischöflicher Kurfürsten waren. Hier aber waren auch einige der engsten Verbündeten Ottos beheimatet. Doch hatte sich Friedrichs militärischer Anhang inzwischen vergrößert, und er scheute die Begegnung mit den Streitkräften Ottos nicht mehr. Tatsächlich drängte er Otto sogar nach Norden zurück, ja zuweilen hatte es den Anschein, als werde aus dem Rückzug der Welfen eine heillose Flucht.

Dies alles trug sich in erstaunlich kurzer Zeit zu. Friedrich hatte Mitte September deutschen Boden betreten, Anfang Oktober sah sich Otto bereits in das ihm freundlich gesinnte Köln zurückgedrängt. Die Handelsstadt Köln symbolisierte natürlich die Verbindung nach England. Und Otto, Verbündeter der englischen Krone, begann die Möglichkeiten zu erwägen, englische Unterstützung anzufordern. Der englische König war erpicht darauf, einen entscheidenden Schlag gegen die französische Krone zu führen, und die Bindungen, die Friedrich zu Philip von Frankreich unterhielt, waren wohlbekannt. Johann von England hoffte, in der Normandie das Blatt wieder wenden zu können, und es bestand durchaus die Chance, daß Otto ihn zu einem gemeinsamen Feldzug würde überreden können.

VI

Friedrich ließ sich von diesem ersten Sieg nicht blenden. Sicher, die Deutschen hatten ihn mit außerordentlich viel Jubel und Verehrung empfangen. Im Elsaß wehte ihm geradezu ein Begeisterungssturm entgegen. Hier kam David, bereit, dem Riesen Goliath entgegenzutreten. Hier kam der reine, unschuldige *puer Apuliae*, der »Knabe aus Apulien«, um sich sein Erbe zu erkämpfen. Sein bloßes Auftreten schien die Wiederkehr der Gerechtigkeit zu symbolisieren. Das um sein Erbe gebrachte Waisenkind, dessen sich schon die englische Magna Charta in einigen ihrer Artikel angenommen hatte, war in diesem Fall nicht irgendein kleiner Vasall, den ein tyrannischer König seiner Rechte beraubt hatte (wie es in England unter Johann geschehen war), sondern selber ein König, den der habgierige Welfe zu enteignen trachtete. Es war eine Situation, die sich in der Öffentlichkeit hervorragend nutzen ließ.

Dieses »Kind« aus Apulien legte in seinem Umgang sowohl mit den deutschen Fürsten als auch mit Philip von Frankreich alles andere als Unreife an den Tag. Der Wunsch nach einem Defensivbündnis gegen Otto führte zu einer Verabredung Friedrichs mit Philips Sohn Ludwig in Vaucouleurs. Dort bekam er, was er brauchte: das Versprechen eines gemeinsamen Vorgehens gegen gemeinsame Feinde, dazu die gewaltige Summe von 20.000 Silbermark, die für die Bestechung und Belohnung deutscher Fürsten gedacht war – in gewissem Sinn also eine Art »Kriegskasse«, da die Fürsten über die großen Heere verfügten, die Friedrich aus eigener Kraft nicht aufzubieten vermochte.

Am 5. Dezember in Frankfurt förmlich zum König gewählt, wurde Friedrich vier Tage später in Mainz zum römischen König gekrönt. Er mußte dabei ohne die kaiserlichen Roben auskommen, die sich in Ottos

Besitz befanden. (Ob es sich dabei um die alten, von Heinrich VI. entführten normannisch-sizilianischen Kaisergewänder handelte oder um eine deutsche Tracht, läßt sich nicht eindeutig rekonstruieren.) Ein noch schwerwiegenderer Schönheitsfeher war, daß auch die Kaiserkrone Ottos des Großen sich in den Händen Ottos IV. befand; sie mußte dringend zurückerobert werden, bevor Friedrich sich in Rom zum Kaiser krönen ließ. Die Krönung in Mainz war nur das Vorspiel zum Krieg Friedrichs gegen Otto, der jetzt voll entbrannte. Ihr Machtkampf änderte seinen Charakter und sein Gesicht; Friedrich begann seine Truppen in der Umgebung seines Hauptquartiers beim elsässischen Hagenau und in den schwäbischen Burgen zusammenzuziehen. Otto war ein geschwächter, aber noch keineswegs besiegter Gegenspieler.

Wenn Kantorowicz die Auseinandersetzung zwischen Otto IV. und Friedrich ein Duell zwischen den extremsten Typen beider Geschlechter genannt hat – der ungehobelte Welfe gegen den südländisch feinsinnigen Friedrich –, so war davon vorläufig jedenfalls nichts zu sehen. Den Höhepunkt des Krieges markierte nicht eine Schlacht zwischen Friedrich und Otto, sondern zwischen Philip Augustus und Otto: die Schlacht von Bouvines unweit der deutsch-französischen Grenze im Jahr 1214. Die von König Johann kommandierten englischen Truppen hatten zu diesem Zeitpunkt Philips Sohn Ludwig zwar bereits in die Flucht geschlagen, aber die Welfen unterlagen schließlich doch den Franzosen. Der Triumph von Bouvines stellte den französischen Einfluß in Flandern wieder her und festigte die Macht Philips in den Gebieten, die er den Engländern abgenommen hatte. Auch das deutsche Reich gewann durch den Ausgang der Schlacht von Bouvines an Stabilität. Ottos Macht war erschüttert. Das Herzogtum Brabant, das Otto Truppenkontingente gestellt hatte, mußte sich Friedrich unterwerfen. Als ein goldener Adler aus dem Feldzugsgepäck Ottos VI. in die Hände von Philip Augustus fiel, hatte das tatsächlich eine fast symbolische Bedeutung. Philip übergab den Adler an Friedrich und machte mit dieser Geste deutlich, welches Ansehen der neue König sich erworben hatte.

Man sollte die Bedeutung der Schlacht von Bouvines aber nicht überschätzen. Auch in der Folgezeit gab es noch Provinzen und Städte, die gegen Friedrich Partei nahmen. Eines dieser Problemgebiete war Aachen, das einstige Nervenzentrum des weströmischen Reiches, die Stadt, in der sich das Grab Karls des Großen befand. Köln war ein weiteres: Dort hatte Otto Zuflucht gefunden. Und natürlich stand das welfische Sachsen weiterhin hinter dem bedrängten Kaiser sächsischer Herkunft.

Als Aachen im Sommer 1215 nach lediglich symbolischem Kampf fiel, gab dies Friedrich Gelegenheit, seine königliche Autorität öffentlich zu demonstrieren. Am 24. Juli hielt er in Aachen Einzug. Am 25. wurde er gekrönt. Erforderlich wurde diese Krönung aus Gründen der Tradtion: Hier, in Aachen, wurde seit jeher der römische König, in entsprechendem Aufzug, gesalbt und gekrönt. Die erste Krönung in Mainz war zwar rechtsgültig gewesen, hatte aber den Bezug zu den früheren weströmischen Kaisern, als deren Erbe Friedrich sich verstand, nicht deutlich sichtbar werden lassen. Einer seiner symbolischen Akte in Aachen war daher die Wiederbestattung des Leichnams Karls des Großen in einem großen Reliquar aus Silber und Gold; Friedrich überwachte persönlich die Arbeit der Handwerker, die den neuen Schrein in die Aachener Kathedrale einbauten, und legte selbst mit Hand an. Denn Karl war die Herrschergestalt, auf die spätere weströmische Kaiser immer wieder verwiesen hatten: Otto I. bei der Erneuerung des Kaiserreichs, Otto III. bei der Beschwörung des römischen Reiches, Friedrich Barbarossa bei der Heiligsprechung Karls des Großen. Dieses bewußte Anknüpfen an frühere Zeiten wiederholte sich, als Friedrich der Stadt Aachen diverse Privilegien verlieh und dabei auch Rechte bestätigte, die der Stadt angeblich erstmals von Karl dem Großen eingeräumt worden waren.

Daß Friedrich versuchte, sich als Nachfolger Karls des Großen zu präsentieren, wurde am deutlichsten bei der Krönungszeremonie selbst. Karl der Große war schließlich, so glaubte man, nicht nur Verteidiger des Papsttums und Erneuerer des Kaisertums gewesen, sondern auch so etwas wie ein früher Kreuzfahrer, der allerorten gegen die Heiden ins Feld gezogen war: in Osteuropa (hier unter anderem gegen die damals noch nicht christianisierten Sachsen, die Vorfahren der Welfen-Herzöge!), in Spanien (wie aus der Roland-Sage hervorging) und auch im Heiligen Land selbst. Das stilisierte Bild Karls des Großen als eines idealen Kaisers und Kreuzfahrers machte tiefen Eindruck auf den in Aachen weilenden Friedrich, ebenso das Gedenken an einen anderen Friedrich, seinen Großvater, der auf einer Kreuzfahrt den Tod gefunden hatte. Vielleicht erinnerte er sich auch der Kreuzzugspläne Heinrichs VI., der gewußt hatte, welche strategische Bedeutung Apulien und Sizilien für die Rückeroberung des Heiligen Landes hatten.

Da Friedrich entschlossen war, sich als ein neuer Karl der Große zu präsentieren, war es nur folgerichtig, daß er nach Beendigung der Krönungsmesse in der Manier eines Kreuzfahrers das Kreuz ergriff und die Gelübde ablegte, seine Gefolgsleute ermahnte, es ihm nachzutun, und den folgenden Tag von Tagesanbruch bis Sonnenuntergang in der Kathedrale zubrachte, um Kreuzzugspredigten zu hören. Fürsten wie Männer von geringerem Stand ließen sich von Friedrich begeistern.

Fraglich hingegen scheint, ob Innozenz III. allzu erfreut war, als er von diesen Vorgängen erfuhr. Man darf annehmen, daß die Anwesenheit von Kreuzzugspredigern in den Tagen der Krönungszeremonie kein Zufall war, sondern Bestandteil eines von Friedrich selbst ersonnenen Planes. Wenn dem so war, bestand die Aufgabe der Prediger weniger darin, den frisch gekürten Kaiser zu belehren, als für den geplanten Kreuzzug gegen Damietta an der Mündung des Nils, den sogenannten Fünften Kreuzzug, Freiwillige zu rekrutieren. Ein späterer Papst erklärte, Friedrich habe seinerzeit auf eigene Faust gehandelt, ohne vorher den päpstlichen Rat eingeholt zu haben, und tatsächlich spricht vieles für die Vermutung, daß nur wenige seiner Vertrauten in Friedrichs Pläne eingeweiht waren. Es ist sogar denkbar, daß erst die feierliche religiöse Stimmung des Krönungsgottesdienstes ihm den Gedanken eingab. Er hatte um sein eigenes Erbe kämpfen müssen und es sich zurückerobert; mußte er jetzt nicht auch um das Erbe Christi kämpfen?

In der bloßen Tatsache seiner Anwesenheit in Aachen sah er einen Beweis dafür, daß Gottes Segen mit ihm war. Wie er in einem mehrere Jahre später verfaßten Brief schrieb, wollte er »Gott für die vielen uns dargebrachten Geschenke« danken. Freilich war ein Kreuzzugsgelübde nur eine unzureichende Gegenleistung für das Opfer, das Gottes Sohn am Kreuz gebracht hatte, doch war es das beste Mittel zur Abstattung seines Dankes an Gott und zugleich der beste Dienst, den er seinem Gott erweisen konnte.

Wir müssen uns vergegenwärtigen, daß das Kreuzzugsgelübde ein Akt von ungeheurer symbolischer Tragweite war: Das Kreuz des Kreuzfahrers verkörperte das Kreuz der Erlösung, errichtet auf dem Berg Golgatha bei Jerusalem, wiedergefunden von der Mutter Konstantins unweit der späteren Heiligen Grabeskirche, geraubt von Saladin im Jahr 1187 und seitdem auf Rückeroberung wartend – wie ganz Jerusalem. Ein König, dem es so schnell und fast mühelos gelungen war, den größten Teil Deutschlands unter seine Herrschaft zu bringen, war geradezu verpflichtet, seine Waffen, Ressourcen und Kapazitäten Gott zur Verfügung zu stellen.

Historiker sehen in Friedrichs Bekenntnis zum Kreuzzug im allgemeinen auch einen Beleg seiner politischen Geschicklichkeit. Entsprang das Gelübde einem impulsiven Entschluß oder war es Ausdruck einer lange gehegten Überlegung, ein kalt kalkuliertes Manöver? Die

Die Kaiserpfalz in Gelnhausen, 1180 errichtet, gibt noch heute als Ruine zu erkennen, wie sich staufischer Herrschaftswille nördlich der Alpen ausprägte.

Frage ist schwer zu entscheiden. Unklar ist auch, ob Friedrich Innozenz III. von dem Plan erzählt hat, als die beiden sich in Rom trafen. Zweifellos war es eines von vielen Vorhaben, die sie in allgemeiner Form erörterten, denn der Fünfte Kreuzzug war zu dieser Zeit in aller

Munde. Andererseits war Innozenz sicherlich sehr zufrieden mit der Friedrich zugedachten Rolle des *puer Apuliae*, der mit päpstlicher Beihilfe zum König gemacht worden und durch bindende Zusagen gegenüber der Kirche in seiner politischen Beweglichkeit in Sizilien wie in Deutschland eingeschränkt war.

Gerade diesen Ruf aber, der ihm seit 1212 anhing, brachte Friedrich mit seinem Aachener Kreuzzugs-Bekenntnis ins Wanken, und man kann annehmen, daß er sich dessen bewußt war. An die Seite des bereits als Kreuzfahrer ausgewiesenen Philip Augustus trat nun ein noch mächtigerer Herrscher, der neugewählte Kaiser. Die Mobilisierung und Ausrüstung von Kreuzfahrern war lange Zeit eine französische Domäne gewesen, trotz häufiger Mitwirkung des Hauses Hohenstaufen in der Vergangenheit. Doch das Ideal eines kreuzfahrenden Kaisers, wie es unter anderem in zeitgenössischen Orakeln und Prophezeiungen beschworen wurde, war nicht mit Friedrich Barbarossa untergegangen. Überdies bedeutete die Tatsache, daß ein Kaiser ohne vorherige päpstliche Billigung zum Kreuzzug aufgerufen hatte, daß der weltliche Herrscher in Gestalt des Kaisers einen mindestens ebenso großen Anteil an der Leitung des Kreuzzugs beanspruchte wie das geistliche Oberhaupt, während es dem kanonischen Recht zufolge dem Papst zustand, zum Kreuzzug aufzurufen. Tatsächlich sollte sich zeigen, daß Friedrich überhaupt wenig von der päpstlichen Kontrolle über den Kreuzzug hielt. Sein Aachener Kreuzzugsaufruf zog später, gegen Ende der zwanziger Jahre, einen so erbitterten Konflikt zwischen Papst- und Kaisertum nach sich, daß Friedrich schließlich seinen jugendlichen Enthusiasmus bedauern sollte.

VII

Friedrichs Gelübde verriet seinen ausgeprägten Optimismus, aber dieser Optimismus entsprang einem Mangel an Erfahrung. Fast mit einem Streich hatte er Deutschland gewonnen und befriedet, aber er wußte nicht, wie schwierig Deutschland zu regieren war. Lange ist über die Frage gestritten worden, ob Friedrich den Wunsch oder überhaupt die Fähigkeit hatte, seinem neuen Reich den Stempel seiner Autorität aufzudrücken. Historiker haben immer wieder den Kontrast zwischen seinem Engagement für Sizilien und seinem offenkundigen Desinteresse für deutsche Angelegenheiten hervorgehoben. Nach der Auffassung von Barraclough vertat Friedrich bewußt die Chance, auf den von Friedrich Barbarossa und seinen *ministeriales* gelegten Fundamenten eine zentralisierte deutsche Regierung zu errichten. Und auch die Tatsache, daß Friedrich im Elsaß auf Anhieb eine funktionierende Regierung besaß, wird nur als Beleg dafür gewertet, daß sich dort eine intakte Verwaltungsstruktur erhalten hatte, die es nur auszubauen galt.

Das Steueraufkommen der deutschen Städte hätte spätestens seit 1240 ausgereicht, der Krone eine solide finanzielle Basis in Deutschland zu sichern. Doch schon 1213 hatte der junge König in der »Goldenen Bulle von Eger« die Steuerbefreiungen und die übrigen rechtlichen und finanziellen Privilegien des deutschen Klerus anerkannt. Zur gleichen Zeit bestätigte er die Rechte derjenigen weltlichen Fürsten, die ihn unterstützt hatten. Anders gesagt, zahlte er für seine Krone einen kaum geringeren Preis als die gesamte Autorität dieser Krone. Und nicht nur das: Neue Privilegien, die den Bischöfen verliehen wurden, brachten einige der reichsten deutschen Städte unter kirchliche Kontrolle, und dies in einer Epoche wachsenden wirtschaftlichen Wohlstandes, in der in den Städten die Forderung nach weitgehender städtischer Selbstverwaltung laut wurde, wie sie die italienischen Stadtstaaten besaßen. Wo sie nicht unter der politischen Kontrolle von Bischöfen standen, neigte Friedrich dazu, den Städten sehr großzügige Konzessionen zu machen. Den sogenannten Reichsstädten wurden nach und nach weitgehende Rechte in den Bereichen der Steuererhebung, der politischen Selbstverwaltung und der Rechtspflege eingeräumt. Friedrichs Politik lief also im großen und ganzen darauf hinaus, daß er in den Bischofsstädten die Bischöfe und in den Reichsstädten die Bürger regieren ließ; auf die Durchsetzung des kaiserlichen Herrschaftsanspruchs hingegen verzichtete er. Zwar überwachte Friedrich hin und wieder die Benennung der Kandidaten für hohe städtische Ämter, doch war er dabei außerordentlich liberal. Auch im Elsaß, wo seine Stellung 1215 so stark und unangefochten erschienen war, stattete er die Städte mit zusätzlichen Privilegien aus. So gewährte er beispielsweise einigen aufstrebenden Orten wie Colmar die Stadtrechte. Bis 1219 brachte er eine Reihe von Städten im Zentrum Deutschlands – und sogar eine so weit östlich gelegene Stadt wie Nürnberg – unter seine milde und fördernde Herrschaft.

Der augenscheinliche Kontrast zwischen seiner Liberalität gegenüber den nichtbischöflichen Reichsstädten wie etwa Nürnberg, und der restriktiven Politik gegenüber denjenigen Städten, die unter kirchlicher Herrschaft standen, hat vielen Historikern ein Rätsel aufgegeben. Van Cleve sieht in der liberalen Politik Friedrichs seine wahre Natur zum Vorschein treten, doch habe Friedrich einsehen müssen, daß er durch die Gewährung städtischer Freiheiten die Bischöfe gegen sich aufbringen mußte, die wenig von solchen Freiheiten hielten. Die *Confederatio cum principibus ecclesiasticis* von 1220, ein Erlaß, mit dem Friedrich den Bistümern praktisch unbegrenzte Regierungsvollmachten einräumte, trug dem ganz offensichtlich Rechnung. Friedrich verzichtete darin auf sein Recht, in kircheneigenen Gebieten neue Steuern zu erheben, sich gegen den Willen der Bischöfe in die Vergabe vakanter Lehen einzumischen oder auf dem Territorium eines Bistums Städte oder Burgen zu errichten.

Es scheint, daß die Schaffung relativ selbständiger und geordneter Territorialfürstentümer Friedrichs vordringliches Ziel war, was nicht zuletzt dem Wunsch entspringen mochte, einem geordneten Deutschland möglichst bald den Rücken kehren und sich bedeutenderen Dingen zuwenden zu können: der bevorstehenden Kaiserkrönung in Rom, dem Kreuzzug sowie der Wiederherstellung seiner Autorität in Sizilien. An den heiklen und schwierigen Fragen der deutschen Politik scheint Friedrich jedenfalls zu dieser Zeit seines Lebens kein allzu großes Interesse gehabt zu haben. Sein Sohn Heinrich VII. sollte ihm das später verübeln.

Tatsache ist jedenfalls, daß Friedrich der Sinn nach imperialen Zielen stand. Er wollte das Christentum zum Sieg gegen die Ungläubigen führen, die Autorität der Cäsaren in alle Teile der christlichen Welt tragen, auch in die Lombardei und nach Sizilien, und so hoffte er auf einen vernünftigen Ausgleich mit dem Papsttum.

In Deutschland hatten schon immer die großen Fürsten die Macht ausgeübt. Im Grunde war das Land ein unfertiges, großes Königreich, zusammengesetzt aus Teilfürstentümern mit relativ souveränen Herrschern, von denen jeweils einer auf Lebenszeit die Krone des römischen Reiches tragen, sie hingegen nicht vererben durfte. In seiner Eigenschaft als Herrscher aller Herrscher delegierte der Kaiser seine Macht an die Fürsten, an die *reguli* (die »kleinen Könige«) von England, Kastilien und anderswo sowie an Bischöfe, Herzöge und andere Territorialfürsten im deutschen Raum. Der Kaiser besaß die Rolle eines Oberschiedsrichters in den politischen Angelegenheiten Deutschlands, nicht aber die eines Königs, wie es in England oder Sizilien der Fall war.

Es wäre sicherlich falsch, Friedrichs Politik in Deutschland als Kapitulation vor dem Papst zu deuten und zu unterstellen, er sei nach wie vor nur dessen Geschöpf gewesen. So weit ging nicht einmal die Loyalität der deutschen Bischöfe gegenüber dem Papst. Vielmehr ging Friedrich wahrscheinlich davon aus, daß die Bischöfe ihm seine Großzügig-

Der fränkische Raum besaß für die innere Reichspolitik der Hohenstaufen eine besondere Bedeutung. Einen monumentalen Ausdruck gewann diese Politik in den Kaiserpfalzen in Würzburg, Bamberg und Nürnberg, wo Konrad III. und sein Sohn Heinrich eine »Kaiserburg« errichteten, deren Gestalt noch heute staufischen Herrschaftswillen zu erkennen gibt.

keit mit Treue vergelten würden. In Wirklichkeit aber machte ihr erweiterter Handlungsspielraum sie nur wählerischer und bestärkte sie in dem Anspruch, in allen wichtigen Fragen, die Deutschland oder das Reich betrafen, das letzte Wort zu haben.

Festzustehen scheint jedenfalls, daß Friedrich die Absicht verfolgte, das Reich in den Mittelpunkt seines politischen Handelns zu stellen. Doch zunächst bereiteten ihm die Verhältnisse auf Sizilien Sorgen. Es war ihm vor seinem Weggang nicht gelungen, dort Ordnung zu schaffen; noch konnten die deutschen Söldnerführer nach Belieben schalten und walten, noch konnten die Genuesen Mißbrauch mit ihren Rechten treiben. Gleichwohl zeigte sich Friedrich bereit, der päpstlichen Forderung nach einer Loslösung Siziliens vom Reich nachzugeben. Denn aufgrund der Erfolge Friedrichs in Deutschland sah sich Innozenz nun eben jener Bedrohung ausgesetzt, die er im Falle Ottos IV. so erfolgreich abgewehrt hatte – der Vereinigung der Herrschaft über das Reich und Sizilien in einer Hand. Er mußte daher sicherstellen, daß die Einheit beider Kronen nur vorübergehend war, und es schien am sinnvollsten, Friedrichs Sohn zum Erben Siziliens einzusetzen und die Personalunion auf diesem Weg aufzuheben.

Überraschend aber war die Bereitwilligkeit, mit der Friedrich im Jahr 1216 die Absicht erklärte, Sizilien seinem schon im Säuglingsalter gekrönten Sohn abzutreten und die Regierung der Insel in die Hände eines vom Papst ernannten Regenten zu legen. Aus der Erfahrung seiner Jugendjahre mußte er wissen, wie wirkungslos eine nominelle päpstliche Herrschaft über Sizilien und Süditalien in der Praxis war. Doch manches spricht dafür, daß Friedrich die Hoffnung hegte, Heinrich auch in Deutschland zu seinem Nachfolger wählen zu lassen, um so beide Reiche erneut zu vereinen. Die Konzessionen, die er den deutschen Fürsten gewährte, waren nicht zuletzt auch darauf berechnet, ihre Bereitschaft zur Anerkennung Heinrichs als »Prinzregenten« zu stärken.

Es wäre jedoch falsch, wollte man in Friedrichs Absichten lediglich ein machiavellistisches Täuschungsmanöver gegenüber dem Papst sehen. Seine Position in Deutschland war im Jahr 1216 günstig, aber nicht ungefährdet. Noch war Otto IV. am Leben, und die von den deutschen Fürsten signalisierte Bereitschaft, ihn zu unterstützen, mußte noch einmal auf die Probe gestellt werden. Solange es auf deutschem Boden andere Anwärter auf die Krone gab, konnte Friedrich sich nicht in Sicherheit wiegen. Überdies konnten ihn der geplante Kreuzzug und die Wahrung seiner Interessen in Italien unter Umständen jahrelang von Deutschland fernhalten. Er mußte deshalb ein Mittel finden, sich die Loyalität der Deutschen zu erhalten, und eines der Mittel war die Wahl Heinrichs zum deutschen König. Unter diesen Umständen bemühte sich Friedrich um die Anerkennung eines hohenstaufischen Erbanspruchs, und das widersprach nicht einmal der Vereinbarung mit dem Papst. Gegenüber Innozenz konnte Friedrich ausdrücklich hervorheben, daß er das *regno* nicht als Bestandteil des Kaiserreichs betrachte; beide seien getrennte Staatswesen.

Ein Beispiel für die Art und Weise Friedrichs, sich Unterstützung zu verschaffen, liefert seine Beziehung zum dänischen König Waldemar. 1214 verzichtete Friedrich auf die Rechte der deutschen Monarchie an der Grenzprovinz Schleswig, die ohnehin von den Dänen besetzt war. Das hatte, wie sich zeigte, einen entscheidenden Vorteil: Die Unterstützung der Dänen setzte Friedrich in die Lage, Druck auf die Machtbastionen der Welfen im nördlichen Deutschland auszuüben. So verschärfte sich denn in Bremen und an anderen Orten Norddeutschlands seit 1216 das Ringen zwischen Welfen und den mit den Dänen verbündeten Hohenstaufen. Es ging dabei nicht so sehr darum, einen entscheidenden Schlag gegen Otto zu führen, sondern ihn endgültig in ein eng umgrenztes Gebiet im Norden zurückzudrängen, von wo aus er Friedrich dessen Erfolge im Süden nicht länger streitig machen konnte: seine Machtpositionen im Norden der Schweiz, in der Region Zähringen und seinen Einfluß in den Niederlanden und in Lothringen. Noch gab es hier unter anderem dynastische Besitzstandsfragen von lokaler Tragweite zu klären, doch während wenige Jahre zuvor die rivalisierenden Anwärter den Beistand der Welfen beziehungsweise der Hohenstaufen hätten erbitten können, war Otto mittlerweile als potentieller Verbündeter kaum mehr interessant. Befriedet war Deutschland also insofern, als der große Machtkampf um den Thron in weiten Teilen des Reichsgebiets entschieden und nur im Nordosten Deutschlands noch im Gange war.

Aber Otto war nicht mehr der entschlossene Kämpfer, der er früher gewesen war. Unheilbar krank, wies er 1218 seinen älteren Bruder Heinrich an, die Symbole der kaiserlichen Macht, darunter den Heiligen Speer und die Krone Ottos des Großen, in Verwahrung zu nehmen und sie zwanzig Wochen nach seinem Tod dem von den Fürsten gewählten Kaiser auszuhändigen, selbst wenn dieser Kaiser Friedrich von Hohenstaufen war. Heinrich von Braunschweig erwies sich als unschlüssiger Testamentsvollstrecker: Er trennte sich ungern von den kaiserlichen Insignien, die dem Herrscher, der sie besaß, eine Aura göttlicher Legitimität verliehen. Doch im Sommer 1217 erzwang Friedrich ihre Herausgabe. Der erklärte Kreuzritter und künftige Befreier Jerusalems befand sich jetzt im Besitz jenes Heiligen Speers, der dem gekreuzigten Christus ins Fleisch gebohrt worden sein sollte. Auch die Krone der ottonischen Kaiser, die schon sein Vater und Großvater getragen hatten, war jetzt in seinen Händen. Aber noch trug er sie nicht auf dem Haupt.

Zwei große Ziele standen ihm jetzt vor Augen: Die Krönung zum Kaiser in Rom und der Kreuzzug. Beide erforderten ein enges Zusammengehen mit dem neuen Papst Honorius III., dem Nachfolger des inzwischen verstorbenen Innozenz. Honorius III. war im großen und ganzen friedfertiger als sein Vorgänger, wahrte aber ebenso entschieden seine päpstliche Rechte. Er hoffte, daß es zwischen ihm und Friedrich zu einer engen Zusammenarbeit zum Wohle der Christenheit kommen werde, wenngleich er gewisse Zweifel an der Entschlossenheit Friedrichs hegte, den versprochenen Kreuzzug zu führen. Tatsächlich zögerte Friedrich, aber er hatte triftige Gründe dafür. Noch beschäftigte Deutschland seine Aufmerksamkeit. Überdies war er nicht in der Lage, aus dem Stand eine aufwendige militärische Expedition zu organisieren. Was er zunächst beisteuern konnte, war materielle Unterstützung. Doch im Grunde verlangte die Sorge um die christlichen Staaten im Osten unverzügliches Handeln. Der Fünfte Kreuzzug hatte mittlerweile auch ohne Friedrich vielversprechend begonnen; das erste Eroberungsziel, Damietta, war bereits erreicht; danach waren die Kreuzfahrer jedoch über das weitere Vorgehen in Streit geraten. Die Sorge um das weitere Geschick des Kreuzzugs bewegte Friedrich so sehr, daß er die deutschen Fürsten im Dezember 1218 wissen ließ, er werde im nächsten Jahr selbst in den Osten reisen. Zur Ernennung eines Regenten für die Zeit seiner Abwesenheit wurde auf März 1219 ein Reichstag nach Magdeburg einberufen.

Es war eine schwer zu lösende Aufgabe, die Bedürfnisse des um sein Überleben ringenden christlichen Ostens gegen die ständig wiederkehrenden deutschen Probleme abzuwägen. Der Reichstag in Magdeburg kam nicht zustande, aber Friedrich blieb auch wegen eines anderen Ziels in Deutschland: es ging um die Wahl seines Sohnes Heinrich zum deutschen König. Man würde es sich zu leicht machen, wollte man darin nur einen willkommenen Vorwand zur Hinauszögerung des Kreuzzugs sehen; vielmehr herrschten im Augenblick durchaus günstige Voraussetzungen für das Wahlvorhaben, das die Gegenwart des Königs erforderte. Und im Hinblick auf die mit einem Kreuzzug verbundenen Gefahren erschien die Wahl erforderlich: Der neue deutsche

Burg Hocheppan, der Hauptsitz der mit den Welfen verwandten Grafen von Eppan, entstand um 1130 und beherrschte das fruchtbare Tal zwischen Bozen und Meran. 1149 wurde es von Heinrich dem Löwen gestürmt und teilweise zerstört; damit war die Macht Eppans gebrochen. Graf Egno von Eppan, der vorletzte seines Geschlechts, war ein staufischer Parteigänger und wurde durch den Einfluß Friedrichs II. zum Bischof von Brixen gewählt. Als ihm jedoch die Absetzung drohte, schwenkte er in das päpstliche Lager um.

König würde aus Ägypten oder Syrien vielleicht nicht mehr zurückkehren und mußte deshalb Interesse haben, den Hohenstaufen die Thronfolge langfristig zu sichern. Dennoch war Friedrich aufrichtig am Erfolg des Kreuzzugs gelegen. Das läßt sich auch daraus ersehen, daß er den Papst aufforderte, all jene zu exkommunizieren, die sich nicht an ihr Kreuzfahrergelübde hielten; als Stichtag schlug er den 24. Juni 1219 vor. Unglücklicherweise lief Friedrich selbst Gefahr, Opfer dieses Ultimatums zu werden, denn auch im Jahr 1220 war er noch nicht zum Aufbruch bereit, und Honorius III. mußte ihn an die möglichen Konsequenzen einer Mißachtung seines feierlichen Schwurs gemahnen. Doch nach Osten aufzubrechen, ehe die Nachfolgefrage geklärt war, erschien Friedrich allzu riskant.

Erst im Jahr 1220, unter dem Druck wiederholter päpstlicher Mahnungen, konnte er den deutschen Fürsten die Zustimmung zu Heinrichs Thronfolgerecht abringen. Zu diesem Zeitpunkt aber waren die christlichen Verteidiger Damiettas in eine verzweifelte Lage geraten. Die in der Stadt verschanzten Kreuzfahrer sahen sich von den Streitkräften des ägyptischen Sultans Al-Kamil eingekreist, und es war ungewiß, wie lange sie sich würden halten können. Die Kreuzfahrer hatten ein großzügiges Angebot Al-Kamils ausgeschlagen: Der Sultan hatte ihnen im Austausch gegen Damietta Jerusalem und dazu das gesamte Gebiet des christlichen Königreichs im Heiligen Land angeboten, wie es vor dem Sieg Saladins bestanden hatte. Die Kreuzritter hatten leichtfertig auf die Überlegenheit ihrer Waffen gesetzt, jetzt aber drohte die Niederlage.

Für Friedrich stellte sich eine doppelte Herausforderung. Einerseits mußte er sich in Deutschland für die Zeit seiner Abwesenheit die uneingeschränkte Unterstützung der deutschen Fürsten sichern. Erst wenn feststand, daß die Gefahr einer neuen Welfen-Fronde oder eines Bürgerkriegs gebannt war, konnte der Kaiser nach Osten aufbrechen. Zum zweiten mußte er sobald wie möglich Hilfstruppen und Hilfsmittel nach Osten schicken. Die bereits erwähnte *Confederatio* von 1220, das Privileg zugunsten der Kirchenfürsten, stellte, wie bereits dargelegt, den Versuch dar, durch Sicherung der Loyalität der Bischöfe zugleich den Frieden in Deutschland sicherzustellen. Die Loyalität der Bischöfe konnte bei einer umstrittenen Wahl oder einer Rebellion womöglich der ausschlaggebende Faktor sein.

Der zentrale Punkt der *Confederatio* war der Verzicht Friedrichs auf das Recht, sich in die Verwaltung der deutschen Kirchengüter und in ihre Personalpolitik und damit in jene Probleme einzumischen, über die es immer wieder zu Streitigkeiten gekommen war: Die kirchliche Gerichtsbarkeit, die Einziehung verwaisten kirchlichen Eigentums oder auch nur seine vorübergehende treuhänderische Verwaltung, die Verfügungsgewalt über Untervasallen, der Betrieb von Münzstätten und die Erhebung gewerblicher Steuern. Die Kirchenfürsten erhielten die Rechtssprechung und sämtliche fiskalischen Kontrollrechte zugesprochen, auf die sie gehofft hatten. In vielen Fällen handelte es sich um die offizielle Bestätigung von Privilegien, die im Zuge der Machtkämpfe zwischen Welfen und Hohenstaufen verliehen worden waren, oder um die Sanktionierung von Zuständen, die in den Jahrzehnten der Anarchie eingerissen und im Lauf der Zeit zum Gewohnheitsrecht geworden waren. Man sollte daher die von Friedrich gemachten Konzessionen nicht überbewerten. Die kirchlichen Fürstentümer waren eine Realität, und der Kaiser hatte kaum Möglichkeiten, ihre Freiheiten anzutasten, wenn er nicht ihre politische Unterstützung aufs Spiel setzen wollte. Auch waren seine Zugeständnisse keinesfalls ein Versuch, den Papst wegen der Verzögerung des Kreuzzugs zu beschwichtigen, oder gar darauf angelegt, im Falle eines Konflikts zwischen Papst und König die Bischöfe für sich zu gewinnen. Friedrich war überzeugt, daß die Existenz der unter kirchlicher Kontrolle stehenden Städte und Provinzen in Deutschland ein stabilisierender Faktor der Politik war. Bis 1220 zweifelte er auch nicht daran, daß die Verteidigung kirchlicher Rechte zu den vornehmsten Aufgaben seines kaiserlichen Amtes gehörte. In seinen Briefen nach Rom taucht wieder und wieder die auch in dem *Confederatio* enthaltene Formulierung auf, er wolle sich um die Interessen der Römischen Kirche kümmern und zum Wohl der Kirche ihre Rechte durchsetzen und wahren. Ein neues Zeitalter schien angebrochen, eine Ära der Zusammenarbeit zwischen Papst und Kaiser, zwischen dem deutschen König und den deutschen Bischöfen.

Als Friedrich die *Confederatio* ausstellte, sah er darin keine Machtaufgabe, auch wenn sie wie ein Dokument der Ohnmacht erscheinen mag. Er wollte damit vielmehr seine Rolle als Friedensfürst dokumentieren, der Kirche und weltliche Macht miteinander versöhnte, als weltliches Schwert, das sich für den christlichen Glauben schlug, als Beschützer der Kirche Seite an Seite mit dem Papst. Aber solche Ziele waren leichter zu verkünden als zu erreichen. Was den Kreuzzug betraf, so waren die Machtmittel, die Friedrich zu Gebote standen, noch immer begrenzt. Vor allem die Mobilisierung einer Flotte bereitete Schwierigkeiten. Heinrich der Freibeuter, Graf von Malta, reiste 1218 über seine Heimatstadt Genua nach Deutschland, und es scheint, als hätten der

Pirat und der Kaiser ausführlich über den Kreuzzug gesprochen. Heinrich kannte die Küsten des östlichen Mittelmeers aus eigener Erfahrung. Jedenfalls verließ Heinrich Deutschland als Admiral der Flotte des Königreichs Sizilien und brach im Jahr 1221 mit Walter von Pagliara nach Damietta auf. Die beiden kamen jedoch zu spät – kurz bevor ihre Schiffe vor Damietta auftauchten, fiel die Stadt.

Mit der Ernennung Heinrichs zu seinem Admiral bewies Friedrich seine Bereitschaft, die Kreuzfahrer zu unterstützen. Aber um im Osten große Siege zu erringen, dazu war weitaus mehr nötig. Hatte es 1215 noch den Anschein gehabt, als könne unter seiner Schirmherrschaft ein Massenkreuzzug in Bewegung gesetzt werden, ähnlich der großen Kreuzzüge des 12. Jahrhunderts, so sah sich Friedrich im Jahr 1220 einer anderen Situation gegenüber. Der große Aufbruch der gesamten europäischen Ritterschaft und zahlreicher Befürworter des Heiligen Krieges zur Befreiung Jerusalems hatte nicht stattgefunden. Und der Fünfte Kreuzzug war im Nildelta ins Stocken geraten. Der Kontrast zwischen den Idealen von 1215 und der Realität von 1220 blieb nicht ohne Wirkung auf Friedrich. Aus dem idealistischen *puer Apuliae*, dem 1215 halb Deutschland zu Füßen gelegen hatte, war inzwischen der unumschränkte Herr über weite Teile Deutschlands geworden, und statt der Begeisterung für den Kreuzzug, traten nun immer stärker europäische Fragen in den Vordergrund, Fragen über die Natur seines Amtes, sein Verhältnis zu seinen Untertanen, seine Rolle als Schiedsrichter in Konflikten zwischen seinen adligen Vasallen. Im Jahr 1220 war sich Friedrich vor allem darüber im klaren, welche Diskrepanz zwischen seiner tatsächlichen Macht in Deutschland und seiner ungewissen Herrschaft über das sizilianische Königreich bestand.

KAPITEL 4
Römischer Kaiser, Beschützer der Kirche, 1220-1227

I

Der Reise Friedrichs nach Rom zum Empfang der Kaiserkrone stand nur noch ein größeres Hindernis im Wege - der noch ungebrochene Widerstand einiger lombardischer Städte, die schon in früheren Zeiten eingeschworene Parteigänger Ottos IV. gewesen waren, allen voran Mailand. Der Kaiser hatte Mailand schon 1213 in Acht und Bann getan, seine Bürger mußten mit der Einziehung ihrer Güter rechnen, und sein Magistrat wurde wie eine Rebellenregierung behandelt, mit der direkt zu verhandeln Friedrich nicht bereit war. Dem Kaiser war klar genug, daß seine Krönungsreise ein riskantes Unternehmen war, solange in Italien eine Gruppe prowelfischer Städte gegen ihn Stimmung machte.

Zwei Ereignisse kamen ihm jedoch zu Hilfe. Der Tod Ottos IV. hatte zur Folge, daß die lombardische Opposition keinen ernst zu nehmenden Grund mehr hatte, ihren Widerstand fortzusetzen - die Mailänder und ihre Bundesgenossen konnten sich jetzt nicht mehr als Verteidiger der Rechte des wirklichen Kaisers gegen einen Usurpator von Papstes Gnaden darstellen. Zum zweiten gelang dem Heiligen Stuhl in dem Bemühen, zwischen Friedrich und der lombardischen Opposition zu vermitteln, ein gewisser Durchbruch. Es waren zwar mühsame Verhandlungen, aber gerade weil sie nur schrittweise vorangingen, hatten die Lombarden Zeit, sich mit der neuen Realität abzufinden. Mehrere nacheinander entsandte päpstliche Legaten sicherten dem Kaiser zunächst die Unterstützung der traditionell hohenstaufisch eingestellten Städte mit Cremona an der Spitze; dann konzentrierte man sich auf die mit Mailand verbündeten Städte. Das Hauptanliegen der päpstlichen Gesandten war natürlich die Wiederherstellung des Friedens: Gelang es, die lombardischen Städte zur Beendigung ihrer Kriege gegeneinander, zum Austausch ihrer Gefangenen und zu dem Versprechen einer friedlichen Beilegung ihrer Streitigkeiten zu bewegen, dann war das Hauptziel sicherlich erreicht.

Im Dezember 1218 zeichnete sich bereits deutlich ab, daß die lombardische Opposition bereit war, auf die päpstlichen Vorgaben einzugehen: Mailand und Cremona schlossen Frieden miteinander. Doch für Friedrich war das Problem damit noch nicht gelöst. Geordnete Verhältnisse würden erst einziehen, wenn alle Städte die Souveränität des Kaisers förmlich anerkannten, denn er, der Kaiser, war der Garant aller Ordnung. Er erwartete von den Lombarden also, daß sie ihn als rechtmäßigen König der Römer, seine Wahl und Krönung in Deutschland nachträglich anerkannten. Es handelte sich um einen Unterwerfungsakt, nicht bloß um einen Waffenstillstand. Aber auch dazu fanden die Mailänder sich schließlich bereit. Das Einlenken fiel ihnen um so leichter, als Friedrich eigentlich keine unzumutbaren finanziellen oder politischen Forderungen an sie stellte.

Ein weiterer Oppositionsherd glomm weiter im Süden, im Gebiet der ehemaligen Mathildischen Güter in der Toskana. In Florenz ereignete sich um 1215 offenbar ein Mordfall, der die Kluft zwischen Guelfen und Ghibellinen neu aufriß. Der Mord entsprang, wenn es ihn denn wirklich gegeben hat, im Grunde dem Ringen rivalisierender Dynastien des Hochadels um politischen Einfluß. Eine dieser Dynastien, die der Uberti, fühlte sich zutiefst gedemütigt, weil ein junger Ritter ein Angebot zur Vermählung mit einer Tochter der Uberti zunächst angenommen, dann aber doch ausgeschlagen hatte. Von diesem Zeitpunkt an wurde Florenz Schauplatz erbitterter Kämpfe zwischen der Hohenstaufen- und einer Welfen-Fraktion, wobei sicherlich auch lokale Konfliktgründe eine Rolle spielten. Keine Fraktion kümmerte sich um die Rechte des Heiligen Stuhls; beide waren sich vielmehr in dem Ziel einig, die Unabhängigkeit ihres Stadtstaates von jeder äußeren Macht sicherzustellen. Der Respekt vor Friedrich hielt sich in der Toskana demgemäß in Grenzen. Doch wäre es verfehlt, diesem Umstand allzu großes Gewicht beizumessen. Im frühen 13. Jahrhundert waren Pisa und Lucca die einzigen toskanischen Städte, die es in bezug auf politischen und wirtschaftlichen Einfluß mit der Macht der weiter nördlich gelegenen italienischen Städte aufnehmen konnten. Siena stand im Begriff, als Handels- und Finanzzentrum an Bedeutung zu gewinnen; Florenz hingegen stand noch ganz am Anfang einer Periode erstaunlichen wirtschaftlichen Wachstums, die ihren Höhepunkt erst Jahrzehnte nach Friedrichs Tod im Jahre 1250 erreichen sollte. Viel entscheidender für Friedrich war deshalb die Haltung der Lombarden, deren zahlreiche Städte größer und wohlhabender waren und deren Aufbegehren den kaiserlichen Souveränitätsrechten sehr gefährlich werden konnte.

Die Guelfen- und Ghibellinentürme in San Gimignano waren eine Architektur der Zwietracht. Der Bau und der Unterhalt solcher Demonstrationsbauwerke verschlang oft genug die Mittel einer Familie.

Friedrich hatte nicht das geringste Interesse, auf seiner Krönungsreise den norditalienischen Städten irgendeinen Anlaß zu Unruhen zu geben. Zunächst war sein Ziel, sich in Rom vom Papst zum Kaiser krönen zu lassen, wovon er sich eine erhebliche Stärkung seines Ansehens versprach. Zum zweiten brannte er darauf, das Königreich Sizilien, das er acht Jahre zuvor verlassen hatte, wiederzusehen und zur Ordung zu rufen. Er zeigte sich daher versöhnlich gegenüber dem Papst wie gegenüber den Städten, hörte sich die päpstlichen Vorstellungen zum zukünftigen Status der Mathildischen Güter an und akzeptierte sie, jedoch nur als vorläufige Lösung: Der Heilige Stuhl sollte die mittelitalienischen Lehen so lange verwalten, bis eine endgültige Regelung gefunden war. Als Friedrich im Jahr 1220 die Alpen südwärts überquerte, bot ihm seine versöhnliche Haltung gegenüber dem Papsttum und den Städten die Gewähr für eine freundliche Aufnahme – ein markanter Kontrast zu seinem Durchzug nach Norden acht Jahre zuvor, als seine Feinde ihm den Weg verlegt hatten. Er vermied es jedoch, irgend jemanden deswegen zur Rede zu stellen.

Gleichwohl sah sich Friedrich in Bologna mit einer Reihe von Anklagen aus dem Munde päpstlicher Emissäre konfrontiert. Ihm wurde der Vorwurf gemacht, seinen Sohn Heinrich gegen den Willen des Papstes zum König der Römer gewählt haben zu lassen und sein Versprechen, die deutsche und die sizilianische Krone voneinander zu trennen, bisher nicht erfüllt zu haben. Überdies gemahnte man ihn an sein Kreuzzugsgelübde. Manche Historiker haben in diesen Vorwürfen den ersten Ausbruch eines Konflikts zu sehen vermeint, der dem Reich die ganzen zwanziger Jahre hindurch zu schaffen machen sollte. Demgegenüber muß man festhalten, daß Friedrich im Hinblick auf das Verhältnis der beiden Kronen noch kein festes politisches Konzept besaß. Er hatte seine Autorität in Sizilien noch nicht einmal wiederhergestellt und war sich zweifellos noch nicht schlüssig darüber, in welchem rechtlichen Verhältnis Sizilien zum römischen Reich stehen sollte: War es ein Bestandteil des letzteren, oder waren die beiden Kronen nur durch Personalunion miteinander verbunden? Im Jahr 1220 war er auch noch keineswegs entschlossen, das Gewicht seiner Herrschaft über Deutschland und Süditalien zur Ausübung von Druck auf den Heiligen Stuhl und die lombardischen und toskanischen Städte zu nutzen, um sie zur Unterwerfung zu zwingen. Dies waren offene, unentschiedene, ja vielleicht unentscheidbare Fragen, und man sollte nicht den Fehler begehen, sich auf die Suche nach einem schon 1220 in allen Einzelheiten festgelegten Konzept zu begeben. Gerade die Kehrtwendungen, die Friedrich gegenüber Honorius III. vollzog, verraten, wie unschlüssig er sich in Fragen war, die Wesen und Ausmaß der kaiserlichen Machtbefugnisse in Italien betrafen. So etwa verlieh er Rainald, dem Sohn eines deutschen Söldnerführers, den Titel eines Herzogs von Spoleto, obwohl Spoleto Bestandteil des Patrimoniums von St. Peter war. Doch in Friedrichs Augen war es durchaus nicht unüblich, daß ein Vasall einen Titel führte, ohne in dem betreffenden Gebiet über bedeutenden Grundbesitz zu verfügen.

Ein anderes Problem ergab sich daraus, daß Friedrich die sizilianischen Barone zur Kaiserkrönung eingeladen hatte und erwartete, daß sie ihren Treueeid auf ihn erneuern würden. Das beschwor ein grundlegendes Dilemma herauf: Auf der einen Seite sah er die Gelegenheit, eine als besonders widerspenstig bekannte Gruppe seiner Untertanen an sich zu binden, denn welchen besseren Moment konnte es dafür geben als den, da er im vollen Glanz seines Amtes, als Erbe und Nachfolger eines Konstantin und eines Karl des Großen vor die Welt trat? Auf der anderen Seite aber machte er damit deutlich, daß auch ein als *corpus separatum* definiertes Sizilien letzten Endes der Autorität des weltlichen Statthalters Gottes auf Erden, also des römischen Kaisers, unterstand. Kaum nötig zu sagen, daß diese Auffassung sich schlecht mit der päpstlichen vertrug, derzufolge der sizilianische König ein Vasall des Heiligen Stuhles war. Der Konflikt zwischen sizilianischem Autonomieverständnis und päpstlichem Vasallendenken war im 12. Jahrhundert nicht endgültig entschieden worden, und wenn nun im Jahr 1220, mit dem Aufstieg des sizilianischen Königs auf den deutschen Königs- und den römischen Kaiserthron ein neuer Faktor ins Spiel kam, so war dies erst recht Zündstoff für eine neue Auseinandersetzung.

Daß Friedrich mehr und mehr entschlossen war, die königliche Autorität in Sizilien nach den vielen Jahren seiner Abwesenheit zu stärken, verriet seine Begegnung mit Abgesandten aus Genua, die ihn in Bologna aufsuchten. Zweifellos hatte Genua von dem Chaos nach dem Tode Heinrichs VI. am meisten profitiert. Da war zunächst die Belehnung einer genuesischen Dynastie mit der Grafenwürde von Malta und Gozo gewesen, zweier Lehen aus dem Domänenbestand des sizilianischen Königshauses. Dann hatte Markward von Anweiler den Genuesen im Jahr 1200 weitreichende Steuerbefreiungen zugestanden, und dem folgte die Eroberung von Syrakus durch Heinrich von Malta und seinen Freund Alamanno da Costa (der sich daraufhin »Graf von Syrakus« nannte) im Kampf gegen Rivalen aus Pisa. Friedrich selbst hatte 1212 bei seinem Besuch in Genua auf dem Weg nach Deutschland die

Privilegien der Genuesen im Sizilienhandel bestätigt. Jetzt, im Jahr 1220, schien es mit seiner Dankbarkeit allerdings vorbei. Friedrich teilte den genuesischen Abgesandten mit, er sei lediglich in der Lage, ihre Privilegien im Reich, also in Deutschland und in der Lombardei, zu bestätigen. Sizilianische Angelegenheiten müßten warten, bis er an Ort und Stelle sei. Nur in Sizilien selbst konnten seiner Auffassung nach die mit den dortigen Handelsprivilegien der Genuesen zusammenhängenden Fragen geklärt werden. Die Gesandten deuteten diese Äußerungen zu Recht als eine Infragestellung ihrer führenden wirtschaftlichen Stellung in Sizilien, und ihre Begeisterung für Friedrich kühlte schlagartig ab.

Der Vorfall ist aber noch aus einem weiteren Grund interessant. Obgleich Friedrich mit seiner Einladung an die süditalienischen Großen, der Krönungszeremonie in Rom beizuwohnen, Angelegenheiten Siziliens zwar mit denen des Reichs vermischt hatte, hielt er im Umgang mit den Genuesen am Grundsatz der rechtlichen Trennung zwischen sizilianischen und Reichsangelegenheiten fest. Hätte Friedrich in Sizilien lediglich einen Bestandteil seines Kaiserreichs gesehen, wäre seine Weigerung, die genuesischen Besitzstände in Sizilien anzuerkennen, wenig überzeugend gewesen. Natürlich spielte er auch auf Zeit. Zweifellos wollte er die Frage der genuesischen Besitzstände offen lassen, bis er imstande sein würde, an Ort und Stelle die Genuesen und andere Nutznießer der Anarchie zur Ordnung zu rufen.

Vieles spricht dafür, daß die Beteuerungen Friedrichs gegenüber dem Papst, er wolle die rechtliche Trennung zwischen Sizilien und dem Reich beibehalten, aufrichtig waren. Freilich schwebte dem Papst eine völlige Loslösung Siziliens vom Kaiserreich vor, während Friedrich an eine Personalunion dachte, in der seine universale Autorität als römischer Kaiser sich gleichsam wie ein schützender Schirm über Sizilien spannen würde. Jedenfalls bestanden in diesem Punkt noch erhebliche Unklarheiten, weil die staatsrechtliche Stellung des *regno* seit jeher strittig gewesen war.

Friedrich bemühte sich zunächst, die päpstlichen Befürchtungen zu zerstreuen, und wartete zu diesem Zweck, kaum daß er im November 1220 im Rom eingetroffen war, mit einer Reihe weiterer Zusagen auf. Von seinem Lager auf dem Monte Mario vor den Toren der Kaiserstadt aus, die unter Konstantin erbaute Basilika von St. Peter und die großen Bauwerke seiner eigenen Vorgänger, der Cäsaren, vor Augen, sicherte er Papst Honorius zu, daß die Krone Siziliens niemals mit der des Reiches vereinigt werden würde und er für alle Zeiten die Abhängigkeit Siziliens nicht nur vom Reich, sondern auch vom Heiligen Stuhl anerkenne. Die Verwaltung Siziliens sollte von dem Staatsapparat des Reichs strikt getrennt bleiben. Überdies bestätigte Friedrich dem Papst, daß das Königreich Sizilien kraft des Erbrechts der normannischen Prinzessin Konstanze an seinen Vater gefallen und nicht etwa durch Eroberung dem römischen Reich einverleibt worden sei. In diesen Zusagen spiegelten sich ein weiteres Mal die Befürchtungen, die Otto IV. am Heiligen Stuhl mit der Behauptung wachgerufen hatte, Sizilien sei nichts anderes als ein losgesprengtes Fragment der italienischen Besitzungen des römischen Reichs.

Aus den von Friedrich gemachten Versprechungen wird allerdings deutlich, daß er die Personalunion von Reich und sizilianischer Krone zu erhalten trachtete und es sich auch weiterhin nicht nehmen lassen wollte, Heinrich als den rechtmäßigen Erben der deutschen wie der sizilianischen Krone zu bezeichnen. Er war entschlossen, seine kaiserliche Amtsgewalt im weitesten Sinn als geographisch unbegrenztes Mandat zum ordnenden Eingreifen zu nutzen, gültig für alle weltlichen Staaten und Reiche und ungeachtet aller rechtlichen Vorbehalte und Klauseln, die in Sizilien und anderswo eine päpstliche Obersouveränität begründeten. Er beanspruchte als römischer Kaiser eine alles umfassende Autorität, ebenso umfassend wie die des Papstes. In einem Brief vom Februar 1221, in dem Friedrich die Freuden seiner neu errungenen kaiserlichen Macht beschreibt, bezeichnet er den Kaiser als einen von Gott Erwählten, dessen Pflicht es ist, mit Herz und Geist und mit äußerster Kraft Gott zu dienen. Das ist die Sprache des Universalismus, artikuliert von einem Herrscher, der wohl kaum Einschränkungen seiner Machtvollkommenheit hinzunehmen bereit war.

Die Kaiserkrönung fand am 22. November 1220 in der Petersbasilika statt. In der Stadt ging es an diesem Tag friedlicher zu, als sonst bei Krönungen üblich – zumindest hier in Rom war von Fraktionskämpfen zwischen Guelfen und Ghibellinen nichts zu spüren. Der ganze Tag verlief friedlich, von dem Augenblick an, da Friedrich vom Monte Mario herabstieg und in die Stadt einzog. In der Peterskirche wurden all die umstrittenen symbolischen Akte der Kaiserkrönung vorgenommen, das Versprechen, die Kirche zu verteidigen, das Angebot, der Kirche Tribut zu leisten, die kaiserliche Beichte, abgenommen vom Kardinal-Bischof von Ostia, die Salbung mit einfachem geweihtem Öl, das ihm auf Arme und Schultern geträufelt wurde.

Der eigentlich konstitutive Akt der Krönungszeremonie, die Salbung des Herrschers, war freilich schon in Deutschland vollzogen worden; mit seiner Krönung zum König der Römer war Friedrich bereits über den Rang eines normalen Sterblichen emporgehoben. Bei seinem Einzug in Rom war er also bereits König, und die Krönung sollte nur noch dem Zweck dienen, ihn vom Status eines Territorialkönigs in den eines universalen Kaisers zu erheben. Wichtig aber war jener Moment des Rituals, als der neue Kaiser vor das Volk trat: mit Mitra und Krone, mit dem alten Diadem Ottos I. und ausgestattet mit Zepter, Reichsapfel und Schwert, den Symbolen seiner rechtmäßigen Herrschaft, seiner universalen Amtsgewalt und seines ordnungsstiftenden Mandats in allen weltlichen Angelegenheiten.

Den Abschluß der Zeremonie bildete ein seit jeher umstrittener Brauch: Der Kaiser hielt dem Papst den Steigbügel, so daß dieser sein Pferd besteigen konnte, und führte dann Reiter und Roß einige Schritte weit. Wie schon Barbarossa einst erkannt hatte, ließ sich dies als Hinweis auf die untergeordnete Stellung des Kaisers gegenüber dem Papst deuten, auf den natürlichen Vorrang der geistlichen Macht vor der weltlichen. Doch für den neu gewählten Kaiser war diese symbolische Unterordnung ein leicht zu verschmerzendes Opfer.

Friedrich ergriff die Chance der Kaiserkrönung, um sein Kreuzzugsgelübde zu erneuern. Die bei Damietta stehenden christlichen Heere hatten nach wie vor einen schweren Stand und bedurften dringend der Verstärkung. Wie argwöhnisch Innozenz III. die Kreuzzugspläne Friedrichs auch betrachtet haben mochte, die päpstliche Kurie hatte mittlerweile den sehnlichen Wunsch, die Vorbereitungen zum Kreuzzug voranzutreiben, und sah in ihm die erste bedeutende Amtshandlung des neuen Kaisers. Geplant war, daß er spätestens im August 1221 nach Osten abreisen, vorher aber schon den in Bedrängnis geratenen Heeren Hilfstruppen schicken sollte.

Daß Friedrich zunächst durchaus zur Zusammenarbeit mit dem Heiligen Stuhl bereit war, geht aus einigen seiner Erlasse hervor, wie etwa der *Constitutio in Basilica Beati Petri*, einer Art Festschrift über seine Kaiserkrönung, in der er der Kirche nochmals die Respektierung ihrer Rechte und Freiheiten zusicherte. Geistliche sollten künftig generell von der Rechtsprechung weltlicher Gerichte ausgenommen und von weltlichen Steuerpflichten befreit sein. Gegen Ketzer sollten wirksame Maßnahmen ergriffen werden, wie beispielsweise die Einziehung ihrer Besitztümer oder die Vertreibung aus ihrer Heimat. In der *Constitutio* fügte Friedrich den dem Papsttum bereits gemachten Zusagen zwar wenig Neues hinzu, ihre Bedeutung aber liegt in der Tatsache, daß sie die erste Amtshandlung des Kaisers nach dem Krönungsakt und ihre unmißverständliche Botschaft die Beschwörung der Einigkeit zwischen

Papst und Kaiser war. Man muß den scheinbar papstfeindlichen Maßnahmen Friedrichs – der Durchsetzung der Wahl seines Sohns zum König oder der Einladung sizilianischer Barone zu seiner Krönung in Rom – die eindeutigen Zeichen seiner Bereitschaft gegenüberstellen, Hand in Hand mit der römischen Kirche für die Verteidigung der kirchlichen Freiheit, des Friedens und des Heiligen Landes zu kämpfen.

Auch seine Erlasse in weltlichen Fragen zeugten von seiner Bereitschaft, Frieden und Schutz zu gewähren. Sie waren Maßnahmen zum Schutz der Schutzlosen vor Entrechtung oder vor Vergewaltigung, der Pilger und Wanderer, die der Willkür von Räubern und Steuereinnehmern ausgesetzt waren, und zum Schutz der Kaufleute, deren Besitzanspruch auf Bergegut nach dem Verlust eines Schiffes erneut bekräftigt wurde. Ebenso nahmen sie sich der Bauern an, die in der schwächsten Position von allen waren, wenn es galt, ihre Anrechte auf das von ihnen bebaute Land zu verteidigen, insbesondere im Italien des 13. Jahrhunderts, wo sich bedeutsame Veränderungen in der Praxis der Landvergabe und im Erbschaftsrecht anbahnten. Auf diesen Gebieten kam die Zielsetzung Friedrichs am klarsten zum Ausdruck, sein Vorsatz, allen Untertanen Frieden und Sicherheit zu bringen und der Kirche zu geben, was ihr zustand.

II

Nun aber zog es den Kaiser südwärts, nach Sizilien. Offenbar zweifelte Friedrich jetzt nicht mehr daran, daß es ihm gelingen werde, dort wieder Ordnung zu schaffen. Mit dem Krönungsakt war, nicht zum ersten Mal in seinem Leben, ein Bild von ihm heraufbeschworen worden, das ihn als einen Herrscher ohne Fehl und Tadel zeigte, als einen zur Wiederherstellung der Ordnung entschlossenen Monarchen. Kraft dieses Ansehens hoffte Friedrich, daß die bloße Ausrufung des Friedens im Jahr 1220 genügen würde, um den Frieden herbeizuführen; eines großen Krafteinsatzes bedurfte es gar nicht. Loyale Diener der sizilianischen Krone hatten schon in den Jahren zwischen 1212 und 1220 Druck auf die deutschen Barone in Süditalien ausgeübt; Friedrich nahm sich jetzt vor, die unrechtmäßige Macht derer, die in der Zeit seiner Minderjährigkeit Land und Rechte an sich gerissen hatten, zu brechen. Kaum hatte er das Königreich Sizilien betreten, da erließ er in Capua eine Reihe von Dekreten, die auf die schnelle und wirksame Wiederherstellung der königlichen Machtposition abzielten.

Diese »Assisen von Capua« vom Dezember 1220 kombinierten die normannische Rechtstradition mit einer Art praktischen Konservativismus: Durch Rückkehr zu dem im späten 12. Jahrhundert praktizierten Regierungssystem und die Beseitigung von Mißbräuchen und Mißständen der vergangenen 22 Jahre versuchte Friedrich, die sizilianische Monarchie wieder mit dem Geist Roger II. und Wilhelm II. zu beleben. An vielen Stellen knüpften seine Assisen unmittelbar an den Wortlaut der normannischen Assisen an. Und zur Rechtfertigung seiner Erlasse berief er sich vielfach auf Grundsatzerklärungen früherer sizilianischer Könige, etwa darin, daß die Krone von nun an über die Erbfolge bei königlichen Lehen mitentscheiden würde oder daß die Barone nur noch mit königlicher Erlaubnis heiraten durften. Auch die Schaffung von Unterlehen, indem ein Baron einem seiner Vasallen Grund und Boden überschrieb, sollte künftig nur noch mit königlicher Zustimmung möglich sein. Ebensowenig wie die königlichen Domänen sollten die Besitzungen der Barone angetastet werden.

Gerade auf den königlichen Domänen lasteten freilich, wie Friedrich wußte, erhebliche Probleme: In den Assisen klagte er, daß sich große Flächen Landes in den Händen derer befanden, die aus seiner Minderjährigkeit Kapital geschlagen hatten. Auch die königlichen Siegel seien mißbraucht worden, nicht zuletzt von Markward von Anweiler, der für sich das Recht beansprucht hatte, im Namen Heinrichs VI. und Konstanzes zu handeln. Der Kaiser sprach sich daher dafür aus, daß alle seit dem Tod Wilhelms des Guten im Jahr 1189 gewährten Privilegien vorgelegt und überprüft werden sollten; legitim erworbene Rechte sollten selbstverständlich bestätigt werden, denn es sollte nicht Vergeltung, sondern Gerechtigkeit geübt werden. Diejenigen Barone aber, die ihre Rechtstitel bis zu dem festgesetzten Tag nicht vorlegten, drohten sämtlicher ihrer in Anspruch genommenen Rechte verlustig zu gehen.

Das war keineswegs eine tyrannische Maßnahme. Spätestens seit dem 12. Jahrhundert betrachteten abendländische Monarchen die Bestätigung früher gewährter Privilegien als höchst willkommenes Mittel zum Erreichen ihrer Zwecke. Zunächst einmal kostete die Neuverbriefung von Rechtstiteln den Nutznießer eine Gebühr; das bedeutete also stattliche Einnahmen für die Krone. Zum zweiten boten solche Bestandsaufnahmen Gelegenheit, zwischen loyalen Gefolgsleuten auf der einen und oppositionellen Gruppen auf der anderen Seite zu unterscheiden, und diejenigen, die dem König in diesem Augenblick die Gefolgschaft verweigerten, konnten zur Räson gebracht oder bestraft werden, wenn nötig mit militärischen Mitteln. Überdies konnte bei solchen Gelegenheiten die Krone viel Land zurückbekommen und tat es auch, was dem König wiederum Gelegenheit gab, sich durch eine erneute Vergabe von Land Freunde zu machen. Die Sache bot also einen doppelten Vorteil: Die Krone konnte ihre finanzielle Lage verbessern und zugleich die Zahl ihrer dienstpflichtigen Vasallen vergrößern.

Dieses politische Rezept entpuppte sich als höchst effektiv. Die bloße Anwesenheit des jungen Kaisers auf süditalienischem Boden löste ein politisches Erdbeben aus. Burgen wurden an die Krone ausgeliefert, oft so gut wie kampflos. Die bloße Bekanntgabe einer gesetzlichen Vorschrift genügte häufig schon, um Gehorsam zu erzwingen, und wenn dies nicht der Fall war, dann bedurfte es allenfalls eines Aufmarschs der königlichen Garde unter den Zinnen. Süditalien ergab sich seinem Herrscher, entweder weil Jahre der Mißregierung es ausgelaugt hatten oder weil man Respekt vor seinen Erfolgen und vor dem Ruf hatte, der ihm vorauseilte.

In den Assisen von Capua verlieh Friedrich auch seiner Sorge um das alte normannische Regierungssystem Ausdruck, das in Palermo noch mit Mühen funktionierte. Und auch hier war es nichts grundsätzlich Neues, wenn Friedrich darauf beharrte, daß die Krone der Ursprung allen Rechts war, dem König bei der Ernennung von Justizbeamten das letzte Wort vorbehalten war, daß nur die von ihm ernannten und bestätigten Beamten Recht sprechen durften und ihnen als Werkzeugen des königlichen Willens jeder erdenkliche Respekt zu zollen war. Ein weiteres Prinzip normannischer Staatskunst, das Friedrich wieder aufgriff, war die Ablehnung jeglicher städtischer Autonomiebestrebungen. Die campanischen und apulischen Städte hatten seit den Tagen Tankreds großzügige Privilegien erhalten. Sie besaßen zwar nicht die Selbständigkeit etwa der lombardischen Städte, waren es aber gewohnt, in eigener Regie ihre Konsulen oder Magistratsbeamten zu wählen. Sich auf Roger II. als auch auf Friedrich I. berufend, gab Friedrich bekannt, daß Ernennungen künftig nur noch durch die Krone vorgenommen würden; die Städte wurden somit wieder in das königliche Rechts- und Besteuerungssystem eingegliedert. Das finanzielle Interesse mag hier eine vorrangige Rolle gespielt haben. Friedrich wollte unterbinden, daß neuere kommunale Besteuerungsverfahren, die sich in der Zeit seit dem Tod Wilhelms II. entwickelt hatten, abgeschafft und verboten wurden. Er zielte damit wohl vor allem auf diejenigen Steuern, die in die Kassen des Magistrats oder gar von Privatpersonen flossen. Vorläufig war er nicht einmal bereit, die Benutzung neuer Häfen und Straßen zu genehmigen; auch diese Einrichtungen mußten erst einmal unter die

Kontrolle der königlichen Zollverwaltung gestellt werden; das Recht zum Bau und Unterhalt der Verkehrswege galt in Sizilien wie in vielen anderen Staaten als königliches Vorrecht. Denn Häfen und Straßen waren Bestandteil der *bona publica*, waren also »öffentliche Güter«, deren Nutzung an die Bedingung königlichen Schutzes und königlicher Genehmigung geknüpft war. Schon unter den normannischen Königen hatten die Straßen Apuliens wegen ihrer Anlage und Sicherheit Berühmtheit erlangt.

Es war die Kombination aus Ordnung und finanziellem Nutzen, die den Geist der Assisen von Capua bestimmte. Wenn wir nach einem Beispiel für die Umsetzung dieser Richtlinien in die Praxis suchen, so finden wir es in Friedrichs Politik gegenüber den Genuesen, in der seine Methoden deutlich zum Ausdruck kamen. Die Assisen von Capua setzten dem von den Genuesen beanspruchten Sonderstatus ein Ende. In der Vergangenheit hatte Genua die Minderjährigkeit Friedrichs ungeniert ausgenutzt und im Einvernehmen mit Markward seine rechtlichen Besitzstände in Sizilien ausgeweitet. Die Genuesen hatten ein eigenes Besteuerungssystem eingeführt, das der Krone keinerlei Einkünfte beschert, sondern nur die laufenden Kosten für die Verwaltung ihrer Kolonien im *regno* gedeckt hatte. Syrakus hatte ihnen als Stützpunkt für ihren Eroberungskrieg gegen Kreta gedient, einen Krieg, in dem sizilianische Interessen überhaupt nicht ins Gewicht fielen. In den Jahren 1220 und 1221 aber ging es mit der genuesischen Sonderstellung rapide bergab. Alamanno da Costa wurde des Landes verwiesen, ebenso wie andere genuesische »Kolonialherren«. Mit diesen Maßnahmen ging die Einziehung von Vermögenswerten einher, darunter die Warenlager, möglicherweise auch Landgüter.

Friedrichs Haltung gegenüber den Genuesen war vielleicht von Rachegefühlen bestimmt, politische Erwägungen jedenfalls scheinen kaum eine Rolle gespielt zu haben. Er war sich seiner Macht jetzt so sicher, daß die Gefahr, einen einflußreichen Verbündeten in Norditalien zu verlieren, ihn kaum schreckte. Außerdem wußte er, daß man die Genuesen am einfachsten dadurch einschüchtern konnte, indem man ihre Erzrivalen, die Pisaner, oder ihre neu erstarkten Gegner, die Venezianer, die ihnen vor kurzem die Herrschaft über Kreta entrissen hatten, mit Vergünstigungen überhäufte. Dabei war nicht einmal notwendig, Pisa und Venedig mit so weitgehenden Privilegien auszustatten, wie Markward sie den Genuesen gewährt hatte. Pisa hatte für Otto den Welfen Partei ergriffen und war daher über jeden noch so geringen Gunstbeweis Friedrichs erfreut. Ob er Pisa in Sizilien selbst irgendwelche

Handelsvergünstigungen zugestand, ist nicht klar; fest steht nur, daß er ihnen unbeschränkte Handelsfreiheit in Norditalien und Deutschland einräumte. Aber dort stand es den Städten ohnehin frei, die königlichen Verordnungen zu ignorieren, da sie selbst und nicht königliche Beamte die Steuererhebung kontrollierten.

Von Capua aus zog Friedrich auf Umwegen weiter durch Süditalien und machte sich mit Teilen seines Königreichs vertraut, die er noch kaum oder gar nicht kannte. Seine Liebe zu Apulien entdeckte er wohl zweifellos in dieser Zeit. Aber sein eigentliches Reiseziel war Sizilien, und im Frühjahr 1221 traf er in Messina ein. Hier erließ er eine Reihe wichtiger Verordnungen, die nicht nur von dem Geist der normannischen Monarchie zeugten, die er wiederaufzurichten bestrebt war, sondern auch ihre Abstammung vom römischen Recht verrieten.

Zum einen waren es Vorschriften, die die öffentliche Moral betrafen. Gotteslästerer mußten künftig mit strengen Strafen rechnen: wer sich zu gotteslästerlichen Äußerungen hinreißen ließ, den konnte dies unter Umständen seine Zunge oder Schlimmeres kosten. Dirnen mußten eine bestimmte Art der Bekleidung tragen und außerhalb der Stadtmauern wohnen, doch war es ihnen erlaubt, die Stadt jederzeit zu betreten und an einem Tag in der Woche die öffentlichen Bäder zu besuchen. Andere Erlasse betrafen die Juden. Auch sie wurden gezwungen, sich durch bestimmte Kleider kenntlich zu machen, die Männer mußten Bärte tragen.

Die Erlasse von Messina scheinen Zweifel an der von vielen Historikern gerühmten Toleranz Friedrichs gegenüber den Juden zu wecken. Doch waren die Vorschriften, die die Juden betrafen, nur eine konsequente Anwendung der vom Vierten Laterankonzil im Jahr 1215 verabschiedeten Kirchengesetze; überdies ist ungewiß, wie streng auf ihre Einhaltung geachtet wurde. Die gläubigen Juden Siziliens waren vermutlich ohnehin an ihrer speziellen Haartracht, an ihrer Kleidung sowie am Gebrauch des Arabischen zu erkennen. In den Mittelmeerländern, gleich ob sie christlich oder islamisch waren, galt in jener Zeit die Pflicht zum Tragen einer Tracht durchaus nicht immer als ehrenrührig.

Nicht zuletzt fiel die kaiserliche Judenpolitik von Königreich zu Königreich und auch von Jahrzehnt zu Jahrzehnt ziemlich verschieden aus. In Deutschland waren die Juden »Leibeigene« des Königs und standen formell unter dem Schutz des Herrschers; in Sizilien traten 1231 Gesetze in Kraft, die die Tätigkeit jüdischer Geldverleiher bis ins einzelne regelten und bis zu einem gewissen Grad auch die Rechtsstellung der Geldverleiher selbst sicherten. Zur gleichen Zeit zog Friedrich jüdische Gelehrte an seinen Hof. Man macht es sich auch hier zu leicht, wollte man nach den Anzeichen einer konsequenten, geradlinigen Politik suchen oder gar nach einer Politik, die gegenüber Minderheiten Toleranz im heutigen Sinne ausübte. Römisches Recht, täglich geübte Praxis und die Gebote der praktischen Vernunft brachten eher divergierende als konvergierende Zielsetzungen hervor.

In Sizilien gelandet, galt Friedrichs Aufmerksamkeit auch den Mohammedanern. Ihr Aufbegehren gegen die Krone hatte in den Jahren um Friedrichs Geburt begonnen und war seitdem nicht wieder verebbt. Zu den ursprünglichen Hauptursachen ihrer Unzufriedenheit gehörte die Auflösung ihres bis dahin halbwegs autonomen Staatswesens im Westen Siziliens, das Wilhelm der Gute zum größten Teil dem Kloster Monreale vermacht hatte. Dazu kam der ständige Druck auf die Moslems, zum Christentum überzutreten. Schon im 12. Jahrhundert hatte die Zahl islamischer Konvertiten stetig zugenommen, allerdings waren die meisten seltsamerweise nicht zum römischen, sondern zum griechisch-orthodoxen Christentum übergetreten. An der Wende zum 13. Jahrhundert fanden sich nennenswerte islamische Gemeinschaften fast nur noch im westlichen Sizilien, auf dem Gebiet von Monreale und in dem Küstenstreifen westlich von Girgenti. Hier aber lieferten sich Moslems und die kirchliche und weltliche Ordnungsmacht einen anhaltenden Kleinkrieg. Die Moslems prägten sogar eigene Münzen, was ein eindeutiger Verstoß gegen die normannischen Assisen war. Die Erzbischöfe von Monreale waren angesichts dieser Heimsuchung ihres Landes zu Recht höchst besorgt. Überdies hatten die Mohammedaner Markward von Anweiler unterstützt und sich damit dem Vorwurf ausgesetzt, zu den böswilligen Nutznießern der Minderjährigkeit des Königs zu gehören. Sie unterhielten Beziehungen zu nordafrikanischen Emiren, die ihnen mit Waffen, Geldern und sogar mit Hilfstruppen unter die Arme griffen. Girgenti entwickelte sich bis 1219 zu einem Zufluchtsort für Sarazenen und zu einem Herd ihres Widerstands. Einige der christlichen Kirchen der Stadt wurden in Schutt und Asche gelegt, einmal fiel sogar der Bischof selbst in die Hände islamischer Rebellen.

Unter diesen Umständen konnte Friedrich die in Capua formulierte Politik nicht vorantreiben. Es war hier nicht damit getan, Gesetze zu verkünden, sich in prächtiger Aufmachung zu zeigen und sich durch majestätische Selbstdarstellung Respekt zu verschaffen. Natürlich bestätigte er die Lehensherrschaft des Klosters Monreale über die westsizilianischen Ländereien, aber damit allein war die Ordnung noch nicht wiederhergestellt. Es blieb ihm nichts anderes übrig, als gegen die

Ungläubigen zu Felde zu ziehen. Denn er sah im Aufbegehren der Sarazenen mindestens ebensosehr einen Akt des Hochverrats gegen die Krone wie eine Gefahr für die sizilianische Christenheit. Dabei konnte er sich zudem der Unterstützung des Papstes sicher sein; das Papsttum selbst hatte – wenn auch begrenzte – Anstrengungen unternommen, um sich die Moslems zu unterwerfen, aber das war ebensowenig gelungen wie zu Lebzeiten Markwards von Anweiler.

Zwei Schritte mußten getan werden. Der erste war die Eroberung der islamischen Bastionen in Sizilien, der zweite die Unterbindung weiterer Hilfslieferungen aus Afrika. 1222 unternahm Friedrich einen Angriff auf Giato, wo der Anführer der Revolte, Ibn Abbad, sich verschanzt hatte. Nach achtwöchiger Belagerung ergab sich Ibn Abbad seinem Gegner. Er wurde als Gefangener in Friedrichs Zelt geführt. Dort warf er sich vor dem Kaiser zu Boden und flehte um Gnade. Doch Friedrich, dessen Wut über den früheren Verrat des Sarazenen groß war, bohrte seinen Sporn in die Seite des ihm zu Füßen liegenden Rebellen und riß ihm eine klaffende Wunde in den Leib. Eine Woche später wurde Ibn Abbad in Palermo gehenkt, zusammen mit zwei Kaufleuten aus Marseille, zwielichtigen Charakteren, die den Moslems Hilfe geleistet und vermutlich ihre Finger auch ein Jahrzehnt zuvor im Spiel gehabt hatten, als jugendliche Teilnehmer des Kinderkreuzzugs als Sklaven verkauft worden waren.

Die Ausschaltung der politischen Führer der Sarazenen war ein wichtiger Schritt vorwärts. Im Westen Siziliens gab es seit langem eine andere islamische Dynastie, die der Ibn Hammuds, die schon von den frühen normannischen Königen als Sprecher der islamischen Bevölkerungsgruppe anerkannt worden waren. Doch der Fortbestand eines möglichen Kristallisationskerns islamischer Opposition erschien dem Kaiser im Jahr 1222 nicht mehr hinnehmbar. Da die Sarazenen wiederholt Unterstützung aus Nordafrika erhalten hatten, beorderte Friedrich II. 1223 Schiffe nach Djerba, der Insel vor der tunesischen Küste, die der Ausgangspunkt eines großen Teils dieser Hilfslieferungen gewesen war. Djerba war ein berüchtigter Piratenschlupfwinkel, und schon Roger II. hatte sich in den dreißiger Jahren des 12. Jahrhunderts der Insel bemächtigt, um Überfälle auf die südsizilianische Küste zu unterbinden und die Sicherheit der Schiffahrtswege im mittleren Mittelmeer zu erhöhen. Im übrigen war es eine fruchtbare Insel, auf der seit alters her eine große jüdische Gemeinde siedelte, die sich, wie es scheint, mit großem Geschick der Landwirtschaft widmete, vor allem dem Anbau von Indigo, Datteln und anderen Früchten. Nach der Besetzung Djerbas lud Friedrich ihre Bewohner und andere nordafrikanische Juden dazu ein, sich in Sizilien niederzulassen und ihre Fertigkeiten dem Königreich zugute kommen zu lassen. Viele folgten der Aufforderung. Friedrich indes vermied es zu diesem Zeitpunkt, seine Einflußsphäre in Afrika zu vergrößern. Die Tatsache, daß Djerba in seiner Hand war, reichte vielleicht aus, die tunesischen Emire dazu zu bewegen, Bereitschaft zur Zusammenarbeit oder zumindest zu einer neutralen Politik zu zeigen.

Was die sizilianischen Moslems betraf, so hatte auch die brutale Liquidierung ihres Wortführers ihren Widerstand nicht endgültig gebrochen. Noch mehrere Jahre lang hielt die militärische Bekämpfung der Sarazenen Friedrich davon ab, sich anderen Aufgaben zu widmen, nicht zuletzt dem Kreuzzug nach Jerusalem. Nachdem die Bastion der Sarazenen gefallen war, nahm der Konflikt mehr und mehr den Charakter eines Guerillakrieges an. Die Vermutung, daß die Ursprünge der sizilianischen Mafia in diesem islamischen Guerillakrieg gegen die christliche Zentralgewalt lagen, mag unzutreffend sein; aber zumindest ihrer Erscheinung nach bestanden zwischen dem islamischen Widerstand des Mittelalters und dem Banditentum Giulianos und seiner Kumpane in den vierziger Jahren dieses Jahrhunderts große Gemeinsamkeiten.

Schon bald mußte Friedrich einsehen, daß die weite Verstreutheit der islamischen Bevölkerung über das westsizilianische Hügelland das eigentliche strategische Problem war. Sie siedelten in Gegenden, die oft schwer zugänglich und kaum zu kontrollieren waren. So kam er auf den Gedanken, sie an einem Ort zu konzentrieren, der möglichst weit entfernt von ihrer Heimat lag. Damit begann die Deportation der letzten sizilianischen Mohammedaner. Ihr Bestimmungsort war zunächst die Region um Lucera in Nordapulien, eine alte byzantinische Siedlung inmitten einer flachen Küstenlandschaft. Später aber beschloß Friedrich, seine moslemischen Untertanen innerhalb der Stadtmauern Luceras anzusiedeln, das dadurch zu einer islamischen Stadt, einer islamischen Enklave wurde, deren Isoliertheit von der übrigen islamischen Welt eine gewisse Gewähr für die künftige Loyalität ihrer Bewohner bieten würde. Wahrscheinlich waren es fünfzehn- bis zwanzigtausend Sarazenen, die, freilich nicht auf einen Schlag, aus Sizilien deportiert wurden; auch wenn vielleicht nur zwei Drittel davon am Ende in Lucera landeten, erreichte die Stadt infolge des islamischen Zustroms eine nach mittelalterlichen Maßstäben beachtliche Größe. Der Bischof von Lucera jedenfalls sah sich gezwungen, die Stadt zu verlassen.

Einige Sarazenen müssen der Deportation entgangen sein, denn

Eine Herausforderung der staufischen Herrschaft waren rebellische Sarazenen, die in dem unzugänglichen Bergland im Westen Siziliens lebten und häufig Überfälle auf die umliegenden Ländereien und Dörfer unternahmen. Nachdem Friedrich II. die Aufständischen in mehreren langwierigen Feldzügen unterworfen hatte, ließ er sie von der Insel bringen und siedelte sie in Lucera an, einer alten römischen Militärkolonie in Apulien. Dort konnten sie ungestört nach ihrem Glauben und ihren Bräuchen leben.

nach 1240 kam es in Sizilien erneut zu einem islamischen Aufstand; bei vielen der Teilnehmer daran dürfte es sich nicht um offen bekennende, sondern um »heimliche«, formell zum Christentum übergetretene Moslems gehandelt haben, unterstützt von einigen wenigen unversöhnlichen Kämpfern in den Bergen.

Friedrich verzichtete darauf, die religiöse Betätigung der Moslems von Lucera zu reglementieren; er verlangte lediglich die Entrichtung der Kopfsteuern, die von den sizilianischen Moslems in friedlicheren Perioden der Vergangenheit entrichtet worden waren. Die Kopfsteuer war eine islamische Erfindung und wurde normalerweise in islamischen Ländern von Christen und Juden erhoben. Friedrich forderte sie nach normannischem Vorbild von Juden und Moslems. Die Anwendung islamischen Rechts war in Lucera gestattet, was wiederum der normannischen (eigentlich byzantinischen) Tradition entsprach. Unweit von Lucera gab es slawische Ansiedlungen, die ihr Zusammenleben ebenfalls nach eigenem, herkömmlichem Brauch regeln durften.

Aber kann Lucera wirklich als Zeugnis einer seltenen Aufgeklärtheit herangezogen werden, wie dies van Cleve tut? Unbestreitbar ist, daß Friedrich eine Vorliebe für die Stadt entwickelte, und spätere päpstliche Beschwerden über Lucera taten ein übriges, um die Bewohner der islamischen Enklave noch mehr für ihren Kaiser einzunehmen. In den dreißiger Jahren des 13. Jahrhunderts wurde in Lucera ein prächtiger Palast erbaut, und jüngere Ausgrabungen haben Spuren des luxuriösen Lebens zutage gefördert, das seine Einwohner zu jener Zeit geführt haben müssen. Ob Friedrich II. oder erst seine Nachfolger sich mit den Kostbarkeiten des Fernen Ostens umgaben, läßt sich nicht mit Bestimmtheit feststellen; jedenfalls trug der Kaiserpalast in Lucera mit seinem Harem, seinen islamischen Wachposten und seiner östlichen Exotik ein unverkennbar orientalisches Gepräge. Für Friedrich war das natürlich keine ganz fremde Welt, denn auch die Paläste von Palermo, in denen er seine Kindheit verbracht hatte, waren ja nordafrikanischen Vorbildern nachgebaut.

Anders als seine normannischen Vorgänger duldete Friedrich in Lucera den moslemischen Glauben. Während Wilhelm der Gute das offene Bekenntnis zur islamischen Religion bei seinen Höflingen nur ungern zugelassen hatte, störte Friedrich die Frömmigkeit seiner sarazenischen Diener und Ratgeber nicht. Zum einen empfand er Achtung vor dem aufopferungsvollen Kampf, den sie um ihren Glauben geführt hatten, zum anderen machte er sich gerade diese Kampfbereitschaft und militärische Stärke zunutze. Während die Juden als Handwerker und Landwirte angehalten wurden, sich im Gewerbe und in der Erzeugung landwirtschaftlicher Produkte zu betätigen, wurden Moslems auch als Soldaten und persönliche Bedienstete herangezogen; in der Begleitung Friedrichs etwa befand sich ein islamischer Leibwächter, der sogar den Kreuzzug nach Jerusalem mitmachte. Dies entsprach durchaus normannischer Tradition. Auch Friedrichs normannische Vorgän-

Wie der Juden, die sich in der Monopolverwaltung bewährten, wußte sich Friedrich auch der Sarazenen zu bedienen. Nach ihrer Umsiedlung nach Lucera hatten sie das verödete Land zu bebauen und Steuern für die Nutzung des Bodens wie für die Duldung ihres Glaubens zu zahlen. Vor allem aber als Krieger bewährten sie sich.

ger hatten sich von sarazenischen Leibwächtern beschützen lassen. In bestimmten Waffengattungen, etwa bei der leichten Kavallerie oder den Bogenschützen, ließen sich sarazenische Söldner nur schwer ersetzen.

In dem Bemühen, die widerspenstigste Bevölkerungsgruppe in seinem Reich an sich zu binden, verfolgte Friedrich also eine Politik, die zunächst sehr grausam anmutete – man denke an den entwürdigenden Akt der Deportation –, auf lange Sicht aber fast großzügig genannt werden konnte. Keineswegs zeugte dies von besonderer Toleranz in Glaubensfragen. Friedrich bediente sich der Sarazenen für praktische Zwecke, wollten sie aber im Staatsdienst in höhere Ämter aufsteigen, so war dies nur möglich, wenn sie zuvor zum Christentum übergetreten waren. Wirkliche Machtpositionen blieben den Sarazenen allerdings, wie schon im normannischen Sizilien, verwehrt. Ihr Schicksal hing vom königlichen Gutdünken ab. Zwar gelang es einigen wenigen Moslems, in Sizilien noch für eine geraume Zeit die Stellung zu wahren, aber im großen und ganzen endete die Geschichte des Islam in Sizilien mit den Deportationen von 1223 und danach.

III

Die Auseinandersetzung mit den sizilianischen Moslems hinderte Friedrich daran, dem mohammedanischen Osten die gebührende Aufmerksamkeit zu widmen. Die Flotte Heinrichs von Malta hatte es 1221 nicht vermocht, Damietta zu retten; am 7. September jenen Jahres hatte die Hafenstadt kapituliert. In Europa suchte man die Schuld dafür bei denen, die für die Wirren des Fünften Kreuzzugs vielleicht am wenigsten konnten: bei Friedrich, der seine Zusage, die christlichen Armeen gen Osten zu führen, nicht eingelöst hatte, und bei Honorius III., der kaum Einfluß auf die Geschehnisse in Damietta gehabt hatte, aber ängstlich bemüht schien, jeden an seine Adresse gerichteten Vorwurf abzuwehren.

Für die päpstliche Kurie stand der Weg fest, der nun einzuschlagen war: Friedrich sollte den Vorwurf, der Kreuzzugsidee gleichgültig gegenüberzustehen, jetzt endlich widerlegen, indem er zu den Waffen griff und gegen die Ungläubigen im Morgenland zu Felde zog. Die Erwartungen des Heiligen Stuhls kamen in den Versen des Troubadours Peirol zum Ausdruck: »Kaiser, Damietta wartete auf dich, und Tag und Nacht weint der Weiße Turm um deinen Adler, den ein Geier von seiner Spitze gestoßen hat.« Eine effektvolle Gegenüberstellung des kaiserlichen Adlers als Sinnbild christlicher Legitimität und des islamischen Geiers als Sinnbild moslemischen Eroberungswillens. Es müßte, meinte Peirol, den Kaiser eigentlich beschämen, daß nicht er, sondern der Sultan die Lorbeeren des Kreuzzugs geerntet hatte.

Doch wäre die Annahme falsch, Friedrichs Begeisterung für den Kreuzzug sei inzwischen abgekühlt gewesen. Im März 1223 traf er sich in Ferentino mit dem Papst, und sie erörterten Pläne für den kommenden Kreuzzug; Friedrich ging bei dieser Gelegenheit neue bindende Verpflichtungen ein. Er bekräftigte sein Kreuzzugsgelübde und setzte den Abmarsch nun für das Jahr 1225 fest. Er sorgte dafür, daß in Süditalien mit dem Bau einer Flotte begonnen wurde, und machte deutlich, daß für diejenigen, die sich ihm anzuschließen wünschten, die Überfahrt nach Osten kostenlos sein würde – die schlimmen finanziellen Verwicklungen des Vierten Kreuzzugs, bei dem viele Teilnehmer nicht in der Lage gewesen waren, den Venezianern das geschuldete Fahrgeld zu bezahlen, sollten sich nicht wiederholen. Es gelang, eine ansehnliche Flotte aufzustellen. Fünfzig Transportschiffe sollten die Kreuzfahrer und ihre Pferde aufnehmen; dazu kamen als Geleitschutz hundert Galeeren, von denen vierzig nach Damietta entsandt worden waren. Unter der Leitung Heinrichs von Malta erstarkte die sizilianische Kriegsmarine, und es schien, als werde der alte Traum Heinrichs VI., sie für einen Kreuzzug einsetzen zu können, bald in Erfüllung gehen. Auch der Papst tat, was er konnte: Kreuzzugsprediger wurden in Europa ausgesandt, und der König von Jerusalem selbst, Johann von Brienne, bat um Unterstützung bei den europäischen Königshöfen.

Johann war ein Sprößling jener französischen Dynastie, derer sich Innozenz III. in seinem Kampf gegen Markward zu bedienen versucht hatte. Er war König kraft des Rechts seiner verstorbenen Frau Sybilla, der Erbin des Königreichs von Jerusalem. Eine fast durchgehend weibliche Erbfolge hatte diesem Königreich vierzig Jahre lang einen männlichen Thronfolger vorenthalten. Zwar hatte man sich wiederholt zu helfen gewußt, indem man den Bräutigam aus dem Kreis der abendländischen Prinzen wählte, doch Johann von Brienne besaß bei weitem nicht das Format seiner Vorgänger. Dem Königreich Jerusalem, das sich nach wie vor von einer islamischen Übermacht bedroht sah, hatte der neue Titularkönig Johann jedenfalls wenig zu bieten. Gewiß hatte er im Verlauf des Fünften Kreuzzugs eine wichtige Rolle gespielt, aber er trug auch die Schuld an dem politischen und militärischen Versagen, das zum Scheitern der Expedition geführt hatte. Wenn denn für das Desaster von Damietta Verantwortliche gesucht werden sollten, dann hätte die Wahl auf Johann und vielleicht auch auf den päpstlichen Legaten Pelagius viel eher als auf Friedrich oder den Papst selbst fallen müssen.

Das Mittel, mit dem sich Johann Unterstützung zu verschaffen hoffte, war seine Tochter Isabella, auch Yolande genannt. Friedrich II. war im Jahr 1223 bereits verwitwet. Constanze war zwei Jahre zuvor verstorben, kaum Mitte dreißig. Jetzt wartete die Königin von Jerusalem auf einen Gemahl, der willens und fähig sein würde, ihr Erbe zu verteidigen, und ein geeigneterer Bräutigam als der Kreuzfahrer *in spe* und oberste Herrscher der christlichen Welt, Friedrich von Hohenstaufen, schien nicht in Sicht. So wurde in Ferentino beschlossen, daß Isabella aus dem Osten anreisen und Friedrich durch die Heirat den Titel eines

Königs von Jerusalem annehmen sollte. Auf diese Weise sollte Jerusalem endlich den Schutzherrn erhalten, den es brauchte – nicht einen Duodezfürsten aus der Champagne wie Johann von Brienne, sondern den mächtigsten Herrscher des Abendlandes.

Es war ein ehrgeiziger Plan, dessen Konsequenzen allerdings nicht sehr gründlich durchdacht worden waren. Honorius hatte eine Konstellation im Auge, in der Sizilien und Deutschland getrennte Königreiche sein würden und Friedrich zwar die Kaiserkrone tragen, sich aber nicht oder doch kaum um die inneren Angelegenheiten der in seinem Weltreich vereinigten Königreiche kümmern würde. Es ist wenig wahrscheinlich, daß der Papst glaubte, Friedrich ließe sich dazu bewegen, sich auf Dauer im Osten niederzulassen. Vielleicht hoffte er statt dessen, Friedrich würde dem Königreich Jerusalem einen männlichen Erben bescheren, der zur rechten Zeit in Jerusalem eine neue Dynastie und ein eigenständiges Königreich begründen würde. Dieses Konzept entsprach sicherlich den Vorstellungen, die die Christen im Heiligen Land von ihrem Königreich besaßen. Es sollte weder Bestandteil des römischen Kaiserreichs noch ein Vasallenstaat des Heiligen Stuhls sein; Gott war der einzige, den die Jerusalemer Christen als ihren Souverän anerkennen wollten. In seiner Eigenschaft als Kaiser genoß Friedrich daher bei ihnen wenig Autorität, als Anführer eines Kreuzzugs aber konnte ihm ein beträchtliches Maß an Einfluß zuwachsen und als König die Chance eröffnen, das bedrängte Königreich zu reorganisieren, zu verteidigen und zu retten.

Daß der Beginn des geplanten Kreuzzugs auf 1225 festgesetzt wurde, zeugte von großer Kühnheit. Denn die Resonanz auf die Kreuzzugswerbung war äußerst gering. »Wenige oder gar keine« ließen sich von den Appellen Johanns von Brienne begeistern – das jüngste Fiasko am Nil hatte seine abschreckende Wirkung nicht verfehlt. Ein Grund mehr für den Papst, seine Hoffnungen auf Friedrich zu setzen. Die Vorstellung eines Kreuzzugs der Massen, getragen und vorwärtsgetrieben von einer Woge der Begeisterung, machte im ersten Viertel des 13. Jahrhunderts zunehmend einer anderen, nüchterneren Konzeption Platz: dem Modell einer sorgfältig geplanten militärischen Expedition mit klar abgesteckten geographischen Zielen und ausgewählten Führern, die stets in enger Fühlung mit der päpstlichen Kurie bleiben sollten. (Ein erster Versuch, dieses Konzept zu erproben, war sicherlich der Fünfte Kreuzzug gewesen.) Der geplante Kreuzzug Friedrichs II., gestützt auf die materiellen Ressourcen Süditaliens, sollte ein derartiges Unternehmen werden, getragen nicht von bunt zusammengewürfelten Freiwilligen, sondern von organisierten Bataillonen, finanziert mit Geldern, die die kaiserlichen Domänen abwarfen. Auch aus Deutschland rechnete man mit finanzieller Unterstützung, ebenso aus Norditalien. Die Abwesenheit der deutschen Fürsten in Ferentino löste daher einige Verärgerung aus.

Honorius sah ein, daß der Kreuzzug unter diesen Bedingungen nicht über Nacht vorbereitet werden konnte. Der Zeitverlust, der eintrat, war bedauerlich, aber entschuldbar. Man mußte dabei auch die unübersehbaren Hindernisse in Rechnung stellen, die Friedrich von anderer Seite in den Weg gelegt wurden. So sahen die Beteiligten denn ein, daß das Jahr 1225 als Termin zum Aufbruch nicht einzuhalten war; auf einer weiteren Konferenz in San Germano wurde der 15. August 1227 als neues Datum festgesetzt. Erstmals wurden nun auch konkrete Zahlen genannt: 2000 bewaffnete Reiter und 625 Pfund sizilianisches Gold sollten mit auf die Reise gehen. Für den Fall, daß Friedrich diesen Termin nicht einhielt, drohte ihm die Exkommunizierung. Damit hoffte der Papst, einen weiteren Aufschub zu verhindern. Schon mehrmals in der Vergangenheit hatte der Heilige Stuhl mit dieser Drohung operiert, um Kreuzfahrer auf den Weg zu bringen. Im Falle Friedrichs aber hatte der Papst kaum Grund zu drohen, denn in allen wichtigen Dingen war man sich einig: Der Kreuzzug sollte beginnen, sobald das dazu nötige Heer aufgestellt war, die Heirat mit Isabella sollte stattfinden und dem Königreich Jerusalem finanziell zu Hilfe geeilt werden.

Es gibt daher wenig Anlaß, in der feierlichen Ankündigung von San Germano ein »bedenkenloses Spiel mit dem kaiserlichen Amt« zu sehen, bei dem der Kaiser den Führungsanspruch des Heiligen Stuhls herausgefordert habe. Ein entscheidendes Motiv seiner Kreuzzugspolitik wie seines Verhaltens gegenüber dem Papst war die Bereitschaft, Hand in Hand mit der Kirche für die Verwirklichung der gemeinsamen Ziele zu arbeiten, und die Wiedereroberung Jerusalems und die Verteidigung des Heiligen Landes waren die vordringlichsten dieser Ziele. Daß Friedrich sich gelegentlich über das päpstliche Drängen auf eine schnellere Verwirklichung seines Kreuzzugsgelübdes ärgerte und hartnäckig an seinem Bestreben festhielt, die deutsche und die sizilianische Krone zusammenzuhalten, sollte nicht als Anzeichen für eine sich öffnende Kluft zwischen päpstlicher und kaiserlicher Politik gedeutet werden. Es bestand Einigkeit über die vorrangigen Ziele, wenn auch nicht immer über ihre Reihenfolge oder die geeignetsten Mittel zu ihrer Verwirklichung.

San Germano bedeutete auch nicht, daß Friedrich das päpstliche

Fiasko bei Damietta (das Versagen seines Legaten Pelagius) dazu genutzt hätte, die Führung des Kreuzzugs an sich zu reißen. Friedrich habe, so liest man vielfach, aus dem Kreuzzug ein kaiserliches Kommandounternehmen gemacht; in diesem Sinne sei San Germano der Schauplatz seines Coups gewesen. Das aber ist im Blick auf die späteren Ereignisse geurteilt. Denn erst nachdem er die päpstliche Gunst und Unterstützung verloren hatte und schon mit dem Bann belegt worden war, machte Friedrich, als er im Jahr 1228 endlich gen Osten zog, aus dem Kreuzzug eine kaiserliche Expedition. Neu jedoch war, daß Friedrich den Kreuzzug zugleich als König von Jerusalem führte und das Reich, das zu verteidigen und auszuweiten er sich anschickte, als sein legitimes Erbe betrachtete.

Zunächst aber wurde Hochzeit gefeiert, erst durch Stellvertreter in Akkra, dann in Brindisi, nachdem Isabella in Tyros zur Königin geweiht und auf einem Schiff Heinrichs von Malta nach Sizilien gebracht worden war. Dort wurde die Hochzeit noch einmal begangen, in Anwesenheit Johanns und des christlichen Adels aus Jerusalem. Friedrich nutzte dies, um von ihnen als König den Treueeid zu verlangen, was Johann, der sich noch immer als rechtmäßiger Herrscher Jerusalems sah, zweifellos als tiefe Kränkung empfinden mußte. Doch als Gemahl der designierten Thronerbin stufte Friedrich seine Rechte höher ein als die, die Johann geltend machen konnte. Zunächst handelte es sich dabei um kein aktuelles Problem, denn Friedrich hatte den Boden des Heiligen Landes noch nicht betreten; er wurde dort als Herrscher durch einen *bailli* oder Regenten vertreten. Aber er konnte jederzeit auf die Idee verfallen, den jetzigen Regenten durch einen Mann seiner eigenen Wahl zu ersetzen, den Baronen von Jerusalem neue Verpflichtungen aufzuerlegen oder sich in die erbitterten Fraktionskämpfe einzumischen, die innerhalb der Aristokratie des christlichen Ostens herrschten.

In der berechtigten Sorge, sich mit der Nachgiebigkeit gegenüber den Ansprüchen Friedrichs die Feindschaft der auf Unabhängigkeit bedachten Barone des Ostens einzuhandeln, machte sich Johann von Brienne sogleich nach Rom auf, um dort beim Papst über Friedrichs anmaßendes Verhalten Beschwerde einzulegen.

Erst jetzt begann der Kaiser, jenes Mißtrauen auf sich zu ziehen, das ihn über weite Strecken seiner restlichen Amtszeit begleiten sollte. Selbst seine Hochzeit mit Isabella wurde nun als ehrgeiziger Versuch dargestellt, seinen beiden Kronen als Kaiser und König von Sizilien eine dritte hinzuzufügen. Die Sympathien für das Wunderkind aus Apulien waren damit verspielt.

Auch seine Ehe mit Isabella wurde jetzt zum Gegenstand der Kritik. Man warf Friedrich vor, sie schlecht zu behandeln. Tatsächlich war die Ehe unter ganz anderen Vorzeichen als die mit Constanze geschlossen worden. Isabella war im Jahr 1225 erst um die fünfzehn Jahre alt; ein erwachsener und erfahrener König wurde jetzt mit einem Mädchen vermählt, nicht eine reife Frau mit einem Jüngling. Vielleicht trifft es zu, daß Friedrich sie gelegentlich vernachlässigte und die Gesellschaft seiner Haremsdamen der ihren vorzog; doch unternahm er viele Reisen in ihrer Begleitung. Die abträglichen Berichte über ihn stammen, wie van Cleve bemerkt hat, aus dem Kreis der Freunde Johanns von Brienne, viele auch aus dem entfernten christlichen Osten, wo man über die kaiserlichen Bettgewohnheiten kaum sehr genau informiert gewesen sein kann. Dennoch verfehlten diese Gerüchte ihre Wirkung auf den Papst nicht. Er zeigte sich betroffen, tadelte Friedrich wegen der Eile, mit der er sich die Königswürde von Jerusalem angeeignet hatte, und tat sein Mißfallen kund, indem er in seinen Briefen an Friedrich den Titel eines Königs von Jerusalem unterschlug.

Honorius versprach sich von der Ehe zwischen Friedrich und Isabella vor allem zweierlei: einen erfolgreichen Kreuzzug und einen loyalen Thronerben für Jerusalem. Doch nicht Friedrich selbst sollte dieser Erbe sein, sondern der Sohn, den Isabella ihm gebären würde. (Dieser Sohn, Konrad, kam 1228 auf die Welt.) Seit dem Jahr 1225 jedenfalls fiel es dem Papst zunehmend schwerer, die Motive Friedrichs und sein Handeln zu begreifen. Was den Kreuzzug anging, so argwöhnte man jetzt in Rom, daß Friedrich es letzten Endes mit den päpstlichen Empfehlungen doch nicht sehr genau nehmen werde.

Bei der Betrachtung der Motive Friedrichs muß hervorgehoben werden, daß der Titel eines Königs von Jerusalem in seinen Augen besondere Bedeutung besaß. Er war der erste römische Kaiser, der diesen Titel errang, und noch immer im Bann seines legendären Vorgängers Karl des Großen stehend, sah er im Islam die große Herausforderung des christlich-römischen Reiches. Es galt, die Ungläubigen ins Herz zu treffen, und vom Westen aus gesehen, schlug dieses Herz in Syrien und Ägypten.

Auf der anderen Seite aber hatte sich Friedrichs einstiger Enthusiasmus weitgehend verflüchtigt. Die praktischen Probleme, die es ihm bereitete, Deutschland und Sizilien unter seine Herrschaft zu bringen, blieben gewaltig. Der Kreuzzug, auf den er 1215 ein Gelübde abgelegt hatte, der Kreuzzug des jugendlichen Helden auf dem Kaiserthron, war, je näher er rückte, mehr und mehr zu einem Berg von Problemen, ja zu einer Quelle allseitigen Haders geworden.

IV

Wie ernst der Kaiser es dennoch mit seinen Kreuzzugsplänen meinte, zeigte seine Entscheidung, über die Ostertage 1226 einen Reichstag nach Cremona einzuberufen, um die Expedition nach Osten zu besprechen. Dieser Reichstag von Cremona markiert einen kritischen Punkt in Friedrichs Karriere, denn unmittelbar danach brach in der Lombardei eine rasch um sich greifende Rebellion aus. Außerdem löste der Reichstag beträchtliche Mißverständnisse aus, nicht nur bei Zeitgenossen, sondern auch bei späteren Historikern. Als Friedrich die deutschen und italienischen Fürsten nach Cremona einlud, machte er drei Ziele deutlich, um die es ihm ging: Er wollte den Kreuzzug vorantreiben, gegen die Ketzer in seinen Domänen vorgehen und seine kaiserlichen Rechte anerkannt wissen.

Man hat Friedrich daher unterstellt, er habe für Cremona eine Neuauflage jener Politik geplant, die schon Barbarossa – mit den bekannten fatalen Konsequenzen – 1158 in Roncaglia verkündet hatte: die Wiederherstellung der fiskalischen Oberhoheit des Kaisers und seines administrativen Einflusses auf die freien Städte. Diese Fragen waren indes im Frieden von Venedig (1177) und im Vertrag von Konstanz (1183) geregelt worden, und auch wenn seit dem Tode Heinrichs VI. die deutsche Kontrolle über die Städte fast ganz zum Erliegen gekommen war, gab es keine Anhaltspunkte dafür, daß Friedrich II. zum jetzigen Zeitpunkt die Absicht gehegt hätte, den Lombarden ihre mühsam errungenen Freiheiten wieder abzuerkennen. Auf der anderen Seite war sein Ärger über die Haltung mehrerer lombardischer Städte, die seine Herrschaft nur widerstrebend anerkannt hatten – allen voran Mailand –, noch nicht verraucht. Aber auch in Mailand hatten sich mittlerweile die Geister geschieden: 1221 kam es zu Straßenkämpfen zwischen den Parteigängern der alten Patrizier und einer neuen Fraktion, die sich aus breiten Teilen der Bürgerschaft rekrutierte. Diese neue Gruppierung, die sich *popolo* nannte, bat bei einigen der mit Mailand traditionell verfeindeten, kaisertreuen Städte, namentlich Cremona, um Unterstützung. Auch in Piacenza, einer weiteren Stadt, die sich im Jahr 1212 durch hartnäckige Opposition gegen Friedrich ausgezeichnet hatte, stießen die Anhänger verfeindeter Fraktionen aufeinander, mit dem Ergebnis, daß dort im Jahr 1226 die antikaiserlichen Kräfte den Sieg davontrugen. Bei der Auswahl des Tagungsorts für seinen Reichstag vermied Friedrich bewußt all jene Städte, deren Loyalität er sich nicht gewiß sein konnte. Daß er sich ausgerechnet für Cremona entschied, nährte den Verdacht, er trage sich womöglich mit dem Hintergedanken, in einem geschickten Schachzug die kaiserliche Kontrolle über Norditalien wiederherzustellen.

Die deutschen Fürsten reisten zum Reichstag mit einem Troß bewaffneter Gefolgsleute an, was man als feierliches Ehrengeleit oder als Drohgeste gegenüber den Städten auffassen konnte. Wie auch immer, es wäre wohl klüger gewesen, weniger offen daran zu erinnern, daß das *regnum Italicum* rechtlich ein bloßes Anhängsel der deutschen Monarchie war.

Nicht wenige lombardische Städte verübelten dem Kaiser auch seine feierliche Ankündigung, die Ketzerei zu unterdrücken. Die Katharer, eine Sekte von Ketzern, die Opfer des Albigenser-Kreuzzugs in Südfrankreich geworden waren, hatte gerade in Nord- und Mittelitalien, vor allem aber in Florenz, zahlreiche Anhänger gewonnen; etliche Katharer waren vor der Verfolgung nach Italien geflohen, wo sie ihre radikale Glaubenslehre verbreiteten, so auch das Dogma von den zwei Mächten, die in ewigem Kampf miteinander lägen: das Gute, das die Welt des Geistes, und das Böse, das die Welt des Fleisches beherrschte. Während die norditalienischen Ketzer in späteren Jahren eher auf der Seite der Hohenstaufen zu finden waren, bei denen allein sie Schutz vor dem Papsttum und seiner Inquisition finden konnten, hatten sie es zu dieser Zeit noch mit einem Kaiser zu tun, der als unversöhnlicher Gegner aller Ketzer galt. Tatsächlich erblickte Friedrich in der Lehre der Katharer eine Kampfansage an die Autorität des Herrschers, da sie das überlieferte Verhältnis zwischen Gott und den Menschen in Frage stellte, in dem er selbst als göttlich gesalbter Monarch eine tragende Rolle spielte.

Im Mittelpunkt der Vorbehalte gegen den Kaiser stand jedoch die Befürchtung, er wolle an den städtischen Freiheitsrechten rütteln. Die Erlasse, die er 1220 in Capua verkündet hatte, hatten gezeigt, daß er zumindest in Süditalien derartige Freiheiten nicht zu tolerieren gedachte: Neapel und andere Städte hatten auf Privilegien, die im Vergleich zu denen der lombardischen Städte sehr bescheiden gewesen waren, verzichten müssen. Aber ein Blick nach Deutschland zeigte, daß dort sogar die bürgerlichen Freiheitsrechte, die die Reichsstädte besaßen, auch auf die kaiserlichen Domänen übertragen wurden, während die unter kirchlicher Jurisdiktion stehenden Städte ein weniger gutes Los gezogen hatten. Es war daher ein Irrtum, wenn die Lombarden glaubten, Friedrichs politische Absichten anhand weniger Anhaltspunkte erkennen zu können – den Assisen von Capua, der Wahl Cremonas zu seinem Stützpunkt. Übrigens wurde Cremona mit beachtlichen Privilegien entlohnt, ihre vergangene und zukünftige Rolle als Bewahrerin kaiserlicher Interessen in der Lombardei gebührend hervorgehoben.

Aber auch die kaiserliche Großzügigkeit gegenüber Cremona vermochte die Bedenken der Opposition nicht zu zerstreuen. Sie befürchtete im Gegenteil, daß der Kaiser Cremona als Hebel benutzen würde, um den Einfluß Mailands und seiner Bundesgenossen zu untergraben. So jedenfalls dachte man in Mailand. Friedrich seinerseits hegte die Sorge, daß zwischen den norditalienischen Städten wieder offene Konflikte ausbrechen könnten. Es fiel ihm schwer, die erklärte Freiheitsliebe der Mailänder mit ihrer inneren Zerrissenheit, die Forderung nach Autonomie mit ihrem Anspruch zu vereinbaren, eine Territorialherrschaft über weite Teile der Lombardei und Städte wie Lodi und Como zu begründen. Manche Städte hatten selbst erkannt, wie ernst das Problem ihrer inneren Zwistigkeit war, und hatten als Konsequenz daraus auswärtige Juristen als Gouverneure *(podestà)* berufen, die in jeweils einjährigen Amtszeiten eine unparteiische, über den Fraktionen stehende Politik durchsetzen sollten. Nach den Bestimmungen des Friedens von Konstanz sollten diese *podestà* von der Krone bestätigt werden.

Die Auseinandersetzungen mit den lombardischen Städten bedeutete nicht, daß Friedrich ein Gegner der städtischen Selbstverwaltung gewesen wäre. Allerdings hoffte er, seine Gegenwart werde die unruhigsten Städte ein wenig zur Räson bringen können. Er war bereit, als Schiedsrichter zu fungieren – wie es in der Tat seine Pflicht als Kaiser war –, und er war willens, die von Mailand und seinen Verbündeten unter Druck gesetzten kleineren Städte zu schützen. (Freilich war auch Cremona von Hegemoniebestrebungen und Einschüchterungsversuchen gegen andere nicht freizusprechen.)

Im März 1226 trafen sich in Mantua Abgesandte aus Mailand, Brescia, Mantua, Padua, Treviso und Bologna, um über die kaiserliche Einladung zum Reichstag zu diskutieren. Anstatt abzuwarten, welche Politik Friedrich in Cremona verkünden würde, beschlossen sie, sofort zu handeln: Sie riefen den Lombardenbund neu ins Leben, überzeugt, daß an der Spitze der kaiserlichen Wunschliste eine Neuauflage der Erlasse Barbarossas stand. Die Städte versprachen einander, im Widerstand gegen den Kaiser fest zusammenzustehen, und zwar für fünfundzwanzig Jahre oder länger, bis ihrer Freiheit keine Gefahr mehr drohte. Beeindruckend war an dieser Konferenz von Mantua, daß hier Vertreter von Städten aus weit voneinander entfernt gelegenen Gebieten zusammenkamen, darunter sogar auch Städte, die in der Vergangenheit nicht zu den Gegnern der Hohenstaufen gehört hatten, wie etwa Mantua. Die Wiederbelebung des Bundes weckte in der Lombardei an vielen Orten Hoffnungen. Kleinere Städte erklärten ebenfalls ihren Beitritt, darunter einige, die in der Vergangenheit unter den Machtgelüsten ihrer Nachbarn gelitten hatten: Lodi, Vercelli, Faenza schlossen sich der Bewegung ebenso an wie das durch und durch antikaiserliche Alessandria, das seine Gründung dem Widerstand gegen Barbarossa verdankte, und die aufstrebende Stadt Turin. Unter den Großgrundbesitzern, die ebenfalls hinzustießen, war der Marquis von Montferrat der bedeutendste.

Gefahren entstanden dem Reichstag von Cremona, schon bevor der Lombardenbund zu seiner bedrohlichen Größe anwuchs. Die Mailänder und ihre Verbündeten blockierten die Alpenausläufer, so daß auch diejenigen deutschen Fürsten, die das Gebirge bereits hinter sich hatten, darunter Friedrichs Sohn Heinrich, sich gezwungen sahen, auf dem Weg nach Verona bei Trient umzukehren, denn auch Verona beteiligte sich am lombardischen Aufstand. Cremona schickte Truppen an die Alpenpässe, die aber wenig auszurichten vermochten. Die militärische Stärke der deutschen Fürsten erwies sich als ziemlich begrenzt, im Gegensatz zu den Befürchtungen der Lombarden, und so traten sie gedemütigt den Rückweg nach Deutschland an.

Der Reichstag von Cremona fand daher unter ungüstigen politischen Vorzeichen statt. Nur eine Minderheit der Eingeladenen war vertreten, darunter auch solche Abordnungen, deren Loyalität Friedrich sich nicht einmal sicher sein konnte, beispielsweise die Genuesen. Como hatte Vertreter geschickt, wie es einer Stadt geziemte, die in enger Nachbarschaft zu Mailand lag und auf die die Mailänder seit langem ein Auge geworfen hatten. Pisa, das inzwischen zu den Nutznießern hohenstaufischer Politik gehörte, war vertreten, um nach seiner kompromittierenden Freundschaft mit Otto dem Welfen seine Loyalität zu beteuern; Parma, Modena und Reggio Emilia, drei an der Strecke zwischen Piacenza und Bologna gelegene Städte, waren über die Wiederbelebung des Lombardenbundes unter der Führung ihnen seit langem feindlich gesinnter Städte nicht glücklich. Asti und Lucca hatten schon in der Vergangenheit mit Friedrich I. und Friedrich II. zusammengearbeitet. Auch das Oberhaupt des Hauses Este, das in den bevorstehenden lombardischen Kriegen eine herausragende Rolle spielen sollte, fand sich in Cremona ein, und schließlich war es auch einigen wenigen deutschen Fürsten gelungen, die lombardischen Blockaden zu umgehen.

Im Verlauf des Reichstages stellte sich nun heraus, daß es gar nicht um die Frage nach einer Streichung der Freiheitsrechte lombardischer

Städte ging. Friedrich verlangte von den Stadtstaaten nicht mehr als das, was er nach den Bestimmungen des 1183 geschlossenen Vertrags von Konstanz als sein legitimes Recht betrachtete. Die Rebellen hingegen waren der Überzeugung, eben dieser Vertrag gebe ihnen das Recht, sich dem Kaiser zu widersetzen, wenn er seine Befugnisse überschritt.

Das hatte er jedoch nicht getan, und er hegte auch nicht die Absicht, es zu tun. Die lombardischen Rebellen hatten voreilige Schlüsse gezogen. Nichts deutet darauf hin, daß der Reichstag von Cremona einem anderen Thema gewidmet sein sollte als der Planung des Kreuzzugs. Natürlich wollte der neue Kaiser sich auch seinen lombardischen Untertanen zeigen. Aber das war eher als zeremonieller denn als konstitutioneller Akt gedacht. Es waren auch Abgesandte aus Sizilien, Deutschland und natürlich der Lombardei geladen, so daß der Kaiser alle seine Untertanen symbolisch unter seiner Schirmherrschaft versammelt hatte. Das eigentliche Thema aber war und blieb der Kreuzzug. Für die feindseligen politischen Absichten, die der Kaiser angeblich gegen die lombardischen Städte hegte, vermochten diese keine konkreten Anhaltspunkte vorzulegen. Einige wenige Hinweise in kaiserlichen Briefen auf die »Rechte der Krone« oder auf die Wiederaufrichtung des Reichs lieferten noch keinen Beweis für eine beabsichtigte Wiederbelebung der Politik Barbarossas, auch wenn durchaus denkbar ist, daß Friedrich II. die Freiheiten, die viele Städte genossen, für zu weitgehend und namentlich die Mailänder für Unruhestifter hielt, denen die Grenzen ihrer Macht gezeigt werden mußten. Die Weigerung Mailands, Vertreter zum Reichstag zu entsenden, mußte natürlich bereits als Signal der Nichtanerkennung seiner Hoheitsgewalt über das *regnum Italicum* gedeutet werden, und erst recht betrachtete man in Reichskreisen die Aktivitäten, die die Stadt bei der Wiederbegründung des Lombardenbundes entfaltet hatte, als hochverräterisch. Es war nur folgerichtig, daß die Stadt dem kaiserlichen Bannfluch verfiel. Wenn es von nun an eines der zentralen politischen Anliegen Friedrichs II. war, Mailand und seine Bündnispartner unter die Botmäßigkeit der kaiserlichen Krone zu zwingen, so war das im Grunde eine von den Lombarden selbst provozierte Reaktion.

Doch wie auch immer, für den Kaiser hatte es kritische Folgen: Neben Deutschland, Sizilien und Jerusalem sollte nunmehr auch noch Norditalien seine Aufmerksamkeit und Kräfte beanspruchen, während er bis dahin bemüht gewesen war, die Region sich selbst zu überlassen. Der Konflikt mit den lombardischen Städten wirkte sich auch nachhaltig auf Friedrichs Beziehungen zum Papsttum aus. Der Heilige Stuhl befürchtete, daß bei einer kaiserlichen Herrschaft auch über das nördliche Italien die Stellung des Kirchenstaates als Territorialmacht in Mittelitalien und in der Romagna auf dem Spiel stehen würde. Das Papsttum hatte daher großes Interesse an einer schnellen Beilegung der Spannungen, und dies um so mehr, als die Rebellion den Beginn des Kreuzzugs ein weiteres Mal hinauszuzögern drohte. Hierauf spielte Friedrich an, als er mit dem Kardinal von Porto zusammentraf, der in die Lombardei gekommen war, um Fragen des Kreuzzugs und andere Probleme zu erörtern. Die päpstliche Kurie wurde auf diese Weise in die lombardische Rebellion hineingezogen, stellte sich aber keineswegs in Opposition zu Friedrich. Der Kaiser trat die Vermittlerrolle dabei klugerweise an den Heiligen Stuhl ab.

Friedrich erkannte sehr wohl, daß die Rebellion der Lombarden seinem Ansehen großen Abbruch tat, aber er sann gleichwohl nicht auf Rache. Zum Zeichen seines Friedenswillens verzichtete er darauf, mit Waffengewalt gegen sie einzuschreiten. Das hatte gewiß auch den Grund, daß die aus Deutschland herangeführten Verstärkungen nicht besonders imponierend, ja die meisten von ihnen sogar in Südtirol steckengeblieben waren. Zum anderen aber ließ sich Friedrich von der Einsicht leiten, daß die Bekämpfung des Aufstandes seine Kräfte in Norditalien binden würde, und dies zu einem Zeitpunkt, da in anderen Bereichen so wichtige Aufgaben auf ihn warteten – vor allem in Jerusalem, seinem neu erworbenen Königreich. Auch das spricht dafür, daß Friedrich 1226 keinesfalls ernsthaft daran dachte, die fiskalischen und politischen Forderungen zu erneuern, die einst sein Großvater erhoben hatte. Statt dessen konzentrierte er seine ganze Energie darauf, den Konflikt mit den lombardischen Städten möglichst schnell und friedlich zu lösen, notfalls durch die Vermittlung des Heiligen Stuhls.

Daß man auf päpstlicher Seite dazu bereit war, hatte natürlich vor allem mit dem Interesse am Kreuzzug zu tun. Der Kardinal von Porto beschäftigte sich seit langem mit den Möglichkeiten der Rekrutierung von Kreuzfahrern in Deutschland; in der Lombardei hoffte er, eine weitere Quelle zu erschließen.

Die päpstlichen Legaten und die Lombarden einigten sich schließlich darauf, dem Kreuzzug Friedrichs keine Hindernisse mehr entgegenzustellen. Sie erklärten sich zunächst sogar bereit, Friedrichs Sohn Heinrich in Begleitung von mehr als tausend Rittern über Trient nach Cremona marschieren zu lassen. Als Gegenleistung aber forderten die Lombarden die Anerkennung ihres Bundes und eine Zusage des Kaisers, diesen Bund nicht mit seinem Bann zu belegen. Eine Gruppe kaisertreuer Bischöfe verkündete in Cremona öffentlich die kaiserliche Antwort: Friedrich habe nicht die Absicht, den Städten etwas wegzunehmen, wolle aber auch keine Abstriche an den Rechten hinnehmen, die früheren Kaisern zugestanden hätten. Das hieß, daß er sich so eng wie möglich an die Bestimmungen des Vertrages von Konstanz halten wollte. Doch dann wurden Forderungen und Gegenforderungen ausgetauscht, man kam zu keiner Einigung, und Heinrich mußte, da ihm der Durchmarsch durch das Etschtal verwehrt blieb, nach Deutschland zurückkehren.

Die päpstlichen Unterhändler taten ihr möglichstes, um Mailand zum Einlenken zu bewegen. Sie drohten den widerspenstigen lombardischen Städten mit dem Interdiktum, dem kirchlichen Pendant zum kaiserlichen Bannstrahl. Die päpstlichen Legaten hatten in den monatelangen, zermürbenden Verhandlungen mit den lombardischen Aufständischen die Rückendeckung Friedrichs. In einem Brief vom August 1226 erinnerte er Honorius III. daran, daß »die Ehre der Römischen Kirche wie auch unsere eigene Ehre und die des Reichs« von den Lombarden angegriffen worden sei. Der Grund für die Einschaltung päpstlicher Vermittler war auch der, daß die Lombarden direkte Verhandlungen mit dem Kaiser ablehnten. Das verlangte der Eid, den sie bei der Wiedergründung ihres Bundes geleistet hatten. So blieb als Alternative zu einer kriegerischen Austragung des Konflikts die Vermittlung durch eine Instanz, die für beide Seiten akzeptabel war.

Wie weit Friedrich im Interesse einer friedlichen Einigung zu gehen bereit war, wird aus den Bestimmungen des Vertrages deutlich, der über die Jahreswende 1225/26 zwischen dem Bund und dem Kaiser ausgehandelt wurde. Der wichtigste Punkt besagte, daß der Kaiser die lombardischen Rebellen trotz des ihnen vorgeworfenen Verrats begnadigen und seinen Bannfluch gegen sie aufheben werde. Beschlagnahmte Werte und Gefangene sollten, wo immer es angemessen erschien, zurückgegeben werden. Die bereits bei der Einberufung des Reichstags von Cremona verkündeten kaiserlichen Forderungen blieben jedoch bestehen: Die lombardischen Städte mußten für den Kreuzzug vierhundert berittene Krieger auf die Dauer von zwei Jahren stellen und sich zudem verpflichten, Ketzer zu verfolgen und auszuweisen. Dies sollte aber nur insoweit geschehen, als es nicht dem geltenden städtischen Recht widersprach, eine Einschränkung, die vermutlich mit Rücksicht auf die Vermögenswerte der Flüchtlinge getroffen wurde. Insgesamt waren es durchaus milde Bedingungen für die Lombarden. Friedrich mußte hinnehmen, daß der lombardische Bund praktisch straffrei ausging, weil diese Lösung ihm die Chance bot, zum vorgesehenen Termin ins Heilige Land aufzubrechen. Vermutlich fiel es ihm nicht leicht, nach dem Hochverrat, den die Mailänder und ihre Freunde begangen hatten, Gnade vor Recht ergehen zu lassen.

Um so überraschender war es, daß der Bund zögerte, die Bedingungen zu akzeptieren. Seine Wortführer erklärten, die Abschrift des Vertrags sei ihnen ins Wasser gefallen und lasse sich kaum mehr entziffern. Für Honorius war dies eine pure Unverschämtheit. Es war klar, daß den Rebellen die Exkommunizierung und damit auch die Erneuerung des kaiserlichen Bannes drohte. Klar war auch, von welchen Prioritäten Honorius sich leiten ließ. Die hinhaltende und widerspenstige Politik der Lombarden schadete der Kirche ebenso wie den Interessen des Kaisers und denen der Christenheit. Die scharfe Kritik des Papstes an den Lombarden läßt keinen Zweifel daran, daß die Zusammenarbeit zwischen ihm und dem Kaiser noch immer ein wichtiger Eckpfeiler seiner Politik war. Hier lag ein entscheidender Gegensatz zu jenem ersten, von Papst Alexander III. geförderten Lombardenbund. Und in der Tat war das Fehlen der päpstlichen Unterstützung für den neuen Bund ein ernst zu nehmender Mangel. Gleichwohl trafen die Lombarden schon im späten Frühjahr 1226 in Faenza mit Johann von Brienne zusammen, in dem sie ganz offenbar einen Kandidaten für das Oberkommando in einem eventuellen Krieg gegen seinen Schwiegersohn Friedrich sahen.

Honorius' Brief aber erschütterte die Erfolgszuversicht der Lombarden, und Ende März 1227, volle vier Monate später, gingen sie endlich auf die Bedingungen ein. Ihre Rebellion hatte ein gutes Jahr gedauert und ihnen nichts Greifbares eingebracht. Übrigens stellten sie das zugesagte Kontingent von Rittern für den Kreuzzug nicht, trotz Friedrichs großzügiger Zusicherung, daß er die Kosten ihrer Beförderung ins Heilige Land übernehmen werden. Offenbar sahen sie in der Vereinbarung von 1227 eher einen Waffenstillstand als einen langfristigen Friedensschluß, und in gewisser Weise hatten sie recht: Der Kreuzzug stand so sehr im Mittelpunkt dieser Übereinkunft, daß die Regelung anderer Probleme, wie sie sich eventuell nach Ende des Kreuzzugs ergeben mochten, zu kurz kam.

So stellte die Einigung lediglich eine Wiederherstellung der Konstellation der frühen zwanziger Jahre dar. Macht und Einfluß Mailands blieben unangetastet, und die Mailänder, die wußten, daß sie sich die Feindschaft des Kaisers eingehandelt hatten, machten sich Gedanken darüber, was sie von Friedrich zu gewärtigen hatten, wenn er erst einmal sein Kreuzzugsgelübde erfüllt hatte. Beunruhigend war für die Lombarden auch die Haltung der päpstlichen Legaten. Diese hatten wenig Bereitschaft gezeigt, den Bund zu unterstützen. Honorius hatte seine Drohungen sichtlich ernst gemeint. Der Tod von Papst Honorius Mitte März 1227, kurz bevor die Lombarden die Vertragsbedingungen akzeptierten, vermehrte die Befürchtungen, denn sein Nachfolger auf dem Heiligen Stuhl, der Kardinal von Ostia (und frühere Förderer des Heiligen Franziskus), der den Namen Gregor IX. annahm, hatte die Politik seines Vorgängers mitgestaltet. So bestand im März 1227 wenig Anlaß zu der Annahme, die Ära der päpstlich-kaiserlichen Zusammenarbeit werde bald zu Ende sein.

Honorius III. hatte im Laufe seines Pontifikats zu demonstrieren versucht, daß der Weg zum Frieden in Europa über eine Politik der Versöhnung und Zusammenarbeit, nicht zuletzt mit dem neuen Kaiser, führte. Eine solche Politik bot seiner Überzeugung nach auch die beste Gewähr für das Gelingen des geplanten Kreuzzugs. Er schlug sanftere Töne an als vor ihm Innozenz III. und nach ihm Gregor IX. und Innozenz IV.; er hatte Vertrauen in die Absichten Friedrichs, was ihn jedoch nicht daran hinderte, ihn in Einzelfällen zu tadeln, wenn dieser seine Rechte überschritt, etwa bei der Wahl Heinrichs zum Thronfolger in Deutschland, oder wenn sich Friedrich gelegentlich in Fragen des Kirchenstaats einmischte. Vielleicht verstand Honorius III. den Kaiser und seine Ziele besser als die anderen Päpste, die mit ihm zu tun hatten. Honorius zeigte, daß es zwischen Papst und Kaiser in der Tat Gemeinsamkeiten gab, und er glaubte daran, daß Meinungsverschiedenheiten, so wenig sie auszuschließen waren, sich leichter und besser durch Überredung als durch Verurteilung des anderen schlichten ließen. Mit seinem Tod ging gleichsam ein goldenes Zeitalter päpstlich-kaiserlicher Zusammenarbeit zu Ende.

Betrachtet man die Zusammenarbeit des Papstes mit Friedrich, so stellt sich die Frage, ob er allein über die Politik der Kirche entschied. Denn natürlich gab es innerhalb der Kurie Interessengruppen, die, auch wenn sie sich letzten Endes den Entscheidungen des Papstes unterordneten, für eine stärkere Betonung der Rechte des Papsttums eintraten. Sie beharrten auf der päpstlichen Souveränität über Sizilien, auf seiner Rolle als Schutzpatron der sizilianischen Kirche, gegenüber der Friedrich in der Tradition seiner Vorgänger weitgehende Befugnisse geltend machte, und nicht zuletzt auf der rechtlichen Trennung zwischen Deutschland und Sizilien. Wie die kommenden Ereignisse zeigen sollten, hegte vor allem der Bischof von Ostia, der künftige Papst Gregor IX., schwerste Bedenken gegen Friedrich, nicht nur im Hinblick auf die Aufrichtigkeit seiner Kreuzzugsbegeisterung, sondern auch was seine Haltung in der Frage der Personalunion zwischen Deutschland und Sizilien und seine Politik gegenüber den Lombarden anging.

Aber auch am kaiserlichen Hof mag es unterschiedliche Auffassungen gegeben haben. Daß nicht lange nach Honorius' Tod einige Publizisten die päpstlichen Anmaßungen scharf kritisierten, läßt vermuten, daß es Kritik an der Kurie auch schon zu seinen Lebzeiten gab. Jedenfalls setzten die Angriffe auf Gregor IX. schon sehr bald nach seiner Wahl ein. Eine neue Generation aggressiver Propagandisten der kaiserlichen Sache wuchs heran, ausgebildet an der Universität von Neapel, die Friedrich persönlich im Jahr 1224 gegründet hatte, vorwiegend als Ausbildungsstätte für Juristen. Nachdem Friedrich die Kaiserkrone erlangt hatte, versuchte man, in der Vergangenheit nach Beweisen zu suchen, daß diese Krone ihrem Inhaber das Recht auf Herrschaft über den gesamten Erdkreis verlieh, entsprechend der Tradition eines Augustus, eines Konstantin oder eines Karl des Großen. Vermutlich teilte Friedrich diese Auffassung, wahrscheinlich aber verfolgte er in erster Linie ein sehr viel konkreteres Ziel, das mit dem Anspruch auf universale Herrschaft allerdings keineswegs unvereinbar war: das Ziel, seinem Erben Heinrich ein unversehrtes Vermächtnis zu hinterlassen, das zu hüten die Hohenstaufen von Gott berufen waren. Die Politik seiner Jugendjahre, sein Kampf um die Wiedererlangung der in seinen Augen legitimen Rechte in Deutschland und Sizilien – all dies unterstrich die Betonung des dynastischen Charakters seiner Politik. Die Zukunft des Hauses Hohenstaufen lag ihm ebenso am Herzen wie die Wiedereinsetzung in seine Rechte in der Lombardei und anderswo. Das eine ließ sich vom anderen nicht trennen. Friedrich war ein Mann des 12. wie des 13. Jahrhunderts; die Ziele, die er verfolgte, hatten schon seine Vorgänger verfolgt, und bei seinen Nachfolgern sollte dies nicht anders sein. Es galt, den eigenen Söhnen die Krone zu sichern, das eigene Erbe unversehrt zu bewahren, ja nach Möglichkeit zu mehren.

Im Verlauf der zwanziger Jahre des kam diese Zielsetzung immer unverhohlener zum Ausdruck, vor allem in dem Konflikt mit den Lombarden. Widerstände gegen die Rechtsansprüche Friedrichs gaben jeweils Anlaß zu einer genaueren Überprüfung dieser Ansprüche. Der Streit mit den lombardischen Städten hatte daher Auswirkungen, die weit über die lokalen Probleme hinausgingen.

Als der Konflikt von neuem entbrannte und ein weiteres Mal kämpferische Auseinandersetzungen drohten, war man am kaiserlichen Hof für diesen Kampf gerüstet.

KAPITEL 5
Die Reise nach Jerusalem 1227–1230

I

Gregor IX. – schon der Name, den der neue Papst wählte, war ein Signal, denn er gemahnte an jenen früheren Gregor, der sich im 11. Jahrhundert einen so erbitterten Machtkampf mit dem deutschen König Heinrich IV. geliefert hatte. Wie Gregor VII., war auch Gregor IX. nicht gerade ein duldsamer Mensch. Er war entschlossen, sich dem wichtigsten Problem, mit dem der Heilige Stuhl konfrontiert war, vom ersten Tag seines Pontifikats an zu stellen: dem Verhältnis zwischen Papst und Kaiser. Der Kreuzzug war nur eines von mehreren damit zusammenhängenden Themen.

Honorius hatte das durch die Personalunion zwischen Sizilien und dem Kaiserreich aufgeworfene Dilemma ebensowenig lösen können wie die Frage des künftigen Status der Lombardei. Gregor hingegen machte von Anfang an deutlich, daß er Wert auf den absoluten Vorrang seines Amtes vor dem des Kaisers legte. Er sah seine Aufgabe nicht darin, in der Auseinandersetzung zwischen dem Kaiser und den lombardischen Städten die Rolle irgendeines beliebigen Vermittlers zu spielen. Für Gregor IX. war Vermittlung vielmehr gleichbedeutend mit der Wahrnehmung des höchsten dem Papsttum verliehenen Mandats: als oberster Richter auf Erden zu wirken. Nach seiner Wahl trat daher an die Stelle der Zusammenarbeit zwischen Papst und Kaiser der Anspruch auf Unterordnung des Kaisertums unter den Willen des Heiligen Stuhls. Gregor war um so eher in der Lage, eine solche Position zu vertreten, als er ein außergewöhnlich befähigter Redner und Verfechter seiner Sache war, »kraftvoll in Wort und Tat«, wie Honorius III. seinen eigenen Nachfolger beschrieben hatte. Er hatte aber auch einen Sinn für geistliche Probleme seiner Zeit, was sich auch darin zeigte, daß er schon lange vor seiner Wahl zum Papst den gerade gegründeten Franziskanerorden in seine besondere Obhut nahm.

Seine Wahl auf den Thron Petri einen Tag nach dem Tod von Honorius III. kam daher nicht überraschend. Er war eine führende Gestalt innerhalb der Kurie, der sich unter Innozenz und Honorius entschieden für die Durchsetzung päpstlicher Interessen eingesetzt hatte, ja vielleicht sogar Bedenken angesichts der Versöhnungsbereitschaft von Honorius gehabt hatte. Denn eine enge Zusammenarbeit zwischen Papst und Kaiser war eher ungewöhnlich und weckte die Befürchtung, zum Vorteil des Kaisers auszufallen.

Der Kreuzzug gab dem neuen Papst Gelegenheit, den politischen Kurzwechsel zu demonstrieren. Schon in seinem ersten Brief warnte er den Kaiser vor Unternehmungen, die dem Interesse der Kurie zuwiderliefen, und erinnerte ihn an sein Kreuzzugsgelübde. Vielleicht hoffte Gregor sogar, Friedrich werde nicht imstande sein, zu dem versprochenen Zeitpunkt aufzubrechen. In diesem Fall hätte er den Kaiser wegen Eidesbruchs exkommunizieren können.

Doch im Laufe des Sommers 1227 machten Friedrichs Vorkehrungen gute Fortschritte. Nach und nach hatten sich viele Interessenten dem Unternehmen angeschlossen: Deutsche Ritter, Söldner und Pilger strömten nach Apulien, von wo aus der Kaiser sie ins Heilige Land bringen sollte. Der Landgraf von Thüringen traf sogar mit mehreren hundert Reitern ein. Doch als die Vorbereitungen fast zum Abschluß gekommen waren, brach in der Sommerhitze Apuliens eine Seuche aus, der zahlreiche Kreuzfahrer zum Opfer fielen. Es war ein schwerer Rückschlag für den Kreuzzug. Auch Friedrich erkrankte, ebenso sein Freund und Gefährte, der Landgraf von Thüringen. Trotzdem schifften sich die beiden im September in Brindisi ein. Doch dem Landgrafen half auch die Seeluft nicht mehr, noch während der Fahrt erlag er der Seuche.

Friedrich hingegen, der bereits auf dem Wege der Besserung war, ließ sich in Otranto an Land setzen und reiste zu den Bädern von Pozzuoli, um sich dort einer Erholungskur zu unterziehen. Zutiefst entmutigt, gelangte er zu der Einsicht, daß er den Aufbruch zum Kreuzzug verschieben müsse. So schickte er einige Galeeren nach Syrien voraus und wies den Herzog von Limburg und Hermann von Salza, den Großmeister des Deutschen Ritterordens, an, mit der Verteidigung des Königreichs Jerusalem zu beginnen. Dieser Schritt macht deutlich, daß Friedrich willens war, den Kreuzzug bei nächster Gelegenheit wieder aufzunehmen. Als neuen Termin gab er den Mai 1228 bekannt.

Die neue Verzögerung mußte dem Papst selbstverständlich erklärt werden, und so entsandte Friedrich Botschafter zu Gregor IX., die von der Erkrankung des Kaisers berichten sollten. Doch Gregor zeigte sich nicht einmal bereit, die Abgesandten zu empfangen. Genug, daß Friedrich sein Versprechen nicht gehalten hatte; die Gründe dafür wurden überhaupt nicht zur Kenntnis genommen. Als habe er nur auf die Gelegenheit gewartet, warf Gregor dem Kaiser öffentlich vor, sein Versprechen wiederholt gebrochen zu haben; es sei nun klar, welche Strafe er zu gewärtigen habe. Zweifellos bediente Gregor sich dieses Vorwurfs, um eine viel breiter angelegte Offensive gegen den Kaiser und dessen »Anmaßungen« zu rechtfertigen. Denn als er im Oktober 1227 an Friedrich schrieb, um die Position des Heiligen Stuhls zu erläutern, kam er auf eine ganze Reihe von Fragen zu sprechen. Er klagte darüber, daß Friedrich in Sizilien die Kirche verfolgt und dabei keine Achtung vor ihren Rechten und Freiheiten gezeigt, ja sogar führende Geistliche des *regno* ins Exil getrieben habe. Und dies, obwohl sich Sizilien noch immer unter der Souveränität der römischen Kirche befinde. Worum es Gregor ging, liegt auf der Hand. Er forderte die Anerkennung dieses Mandats und die Trennung Siziliens vom Kaiserreich. Friedrichs Herrschaft über Sizilien, unter Honorius III. noch eher ein schwelender Konflikt, war jetzt zu einem Streitfall ersten Ranges geworden.

In einer zweiten, noch im gleichen Monat herausgegebenen Enzyklika weitete Gregor seine Vorwürfe aus. Er führte nun sämtliche Punkte auf, die der Kirche Anlaß zum Klagen gaben. So hob er auch die Undankbarkeit Friedrichs hervor: War der Kaiser nicht von Kindesbeinen an ein Schützling der Kirche gewesen, ja verdankte er nicht sogar sein Überleben der Kirche? Auch aus der päpstlichen Enttäuschung wurde kein Hehl gemacht: Man habe große Hoffnungen auf die Zusammenarbeit zwischen Papst und Kaiser gesetzt. Der Heilige Stuhl habe die Erhebung Friedrichs zum deutschen König und Kaiser unterstützt und sich von ihm als Gegenleistung Hilfe im Kampf für die Christenheit erhofft. Friedrich selbst habe, so wurde mit Nachdruck betont, bei seiner Krönung in Deutschland das Kreuzzugsgelübde abgelegt, ohne von Rom dazu gezwungen worden zu sein, und er selbst habe erklärt, daß diejenigen exkommuniziert werden müßten, die ihren Eid nicht hielten. Schließlich habe Friedrich von sich aus einen Termin festgelegt und seiner eigenen Exkommunizierung zugestimmt für den Fall, daß er sein Gelübde bis dahin nicht erfüllen würde. Der Schluß war somit zwingend: Der Kaiser war für die Strafen, die ihm drohten, selbst verantwortlich. Bei ihm allein lag die Schuld dafür, daß alles so gekommen war.

Friedrich wurde also exkommuniziert. Das war an und für sich noch keine Katastrophe. Exkommuniziert zu werden gehörte gleichsam zum Berufsrisiko mittelalterlicher Kaiser. Friedrich I. hatte sich den größten Teil seiner Amtszeit über mit diesem Status abfinden müssen. Schlimmer und bedenklicher war die beharrliche Weigerung Gregors IX., die

Tatsachen zur Kenntnis zu nehmen. Seine Enzyklika vom Oktober 1227 beruhte schlicht auf unwahren Aussagen. Bedenklich war auch, daß Gregor sich so sehr beeilte, auch den Status der sizilianischen Kirche und die Erhebung Friedrichs auf den deutschen Thron in die Auseinandersetzung einzubeziehen.

Tief betroffen über seine Exkommunizierung, reagierte Friedrich mit einem Brief, der sich an alle Christen richtete. Dabei bemühte er sich, den ruhigen Ton beizubehalten, den er im Umgang mit Honorius III. gehabt hatte. Er habe, so schrieb er, in der römischen Kirche seinen »Vater« gesehen und dem Stellvertreter Christi auf Erden die nötige Ehrerbietung erwiesen; er habe ihm vertraut, dafür aber nichts als Mißgunst geerntet. Friedrich warf Papst Gregor vor, Feindschaft und Haß zu schüren, und vielleicht dachte er dabei mit besonderer Sorge an die lombardischen Städte, die, so schien es wenigstens, über Nacht einen mächtigen Verbündeten gewonnen hatten. Außerdem konnte Friedrich nachweisen, daß er Geld und Truppen ins Heilige Land geschickt und sein Versprechen, den Kreuzzug alsbald zu beginnen, bis zum Eintritt seiner Krankheit erfüllt hatte.

Natürlich war Friedrich bemüht, die Auseinandersetzung auf Fragen des Kreuzzugs zu beschränken. Er war ungehalten darüber, daß Gregor auch andere Fragen zum Gegenstand der Auseinandersetzung gemacht hatte, wie etwa die Frage nach dem Status der Kirche in Sizilien. Dies verriet, daß es dem Papst weniger um die Durchführung des Kreuzzugs als darum ging, Friedrich die Herrschaft über Sizilien zu entwinden. Zwischen der kaiserlichen und der päpstlichen Auffassung über den Status Siziliens war also ein unversöhnlicher Gegensatz zutage getreten. Friedrich beharrte auf der normannischen Auffassung, wonach Sizilien und seine Kirche unabhängig von Rom waren und die Herrscher über das Königreich ihre Macht unmittelbar von Gott ableiteten. Der Papst hingegen sah in Sizilien eine besondere Domäne des Heiligen Stuhls, somit einen Bestandteil des Patrimoniums von St. Peter, der den Hautevilles lediglich vorübergehend und auf Widerruf übereignet worden war.

Kaum verwunderlich, daß Friedrich sich bald mit anderen Herrschern in Verbindung setzte, deren Interessen seiner Ansicht nach ebenfalls durch die Vorherrschaftsansprüche des Papstes bedroht waren: Hatte nicht schon der König von England den Forderungen von Innozenz III. nachgeben und England unter päpstliche Kuratel stellen müssen? Und war nicht der Albigenser-Kreuzzug dazu benutzt worden, die südfranzösischen Barone einzuschüchtern, in der Hoffnung, auf diese Weise den Einfluß des Papsttums in dieser Region zu vergrößern? Friedrich brandmarkte die Geldgier der Päpste und warf ihnen vor, sich eben selbst des Wuchers schuldig zu machen, den sie öffentlich verurteilten. Doch Friedrichs Anschuldigungen gingen weiter; er warf der Kirche vor, sie sei von den Grundsätzen ihres Begründers abgewichen. Nicht auf Reichtum, sondern auf Armut sei die christliche Kirche gegründet worden, gerade dies aber sei von den Päpsten vergessen worden. Damit rührte Friedrich sicherlich an einem empfindlichen Punkt. Er warf Gregor IX., dem Schutzherrn der Franziskaner, vor, den Idealen des Franziskus untreu geworden zu sein. Friedrichs Brief nach England erregte dort sicherlich Aufsehen, denn der Chronist Matthew Paris zitierte die Worte des Kaisers mit Genugtuung in seiner *Chronica majora*. War hier doch einmal die in der Kirchenhierarchie so verbreitete Heuchelei beim Namen genannt und aufgedeckt worden, daß die christliche Kirche ein Opfer der Habgier und Verwerflichkeit derer geworden war, die sich als Erben des Heiligen Petrus ausgaben.

Ebenso wie die wütenden Briefe Gregors der Ausbruch lange aufgestauten Unmuts über die kaiserliche Politik waren, verrieten Friedrichs Briefe nach England, daß er lange über Wesen und Geschichte des Papsttums nachgedacht und für die Vorstellungen eines Innozenz III. und eines Gregor IX. von der Unumschränktheit päpstlicher Macht kein Verständnis hatte. Friedrich war sich indessen bewußt, daß es unklug war, den päpstlichen Vorrangansprüchen ähnlich provozierend entgegenzutreten, wie Gregor IX. es gegenüber dem Kaiser getan hatte. Seiner Meinung nach mußten Papst und Kaiser vielmehr um der Erhaltung des Friedens willen nach einem *modus vivendi* suchen. Gerade diese Bereitschaft zu einer Versöhnung mit Gregor ist Zeugnis einer erstaunlichen staatsmännischen Reife. Welche Mühe aber den Kaiser eine solche Haltung gekostet haben mag, zeigen seine zornigen Briefe nach Frankreich und England.

Bekundungen der Solidarität mit Friedrich wurden alsbald geäußert, wenn auch natürlich nicht aus den Kreisen der päpstlichen Kurie. Aber selbst römische Bürger wurden zugunsten des Kaisers aktiv – häufig genug war ihr Verhältnis zu den Päpsten gespannt, da sie die politische Vorherrschaft in der Stadt anstrebten und in ihren Stellungnahmen häufig die Funktion Roms als Hauptstadt des Kaiserreichs ins Spiel brachten. Als Gregor zu Ostern in der Peterskirche zu einer Predigt gegen Friedrich ansetzte, gab es Tumulte. Er wurde aus der Kirche und durch die Straßen Roms gejagt und rettete sich nach Viterbo im Norden der Stadt. Gewalttätigkeiten des römischen Pöbels, die daraufhin folgten, bestärkten den Papst nur in seiner Entschlossenheit, Friedrich in die Knie zu zwingen: Seine Demütigung war tief. Gregor konzentrierte seine Energie daher darauf, die ehrgeizigen Kreuzzugspläne Friedrichs zu Fall zu bringen. So kam es zu der bemerkenswerten Situation, daß ein Papst der sizilianischen Kirche untersagte, ihren Kreuzzugs-Zehnten abzuliefern; nie zuvor hatte es allerdings auch einen Kreuzzug gegeben, der von einem Exkommunizierten dieses Ranges geführt worden war. Gregor war inzwischen überzeugt davon, daß Friedrich den Kreuzzug ungeachtet seiner Exkommunizierung durchführen würde, und er befürchtete, daß ein erfolgreicher Kreuzzug Friedrichs der Autorität des Heiligen Stuhls schweren Abbruch tun konnte. Denn es handelte sich jetzt eindeutig um einen kaiserlichen Kreuzzug, gegen den ausdrücklichen Willen des Papstes unternommen, eine Art Antikreuzzug, der ohne Rücksicht auf päpstliche Wünsche von Leuten durchgeführt wurde, die offenkundig vor den Anordnungen der Kirche wenig Respekt zeigten oder denen doch das Gott gegebene Versprechen, gen Osten zu ziehen, wichtiger war als das bindende oder freisprechende Wort des Heiligen Stuhls.

Das Papsttum machte jetzt eine Erfahrung, die auch vielen späteren Historikern entgangen ist: Es waren im Grunde nicht die Päpste, die die europäische Ritterschaft zum Kampf für den Glauben mobilisierten, sondern die Kreuzfahrer waren überzeugt davon, daß sie für ihre Bemühungen und Opfer im Dienste Christi himmlischen Lohn erhalten würden, unabhängig davon, ob der Stellvertreter Christi in Rom ihnen dies zusicherte oder nicht. Bei einem Kreuzzug, der ohne päpstlichen Segen zustande gekommen war, stand daher das politische Ansehen des Papsttums selbst auf dem Spiel, dessen Rolle als Organisator des Heiligen Krieges und als Vermittler zwischen Gott und den Menschen – durch das Angebot der Vergebung aller Sünden – dann in Frage gestellt wäre.

II

Die Erfolgsaussichten für den Kreuzzug Friedrichs erschienen jetzt, gegen Ende der zwanziger Jahre, günstiger als unmittelbar nach dem Scheitern des Fünften Kreuzzugs. Denn unorthodox, wie Friedrich auch als Kreuzfahrer war, hatte er diplomatische Kontakte zum Sultan von Ägypten, Al-Kamil, hergestellt. Ein Abgesandter des Sultans, der Emir Fahr ed-Din, besuchte um 1226 den Hof Friedrichs. Der Sultan sah

Das toskanische San Gimignano wird noch heute von den erhaltenen sieben der einst siebzig Geschlechtertürme geprägt, mit denen die Guelfen und Ghibellinen ihre Zugehörigkeit zur päpstlichen oder kaiserlichen Partei zu erkennen gaben. Solche Türme der verfeindeten Parteien prägten einst fast alle Städte der Toskana. Sie dienten nur zum Teil der Verteidigung; oft demonstrierte eine Familie damit nur ihre Geltung, ihren Reichtum und ihre Macht.

sich von den militärischen und politischen Erfolgen seines Bruders, des Gouverneurs von Damaskus, bedrängt. Damaskus hatte ein Bündnis mit den choresmischen Türken geschlossen, die das Gebiet nördlich des Iran beherrschten, doch Al-Kamil argwöhnte, sein Bruder habe es in Wirklichkeit auf Ägypten abgesehen.

Daß ein ägyptischer Herrscher bereit war, sich mit dem Anführer eines Kreuzzugs zu arrangieren, sollte nicht überraschen. Die Moslems sahen in den Kreuzzügen nicht so sehr heilige Kriege als vielmehr fränkische Eroberungszüge in den Osten, und es erschien ihnen vollkommen vernünftig, die Franken als Druckmittel gegen ihre Rivalen in der islamischen Welt zu benutzen. Kurzfristige Allianzen zwischen den Königen von Jerusalem und islamischen Nachbarstaaten waren im übrigen auch nichts absolut Neues. Friedrich wußte mit Sicherheit, daß der Verlust Jerusalems im Jahr 1187 Folge der Vereinigung des islamischen Nahen Ostens unter Saladin gewesen war; es war daher nur folgerichtig, wenn er versuchte, sich die Zwietracht zwischen den Nachfolgern Saladins zunutze zu machen.

Hier lag in der Tat der Schlüssel zum Erfolg seines Kreuzzugs. Friedrich war sich bewußt, wieviel mit diplomatischen Mitteln zu erreichen war. Frühere Kreuzfahrer dagegen hatten diese Einsicht nur widerwillig hingenommen, selbst wenn sie zum Verhandeln gezwungen waren. Richard Löwenherz beispielsweise hatte lange gezögert, ehe er sich zu Verhandlungen mit Saladin bereitgefunden hatte. In dieser Hinsicht handelte Friedrich nicht so sehr als Kreuzfahrer, als vielmehr in der Tradition der Könige von Jerusalem, die von den Feinheiten des diplomaten Spiels im Nahen Osten weit mehr verstanden als die in der Ferne beheimateten Kreuzfahrer. Friedrichs Verständnis für die Probleme des Ostens war eindrucksvoll, und bis zu einem gewissen Grad war es wohl ein Resultat seiner Kontakte zu den nordafrikanischen Emiren, den Nachbarn im Süden Siziliens, sowie seiner Bekanntschaft mit islamischen Gelehrten. Gerade seine Kontakte zu Ägypten aber sollten später gegen ihn verwandt werden, in Form jener absurden Vorwürfe wegen seiner vermeintlichen Vorliebe für den Islam.

Vielversprechend war auch das zwar langsame, aber stetige Vorankommen des Kreuzfahrerheers, das 1227 nach Osten weitermarschiert war, während Friedrich in Süditalien seine Krankheit auskuriert hatte. Sidon, früher durch einen Waffenstillstandsvertrag zwischen Christen und Moslems geteilt, stand inzwischen wieder völlig unter fränkischer Kontrolle. In weiter südlich gelegenen Hafenstädten – Jaffa und Caesarea – wurden Festungsanlagen errichtet. (Einige der in Caesarea bis heute zu besichtigenden Festungsbauwerke, die gewöhnlich mit dem Besuch des Heiligen Ludwig von Frankreich im Jahr 1250 in Verbindung gebracht werden, stammen in Wirklichkeit wahrscheinlich aus der Regierungszeit Friedrichs.) Den Deutschen Ordensrittern wurden nicht nur Gebiete im fernen Baltikum angeboten, sondern auch in Galiläa, wo sie eine der eindrucksvollsten Kreuzfahrerburgen errichteten: das erhalten gebliebene, heute auf israelischem Staatsgebiet liegende Starkenberg oder Montfort.

Dank dieser Aktivitäten verstärkte sich der Druck auf die Moslems, und Al-Kamil, der sich über die Ziele der Franken im klaren war, versuchte Friedrich mit Versprechungen zu locken, die denen ähnelten, die im Verlauf des Fünften Kreuzzugs gemacht worden waren und die Rückgabe verlorener Territorien an das Königreich Jerusalem in Aussicht stellten. Als Gegenleistung sollte Friedrich sich verpflichten, Damaskus anzugreifen und den Bruder Al-Kamils auszuschalten. Friedrich war freilich geschickt genug, um auch Al-Muazzam in Damaskus zu fragen, was er den Franken anzubieten habe, doch dieser drohte mit Krieg. Zweifellos war sich Friedrich bewußt, daß seinen Interessen am besten gedient war, wenn die Rivalität zwischen Al-Kamil und Al-Muazzam bestehen blieb. Wie richtig diese Einschätzung war, sollte sich schon bald herausstellen: Als kurz vor Beginn von Friedrichs Kreuzzug Al-Muazzam starb, ließ unvermittelt auch Al-Kamils Werben um Friedrichs Freundschaft nach. Der islamische Historiker Ibn Wasil urteilt treffend:

Sein Bruder Al-Muazzam, der der Grund gewesen war, um dessentwillen er Friedrich um Hilfe gebeten hatte, war gestorben, und Al-Kamil brauchte den Kaiser nicht mehr.

Zu einer weiteren Komplikation kam es im April 1228 durch den Tod Isabellas, der Königin von Jerusalem, die noch kurz zuvor Friedrich einen Sohn, Konrad, geboren hatte. Friedrich befand sich jetzt in derselben prekären rechtlichen Lage wie einst Johann von Brienne: Er war König von Jerusalem kraft Rechtes seiner inzwischen verstorbenen Frau. Doch mit derselben Kühnheit, die er gegenüber Johann an den Tag gelegt hatte, betrachtete sich Friedrich auch weiterhin als König von Jerusalem, ungeachtet des Einwandes, daß der neugeborene Konrad von Rechts wegen als König anerkannt werden müsse und Friedrich lediglich als Regent und Titularkönig amtieren dürfe. Als diese Auffassung sich unter den Rechtsgelehrten des Königreichs Jerusalem herumsprach, wurde dies zu einer Gefahr für den Erfolg des kaiserlichen Unternehmens, das in den Augen mancher Zeitgenossen plötzlich kein Kreuzzug mehr gegen den Islam war, sondern die militärische Expedition des Königs von Jerusalem, der seine Untertanen zur Ordnung rufen wollte. Hinzu kam, daß Johann von Brienne nach wie vor in Italien war und enge Kontakte zu Papst Gregor hielt, der sich für seine Klagen und Beschwerden weit empfänglicher zeigte, als Honorius es je gewesen war. Nicht ohne Zutun Johanns begannen Gerüchte die Runde zu machen, denen zufolge Isabella von Friedrich ins Grab gebracht worden sei – was barer Unsinn war, schon deshalb, weil ihr Tod dem Kaiser nicht den geringsten Nutzen gebracht hatte und Methoden dieser Art überhaupt nicht zu ihm paßten.

Friedrich entgingen diese Dinge nicht, aber er fuhr unbekümmert mit den Vorbereitungen des Kreuzzugs fort, der in den Augen der Welt der beste Beweis seiner Unschuld sein würde. Offenbar fiel es ihm schwer, zu glauben, daß Gregor einen regelrechten Krieg gegen ihn entfesseln würde, sobald er Europa den Rücken gekehrt hätte. Gewiß, es gab Anzeichen dafür, daß der Papst in Nord- und Mittelitalien Söldner zu rekrutieren suchte, und Friedrich rechnete sicher damit, daß es in diesen Regionen während seiner Abwesenheit zu Auseinandersetzungen kommen würde: Mailand, Florenz und andere feindlich gesinnte Städte würden sich gegen den Kaiser erheben, ohne dessen Gegenmaßnahme befürchten zu müssen. Gregor entsandte sogar einen Legaten nach Deutschland, in der Hoffnung, dort Anzeichen von Auflehnung anzutreffen. Es gibt jedoch keine triftigen Anhaltspunkte dafür, daß er zu diesem Zeitpunkt schon an die Wahl eines Gegenkönigs durch eine Opposition deutscher Fürsten dachte. Zum einen fehlte es an einer gut organisierten Gruppe fürstlicher Opponenten. Zum andern hatte Friedrich selbst die Hoffnung, zu einer Verständigung mit dem Papst zu kommen, noch nicht aufgegeben. Wahrscheinlich hoffte er, durch seinen Aufbruch zum Kreuzzug die Vorwürfe des Papstes zu entkräften und diesen gleichsam zu entwaffnen. Die Anklagen Gregors beschränkten sich zwar nicht auf den Kreuzzug allein, aber Friedrich hatte gute Chancen, sich mit dem Kreuzzug in den Augen der Öffentlichkeit zu rehabilitieren und einen solchen Rückhalt zu gewinnen, daß Gregor gezwungen sein würde, den Konflikt zu begraben. Die Episode in Rom, die Vertreibung Gregors aus der Stadt, hatte gezeigt, wie groß die Sympathien für Friedrich tatsächlich waren.

Überlegungen dieser Art mögen Friedrich bewegt haben, als er im Juni 1228 eine abschließende Botschaft an den päpstlichen Hof schickte. Er erklärte darin, er habe sein Gelübde nunmehr erfüllt; zu dem Zeitpunkt, da Gregor den Brief in Händen halte, werde er bereits auf See sein. Doch es half nichts, Gregor blieb unerbittlich. In seinen Augen änderte die Abreise des Kaisers nicht das geringste an seiner Schuld und Verfehlung. Im Gegenteil, sie verschlimmerte sie noch, denn er war jetzt ein ungehorsamer, exkommunizierter Kreuzfahrer – ein Widerspruch in sich.

Vielleicht hatte Gregor nicht ernsthaft mit Friedrichs Aufbruch gerechnet. In diesem Fall ist es wahrscheinlich, daß die in Norditalien zusammengezogenen Söldnertruppen nicht für militärische Ziele südlich von Rom gedacht waren. Nachdem aber Friedrich in See gestochen war, konnte Gregor der Versuchung nicht widerstehen: Das Königreich Sizilien lag schutzlos da. Dem falschen Heiligen Krieg des Kaisers im Osten wollte der Papst nun einen gerechten Krieg im Süden entgegensetzen, zur Rückeroberung der vom Kaiser widerrechtlich beanspruchten Gebiete.

III

Es ist erstaunlich, wie wenig Friedrichs Konflikt mit dem Papst seine Untertanen im Heiligen Land beunruhigte. Selbst die ihm am wenigsten freundlich gesonnenen Chronisten im Osten akzeptierten sein Anrecht auf die Krone von Jerusalem, so geringschätzig sie auch über die mit diesem Titel verbundenen Machtbefugnisse denken mußten. Auf jeden Fall erklärten sie sich grundsätzlich mit dem Kreuzzug einverstanden. Seit 1189 warteten sie schon auf den vom Kaiser des Heiligen Römischen Reiches selbst angeführten Kreuzzug, ihre Hoffnung auf eine Wiedereroberung Jerusalems ruhte längst nur noch auf einem kaiserlichen Kreuzzug.

Die gewalttätigen Auseinandersetzungen, die im Heiligen Land zwischen Friedrich II. und Teilen der fränkischen Aristokratie ausbrachen, hatten daher wenig mit dem Konflikt zwischen Friedrich und Gregor IX. zu tun. Friedrich hatte eine andere politische Welt betreten, und daß er dies nicht erkannte, verursachte Probleme. Philip von Novara, der einen ausführlichen Bericht über den Besuch Friedrichs im Heiligen Land hinterlassen hat – gesehen mit den Augen einer dem Kaiser feindlich gesinnten fränkischen Gruppe –, vertrat noch die Auffassung, daß »Kaiser Friedrich 1229 auf Anweisung von Papst Gregor übers Meer nach Syrien gefahren kam«; im weiteren Verlauf der Erzählung erwähnt er nur an einer Stelle den Versuch Gregors, Süditalien zu erobern. Im Mittelpunkt des Denkens der im Osten lebenden Franken stand zu recht ihr Kampf ums Überleben, lebten sie doch gleichsam auf einer Insel mitten in islamischem Gebiet; nur ihren Kirchenmännern bereitete die Exkommunizierung des Kaisers tiefe Sorge.

Auf einer Route, die über die Ionischen Inseln, Kreta, Rhodos und entlang der kleinasiatischen Küste führte, erreichte die kaiserliche Flotte am 21. Juli 1228 den Hafen Limassol im südlichen Zypern. Philip von Novara war von dem, was er sah, offenbar nicht sehr beeindruckt: Die Flotte zählte etwa sechzig Schiffe, darunter Galeeren und Versorgungsboote. Allerdings war schon einige Monate zuvor ein anderes Geschwader unter dem Kommando des kaiserlichen Marschalls Riccardo Filangieri gen Osten aufgebrochen. Trotzdem hatte der Kaiser nicht jene furchterregende Streitmacht bei sich, auf die sich im Osten die Hoffnungen all derer gerichtet hatten, die eine endgültige Abrechnung mit den Gegnern der Franken und des Christentums herbeisehnten.

Friedrich hatte übrigens gute Gründe, auf dem Weg ins Heilige Land in Zypern Zwischenstation zu machen. Sein Vater Heinrich hatte dem lusignanischen Herrscher Zyperns eine Krone geschickt, und am Kaiserhof betrachtete man Zypern daher als ein Vasallenkönigreich des Heiligen Römischen Reiches. Der zyprische König Heinrich war jedoch noch ein Kind; regiert wurde die Insel von Johann von Ibelin, der zugleich Herr über Beirut war, das zum Königreich Jerusalem gehörte. Er herrschte im Namen der verwitweten Königinmutter Alice, die die eigentliche Regentin *(bailli)* war. Das erste Problem, das sich stellte, war somit die Verflechtung zwischen der zyprischen Regentschaft und der Jerusalemer Aristokratie. Der Baron von Beirut war einer von mehreren mächtigen Großgrundbesitzern auf Zypern, denen dazu auch noch Ländereien auf dem Festland gehörten. Falls Friedrich sich mit dem zyprischen Adel überwarf, so konnte dies seine Erfolgsaussichten im Königreich Jerusalem empfindlich beeinträchtigen.

Ein anderes Problem betraf die Rechte des Kaisers gegenüber dem minderjährigen König. Friedrich fand sich in einer ähnlichen Rolle, wie sie vor Jahren Papst Innozenz III. ihm selbst gegenüber innegehabt hatte. Rechtlich gesehen, war er Vormund und Schutzherr des kleinen Heinrich, und Johann von Ibelin handelte lediglich in seinem (und Alices) Auftrag. Eines der ersten Dinge, die Friedrich nach seiner Landung auf Zypern tat, war denn auch die Absendung eines Briefes an Johann von Beirut, der nicht zu seiner Begrüßung erschienen war, sondern sich in Nikosia aufhielt. Der Kaiser bat darum, den jungen König zu ihm zu bringen.

Johann von Ibelin war alarmiert, denn er war sich über die wirklichen Ziele Friedrichs im unklaren. Philip von Novara, der aus der Perspektive Ibelins urteilte, sah in dem Kaiser einen Mann, der süße Worte sprach, aber böse Taten beging, doch entspringt dieses Urteil zweifellos einer späteren Zeit. Fest steht aber, daß es in den Reihen des zyprischen Adels etliche gab, die die Ankunft des Kaisers auf ihrer Insel keineswegs freudig begrüßten, zumal Friedrich Kontakt zu einer rivalisierenden zyprischen Adelsfraktion aufgenommen hatte, an deren Spitze eine von

Aimery Barlais geführte Gruppe stand. Aimery hatte den Kaiser auch im Hafen von Limassol in Empfang genommen und ihn unverzüglich mit Klagen über die mächtigen Ibelinen überhäuft. Er und die Seinen erboten sich, dem Kaiser im Heiligen Land Unterstützung zu gewähren. Als Gegenleistung wünschten sie sich kaiserliche Maßnahmen gegen die Ibelinen.

Worum ging es bei diesen Intrigen? Philip von Novara kennzeichnet die Rivalität zwischen den beiden Fraktionen als einen Machtkampf zwischen zwei Clans um die Macht auf Zypern. Johann von Ibelin fungierte zwar de facto als *bailli* oder Regent und war der Inhaber der wirklichen Macht auf der Insel, aber solange sich Kaiser Friedrich als nomineller oberster Souverän Zyperns auf dem Territorium des Inselkönigreichs aufhielt, mußte Johann sich ihm unterordnen. Die Opposition, der zahlreiche Klagen gegen die Machenschaften Ibelins auf dem Herzen lagen – nicht zuletzt über zweckwidrigen Umgang mit staatlichen Geldern –, bestürmte mit ihren Beschwerden natürlich den Kaiser.

Johann von Ibelin und seine Anhänger hatten Bedenken dagegen, den jungen König Heinrich in die Hände Friedrichs zu geben. Sie beteuerten statt dessen, wie gern sie dem Kaiser im Heiligen Land zu Diensten sein wollten, ganz offensichtlich in der Hoffnung, Friedrich werde, wenn er erst einmal syrischen Boden betreten hatte, ihre Machtposition in Zypern nicht mehr bedrohen. Und in der Tat gab es ja in Syrien gewichtige Machtfaktoren, wie beispielsweise die Ritterorden der Johanniter und der Templer oder die italienischen Handelskolonien, die stark genug sein würden, jedem Versuch Friedrichs entgegenzutreten, die alleinige Befehlsgewalt zu übernehmen. Seinen Anhängern aber machte Johann von Ibelin klar, sie würden Friedrich in die Hände spielen. Würden sie jetzt nicht mit dem Kaiser zusammenarbeiten, so könnten künftige Generationen sagen:

Der römische Kaiser fuhr mit einer großen Streitmacht übers Meer und hätte alles zurückerobert, aber der Herr von Beirut und die anderen untreuen Männer in der Levante zogen die Sarazenen den Christen vor und stellten sich aus diesem Grund gegen den Kaiser und wollten nicht, daß das Heilige Land wiedererobert werde.

So wurde der kleine Heinrich doch zu Friedrich gebracht, und der Kaiser veranstaltete zu Ehren seines jungen Vasallen ein großes Fest. Er wies sogar Johann von Ibelin an, die Trauerkleidung abzulegen, die Johann wegen des Todes seines Bruders trug; ein Fest aus einem so freudigen Anlaß dürfe nicht durch Trauerkleidung verdunkelt werden.

Dann verdunkelten jedoch andere Ereignisse das sorgfältig arrangierte Bankett in der großen Burg von Limassol. Man hatte die Sitzordnung so gewählt, daß die zyprischen Barone den Kaiser sehen und hören konnten. Der Herr von Beirut und andere Adlige aus dem Heiligen Land mußten dem Kaiser gemäß dem deutschen Brauch Speisen und Getränke reichen. Auf diese Weise machte Friedrich deutlich, daß er sich als Souverän des zyprischen Königreichs betrachtete. Philip von Novara, ängstlich darauf bedacht, die Ibelinen von jeglichem Tadel freizuhalten, beteuert, die Barone hätten dem Kaiser »sehr willig und vornehm« aufgewartet. Sicherlich war ihnen daran gelegen, Friedrich von ihrer Loyalität zu überzeugen. Doch plötzlich stürmte ein Trupp bewaffneter Soldaten mit gezückten Schwertern und Dolchen in den Saal und bezog drohend Aufstellung hinter den Gästen. Die zyprischen Adligen taten, als ignorierten sie diese Drohung, aber das Spiel der Einschüchterung hatte begonnen. Friedrich wandte sich an Johann von Ibelin und sagte mit lauter Stimme:»Johann, ich erwarte von Euch zwei Dinge. Tut sie mit Liebenswürdigkeit und für immer.« Johann von Ibelin antwortete:

Mein Herr, sagt mir, was Euch beliebt, und ich werde bereitwillig tun, was immer ich höre und was rechtens ist (que soit raison) oder was weisen Männern wert getan zu werden dünkt.

In dieser Antwort Johanns klang bereits ein Vorbehalt an. Er war nicht willens, blind zu gehorchen, er war entschlossen, sich einen Rest von Entscheidungsfreiheit zu bewahren. Doch die Forderungen, die Friedrich ihm nun stellte, kamen für ihn sicher unerwartet:

Das erste ist, daß Ihr mir die Stadt Beirut übergebt, weil Ihr sie weder rechtmäßig innehabt noch besitzt. Das zweite ist, daß Ihr mir sämtliche Einkünfte aushändigt, die Ihr als Regent von Zypern bezogen habt, und dazu alles, was die Regalien seit dem Tod von König Hugo an Geldwerten erbracht haben – das heißt, die Einkünfte von zehn Jahren. Denn diese stehen mir rechtmäßig zu, gemäß den Gepflogenheiten im Kaiserreich (selon l'usage d'Allmaigne).

Johann versuchte sich zu sträuben, woraufhin Friedrich ihm mit Arrest drohte. Doch Johann rechtfertigte seinen Anspruch auf das Lehen Beirut unter Berufung auf einen Schenkungsakt König Aimerys von Jerusalem und verlangte, die Angelegenheit müsse vor dem obersten Gericht des Königreichs Jerusalem verhandelt werden. Nach seiner Ansicht hatte diese Streitfrage nicht das geringste mit Zypern zu tun. Gewiß sei Friedrich der übergeordnete Souverän Zyperns, aber für das Heilige Land gelte dies nicht in gleicher Weise. Seine Vorrangstellung gegenüber Zypern leite sich aus der Tatsache ab, daß Heinrich VI.

das zyprische Königtum ins Leben gerufen habe. Es sei, wie Friedrich selbst gesagt habe, die Souveränität des Römischen Kaisers gegenüber einer ihm untertanen Königskrone. Im Königreich Jerusalem hingegen regiere Friedrich lediglich kraft seiner Ehe mit Isabella (die zudem nicht mehr am Leben sei) sowie als Regent seines Sohnes, Konrad von Hohenstaufen, der eines Tages als rechtmäßiger König den Thron von Jerusalem besteigen werde.

Aus Johanns Argumentation wurde deutlich, daß es ein großer taktischer Fehler Friedrichs gewesen war, die Frage um Beirut zugleich mit der um Zypern aufgebracht zu haben. Offensichtlich ging es ihm darum, die Macht der Ibelinen zu brechen, einer Dynastie, deren Einfluß in Zypern und im Heiligen Land nicht seinesgleichen hatte. Sich die Klagen von Aimery Barlais zu eigen machend, verdächtigte der Kaiser diese Familie der unrechtmäßigen Bereicherung und des Machtmißbrauchs. Diese Klagen waren sicherlich nicht völlig unberechtigt. Und deshalb sprach Johann von Ibelin in seiner Entgegnung auf die Forderungen Friedrichs denn auch von den Einkünften aus Zypern. Ein Großteil des Geldes sei für die Verwaltung des Königreichs Zypern ausgegeben worden; ein anderer Teil sei Königin Alice übergeben worden, die einen Rechtsanspruch darauf habe. Sie sei die eigentliche Regentin, er hingegen betrachte sich nur als ihre rechte Hand.

Der Überlieferung nach soll Friedrich überaus zornig erwidert haben:

Ich habe zu Hause im Westen schon vernommen, daß Ihr Eure Worte sorgfältig zu wählen und Ihr geschliffen zu reden versteht und daß Eure Ausführungen sehr klug und subtil sind, aber ich werde Euch zeigen, daß Euer Verstand, Eure Geschliffenheit und Eure Worte nichts wert sind im Angesicht meiner Gewalt.

Johann versuchte daraufhin, den Kaiser zu beschwichtigen und das Gespräch auf die Eroberung des Heiligen Landes zu lenken, für die er Hilfsdienste zu leisten bereit sei. Doch war der Kaiser ohnehin nicht in der Lage, seinen Drohungen den nötigen militärischen Nachdruck zu verleihen. Er akzeptierte deshalb den Vorschlag der Ibelinen, ihm als Zeichen ihres guten Willens einige Geiseln zu überlassen.

Zweifellos hatte Friedrich das Recht, von Johann Rechenschaft über die Jahre seiner Regentschaft zu verlangen. Doch hatte sich Friedrich zu dem Versuch hinreißen lassen, seine Souveränitätsansprüche auf eine grobe und herrische Weise durchzusetzen. Damit nicht genug, hatte er sich unnötig in Machtkämpfe innerhalb des zyprischen Adels hineinziehen lassen, die eher persönliche als staatsrechtliche Wurzeln hatten und für deren Bewältigung er schlecht gerüstet war. Dabei wäre ein Kompromiß durchaus nicht undenkbar gewesen. Ibelin erkannte Friedrich als Souverän über Zypern an, und die kaiserfreundlichen Barone hatten die königlichen Burgen auf der Insel unter ihrer Kontrolle. Zudem versprachen die Ibelinen, den Kaiser beim Kreuzzug zu unterstützen. Ein friedlicher, wenn auch nicht garantierter *modus vivendi* war gefunden. Allerdings war die Ibelin-Fraktion praktisch jederzeit bereit, gegen ihre zyprischen Rivalen in den Krieg zu ziehen. Es war fraglich, ob der Waffenstillstand nach Friedrichs Abreise lange Zeit gehalten hätte.

Einen interessanten Einblick in die Persönlichkeit Johanns von Ibelin gewährt uns seine Haltung gegenüber einigen Rittern, die Friedrich umbringen wollten. Johann erklärte ihnen, die Ermordung ihres obersten Souveräns würde aus einer gerechten Sache eine schmutzige machen: *il est mon seignor*. Wenn sie glaubwürdig bleiben wollten, müßten sie ihren Verpflichtungen gegenüber dem Kaiser nachkommen. Dieser Respekt vor dem Recht war bezeichnend für die Ibelinen, und es war diese Treue zum Recht, wie sie es auslegten, die sie in einen so erbitterten Gegensatz zu Friedrich brachte. In ihren Reaktionen auf kaiserliche Forderungen blieben sie stets dem Grundsatz treu, daß die althergebrachten Gepflogenheiten Zyperns (wenn es um zyprische Angelegenheiten ging) und Jerusalems (wenn es um Angelegenheiten des Heiligen Landes ging) beachtet werden müßten. Daß Friedrich bei seinem Auftritt in der Burg von Limassol zyprische mit syrischen Angelegenheiten vermengt hatte, weckte daher ihren stärksten Argwohn.

Friedrich hatte in Limassol eine rasche Anerkennung seiner Rechte in Zypern wie in Syrien angestrebt, auch deshalb, weil er glaubte, in zunehmender Zeitnot zu sein. Denn inzwischen war deutlich geworden, daß der Papst einen Schlag gegen das Königreich Sizilien plante: Gregor war bereit, eine Invasion zu wagen. Friedrich mußte also schnell handeln, wenn ihm die Kontrolle über Süditalien nicht entgleiten sollte. Doch seine Ungeduld kam seinem Ansehen im Osten nicht zustatten. Er hatte zu viel auf einmal gefordert und damit Mißtrauen erregt. Aber er mußte nach Syrien weiter, um sein Kreuzzugsgelübde zu erfüllen und dem Christentum einen Sieg zu erringen, und dies alles in so kurzer Zeit wie möglich. Es war keine beneidenswerte Aufgabe.

Die übertriebenen Vorstellungen, die Friedrich II. von den königlichen und kaiserlichen Rechten in den Ländern des östlichen Christentums besaß, Vorstellungen, die sich in Sizilien gebildet und sich in Deutschland und der Lombardei gefestigt hatten, waren nur allzu verständlich. Friedrich legte um diese Zeit zunehmend größeren Wert auf die Unumschränktheit seiner kaiserlichen Autorität, und er betrachtete seine Ansprüche dabei keineswegs nur als formale Rechte. In Zypern konnte er mit Recht verlangen, als oberster Souverän anerkannt zu werden. Aber wie seine Forderung nach der Übergabe Beiruts offenbarte, erlag er der Versuchung, auch im Königreich Jerusalem als absolutistischer Herrscher aufzutreten, entweder als Universalkaiser, der zur obersten Herrschaft über alle christlichen Länder berufen war, oder als König von Jerusalem. Er hatte wohl nicht damit gerechnet, in dem kleinen Königreich Zypern auf so starken Widerstand zu stoßen. Hatte er doch weit größere Gebiete in Süditalien und Deutschland bezwungen, so daß er an die Vorstellung gewöhnt war, seine bloße Gegenwart nötige die Vasallen zu Unterwerfung und Respekt. Ein Indiz dafür, daß er seine Machtbefugnis tatsächlich als unumschränkt empfand, war der noch während seines Aufenthalts auf Zypern unternommene Versuch, den Herrscher des selbständigen fränkischen Fürstentums von Antiochien und Tripoli zur Ablegung eines Treueeids zu bewegen. Der Fürst, der sich nicht unterwerfen wollte, bestieg eilends das Schiff, mit dem er gekommen war, um Friedrich zu begrüßen, und suchte das Weite. Unter vollen Segeln kehrte Fürst Bohemond IV., eine Krankheit vorschützend, nach Syrien zurück.

Friedrichs Versuch, sich Antiochien untertan zu machen, läßt mehrere Deutungen zu. Vielleicht war er als König von Jerusalem davon überzeugt, daß die christlichen Fürsten von Antiochien geschichtlich und rechtlich seine Vasallen waren; solches hätte sich freilich nur sehr schwer beweisen lassen. Die Fürsten von Antiochien waren aber auch Grafen von Tripoli und als solche eindeutig Vasallen des Königs von Jerusalem. Allerdings waren nach der verbreiteten Auffassung Antiochien und Tripoli selbständige Fürstentümer, die dem König von Jerusalem allenfalls Respekt und vielleicht Hilfsbereitschaft schuldeten – feudale Bande der denkbar lockersten Art.

Friedrich betrat den Boden des christlichen Ostens ohne gründliche Kenntnis der rechtlichen und politischen Traditionen, die sich dort in den verflossenen fünfzig Jahren herausgebildet hatten. Eine Serie aufeinanderfolgender Regentschaften in Jerusalem (immer wegen Minderjährigkeit des Thronfolgers) hatte die Macht der Krone entscheidend geschwächt; dazu kam, daß nach der Eroberung Zyperns durch den Dritten Kreuzzug die christlichen Barone von Syrien nunmehr auch Lehensleute eines anderen Königs, des zyprischen nämlich, waren und von ihren Machtbastionen in Beirut und Tyros aus den Grundbesitz entlang der gegenüberliegenden zyprischen Küste kontrollierten.

Friedrich zeigte Anzeichen von Konfusion; sein Handeln ließ nicht viel Konsequenz erkennen. Zum Glück für den Kaiser gab es noch viele zyprische und syrische Barone, die zu ihm hielten und denen der Machthunger der Ibelinen ein Dorn im Auge war. Immerhin ging von einem Westkaiser, der in den Osten gezogen kam, um Jerusalem zurückzuerobern, große Ausstrahlung aus. Ob sich die Hoffnung Friedrichs, den Adel des christlichen Ostens geschlossen hinter sich zu bringen, erfüllen würde, hing aber davon ab, ob es ihm gelingen würde, das Königreich Jerusalem vor seinen Feinden zu retten und womöglich zurückzugewinnen.

IV

Von Zypern aus setzte Friedrich nach Tyros über. Es war Ende 1228, und nach wie vor schien die kaiserliche Streitmacht zu klein, um es mit den Bataillonen der islamischen Welt aufnehmen zu können. Friedrich erkannte, daß seine Erfolgschancen nicht in der militärischen Konfrontation, sondern in der Diplomatie lagen. Allerdings hatte er einen seiner bisherigen Trümpfe, die Rivalität zwischen Al-Muazzam und Al-Kamil, inzwischen verloren. Al-Muazzam war tot, und die großzügigen Gebietsofferten, die Al-Kamil dem Kaiser gemacht hatte, schienen damit ihre *raison d'etre* verloren zu haben. Nach Darstellung Ibn Wasils kam Friedrich, als er im Heiligen Land eintraf, dem ägyptischen Sultan höchst ungelegen: »Al-Kamil konnte den Kaiser nicht mehr gebrauchen.«

Friedrich hingegen konnte Al-Kamil sehr gut brauchen, wenn er ein klägliches Scheitern vermeiden wollte. Zu seinem Glück hatten die Ereignisse in Zypern die Christen Syriens nicht gegen den Kaiser aufgebracht, jedenfalls nicht sichtbar. Bei seiner Ankunft wurde er von den Templern und Johannitern tief bewegt willkommen geheißen; sie warfen sich vor ihm zu Boden und umklammerten seine Beine. Sie wußten sehr wohl, daß er exkommuniziert war, zugleich war er aber ihre große Hoffnung für den Kampf gegen die Ajubiden. Auch erhofften sie sich vielleicht, er werde ihnen Land und Privilegien übereignen, um so mehr, als die Großzügigkeit des Kaisers gegenüber dem Deutschen Ritterorden hinreichend bekannt war. Hermann von Salza, Großmeister des Deutschritterordens, war einer seiner unbeirrtesten Gefolgsleute und sollte es noch lange bleiben.

Die Hauptsache aber war der Kreuzzug, und Friedrich versäumte nicht, durch seine in Italien zurückgebliebenen Statthalter Papst Gregor über seine Ankunft im Heiligen Land zu informieren, in der Hoffnung, der Papst werde daraufhin die Exkommunizierung aufheben. Das war im Hinblick auf sein Ansehen in der christlichen Welt ein vernünftiges Vorgehen, wobei Friedrich freilich, wie gewohnt, seiner Botschaft eine Warnung beimischte. Der Delegation, die er zu Gregor entsandte, gehörte Rainald von Spoleto an, Herr über ein Lehen, das der Heilige Stuhl für sich beanspruchte. Gregor verspürte natürlich keine Neigung, mit diesem Mann zu verhandeln. Vielleicht war sich Friedrich in diesem Augenblick noch nicht der Tatsache bewußt, daß Rainald unversehens eine Schlüsselrolle zukam. Denn seine Besitzungen, die wie ein Riegel zwischen dem Kirchenstaat und dem festländischen Teil des Königreichs Sizilien lagen, konnten als Bollwerk gegen die Übergriffe päpstlicher Söldnertrupps dienen. Erregte dies schon den Zorn Gregors, so tat die Gewißheit, daß Friedrich trotz des päpstlichen Banns den Kreuzzug unter offenbar nicht ungünstigen Vorzeichen fortsetzte, ein übriges, um seine Wut noch zu steigern. Selbst der Patriarch von Jerusalem hatte sich zunächst nicht gegen Friedrich gestellt, dem es allerdings verwehrt war, im Heiligen Land an irgendwelchen Gottesdiensten oder kirchlichen Sakramenten teilzunehmen.

Al-Kamil hatte das Jahr 1228 mit dem Versuch verbracht, die Länder des verstorbenen Al-Muazzam in seinen Besitz zu bringen. Diese deckten sich weitgehend mit den Gebieten, auf die auch Friedrich es abgesehen hatte, nicht zuletzt gehörte die Stadt Jerusalem dazu. Der Sohn Al-Muazzams, noch im Kindesalter, wurde kurzerhand entthront, und die Machtstellung Al-Kamils in Syrien festigte sich. Das eine ernst zu nehmende Hindernis, dem Al-Kamil sich jetzt gegenübersah, war der soeben eingetroffene Kaiser, der nun auf der Einhaltung früherer Vereinbarungen bestehen würde. Und weder wollte noch konnte Friedrich unverrichteter Dinge wieder abziehen. Freilich war er in viel größerer Zeitnot, als Al-Kamil ahnte. Schon im März 1228 war deutlich geworden, wie akut die Bedrohung Süditaliens durch die päpstlichen Truppen war. Die Versuchung, nach Italien zurückzukehren, war für Friedrich in diesem Augenblick sicher groß gewesen, er war jedoch überzeugt davon, daß ein erfolgreich durchgeführter Kreuzzug ihm den diplomatischen Triumph bescheren würde, den er brauchte und dessen Fernwirkungen bis nach Rom und Süditalien reichen würden. Unter diesen Umständen war es eine große Enttäuschung für Friedrich, daß Al-Kamil ihm zusehends abweisend begegnete.

Doch nach der Darstellung Ibn Wasils weigerte sich der Kaiser, heimzukehren, bevor Al-Kamil seine früher gegebenen Zusagen eingelöst hatte, bestimmte Gebiete, darunter die Stadt Jerusalem, Friedrich zu überlassen. Als eine kaiserliche Gesandtschaft mit dem süditalienischen Adligen Thomas von Acerra und dem syrischen Baron Balian von Sidon an der Spitze bei Al-Kamil in Nablus auftauchte, versuchte er, sie abzuwimmeln. Aber Friedrichs Beharrlichkeit war unerschöpflich. Er versuchte, bei den Moslems mit seiner außerordentlichen Gelehrsamkeit zu werben, blieb aber zugleich auch als militärischer Befehlshaber nicht untätig. Fast ungeduldig ließ er seine Bereitschaft erkennen, wenn nötig einen Waffengang mit dem Heer Al-Kamils zu wagen. Wenn das ein Bluff war, dann war er wirksam. Der Kaiser führte seine Truppe in Richtung Süden, und die Johanniter und Templer folgten ihm im Abstand von einem Tagesmarsch; sie wollten nicht den Eindruck aufkommen lassen, Bündnispartner oder gar Befehlsempfänger eines Exkommunizierten zu sein. Aber indem Friedrich dafür sorgte, daß sein Name in den offiziellen Befehlen für das Kreuzfahrerheer nicht mehr auftauchte – sie wurden statt dessen im Namen Gottes und der Christenheit ausgestellt –, brachte er die Ordensritter bald dazu, sich ihm anzuschließen. Dank dieser List konnte nun also ein vereintes Heer entlang der Küste des Heiligen Landes nach Süden marschieren, zunächst über Arsuf (wo islamische Truppen drohend aufmarschierten) nach Jaffa.

Al-Kamil gelangte indessen zu der Überzeugung, daß er anderswo dringender benötigt wurde, in Damaskus, das noch immer dem Hause Al-Muazzam die Treue hielt. Solange sich in Damaskus, dem bedeutenden wirtschaftlichen und militärischen Zentrum des nördlichen Syrien, noch Widerstand regte, erschien alles, was sich im Süden Syriens tat, ziemlich unerheblich. Jerusalem spielte schließlich keine große Rolle, selbst seine religiöse Bedeutung war für die Moslems nicht so groß wie für Christen und Juden. Es heißt, Friedrich habe Al-Kamil mit diesen Argumenten zu überzeugen versucht. Schließlich forderte er ja nur die Herausgabe Jerusalems, einer heruntergekommenen Stadt. Jerusalem war die Geburtsstätte seiner Religion. Alles, was er verlangte, war diese halb entvölkerte, verödete Stadt; bekam er sie, so konnte er »mit erhobenem Haupt unter die Könige treten«. Diese Taktik hatte Erfolg: Friedrich konnte Al-Kamil endlich zu einer Vereinbarung bewegen. Jerusalem sollte den Christen zurückgegeben werden, ohne daß es eines einzigen Schwertstreichs bedurfte.

Das befreite Jerusalem war eine verwaiste Stadt ohne Mauern. Arabischen Quellen zufolge hatte Al-Kamil die Bedingung gestellt, Jerusalem müsse unbefestigt bleiben. Einige Festungsbauwerke, wie der Davidsturm, standen noch, mehr oder weniger beschädigt, aber sonst lag Jerusalem ungeschützt da. Dafür, daß es in christlicher Hand bleiben würde, gab es keine andere Gewähr als die Zusage Al-Kamils. Und diese galt nicht einmal für das gesamte Gebiet der Heiligen Stadt. Der Tempelberg sollte nicht zum fränkischen Herrschaftsgebiet gehören, da die Al-Aqsa-Moschee und der Felsendom zu den heiligsten Stätten des Islam gehörten. Diese Moscheen hatten unter den Königen des 12. Jahrhunderts als Kirchen oder Paläste fungiert, doch damit war es vorbei. Christen durften immerhin den Tempelberg betreten. Um Jerusalem herum sollten islamische Siedlungen fortbestehen, unter moslemischer Hoheit. Hebron, das die Franken St. Abraham nannten und das islamische wie jüdische Kultstätte war, verblieb in nichtchristlichen Händen. In Al-Bira nördlich von Jerusalem, auch *la Grande Mahomerie* genannt, sollte die islamische Regionalverwaltung ihren Sitz haben. Lediglich ein schmaler Korridor, zu dem bei Lydda das Bistum von St. Georg gehörte, sollte Jerusalem mit den noch in fränkischer Hand befindlichen Küstenstädten verbinden. Die Franken erhielten ferner Bethlehem und Nazareth.

Damit waren die drei heiligsten Stätten des Christentums wieder in christlicher Hand: der Ort der Verkündung, der Geburtsort Jesu und die Stadt seiner Kreuzigung und Auferstehung. Alle drei waren jedoch schwer zugänglich, weil nur über die schmalen Streifen neuerworbenen Territoriums erreichbar. Damit hatte das Staatsgebiet des Königreichs Jerusalem eine ähnlich zerrissene Gestalt wie das Territorium, das dem modernen Staat Israel ursprünglich von den Vereinten Nationen zugewiesen wurde. Offenbar erlangte Friedrich von Al-Kamil auch die prinzipielle Zustimmung zum Wiederaufbau beziehungsweise zur Verstärkung der Befestigungsmauern mehrerer bereits in fränkischer Hand befindlicher Küstenstädte: In dem bis vor kurzem zwischen Moslems und Christen aufgeteilten Sidon sollte dies ebenso geschehen wie in Jaffa und Caesarea, wo mit den Bauarbeiten schon vorher begonnen worden war. Bis zu einem gewissen Grad bedeutete dies nur eine Anerkennung bestehender Realitäten; so war das neue Hauptquartier des Deutschritterordens, die Burg Montfort oder Starkenberg, kurz vor der Ankunft des Kaisers im Heiligen Land eingeweiht worden. Diese Burg sollte zur Festigung der fränkischen Position in Galiläa beitragen, konnte aber dem weiter südlich gelegenen Nazareth kaum wirksamen Schutz verschaffen.

Sowohl in der islamischen als auch in der christlichen Welt wurde der

Vertrag zwischen Friedrich und Al-Kamil als Verrat empfunden. Für die Christen war es ein erstaunliches Schauspiel, einen kreuzfahrenden Kaiser unter Fanfarenklängen im Heiligen Land einmarschieren zu sehen und zu erfahren, daß er auf dem bloßen Verhandlungsweg die Rückgabe Jerusalems erlangt hatte. Diplomatie war den Kreuzfahrern zwar nichts gänzlich Unbekanntes, aber man war daran gewöhnt, in einem Kreuzzug einen enormen physischen Kraftakt zu sehen. Schließlich verdiente sich der Kreuzfahrer ja seinen himmlischen Lohn, indem er Gott zuliebe allen Gefahren trotzte, die auf dem Weg nach Osten lauerten, und bereit war, Schlachten für seinen Herrn zu schlagen. Und nun waren an die Stelle von Mühen und Abenteuer, Schweiß, Krankheit und Leiden plötzlich der Austausch von Botschaften, Verhandlungen, Kompromisse und der Verzicht auf kriegerische Auseinandersetzungen getreten. Zum Teil war dies Ausdruck einer allmählichen Wandlung der Kreuzzugsbewegung selbst: Der Kreuzzug Friedrichs war, wie gesehen, in hohen Graden eine organisierte militärische Expedition, der Leidenschaft und massenhafte Beteiligung weitgehend fehlten. Und dem Kaiser ging es darum, Jerusalem zu gewinnen, nicht Ruhmestaten auf dem Schlachtfeld zu vollbringen. Von dem Augenblick an, als Al-Kamil – lange vor Friedrichs Abreise aus Europa – die Bereitschaft hatte erkennen lassen, eine Einigung über Jerusalem möglicherweise auf dem Verhandlungsweg zu erzielen, war dem Kaiser klar, daß er sich nicht als Ritter, sondern als Diplomat würde bewähren müssen. Und in dieser Rolle bewährte Friedrich sich hervorragend.

Diplomatie bedeutet freilich immer auch Kompromißbereitschaft: Al-Kamil hatte in der arabischen Welt ein Gesicht zu verlieren, und Friedrich war sich im klaren darüber, daß ein Vertrag wertlos war, der das Ansehen, das sich der Sultan in der islamischen Welt erworben hatte, ruinieren würde. Andererseits verschaffte das Drängen Friedrichs auf eine Verhandlungslösung dem Sultan einigen Vorteil. Auch wenn Friedrich später in Briefen an mehrere europäische Könige bestritt, daß die Stadtmauern von Jerusalem geschleift bleiben sollten, änderte das nichts an der Tatsache, daß Jerusalem, mit oder ohne Mauern, nahezu schutzlos war. Darüber hinaus hatten Al-Kamil und Friedrich sich auf eine zehnjährige Waffenruhe geeinigt, und Al-Kamil gab seinen Anhängern zu verstehen, daß Jerusalem, so wie die Dinge lagen, nach Ablauf dieser Waffenruhe eine leichte Beute für sie sein werde: »Sobald er die Lage einigermaßen unter Kontrolle hätte, könnte er Jerusalem von den Franken säubern und sie hinausjagen.« Wie Al-Kamil selbst erklärte:

Wir haben ihnen nur einige Kirchen und verfallene Häuser überlassen. Die heiligen Bezirke, der Heilige Fels und all die anderen Heiligtümer, zu denen wir pilgern, bleiben unser, wie sie unser waren; die islamische Religionsausübung blüht nach wie vor, und die Moslems haben in den ländlichen Provinzen und Bezirken ihre eigenen Gouverneure.

Nach islamischem Rechtsbrauch waren zehn Jahre, zehn Monate, zehn Wochen oder zehn Tage die übliche Maximalfrist, für die ein Waffenstillstand mit Ungläubigen abgeschlossen werden konnte. Al-Kamil konnte hoffen, im Lauf dieser Zeitspanne seine Kontrolle über Damaskus und das nördliche Syrien festigen zu können. In dem von Al-Kamil zu dieser Zeit belagerten Damaskus war die Trauer über den Verlust Jerusalems groß, und es ging das Gerücht um, islamischen Pilgern werde der Zugang zur Stadt verwehrt. Der Unmut, der entstand, richtete sich natürlich auch gegen Al-Kamil, der mit dem Kaiser der Ungläubigen Verträge schloß. Auf jeden Fall war das Entsetzen beträchtlich.

Am 17. März 1229 zog Friedrich II. in Jerusalem ein, in seinem Gefolge zahlreiche Pilger. Sie zumindest mieden die Gesellschaft des exkommunizierten Kreuzfahrers nicht. Friedrichs Ziel war die Heilige Grabeskirche, eine weitgehend von Kreuzfahrern erbaute und von der islamischen Herrschaft unberührt gebliebene Kirche. Nach Mitteilung von Ibn Wasil machte Friedrich sich erst nach Jerusalem auf, nachdem Al-Kamil seine Zustimmung gegeben hatte. Sicher ist, daß der Kadi von Nablus, Shams ed-Din, von Al-Kamil mit der Aufgabe betraut wurde, Gastgeber Friedrichs zu sein. Shams ed-Din war ein angesehener religiöser Führer; er war taktvoll genug, seinen Muezzins die Anweisung zu geben, sie sollten ihren nächtlichen Gebetsaufruf unterlassen, um Friedrich nicht zu beleidigen. Doch nach seiner ersten Nacht in Jerusalem soll Friedrich sich bei dem Kadi beschwert haben: »Oh Kadi, warum haben die Muezzine letzte Nacht nicht wie üblich zum Gebet gerufen?« Ed-Din entgegnete, daß es ihnen aus Achtung und Respekt vor der Majestät des Kaisers verboten worden sei. Darauf aber habe Friedrich geantwortet: »Ich habe die Nacht hauptsächlich in Jerusalem zugebracht, weil ich den Gebetsruf der Muezzins und ihre nächtlichen Lobeshymnen auf Gott hören wollte.«

Dem Kaiser mußte der Ruf des Muezzins aus Sizilien und Lucera sehr vertraut sein. Dennoch ist die Anekdote sehr wahrscheinlich eine Erfindung: Die islamischen Chronisten, vom Verhalten Friedrichs verwirrt, sahen in ihm einen Kaiser mit einem eher geringen Interesse an der Rückgewinnung Jerusalems und einer überraschenden, ja skandalösen Gleichgültigkeit gegenüber der eigenen Religion. Sie erzählen auch von dem strengen Verweis, den der Kaiser einem Priester erteilte, der mit einer Bibel in der Hand die Al-Aqsa-Moschee betrat. Bei seinem Besuch auf dem Tempelberg, in Begleitung von Shams ed-Din, soll sich Friedrich bewundernd über den Felsendom geäußert und versucht haben, seinen islamischen Gesprächspartnern seinen Witz zu demonstrieren. Er bemerkte eine von Saladin im Gebäude angebrachte Inschrift, die besagte, Saladin habe diese Stadt von den Polytheisten gesäubert. Scheinbar ahnungslos fragte der Kaiser, wer diese »Polytheisten« gewesen seien, wohl wissend, daß die Christen gemeint waren. Er erkundigte sich auch, weshalb der Heilige Fels in dem Gebäude mit einem Eisengitter umzäunt war. Man sagte ihm, daß dies geschehen sei, um die Sperlinge fernzuhalten. »Und doch hat Allah die Schweine unter Euch gebracht«, war die Antwort des Kaisers, und es bestand kein Zweifel, daß er die Christen damit meinte.

Für die Moslems schien festzustehen, daß Friedrich ein Materialist und sein Christentum für ihn bloß ein Spiel war. Die Empörung darüber war groß, denn der Islam ging von dem Grundsatz aus, daß Angehörige jeder Religion deren Gebote streng zu beachten hätten. Die Moslems wurden, kurz gesagt, nicht recht schlau aus dem Kaiser. Auch seine Erscheinung imponierte ihnen nicht: Auf dem Sklavenmarkt, so schätze man, hätte er keine zweihundert *dirhans* eingebracht. Er hatte ein rotes Gesicht, inzwischen schon schütteres Haar und kurzsichtige Augen.

Seine geringschätzige Haltung gegenüber dem Christentum aber mag einer stark überzogenen Darstellung entspringen. Die islamischen Historiker hatten auch über einige seiner Vorgänger auf dem sizilianischen Thron ein ähnliches Urteil gefällt. Es fiel ihnen schwer, Herrscher einzuordnen, die im Umgang mit dem Islam Respekt bewiesen. In der Regel waren sie von den Kreuzfahrern eine völlige Unkenntnis des islamischen Denkens und den Mangel an Interesse gewohnt, irgend etwas darüber zu lernen. Dagegen kam Friedrich aufgrund seiner Vorliebe für Philosophie und Naturwissenschaft, über die wir später mehr erfahren werden, zuweilen in engen Kontakt mit der islamischen Gelehrtenwelt, wenngleich ihn das nicht hinderte, seine nichtchristlichen Untertanen in Sizilien ziemlich rücksichtslos zu behandeln. Aber wahrscheinlich bestärkte sein Ärger über den Papst und später über den Patriarchen von Jerusalem ihn in seiner Abneigung gegen die Vertreter der Kirche. Doch heißt das noch nicht, er sei nur ein halbherziger Christ gewesen. Denkbar ist, daß eine durch Armut geadelte Kirche mit einem Bischof von

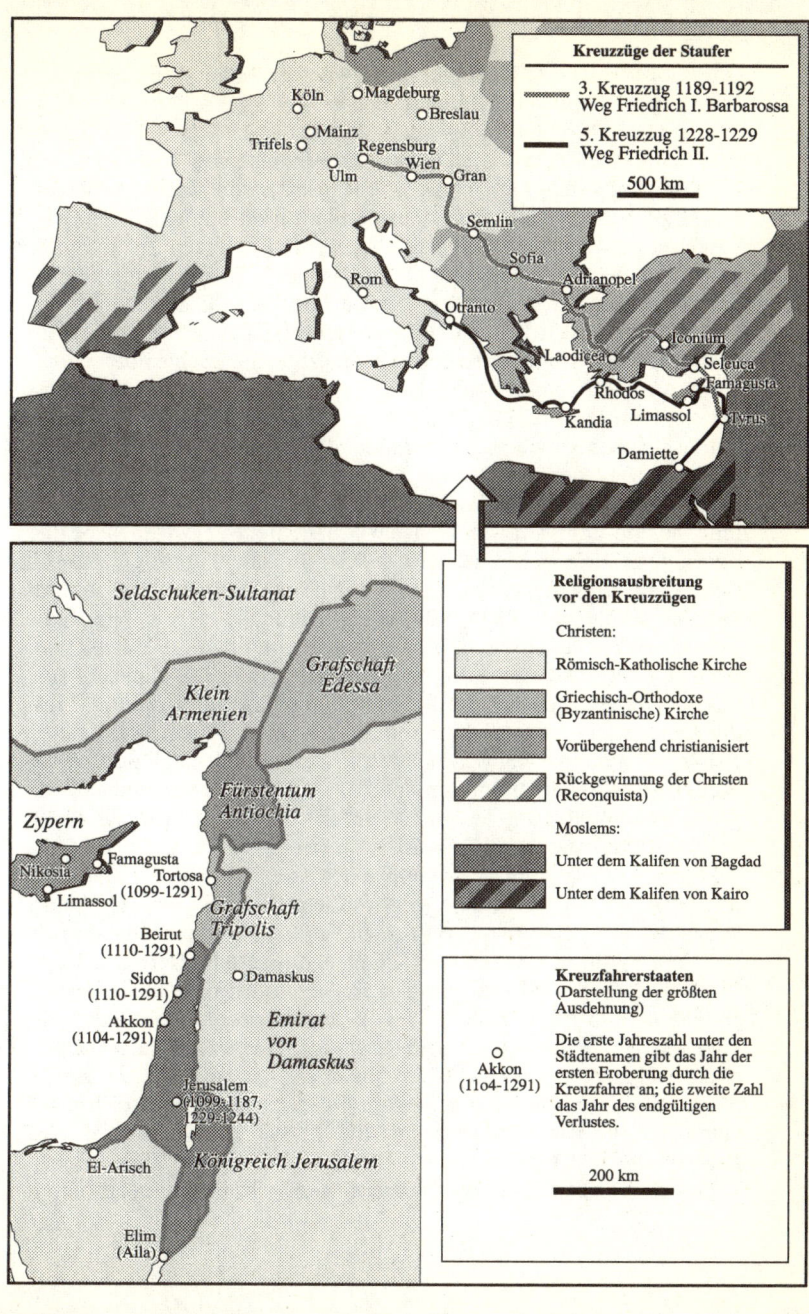

Rom, der sich auf die Wahrnehmung geistlicher Aufgaben beschränkte, seine Sympathien gefunden hätte. Jedenfalls zeigte sein Umgang mit Ketzern in Italien klar und deutlich, daß er den christlichen Glauben ernst nahm und für Abweichler kein Verständnis hatte.

An seinem zweiten Tag in Jerusalem begab sich der Kaiser, wohl wissend, daß Patriarch Gerold dies gern verhindert hätte, zur Heiligen Grabeskirche, stolz seine Krone als katholischer Kaiser tragend (exkommuniziert oder nicht) und dankbar für die besondere Gnade, durch welche der Allmächtige ihn in sein Herrscheramt berufen hatte. So schilderte er seine Empfindungen in einem Brief an Heinrich III. von England, einen der europäischen Herrscher, denen er eingehende Berichte über seinen Kreuzzug schickte, nicht zuletzt um zu demonstrieren, wie unbegründet die harte päpstliche Kritik an seinem heiligen Werk war.

Es ist verwunderlich, daß dieser so sorgfältig formulierte Brief so mißverstanden werden konnte, wie die Zeitgenossen es damals und die Historiker es später getan haben. Friedrich sei, so die allgemein überlieferte Version, zum Altar der Heiligen Grabeskirche gegangen, habe die dort aufbewahrte Krone des Königreichs Jerusalem ergriffen und sie sich eigenhändig aufgesetzt. Kein Patriarch sei zugegen gewesen, um ihn zum König zu weihen und ihm die Salbung zu geben. Wie Hans Eberhard Mayer unlängst hat zeigen können, beruht diese Version von der Krönung Friedrichs auf einem Mißverständnis, das vielleicht aus falschen Vergleichen mit der Selbstkrönung Napoleons stammt. Was der Kaiser zelebrierte, war der zeremonielle Akt des Tragens der Krone, ein Ritual, das normalerweise an den großen christlichen Feiertagen – Weihnachten, Ostern, Pfingsten – praktiziert wurde, zuweilen aber auch zu wichtigen politischen Anlässen. Friedrich betrachtete sich spätestens seit seiner Vereidigung in Brindisi, nach seiner Heirat mit Isabella, als König von Jerusalem. Das Aufsetzen der Krone in Jerusalem änderte nicht das geringste an seinem monarchischen Status. Darüber hinaus legt der Brief an Heinrich von England den Eindruck nahe, daß Friedrich seine Krone in Jerusalem als Kaiser, als universaler Herrscher trug: es war die kaiserliche Krone, die Gott ihn durch seine besondere Gnade verliehen hatte. Diese Krone, Symbol dem Herrschaft über Deutschland und die Lombardei, hatte Friedrich sich 1215 in Mainz und Aachen praktisch gesichert, und nichts war besser geeignet, die endliche Erfüllung seines Kreuzzugsgelübdes zu symbolisieren, als wenn er sich jetzt, vierzehn Jahre später, gekrönt und unter Entfaltung all seiner kaiserlichen Pracht in Jerusalem zeigte.

Daß dies Friedrichs wahres Anliegen war, geht eindeutig aus einer

Ansprache hervor, die der Großmeister des Deutschen Ritterordens, Hermann von Salza, im Namen des Kaisers und in deutscher Sprache an die Versammelten richtete. Er kam darin auf die Ablegung des Kreuzzugsgelübdes durch den Kaiser in Aachen und auf die Probleme zu sprechen, die ihn lange Zeit an der Erfüllung seines Eides gehindert hatten. Er wisse, ließ der Kaiser erklären, vom Zorn des Papstes, plädiere aber für Versöhnung, nun da der Kreuzzug erfolgreich beendet sei, und dies trotz des Widerstands bestimmter Gruppen im Heiligen Land (womit vielleicht der Patriarch selbst und die beiden großen kriegerischen Ritterorden der Johanniter und Templer gemeint waren). Der Kaiser wolle Gott, der Kirche und dem Reich dienen und sei sich zutiefst bewußt, der Diener Gottes zu sein, welcher ihn zu seinem Stellvertreter auf Erden auserkoren habe.

Die Rede signalisierte, so scheint es, vieles auf einmal: Sie war eine wortreiche Siegesfanfare, zugleich eine an Rom adressierte Friedensgeste, aber auch eine Bekundung der Universalität der eigenen kaiserlichen Macht. Demut verband sich darin mit dem Beharren auf kaiserlichen Rechten. Jedenfalls verlangte sie eine Antwort. Gregor sollte sich endlich bereit erklären, den Weg der Vergebung und des Friedens einzuschlagen. Als Kaiser der Römer betrat Friedrich die Grabeskirche, und als Sprachrohr des Kaisers verkündete Großmeister Hermann von Salza dessen Botschaft.

Erstaunlich desinteressiert hingegen zeigte sich Friedrich in diesem Augenblick des Triumphs an den Angelegenheiten des Königreichs Jerusalem, in dessen Hauptstadt er sich doch befand. Kein Wort fiel über die Ibelinen und die verschiedenen Rivalenkämpfe. Sein Aufenthalt in Jerusalem regte den Kaiser zu höheren Gedanken an: Friedrich war der neue David, erkoren, seinem Volk Rettung zu bringen. Er war, anders gesagt, der Christus-König, über den gewöhnlichen Sterblichen stehend, auserwählt, den Erdkreis zu regieren. Dieses Verständnis seiner Herrscherrolle war eine Herausforderung der päpstlichen Kurie und ihrer Auffassung von der Funktion des römischen Pontifex als Stellvertreter Christi auf Erden; daher markierte die Zeremonie in Jerusalem einen wichtigen Abschnitt in der Entwicklung Friedrichs vom enthusiastischen Befürworter päpstlich-kaiserlicher Koexistenz (wie sie zur Zeit von Honorius III. möglich gewesen war) zum kompromißlosen Vertreter eines römisch-kaiserlichen Universalismus. Das byzantinische Vermächtnis der normannischen Könige von Sizilien könnte hierbei eine wichtige Rolle gespielt haben. In Sizilien hatte Friedrich ein Monarchieverständnis kennengelernt, das für päpstliche Vorherrschaftsansprüche wenig Platz ließ und die unmittelbare Berufung des Königs zum neuen David (oder zum Stellvertreter Christi) durch Gott selbst betonte. In Jerusalem proklamierte Friedrich, sich seiner Stellung als römischer Kaiser längst bewußt, daß der Monarch von Gott zur Herrschaft über die *ganze* Menschheit berufen sei.

Dies freilich war nicht mehr der *puer apuliae*, der in Mainz und Aachen den Heilserwartungen seiner Zeitgenossen entsprochen hatte. Friedrich, jetzt Mitte dreißig, hatte mittlerweile zu einem pragmatischeren Verständnis seiner Macht und Autorität gefunden. An die Stelle einer mystischen Berufung war ein Bewußtsein von der Verbindlichkeit des Rechts getreten. Sein Verhalten in Zypern hatte schon gezeigt, daß er absoluten Respekt vor seiner kaiserlichen Autorität erwartete.

Verriet sich darin eine Tendenz zum Absolutismus? Vielleicht. Jedenfalls befürchteten dies seine Feinde, in der Lombardei ebenso wie in Syrien. Zunächst aber schien es, als würden seinen Zielen das Königreich Jerusalem ebenso wie das Papsttum im Wege stehen, die Ibelinen mit ihrer Rivalität untereinander, die Päpste mit ihrer Weigerung, seine Friedensangebote zur Kenntnis zu nehmen.

V

Die Reaktion der Christen im Morgenland auf seinen Kreuzzug enttäuschte den Kaiser zutiefst, vor allem und am nachhaltigsten die Reaktion der Kirche. Patriarch Gerold, der eine auffällige Distanz zum Kreuzfahrerheer gewahrt hatte, schickte den Erzbischof von Caesarea nach Jerusalem mit dem Auftrag, dem Kaiser ein Interdikt zu überbringen, da Friedrich sich anschickte, die Heilige Grabeskirche zu besuchen, und überdies mit dem Sultan von Ägypten kollaboriert hatte. Die Kirche fand das Friedensabkommen zwischen Al-Kamil und dem Kaiser keineswegs lobenswert. Zwar sollte Jerusalem für immer zurückgewonnen werden, aber nicht mit solchen Mitteln. Friedrichs Zeremonie am Altar der Heiligen Grabeskirche fand einen Tag vor Verhängung des Interdikts statt, während der Erzbischof sich im Eilmarsch näherte, in der Hoffnung, eben diese Feierstunde noch zu verhindern. Das Interdikt besagte, daß in ganz Jerusalem keine Gottesdienste abgehalten werden dürften. Höchst ungewöhnlich daran war, daß das Verbot der ganzen Stadt galt, denn es bedeutete, daß den Pilgern die Gelegenheit verwehrt wurde, durch den Besuch der Heiligen Stätten die Vergebung ihrer Sünden zu erlangen. Die Verkündigung des Interdikts dürfte die

Pilger daher nicht gerade für den Papst eingenommen haben. Friedrich befahl den Erzbischof von Caesarea zu sich, um eine Erklärung von ihm zu fordern; der Prälat war jedoch vernünftig genug, sich fernzuhalten.

Die Geistlichkeit hatte mehrere Gründe für ihre ablehnende Reaktion, auch wenn ihr Unmut in erster Linie das Abkommen mit Al-Kamil betraf. Auf die zurückerhaltenen Gebiete in Galiläa erhoben sogleich die ehemaligen Grundherren Anspruch, etwa die Bischöfe von Nazareth und Tiberias, aber Friedrich zog es vor, Männer von erwiesener Loyalität mit Ländereien zu beleihen, beispielsweise die Deutschordensritter. Die Vergünstigungen, die er ihnen gewährte, verärgerten die Templer und Johanniter erst recht, die sich gegenüber dem Deutschritterorden bevorrechtigt fühlten. Das Vorgehen Friedrichs, so gut es gemeint sein mochte, schürte also den Antagonismus.

Ein weiteres Problem war das empfindliche Verhältnis zwischen den christlichen Kaufleuten von Akkra, Tyros und Beirut und den Moslems von Damaskus, einem Zentrum der Herstellung von Luxusgütern. Akkra und seine Nachbarstädte waren im Grunde die Mittelmeerhäfen von Damaskus; viele ihrer christlichen Kaufleute waren Genuesen, Venezianer und andere Italiener, die Grund hatten, Friedrichs italienischer Politik ebenso zu mißtrauen wie seiner syrischen. Die Araber von Damaskus waren über den Verzicht des Sultans von Ägypten auf Jerusalem zutiefst betroffen. Die Damaszener sahen im Heiligen Land einen Teil ihrer syrischen Heimat und in Jerusalem eine Kolonie ihrer eigenen heiligen Stadt, Damaskus. Die Kaufleute von Akkra und diejenigen Ritter, die ihr Einkommen aus Mieten und Steuern bezogen, waren zutiefst besorgt über die möglichen Folgen des kaiserlichen Eingreifens in die Rivalenkämpfe der islamischen Welt. Sie wähnten ihren Zugang zum islamischen Hinterland in Gefahr; der neu gewonnene freie Zugang zum wirtschaftlich bedeutungslosen Jerusalem war kein Ersatz für den erschwerten Zugang zur majestätischen Oasenstadt Damaskus.

Je länger Friedrichs Aufenthalt in Jerusalem dauerte, desto größer wurde die Abneigung gegen ihn. Die Templer unterstützten offen den Patriarchen Gerold, und es ging das Gerücht um, Friedrich trage sich mit dem Plan, den Großmeister dieses Ordens gefangenzunehmen und als Geisel nach Apulien zu entführen. Tatsächlich scheinen Friedrichs Leute in Akkra, durch das sie ihr Rückweg führte, den dortigen Sitz des Templerordens belagert oder bedrängt zu haben. Jedenfalls hatte der Kaiser sich durch sein Abkommen mit Al-Kamil keine Freunde gemacht. Wie den Schriften manches Rechtsgelehrten aus der Zeit nach diesen Ereignissen im Königreich Jerusalem zu entnehmen ist, soll

Friedrich beschlossen haben, einer ganzen Gruppe syrischer Adliger ihre Besitzungen und Einkünfte abzuerkennen.

Andererseits aber unternahm er nichts mehr gegen Johann von Ibelin, dessen Besitzanspruch auf Beirut in den Augen des Kaisers unrechtmäßig war. Aber im Königreich Jerusalem herrschte eine staatsrechtliche Auffassung vor, die, wenn sie auch auf eine Fiktion gegründet war, den Absichten Friedrichs zuwiderlief. Ihr zufolge hatten die Barone, die den Ersten Kreuzzug angeführt hatten, gemeinsam die ersten Könige von Jerusalem gewählt und sich damit einen rechtmäßigen Anspruch auf Mitwirkung an der Regierung des Königreichs erworben. Danach war beispielsweise die Enteignung von Vasallen eine Sache, über die der höchste Gerichtshof, in dem die führenden Barone des Königreichs vertreten waren, nicht aber der König allein entschied. Diese Rechtsnormen hatten sich in einer Periode herausgebildet, in der das Königreich faktisch ohne regierenden König und ohne geordnete Führung gewesen war; Friedrich konnte sie nun nicht mit einem Federstrich für ungültig erklären, um so weniger, als mit dem Tod Isabellas seine eigene staatsrechtliche Stellung fragwürdig geworden war. Außerdem stützten sich die Ibelinen nicht nur auf irgendwelche Rechtspositionen, sondern hielten in den Schlüsselbereichen des Königreichs, wie auch in weiten Teilen Zyperns, die wirkliche Macht in Händen. Ihre militärische und politische Stärke war nicht zu übersehen.

Das sollte der Kaiser erfahren, als es zu einer direkten Konfrontation zwischen der Partei des Kaisers und den Anhängern Johanns von Beirut um die Vergabe der Herrschaft über Toron und Chastel Neuf kam. Auf beide erhoben die Deutschordensritter Anspruch und wußten sich dabei der Unterstützung des Kaisers und seines *bailli* im Königreich Jerusalem, Balian von Sidon, sicher. Die Ibelinen hingegen ergriffen Partei für eine konkurrierende Anwärterin, Prinzessin Alice von Armenien, und kündigten unter Berufung auf die Gesetze des Königreichs dem Kaiser ihre Gefolgschaft auf, weil er ihnen gegenüber rechtsbrüchig geworden sei. Zu dieser Aufkündigung der Gefolgschaft kam es offenbar schon vor der Rückkehr Friedrichs nach Akkra. Der Kaiser war jedenfalls machtlos und mußte am Ende den Anspruch Prinzessin Alices anerkennen. Er entschädigte den Deutschritterorden mit anderen Landschenkungen. Friedrich fügte sich also den Beschlüssen des höchsten Gerichtshofs; die gegen ihn verhängte Sanktion – Aufkündigung der Gefolgschaft – wog schwer genug, um den Kaiser zur Unterwerfung unter den Ratschluß der syrischen Barone zu bewegen. Sein Versuch, im christlichen Osten ein ehrgeiziges, imperiales Modell kaiserlicher

Souveränität zu etablieren, war auf beträchtlichen Widerstand gestoßen.

Auch in den letzten Augenblicken seines Aufenthaltes in Akkra zeigte sich, wie wenig es Friedrich vermochte, sich das Königreich Jerusalem gefügig zu machen. Die Spannungen, die in dieser Stadt herrschten, näherten sich dem Siedepunkt. Der Kaiser brannte darauf, nach Süditalien zurückzukehren und die gegen das *regno* aufmarschierten Truppen des Papstes zu vernichten. Seine letzte Amtshandlung in Jerusalem war die Ernennung eines ständigen *bailli* oder Regenten für das Königreich. Wahrscheinlich hatte er zunächst vorgehabt, den aus Süditalien stammenden Thomas von Acerra mit diesem Amt zu betrauen, doch die syrischen Barone bestanden offenbar auf einen Kandidaten aus ihren eigenen Reihen.

Am 1. Mai versuchte der Kaiser, sich unbemerkt aus Akkra davonzustehlen, aber als er eine unweit des Schlachterviertels von Akkra festgemachte Galeere bestieg, wurde er erkannt. Die wütenden Metzger, denen offenbar das politische Programm des Kaisers für den christlichen Osten sehr mißfiel, bewarfen ihn mit Schlachtabfällen. Johann von Ibelin eilte herbei, ließ den Pöbel, der Friedrich bedrängte, in die Flucht schlagen – denn Friedrich war und blieb König und als solcher der Ehrerbietung würdig – und grüßte vom Kai aus das ablegende kaiserliche Schiff. Wen, so rief er hinterher, hatte der Kaiser zu seinem *bailli* im Königreich Jerusalem ernannt? Der Kaiser rief mit gedämpfter Stimme zurück, die Auserkorenen seien Balian von Sidon und Garnier l'Aleman. Offenbar hatte Friedrich eingesehen, daß er die syrischen Barone zumindest vorläufig nicht durch die Wahl eines fremden Statthalters herausfordern durfte und sich deshalb für zwei Männer aus ihren Reihen entschieden, deren Loyalität zu ihm bekannt war. Diese beiden, Balian und Garnier, erwarteten ihn in Tyros, worauf Friedrich nun Kurs nahm. Johann hatte nichtsdestoweniger einen wichtigen Teilsieg verbucht: Er hatte öffentlich seinen Respekt vor Friedrich demonstriert, indem er die Metzger verjagt und einen regelrechten Aufruhr verhindert hatte. Damit hatte er ein weiteres Mal seinen Ruf als loyaler Gefolgsmann des Kaisers gefestigt.

Die Erfolge, die Friedrich im Umgang mit den syrischen Baronen versagt geblieben waren, schienen sich unterdessen in Zypern einzustellen. Vor seiner Abreise aus Akkra hatte Friedrich Etienne de Botron an der Spitze einer Schwadron süditalienischer Ritter vom Heiligen Land aus nach Zypern vorausgeschickt und die Unterstellung aller Festungen auf der Insel unter den kaiserlichen Befehl gefordert. Führende Mitglieder der Ibelin-Partei flohen daraufhin mit ihren Parteigängern von der Insel; unter ihnen befand sich der junge Johann von Jaffa, später einer der führenden syrischen Rechtsgelehrten. In seinen Schriften sollten sich die mit dem Besuch des Kaisers im Heiligen Land verknüpften verfassungsrechtlichen Kämpfe niederschlagen.

Philip von Novaras vorläufige Beurteilung der Lage lautete jedenfalls, daß »der Kaiser Zypern hielt«. Der kaiserliche »Staatsstreich« auf Zypern hatte zur Folge, daß seine Rückkehr nach Limassol völlig anders als sein erster Besuch ausfiel. Aimery Barlais und seine vier Bundesgenossen wurden ehrenhaft behandelt und erwarben gegen Zahlung einer hohen Geldsumme die Regentschaft über Zypern. Aimery sollte sich dafür verbürgen, daß Johann von Beirut seinen Fuß nicht mehr auf die Insel setzte; um dies sicherzustellen, ließ der Kaiser deutsche, flämische und süditalienische Garnisonstruppen auf Zypern zurück. Auch der junge König Heinrich mußte Friedrich persönlich vorgeführt werden und wurde einer Tochter der Markgräfin von Montferrat anvertraut, deren Familie noch vor nicht langer Zeit der lombardischen Opposition gegen Friedrich angehört hatte. Aber noch war Heinrich kein ernst zu nehmender Machtfaktor, und der Kaiser glaubte zuversichtlich, sich auf die fünf Barone und deren Soldaten verlassen zu können.

Besonders interessant waren die getroffenen finanziellen Vereinbarungen. Der Kreuzzug hatte Friedrich ein Vermögen gekostet, und er setzte daher alles daran, die Ausgaben wieder hereinzubekommen. Hinter seinen ursprünglichen Geldforderungen an Johann von Beirut hatte vielleicht ebensosehr die Besorgnis über die steigenden Kosten des Kreuzzugs gestanden wie der Wunsch, die zyprische Korruption zu bestrafen und zu beenden. Wie dem auch sei, die Tatsache, daß er sich im Verlauf seines Kreuzzugs eher der Diplomatie als der Waffen bedient hatte, brachte – neben anderen Vorteilen – immerhin auch beträchtliche Geldeinsparungen.

Doch auch diesmal hatte Friedrich die Bereitschaft zum Widerstand unterschätzt. Gerade weil er versucht hatte, die Ibelinen in einer Art Racheakt aus Zypern zu vertreiben, zeigten Johann und die Seinen keinerlei Neigung, stillzuhalten. Sie rüsteten einige Schiffe aus, segelten im Juli 1229 nach Zypern und zwangen die fünf Barone, sich in den bergigen Norden der Insel zurückzuziehen, wo sie sich in den drei starken Festungen Kyrenia, Kantara und Dieu d'Amour verschanzten. Die Mehrheit des zyprischen Adels zeigte sich den Ibelinen gegenüber durchaus nicht feindselig. Aimery Barlais und seine Gefährten hatten nämlich versucht, die dem Kaiser zugesagten Gelder durch Erpressung und Enteignung ihrer Rivalen aufzubringen. Auf diese Weise hatten sie sich rasch Feinde geschaffen. Mitte 1230 hatten die Ibelinen bereits wieder die Herrschaft über ganz Zypern erlangt, und auch König Heinrich befand sich wieder in ihrer Hand.

Philip von Novara hat einen Bericht über seine beunruhigenden Erfahrungen bei einem Besuch auf Zypern hinterlassen: Er wurde mit dem Tode bedroht, entkam den Häschern der fünf Barone nur mit einigem Glück und fand Zuflucht bei den Rittern des Johanniterordens in Nikosia. Er porträtiert die Herrschaft des Aimery Barlais und seiner Freunde als ein Terrorregime. Doch darf es im Grunde nicht überraschen, daß auf die jahrelange Ausplünderung der Insel unter der Regentschaft Johanns von Beirut jetzt der Gegenschlag in Form von Racheakten gegen bekannte Anhänger der Ibelinen folgte. Insbesondere mußten die fünf Barone die über ganz Zypern verstreuten Burgen und Festungen unter ihre Kontrolle bekommen. Daß ihnen dies nicht gelang, ermöglichte erst die triumphale Rückkehr Johann von Ibelin.

Friedrichs Vermächtnis im Osten waren Konflikte und Unmut, sowohl auf Zypern als auch im Heiligen Land. Die kaisertreuen Gruppen auf der Insel und auf dem Festland führten den Kampf um die Vorherrschaft noch jahrelang fort; in den dreißiger Jahren des 13. Jahrhunderts war das christliche Königreich praktisch in zwei Teile zerrissen, umkämpft von Ibelinen und Kaisertreuen. Wie die Entwicklung zwischen September 1228 und Mai 1229 zeigte, hatte Friedrich die Stärke der ibelinischen Opposition unterschätzt, denn diese Stärke war keineswegs nur militärisch, sondern auch ideologisch begründet. Zu Anfang war der Kaiser der Überzeugung gewesen, es werde genügen, wenn er seine Rechte -- wie er sie verstand – verkündete; die Christen des Ostens, die sein Kommen lange genug herbeigesehnt hatten, würden sich dann sicher seinen Anweisungen fügen, und sei es nur im Interesse des Kreuzzugs. Er machte sich kaum eine Vorstellung davon, wie sehr die Mächte des christlichen Ostens durch dynastische Rivalitäten und konstitutionelle Konflikte entzweit waren. Auch überraschte es ihn, nur wenig Anerkennung für die Wiedererlangung Jerusalems zu ernten, eine Leistung, die er selbst für einen der bedeutendsten Erfolge hielt. Begleitet von päpstlichen Verboten und kleinlichen Rivalitäten, hatte sein Kreuzzug sich durch einen erstaunlichen Mangel an messianischer Leidenschaft ausgezeichnet. Sein Auftritt in Jerusalem hatte trotz aller Anklänge an die David-Überlieferung keinen ansteckenden Enthusiasmus erzeugt; er hatte im Gegenteil eher die Opposition gegen ihn angefacht, denn die Verwünschungen von päpstlicher und Patriarchenseite waren eher noch nachdrücklicher geworden.

So war der Kreuzzug für Friedrich zu einer ernüchternden Erfahrung geworden. Er kehrte geläutert nach Italien zurück, seiner kaiserlichen Rechte bewußter denn je, aber auch mit einem geschärften Bewußtsein dafür, daß der Widerstand gegen diese Rechte gerade von denen ausging, mit denen zusammenzuarbeiten er einst gehofft hatte: vom Bischof von Rom und vom syrischen Adel.

Jerusalem erlebte jetzt, da es in christliche Hände zurückgekehrt war, möglicherweise eine kurze Blütezeit. Es gibt Anhaltspunkte dafür, daß sich in der Stadt ein Scriptorium etablierte, das Manuskripte von der Erlesenheit des Riccardiana-Psalters hervorzubringen vermochte (der sich heute in Florenz befindet). Der Davidsturm wurde verstärkt, und ungeachtet der Zusagen, die der Kaiser Al-Kamil gegeben hatte, wurden die Befestigungswerke der Stadt nach und nach instand gesetzt. Ein Bauwerk, das wahrscheinlich aus dieser Periode stammt, ist das Coenaculum, der Saal des letzten Abendmahls, auf dem Berg Zion; es wurde auf den Fundamenten eines wesentlich älteren Bauwerks errichtet, das als das Grabmal von König David galt und schon länger ein Anziehungspunkt für christliche Pilger gewesen war. Das wirtschaftliche und geistliche Zentrum des Königreichs blieb indes Akkra, dessen Stellung eher von Tyros, der Hochburg der Kaisertreuen, als von der religiösen Hauptstadt Jerusalem bedroht war.

Aber wie auch immer – am päpstlichen Hof in Rom machte man mehr Aufhebens von den Nachteilen des Abkommens zwischen Friedrich und Al-Kamil als von der unbestreitbaren Tatsache, daß der Kaiser die heiligste Stadt des Christentums zurückgewonnen hatte.

VI

Günstige Winde nutzend, ließ Friedrich die anderen Schiffe des Geleitzuges weit hinter sich und traf am 10. Juni 1229 in Brindisi ein. Nach einjähriger Abwesenheit fand er sein Königreich in Scherben vor. Allerorten war zum Aufstand gegen ihn gehetzt worden; Gerüchte hatten die Runde gemacht, er sei gefangengenommen oder gar tot; eine vom Papst organisierte Propagandakampagne gegen ihn lief auf vollen Touren. Alles schien auf dem Spiel zu stehen.

Man muß einen Blick zurück ins Jahr 1228 werfen, um zu erkennen, wie gut Gregor IX. die Abwesenheit Friedrichs dazu genützt hatte, die Stellung des Kaisers zu untergraben. Er sah im Kreuzzug Friedrichs eine Chance, die seit langem angestrebte Loslösung Siziliens vom Kaiserreich durchzusetzen, freilich nicht mehr mittels einer dynastischen Regelung für oder gegen die hohenstaufische Erbfolge. Gregor bevorzugte inzwischen eine radikalere Lösung: Er wollte Friedrich aller seiner Kronen berauben und selbst die direkte Herrschaft über Sizilien und Süditalien übernehmen, die in seiner Sicht ohnehin der Autorität des Heiligen Stuhls unterstanden. Auf den deutschen Thron aber wollte er eine neue, den päpstlichen Wünschen gefügige Dynastie setzen.

Schon vor der Abreise des Kaisers nach Osten hatte der Papst sich um Rückendeckung für bestimmte radikale Schritte bemüht. Seine durchsichtigste taktische Maßnahme war die Entbindung der Untertanen des Kaisers aus ihrem Friedrich geleisteten Treueeid. Das war noch nicht gleichbedeutend mit einer Absetzung des Kaisers, aber ein bedeutsamer Schritt in diese Richtung. Doch der Papst fand kaum nennenswerte Unterstützung in Deutschland. Der Herzog von Bayern war vielleicht der einzige unter den bedeutenderen deutschen Fürsten, der sich für die Pläne Gregors erwärmen ließ. Die päpstlichen Träume von einer neuen deutschen Königswahl, durch die ein dem Papsttum ergebener und für den Kampf gegen die Hohenstaufen geeigneter Herrscher auf den Thron berufen würde, gingen nicht in Erfüllung.

Die Machthaber in den Städten Nord- und Mittelitaliens hingegen zeigten etwas größeres Interesse. Hierin spiegelte sich der Gegensatz zwischen der erfolgreichen Politik des Kaisers, sich durch großzügige Schenkungen in Deutschland eine treue Anhängerschaft zu sichern, und seinen fortbestehenden Problemen mit den ungebärdigen lombardischen Städten. Aber in der Lombardei fehlte es weitgehend an Koordination und Führung. Im Grunde hatten die Städte den Aufbruch Friedrichs nach Osten nur genutzt, um ihre Auseinandersetzungen untereinander von neuem aufzunehmen, ohne kaiserliches Einschreiten befürchten zu müssen. Gregor verstand es einfach nicht, sich in den zum Kaiserreich gehörigen Gebieten jenen Rückhalt zu verschaffen, den er gebraucht hätte. Natürlich versuchte er auch in Sizilien, sich Verbündete zu schaffen, indem er die Untertanen des Kaisers von ihrem Treueeid entband, und immerhin bewirkte sein Anspruch, der höchste Souverän des Königreiches zu sein, daß der Papst hier etwas erfolgreicher war. Aber wesentliche Einbrüche konnte er erst erzielen, nachdem 1229 das Gerücht vom Tod Friedrichs aufgekommen war.

Der Stellvertreter Christi scheute sich nicht, mit den Mitteln der Subversion und der Lüge zu arbeiten. Hinter dem unversöhnlichen Pontifex aber stand eine graue Eminenz, der es um Rache und eigenen Gewinn zu tun war: Johann von Brienne. Der gealterte Ritter sah sich zwar noch immer in der Rolle des kirchlichen Vorkämpfers gegen die Tyrannei der Hohenstaufen, vor allem aber verzieh er dem Kaiser den Verlust seiner Krone nicht.

Gregor sah in seinem Krieg gegen Friedrich einen Kampf um eine gerechte Sache, eine Art Kreuzzug. Um einen Feldzug unter Leitung Johanns von Brienne finanzieren zu können, verlangte er Tribute von den englischen, französischen und skandinavischen Bistümern. Ziel des Feldzugs war die Rückeroberung des Vasallenkönigreichs Sizilien für den Heiligen Stuhl. In England erhob sich, wie Roger von Wendover berichtet, großer Widerstand gegen die Forderungen des Papstes. Am Ende, so befürchteten die Bischöfe und Äbte, würden sie noch ihr Tafelsilber versetzen müssen, um ihren Beitrag zur päpstlichen Kriegskasse entrichten zu können. Mit Versprechungen, daß diejenigen, die großzügig gäben, Ehre und die Dankbarkeit des Papstes ernten würden, war es nicht getan; besonders die Laienschaft sträubte sich empört gegen die ihr zugemuteten Tributzahlungen. Dennoch kam am Ende eine große Summe Geldes zusammen, die nach Rom übermittelt wurde.

Die Erhebung eines Tributs war aus mehreren Gründen ein bemerkenswertes Mittel. Gregor IX. versuchte in diesem Fall, mit Hilfe des kircheneigenen Finanzierungsapparates einen Krieg zu finanzieren, der im Grunde kein Kreuzzug war, denn es gab für diejenigen, die an diesem Krieg teilnahmen oder Geld spendeten, keine Zusicherung, daß ihre Sünden vergeben würden. Noch war Gregor nicht bereit, im Kampf gegen Friedrich von allen Mitteln Gebrauch zu machen. Der Konflikt Gregors mit Friedrich wurde erst in den Jahren 1239/40 zu einem wahren Kreuzzug. Auch wenn Innozenz III. seinen Krieg gegen Markward von Anweiler schon einmal als Kreuzzug bezeichnet hatte, war man sich im Jahr 1228 nicht sicher, ob es zulässig war, einen Kreuzzug gegen christliche Laien zu führen, die sich mit der Kirche überworfen hatten, und diese Unsicherheit wurde noch dadurch vergrößert, daß Friedrich selbst ein – wenn auch exkommunizierter – Kreuzfahrer war. Gregor hütete sich daher, den Kreuzzug Friedrichs mit einem Kreuzzug gegen Friedrich auf italienischem Boden zu beantworten. Er konnte sich ausrechnen, daß die öffentliche Reaktion hierauf, nicht zuletzt in Rom selbst, negativ sein würde. Der päpstliche Feldzug von 1228 war deshalb so etwas wie ein halbherziger Kreuzzug, bei dem himmlischer Lohn nicht zu gewinnen war, der aber in anderen Aspekten – Finanzierungen durch Tributzahlungen, Dekorierung der Truppen mit einem Kampfsymbol (wenn auch nicht mit dem Kreuz, sondern mit dem Schlüssel der Peterskirche) – an die bei einem Kreuzzug üblichen Praktiken erinnerte. Viele Kriegsteilnehmer waren denn auch Söldner aus Nordeuropa und Spanien, nicht unbedingt die Sorte von Leuten, die nur um einer höheren Sache willen kämpften.

Das Verhalten des Herzogs Rainald von Spoleto, der einer von Friedrichs treuesten Statthaltern war, bestärkte Papst Gregor noch in seiner ohnehin ausgeprägten Selbstgerechtigkeit. Rainald, der schon wegen seines Titels den päpstlichen Zorn auf sich gezogen hatte, erregte noch größeren Unwillen dadurch, daß er seine in Spoleto und der Mark Ancona stehenden Streitkräfte verstärkte. Es ging ihm wohl darum, einer möglichen Invasionsarmee den Weg zu verlegen. Doch offenbar überschätzte er seine Möglichkeiten: eine päpstliche Streitmacht konnte sich trotz der großen Popularität, die Rainald in Mittelitalien genoß, im Winter 1228/29 gegen ihn durchsetzen, wodurch sich den Angreifern ein Einfallstor in das *regno* geöffnet hatte. Eine zweite päpstliche Armee drang Anfang 1229 in das Gebiet des Königreichs Sizilien ein, wurde aber zwei Monate lang von sizilianischen Truppen aufgehalten, die unter dem Kommando des königlichen Oberjustitiars Henry de Morra standen. Als dieser im März die Waffen strecken mußte, führte das zum schlagartigen Zusammenbruch des königstreuen Widerstands im Gebiet um Montecassino. Von diesem Augenblick an schwebte das Königreich, wie es schien, in höchster Gefahr. Man kann sich leicht zusammenreimen, weshalb Friedrich deshalb bis in den März 1229 hinein keine Eile hatte, nach Hause zurückzukehren, und in Ruhe mit Al-Kamil verhandeln konnte. Die Lage im südlichen Italien war zwar ernst, aber Henry de Morra hielt die Stellung. Als dann aber de Morras Heer aufgerieben war, blieb Friedrich nichts anderes übrig, als so schnell wie möglich zurückzukehren und die Verteidigung des *regno* zu organisieren.

Es sind Briefe erhalten geblieben, in denen Friedrichs Statthalter in Sizilien seine rasche Rückkehr anmahnen und ihn warnend darauf hinweisen, daß es Entführungs- und Attentatspläne gegen ihn gäbe. Laut arabischen Quellen schrieb Friedrich in dieser Zeit an seinen Freund Fahr ed-Din, den Höfling Al-Kamils, der um 1220 als ägyptischer Gesandter in Sizilien gedient hatte. Der Brief wurde am 23. August 1229 im apulischen Barletta abgefaßt und schildert die Entwicklungen, die sich während der Abwesenheit des Kaisers vollzogen hatten:

Wie wir euch schon in Sidon erklärten, hat der Papst verräterischer- und arglistigerweise eine unserer Festungen, genannt Montecassino, bekommen, weil ihr gottverlassener Abt sie ihm ausgeliefert hat. Er hatte versprochen, noch mehr Schaden anzurichten, konnte es aber nicht, weil unsere treuen Untertanen mit unserer Rückkehr rechneten. Er war daher gezwungen, gefälschte Nachrichten von unserem Tod zu verbreiten, und ließ die Kardinäle es beschwören und beteuern, daß unsere Rückkehr undenkbar sei. Man hat versucht, das Volk mit solchen Listen zu täuschen, indem man behauptete, nach uns könne niemand so gut wie der Papst unsere Domänen verwalten und sie für unseren Sohn erhalten. So wurde durch die Schwüre solcher Männer, die Hohepriester des Glaubens und Nachfolger der Apostel zu sein vorgeben, eine Bande von Schurken und Verbrechern in die Irre geführt.

Die Lage verschlechterte sich im Lauf des Frühjahrs 1229. Rainald von Spoleto verlor die Kontrolle über die Mark Ancona, und die Truppen Johanns von Brienne begannen, wenn auch gemächlich, in Apulien vorzudringen. Der Papst schürte in den Städten die Bereitschaft zum Aufbegehren; Neapel, Gaeta und anderen Städten wurden großzügige Privilegien in Aussicht gestellt – etwa die Selbstverwaltung nach norditalienischem Vorbild –, wenn sie den Papst als ihren Souverän anerkannten und sich zur Zahlung bestimmter Steuern an Rom bereit erklärten. Gregor hatte nicht mehr nur die Absicht, Friedrich in Sizilien durch einen neuen König, etwa einen der Söhne Friedrichs, zu ersetzen. Ihm ging es jetzt eindeutig darum, das Königreich Sizilien ganz aufzulösen. Sein bisheriges Territorium, bestehend aus Süditalien und Sizilien, sollte direkt in das Patrimonium des Heiligen Stuhls eingegliedert werden. Wahrscheinlich waren Johann von Brienne und seiner Familie Ländereien in Lecce und im übrigen Apulien versprochen, aber nichts deutet darauf hin, daß Johann Aussichten hatte, die sizilianische Krone zu erben.

Doch schon türmten sich neue Probleme auf, die Rom nicht ohne weiteres in den Griff bekam. Eine Rebellion in der kleinen islamischen Kolonie, die sich im westlichen Sizilien erhalten hatte, richtete sich zwar gegen Friedrich, doch waren die Rebellen nicht willens, statt dem Kaiser künftig dem Papst untertan zu sein. Ein anderes Problem waren die beunruhigenden Kosten des Feldzugs. Da die päpstlichen Truppen so lange aufgehalten worden waren, wurde das Geld für die Bezahlung der Söldner und des Nachschubs knapp. Die Tributzahlungen hatten genügend Geld erbracht, um dem Unternehmen einen guten Start zu sichern, aber nicht genug für einen langdauernden Feldzug. Eine rasche Lösung tat not. Die Kardinäle selbst sprangen mit Krediten für den Papst ein. Das bewährteste Mittel aber schien, die Opposition ein für allemal auszuschalten, indem man die Parole ausgab, Friedrich werde niemals zurückkehren. So griff Gregor IX. zum Mittel der Lüge und ließ

Konradin von Hohenstaufen wurde nach seiner Gefangennahme bei der Schlacht in Tagliacozzo im Castel dell' Ovo in Neapel gefangengesetzt, dem alten Bauwerk seines Geschlechtes. Die mächtige Festung ragt noch heute fast unverändert wie im 12. Jahrhundert pathetisch in die zerklüftete Küste.

das Gerücht vom Tod des Kaisers verbreiten. Dabei war er durch Berichte des Patriarchen Gerold wie auch durch die Friedensangebote des Kaisers bestens über die Aktivitäten Friedrichs im Heiligen Land orientiert.

Friedrichs prompte Rückkehr sorgte dafür, daß die Gerüchte auf ihren päpstlichen Urheber zurückschlugen. Die Ankunft des wohlbehaltenen und siegreichen Kaisers ließ die antikaiserliche Opposition im Nu zusammenbrechen und schien die Behauptung zu bestätigen, daß

Friedrichs bloße Gegenwart genüge, seine Feinde in Angst und Schrekken zu versetzen.

Friedrich stellte die Ordnung in Apulien wieder her, scharte treue Anhänger und die eben aus dem Osten zurückgekehrten Kreuzfahrer um sich (darunter viele treue Deutsche) und jagte seine Feinde nach Norden zurück. Kurz darauf gelang ihm die Wiedereroberung der Gebiete um Cassino, San Germano und Sora. Die Bürger von Sora betrachtete er als Verräter, die eine exemplarische Bestrafung verdient hätten. Die Stadt wurde dem Erdboden gleichgemacht, viele ihrer Bewohner erhängt oder dem Schwert überantwortet. Doch Friedrichs Brutalität war kein Akt sinnloser, wütender Rache, sondern ein wohlkalkulierter Schritt. Ein Herrscher, der es nicht verstand, Verrat zu bestrafen, hatte in seinen Augen eine Krone nicht verdient. Der Kaiser, Stellvertreter Gottes auf Erden, schlug die Gebote der Vergebung und der Demut in den Wind und führte den Süditalienern statt dessen vor, welches Schicksal diejenigen zu erwarten hatten, die weiterhin Verrat übten. Es war ein politischer Schachzug, der seinen Zweck erfüllte. Johann von Brienne war Ende Oktober ausgeschaltet, nachdem sich sein künftiges Geschick schon vorher abgezeichnet hatte.

Historiker haben darauf hingewiesen, daß Friedrich nicht den Versuch machte, seinen Sieg zu krönen, indem er seine Feinde über das nördliche Grenzgebiet des *regno* hinaus verfolgte, in das einstige Territorium Rainalds von Spoleto hinein. Aber Friedrich sah seine Aufgabe nicht in der Eroberung des päpstlichen Patrimoniums, ja nicht einmal in der Demütigung des Papstes, was er freilich durch seinen Sieg in Süditalien ohnehin schon zum Teil erreicht hatte. Friedrichs vorrangiges Ziel war es, Gregor zum Einlenken zu bewegen und eine Einigung mit ihm auszuhandeln, die seine eigenen Rechte als Kaiser sichern würde, ohne den Heiligen Stuhl zu demütigen. Im Grunde strebte er eine Rückkehr zu dem unter Honorius III. gefundenen *modus vivendi* an. Daneben ging es Friedrich um die schnelle Wiedererrichtung seiner Herrschaft über Süditalien und Sizilien, denn der Einfall der päpstlichen Armeen hatte Aufstände ausgelöst, die das Königreich erschütterten. Schließlich sollten möglichst bald neue Gesetzbücher für das *regno* ausgearbeitet werden.

Was Deutschland und die Lombardei betraf, so war die von den Deutschen bewiesene Loyalität für Friedrich sicherlich überraschend. Hier waren einige Belohnungen fällig, in Gestalt weiterer großzügiger Privilegien. Die Uneinigkeit hingegen, die 1228 und 1229 zwischen den lombardischen Städten geherrscht hatte, war für den Papst wie für den Kaiser Beweis genug dafür gewesen, daß die norditalienischen Städte die Macht Friedrichs auch in seiner Abwesenheit nicht ernsthaft würden bedrohen können. Nach den Mühen seiner Reise ins Heilige Land und der Invasion unter Johann von Brienne durfte Friedrich hinfort auf bessere Zeiten hoffen – wenn nur Papst Gregor zur Vernunft zu bringen war. Um dies zu erreichen, war Friedrich bereit, seinem Erzfeind eine großzügige Offerte zu machen.

VII

Doch den Papst zur Vernunft zu bringen erwies sich als außerordentlich schwierig. Erst im Juli 1230, nachdem sich die deutschen Fürsten und Hermann von Salza eingeschaltet hatten, konnte Frieden geschlossen werden. Vorübergehend war die Kriegsgefahr wieder aufgeflammt, aber nicht einmal das hatte den Widerstandswillen des Papstes zermürbt. Vermutlich ging die Bereitschaft zu Verhandlungen nicht einmal so sehr von Gregor selbst aus als von einigen namhaften Kardinälen, die begriffen hatten, daß Friedrich den aufrichtigen Wunsch hegte, den Konflikt zwischen Krone und Kirche zu beenden. Im übrigen blieb Gregor bei seiner starren Haltung. Die von den deutschen Fürsten eingereichten Petitionen quittierte er mit Argwohn. Gregor wußte, daß ein Abkommen mit Friedrich dessen Herrschaft über Deutschland und Sizilien besiegeln und den Verzicht auf einen wichtigen Grundsatz mit sich bringen würde, auf den Gregor sich bei seinen früheren Ausfällen gegen Friedrich stets gestützt hatte. Andererseits mußte Gregor einsehen, daß Friedrich sein Kreuzzugsgelübde erfüllte, an den europäischen Höfen Prestige und Rückhalt gewonnen und seine Machtstellung in Deutschland gefestigt hatte. In der Lombardei aber, auf die Gregor seine größten Hoffnungen gesetzt hatte, war er kaum auf Unterstützung getroffen. So fand Gregor sich schließlich dazu bereit, die Exkommunizierung des Kaisers aufzuheben und auch die anderen Maßnahmen gegen Friedrich rückgängig zu machen. Friedrich verpflichtete sich im Gegenzug, der sizilianischen Kirche freie Wahlen zu gestatten und die sizilianische Geistlichkeit von der weltlichen Rechtsprechung auszunehmen – mit anderen Worten, jeden Anspruch auf den Status eines Apostolischen Legaten in Süditalien aufzugeben. Im Rahmen dieser Vereinbarungen verpflichtete Friedrich sich, dem Templer- und dem Johanniterorden ihre ausgedehnten süditalienischen Besitzungen zurückzugeben, die er ihnen angesichts seiner Erfahrungen mit den Ordensrittern im Osten aberkannt hatte. Außerdem versprach er eine Generalamnestie für die Anhänger des Papstes im südlichen Italien.

Diese in San Germano und Ceprano ausgehandelten Vereinbarungen werden oft als politische Unklugheit des Kaisers gedeutet – er habe es versäumt, die Vorteile zu nutzen, die er durch seinen Sieg über Johann von Brienne errungen hatte. Doch das Verhalten entsprach einer bewußten Taktik. Zunächst einmal mußte er Gregor überhaupt an den Verhandlungstisch bringen. Zum zweiten war Friedrich klar, daß seine Exkommunizierung ungeachtet seines jüngsten Triumphes ein Makel bleiben würde, der der gegnerischen Propaganda Vorschub leisten konnte. Davon abgesehen, widerstrebte es ihm als gläubigem Christen, weiterhin als Exkommunizierter zu leben. Drittens ging Friedrich aus den Verhandlungen nach wie vor als Herrscher über Deutschland und Sizilien hervor; Gregors Widerstand gegen eine zu große Machtballung in den Händen Friedrichs war gebrochen. Das Friedensabkommen war de facto ein Sieg für Friedrich, nicht für Gregor, auch wenn es nach außen so dargestellt wurde, um dem Papst eine Demütigung zu ersparen. Friedrich wußte, daß der zum Jähzorn neigende Gregor selbst in der Niederlage Anspruch auf Ehrerbietung hatte, und solange sich Gregor selbst an die Fiktionen eines Sieges über seinen Gegner klammern konnte, schien der Frieden zwischen Papst und Kaiser dauerhaft werden zu können. Die Verträge von San Germano und Ceprano verkörperten deshalb ein beachtliches Stück von Friedrichs Staatskunst. Zum zweiten Mal hatte er binnen zwei Jahren sein diplomatisches Geschick unter Beweis gestellt, denn auch mit Al-Kamil hatte er geduldig verhandelt, hatte Forderungen gestellt und gewartet. Al-Kamil allerdings war in vieler Hinsicht ein leichterer Gegner als Papst Gregor IX. gewesen.

Der Schlußakt fand im trauten Kreis statt: Im September 1230 kamen Friedrich, Hermann von Salza und Gregor in Anagni zu einem gemeinsamen Abendessen zusammen. In den päpstlichen Briefen fanden sich um diese Zeit schon äußerst lobende Töne für den Kaiser. Kantorowicz stellt die Briefe von 1229, in denen Friedrich als Jünger Mohammeds verdammt wird, denen vom Sommer 1230 gegenüber, die ihn als den »geliebten Sohn der Kirche« besingen. Es ist durchaus nicht klar, ob der veränderte Ton, den Gregor in seinen Briefen anschlug, einem wirklichen Sinneswandel entsprach. Aber immerhin zeigte der Papst sich von jetzt an von seiner wohlerzogensten Seite. Was blieb ihm auch anderes übrig?

KAPITEL 6
Gesetz und Monarchie in Sizilien

I

Nach der Rückkehr in seine sizilianische Heimat ging Friedrich rasch und erfolgreich an die Wiederherstellung seiner königlichen Macht. Die Siege über die päpstlichen Truppen bewirkten, daß seine Gegner ihren Widerstand bald aufgaben: Jeder konnte sehen, daß der Kaiser weder tot noch entmachtet war. Dazu kam, daß der Frieden von San Germano in den aufsässigen Städten Campaniens alle Hoffnungen auf mehr bürgerliche Freiheit zunichte machte. Nach Friedrichs Überzeugung konnte freilich Waffengewalt nicht das einzige Mittel zur Wiederherstellung der Ordnung sein. Auch das Gesetz mußte in den Dienst der königlichen Sache gestellt werden. Im Verlauf des Sommers 1231 ließ Friedrich für sein Königreich einen neuen Gesetzeskanon verkünden, den er seinen Vasallen in der süditalienischen Provinzstadt Melfi persönlich vorstellte.

Die sogenannten *Konstitutionen von Melfi*, die mehr als zweihundert Artikel umfassen, sind von vielen Historikern als bester Beweis dafür gewertet worden, daß Friedrich aus Sizilien einen »Modellstaat« habe machen wollen: wohlgeordnet, zentralisiert, effizient verwaltet, einen Staat, in dem alle Rechte und Verpflichtungen der Untertanen dem Willen oder Gutdünken des Herrschers untergeordnet waren. Die praktischen Erfordernisse des Wiederaufbaus verbanden sich dieser Lesart zufolge mit den schon weit gediehenen Vorstellungen einer absolutistischen Monarchie. Doch eine solche Deutung der *Konstitutionen von Melfi* entspricht wohl kaum den Tatsachen. Wie stark auch immer Friedrich unter dem Einfluß der bedeutenden römischen Gesetzbücher, der zeitgenössischen Juristen und der in Mode gekommenen aristotelischen Philosophie gestanden haben mag, es wäre abwegig, in diesem Gesetzeswerk den Geist eines neuen Justinian zu sehen. Die *Konstitutionen* hatten nicht das Format der römischen Gesetzbücher. Sie erhoben nicht den Anspruch, sich auf die Gesamtheit rechtlicher Fragen zu beziehen, sondern befaßten sich lediglich mit den spezifischen Problemen, die sich bei der inneren Wiederherstellung des Königreichs ergaben. Es waren auch keine ausgesprochen originellen Gesetze. Sie waren eine Sammlung von Rechtsvorschriften aus römischen, kanonischen und feudalen Quellen, in die auch Elemente aus dem deutschen Recht eingebaut wurden, wo immer sie besonders geeignet erschienen, ebenso wie althergebrachtes Gewohnheitsrecht aus Süditalien.

Wer das geschriebene Recht einer bestimmten Epoche analysiert, läuft Gefahr, darin nur das zu finden, wonach er sucht. Nicht alle Historiker, die sich über die *Konstitutionen von Melfi* äußerten, haben das gesamte Gesetzeswerk zur Kenntnis genommen. Die Suche nach Beweisen für den romanesken Charakter der sizilianischen Monarchie – schon zu einem sehr frühen Zeitpunkt ausgiebig unternommen – hat manchen Historiker dazu verleitet, falsche Rückschlüsse auf die damalige Rechtsprechung der mit lombardischen, griechischen und sogar nichtchristlichen Juristen besetzten Gerichtshöfen zu ziehen. Was wir hier hervorheben möchten, ist der Zusammenhang zwischen diesen Gesetzen und der politischen und gesellschaftlichen Struktur des *regno* in den Jahren um 1231. Für den »Stammbaum« einzelner Rechtsvorschriften – ob römisch, normannisch oder wie auch immer – interessieren wir uns nur in zweiter Linie. Deshalb werden wir auch die allgemein gebräuchliche Bezeichnung für das Gesetzeswerk, *Liber Augustalis* (»Augusteisches Buch«), vermeiden: Sie ist die Erfindung jener späteren Kommentatoren, die in diesen Gesetzen den Ausdruck des von Friedrich gepflegten Ideals autokratischer Herrschaft sahen.

Damit soll nicht geleugnet werden, daß in den *Konstitutionen von Melfi* zahlreiche Verweise auf die römische Antike vorkommen und der Herrscher als Schöpfer des Rechts bezeichnet wird. Aber das bestimmte nicht allein den Geist der Gesetze, durchdrang nicht die einzelnen Bestimmungen, war nicht prägend für das Gesetzeswerk als Ganzes. Etwas anderes ist vielleicht auch gar nicht zu erwarten. Die Gesetze von Melfi wurden nur wenige Monate nach Abschluß des Abkommens zwischen Friedrich und dem Papst verkündet; in dieser Zeit hatten königliche Beauftragte das *regno* bereist und sich allerorten in die Praxis der örtlichen Rechtsprechung einweihen lassen. Zweifellos registrierten diese *enquêteurs* auch Verstöße gegen königliche Privilegien – unrechtmäßig erbaute Burgen, die widerrechtliche Aneignung königlicher Domänengebiete und ähnliches. An der Spitze dieser Beauftragten stand der engste Berater des Kaisers, der Rechtsgelehrte Piero della Vigna, eine der ganz wenigen Personen, die in den *Konstitutionen* namentlich genannt werden (abgesehen von normannischen Königen und römischen Kaisern). In späteren Jahren ließ Friedrich den *Konstitutionen* eine Reihe von Gesetzen folgen, Änderungen oder Ergänzungen der Verordnungen von 1231. Dies ist ein Indiz dafür, daß das Gesetzeswerk sehr schnell auf seine Tauglichkeit in der Praxis hin überprüft wurde; als Resultat einer binnen weniger Monate geleisteten Gesetzesarbeit konnte es aber kaum die Vollkommenheit und systematische Ordnung einer römischen *Digesta* besitzen.

Friedrich berief sich weitgehend auf die Gesetze seiner normannischen Vorgänger und bediente sich dabei in der Regel kurzer, aber aussagekräftiger Zitate aus den Assisen Rogers II. sowie längerer Auszüge aus den Gesetzbüchern Wilhelms des Guten. Der Kontrast zwischen Rogers schmucklosen Grundsatzaussagen und den wortreichen Darlegungen Friedrichs ist verblüffend. Bei Friedrich vermengen sich allgemeine Grundsätze mit detaillierten Erörterungen einzelner Rechtsprobleme. Und immer wieder wird die eingreifende Hand des Kaisers sichtbar. Daß hier eine Gruppe römisch geschulter Juristen unter der Leitung des glanzvollen della Vigna mit einem Auftraggeber auskommen mußte, der sich stets in ihre Arbeit mischte und neue Forderungen stellte, war vielleicht der Grund dafür, daß ein so unausgewogenes Gesetzbuch zustande kam. Die Bemühungen der Autoren um Harmonie und Einheitlichkeit wurden durch die vom Kaiser eingebrachten Korrekturen und durch die so verschiedenen rechtlichen Traditionen des Königreichs zunichte gemacht.

Schon die Einleitung zu den *Konstitutionen von Melfi* gewährt einen aufschlußreichen Einblick in die Denkweise Friedrichs. Gleich am Anfang werden seine Titel aufgezählt: Kaiser der Römer, Caesar Augustus, Herrscher über die Königreiche von Italien, Sizilien, Jerusalem und Burgund. Hier stoßen wir auf das erste Paradoxon: In der ganzen Gesetzessammlung spricht Friedrich von sich selbst als »Augustus«; er erwähnt seine »göttlichen Vorgänger«, die *Augusti* des antiken Rom oder auch der jüngeren Vergangenheit. Als Kaiser erläßt er aber Gesetze für ein Königreich, über dessen Verhältnis zum Kaiserreich, wie gesehen, große Unklarheit bestand. Noch Roger II. und Heinrich VI. hatten die Trennung des Königreiches vom Römischen Reich anerkannt, und in jedem Fall war Sizilien ein Vasallenstaat des Papsttums, woraus ja allein schon hervorging, daß es nicht dem Kaiserreich angehörte, auch wenn es von dem Kaiser regiert wurde. Doch Friedrich begnügte sich zu betonen, das Königreich Sizilien sei »die kostbare Erbschaft unserer Majestät«, und die innere Zerrissenheit des Landes macht es notwendig, für Frieden und Gerechtigkeit zu sorgen. Die nachfolgenden Gesetze sollten, so heißt es in der Einleitung ausdrücklich, im gesamten

Königreich Sizilien gelten, nicht jedoch darüber hinaus. Sizilien sei von allen dem Kaiser untertanen Königreichen dasjenige, das am dringendsten einer guten Regierung bedürfe. Die Unklarheit über den rechtlichen Status des sizilianischen Königreichs sollte sich bis zum Ende der Regierungszeit Friedrichs als Hypothek für die italienische Politik erweisen.

Gesetze werden immer aus Notwendigkeiten geboren. In der Einführung zu den *Konstitutionen* wurde erläutert, zu welchem Zweck Gesetze gemacht würden. Gott habe, so heißt es, das Universum geschaffen und den Menschen zum Herrn über die übrigen Geschöpfe erkoren. Ursprünglich sei der Mensch einem einzigen Gesetz unterstellt gewesen, das er jedoch mißachtet habe: Indem er von den Früchten der Erkenntnis gegessen habe, habe er seine Unsterblichkeit verwirkt, und dieser Fehltritt sei für die ganze Schöpfung verhängnisvoll gewesen. Gott aber habe dennoch zugelassen, daß der Mensch sich vermehrte und verbreitete, und die Vermehrung habe zu Besitzstreitigkeiten und Haß unter den Menschen geführt. So seien, durch göttliche Inspiration wie auch unter dem Druck der Notwendigkeit, Fürsten geschaffen worden, um den Verbrechen und Konflikten Einhalt zu gebieten. Die fürstliche Gewalt sei daher auch ein Ausdruck göttlichen Wohlwollens sowie der Notwendigkeit, der Zerstrittenheit der Menschen ein Ende zu bereiten.

Was aber waren die Aufgaben der Fürsten? Die Bewahrung der Kirche wurde als erste genannt. Man sollte dies nicht, wie oft geschehen, als den Versuch deuten, dem Heiligen Stuhl die Herrschaft über die Kirche streitig zu machen. Die Vorstellung, der weltliche Fürst (und namentlich der Kaiser) müsse als *gladius Christi* die Kirche vor ihren Feinden schützen, war in weltlichen wie in kirchlichen Kreisen weit verbreitet, und deshalb war es Friedrichs Anliegen, dem Vorwurf, der schlimmste Feind der Kirche zu sein, entgegenzutreten und ein klares Bekenntnis zu seiner Rolle als Beschützer der Kirche abzulegen.

Neben der Verteidigung der Kirche ging es um die Bewahrung des weltlichen Friedens, gestützt auf eine Herrschaft der Gerechtigkeit. Man kann in dieser Passage der *Konstitutionen* einen Hinweis auf die Umstände ihrer Entstehung sehen: Der Kaiser hatte die Ordnung in seinem Machtbereich wiederhergestellt, und es oblag ihm jetzt, der *justitia* zum Sieg zu verhelfen. Mit *justitia* war nicht nur Gerechtigkeit im praktischen Sinn gemeint. Auch der Gesetzgeber sollte sich an den Grundsätzen von Recht und Ordnung orientieren; Gesetze sollten aus den göttlichen Lehren selbst abgeleitet werden. Es verwundert daher nicht,

Von dem mittelalterlichen Ort Ninfa, am Flüßchen Ninfa gelegen, ist wenig mehr geblieben als die Ruine einer Kirche mit Spuren von Fresken.

daß der große Bogen, der 1234 in Capua errichtet wurde, mit den Darstellungen des Kaisers, seiner Richter und einer alle anderen Figuren dominierenden Justitia geschmückt war: Rechtschaffenheit, die ihren Ausdruck in einer guten Regierung fand.

Mitunter wird die Ansicht vertreten, die Einleitung des sogenannten *Liber Augustalis* verkörpere eine radikale Abkehr von überkommenen Vorstellungen über das Wesen von Herrschaft und Staatskunst; in Wirklichkeit aber waren die kaiserlichen Ideen nicht allzu revolutionär. Seine Staats- und Regierungsideen gingen wohl eher auf Augustinus und dessen Vorstellungen vom Staat als Zuchtmeister einer sündigen Menschheit zurück. Zwar machte sich Friedrich Gedanken über die Rolle des Herrschers als Mittel der Verbesserung oder der angestrebten Vervollkommnung der Gesellschaft und war optimistisch, was die Zwecke staatlichen Handelns – Frieden nach außen und Ordnung und

Rechtschaffenheit im Innern – betraf, aber gespeist haben dürfte sich dieser Optimismus nicht so sehr aus Schriften von Aristoteles, als aus dem Studium kirchenrechtlicher Texte. Die abstrakte Auffassung von Wesen und Funktion der Monarchie, wie sie in päpstlichen Traktaten und in Abhandlungen von Rechtsgelehrten der Kurie dargelegt war, fand nun erstmals den Weg über die römische Kurie hinaus an den Kaiserhof. Daß Friedrich dabei jeden Hinweis auf den Stellvertreter Christi, den Papst, vermied, verwundert nicht. In seinem Bestreben, den Nimbus des Kaisers zu erhöhen und die Fragen nach dem Vasallenstatus des sizilianischen Königs gegenüber dem Heiligen Stuhl erst gar nicht zu berühren, konnte Friedrich nicht daran gelegen sein, den Papst als Partner des Kaisers bei der Durchsetzung von *justitia* zu nennen.

Zudem hatte Friedrich eine sehr klare und selbstbewußte Auffassung vom Wesen seiner Monarchie, und der Papst spielte darin kaum eine Rolle. Friedrichs Vorstellungen vom Wesen der legitimen politischen Herrschaft wurzelten zwar in christlichen Überzeugungen, aber sie kamen ohne den römischen Pontifex aus. Das bedeutet nicht, daß Friedrich einer säkularen Monarchie das Wort geredet hätte. Er glaubte, daß ihm seine Herrschaft von Gott verliehen sei, wie er in der Einleitung des Gesetzbuches unmißverständlich erklärte. Aber er hatte keinen Bedarf an einem Mittler, der sich zwischen ihn und Gott stellte.

Genau darin liegt die politische Bedeutung der Einleitung zu den *Konstitutionen von Melfi*. Der Kaiser konnte sich künftig auf eine Staatstheorie berufen, in der das Papsttum keine notwendige Rolle mehr spielte. Der Herrscher selbst besaß die Macht, die Menschen in eine bessere Zukunft zu führen, indem er gute Gesetze machte und seine Herrschaft gemäß den Geboten der Gerechtigkeit ausübte. Hier lag ein deutlicher Kontrast zu den pessimistischen Vorstellungen vom strafenden Herrscher, dessen Macht vom Stellvertreter Christi in Schach gehalten werden mußte. Gerade in dieser Frage läßt das Gesetzbuch von Melfi erkennen, daß am kaiserlichen Hof wichtige neue (wenn auch nicht im strengen Sinne originelle) Denkansätze artikuliert wurden, Auffassungen, die sich in den folgenden Jahrzehnten unter dem Eindruck neuerlicher Konflikte mit dem Papsttum nochmals weiterentwickeln sollten. Ob allerdings der Kaiser selbst oder aber Piero della Vigna der Urheber dieser philosophischen Erneuerung war, bleibt eine unbeantwortbare Frage.

II

Es war im Mittelalter üblich, davon auszugehen, daß althergebrachtes Recht im allgemeinen gutes Recht sei. Die *Konstitutionen von Melfi* indes verbanden altes mit neuem Recht: ihr Leitmotiv war die Notwendigkeit, das Recht gemäß den aktuellen Problemen und Bedürfnissen Siziliens zu reformieren und weiterzuentwickeln. Wie schon erwähnt, waren sie keineswegs eine Kopie des Justinianschen Kodex, sondern besaßen byzantinische, lombardische, normannische, kanonische und sogar spanische Wurzeln. Insofern erinnerten sie an die Praxis der normannischen Monarchie, Ideen und Gepflogenheiten aus unterschiedlichen Kulturen aufzugreifen und sie mit viel Enthusiasmus zu einem freilich oft wenig eleganten Ganzen zusammenzuschmieden. Wie seine Vorgänger auf dem normannischen Königsthron, war Friedrich bei der Formulierung von Gesetzen zuallererst Pragmatiker. Die *Konstitutionen von Melfi* sind daher im Grunde der Versuch einer Wiederbelebung des normannischen Staatswesens.

Wie unterschiedlicher Herkunft die Rechtsvorschriften der *Konstitutionen* waren, läßt sich an einigen Beispielen verdeutlichen. Ein starker Einfluß des kanonischen Rechts wird in den gegen die Ketzerei gerichteten Gesetzen sichtbar. Hier wurden sicherlich Anleihen beim Vierten Laterankonzil von 1215 genommen. Doch scheint man daneben auch auf päpstliche Verordnungen aus der zweiten Hälfte des 12. Jahrhunderts zurückgegriffen zu haben. Bei den Gesetzen gegen den Wucher verbinden sich kanonische Dogmen mit eigenständigen Ansätzen – für die Artikel, die jüdischen Geldverleihern die Erhebung von Zinsen bis zu zehn Prozent pro Jahr erlaubten, scheint es kein kirchenrechtliches Vorbild gegeben zu haben. Manche Vorschriften beziehen sich auf besondere Probleme des *regno* und weisen kaum Bezüge zu älteren Rechtstexten auf. So war das Gebot, anstelle der schnörkeligen »Beneventer« Handschrift eine nüchternere und leichter lesbare Schrift zu verwenden, gegen die Notare von Neapel, Amalfi und Sorrento gerichtet, die sich noch der altmodischen Schriftarten bedienten. (Immer mehr Beamte aus diesen Regionen wurden in den königlichen Verwaltungsapparat übernommen, und man befürchtete wahrscheinlich, daß ein wachsender Teil der staatlichen Dokumente künftig in einer fremdartigen und schwer zu entschlüsselnden Handschrift erstellt werden würde.) Im gleichen Zusammenhang findet sich eine Bestimmung, die für die Abfassung von Dokumenten, die zur Vorlegung vor Gericht bestimmt waren, den Gebrauch von Papier untersagte; auch hierbei scheint es sich um ein Gesetz ohne einschlägiges Vorbild gehandelt zu haben; es sollte wohl verhindern, daß wichtige Staatsdokumente auf so vergänglichem Material festgehalten würden.

In weiten Teilen befaßten sich die *Konstitutionen* jedoch mit lombardischen Gesetzen. Eine Vorschrift, die sich auf die gewaltsame Inbesitznahme von Grund und Boden bezieht, beginnt mit den Worten: »Wir wählen einen Mittelweg zwischen dem lombardischen und dem geltenden römisch-byzantinischen Recht.« Wie seine normannischen Vorgänger, gestattete der Kaiser die fortdauernde Anwendung lombardischen und »fränkischen« Rechts in den Regionen, wo es Gewohnheitsrecht war, sofern es nicht mit anderen Bestimmungen der *Konstitutionen von Melfi* kollidierte. Derartig widersprüchliche Gesetzesnormen finden sich in den *Konstitutionen* in großer Zahl. Ein aufschlußreiches Beispiel liefert eine Gesetzesbestimmung, mit der bisherige besondere Privilegien normannischer (oder »fränkischer«) Untertanen in Gerichtsverfahren beseitigt werden sollten:

Es ist unser Wunsch, mit der Unklarheit aufzuräumen, die in bezug auf ein bestimmtes Sonderrecht, oder besser gesagt, eine Rechtsverweigerung [iniuria] herrscht, die von den Franken praktiziert und bis heute in Zivil- und Strafprozessen beobachtet wird. Wir wünschen also allen unseren Untertanen mitzuteilen, daß wir, die wir das Recht jedes Einzelnen auf Gerechtigkeit prüfend auf unsere Waagschalen legen, nach den Bestimmungen dieses Gesetzes darauf bestehen, daß bei Gerichtsurteilen kein Unterschied zwischen Personen gemacht werde; Gerechtigkeit soll mit gleicher Kraft gegenüber jeder Person geübt werden, gleich ob Franke, Römer oder Lombarde, gleich ob Kläger oder Angeklagter.

Im Anschluß daran werden einige kritikwürdige Praktiken im »fränkischen« Gerichtswesen aufgezählt. In einer weiteren Bestimmung findet der Grundsatz der Gerechtigkeit eine noch kühnere Anwendung: Es heißt dort nämlich, auch Juden und Sarazenen müsse es gestattet sein, Prozesse anzustrengen: »Wir wünschen nicht, daß sie unschuldig verfolgt werden, nur weil sie Juden oder Sarazenen sind.« Desgleichen sollte, wenn es um einen Mord oder Totschlag ging und kein Täter ermittelt werden konnte, die betreffende Gemeinde oder Stadt eine Gemeinschaftsstrafe bezahlen, und zwar auch dann, wenn es sich bei dem Opfer um einen Juden oder Sarazenen handelte: »Wir halten die von den Christen gegenwärtig gegen sie geübte Verfolgung für übermäßig.« Das klingt nicht gerade wie eine Verurteilung jeglicher Diskriminierung, zeigt aber doch, daß in dieses Gesetzbuch so etwas wie humane Grundsätze eingegangen waren. Bemerkenswert ist, daß der

Kaiser seine Forderung nach einem gewissen Maß an Rechtssicherheit für Nichtchristen nicht etwa aus der Tatsache ableitete, daß es sich um seine *servi* (Leibeigenen) handelte (woran andere Artikel desselben Gesetzeswerks keinen Zweifel ließen), sondern aus ethischen Überzeugungen.

Hinter dem Ideal, jedermann Gerechtigkeit widerfahren zu lassen, verbarg sich zwangsläufig ein praktisches Problem. Die Maßstäbe des Kaisers stimmten nicht unbedingt mit denen seiner Beamten überein. Daher war es von größter Bedeutung, für eine strikte Anwendung des Rechts durch alle damit befaßten Beamten zu sorgen. Das normannische Amt des Justitiars wurde beibehalten, wenn auch mit erheblichen Modifikationen. Die Justitiare waren in der Rechtsprechung die unmittelbaren Vertreter der Krone, und so ist es nicht verwunderlich, daß eine ganze Reihe von Bestimmungen sich mit ihren Pflichten befaßte, Bestimmungen, an deren Beginn der Hinweis stand, die Bezeichnung Justitiar leite sich von den Wörtern *jus* und *justitia* ab. Sie sollten durch einen Amtseid darauf verpflichtet werden, mit »Gott und der Gerechtigkeit vor Augen« die Interessen der Kläger wahrzunehmen und so zügig wie möglich gerechte Urteile zu fällen. Der Wunsch nach schneller Urteilsfindung zielte nicht bloß auf bestmögliche Verfahrenseffizienz ab, sondern sollte auch der vorsätzlichen Verzögerung von Verfahren zum Schaden der Kläger vorbeugen. Eine bedeutsame Neuerung war die Bestimmung, derzufolge niemand in einem Bezirk zum Justitiar ernannt werden durfte, in dem er Güter besaß. Offenbar war es unter den Normannenkönigen üblich gewesen, die Justitiare von Apulien aus den Reihen des normannisch-lombardischen Feudaladels zu berufen; Friedrich schloß die Berufung Adliger ins Justitiarenamt nicht aus, wollte aber nach Möglichkeit verhindern, daß sie in Versuchung gerieten, ihre Amtsführung nach örtlichen Opportunitäten und Interessen auszurichten. Familien wie die Aquinos sollten dazu gebracht werden, dem Thron zu dienen, nicht den Interessen ihrer Sippe. Klar scheint, daß Friedrich auch den nichtadligen Beamten, den Absolventen seiner neuen Universität in Neapel, die Möglichkeit eines Aufstiegs in höchste Ämter eröffnen wollte. Ein neuer Beamtenstand sollte so entstehen, der Amt und Würde der Monarchie verdankte und ihr loyal ergeben war. Die schleppenden Anfänge der Universität und die fortgesetzte Berufung von Adligen in wichtige Ämter zeigen aber, daß Friedrich in dieser Politik kaum über Anfänge hinaus kam.

Der Gedanke, der hinter allen diesen Gesetzen stand, war, daß das Gesetz vom Herrscher überwacht und kontrolliert werden müsse, damit sichergestellt sei, daß es angemessen und billig angewendet wurde. Der Herrscher, von Gott dazu auserkoren, Gesetze zu erlassen und zu ändern, legte durch einen Akt seines Willens fest, welches Recht zu gelten hatte.

Dieses von Tatkraft und Selbstbewußtsein geprägte Verständnis der Monarchie kommt schon in den ersten Absätzen der *Konstitutionen von Melfi* zum Ausdruck, die vom Verhältnis zwischen politischer Gewalt, religiöser Überzeugung und politischer oder religiöser Opposition handeln. Dort ist die Rede von Straftaten gegen Gott, die auch Straftaten gegen den Kaiser seien. »Ketzer versuchen die nahtlose Robe Gottes zu zerreißen«. Mit großer Beredsamkeit werden daher in den *Konstitutionen* »Patarier«, Katharer und andere Gruppen angeprangert, die in immer größerer Zahl im südlichen Italien aufgetaucht seien. »Wir können unsere Gefühle gegen Menschen, die eine so feindselige Haltung gegen Gott, sich selbst und die Menschheit einnehmen, nicht im Zaum halten.« Der Kaiser befahl, Ermittlungen (»Inquisitionen«) über die Praktiken dieser Sekten anzustellen, und drohte denen, die mit ihrem Tun fortfuhren, den Tod an. Die Ermittlungen sollten von Kirchenleuten durchgeführt werden, was vermuten läßt, daß die Gesetze gegen die Ketzerei unter dem Einfluß des Vierten Laterankonzils von 1215 entstanden sein müssen, auf dem beschlossen worden war, gegen die Ausbreitung ketzerischer Lehren in Südfrankreich (vor allem durch die Albigenser) sowie in Nord- und Mittelitalien vorzugehen. Und doch fehlt auch hier jeder Hinweis auf die päpstliche Autorität. Der Kaiser beschreibt seine Rolle nicht als die eines weltlichen Statthalters, der im Auftrag des Papstes mit weltlichen Mitteln gegen die Ketzer vorgeht, sondern stellt sich als Herrscher dar, der nur der Autorität Gottes unterstellt ist.

Mögen hier auch die Spannungen zwischen Kaiser und Papst über den rechtlichen Status des Königs von Sizilien ihren Niederschlag finden, so nimmt das Gesetzbuch von Melfi sonst doch an vielen Stellen Rücksicht auf kirchliche Interessen. Es sieht vor, daß Kirchenleute in Fragen der Ketzerei als Inquisitoren herangezogen werden sollen, und verfügt an anderer Stelle, Geistliche, die einer Straftat beschuldigt würden, sollten in aller Regel vor Kirchengerichte gestellt werden. Während der Heilige Stuhl dem Kaiser später nicht ohne eine gewisse Berechtigung vorwarf, er arbeite im *regno* gegen kirchliche Interessen, war eine solche Tendenz 1231 noch keineswegs erkennbar. Bemerkenswert jedoch war, daß die sizilianische Kirche sich letzten Endes Reglementierungen unterwerfen mußte, die ihr nicht von einer äußeren

Macht, dem Heiligen Stuhl, sondern vom Monarchen des *regno* auferlegt wurden.

Ketzerei wird in der Tat als ein dem Hochverrat gleichkommendes Verbrechen behandelt. Diejenigen, die gegen einzelne Dogmen des katholischen Glaubens aufbegehren, stellen damit zugleich den Anspruch des Herrschers in Frage, von Gott berufen zu sein. Sie geben sich dadurch nicht nur als Feinde Gottes und der Gläubigen, sondern der gesellschaftlichen Ordnung selbst zu erkennen. Denn Kritik am Anspruch der Kirche auf die religiöse Wahrheit heißt zugleich Kritik am Anspruch des Monarchen, legitimer oberster Gesetzgeber zu sein. Wer sich aber zum Gegner des Gesetzes erklärt, macht sich selbst zum Objekt gesetzlicher Verfolgung. Deshalb ist es nur folgerichtig, wenn Verordnungen gegen die Ketzerei innerhalb der Gesetzgebung eines Landes eine herausragende Rolle spielen. Und so gesehen, entbehrt es nicht der Logik, wenn innerhalb eines Gesetzbuches auf die Bestimmungen gegen Ketzerei scheinbar unvermittelt ein aus der Zeit König Rogers stammendes Gesetz folgt, das mit dem Satz überschrieben ist: »Niemand darf sich in die Taten und Pläne von Königen einmischen.« Beschlüsse des Königs in Zweifel zu ziehen oder auch nur die kritische Frage zu stellen, ob die vom König berufenen Beamten ihres Amtes würdig seien, sei mit »Gotteslästerung« gleichzusetzen. Das war eine Auffassung, die wörtlich aus römischen Gesetzestexten übernommen scheint.

Es ist aufschlußreich, mit welcher Entschlossenheit Roger und Friedrich damit die klassische juristische Rechtfertigung des mittelalterlichen Rebellen untergruben, daß seine Opposition nicht dem König, sondern der Politik gelte, zu der seine Berater ihn verleitet hätten. Die *Konstitutionen von Melfi* gingen von einem Herrscher aus, der seine Berater und Beamte quasi *per definitionem* unter Kontrolle hatte, sie den Untertanen gegenüber unter den Schutz seiner Autorität stellte, zugleich aber äußerst verantwortungsbewußtes Handeln von ihnen forderte. Ein Richter, der das Vertrauen seines Monarchen mißbrauchte oder enttäuschte, sollte nicht anders als ein Rebell gegen die Krone behandelt werden. Auch er hatte mit Todesstrafe zu rechnen.

Und so ist es auch nicht verwunderlich, daß in der Abfolge der strafwürdigen Tatbestände auf die Ketzerei, den Hochverrat und die Gotteslästerung der Wucher folgt. Der Einfluß des kanonischen Denkens tritt dabei deutlich zutage. Der Strafe liegt hier die Vorstellung zugrunde, daß es unnatürlich und damit unmoralisch sei, wenn ein Geldbetrag sich mit der Zeit vermehre, ohne daß dies mit Arbeit verbunden wäre.

Der Papsttum sah in dem weitverbreiteten Geldverleih gegen Zinsen eine ähnliche Gefahr für die gesellschaftliche Moral und Ordnung, wie sie von der Ketzerei ausging. Wenn der Heilige Stuhl Pamphlete gegen die ketzerischen Albigenser verfaßte, enthielten sie gewöhnlich auch Anspielungen auf Geldverleiher. Diese Angriffe begannen im 13. Jahrhundert an Schärfe zu verlieren, da die Kirchenführung um diese Zeit allmählich die Notwendigkeit, ja den Nutzen von Kreditgeschäften erkannte. Damit einher ging alsbald auch ein neues theologisches Dogma, demzufolge selbst Wucherer auf die Erlösung ihrer Seelen hoffen konnten, wenn sie sich am Ende ihres Lebens einer Läuterung unterzogen oder sich einen Sündenerlaß erkauften.

Friedrich aber erwies sich hier wie in anderen Fragen als eher konservativer Gesetzgeber. Von der Welt des Handels und des Gewerbes hielt er wenig, wie ein römischer Patrizier verachtete er diejenigen, die ihr Vermögen Geldgeschäften verdankten. Das sollte sich wiederholt in seiner Politik und in seinen Verlautbarungen zeigen. Indem er es den Juden freistellte, sich dem Wuchergeschäft zu widmen, betonte er indirekt deren Minderwertigkeit gegenüber den Christen. Da die Juden, so seine Begründung, den Gesetzen der Christenheit nicht unterlägen, dürften sie ihren Wucher weiterhin treiben, und was das Seelenheil gläubiger Juden betraf, so machte sich darum ohnehin kaum jemand Sorgen. Man übersah, daß der Wucher auch nach jüdischem Recht strafbar war.

Der Neuordnung der Gesellschaft nach den allgemeinen Grundsätzen der Gerechtigkeit folgt in den *Konstitutionen von Melfi* die Neuordnung des sizilianischen Königreichs. Viele der hierauf bezogenen Gesetze betreffen die Rechte und Verpflichtungen der großen Barone Süditaliens und dienen der Wiederherstellung der königlichen Kontrolle, wie sie noch Roger II. ausgeübt hatte. Auch hier finden sich neben Bestimmungen aus dem Kodex Justinians Anleihen aus dem Gewohnheitsrecht der Lombarden und Normannen. Es kann keinen Frieden geben ohne Gerechtigkeit, wie es umgekehrt eigentlich keine Gerechtigkeit ohne Frieden geben kann. Rebellen wird nicht nur die Einziehung ihrer Besitztümer und die Hinrichtung angedroht, sondern der Gesetzgeber will präventiv vorgehen und auch zukünftige Vergehen ausschließen; das Gesetz soll nicht nur dazu dienen, eingetretene Schäden zu reparieren. Diesem Gedanken entspricht ein Gesetz, das das Tragen von Waffen in bestimmten Situationen untersagt. Verbrechen gegen Leib und Seele, Vergewaltigung eingeschlossen, werden ausführlich abgehandelt.

Andere Bestimmungen zeugen von dem Bemühen, in zahlreichen gesellschaftlichen Bereichen die Kontrollmöglichkeiten des Staates zu erweitern: in bezug auf das Erbschaftsrecht, die Durchführung von Märkten, die Verlegung von Schafherden von Hoch- auf Talweiden, die ärztlichen Standesregeln, ja sogar im Hinblick auf die Qualität der Atemluft in den Städten Süditaliens. Was alle diese Gesetze zum Ausdruck bringen, ist der Gedanke, daß Recht und Rechtsprechung allein Sache des Herrschers seien, der zwar die bestehenden Gesetze respektieren müsse, in dessen Macht es aber liege, sie zu widerrufen oder abzuändern. Der Herrscher war die Verkörperung des Gesetzes, das zum Leben erweckte Gesetz *(lex animata)*, und mit dem Erlassen von Gesetzen erfüllte er zugleich die Aufgabe, die von Gott geschaffene gesellschaftliche Ordnung zu bewahren. Es bestand somit kein Widerspruch zwischen der Bestätigung oder Neuformulierung einer langen Reihe feudaler Rechte und dem im Grunde absolutistischen Verständnis von der Rolle des Herrschers als Gesetzgeber. Es wäre irrig, zu glauben, Absolutismus und Feudalismus seien Alternativen gewesen; solange die Staatsführung in der Lage war, eine gewisse Kontrolle über die Vergabe und Vererbung von Lehen, über die Verheiratung feudaler Erben und über die militärischen Dienstpflichten der süditalienischen Barone zu wahren – und das war sie zweifellos –, konnten beide sehr wohl Hand in Hand gehen.

III

Die besondere Bedeutung der *Konstitutionen von Melfi* liegt darin, daß Friedrich in ihnen erstmals sein fiskalisches Programm ausführlich darlegte; in dieser Hinsicht gewähren die *Konstitutionen* Aufschlüsse, wie sie in vergleichbarer Klarheit sonst nur noch aus den Jahren 1239/40 vorliegen.

Die mittelalterlichen Herrscher versuchten zwar, die Wirtschaft ihres Landes jeweils nach dem Prinzip der Maximierung ihrer Einkünfte zu organisieren, waren aber nicht auf Wirtschaftswachstum *per se* bedacht. Das wäre im Mittelalter auf breites Unverständnis gestoßen. Oft war es so, daß die Begünstigung bestimmter Kaufleute (wie etwa der Venezianer) durch die Gewährung von Steuerbefreiungen oder ähnlichen Privilegien politische Vorteile verhieß. So finden wir in den *Konstitutionen* interessanterweise eine Bestimmung, die besagte, daß einheimische Kaufleute von der Entrichtung einer Grundsteuer namens *dohana* ganz befreit waren, während sie bei der Ausfuhr von Nahrungsmitteln und Tieren mit einem Steuersatz belegt wurden, der etwa ein Drittel niedriger als der für auswärtige Kaufleute lag.

Die Steuerermäßigungen für einheimische Kaufleute waren ein großzügiges Zugeständnis, doch reichten sie nicht, um den Süditalienern einen nennenswerten Vorsprung beim Handel mit den Produkten des Landes zu verschaffen. Daß Friedrich eine Sondersteuer auf Lebensmittel einführte, war vielleicht ein weiterer Versuch der Wirtschaftslenkung, mit welchen Mitteln auch immer: ein Versuch, die städtische Gewerbetätigkeit auf Kosten des Gemüse- und Getreidehandels anzuregen, der in der Wirtschaft des normannischen Königreichs einst eine so herausragende Rolle gespielt hatte.

Für die Getreideexportpolitik Friedrichs dürfte vor allem aber ein Motiv eine wichtige Rolle gespielt haben. Es hing mit der Rolle der Krone als einem der bedeutendsten Getreideanbieter des *regno* zusammen. Was auf den königlichen Domänen geerntet wurde, unterlag nicht der *jus exiture*, der Steuer auf den Export von Lebensmitteln durch private Gutsbesitzer oder Kaufleute. Der König, und nur er, nahm im Lebensmittelhandel eine wirklich privilegierte Stellung ein, und er zog Nutzen aus diesem Vorteil. So wie in den Jahren nach 1210 die Genuesen eine unangefochtene Vormachtstellung erlangt hatten, eroberte sich die Krone seit 1230 ihre dominierende Position zurück. 1239 erließ Friedrich ein Verbot für Getreideausfuhren aus Sizilien und schickte zugleich eine große Ladung eigenen Getreides auf eigenen Schiffen nach Tunis, wo Versorgungsnotstand herrschte. Zu einem späteren Zeitpunkt lieferte er Nahrungsmittel ins Königreich Jerusalem.

In allen diesen Fällen war es Friedrich nicht bloß um den finanziellen Gewinn zu tun. In Tunis konnte er mit seinen Lieferungen die Stellung des Emirs stärken, der wiederum Tributzahlungen an die sizilianische Staatskasse leistete. In Akkra hatte er viele Feinde, die ihm seinen Eingriff in die syrische Politik nachtrugen, und er mußte alles in seiner Macht Stehende tun, um sich in den Reihen der Franken mehr Freunde zu machen.

Die im Handel erzielten Gewinne flossen noch schneller in die kaiserliche Schatulle, nachdem Friedrich in verschiedenen Hafenstädten des *regno* ein System staatlicher Lagerhäuser ins Leben gerufen hatte. Er brachte damit Ordnung in einen bis dahin schlecht organisierten Wirtschaftszweig. Daß es ihm überhaupt möglich war, neue Steuern einzuführen und bestehende zu erhöhen, Banne zu verhängen und Privilegien zu verleihen, war in der Tat nur der straffen zentralen Aufsicht und Lenkung zu verdanken, die überall im Königreich funktionierte. Der florentinische Autor Giovanni Boccaccio, dessen Schriften aus dem 14. Jahrhundert stammen, schildert die Arbeitsweise staatlicher Lagerhäuser in Sizilien, und das ihm geläufige Verfahren ging zweifellos auf das von Friedrich II. eingeführte System zurück:

Es gab und gibt vielleicht noch, in allen Küstenländern mit Hafenstädten den Brauch, daß alle Kaufleute, die dort mit Handelsware ankommen, ihre sämtliche Ware nach dem Löschen in ein Lagerhaus bringen, das vielerorts »dogana« heißt und vom Staat oder vom Grundherrn betrieben wird; wo diejenigen, die mit dieser Aufgabe betraut sind, jedem Händler nach Erhalt eines Lieferscheins für alle seine Waren und deren Wert einen Raum zuteilen, in welchem er seine Waren hinter Schloß und Riegel verstauen kann; woraufhin die besagten Beamten der »dogana« alle Waren des Kaufmanns im Buch der »dogana« eintragen und ihm danach auf seine Waren – oder auf die Teile, die er aus dem Lagerhaus entnimmt – eine Zollgebühr berechnen.

Auch andere Aspekte der Finanzpolitik bestätigen, daß es Friedrich eher darauf ankam, aus der Wirtschaft des Landes Gewinne für die Krone abzuzweigen, als sie zu weiterem Wachstum zu stimulieren, etwa durch den Aufbau neuer Gewerbezweige. Die Monopolisierung des Handels mit Salz, Eisen und anderen Produkten erinnerte an Praktiken in Byzanz und im europäischen Feudalismus, war also nicht völlig neu. Auch im normannischen Königreich hatte es ein Vorbild dafür gegeben: Im 12. Jahrhundert hatten sich die Könige offenbar um die Kontrolle über Salztransport und Salzhandel bemüht, während sie im 13. Jahrhundert zusätzlich die Kontrolle über die Salzgewinnung zu übernehmen begannen. In den *Konstitutionen von Melfi* war ausdrücklich festgehalten, daß dem Monarchen die Nutzung aller im Königreich geförderten Bodenschätze zustand, die dem Königreich durch Gottes Gnade geschenkt worden waren und deren Treuhänder der Monarch war. Bodenschätze wie Eisen waren nicht unerschöpflich und mußten daher öffentliches Eigentum sein und bleiben.

Die Erklärungen für Friedrichs Versuche, seine Einkünfte aus Sizilien und Süditalien so weit als möglich zu steigern, liegen auf der Hand. Zum einen mußte er Ausgaben bestreiten, wie sie für keinen seiner normannischen Vorgänger in diesem Ausmaß angefallen waren: die Kosten des Kreuzzugs und der militärischen Operationen in der Lombardei und in Deutschland. Die kaiserliche Finanzlage war in diesen Jahren äußerst angespannt, ein Problem, das sich bis dahin in dieser Schärfe nie gestellt hatte. Zum anderen gab es im Ganzen gesehen wirtschaftliche Veränderungen in Süditalien. Vielleicht neigte sich das Goldene Zeitalter des normannischen Königtums in der Tat dem Ende zu. Denn wenn es Friedrich auch um eine Wiederbelebung und Modernisierung der so leistungsfähigen normannischen Staatseinrichtungen ging, der wirtschaftliche Erfolg blieb dennoch aus. Der König hatte es nicht mehr mit einer normannischen Wirtschaft zu tun. Zwischen 1230 und 1240 sanken die Getreidepreise im Königreich Sizilien, vielleicht weil es nach Einführung der Sondersteuer auf Agrarausfuhren für Kaufleute nicht mehr lukrativ war, mit sizilianischen und apulischen Feldfrüchten zu handeln. Die Genuesen etwa behaupteten eine starke Stellung im Handel mit provenzalischem und sardinischem Getreide und konnten damit wohl den Verlust ihrer Handelsprivilegien in Sizilien teilweise ausgleichen, wie überhaupt jede vernünftige Stadtregierung darauf achtete, ihre wirtschaftliche Lebensfähigkeit nicht von einem einzigen Handelspartner abhängig zu machen; konnte es doch vorkommen, daß Krieg, Mißernten oder, wie im Falle Siziliens, die Politik des Königs die Handelsverbindungen unterbrachen.

So ging denn auch die Getreideproduktion in dieser Zeit allmählich zurück, und in der Gegend um Bari mußten die Bauern angehalten werden, Getreide auszusäen und Vieh zu halten. Sie sahen wenig Anreiz, durch weiteren Anbau die Gefahr der Überproduktion und damit weiter sinkender Preise heraufzubeschwören. Als größter Grundbesitzer seines Reichs förderte Friedrich die Wiederbesiedlung verwaister Regionen in Apulien und Sizilien, bot den umgesiedelten Sarazenen von Lucera Ochsengespanne und den aus der Lombardei vertriebenen Ghibellinen Land an; Juden aus dem Maghreb wurden ins Land geholt, um auf den Böden Westsiziliens Datteln und Indigo anzubauen. Trotz der Anzeichen einer Krise bemühten sich die Venezianer eifrig um Handelsprivilegien in Apulien, und ihre Anstrengungen wurden 1232 mit der Gewährung besonderer Vergünstigungen für Süditalien belohnt. Was sie anlockte, war insbesondere der niedrige Preis des süditalienischen Getreides.

Im Rückblick ist es schwierig, die wirtschaftliche Entwicklung des Königreichs zu rekonstruieren. Bevorzugten auswärtige Händler Geschäfte im *regno*, weil dessen Erzeugnisse preiswert waren, oder aber waren die Produkte des *regno* deshalb so billig, weil es in normalen Jahren zu wenige Abnehmer dafür gab? Die Nachfrage schwankte offenbar beträchtlich, je nachdem, ob in anderen Teilen Italiens und des Mittelmeerraums Mißernten oder Versorgungsengpässe auftraten. Nach den vorhandenen Angaben zu schließen, scheint es im Königreich Sizilien zu periodischen Überschüssen und Preisverfall gekommen zu sein, so daß Getreide dort wohl kein sehr zuverlässiger Gewinnbringer war. In Zeiten jedoch, in denen anderswo im Mittelmeerraum Hungersnöte ausbrachen (wie 1239 in Tunis), ließ sich mit Getreideausfuhren aus Sizilien viel Geld verdienen. Auch Friedrichs Zögern, die traditionellen Handelspartner in Genua, Pisa und Venedig zu begünstigen, scheint nicht sehr klug gewesen zu sein, denn die von den früheren sizilianischen Königen, und in wenigen Einzelfällen auch von Friedrich selbst, gewährten Handelsvergünstigungen machten sich bezahlt, nicht nur durch erhöhte Steuereinnahmen, sondern auch als Anreiz für die landwirtschaftliche Produktion.

Schließlich wirkten sich demographische Veränderungen auf den Getreidemarkt und auf die Getreideproduktion aus. Während im nördlichen Italien die Bevölkerungszahl stetig zunahm, muß es in bestimmten Teilen Siziliens wohl einen Rückgang an Einwohnern gegeben haben. Die Vertreibung und Umsiedlung vieler Moslems (von mörderischen Pogromen gegen sie ganz zu schweigen) führte mancherorts zur Entvölkerung und Verwaisung ganzer Landstriche. Das erklärt zum Teil die Bemühungen Friedrichs um die Wiederbesiedlung sarazenischer Gebiete in Sizilien, ein Mittel, zu dem seine Vorgänger häufig genug gegriffen hatten.

Der durch die finanziellen Belastungen des Krieges verstärkte Geldbedarf des Königs wurde alsbald zum beherrschenden Moment der königlichen Politik. Hierin und nicht so sehr in einer von vornherein bestehenden Feindschaft gegen die Kirche lag auch der Grund dafür, daß Friedrich vakante Bischofssitze so lange wie möglich unbesetzt zu lassen versuchte; denn in solchen Zeiten flossen die Einkünfte der Bistümer in seine Kasse.

In den Jahren nach der Verkündigung der *Konstitutionen von Melfi* erkannte Friedrich sicherlich, daß die Märkte des *regno* auf die Aktivitäten von Händlern aus Norditalien angewiesen waren. Ganz abgerissen waren die Verbindungen zu den Norditalienern in der Zeit zwischen den Edikten von Capua im Jahr 1220 und dem Inkrafttreten der *Konstitutionen* elf Jahre später allerdings keineswegs. Die Genuesen etwa hatten allen erlittenen Kränkungen zum Trotz beachtliche Summen in den Sizilienhandel investiert. Die Chance, aus den Handelsinteressen der in Sizilien und Süditalien lebenden Norditaliener Kapital zu schlagen, blieb nicht ungenutzt, wenn sie auch nur zögernd erkannt und ergriffen wurde. Friedrich erwartete insbesondere von den Venezianern, daß sie den Export der »aus dem Königreich stammenden Waren« übernahmen. Unglücklicherweise erwies sich das Handelsabkommen mit Venedig nicht als dauerhaft, aber Friedrich konnte wohl kaum voraussehen, daß wenige Jahre nach Gewährung des Privilegs von 1232 der Doge von Venedig ein treuer Verbündeter des Papstes und der Stadt Genua sein würde, dem einst so erbitterten Gegner.

Aus dem Abkommen, das Friedrich mit Venedig schloß, läßt sich ersehen, daß er die wirtschaftlichen Interessen einheimischer Kaufleute trotz aller Anreize für auswärtige Händler zu fördern versuchte; zumindest in dieser Hinsicht ist das den Venezianern gewährte Privileg ein merklicher Fortschritt gegenüber früheren und auch späteren Handelsverträgen – und es stimmte mit der durch die *Konstitutionen* von 1231 geschaffenen Rechtslage überein. Die Bürger des Königreichs, die von venezianischen Händlern kauften oder an sie verkauften, sollten von ihrer Steuerpflicht gegenüber der Krone befreit sein. In dem Dokument findet sich ein Hinweis auf die Praxis der Venezianer, Wollerzeugnisse *(lanas)* auf den süditalienischen Markt zu liefern, ein Indiz dafür, daß die Region bei der Versorgung mit Gewerbeprodukten von Norditalien abhängig geworden war, während die großen Städte Norditaliens bei der Versorgung mit hochwertigen Landwirtschaftsprodukten auf Süditalien angewiesen waren. Hier zeigten sich erstmals Vorboten eines ökonomischen Dualismus, der Entstehung einander ergänzender Wirtschaftszweige in Süd- und Norditalien.

Auch mit Genua war Friedrich bestrebt, seine Handelsverträge auszudehnen, aber die Genuesen verhielten sich reserviert. Ein Hindernis für die Verständigung mit ihnen war zweifellos, daß Friedrich den Kaufleuten der Provence ihr bereits seit dem Jahr 1200 bestehendes Recht bestätigte, direkt mit Sizilien Handel zu treiben. Damit war eine Klausel der Handelsvereinbarungen zwischen den normannischen Königen und den Genuesen hinfällig geworden, derzufolge die südfranzösischen und provenzalischen Kaufleute vom Sizilienhandel ausgeschlossen sein sollten. Marseille und andere provenzalische Hafenstädte lagen freilich auf kaiserlichem Territorium, nämlich auf dem Gebiet des Königreichs Burgund, des sogenannten Arelats, und es war kaum verwunderlich, daß Friedrich Wert darauf legte, seine provenzalischen Untertanen durch die Gewährung von Handelsprivilegien in Sizilien und Süditalien zufriedenzustellen und so zu verhindern, daß dort eine Opposition gegen seine ohnehin recht ungefestigte Herrschaft entstand.

Verlassen konnte sich Friedrich immerhin noch auf die altbewährten Bündnispartner des Kaisertums, die Pisaner. Teilweise rührte der Rückhalt, den er in Pisa hatte, aus der gemeinsamen Frontstellung gegen die Genuesen und später auch die Venezianer, die im antikaiserlichen Lager standen. Die Pisaner sahen in Friedrich aber mehr als bloß den König von Sizilien. Er hatte ihnen das Vorrecht bestätigt, in Deutschland unbeschränkten Handel zu treiben, und versucht, ihre Interessen im Heiligen Land zu wahren. Pisa und andere toskanische Städte erhielten das Recht, große Mengen von Getreide zu exportieren, wenn auch unter strengen Auflagen. Toskaner aus Poggibonsi und auch genuesische Kaufleute bekamen 1239 ähnliche Rechte zugesprochen, verbunden mit strengen Auflagen. Als Herr über umfangreiche Domänen in Sizilien, zog der König selbst den größten Nutzen aus diesen Vereinbarungen und wurde zu einem der bedeutendsten Getreideproduzenten. Er schuf die Grundlagen eines im westlichen Europa einzigartigen Systems der Überwachung und Kontrolle, das sogar seine eigene Dynastie überdauern sollte. Die Exportlizenzen, mit denen seine Nachfolger aus dem Haus Anjou um 1300 operierten, verdankten ihre Herkunft den unter Friedrich II. eingeführten Praktiken.

Von gewisser finanzieller Zuversicht zeugte die Art und Weise, wie Friedrich mit der sizilianischen Währung verfuhr. Das Königreich sollte auch weiterhin der Ort sein, an dem wie bisher Goldwährungen aus aller Welt zusammenströmten. So nahm er erfreut den Goldtribut der tunesischen Herrscher entgegen und erließ in den zwanziger Jahren die Vorschrift, daß Fremde aus Venedig oder anderen Städten alle Zahlungen in Gold vornehmen mußten. Gold sollte von königlichen Beamten abgeschöpft und im königlichen Schatzamt angehäuft werden. Es scheint, als habe sich die Sparsamkeit des Königs von Anbeginn auch auf ein ganz besonderes Ziel gerichtet: die Prägung prachtvoller neuer Goldmünzen, der kaiserlichen *augustales*, in den Jahren 1231/32.

Eine weitere Erklärung für Friedrichs Politik könnte in einer Verlagerung der sizilianischen Handelsinteressen zu finden sein. Hatte es in der normannischen Periode einen intensiven Handelsverkehr mit den Städten Nordafrikas gegeben, aus dem viel Gold nach Italien floß, so trat im Verlauf des 13. Jahrhunderts das nördliche Europa, das eine Welt des Silbers war, als Handelspartner Siziliens in den Vordergrund. Erst zwei Jahre nach dem Tod Friedrichs sollten die norditalienischen Städte zur Prägung von Goldmünzen zurückkehren: des Genovino in Genua und des Florin in Florenz. Dies waren seit den Tagen Karls des Großen die ersten Goldmünzen, die in einem christlichen Land Kontinentaleuropas geprägt wurden, Süditalien und Spanien ausgenommen.

Friedrich wollte das Währungswesen seines Königreichs auf völlig

Friedrich II. ordnete auch das Münzwesen im Königreich neu. Er ließ Goldmünzen schlagen, die er Augustalen nannte, um auch auf diese Weise an den römischen Kaiser Augustus anzuknüpfen. Anstelle der üblichen christlichen Symbole zeigen sie den antikisierenden Kopf Friedrichs II. in klaren Konturen und zählen so zu den schönsten Prägungen des Mittelalters überhaupt.

neuer Grundlage reorganisieren. Ihm schwebte vor, den Handel mit Gold unter königliche Kontrolle zu stellen (um so beispielsweise Ausgaben der Krone jederzeit in Gold zahlen zu können), das Silber hingegen zum allgemeinen Zahlungsmittel zu machen. Der Wechselkurs zwischen beiden Metallen wurde künstlich festgesetzt, zusammen mit strengsten Strafen für Zuwiderhandlungen. Ob Friedrich mit diesen Bestimmungen den gewünschten Erfolg erzielte, ist nicht klar, doch es scheint, als habe er selbst nach der Einführung der *augustales* geglaubt, einen währungspolitischen Vorteil erzielt zu haben. Jedenfalls schien ihm zunächst eine etwas weniger restriktive Währungskontrolle vertretbar zu sein. Er stellte denn auch den venezianischen Kaufleuten in dem Privileg von 1232 frei, Zahlungen in der Währung ihrer Wahl vorzunehmen und eigene, von staatlicher Kontrolle befreite Wechseltische zu betreiben. Das bedeutete entweder, daß der Kaiser seine wirtschaftlichen und finanzpolitischen Ziele für bereits erreicht hielt, oder aber er hatte eingesehen, daß sich das wirtschaftliche Geschehen mit gesetzlichen Restriktionen nicht oder nur unzulänglich steuern ließ. Ein Jahr zuvor hatte Friedrich in Messina und Brindisi begonnen, anspruchsvolle neue Münzen prägen zu lassen, die sichtbar seinen Ruhm verkündete. Schon der Name der neuen Münzen, *augustales*, ließ anklingen, daß Friedrich sich nicht nur als sizilianischer König, sondern auch als römischer Kaiser dargestellt sehen wollte.

Der *augustalis* war eine Prägung, deren propagandistische Funktion vielleicht wichtiger war als ihr Gebrauchswert als Zahlungsmittel. Verglichen mit dem alten *tari* der normannischen Könige (der sich weiterhin im Umlauf befand), war der *augustalis* eine Münze von beachtlicher Eleganz, eine Münze, wie sie in vergleichbarer Qualität bis zum 15. Jahrhundert in keinem anderen westeuropäischen Land geprägt wurde. Der *augustalis* hat viel dazu beigetragen, daß Friedrich als ein gleichsam verfrühter Renaissance-Monarch gedeutet worden ist, fähig, sowohl den Geist als auch die Sprache des römischen Klassizismus wiederzubeleben.

Die Münze zeigte das idealisierte Profil des Kaisers, mit nach römischer Art bekränztem Haupt; auf der Rückseite war der kaiserliche Adler abgebildet. Die Inschrift auf der Kopfseite lautet:

CESAVG IMPROM

zu deuten als:

CESAR AVGVSTUS IMPERATOR
ROMANORUM.

Die Münze war von einer Reinheit, wie es sie in Sizilien bis dahin nicht gegeben hatte: 20,5 Karat Feingold. Der *tari* wies dagegen den herkömmlichen normannischen Goldgehalt von 16 Karat auf. Somit bezeugte der *augustalis* ausdrücklich den Reichtum des *regno* und die Macht seines Herrschers, der, genau wie in den *Konstitutionen von Melfi*, nicht nur als König von Sizilien, sondern auch als Kaiser des Heiligen Römischen Reiches dargestellt wurde, obgleich es sich um eine sizilianische und nicht um eine Reichsmünze handelte.

Voraussetzung für die Prägung des *augustalis* war vor allem die Hortung des Goldes, das auswärtige Kaufleute ins *regno* einführten und das sie gleich nach der Ankunft umtauschen mußten – gemäß den strengen Bestimmungen, von denen die Venezianer, wie gesehen, bald freigestellt wurden. Es ist offenkundig, daß die Regierung in den zwanziger Jahren Goldreserven zu bilden versuchte; nachdem dies bewerkstelligt war, konnte Friedrich seine Münzen prägen lassen und ausgewählte Kaufleute von den Fesseln seines restriktiven Währungsrechts befreien.

Der Gedanke liegt nahe, daß das Verbot der Einfuhr anderer Edelmetalle als Gold ein wesentlicher Faktor war, der die norditalienischen Kaufleute von Geschäften in Sizilien abschreckte, und wahrscheinlich war es auch nicht gerade ein Anreiz für einheimische Händler, sich mit Ausfuhren aus dem *regno* zu befassen, denn wenn sie in Dubrovnik, Venedig oder Marseille Geschäfte machten, war es für sie womöglich nicht leicht, ihre Gewinne in Gold zu konvertieren. Die Rücksichtslosigkeit, mit der der Kaiser die sizilianische Wirtschaft so organisierte, daß sie möglichst große Einkünfte für ihn abwarf, wirkte abschreckend auf die Norditaliener. Friedrich erschien ihnen als launischer Herrscher, der durch Eingriffe in das alltägliche Handelsgeschäft den Kaufleuten hin und wieder unerwartete Nachteile bescherte. Jedenfalls spielte bei den Venezianern dieser Gedanke sicherlich eine Rolle, als sie sich 1245 vom Kaiser abwandten und ein Bündnis mit Papst Innozenz IV. schlossen. Sie versuchten in der Folge sogar, sich einiger apulischer Städte zu bemächtigen, in der Überzeugung, ihre dortigen wirtschaftlichen Interessen nur durch unmittelbare Kontrolle wahren zu können.

Das markanteste Beispiel für die gefürchteten kaiserlichen Eingriffe waren Friedrichs schon erwähnte Getreideexporte nach Nordafrika, ein Unternehmen, bei dem er offenbar bereit war, alle anderen Getreideausfuhren zu verbieten. Auch seine normannischen Vorgänger hatten in Kriegszeiten mit dem Mittel des Embargos gearbeitet, aber Friedrich II. sah darin auch im Frieden eine geeignete Waffe.

rich II. sah darin auch im Frieden eine geeignete Waffe.

So bestand eine sichtliche Diskrepanz zwischen den willkürlichen, aber großzügigen Vergünstigungen, die die normannischen Könige den norditalienischen Städten gewährt hatten, und den von Friedrich II. nach jeweils langen Bedenkzeiten zugestandenen, sorgfältig begrenzten Rechten. Für die Könige des 12. Jahrhunderts war es selbstverständlich gewesen, die Anwesenheit norditalienischer Kaufleute zu dulden, brachten diese doch Geld ins Land und verhalfen Sizilien manchmal sogar zu nützlichen Flottenallianzen. Friedrich hingegen war überzeugt davon, daß Sizilien aus eigener Kraft existieren konnte, sofern der Monarch die wirtschaftliche Betätigung seiner Untertanen dirigierte. Er verwarf das Konzept einer Partnerschaft mit den Städten des Nordens und setzte an seine Stelle die insgesamt problematischere Vorstellung einer nach präzisen Gesetzen organisierten Wirtschaft – einer Wirtschaft, die sich den Bedürfnissen des Monarchen unterordnete und sich den Anforderungen einer kriegerischen Außenpolitik anzupassen vermochte.

KAPITEL 7
»Oh Absalom, mein Sohn, mein Sohn!«

I

In Sizilien hatte Friedrich geltendes Recht bekräftigt und neues Recht geschaffen. Aber auch in anderen Teilen seines Reiches, in Deutschland und der Lombardei, gab es drängende Probleme, die sein Augenmerk forderten. In Deutschland war er seit 1220 nicht mehr gewesen, und sein Versuch, 1226 in Cremona einen Hoftag abzuhalten, war an den rebellischen Mailändern und ihren Bundesgenossen gescheitert. Dennoch war Deutschland in den verflossenen zehn Jahren erstaunlicherweise nicht in der Anarchie versunken. Der deutsche Adel hielt dem Kaiser bemerkenswerterweise die Treue und ließ sich selbst von Aufrufen Papst Gregors, Friedrich den Rücken zu kehren, nicht beirren.

Friedrich stützte sich in Deutschland auf einen Regenten, den Erzbischof Engelbert von Köln, der für den Zusammenhalt des deutschen Königreichs sorgen sollte. Sein wichtigster Teilhaber bei dieser Aufgabe war seit 1221 Bischof Conrad von Speyer, und auch der übrige Regentschaftsrat bestand fast durchweg aus Kirchenfürsten. Das war nichts Neues, auch frühere deutsche Herrscher, wie Heinrich III. oder Heinrich IV., hatten in den Kirchenfürsten die tragenden Säulen gesehen, auf denen der Friede in Deutschland ruhte. Den Regenten stand, wie früher, so auch jetzt ein Troß loyaler Bürokraten von relativ bescheidener Herkunft zur Seite, die *ministeriales*. Die weltlichen deutschen Fürsten hatten vergleichsweise geringeren Einfluß auf die Regierungsgeschäfte. Und die Städte mußten sich, vor allem wenn sie einem Bistum untertan waren, mit eingeschränkten politischen Freiheiten abfinden, denn Friedrich II. hatte ja gerade den Kirchenfürsten weitgehende Rechte gegenüber den Städten eingeräumt, die auf ihrem Territorium lagen. Die Besetzung des Regentschaftsrats mit Bischöfen und deren Gefolgsleuten hatte zur Folge, daß die weltlichen Fürsten, insbesondere die an den Grenzen Deutschlands, weitgehend von der Regierung des Königreichs ausgeschlossen blieben. Vorbei war die Zeit der großen königlichen Prozessionen, die die Untertanen an das Mandat ihres Königs gemahnt hatten, Gerechtigkeit und Gehorsam zu erzwingen.

Trotzdem konnten Friedrich und sein Sohn Heinrich sich noch der Loyalität der meisten Fürsten sicher sein, und die wichtigste Aufgabe Engelberts bestand darin, diese Loyalität zu wahren, bis der Kaiser Gelegenheit fand, wieder nach Deutschland zu kommen und tragfähige Strukturen für die künftige Verwaltung des Landes zu schaffen.

Doch Engelbert hatte die Dinge nicht immer unter Kontrolle. Wie bereits erwähnt, hatte Friedrich II. dänische Ansprüche auf die norddeutsche Grenzprovinz Schleswig-Holstein anerkannt. Die weltlichen Vasallen, die in dieser Provinz über Grundbesitz verfügten, waren über diesen Schritt, den sie als unnötige Preisgabe empfanden, natürlich nicht erbaut. Ob ihnen ihre feudalen Ansprüche streitig gemacht wurden, ist nicht klar, jedenfalls aber bezogen sie Position gegen Waldemar von Dänemark, da sie auch weiterhin unter der Herrschaft des Kaisers bleiben wollten. Im Jahr 1223 begab sich der dänische König zur Jagd auf die Insel Lyo. Der Graf von Schwerin nützte diese Gelegenheit zu einem nächtlichen Überfall auf das Lager von König Waldemar und nahm ihn gefangen. Als »Lösegeld« für seine Freilassung wurde die Rückgabe Schleswig-Holsteins gefordert. Dem als Geisel gehaltenen König Waldemar wurde weder vom Papst noch vom Kaiser viel Hilfe zuteil. Engelbert begnügte sich damit, für die Freilassung Waldemars und dafür einzutreten, daß die Dänen im Besitz der von ihnen beanspruchten Grenzprovinz blieben. Friedrich II. ließ seinen Ratgeber und Vertrauten Hermann von Salza nach Norddeutschland reisen und Gespräche mit Graf Heinrich und Vertretern aus Dänemark führen. Wie es sich für den Großmeister eines Kreuzfahrerordens gehörte (dessen Kolonisierungspläne im Baltikum zudem gerade um diese Zeit durch eine kaiserliche Verordnung bestätigt wurden), nahm Hermann dem dänischen König das Versprechen ab, 1226 einen Kreuzzug ins Heilige Land zu unternehmen, seine Ansprüche auf die deutsch-dänische Grenzprovinz fallen zu lassen und darüber hinaus eine unerhört hohe Lösegeldsumme zu bezahlen – genug, um den dänischen König zu einem armen Mann zu machen, von dem keine Gefahr mehr für die deutschen Fürsten ausging, da alle anderen Reserven, aus denen Waldemar womöglich noch schöpfen konnte, für den Kreuzzug ausgegeben werden sollten.

Von König Waldemar ein Kreuzzugsgelübde zu fordern war ein Schachzug, der nicht nur darauf abzielte, die Angriffslust des Dänen von Deutschland abzulenken. Durch die Einbindung einer dänischen Expedition sollte vielmehr auch der nach wie vor im Planungsstadium befindliche Kreuzzug Friedrichs II. gestärkt werden. Vielleicht hoffte der Kaiser auch, sich die Befehlsgewalt über den Kreuzzug Waldemars sichern zu können und damit zu demonstrieren, daß die kaiserliche Macht sich über die Grenzen Deutschlands hinaus auch auf die anderen gekrönten europäischen Häupter erstreckte. Natürlich mußte dieser Anspruch beim Heiligen Stuhl Entsetzen auslösen, zumal Dänemark zwischendurch immer wieder die päpstliche Souveränität anerkannt hatte. Die Briefe, die Papst Honorius III. nach der Gefangennahme des dänischen Königs an Friedrich II. schrieb, verraten tiefes Unbehagen über die Entführung Waldemars und Ärger über das Unvermögen, wirksame Schritte zu seiner Befreiung zu unternehmen. Honorius saß so weit von Norddeutschland entfernt, daß ihm nichts anderes übrig blieb, als sich auf den guten Willen Friedrichs zu verlassen. Den konnte er auch haben, allerdings zu einem hohen Preis.

Es kann sein, daß auch Hermann von Salzas Interesse an den Küsten der östlichen Ostsee, den späteren Siedlungsgebieten des Deutschritterordens, den Gang der Dinge beeinflußte. Die dänische Monarchie hatte es in der Vergangenheit geschickt verstanden, in den Küstengebieten südlich und östlich der Ostsee Vorposten zu errichten; früher oder später drohte hier ein Interessenkonflikt mit den deutschen Grundherren und den unter Führung der bedeutenden Hafenstadt Lübeck zusammengeschlossenen Städten, unabhängig von den Vorgängen um Schleswig. An die Freilassung Waldemars schloß sich denn auch nicht etwa ein dänischer Kreuzzug nach Jerusalem an, sondern ein erbitterter Krieg im dänisch-deutschen Grenzgebiet um die Rückgewinnung der jüngst an Deutschland abgetretenen Gebiete. Die deutsche Streitmacht mit Heinrich von Schwerin und Kontingenten aus Lübeck und anderen Städten schlug die Armee Waldemars im Juli 1227 vernichtend. Die Grenzfrage zwischen Dänemark und Deutschland blieb offen, und das sollte bis in die Zeit Bismarcks andauern. Zunächst aber hatte sich Deutschland einen Vorteil erkämpft, und Friedrich konnte sich sagen, daß er mit wenig Aufwand viel erreicht hatte. Seine eigensinnigen Vasallen hatten ihm einen Triumph verschafft.

Es ist schwer zu sagen, inwieweit Friedrich in den zwanziger Jahren die Entwicklungen in Deutschland im Auge behalten konnte. Bemerkenswert war, daß Friedrich nach dem gewaltsamen Tod Engelberts im November 1225 (der Erzbischof wurde von einem seiner eigenen Familienangehörigen erschlagen) das Amt des deutschen Regenten nicht mehr einem Kirchenfürsten anvertraute. Seine Wahl fiel nach mehreren Monaten Bedenkzeit auf Herzog Ludwig von Bayern. Zur gleichen Zeit suchte Friedrich engere Bande zu den weltlichen deutschen Fürsten zu knüpfen, indem er seinen Sohn Heinrich, König der Römer, mit der Tochter des Herzogs von Österreich verheiratete. Friedrich kam dem deutschen Adel gerade weit genug entgegen, um sich für die bevorstehenden Konflikte mit Gregor IX. und seinen Kreuzzug die Loyalität seiner deutschen Vasallen zu sichern. Den vom Heiligen Stuhl in der Folge unternommenen Versuchen, sich mit deutschen Fürsten wie Otto dem Welfen, dem Herzog von Lüneburg, zu arrangieren, waren keine Erfolge beschieden.

Allerdings erhielten die Dinge von anderer Seite eine unerwartete Wendung: Im Jahr 1228 nahm Heinrich, König der Römer, die Krise im südlichen Italien zum Anlaß, die Regierungsgeschäfte in Deutschland in die eigene Hand zu nehmen und seinen »Vormund«, den Bayernherzog, und seinen Schwiegervater, den Herzog von Österreich, dabei geschickt auszuschalten. [Heinrich wird unter dem Herrschernamen Heinrich (VII.) geführt, um ihn von dem späteren Kaiser Heinrich VII. aus dem Hause Luxemburg zu unterscheiden.] Vermutlich fiel die Verärgerung Ludwigs von Bayern über seine Behandlung durch Heinrich (VII.) weit mehr ins Gewicht als sein etwaiger Groll gegen den jetzt fern im Morgenland weilenden Friedrich, denn Heinrich marschierte 1229 in bayerisches Gebiet ein, um seinem einstigen Vormund ein Versprechen der Loyalität abzunehmen. Sich der Gewalt fügend, erklärte Ludwig sich hierzu bereit, doch beruhte seine Gefolgschaft von jetzt an nicht mehr auf Liebe und Vertrauen zu seinem König. So hatte die Tatkraft, mit der Heinrich das Deutsche Reich in den Jahren 1228/29 zusammenhielt, in mancherlei Hinsicht eher nachteilige Folgen, insbesondere wegen seines unerbittlichen Vorgehens selbst gegen Fürsten, auf die die deutsche Monarchie angewiesen war. Vor allem aber verfolgte Heinrich viel weitergehende Ziele, als Friedrich II. zu dieser Zeit gutgeheißen hätte. Heinrich (VII.) behielt den Verwaltungsapparat des Reiches zwar fast unverändert in der von Engelbert von Köln geschaffenen Form bei, so daß es nach wie vor die *ministeriales* aus der schwäbischen Heimat der Hohenstaufen waren, die die Staatsmaschinerie in Gang hielten. Doch das Problem war, daß Heinrich (VII.) sich selbst von den Gruppen isoliert hatte, die in Deutschland traditionell die politische Macht in Händen hielten: von den kirchlichen und weltlichen Fürsten. Das hatte zur Folge, daß die *ministeriales* jetzt mehr waren als bloß Vollzugsbeamte eines Fürstengremiums: Sie hatten nun unmittelbaren Zugang zum König und nutzten dies, um ihn zu einem Machtkampf gerade mit den Adelshäusern zu bewegen, denen sowohl Heinrich als auch die *ministeriales* selbst ihr Überleben verdankten.

Diese Politik widersprach allen von Friedrich II. in Deutschland begründeten Gepflogenheiten. Hatte Friedrich die politischen Bestrebungen der freien Reichsstädte in Deutschland immer mit tiefem Argwohn verfolgt, so sahen Heinrich und seine Ratgeber in diesen Städten neue Bündnispartner für eine Regierung, der es zunehmend an Rückhalt gebrach. Städte am Niederrhein wie Nijmegen wurden deshalb mit königlichen Privilegien überhäuft. Damit aber wurden die Vorrechte und Machtpositionen der kirchlichen und weltlichen Fürsten zunehmend ausgehöhlt. Denn für die Fürsten war es eine deutliche Schwächung der Position, wenn ihnen untergeordnete Städte mit königlichen Privilegien bedacht wurden. So nimmt es nicht wunder, daß man bald an den Kaiser appellierte, den Tatendrang des Sohnes zu bremsen.

Man kann Heinrich (VII.) einen Mangel an jenem politischen Fingerspitzengefühl ankreiden, das sein Vater als junger Mann in Deutschland offenbart hatte. Als Heinrich 1230 und 1231 auf dem Wormser Reichstag von den Fürsten mit der Forderung nach Wiederherstellung und Ausweitung ihrer Lehnsherrschaft über die Städte konfrontiert wurde, blieb ihm keine andere Wahl, als ihnen nachzugeben, verfügte er tatsächlich doch über eine allzu kleine Hausmacht. Nur die Abwesenheit einiger mächtiger Fürsten, die an der Seite ihres Kaisers weilten, hatte darüber hinweggetäuscht.

Kaum hatte Friedrich die Kontrolle über Süditalien wiedererlangt, da erwarteten auch die deutschen Fürsten die Wiedereinsetzung in ihre alten feudalen Rechte. Am 1. Mai 1231 wurde denn auch eine *Constitutio in favorem principium* verkündet, die die Herrschaftsrechte der Fürsten wiederherstellte und sogar stärkte. Die deutschen Städte wurden wieder den deutschen Fürstenhöfen ausgeliefert. Ihren Bestrebungen nach Selbstverwaltung wurde damit ebenso entschieden entgegengetreten wie im gleichen Jahr denen der süditalienischen Städte durch die *Konstitutionen von Melfi*. Die *Constitutio* von 1231, die Friedrich II. 1232 in Aquileia bestätigte, gestand den Fürsten weitgehende Eingriffe in die Angelegenheiten der deutschen Städte zu. Die Fürsten sollten künftig entscheiden, wie und von wem die Städte regiert würden. Auch die Münzhoheit sollte nur noch bei den Fürsten liegen. Damit nicht genug, gab der Kaiser sogar einige seiner bisherigen Interventionsrechte auf; so versprach er, sich in Fragen der Anlage von Städten und Burgen auf dem Territorium eines Fürsten nicht ohne dessen Zustimmung einzumischen.

Und doch waren es keineswegs ganz und gar einseitige Zugeständnisse, die der Kaiser machte. Zwar stellte er die herkömmlichen Rechte der Fürsten wieder her, erlangte aber auch einige Herrscherprivilegien zurück, die er zwischenzeitlich abgegeben hatte. Vor allem wahrte er seine Stellung als oberster Gesetzgeber, indem er hervorhob, in seiner Eigenschaft als deutscher Kaiser aus eigenem gnädigem Ermessen die betreffenden Privilegien gewährt zu haben.

Für November 1231 berief der Kaiser einen Reichstag nach Ravenna ein und betonte, die Zusammenkunft solle dem ganzen Reich Frieden und Wohlstand bringen, insbesondere dem krisengeschüttelten Italien. Aber Frieden konnte im 13. Jahrhundert nicht einfach proklamiert werden, sondern mußte herbeigezwungen werden. Das hieß vor allem, daß sich der Kaiser den Unternehmungen Heinrichs (VII.) widmen und gegebenenfalls seine erzieherischen Machtmittel einsetzen, wenn er der Meinung war, daß sein Sohn das empfindliche Gleichgewicht zwischen den mächtigen Fürsten und einer eher machtlosen Monarchie durcheinandergebracht hatte. Wenn der Kaiser die Verhältnisse in Deutschland stabilisieren wollte, dann war das oberste Gebot, sich nicht mit den Fürsten anzulegen. Je weiter Friedrich von Deutschland entfernt war, desto klarer wurde ihm dies, denn wenn widerspenstige deutsche Fürsten den Kaiser nördlich der Alpen in einen Machtkampf verwickeln sollten, bestand die Gefahr, daß er alles, was er im Heiligen Land und in Italien erreicht hatte, verlieren würde.

Wir können hier einen Wandel im Denken Friedrichs feststellen, verursacht vielleicht eher durch politische Zwänge als durch Idealvorstellungen von einer universalen Monarchie. Bis 1220 hatte Friedrich das Schwergewicht seiner Politik auf Deutschland gelegt, nicht zuletzt weil der begeisterte Empfang, der ihm dort bereitet worden war, den trügerischen Eindruck vermittelt hatte, das Land sei leicht zu regieren. Aus Erfahrungen in Sizilien aber lernte Friedrich, daß eine zentralisierte Bürokratie und eine autokratische Herrschaft nach byzantinisch-normannischem Vorbild letzten Endes ein besseres Fundament seiner Macht war als Deutschland, wo seine Stellung von der Treue der Fürsten zu einem abwesenden Herrscher abhing. Heinrich (VII.) hingegen gelangte aufgrund seiner nur auf Deutschland beschränkten Erfahrungen zu einer ganz anderen Sichtweise. Er war bereit, den deutschen Hochadel herauszufordern, wobei jugendlicher Übermut eine nicht geringere Rolle spielte als die Gewißheit, sich auf eine scheinbar beachtliche Hausmacht stützen zu können – das schwäbische Stammland und dazu einige Reichsstädte. Aber Heinrich überschätzte die Möglichkeiten des Königs, mit den fürstlichen Machtansprüchen fertig zu werden, vor allem aber vergaß er, daß die Fürsten den Vater gegen den noch jungen Thronfolger ausspielten.

Friedrich II. reagierte auf die Spannungen zwischen seinem Sohn und den deutschen Fürsten, indem er auf dem Reichstag von Ravenna Versöhnung gelobte. In mancher Hinsicht war der Reichstag ein Versuch, die 1226 in Cremona begonnene Arbeit weiterzuführen. Und wie damals entschlossen sich die Mailänder und ihre Bundesgenossen auch dieses Mal, Friedrichs Absichten zu durchkreuzen: Sie blockierten die Alpenpässe, um zu verhindern, daß deutsche Truppen in bedrohlicher Zahl aufmarschierten oder Beschlüsse gefaßt werden konnten, die ihnen nachteilig waren. Gerade das lag aber wahrscheinlich gar nicht in der Absicht des Kaisers. Da Heinrich (VII.) nach Ravenna befohlen wurde, darf man annehmen, daß es Friedrich in erster Linie darum ging, seinem Sohn Zügel anzulegen. Doch dieser fürchtete wohl den Zorn seines Vaters und blieb dem Reichstag fern. Als in Ravenna die Delegierten zusammentraten (am Weihnachtstag des Jahres 1231), hielt Heinrich sich noch im elsässischen Hagenau auf. Vielleicht wußte Heinrich zu diesem Zeitpunkt, daß der Weg nach Ravenna durch die Lombarden blockiert war – ein guter Vorwand, um nicht gen Süden zu reisen und das Risiko der Gefangennahme durch die Feinde Friedrichs einzugehen.

Derweil schienen sich die schlimmsten Befürchtungen der Lombarden zu bestätigen, denn der Reichstag tat Mailand und die mit ihm verbündeten Städte unter den kaiserlichen Bann. Die Betroffenen sahen darin den Beweis dafür, daß dieser Reichstag von vornherein nur zusammengetreten war, um der lombardischen Freiheit ein Ende zu machen. Doch war der Bann wohl eher die spontane Reaktion eines wütenden Kaisers auf die erneute Sperrung der Alpenpässe. Die Lombarden hatten sich sozusagen selbst auf die Tagesordnung des Reichstags gesetzt.

Statt selbst zu erscheinen, schickte Heinrich seine *ministeriales* nach Ravenna. Sie brachten zwar Gründe für seine Abwesenheit vor, doch machte gerade ihre Gegenwart deutlich, daß die Alpenblockade zu überwinden und Heinrichs Fernbleiben also mindestens halbwegs gewollt war. Auf jeden Fall wurde der junge König für die politischen Spannungen in Deutschland verantwortlich gemacht, und der Kaiser ergriff die Gelegenheit, den Abgesandten Heinrichs, die den Weg nach Ravenna gefunden hatte, nachdrücklich klarzumachen, daß er seinen Sohn beim nächsten Reichstag in Aquileia zu sehen erwartete. Auch die deutschen Fürsten übten Druck auf die *ministeriales* aus und appellierten an Heinrich, dem Vater zu folgen.

Heinrich machte sich also auf den Weg nach Aquileia, wo er im Mai

1232 eintraf. Dort scheint der Kaiser zwei Anklagen gegen ihn vorgebracht zu haben. Zunächst wurde Heinrich vorgeworfen, seine Politik zerstöre das Vertrauensverhältnis zwischen Monarch und Fürsten, das Friedrich vor 1220 herbeigeführt hatte. Wichtiger war, daß Friedrich gegen Heinrich den Vorwurf erhob, sich zu Lasten des Kaisers zu weitgehende Befugnisse angemaßt und diese dann auch noch den deutschen Städten und seinen eingeschworenen Anhängern weiterverliehen zu haben. Möglich, daß Friedrich seinen Sohn im Verdacht hatte, gegen ihn zu konspirieren, oder es ihm doch zumindest zutraute. Heinrich mußte deshalb schwören, die Rechte und die Stellung des Kaisers zu verteidigen, weder der Person noch dem Eigentum des Kaisers etwas zuleide zu tun und sich von denjenigen Ratgebern zu trennen, die ihn zu seiner Politik verleitet hatten. Die deutschen Fürsten übernahmen die Bürgschaft für Heinrichs künftiges Wohlverhalten. Für den Fall des Ungehorsams behielt Friedrich sich das Recht vor, Heinrich abzusetzen, und Heinrich versprach, sich dem Urteil des Kaisers nicht zu widersetzen.

Interessant ist, daß in der Eidesformel auch der deutsche Adel erwähnt wird. Wahrscheinlich hatte Heinrich in den Reihen der Fürsten einige Fürsprecher, weniger aus Bewunderung für seine bisherige Politik, als vielmehr aus dem Kalkül, daß die Macht der Fürsten von ihrer Fähigkeit abhing, einen schwachen deutschen König und einen unberechenbaren Kaiser, den man am besten aus Deutschland fernhielt, in der Balance zu halten. Die Loyalität der deutschen Fürsten war also mit Vorsicht zu genießen. Aber Friedrich, offenbar froh darüber, seinen Sohn in die Schranken gewiesen zu haben, war bereit, den Fürsten noch weiter entgegenzukommen. Wie bereits erwähnt, ergriff der Kaiser die Gelegenheit, um ihre Privilegien zu bestätigen und zu erweitern, selbst um den Preis einer Schwächung der königlichen Macht. Auch das war gegen Heinrich (VII.) gerichtet. Überdies verriet es, daß der Kaiser noch immer nicht an eine Rückkehr nach Deutschland dachte. Der lombardische Aufstand und die sizilianischen Regierungsgeschäfte nahmen ihn genügend in Anspruch. Selbst in Ravenna und Aquileia war er mit sizilianischen Angelegenheiten befaßt, etwa dem vertrackten Problem der Beziehungen Siziliens zu Genua und Venedig. In Venedig selbst, wo er auf dem Weg nach Aquileia Station gemacht hatte, gewährte der Kaiser den Venezianern 1232 ein Privileg für den Handel mit Sizilien.

Während Friedrich vor einem direkten persönlichen Eingreifen in die Angelegenheiten Deutschlands zurückscheute, verfolgte er beharrlich eines der traditionellen Ziele der römischen Könige, die Befriedung der norditalienischen Provinzen, die formell ja zum deutschen Kaiserreich gehörten. Noch hatte die ungestüme Politik des jungen Königs Heinrich die bestehende Unruhe und Verwirrung in dieser Region nicht vergrößert, aber den Lombarden kamen die Probleme nördlich der Alpen allemal zupaß. Die kaiserliche Macht war nicht unerschütterlich. Und Heinrich fühlte sich, wie die weiteren Ereignisse zeigen sollten, fatalerweise von der verworrenen Lage in Italien angezogen.

II

Für den Moment aber setzte der Kaiser seinen Willen durch. Heinrich betrieb in der Folge eine zurückhaltendere Politik, was den Fürsten zugute kam, die ihren Einfluß bei Hofe wieder geltend machen konnten. Weder geistliche noch weltliche Fürsten hatten in den Jahren 1233/ 34 einen triftigen Anlaß zu Klagen über die königliche Amtsführung, und deshalb auch keinen Grund, sich mit Beschwerden und Ersuchen an den Kaiser zu wenden. Friedrich hatte also freiere Hand in Norditalien, wo sowohl er selbst als auch der Papst die gefährlichsten Unruheherde sahen. Was sich dort abspielte, hatte beträchtliche Auswirkungen auf das Verhältnis zwischen Friedrich und Heinrich, und wir müssen uns, ehe wir uns der lombardischen Politik zuwenden, noch einmal mit Heinrich (VII.) und seiner Rolle in der deutschen und italienischen Politik der Jahre 1233 und 1234 beschäftigen.

Es wäre abwegig zu glauben, die deutschen Fürsten hätten nach Aquileia einmütig hinter ihrem geläuterten König gestanden. Besonderen Grund zur Sorge geben die Ambitionen des neuen Herzogs Otto von Bayern. Heinrich ließ daher 1233 Truppen in Ottos Gebiet einmarschieren, und erst nachdem Otto seinen Sohn an den königlichen Hof entsandt hatte, wo er als Geisel das künftige Wohlverhalten seines Vaters garantieren sollte, kam ein Friede zustande. Da der Bayernherzog sich an den Rechten Heinrichs, Friedrichs oder der größeren deutschen Fürsten zu vergreifen versucht hatte, ist anzunehmen, daß die Mehrheit der Fürsten mit dem Feldzug gegen ihn einverstanden war. Wahrscheinlich hatte sich sein begehrlicher Blick auch auf die schwäbischen Besitzungen der Hohenstaufen gerichtet; jedenfalls glaubte Heinrich an der Loyalität mehrerer seiner schwäbischen Vasallen zweifeln zu müssen und marschierte auch gegen sie auf. Er versuchte, in den Stammlanden seiner Dynastie die Ordnung aufrechtzuerhalten oder wiederherzustellen.

Aber das altbekannte Problem blieb: Die schwäbischen Vasallen, wie die Grafen von Hohenlohe, waren letzten Endes Vasallen Friedrichs II., des Vaters und obersten Souveräns ihres Königs, und an diesen persönlich wandten sie sich, als sie in Norditalien dazu Gelegenheit hatten. Es war ihnen ein leichtes, auf diverse Verstöße Heinrichs gegen die in Aquileia beschworenen Grundsätze oder gegen die von Friedrich bestätigten *constitutiones* zugunsten der Fürsten zu verweisen. Heinrich hingegen glaubte, im Geist der Abmachungen von Aquileia zu handeln, und betrachtete seine Feldzüge im südlichen Deutschland als den Versuch, seinen feudalen Besitzstand zu verteidigen. Der junge König sah sich zwischen zwei einander widersprechenden Auffassungen seiner Pflichten in Deutschland. Das Problem, daß seine Handlungsfreiheit beständig eingeengt wurde, sei es durch seinen Vater oder dadurch, daß andere sich über seinen Kopf hinweg an seinen Vater wandten, war in Aquileia nicht beseitigt worden.

Aber Heinrich sah einen Weg, dieses Dilemma zu lösen: Er konnte versuchen, sich zum Anführer einer Fronde gegen seinen Vater zu machen. Zwar standen die Chancen dafür nicht gut angesichts der Verstimmung, die er mit seiner Politik bei den bedeutenden Fürsten ausgelöst hatte, aber er besaß eine Anhängerschaft in den Reihen seiner *ministeriales* und in den Städten, die in der Vergangenheit von seiner Politik profitiert hatten. Auch etliche Bischöfe, wie die von Augsburg und Worms, standen auf seiner Seite – aus schwer nachvollziehbaren Gründen. Bei einer von Heinrich einberufenen Zusammenkunft im Jahr 1234 in Boppard wurde offenbar über das Für und Wider einer Rebellion diskutiert. Aber sahen sich die Verschwörer wirklich als Rebellen? Für Heinrich und seine Anhänger ging es darum, die Rechte des gewählten Königs der Römer zu verteidigen, aber sie verteidigten diese Rechte gegen einen Kaiser, der ebenfalls gewählter König der Römer war.

In die Front der Gegner Heinrichs reihten sich etliche der mächtigsten deutschen Fürsten ein, nicht zuletzt Otto von Bayern. Auch sie hatten wiederum ihre eigenen Verbündeten unter den Grafen und *ministeriales*. Ein Konflikt zwischen Heinrich und seinen Gegnern in Deutschland drohte letzten Endes in einen Bürgerkrieg zwischen dem Machthaber im schwäbischen Südwesten des Reichs, Heinrich (VII.), und den anderen großen Fürsten zu münden, von denen als einziger der Herzog von Österreich bereit war, Heinrich zu unterstützen. Somit stand zu befürchten, daß die Revolte Deutschland wieder in verfeindete Blöcke spalten würde wie in den Tagen Ottos IV. und Philips von Schwaben. Heinrich als Wiedererbauer der deutschen Monarchie? Wohl kaum.

Sein Argwohn und seine zunehmende Abneigung gegen den abwesenden Vater begannen spätestens 1234 den Blick für die Zukunft seines Königsreichs merklich zu trüben.

Man kann Spekulationen darüber anstellen, daß Heinrich fürchtete, Friedrich werde ihn zugunsten seines Halbbruders Konrad enterben; denkbar ist sogar, daß Gregor IX. Gefallen an dem Gedanken fand, den erst 1228 geborenen Konrad in Deutschland an die Stelle Heinrichs zu setzen. Doch zu dieser Zeit, 1234, war die Position des Papstes schwach; er hatte die Niederlage, die der Kaiser ihm in Süditalien beigebracht hatte, noch nicht verwunden und mußte zudem auf der Hut vor den aufsässigen Bürgern in Rom sein. Papst Gregor jedenfalls hatte wenig Grund, sich auf die Seite Heinrichs (VII.) oder der Lombarden zu schlagen. Denn der Kaiser vertrat Positionen, die dem Papst sehr sympathisch gewesen sein dürften: so etwa im Hinblick auf das Problem, der Ausbreitung der Ketzerei in Italien und im Kaiserreich Einhalt zu gebieten, oder in dem Beharren auf die Handlungsfreiheit des gefürchteten dominikanischen Inquisitors Konrad von Marburg, der zu den abstoßenden Gestalten des 13. Jahrhunderts zählt. Daß Konrad die Befugnis und die Macht besaß, hinter dem Rücken der deutschen Bischöfe gegen angebliche oder wirkliche Ketzer vorzugehen, erregte 1233 nicht nur den Unwillen Heinrichs und seines Hofes. Als Konrad am 30. Juli 1233 von Feinden ermordet wurde, die Blut mit Blut vergalten, verschärfte sich der Konflikt, denn nun traf der Zorn des Papstes Gregor diejenigen deutschen Fürsten, die sich, wie Heinrich selbst, geweigert hatten, Unterdrückungsmaßnahmen gegen Glaubensabweichler zu treffen.

Auch die Lombardei galt als Brutstätte der Ketzerei, und so zögerte der Papst nicht, diverse norditalienische Städte zu exkommunizieren, auch wenn diese ihre Loyalität zum Papst und ihre Gegnerschaft zum Kaiser beteuerten. Doch der Kaiser war für den Papst momentan nicht der vordringlichste Feind. Der Kampf gegen die Ketzerei hatte Vorrang. Religionsflüchtlinge aus Südfrankreich, Katharer, die schon Zielscheiben eines antiketzerischen Kreuzzugs gewesen waren, hatten in den italienischen Städten Zuflucht gefunden und an manchen Orten blühende Gemeinden gegründet.

Es war bezeichnend für das rebellische Wesen Heinrichs (VII.), daß er 1235 mit dem Lombardenbund ein gegen den eigenen Vater gerichtetes Bündnis schloß: mit den Feinden des Papsttums und des Kaisertums. Auf der Suche nach einem Verbündeten, der den einst von Papst Alexander III. im Konflikt mit Friedrich I. eingenommenen Part spielen würde, konnten die Lombarden jetzt nicht auf Papst Gregor setzen.

Heinrich hingegen bot sich ihnen als Bündnispartner an, denn inzwischen mußte er in den Feinden seines Vaters Freunde sehen. Er liebäugelte mit dem Gedanken, sich an die Spitze des Lombardenbunds zu setzen und vielleicht eines Tages dessen Truppen und seine eigenen in die Schlacht zu führen, und brachte durch dieses Bündnis auch erstmals allen Ernstes seinen Herrschaftsanspruch auf die italienischen Gebiete zum Ausdruck, die traditionell zum Herrschaftsbereich des römischen Königs gehörten. Die Rivalität zwischen ihm und seinem Vater spitzte sich zu, und Friedrich sah ein, daß es nur einen Weg gab, Heinrichs Pläne zu durchkreuzen: Er mußte nach Deutschland ziehen und den Rebellen zuvorkommen. Nachdem er zwischen Papst Gregor und den Bürgern von Rom Frieden zu schließen versucht hatte, beeilte sich Friedrich, Vorkehrungen für die Regierung Siziliens während seiner Abwesenheit zu treffen. Er nahm sich nicht einmal die Zeit, hierfür ins *regno* zu reisen, sondern berief für den April 1235 eine Zusammenkunft in dem nördlich der Grenze gelegenen Ort Fano ein. Wenige Wochen später schiffte er sich im nahegelegenen Rimini ein, um nach Deutschland zu reisen. Würde er, wie vor zwanzig Jahren gegen Otto den Welfen, auch jetzt gegen seinen mittlerweile exkommunzierten Sohn Heinrich ein so leichtes Spiel haben?

III

Einzig auf das Ansehen seines Namens verließ sich Friedrich, als er, aus südöstlicher Richtung kommend und ohne Truppen, deutschen Boden betrat. Er kam ohne Soldaten, weil er es eilig hatte, vor allem aber, weil er sich der Loyalität der deutschen Fürsten sicher wußte. Heinrichs Machtposition verfiel schlagartig. Im Sommer 1235 hielt Friedrich in Regensburg, seiner ersten Station, einen Hoftag für seine Fürsten, Bischöfe und schwäbischen Vasallen ab, und er ließ keinen Zweifel daran, daß er es weiterhin als das selbstverständliche Recht des Kaisers betrachtete, über den Kopf seines rebellischen Sohnes hinweg in die deutsche Politik einzugreifen. Es kam Friedrich darauf an, Heinrich politisch und diplomatisch zu isolieren, und ein erster diplomatischer Triumph war, daß es Friedrich gelang, die englische Krone an sich zu binden, indem er Isabella, die Schwester König Heinrichs III., heiratete (die übrigens zeitweise auch als Braut Heinrichs im Gespräch gewesen war). Die Nachricht, daß der englische Hof Friedrich wohlgesonnen sei, erreichte den Kaiser in Regensburg, und sicher bescherte sie ihm einen

Zuwachs an Prestige und an Gefolgsleuten: Nicht mit Heinrich, sondern mit ihm wollte das vor kurzem noch feindlich gestimmte englische Königshaus engere Verbindungen eingehen. Vergessen waren die welfischen Sympathien der englischen Anjous.

Auch Heinrich blieb nicht verborgen, daß die kaiserliche Machtstellung nicht leicht zu erschüttern war. Auf der pfälzischen Burg Trifels saß Heinrich in trübsinniger Einsamkeit, verzweifelt und von den meisten seiner vermeintlich getreuen Gefolgsleute verlassen; geblieben war ihm lediglich die Krone der deutschen Könige. So schrieb er an seinen Vater und bat um Versöhnung, wohl wissend, daß dies nur Strafe, wenn nicht sogar Enterbung zugunsten seines Halbbruders Konrad zur Folge haben konnte. Man traf sich in Wimpfen, und für den Kaiser war der Weg dorthin ein Triumphzug. Unter großartiger Prachtentfaltung und all seinen Reichtum zur Schau stellend, zog er in Begleitung des Bayernherzogs und anderer mächtiger deutscher Fürsten durch seine deutschen Lande, so daß jedermann sehen konnte, wie groß die Macht des Kaisers war.

Sein Sohn, der König, kam dagegen als Gefangener. Ihm blieb nur, sich vor seinem unbeugsamen Vater zu Boden werfen und um Vergebung zu flehen, die Friedrich zu gewähren wenig Neigung hatte. Der Kaiser beschloß, das Urteil bis zur endgültigen Niederwerfung des Aufstandes zu verschieben; der kaiserliche Troß zog weiter und traf Anfang Juli 1235 in Worms ein. Diese Stadt, bis vor kurzem noch von den Truppen Heinrichs belagert und überwiegend kaisertreu geblieben, war der geeignete Ort für die Bekanntgabe der Kapitulationsbedingungen, die der Kaiser seinem Sohn diktierte. Worms war nicht Canossa. Obwohl sich Heinrich erneut vor seinem Vater auf die Knie warf, fand Friedrich es nicht der Mühe wert, sich ihm zuzuwenden. Es galt jetzt, ein Exempel zu statuieren, vor allem im Hinblick auf die Mailänder, die bis jetzt geglaubt haben mochten, sie könnten beim Kaiser Gehör finden, wann immer sie es wünschten. Die geschickte Inszenierung nahm ihren Fortgang, als die deutschen Fürsten den Kaiser baten, die Anwesenheit Heinrichs zur Kenntnis zu nehmen. Der Kaiser ließ sich schließlich dazu herab, seine Bedingungen zu diktieren: dauerhafte und unwiderrufliche Abberufung vom deutschen Königsthron, Rückgabe der Throninsignien, der Krone und der deutschen Königsgewänder, der letzten dem Sohn noch verbliebenen Symbole der Macht. Heinrich weigerte sich trotz seiner verzweifelten Lage, diese Bedingungen anzunehmen: Er hatte nur noch seine Ehre zu verlieren. So bekannte er sich zu dem, was er getan hatte. Überdies glaubte er sich noch immer im Recht.

In den verflossenen Monaten hatte er versucht, sich als Garant von Frieden und Ordnung in Deutschland darzustellen, befehdet von einer übermächtigen Aristokratie. Darin konnte und wollte Heinrich keinen Fehler sehen, und er versuchte, seine königliche Würde zu wahren, so würdelos die Situation auch war, in der er sich befand. Das Tragische an seinem Untergang lag, genau wie im Fall Richards II. in England eineinhalb Jahrhunderte später, darin, daß der König bis zum bitteren Ende glaubte, als rechtmäßiger König das Richtige getan zu haben.

Gefangenschaft unter strengster Bewachung erwartete ihn, zunächst in Deutschland, später im *regno*. Nach etlichen Haftjahren in Süditalien, halb in Vergessenheit geraten, wurde Heinrich im Jahr 1242 endlich an den kaiserlichen Hof befohlen. Friedrich war offenbar der Ansicht, Heinrich habe seine Strafe nunmehr verbüßt, vielleicht war es auch ein Ausdruck väterlicher Zuneigung, eine Geste des Verzeihens gegenüber dem treulosen Absalom. Doch Heinrich glaubte nicht daran. Den Berichten zufolge befürchtete er, daß sein Vater ihn hinrichten lassen wolle, denn zu eben dieser Zeit verbreiteten sich die Gerüchte über Friedrichs Brutalitäten. Auf dem Weg zum kaiserlichen Hof, unweit von Mortorano in den süditalienischen Bergen, nutzte Heinrich eine Gelegenheit, sich von seinen Bewachern loszureißen. Er galoppierte davon und lenkte sein Pferd dorthin, wohin niemand ihn verfolgen würde: über eine Felskante in einen tiefen Abgrund – in den Tod.

In einer berühmt gewordenen Passage aus dem Rundschreiben an den sizilianischen Adel, in dem Friedrich den Tod Heinrichs (VII.) bekanntgab, ohne Einzelheiten zu berichten, öffnete der Kaiser, so schien es, sein Herz – wie König David es nach dem Tod seines rebellischen Sohnes Absalom getan hatte:

Mitleid des zärtlichen Vaters hat das Urteil des strengen Richters überwunden: Heinrichs, unseres Erstgeborenen, Verhängnis müssen wir betrauern, und aus dem Innersten heraus trieb die Natur der Tränen Flut, die drinnen verschlossen hielt der Schmerz der Beleidigung und die Starre der Gerechtigkeit.

Die Absetzung seines Sohnes, so erläuterte Friedrich, sei das Mindeste gewesen, was er habe tun können, denn hätte er ihn gewähren oder ihn mit einer geringen Strafe davonkommen lassen, wären überall im Reich Gesetz und Friede gefährdet gewesen. Als Stellvertreter Gottes auf Erden mußte der Monarch als unparteiischer Sachwalter der Gerechtigkeit agieren, und zweifellos war dem Kaiser die Erinnerung an jene großen römischen Helden gegenwärtig, die gegen die Verbrechen der Söhne mit noch größerer Härte vorgegangen waren. Friedrich gab

Anweisung, daß im ganzen *regno* Trauermessen gelesen werden sollten. Er selbst nahm am Begräbnis seines Sohnes teil und wurde dabei als der neue Abraham gerühmt, der sich zur Opferung seines Sohnes Isaak bereitgefunden hatte.

Es gab aber Gründe zum Nachdenken. Schon seit 1235 war Friedrich klar, daß er nur noch einen legitimen Erben hatte, den jungen Konrad; nun warf der Tod Heinrichs erneut die Frage auf, wer das Reich einst erben würde. Gewiß, aus der englischen Heirat war ein Sohn hervorgegangen, der allerdings noch im Kindesalter war; doch daß er auf den Namen Heinrich getauft wurde, zeugte womöglich von dem Wunsch des Kaisers, ihn an die Stelle seines Erstgeborenen zu setzen.

Die englische Heirat bezeugte die Versöhnung der ehemaligen Welfenfreunde jenseits des Kanals mit den inzwischen mächtigen Staufen. In der Tat hatten sogar die Welfen Heinrich (VII.) jede Unterstützung gegen Friedrich versagt; die Belohnung, die sie dafür erhielten, war nichts Geringeres als ihre Wiederaufnahme in Würden und Ämter. Im Sommer 1235, nicht lange nach Friedrichs Hochzeit mit Isabella von England, erhielt Otto von Lüneburg und Braunschweig aus seiner Hand die erbliche Herzogswürde. Es ging darum, die norddeutsche Dynastie durch eine öffentliche Ehrung Ottos noch fester an die Krone zu binden. Auch ließ sich damit demonstrieren, daß der Kaiser in Deutschland auf den Rückhalt und das Vertrauen der großen Fürsten angewiesen war.

Doch Friedrichs politisches Programm war damit nicht erschöpft. Der Kaiser war in Eile. Das grollende Echo des lombardischen Aufstands war noch nicht verklungen, und Norditalien beanspruchte seine Aufmerksamkeit jetzt, da in Deutschland die wesentlichen Probleme gelöst waren. Genau wie in den triumphalen Jahren in Sizilien, 1220 und 1231, krönte Friedrich auch jetzt in Deutschland seine Siege mit der Verkündung von Gesetzeswerken. Er tat dies auf einer in Mainz abgehaltenen Reichsversammlung. Was dort vorgestellt wurde, war sicherlich von bescheidenerem Format als das sizilianische Gesetzbuch von 1231, weshalb manche Historiker darin nur einen vorläufigen Entwurf gesehen haben, der später durch eine sorgfältiger ausgearbeitete, straffere Gesetzgebung ergänzt werden sollte. Daß Friedrich versuchte, zumindest Elemente seiner in Sizilien erlassenen Gesetze und des sizilianischen Verwaltungssystems auf Deutschland zu übertragen, wurde am ehesten in seinem Beschluß deutlich, das Amt eines Reichshofjustitiars zu schaffen, der die Eingaben der deutschen Untertanen des Kaisers prüfen sollte – natürlich nicht die der Fürsten, denn deren Probleme mußten weiterhin dem Kaiser und dem Reichstag vorgelegt werden. Doch es bestand ein großer Unterschied zwischen den englischen oder sizilianischen Justitiaren mit ihren weitgehenden Ermittlungs- und Kontrollvollmachten und den Kompetenzen dieser deutschen Vertreter des Kaisers. Wir sollten uns nicht von Bezeichnungen täuschen lassen. Ein Justitiar sorgte für *justitia*; nichts weist darauf hin, daß es auf dem Mainzer Hoftag darum ging, das Amt eines Vizekönigs zu schaffen, wie es seit dem 12. Jahrhundert in Sizilien und England bestand.

Das eigentliche Anliegen des in Mainz beschlossenen Gesetzeswerks war, wie schon seine dafür gewählte Bezeichnung als Mainzer Landfriede erkennen läßt, die Verkündung und Verteidigung des inneren Friedens – wobei der Begriff Friede in einem sehr weit gefaßten Sinn verstanden werden muß. So ist in einigen Passagen, die vielleicht eine Reaktion auf die gerade überwundene Revolte Heinrichs (VII.) sind, von Rebellionen und ihrer Niederschlagung die Rede:

Welcher Sohn seinen Vater von seinen Burgen verstößt oder von anderem Gute oder es brennt oder raubt, oder wider den Vater zu seinen Feinden schwört, so daß er auf des Vaters Ehre oder Verderbnis geht..., der Sohn soll Eigen und Lehen und fahrende Habe verlieren und alles Erbgut von Vater und Mutter auf ewige Zeiten, daß ihm weder Richter noch Vater je wieder zum Gute verhelfen können.

Zur Sphäre des öffentlichen Friedens gehörte aber auch das langumstrittene Problem des Münzrechts, der ungerechtfertigten Verhängung neuer Steuern oder des Fortbestands der bischöflichen Rechtshoheit in Gebieten, die der Kirche gehörten. Das Stichwort »Landfriede« bezeichnete in allen diesen Bereichen eine präventive Gesetzgebung mit dem Ziel, mögliche Konfliktpunkte zu entschärfen. Es ging nicht nur um Gesetze gegen Rebellion, Raub und Enteignung, auch wenn rund die Hälfte aller Artikel des Landfriedens sich mit strafrechtlichen Tatbeständen befaßte. Wie schon erwähnt, enthielt der Landfriede auch ein Verbot neuer, ungerechter finanzieller Abgaben. Traditionelle Rechte wurden von neuem bekräftigt, allen voran die Rechte der Fürsten, der Bischöfe und der anderen bedeutenden Vasallen. Der Landfriede war daher nicht die revolutionäre Verkündung neuer Gesetze. Altes Recht war gutes Recht. Verkündet vor einer Versammlung von Fürsten, die Friedrich in schwierigen Zeiten die Treue bewahrt hatten, mußten diese Gesetze wohl oder übel ihre Interessen berücksichtigen und ihre zentrale Rolle als Garanten des Friedens in Deutschland hervorkehren. Ohne ihre Mitarbeit wäre der Erlaß von Gesetzen ein wirkungsloses Unterfangen gewesen.

Man muß sich daher von der Vorstellung freimachen, Friedrich habe im Jahr 1235 geglaubt, eine zentralisierte, autokratische Regierung in Deutschland errichten zu können. Friedrich ließ sich 1235 nicht von der Vorstellung eines vereinten Deutschland leiten. Für ihn zählten die diversen deutschen Fürsten, die er möglichst einig hinter sich wissen wollte. Deutschland war nicht Sizilien oder England, und Friedrich gab sich darüber auch keinen Täuschungen hin.

Ein Indiz freilich scheint ein frühes deutsches Identitätsgefühl zu bezeugen: die Tatsache, daß die Gesetzestexte auch in deutscher Sprache herausgegeben wurden. Doch geschah dies aus einem einfachen Grund – der besseren Verständlichkeit wegen. Es war leichter, Frieden zu bringen, wenn man sich der Umgangssprache bediente, der Sprache der Gerichte, der Ankläger und der Beklagten. Die Gesetze sollten verstanden und es sollte nach ihnen gehandelt werden. Schon in Jerusalem hatte Friedrich darauf geachtet, daß seine Ansprache in der Heiligen Grabeskirche ins Deutsche übersetzt wurde und Hermann von Salza sie seinen Gefolgsleuten vortrug. Die Kunst der Propaganda, die Fähigkeit, die kaiserliche Politik glanzvoll zu präsentieren, beherrschten Friedrich und seine Umgebung (allen voran Piero della Vigna) aufs trefflichste.

IV

Ein Vorgang vor allem demonstrierte den deutschen Untertanen des Kaisers, wie Friedrich es mit der Unparteilichkeit und Wahrhaftigkeit in der Rechtssprechung hielt. Dem Kaiser kamen Berichte zu Ohren, daß die Juden von Hagenau einen Ritualmord an einem christlichen Kind begangen hätten. Solche Anschuldigungen, die zuerst im 12. Jahrhundert in England aufkamen und sich in der Folge häuften, beschworen große Gefahren für Ansehen und Sicherheit der jüdischen Gemeinden Nordeuropas herauf. Die deutschen Juden waren aus kaiserlicher Sicht unmittelbare Untertanen der Krone; was immer mit ihnen geschah, mußte somit für den Kaiser von direktem Interesse sein. Doch es ging um weit mehr als nur um die Respektierung des kaiserlichen »Eigentumsrechts« an den deutschen Juden; der Vorwurf, die Juden kreuzigten christliche Kinder, um die Leidensgeschichte Christi zu verhöhnen, konnte für alle Juden der christlichen Welt gefährlich werden.

Um den Beschuldigungen auf den Grund zu gehen, berief Friedrich ein aus geistlichen und weltlichen Würdenträgern zusammengesetztes Tribunal ein, das sich nicht nur mit diesem einen konkreten Vorwurf gegen die Juden von Hagenau, sondern überhaupt mit den Anschuldigungen gegen die Juden befassen sollte. Es stellt dem Urteilsvermögen und der Unvoreingenommenheit der Tribunalsmitglieder ein schlechtes Zeugnis aus, daß sie sich nicht zu einer eindeutigen Zurückweisung dieser Beschuldigungen durchringen konnten. Friedrich wandte sich daraufhin schriftlich an die christlichen Könige in Europa, unter anderem an Heinrich III. von England, und bat, Männer zu ihm zu schicken, die vom Judentum zum Christentum übergetreten waren und genug über den jüdischen Glauben und die Religionsausübung wußten, um die Beschuldigungen prüfen zu können. Der Kaiser ging von der Überlegung aus, daß Konvertiten wenig Grund hatten, das Judentum zu verteidigen, das jüdische Schrifttum aber hinreichend kannten, um ein gerechtes Urteil zu fällen.

Der englische König, der in London das *Domus Conversorum* gegründet hatte, schickte zwei Konvertiten, die gemeinsam mit ihren deutschen Kollegen den Beweis erbrachten, daß nach jüdischem Recht das Menschenopfer als verabscheuungswürdiges Verbrechen galt. Darauf reagierte der Kaiser im Juli 1236 mit der Verkündung eines Privilegs zugunsten der Juden, in dem das Untersuchungsverfahren erläutert, die Beschuldigungen gegen die Juden als unwahr verurteilt und gleichlautende Behauptungen für die Zukunft unter Strafe gestellt wurden. Friedrich nahm den Freispruch seines Untersuchungstribunals zum Anlaß, die Juden in einem Erlaß als *servi camerae nostrae*, als »Leibeigene unserer Kammer«, zu bezeichnen und damit eine weitergehende Verfügungsgewalt über sie zu beanspruchen als seine Vorgänger. Es erwies sich freilich, daß diese Ansprüche schwer durchsetzbar waren.

KAPITEL 8
Höfische Kultur

I

Wenige mittelalterliche Herrscher haben sich durch das kulturelle Leben an ihrem Hof einen derartigen Ruf erworben wie Friedrich II. Schon Charles Homer Haskins sah in seinen Studien zur Kultur und Wissenschaft des Mittelalters in dem Kaiser den Schirmherrn der Naturwissenschaft und Philosophie, einen würdigen Nachfolger Rogers II. Die glanzvolle, von früher Reife zeugende Kultur seines sizilianischen Königreichs sei zum einen normannisches Vermächtnis, zum anderen das Ergebnis eines schier unerschöpflichen Wissensdurstes gewesen. Voraussetzung dieser aus so vielen Quellen gespeisten Kultur sei die geographische und verkehrsmäßige Lage Siziliens im Schnittpunkt griechischer, arabischer und römischer Einflüsse gewesen. Spätere deutsche Historiker priesen die kulturelle Leistung des Kaisers noch höher als Haskins. Der *stupor mundi*, ein vorweggenommener Renaissancefürst, ein Rationalist und Skeptiker – das war die Gestalt, die die Historiker zu sehen wünschten, und sie glaubten, mehr als genug Belege zur Untermauerung ihres Bildes zu finden.

Die Annahme einer Kontinuität von den normannischen Königen bis hin zu Friedrich II. wurde lange Zeit kaum in Zweifel gezogen. Van Cleve zählte in seiner Biographie des Kaisers die eindrucksvollen Leistungen der süditalienischen Schulen und Klöster auf – des medizinischen Kollegs in Salerno, des Klosters von Montecassino. Er nahm an, daß die kulturellen Leistungen des 12. Jahrhunderts nur die Vorstufe jener Blütezeit des 13. Jahrhunderts gewesen seien. Doch ist unübersehbar, daß es in den Jugendjahren des Kaisers zu einem merklichen Rückgang des kulturellen Lebens kam; als Friedrich das Jünglingsalter erreichte, waren seit der Zeit, da Roger II. die Gesandten der Fatimiden-Kalifen an seinem Hof bewirtet und Gelehrte wie Idrisi und Doxopatrios gefördert hatte, hundert Jahre vergangen. Schon unter Wilhelm dem Guten war der sizilianische Königshof weitgehend römisch-christlich geprägt, und islamische Gelehrte tauchten in der Umgebung des Königs nur noch selten auf. Sizilien war auch keineswegs ein bedeutendes Zentrum jüdischer Gelehrsamkeit, wie es in dieser Periode etwa Kastilien oder Ägypten waren. Sizilien war weder eine Bastion entschiedener Feinde noch eine der enthusiastischen Anhänger des umstrittenen Maimonides. Die Frage, ob Friedrich II. die kulturellen Ansätze seiner Vorgänger wieder aufnahm und ausbaute, muß daher verneint werden.

Zum einen war von der dem normannischen Königshof nachgesagten kulturellen Vielfalt unter Friedrich II. nur wenig zu spüren. Das islamische Element bestand nur noch aus der sarazenischen Leibwache des Königs, von irgendwelchen kulturellen Errungenschaften der Moslems aus Lucera ist nichts bekannt. Diejenigen von ihnen, die an den Hof berufen wurden, waren Soldaten und nicht Gelehrte. Natürlich kamen islamische Besucher, etwa die Botschafter Al-Kamils, und Friedrich führte einen lebhaften Briefwechsel mit islamischen Gelehrten an weit entfernten Orten wie Ceuta. Er verstand offenbar arabisch, wie sich während seines Kreuzzugs zeigte. Aber die in Palästina siedelnden Araber, denen er im Verlauf des Kreuzzugs begegnete, waren sicher keine Vertreter islamischer Kultur; was er von ihnen lernte, war die Kunst, mit Falken umzugehen.

Auch der griechische Einfluß war ziemlich unbedeutend. Wenngleich Friedrich Griechisch beherrschte, holte er doch wenig Griechen an seinen Hof, und das bedeutendste griechische Schriftstück, das am Hofe Friedrichs entstand, war die griechische Fassung der *Konstitutionen von Melfi*. Die in Kalabrien und im östlichen Sizilien verbreiteten Inseln griechischer Kultur strahlten kaum auf den Hof aus. Johann von Otranto und Georg von Gallipoli, zwei Griechen aus Süditalien, verfaßten Verse zu Ehren Friedrichs, aber sie konnten sich nicht im entferntesten mit der großartigen Prosa aus der Epoche Rogers II. messen lassen, – die am Hofe Friedrichs II. wohl nur von wenigen verstanden worden wäre. Ein griechisches Bistum in den Bergen Kalabriens, in Rossano, war die letzte Bastion orthodoxer Theologie auf italienischem Boden, aber Friedrich hatte kein ernstes Interesse am griechischen Christentum, gleich ob auf italienischem oder byzantinischem Boden. Konstantinopel hatte nach seiner Eroberung durch die Kreuzfahrer im Jahr 1204 aufgehört, Zentrum einer kosmopolitischen Kultur zu sein, die in der christlichen Welt ihresgleichen suchte. Hatte noch Roger den Byzantinern ihre römische Kaiserkrone geneidet, so sonnte sich Friedrich im Glanz einer anderen, seiner eigenen Kaiserkrone.

Dazu kam, daß der Hof Friedrichs keinen festen Sitz besaß, denn es gehörte in den deutschen und norditalienischen Teilen des Kaiserreichs zur Tradition, daß der Herrscher keine eigentliche Hauptstadt hatte, sondern seinen Aufenthaltsort ständig wechselte. Außerdem zwangen die Konflikte mit dem Papst wie mit der Lombardei den Kaiser immer wieder, über längere Zeiträume in Nord- und Mittelitalien umherzuziehen. Als er sich 1239 von Parma aus endlich in Richtung *regno* bewegte, war auch dies kein endgültiger Zielort; Friedrich zog vielmehr von einem Übergangslager ins andere, ohne daß ein Ende dieses Wanderlebens abzusehen war. Zwar entwickelten sich Neapel und Messina zu wichtigen Verwaltungszentren des *regno*, aber der König zog ihnen die Einsamkeit apulischer Jagdhütten vor. Den insularen Teil seines Königreichs zu besuchen hatte er seit seiner Jugend keine Zeit mehr gefunden. Der stets auf Reisen befindliche Hof Friedrichs war kein Gegenstück zu Rogers II. glanzvoller Hauptstadt Palermo und konnte es nicht sein. Zwar führte Friedrich einen Teil seines Hofstaates mit sich – Teile der Bibliothek, die Kronjuwelen und eine Anzahl außergewöhnlicher Tiere –, aber vieles davon fiel in Parma seinen lombardischen Feinden in die Hände. Hätte er in Frieden mit den italienischen Städten und dem Heiligen Stuhl gelebt, so hätte er wahrscheinlich eine noch größere Summe für Bücher, Tiere und Zerstreuungen ausgegeben, denn diese Dinge lagen ihm sehr am Herzen. Friede aber war seiner Herrschaft nur selten vergönnt. So bleibt wenig von dem liebgewordenen Bild des Kaisers, der im Kreise von Gelehrten aus allen Teilen der Welt philosophische und wissenschaftliche Fragen erörtert und mit brillanten Einwänden an der Wahrheit der Religionen zweifelt.

Die Stilisierung Friedrichs zum großen Förderer der Künste und der Wissenschaft entspringt der Neigung, ihn an die Spitze der geistigen Entwicklung seiner Zeit zu setzen. Auch hier gibt es Beispiele, die eine solche These widerlegen. Leonardo Fibonacci aus Pisa, der sich schon seit Anfang des 13. Jahrhunderts darum bemühte, das Abendland von den Vorteilen der arabischen Zählweise zu überzeugen, traf 1228 mit dem Kaiser zusammen, offenbar bei einem Besuch Friedrichs in Pisa, und übergab ihm eine neue Ausgabe seines *Liber Abaci* (wie er sein Lehrbuch des Rechnens mit arabischen Zahlen nannte). Fibonacci war ein Pisaner, der sich einst als Händler in Tunis niedergelassen und sich dort die Kenntnis der arabischen Mathematik angeeignet hatte; aber er war viel eher in der merkantilen Kultur der Toskana als in der höfischen Kultur unter Friedrich II. beheimatet. Friedrich las das Werk, doch zu diesem Zeitpunkt hatte sich der Gebrauch der arabischen Zahlen in Italien bereits durchgesetzt. Schon wenige Tage nach dem Erscheinen der ersten Abhandlung Fibonaccis hatte ein Notar in Genua begonnen, das Zahlensystem zu benutzen.

Ein anderes Beispiel ist Michael Scotus, die beherrschende Figur unter den »Hofgelehrten« Friedrichs II. Er verbrachte den größeren Teil seines Arbeitslebens in Toledo, wo er Erfahrungen als Übersetzer und Magier sammelte. Diese Erfahrungen brachte er mit, als er an den kaiserlichen Hof kam, machte die Sizilianer darüber hinaus aber auch mit den Fortschritten der stark arabisch beeinflußten kastilischen Wissenschaft bekannt. Dieser Sachverhalt beleuchtet ein wichtiges Merkmal der sich unter Friedrich entfaltenden höfischen Kultur: Die bedeutenderen Kulturleistungen des frühen 13. Jahrhunderts wurden von Juden, Moslems und Christen erbracht, die – nicht in Sizilien, sondern in Spanien – in enger Zusammenarbeit griechische und arabische Texte übersetzten. Kastilien war der wirkliche Schmelztiegel der zeitgenössischen Ideen, dort mischten sich die geistigen Vertreter der drei Religionen, dort lagen auch die Hauptwerke der arabischen Wissenschaft weit vollständiger vor. Der Hof Friedrichs befand sich durchaus in kultureller Abhängigkeit von dem kastilischen.

Wenn wir uns den jüdischen Übersetzern am Hofe Friedrichs zuwenden, stellen wir fest, daß es nur wenige und kaum gebürtige Süditaliener waren. So stammte etwa die illustre Familie der Ibn Tibbon – die verschwägerten Jacob Anatoli und Moses ben Samuel Ibn Tibbon wirkten an der Übersetzung arabischer Texte mit – aus der Provence, von wo aus enge Verbindungen zu den sephardischen Juden von Aragon und Kastilien bestanden. Die Familie der Ibn Tibbon war ursprünglich spanischer Herkunft und um die Mitte des 12. Jahrhundert vor den fanatischen Almohaden, islamischen Eroberern Spaniens, nach Südfrankreich geflohen. Sie brachte Kenntnisse der arabischen Sprache und Philosophie mit, die selbst für die Verhältnisse einer so kultivierten jüdischen Gemeinde wie der des Languedoc ungewöhnlich waren. Zu den Arbeiten Anatolis gehörten die Übersetzung der Kommentare des Averroes, des bedeutenden Aristoteles-Jüngers aus dem maurischen Spanien, und des *Almagest* von Ptolemäus. Dieses Werk war schon früher einmal, um 1160, im normannischen Sizilien ins Lateinische übertragen worden. Die normannische Fassung war eine Übersetzung aus dem Griechischen gewesen, während Anatoli einen arabischen Text als Vorlage hatte, der seinerseits die Überarbeitung einer syrischen Übersetzung des Originaltexts war. In Spanien und Südfrankreich war dies der bevorzugte Übersetzungsweg, aus leicht erkennbaren Gründen: Zum einen gab es in Spanien kaum jemanden, der des Griechischen mächtig war. Zum anderen aber handelte es sich um sehr schwierige Texte, wenigstens für den Leser, der mit den darin formulierten Ideen nicht vertraut war; die arabischen Fassungen enthielten zahlreiche, wenn auch nicht immer richtige Verständnishilfen: Kommentare aus der Feder späterer griechischer Philosophen wie Apollonios von Aphrodisias oder islamischer Gelehrter wie Avicenna und Averroes, die die Lesbarkeit und Verständlichkeit der betreffenden Werke sicherlich erhöhten.

Von allen Werken, die in der Regierungszeit Friedrichs in Sizilien übersetzt wurden, war das wichtigste sicherlich eine Abhandlung, die ursprünglich in arabischer Sprache geschrieben und dann ins Hebräische übertragen worden war; in dieser Fassung war sie an den sizilianischen Hof und in die Hände der Gelehrten von Neapel gelangt. Moses ben Maimon, auch als Maimonides oder Rambam bekannt, versuchte in seinem *Leiter der Verirrten* die aristotelische Weltanschauung mit den Geboten der jüdischen Religionslehre zu versöhnen. Zu den frühen Lesern des *Leiters der Verirrten* gehörte ein bei Hofe wohlgelittener junger Mann aus einer süditalienischen Adelsfamilie: Thomas von Aquino. Auch er sollte sich, wie Maimonides und Averroes, an der Versöhnung der aristotelischen Philosophie mit seinem Glauben versuchen. An der Übersetzung des Werkes aus dem Hebräischen scheint Michael Scotus mitgewirkt zu haben; seine zweifellos vorhandenen Hebräischkenntnisse müssen jedoch ziemlich lückenhaft gewesen sein, wenigstens aus den erhalten gebliebenen Manuskripten zu schließen.

Wie die Übersetzungen aus dem Arabischen, dürfte auch der *Leiter der Verirrten* eine Gemeinschaftsarbeit unter jüdischer, christlicher und islamischer Beteiligung gewesen sein; untereinander verständigt haben wird man sich in der allen geläufigen romanischen Umgangssprache Süditaliens. Jüdische Gelehrte gab es am Hof Friedrichs sicherlich nur wenige. Der Kaiser holte Juden als Siedler ins Königreich Sizilien, die helfen sollten, das Land urbar zu machen, aber er wollte ihre Zahl begrenzt wissen und ihnen nicht mehr als die ihnen nach kanonischem Recht zustehenden religiösen Freiheiten gewähren. Für Gelehrte galten diese Einschränkungen und Vorbehalte nicht unbedingt, aber ein begeisterter Philosemit war der Kaiser ganz sicher nicht. Er teilte die Anschauungen seiner gebildeteren Zeitgenossen, aber das war auch alles. Im Vergleich jedoch zu dem frömmlerischen, notorischen Judenhasser Ludwig XI. von Frankreich erscheint Friedrich natürlich als ein Mann der Vernunft und Mäßigung, aber Männer, die so aufgeklärt dachten wie er, fanden sich sogar im Umfeld des Papstes, und sie übten Einfluß auf das Denken des Kaisers aus. Kein Zweifel, daß hin und wieder ein jüdischer Gelehrter bei Hofe eingeführt wurde: Die beiden Ibn Tibbons und Juda ben Salomon Cohen hatten persönlichen Umgang mit Friedrich und waren mit Michael Scotus befreundet.

Einen gewissen geistigen Ausgleich für das unstete Leben, das er führte, fand Friedrich in der Korrespondenz mit auswärtigen Gelehrten. Sein persönlicher Beitrag zum kulturellen Leben seiner Zeit erschöpfte sich weitgehend in brieflichen Erörterungen über wissenschaftliche und philosophische Fragen, die er mit spanischen Juden, moslemischen Ägyptern und mit seinen eigenen Höflingen führte, von denen er ja häufig räumlich getrennt lebte. Juda ben Salomon Cohen erhielt in Kastilien Briefe vom Kaiser und besuchte Friedrich später in Norditalien. Michael Scotus war der wichtigste Mittler zwischen diesem jugendlichen Mystiker und dem Hohenstaufen. Al-Kamil, Sultan von Ägypten, blieb nach dem Kreuzzug Friedrichs mit letzterem in Kontakt; beide philosophierten über das Wesen des Universums, versuchten Antworten auf ungelöste mathematische Fragen zu geben, und Al-Kamil schickte sogar einen Astronomen zu Friedrich, der diesen in astronomischen Fragen unterweisen, zugleich aber auch diplomatische Aufgaben erfüllten sollte.

Die Verbindung philosophischer mit diplomatischen Aufträgen war in dieser Epoche keineswegs etwas Ungewöhnliches; als Aristippus als Gesandter des normannischen Königreichs Sizilien nach Konstantinopel ging, um einen Friedensvertrag auszuhandeln, machte er sich auch auf die Suche nach Manuskripten – und zwar mit Erfolg, während er den Friedensvertrag nicht zustande brachte. Friedrich war bestrebt, sich die Wertschätzung seiner mediterranen Nachbarn zu sichern, indem er sich ihnen als ein Mann der Wissenschaft präsentierte, der wie Roger II. den Ruf besaß, geistig jedem islamischen Fürsten ebenbürtig zu sein, von der Religion einmal abgesehen. Es war sicher zum Teil ein diplomatisches Spiel, aber Friedrich betrieb es mit großem Ernst. Nicht gespielt hingegen war sein kulturelles Interesse, und es besteht kein Zweifel, daß sein geistiger Horizont wesentlich größer war als der seiner Zeitgenossen auf dem englischen oder dem französischen Thron. Daraus folgt jedoch keineswegs, daß er einen besonders glanzvollen Hof gehalten oder gar Zeit gehabt hätte, sich mit abstrusen Geisterbeschwörungen zu befassen, wie seine Feinde es ihm nachsagten.

Ein in kluger Einschätzung diplomatischer Vorteile unternommener Schritt war Friedrichs Versuch, in brieflichen Kontakt mit dem Almohaden-Kalifen in Marokko zu treten; er übersandte ihm eine Liste mit philosophischen Fragen, die nach geraumer Zeit von einem namhaften Gelehrten aus Ceuta namens Ibn Sabin beantwortet wurden. Ähnliche Fragen gingen an moslemische Philosophen im Nahen Osten, bis hinunter in den Jemen. Wahrscheinlich war es Friedrichs Hofphilosoph, der Magister Theodor, der die Fragen in arabischer Sprache formulierte. Auf Ibn Sabin machten sie jedenfalls wenig Eindruck. Er ließ den Kaiser wissen, schon seine Fragen zeugten von philosophischem Unvermögen, und ließ durchblicken, der einzige Weg zu wirklicher Erkenntnis führe über den islamischen Glauben. Falls Friedrich bereit sei, Ibn Sabin zu empfangen, werde er ihm gerne den Weg zur richtigen Erkenntnis weisen. Das war keine Bitte um eine Pension, wie der Kaiser sie so oft zu hören bekam; Ihn Sabin weigerte sich sogar, das Geld entgegenzunehmen, das Friedrich ihm schickte.

Was den Inhalt ihres Disputs betrifft, so scheint es, daß Friedrich zu diesem Zeitpunkt schon unter dem Einfluß aristotelischer Gedanken stand, die er vielleicht nur zum Teil begriff – kein Wunder, denn es waren neue und unerhörte Ideen in einer noch ganz im Banne der platonschen Ideenlehre stehenden Welt, und es bereitete wirklich Probleme, diese neuen Erkenntnisse mit den althergebrachten Auffassungen zu vereinbaren. Friedrichs Frage, wie Aristoteles die Ewigkeit der Materie bewiesen habe, zeugt zwar einerseits von einer gewissen Vertrautheit mit der aristotelischen Lehre, andererseits aber von einer Unkenntnis oder doch von mangelndem Verständnis der einzelnen Beweisführungen des Philosophen. Über andere Fragen, wie beispielsweise die nach der Unsterblichkeit der Seele, zerbrachen sich auch Maimonides und Averroes die Köpfe. Der Kaiser bot hier also das Bild eines Intellektuellen, der versuchte, Gedankengänge zu begreifen, die er vielleicht nur vom Hörensagen und nicht gründlich genug kannte, Gedankengänge, deren weitreichende Folgen für die Theologie erst noch entdeckt werden sollten. Die Fragen, die Friedrich an andere Philosophen richtete, waren oft weniger anspruchsvoll; so wurde etwa Juda Cohen um die Lösung einiger geometrischer Rätsel gebeten, und an den Hof von Al-Kamil wurde im Namen des Kaisers unter anderem die Anfrage gerichtet, weshalb ein Stock, der teilweise ins Wasser getaucht wird, scheinbar einen Knick aufweist.

Auch an Michael Scotus, den schottischen Astrologen und Arzt, erging eine Reihe von Fragen, und wenn seinem Zeugnis glauben geschenkt werden darf, hatte Friedrich die Fragen selbst formuliert. Was Friedrich von ihm forderte, war nichts Geringeres als eine Erklärung des Universums, denn dies sei, so Friedrich, die zentrale Frage des menschlichen Seins; schon vieles habe er über die Sterne und über die irdische Natur gehört – die Völker, die Tiere und die unbelebte Natur. Es gebe aber Geheimnisse jenseits der Sterne: das Paradies, das Fegefeuer, die Hölle. Wo lägen diese Orte, und wer herrsche über sie? »In welchem Himmel ist Gott Substanz, das heißt in seiner göttlichen Majestät, und auf welche Weise sitzt er auf dem Thron des Himmels? Und auf welche Weise wird er von den Engeln und Heiligen begleitet?« Dazu gesellten sich Fragen nach der Beschaffenheit der Seele: »Und kennt eine Seele die andere in jenem (jenseitigen) Leben? Und kann eine Seele in dieses Leben zurückkehren, um zu sprechen oder sich jemandem zu zeigen?«

Michael Scotus wich solchen Fragen nicht aus, auch wenn es mit seinem Scharfsinn nicht ganz so weit her war, wie er der Welt gern glauben machte. »Wenn man uns fragt, wo der Gott der Götter und der Herr der Herrscher des irdischen und himmlischen Universums residiert, antworten wir, daß er zwar der Möglichkeit nach allgegenwärtig sei, als substantielles Wesen aber im geistigen Himmel.« Scotus verfaßte für den Kaiser auch Beschreibungen der materiellen Welt, Werke über Astrologie und Alchimie; sie alle verraten, daß ihr Autor ausgiebig aus vorliegenden klassischen und mittelalterlichen Quellen geschöpft, aber auch selbständige Gedanken hinzugefügt hat. Er hielt sehr viel von seinen Kenntnissen und brüstete sich damit, persönlich die Verwandlung von Kupfer in Silber erlebt zu haben; ein Pionier der Alchimie, der das westliche Abendland mit den verschiedensten chemischen Experimentierkünsten bekanntmachte, auch solchen, mit denen man Gold herzustellen hoffte. Als Übersetzer aristotelischer Texte und als überzeugter Jünger des arabischen Astronomen Al-Bitrugi war Scotus wesentlich an der Erschließung der Kultur des islamischen Spanien für den christlichen Westen beteiligt. Der Schotte, der seine wissenschaftliche Ausbildung in Toledo erhalten hatte, fungierte als Vermittler zwischen dem Kaiserhof und den kulturellen Zentren der Forschung und Übersetzung in Spanien. Er entwickelte sich zu einem höchst nützlichen Helfer Friedrichs bei dessen Studien über das Verhalten von Vögeln. Zu den für den Kaiser wichtigsten Werken Scotus' gehörten sicherlich seine Übersetzung der Aristoteles-Schrift *De animalibus* und die Übertragung einer dem gleichen Thema gewidmeten Abhandlung des persischen Philosophen Avicenna. Diese Bücher prägten das Verständnis und die Methoden, mit denen Friedrich die Kunst der Falknerei erlernte.

Scotus fungierte auch als Hofmagier und Hofastrologe des Kaisers. Er kam irgendwann zwischen 1220 und 1224 an den kaiserlichen Hof und blieb bis in die frühen dreißiger Jahre an der Seite des Kaisers. Den Tod fand er, wie es scheint, um 1236 bei einem Unfall, als er in einer Kirche von herabfallendem Mauerwerk getroffen wurde. Seine Karriere bei Hofe war also von vergleichsweise kurzer Dauer. Vorher hatte er sich im Umkreis des Heiligen Stuhls aufgehalten, sowohl unter Honorius III. als auch unter Gregor IX., und sich während des zeitweiligen Friedens zwischen Papst und Kaiser die Gunst beider Seiten erworben. Er war also ein prominenter Mann in Italien, ein Gelehrter mit dem Ruf, die innersten Geheimnisse des Universums erforscht zu haben.

Seine astrologischen Theorien wurden von Friedrich einer praktischen Erprobung unterworfen. Es war damals allgemeine Überzeugung, daß sich aus Sternbildern und Planetenpositionen Voraussagen über menschliches Verhalten ableiten ließen; die Sterne entschieden zwar nicht über menschliches Verhalten, sollten aber auf irgendeine Weise zu seiner Erklärung beitragen. Freilich waren derartige Informationen mit Vorsicht zu genießen, konnten doch, wie Scotus betonte, die Gefühle des Astrologen selbst sowie auch viele andere Faktoren zu falschen Interpretationen führen. Trotzdem war Scotus bereit, sich auf das Risiko astrologischer Voraussagen, beispielsweise über den Verlauf des lombardischen Krieges, einzulassen.

Im Mittelalter betrieb man die Wahrsagerei mit Leidenschaft, und aus heutiger Sicht nehmen sich diese Dinge sonderbar aus. Aber Scotus versuchte sicherlich auf ernsthafte Weise, zu einem Verständnis des noch kaum erschlossenen Universums zu gelangen, indem er Zusammenhänge zwischen Vorgängen am Sternenhimmel und im menschlichen Verhalten herzustellen versuchte und daraus Vorhersagen für das Schicksal des einzelnen ableitete. Die Astrologie war *per definitionem* eine Wissenschaft, weil sie an Gesetzmäßigkeiten des Verhaltens belebter und unbelebter Objekte glaubte und diese zu erkennen versuchte; zugrunde lag die Annahme, daß es im Universum eine übergreifende Harmonie, einen wechselseitigen Zusammenhang zwischen allen Dingen gebe oder doch irgendeinen Mechanismus, kraft dessen die Bewegungen der Himmelskörper an die Stimmungen und Geschicke der Menschen gekoppelt waren. Jedenfalls hatte die Astrologie in dem Weltbild des 13. Jahrhunderts ihren sinnvollen Platz. Friedrich blieb ihr gegenüber dennoch skeptisch und stellte sie auf die Probe. Einmal forderte er Scotus auf, die Entfernung zwischen der Spitze eines Kirchturms und dem Himmel zu messen. Scotus brachte es fertig, einen exakten Wert anzugeben. Dann ließ Friedrich, ohne daß Scotus etwas davon erfuhr, die Turmspitze um einige Zentimeter tiefer setzen und bat Scotus, die Messung zu wiederholen. Scotus tat wie geheißen und kam zu dem Ergebnis, daß entweder der Himmel sich ein Stück von der Erde entfernt habe oder aber der Turm geschrumpft sei. Natürlich war der Kaiser außerordentlich beeindruckt.

Scotus' Nachfolger als Hofastrologe Friedrichs war Magister Theodor, vermutlich ein Christ aus Antiochien. Wir wissen über diesen Mann weit weniger als über Scotus, zumal er Friedrich nicht auf allen dessen Reisen begleitete. Wie Scotus, war er Arzt und Wahrsager zugleich. Dem süßen Veilchenkonfekt, den er für Piero della Vigna und den Kaiser zubereitete, wurde offenbar eine gewisse therapeutische Wirksamkeit zugeschrieben. Er verfaßte für den Kaiser eine Abhandlung über Hygiene, die auf einem fälschlich dem Aristoteles zugeschriebenen Text beruhte. Dank seiner Arabischkenntnisse wurde er mit Aufgaben betraut, die Scotus nicht zuteil geworden waren: Theodor wurde die Korrespondenz mit dem Emir von Tunis anvertraut, bei der es hauptsächlich auf den richtigen diplomatischen Ton gegenüber einem tributzahlenden islamischen Herrscher ankam. Der Neffe des Emirs war nach Italien geflohen, und der Papst war überzeugt, daß der junge Mann bereit sei, sich taufen zu lassen. Friedrich jedoch behielt ihn in seiner Obhut, ohne ihn zur Bekehrung zu drängen. Neben solchen Fragen dürften in der Korrespondenz mit Tunis aber auch wissenschaftliche Probleme zur Sprache gekommen sein.

Daß Friedrich Astrologen förderte und zu Rate zog, war durchaus nichts Ungewöhnliches – Michael Scotus hatte ja sogar die Gunst des Papstes errungen, und auch die Verbündeten und Rivalen des Kaisers, wie Ezzelino da Romano, hatten selbstverständlich ihre eigenen Astrologen. Ein wenig untypischer war schon, daß Friedrich dem Studium der traditionellen lateinischen Texte an seinem Hof keinen besonderen Vorrang einräumte. Sieht man von einigen medizinischen Werken und von den juristischen Studien ab, die in die *Konstitutionen von Melfi* einflossen, geschah wenig in diesem Bereich. Die Universität Neapel, 1224 auf kaiserliche Weisung gegründet, führte ein prekäres Dasein; ihr bedeutendster Absolvent, Thomas von Aquino, brachte es in Paris und anderswo zu Ruhm und Ansehen. Unter Leitung von Arnold dem Katalanen und Peter von Irland entstanden einige naturphilosophische Arbeiten, aber der Hauptzweck der Universität war die Ausbildung von Notaren und Richtern für die königliche Verwaltung oder andere Instanzen. Es war eine durch und durch praxisbezogene Lehranstalt, ganz im Sinne ihres Gründers, der eine praktische Ausbildung für wichtiger als alles andere hielt; ihrer geistigen Regsamkeit waren daher Grenzen gesetzt. In der medizinischen Fakultät in Salerno setzte der König nach 1231 veraltete Prüfungsrichtlinien, und in der Folge verlor sie ihre Vorrangstellung bald an Schulen weiter im Norden wie die in Montpellier, die bereit waren, neben den klassischen Lehren auch neu hinzugekommenes Wissen zu vermitteln, sei es aus jüdischer oder moslemischer Quelle oder aber durch empirische Beobachtung gewonnen. Die Schule von Salerno konnte kaum mehr als ihren guten Ruf bewahren, der ihr bis ins 16. Jahrhundert hinein erhalten blieb. Ansonsten zeitigten die kaiserlichen Einmischungen in den Ablauf des Medizinstudiums ebenso fatale Folgen, wie Friedrichs strenges Regiment sie für die wirtschaftliche Lebensfähigkeit Salernos und anderer Städte gezeitigt hatte. Was seinen persönlichen Bedarf an Ärzten betraf, so bevorzugte er – wie seine normannischen Vorgänger – Mediziner, die nicht in Salerno studiert hatten: Scotus, Magister Theodor und vielleicht auch einige seiner jüdischen Philosophen.

Haskins hat zu zeigen versucht, daß der Hof Friedrichs ein bedeutendes Zentrum lateinischer Gelehrsamkeit gewesen sei, und nennt verschiedene Gelehrte, die Friedrich zu unterschiedlichen Zeiten begleitet haben, so etwa Peter von Eboli, der Heinrich VI. hochgepriesen hatte, oder Leonardo Fibonacci, der seine Laufbahn begann, lange bevor Friedrich als Förderer der Wissenschaft in Erscheinung treten konnte. Bei einigen Namen, die Haskins aufzählt, handelt es sich um Übersetzer arabischer Texte – Scotus und Magister Theodor beispielsweise, oder der lateinische Dichter Heinrich von Avranches, dessen drei Lobgedichte über Friedrich jedoch nur einen kleinen Teil eines Œuvres bilden, das zum größten Teil seinen Gönnern in Frankreich, England und am päpstlichen Hof gewidmet war. Ungeachtet dessen, daß sich in Neapel die Grabstätte des weithin verehrten Dichters und Magiers Vergil befand, gab es im frühen 13. Jahrhundert im Süden Italiens nur wenige lateinischsprachige Dichter. Jacopo da Benevento übersetzte die moralischen Maximen Schiavo di Baris ins Lateinische und verfaßte vermutlich auch einige lyrische Dichtungen, während Riccardo di Venosa, ein kaiserlicher Verwaltungsbeamter, seinem Herrscher etwa zur Zeit des Kreuzzugs eine Komödie in Versen widmete. Ein paar weitere Beispiele ließen sich anfügen, aber die Bilanz bleibt wenig beeindruckend, besonders wenn man die Leistungen der Vorgänger Friedrichs auf dem Thron von Neapel betrachtet. Friedrich konnte mit religiöser Literatur wenig anfangen, und nichts deutet darauf hin, daß er das Verfassen von Predigten und Heiligenbiographien förderte, wie frühere und spätere sizilianische Könige es taten.

Ein wichtiger Zweig lateinischer Belletristik wurde jedoch am Hofe Friedrichs gepflegt. Piero della Vigna und seine Sekretäre gaben, indem sie in einer äußerst blumigen, für ihre Zeit jedoch ungewöhnlichen Sprache ausgeklügelte Reden und Briefe verfaßten, neue Impulse für das Studium der lateinischen Rhetorik sowie für deren praktische Vervollkommnung. Der rhetorische Stil della Vignas war beim Heiligen Stuhl bekannt und gefürchtet, wie überhaupt die Verwaltung Friedrichs die einzige in Europa war, die den päpstlichen Briefen und Propagandaschriften Ebenbürtiges entgegensetzen konnte. Allerdings nahm Friedrich auch hier nur vorweg, was ohnehin in der Zeit lag. An den meisten Schulen und Universitäten Norditaliens wurde das Fach Rhetorik bereits gelehrt (della Vigna hatte möglicherweise an der bedeutenden Universität von Bologna studiert); in Cremona, Arezzo und anderswo erfreuten sich Lesebücher mit beispielhaften Redetexten und Abhandlungen über die Kunst des Redens hoher Beliebtheit. Die Angehörigen einer neuen Verwaltungsbürokratie, benötigt für die komplexen Aufgaben der städtischen Selbstverwaltung sowie für den Verwaltungsapparat des sizilianischen und des Kirchenstaates, wurden im Gebrauch des Lateinischen unterwiesen. Auch im südlichen Italien, namentlich in Capua, gab es schon vor der Zeit Friedrichs anerkannte Zentren des Rhetorikunterrichts. Die Laufbahn des Thomas Gaeta oder Kardinals Thomas von Capua, der 1229 starb, zeigt, daß Süditalien in der spätnormannischen Epoche, also um die Zeit von Friedrichs Geburt, eine Hochburg lateinischen Geisteslebens war; aus ihr stammten jene in Amalfi und Salerno rekrutierten Beamten, die unter Friedrich und seinen Nachfolgern die Verwaltung des Königreichs Sizilien prägen sollten.

Man hat viel Aufhebens um die Gründung der Universität Neapel gemacht, als der ersten von einem König initiierten Universitätsgründung; dabei sollte man jedoch nicht vergessen, daß diese Hochschule ihr Überleben vor allem der Tatsache verdankte, daß Friedrich seinen sizilianischen Untertanen den Besuch der Universität Bologna verbot. Auf jeden Fall aber ging die Neugründung auf schon bestehende Rhetorikschulen in und um Capua zurück. Mit all dem sollen die Leistungen von Piero della Vigna, Terrisio di Atina und anderen Rhetorikern nicht geschmälert werden, die satirische und philosophische Texte verfaßten, von denen viele noch im 14. und 15. Jahrhundert bewundert wurden. Was sie schrieben, war nicht das prägnante, gedrängte Latein eines Cicero, sondern ein barockes, anspielungsreiches Idiom, die Variante eines Stils, der sich bei den Rhetorikern Norditaliens ohnehin großer Beliebtheit erfreute. Piero und seine Kollegen waren, anders gesagt, nicht Initiatoren, sondern Epigonen – ihre Arbeiten waren allerdings besser als die ihrer Lehrmeister in Bologna und Capua.

Da höfische Prachtenfaltung mit unverantwortlich hohen Kosten verbunden gewesen wäre, war der Hof Friedrichs, entgegen einem verbreiteten Vorurteil, nur ein matter Abglanz des üppigen normannischen Hofs und auch weniger glanzvoll als später der Hof seiner Nachfolger aus dem Hause Anjou. Gewiß, es gab herrliche Tiere zu bestaunen, aber für die Paläste und die schönen Künste wurde kaum Geld ausgegeben, von dringenden Reparaturen abgesehen. Einige der Mosaiken in der großen Kathedrale von Cefalù an der Nordküste Siziliens könnten aus der Regierungszeit Friedrichs stammen, aber die Zeit der großen sizilianischen Mosaiken war vorbei. Dies lag auch daran, daß der große Konkurrent in Konstantinopel, dessen bedeutende Kirchenbauten im Osten den Ehrgeiz der Normannen angestachelt hatten, ausgefallen war. Zum anderen zeigte sich darin, wie wenig Interesse Friedrich daran hatte, der Kirche irgendwelche Geschenke zu machen, von seiner ganz allgemeinen Sparsamkeit ganz zu schweigen. Ausnahmen von der Regel waren ein paar Jagdhütten, einige Burgen sowie der große Triumphbogen von Capua – doch darüber an anderer Stelle mehr. Relativ viel Geld wurde auch für prachtvolle Geschenke für benachbarte Herrscher ausgegeben. Dem Sultan von Ägypten stand für das wunderschöne, sehr teure Planetarium, das er Friedrich 1232 zukommen ließ, eine entsprechende Gegengabe zu – weshalb nicht auf Beutezug weit in den Norden fahren und einen Eisbären für ihn fangen? Das Planetarium war eine bewegliche Apparatur; es war zugleich Uhr und Himmelskarte, ein Geschenk für Friedrich, wie man es sich passender kaum vorstellen könnte. Offenbar hatte sich sein Interesse an der Naturwissenschaft bis nach Damaskus herumgesprochen.

Ein Wissensgebiet gab es, das unter den Interessen des Kaisers einen ganz besonderen Rang einnahm: die Vogelkunde und insbesondere die Falknerei. Die Leidenschaft für die Jagd mit Falken verband sich hier mit leidenschaftlicher Wißbegier und führte zu einem Kenntnisreichtum, der Friedrich schließlich in die Lage versetzte, eines der bedeutendsten ornithologischen Werke aller Zeiten zu verfassen. Mit der Falknerei müssen wir uns nun also befassen.

II

Die Hohenstaufen hatten zur Falknerei ein ähnlich leidenschaftliches Verhältnis wie das Haus Windsor zu Pferden. Friedrich übertrug seine Liebe zur Jagd mit Vögeln auf seine unehelichen Söhne Manfred (den späteren König von Sizilien) und Enzo, den König von Sardinien. Manfred überarbeitete den Text des großen Falkenbuchs des Kaisers, seinem Bruder war eine französische Ausgabe des Jagdlehrbuchs von Yatrib gewidmet, eines ursprünglich in persischer Sprache geschriebenen Werks. Schon unter Roger II. hatte ein königlicher Falkner eine (später verlorengegangene) Abhandlung über das Thema verfaßt, so daß man vermuten könnte, Friedrich habe eine Tradition des normannischen Königshauses fortgesetzt. Als der Großkhan der Mongolen wieder einmal die Unterwerfung Friedrichs forderte, wenn er nicht seine Krone verwirken wollte, soll dieser gesagt haben, er werde nichts lieber tun, sofern der Khan ihn zu seinem Falkner machen würde.

Die in außergewöhnlicher Fülle erhalten gebliebenen Verwaltungsakten der Jahre 1239/40 lassen darauf schließen, daß nur die Regierungsgeschäfte dem König wichtiger waren als seine Falken; fünfzig der in dem Register enthaltenen Dokumente betreffen die Falknerei, und mehr als fünfzig königliche Falkner werden namentlich erwähnt. Friedrich gab Auftrag, auf Malta Falken einzufangen – Malteser Falken waren schon damals berühmt –, sicherte sich über Lübeck eine Lieferung arktischer Falken, erkundigte sich auch nach den Beutetieren der Vögel und machte Aufzeichnungen darüber. Es finden sich Briefe, in denen er über das Einfangen von Kranichen in der Gegend von Gubbio berichtet und seinen Justitiaren im Südosten Italiens den Auftrag erteilt, ihm lebendige Kraniche zu besorgen, die zu Übungszwecken eingesetzt werden sollten. Er erkundigt sich besorgt nach der Genesung eines italienischen Falkners und sucht nach Falken und Informationen über Falken von Grönland bis nach Dar al-Islam; er beauftragt Magister Theodor, den syrischen Astrologen, mit der Übersetzung des von dem Moslem Moamyn verfaßten Werks *De scientia venandi per aves* und arbeitet sich während der endlosen Belagerung Faenzas durch das Manuskript, offenbar um den Text zu korrigieren.

Friedrichs Buch *De arte venandi cum avibus* war zweierlei in einem: ein Lehrbuch für den Jäger und zugleich eine präzise ornithologische Abhandlung, nicht nur über Falken, sondern auch über deren Beutetiere. Friedrich stützte sich bei der Abfassung seines Textes auf Aristoteles, insbesondere auf dessen Werk *De animalibus*, das an seinem Hof übersetzt worden war. Er bemühte sich, die von Aristoteles entwickelten Methoden um ein vielfaches konsequenter als der Meister selbst anzuwenden: Die Beobachtung, das Sammeln empirischer Daten war die Grundlage seiner Arbeit, und das bedeutete, daß er irrige Behauptungen des Aristoteles, des Lehrmeisters aller Wissenden, häufig korrigieren mußte. Diese Fähigkeit Friedrichs, sich an die von Aristoteles

Das Falkenbuch Friedrichs II., eine der kostbarsten Handschriften der Zeit, zeigt eine Jagdszene – zwei beobachtende Jäger, ein Ruderer, das Rahsegel vom Wind gebläht, und der Falke auf dem Mast, bereit zum Sturz auf das erspähte Beutetier. Das waren die Vergnügungen Friedrichs II. von Hohenstaufen, der seiner Leidenschaft ein Jahrhunderte überdauerndes Buch widmete.

vorgegebenen Regeln zu halten und doch eigenen Beobachtungen zu vertrauen, ist einer der Hauptgründe dafür, daß *De arte* als eine beachtliche geistige und wissenschaftliche Leistung gewertet werden muß. Friedrich machte ausgiebigen Gebrauch von anderen Schriften und er versäumte es nicht, die zeitgenössische Literatur über Jagdthemen zu studieren, aber die letztlich entscheidende Quelle für seine Erkenntnisse war das, was er mit seinen eigenen Augen sah oder von seinen Falknern erfuhr. Sein Ziel sei es, so schrieb er mit kritischer Sicht auf Aristoteles und andere Klassiker, »die Dinge zu zeigen, die da sind, und so, wie sie sind« *(manifestare ea que sunt, sicut sunt)*.

Man hat diesen Ausspruch oft, vielleicht zu oft als ein Motto gedeutet, das seinen ganzen Regierungsstil prägte, und den Falkner damit zu einem politischen Realisten stilisiert; in Wirklichkeit war Friedrich durchaus fähig, politischen Realitäten trotzig die Stirn zu bieten und leidenschaftlich auf Rechte zu bestehen, die zu erlangen er schwerlich hoffen konnte. So unbeständig er als Politiker war, so konsequent war er als Zoologe; sein Buch ist jedenfalls eine ganz und gar bemerkenswerte wissenschaftliche Leistung. Detailliert und in sachlich-nüchterner Sprache beschreibt er darin etwa die Nistgewohnheiten verschiedener Falkenarten, ihr Jagdverhalten und ihre Beutetiere. Seine Aussagen, die mit so manchem Aberglauben seiner Zeit aufräumen, sind das Ergebnis von Experimenten und gründlicher Denkarbeit. So geht er etwa der weit verbreiteten Ansicht nach, daß die Jungen der Bernikelgans nicht aus Eiern schlüpfen, sondern aus Pfahlmuscheln oder Bäumen, indem er sich mit Muscheln behaftete Holzstücke bringen läßt; er gelangt zu der zutreffenden Erkenntnis, daß zwischen der Form der Muscheln und der Körpergestalt der Gänse eine zu Mißdeutungen verleitende Ähnlichkeit besteht, nicht aber eine biologische Verbindung. Finden Geier ihre Nahrung mit den Augen oder mit dem Geruchssinn? Nur das Experiment kann Antwort geben: Friedrich läßt seinen gefangenen Geiern die Augen zunähen und beweist damit, daß sie sich vom Geruchssinn leiten lassen.

Zwei Versionen des Werkes sind erhalten; die eine besteht aus sechs Büchern und stammt offenbar ausschließlich von Friedrich; die andere umfaßt lediglich das erste und zweite Buch und enthält knappe Zusätze und Anmerkungen von König Manfred. Ein Manuskript dieser Fassung befindet sich in der Vatikanischen Bibliothek, illustriert mit liebevoll gezeichneten Abbildungen der Vögel; es gilt zurecht als einer der größten Schätze dieser Bibliothek. Ein sehr schönes Exemplar dieses Buchs (oder eines anderen Jagdbuchs) muß sich aber auch im persönlichen Besitz Friedrichs befunden haben. Im Jahr 1264 oder 1265 bot ein Bürger von Mailand dem späteren König von Sizilien, Karl von Anjou, Herzog der Provence, dieses Buch an, das zusammen mit anderen Besitztümern des Kaisers in Parma in die Hände seiner Feinde gefallen war; es enthielt ein Porträt des auf dem Thron sitzenden Kaisers und herrliche Illustrationen, die Hunde und Vögel zeigten. Vielleicht handelte es sich hierbei nicht um Friedrichs Falkenbuch, sondern um ein weiteres Werk über Greifvögel. Wie auch immer, Manfred ging, ehe er sich an die Überarbeitung des Falkenbuchs machte, alle zusätzlichen Notizen durch, die Friedrich in den verschiedenen apulischen Burgen hinterlassen hatte, und es scheint, als habe Friedrich über dreißig Jahre lang Notizen und Textentwürfe angefertigt und aufbewahrt. Einzelne Teile des Falkenbuchs, so beispielsweise die Kapitel über die Krankheiten der Vögel, sind verloren gegangen; trotzdem ist ein sehr umfangreiches Werk übrig geblieben. Das im Vatikan vorhandene Manuskript zählt nur 111 Folioseiten, aber ein im 15. Jahrhundert angefertigtes Exemplar der sechsbändigen Fassung bringt es gar auf 589 Folioseiten.

Das Falkenbuch war nicht einfach eine naturwissenschaftliche Abhandlung. Dem Buch lag auch der Gedanke zugrunde, daß die Falknerei der edelste Sport sei, ein Sport der Könige, und allein aus diesem Grund sei er der wissenschaftlichen Aufmerksamkeit würdig: »Kraniche sind die berühmtesten unter allen Vögeln, auf deren Erbeutung Greifvögel abgerichtet werden, und der Gerfalke ist der edelste unter den Greifvögeln und derjenige, der Kraniche besser schlägt als irgendein anderer Falke und ihnen am besten nachstellt.« Das Ziel besteht darin, einen edlen Sport zu vervollkommnen und die Jagd so erfolgreich wie möglich zu machen, indem man die Falken durch gezieltes Training zur vollen Entwicklung ihrer naturgegebenen Fähigkeiten dressiert. Denn der Falke ist von Natur aus mit erstaunlichen Fertigkeiten ausgestattet, und die Ausbildung und Nutzung dieser Fähigkeiten zu leiten ist zum einen ein Naturerlebnis, zum andern eine äußerst herausfordernde sportliche Betätigung.

Friedrich dachte bei seinen Jagdausflügen nicht nur über die tiefere Bedeutung dieses Sports nach. In den apulischen Bergen ließ er herrliche Jagdhäuser bauen, deren berühmtestes der Jagdpavillon von Castel del Monte ist. Friedrich war ein wirklicher, leidenschaftlicher Jäger, und seine Vorliebe für die Jagd mit Falken ließ ihm die Möglichkeit, in allen Winkeln seines großen Reichs auf die Jagd zu gehen, im Schwarzwald, in Apulien und Sizilien oder sogar in Syrien, wo er viel über die Abrichtung von Falken lernte. Der dort lebende Deutschordensritter Konrad von Lützelhard war vermutlich Autor eines Buches über die Hirschjagd, das in den Kreisen des deutschen Hofadels offenbar bekannt war. Übrigens wurden sogar die Geparden, die Schmuckstücke des wandernden Kaiserhofs, bei Friedrichs Jagden eingesetzt. »In einem anderen Zeitalter«, ist über Friedrich geschrieben worden, »hätte er vielleicht in Afrika Großwild gejagt oder mit der Energie eines Theodore Roosevelt die Tierwelt des oberen Amazonasgebiets erforscht.«

III

Die herkömmliche Geschichtsschreibung verteidigt den Ehrentitel Friedrichs II. als *stupor mundi*, das Staunen der Welt. Sie verweist dabei nicht nur auf seine wissenschaftlichen Leistungen und Interessen oder seinen dramatischen Konflikt mit dem Papsttum, sondern schreibt ihm vielmehr auch das Verdienst zu, Begründer der italienischen Lyrik zu sein. Die italienischen Lyriker des 13. Jahrhunderts werden, da man ihre Herkunft vom staufischen Hof vermutet, als Vertreter der »sizilianischen Schule« eingeordnet. Dante grenzte den sizilianischen Stil vom *dolce stil nuovo* seiner eigenen Zeit ab. Er sah freilich in der italienischen Liebeslyrik ein relativ neues Genre, das am sizilianischen Hof erst in der ersten Hälfte des 13. Jahrhunderts in Erscheinung getreten sei – also ein gutes Jahrhundert nach dem dichterischen Wirken von Guilhem de Peiteu, Herzog von Aquitanien und allem Anschein nach Begründer der provenzalischen Liebeslyrik. Der Einfluß der provenzalischen Tradition war noch zu Dantes Zeiten so stark, daß Dante Alighieri zunächst unschlüssig war, ob er seine *Göttliche Komödie* in provenzalischer oder toskanischer Sprache schreiben sollte. Den »sizilianischen« Dialekt hingegen, in dem die ersten italienischen Versdichtungen abgefaßt waren, betrachtete er nicht als eine besonders feinsinnige Sprache. Er war mehr von den Mäzenen der Dichter angetan als von den Dichtern selbst fasziniert:

Weil aber die Erlauchten Heroen, Kaiser Friedrich und Manfred, sein wohlgeratener Sohn, Adel und Rechtheit ihrer Form offenbarten und, solange das Glück ihnen blieb, dem wahrhaft Menschlichen gefolgt sind, das Viehhafte verachtend: Deshalb haben die adligen Herzen und die Begnadeten der Erhabenheit solcher Fürsten anzuhangen getrachtet, so daß zu ihrer Zeit, was immer an hohen Geistern unter den Lateinern erglänzte, zuerst am Hofe solcher Kronenträger aufgekeimt ist.

Diese Äußerungen Dantes werfen eine Reihe von Fragen auf. War die Dichtung, von der er sprach, der Herkunft, dem Charakter und dem Ausdruck nach sizilianisch oder zumindest süditalienisch? Oder zog Friedrich II. einfach nur Dichter aus unterschiedlichen Landesteilen an seinen Hof – Lombarden, Toskaner, Ligurer oder Poeten aus der Provence –, die man dann, weil ihr Förderer der König von Sizilien war, der Einfachheit halber »Sizilianer« nannte? Wies diese Dichtung in ihrer Thematik oder Technik originelle Elemente auf? Oder verdankte sie viel, vielleicht alles, den großen provenzalischen Troubadouren, den deutschen Minnesängern und den nordfranzösischen *trouvères*?

Ein paar eindeutige Antworten können auf diese Fragen gegeben werden, wenngleich unter dem Vorbehalt, daß die meisten Dichtungen der »sizilianischen Schule« verloren gegangen sind. Giacomo da Lentini, in Sizilien gebürtig, kaiserlicher Notar und Höfling Friedrichs, war offenbar der Erfinder der vierzehnzeiligen Gedichtform, die als Sonett bekannt geworden ist. E. F. Langley stellte 1915 anläßlich einer Ausgabe der Werke Giacomos fest: »In der Sonett-Form hatte Giacomo keine uns bekannten Vorgänger.« Von fünfunddreißig sizilianischen Sonetten, die Langley auffand, stammen fünfundzwanzig von Giacomo da Lentini oder werden ihm zugeschrieben. Und auch wenn er selbst nicht der Schöpfer dieser Gedichtform war, so scheint es doch, daß sie im Kreise der sizilianischen Lyriker erfunden wurde. Die sizilianische Herkunft Giacomos war nicht ungewöhnlich. Viele der in der Umgebung Friedrichs II. wirkenden Dichter stammten aus Sizilien, die meisten aus Messina oder anderen Orten auf der Ostseite der Insel. Stefano Protonotaro kam aus der Umgebung von Messina, ebenso wie Guido delle Colonne, Odo delle Colonne, Rosso Rosso (zugleich der Kreditgeber Friedrichs II.), Mazzeo di Ricco und andere. Als Heimatstadt Iacopo Mostaccis wird einmal Messina und einmal Pisa genannt, was vielleicht damit erklärt werden kann, daß sich zu Beginn des 13. Jahrhunderts zahlreiche Norditaliener in Messina niederließen. Die geschäftige, prosperierende Hafenstadt mit ihren vielen Zuwanderern war der ideale Nährboden für neue Bräuche und Moden – nicht nur im Hinblick auf Kleider und Stoffe, sondern auch was Sprache und Literatur betraf. Iacopo Mostacci war sicherlich nicht der einzige »sizilianische« Dichter, der einer vom Festland zugewanderten Familie entstammte. Was diese Zuwanderer unter anderem mitbrachten, war ein buntes Gemisch romanischer Dialekte, durchweg neu für sizilianische Ohren. (In manchen entlegenen Ortschaften im Innern Ostsiziliens haben sich eigenständige Dialekte bis ins 20. Jahrhundert hinein erhalten.) Man kann jedoch davon ausgehen, daß zu Beginn des 13. Jahrhunderts in Sizilien bereits eine italienische Umgangssprache existierte, die in der Folge gleichberechtigt neben das von den byzantinischen Einwohnern gesprochene Griechisch und das Arabisch der Moslems und Juden trat. Die einzelnen Dialekte waren dabei, zu einem wenn auch noch nicht einheitlichen, so doch von allen verstandenen Idiom zusammenzuwachsen, und es waren gerade die Dichter, die hierbei eine wichtige Rolle spielten, indem sie eine stilistisch einheitliche ostsizilianische Sprache schufen, eine Sprache, die durch manche Entlehnung aus dem klassischen Latein einen eleganten, wenn auch gespreizten Klang erhielt. Weitgehend dasselbe hatten die Troubadoure der Provence geleistet; ihre Gedichte waren in einer Sprache abgefaßt, die niemand wirklich sprach, die aber an jedem Fürstenhof verstanden und geschätzt wurde. Im Verlauf der weiteren Entwicklung der sizilianischen Dichtung verzweigte und komplizierte sich dieser Prozeß. Denn viele der erhalten gebliebenen Manuskripte aus späterer Zeit enthalten toskanische Gedichte, ein Ausdruck des wachsenden Interesses späterer Generationen an den vermeintlichen Gründervätern ihrer Kunst. Immer wieder sind Gedichte sprachlich »toskanisiert« worden, in Orthographie und Vokabular so abgeändert, daß sie dem toskanischen Dialekt des späten 13. Jahrhunderts nahekamen. Für die Literaturwissenschaftler war es nicht immer leicht, aus den späteren Fassungen das sizilianische Original zu rekonstruieren.

Die große Mehrzahl dieser Dichter bekleidete Verwaltungsämter unter dem Kaiser oder unter dessen Sohn, König Manfred. So wurde Giacomo da Lentini im Jahr 1240, wie es scheint, mit der Verwaltung einiger Burgen auf dem Festland betraut; sein Name taucht in dem erhalten gebliebenen kaiserlichen Register mehrmals auf. Ruggero de Amicis wurde 1241 als Botschafter Friedrichs nach Ägypten entsandt und beteiligte sich 1246 an der Verschwörung gegen den Kaiser. Iacopo Mostacci errang die Gunst des Kaisers, indem er sich bei ihm als Falkner verdingte; er war aber auch Jurist und überstand dank bemerkenswerter Flexibilität die später recht häufigen Regierungswechsel. Von Rinaldo d'Aquino wissen wir nicht, ob er ein Bruder des Heiligen Thomas von Aquino war; sicher ist aber, daß er einer mächtigen, in hoher Gunst stehenden campanischen Familie angehörte, die unmittelbaren Zugang zum Kaiser hatte.

Es existierte somit ein dem Kaiser eng verbundener Kreis von Dichtern, die neben dem Schreiben noch anderen wichtigen Tätigkeiten nachgingen und sich in dieser Hinsicht von etlichen der frühen provenzalischen Troubadoure unterschieden: Cercamon und Marcabru beispielsweise, die um die Mitte des 12. Jahrhunderts an den Fürstenhöfen des Languedoc wirkten, verdienten sich ihren Lebensunterhalt ausschließlich als Dichter und Sänger. Daß der Hof Friedrichs das wichtigste oder einzige Zentrum der Lyrik im *regno* war, überrascht nicht. Wie die am Hof betriebene wissenschaftliche Betätigung, schlug auch die Dichtkunst der sizilianischen Schule keine tiefen Wurzeln im sizilianischen Boden; allein der Kaiser war Mittelpunkt und Gravitationszentrum des Dichterkreises. Und was diese Dichter verfaßten, war eine höfische Dichtung, die sich kaum an sizilianischen Traditionen orientierte, sondern vielmehr dem Vorbild der südfranzösischen Troubadoure und ihrer deutschen Imitatoren nacheiferte. Sie sollte den Hof, genauer gesagt, den Kaiser und seine Vertrauten unterhalten, nicht aber eine großartige Tradition europäischer Literatur begründen – auch wenn vor allem italienische Literaturhistoriker dies gerne so sehen.

Um verstehen zu können, welchen Bedingungen und Überlegungen der Dichterkreis Friedrichs II. seine Entstehung verdankte, müssen wir einen kleinen Zeitsprung zurück zu den Anfängen der provenzalischen Liebeslyrik machen und das eindrucksvolle Spektrum der literarischen Produktion im Languedoc des 12. Jahrhunderts mit der wesentlich geringeren Vielfalt der am Hofe Friedrichs entstandenen Dichtung vergleichen. Die Ursprünge der höfischen Liebesdichtung liegen im Dunkeln. Man hat auf maurische Traktate über die Liebe, auf die Gedichte Ovids, auf die volkstümliche Überlieferung und selbst auf geheime Botschaften der katharischen Ketzerlehren verwiesen, um das Erscheinen der ersten Troubadoure im südlichen Frankreich um das Jahr 1120 herum zu erklären. Herkömmlicherweise wird als Begründer dieser Dichtkunst Guilhem de Peiteu alias Wilhelm von Aquitanien genannt, ein grobschlächtiger Söldnerführer, der einige Zeilen über die Liebe zu Papier brachte – Zeilen, die von einer bemerkenswert erotischen Offenheit waren. Anders als gemeinhin angenommen wird, wurde die Liebe von den frühen Troubadouren nicht idealisiert oder »platonisiert«; erst im Verlauf einer länger andauernden Entwicklung wurde die Frau nach und nach verklärt und in eine fast überirdische Höhe gehoben. Bei Wilhelm von Aquitanien sind allenfalls die Anfänge dieser Entwicklung zu finden.

Im 12. Jahrhundert kamen einige Standardmotive auf, insbesondere das der leidvollen Trennung von der geliebten Frau. Eine solche Trennung konnte beispielsweise die Folge eines Kreuzzugsgelübdes sein, dessentwegen der Ritter seine Geliebte im Languedoc zurücklassen mußte; oder er hatte, umgekehrt, die Dame seines Herzens in Syrien kennengelernt und mußte nun in den Westen zurückkehren und jede Hoffnung auf ein Wiedersehen mit ihr begraben. Nicht immer war die »Angebetete« mit der angetrauten Ehefrau identisch, und so entwickelte sich ein Kult des Ehebruchs, den die Kirche natürlich auf das heftigste verurteilte. Es ist kein Zufall, daß im Zug des Albigenser-Kreuzzugs nicht nur versucht wurde, die Ketzerei auszumerzen, sondern auch den in Südfrankreich gepflegten Kult der Liebe auszutreiben; jedenfalls verlegten die Minnesänger ihren Wirkungsbereich weiter nach Norden, wo sie an Fürstenhöfen in der Ile de France und im Rheinland Aufnahme fanden; an die Stelle des provenzalischen trat nun das französische und deutsche Liebeslied.

Zwei der erlauchtesten und vielleicht auch talentiertesten nordeuropäischen Liebesdichter waren die beiden Gegenspieler Richard Löwenherz und Heinrich VI. von Hohenstaufen. Daß sich neben gemeinen *jongleurs* auch und gerade hochgeborene Poeten diesem Steckenpferd verschrieben, ist eine bedeutsame Eigenart der höfischen Liebesdichtung, die bis heute nicht recht gewürdigt worden ist. Denn das qualitativ Neue war der unvermittelte Wandel im Status des Dichters: Ein Fürst trug nun seinen Höflingen selbstverfaßte Gedichte vor, und die Texte wurden schriftlich festgehalten und aufbewahrt. So spielten in die Liebeslyrik zunehmend auch die Probleme einer feudalen Gesellschaft hinein, wenn ein Ritter unversehens in Konflikt mit den Konventionen seines Standes geriet. Das konnte passieren, wenn seine Angebetete einem höheren Stand angehörte oder gar verheiratet war, oder wenn seine ritterlichen Pflichten mit seiner Herzensneigung in Konflikt gerieten (etwa wenn er als Kreuzfahrer gelobt hatte, sein Leben für Christus zu geben, dann aber die Liebe seiner Angebeteten vorzog). Fürsten und Ritter erhielten entscheidende Bedeutung für die Entwicklung der Lyrik; wenn sie nicht die Verfasser und Vortragende waren, dann zumindest die Mäzene und Zuhörer. Gegen Ende des 12. Jahrhunderts war es deshalb in Frankreich und Deutschland der Ehrgeiz jedes Fürsten, in der eigenen Umgangssprache Liebesgedichte zu verfassen. Die relative Ungeschlachtheit der frühen höfischen Liebeslyrik wich mit der Zeit einem durch strenge Konventionen geprägten, aber höchst bilderreichen Stil.

Auch Friedrich II. konnten die Minnesänger und ihre Lieder während seines Ringens um die Macht in Deutschland nicht verborgen bleiben. Walther von der Vogelweide war nicht nur der Verfasser von *Unter der Linden*; er war auch ein einflußreicher politischer Kommentator, wie überhaupt die Hofpoeten den Machtkampf zwischen Otto IV. und seinen staufischen Gegenspielern mit gebannter Aufmerksamkeit verfolgten. Dies war nicht nur in Deutschland so. Auch die provenzalischen Dichter hatten sich neben der Liebeslyrik der Kunst der Satire und der politischen Rhetorik gewidmet. Peire Vidal, um die Wende zum

13. Jahrhundert einer der führenden provenzalischen Troubadoure, reiste nach Sizilien und verfaßte Lobeshymnen auf seinen genuesischen Förderer Heinrich, Graf von Malta, den späteren Admiral der Flotte Friedrichs.

Aber auch schon im Sizilien des 12. Jahrhunderts gab es Dichter. An den Hof Rogers II. zog es arabische und griechische Autoren. In ihren Werken finden sich neben den überschwenglichen und vielleicht unaufrichtigen Lobliedern auf den Normannenkönig auch Liebesgedichte in der nordafrikanischen oder der byzantinischen Tradition. Vielleicht führten französische Besucher in Palermo auch die in ihrer Heimat schon populäre Mode ein. Gleichwohl läßt sich keine Verbindung zur folgenden Zeit herstellen. Die arabischen und griechischen Poeten des normannischen Sizilien waren nicht die maßgeblichen Vorläufer und Vorbilder der »sizilianischen Schule«; diese bezog ihre Impulse ausschließlich aus der Provence, aus Deutschland und aus der römischen Antike.

Der Exkurs über die sizilianische Dichterschule verdeutlicht, daß am Hofe Friedrichs sehr viel provenzalische Lyrik gelesen worden sein muß, auch wenn man kaum eigene Werke in dieser Sprache verfaßte. Auffallend aber ist, daß bestimmte, in der Provence häufig anzutreffende literarische Genres im sizilianischen Repertoire überhaupt nicht vorkommen: vor allem nicht die satirischen *sirventes*, spöttische Betrachtungen über schlecht beratene Herrscher oder unbeholfene Fürsten. Der Hof Friedrichs war nicht der Ort, an dem man sich in ungezügelter Kritik am Kaiser und seinen Beratern hätte ergehen können. Daher erschöpfte sich die Dichtung hier in einem einzigen literarischen Genre, das freilich in der Tradition damaliger europäischer Dichtkunst eine vorherrschende Stellung einnahm: dem Minnesang, also der Liebesdichtung.

Die im allgemeinen zurückhaltende, eher unprätentiöse Lyrik, die am Hof Friedrichs geschrieben wurde, muß als durch und durch konservativ eingestuft werden, welchen Einfluß sie auch immer auf spätere Generationen von Dichtern ausgeübt haben mag. Die Sizilianer waren getreue und begabte Epigonen der provenzalischen Troubadoure und der deutschen Minnesänger des späten 12. Jahrhunderts. Nun kann zwar auch große Literatur durchaus epigonale Ursprünge haben, denn auch an der Wiege der lateinischen Literatur standen Übersetzungen und Nachdichtungen griechischer Vorbilder. Aber es wäre wohl ungerechtfertigt, den aus dem Dichterkreis Friedrichs hervorgegangenen Werken eine überragende Qualität zuzuschreiben; und wenn sich der

Kaiser selbst in den Kreis seiner Dichter einreihte, was keineswegs ungewöhnlich war, so lagen seine eigentlichen Begabungen doch anderswo: Als wissenschaftlicher Beobachter, als Erforscher des Verhaltens und der Flugtechnik von Vögeln hat er sich einen bleibenden Namen in der Kulturgeschichte der Menschheit erworben.

IV

Friedrich II. ist als bedeutender Bauherr gefeiert worden, der die in Europa lange Zeit vernachlässigten klassischen Baustile wiederentdeckt und damit seinem imperialen Anspruch auf imposante Weise Ausdruck verliehen habe. Es hat freilich den Anschein, als seien seine Zeitgenossen davon weniger beeindruckt gewesen als seine Biographen. Als Karl von Anjou in den Besitz des sizilianischen Königreichs gelangte, klagte er über die unzureichende Größe fast aller unter Friedrich errichteten Gebäude und begann in Neapel mit dem Bau einer Zwingburg im französischen Stil, die in Größe und Stärke die Bauten der Normannen und Hohenstaufen übertraf. Ein zweiter Punkt muß beachtet werden: Wenn Friedrich bauen ließ, handelte es sich in den meisten Fällen um die Restaurierung oder den Ausbau bestehender, von den Normannen (oder schon von Byzantinern und Arabern) errichteter Bauwerke; und was die Burgen in Bari oder Gioia del Colle betrifft, so hatte Friedrich an ihrer langjährigen Entstehung nur sekundären Anteil. Ein dritter Gesichtspunkt ist die Tatsache, daß Friedrich für Bautätigkeiten offenbar wenig Geld ausgab, zumindest in den Jahren 1239/40, über die uns relativ vollständige Aktenbestände vorliegen. In diesen Akten finden sich Anweisungen an seine Provinzstatthalter, sie sollten an den königlichen Burgen nur die nötigsten Reparaturen durchführen lassen, etwa wenn Schäden durch eindringendes Regenwasser zu befürchten seien. Ausgaben für Bauarbeiten, die über den bloßen Erhalt der Substanz hinausgingen, lehnte er als Verschwendung ab. Schließlich ist fraglich, ob es sich bei den vom Kaiser bevorzugten Baustilen wirklich um bewußte Rückgriffe auf klassische Vorbilder handelte oder aber, wie Ferdinando Bologna und andere behauptet haben, um ein Zwischenstadium in der Entwicklung der italienischen Gotik.

Diese Argumente lassen sich nur anhand der Bauwerke selbst untersuchen. Für das Wirken Friedrichs als Bauherr kann man im wesentlichen vier Zeugnisse anführen, drei im *regno* und eines in der Toskana. Die Burg und das große Triumphtor in Capua, 1557 von den Spanier

Schloß Boymont, zwischen Bozen und Meran gelegen, ist das grandioseste Zeugnis staufischer Architektur in Südtirol. Zwischen 1230 und 1240 erbaut, fiel es schon bald einem Familienzwist zum Opfer, wurde 1425 abgebrannt und niemals wieder aufgebaut. Seit einem dreiviertel Jahrtausend grüßt die Ruine majestätisch in das Tal.

abgerissen, läßt sich aus Zeichnungen, Beschreibungen und dem weitgehend erhalten gebliebenen Skulpturenwerk rekonstruieren, mit dem beide Bauten geschmückt waren. Friedrichs Jagdschloß in Castel del Monte, auf einem Hügel über den endlosen apulischen Ebenen errichtet, steht noch heute und weist sowohl in Architektur als in Skulptur Elemente auf, die offensichtlich auf klassische Vorbilder zurückgehen. Das bedeutendste bauliche Denkmal, das Friedrich sich auf Sizilien gesetzt hat, ist das Castello del Maniace in Syrakus, ein monumentales Bauwerk, das den Hafen beherrschte. Schließlich ist noch das Castello dell'Imperatore in Prato nördlich von Florenz zu nennen, das einzige nördlich der Grenzen des *regno* zu findende Beispiel »klassizistischer Architektur« aus der Regierungszeit Friedrichs. Diese Gebäude sollten, so wird zuweilen unterstellt, der »imperialen Ideologie« des staufischen *regno* Ausdruck verleihen. Vor allem die Statuen auf der Fassade des Triumphtors zu Capua waren Gegenstand ausgiebiger Diskussionen, weil sie interessante Aufschlüsse über Herrschaft und Selbstverständnis Friedrichs II. geben.

Beginnen wir mit diesen Statuen. Sie waren über dem Tordurchgang angebracht, sichtbar für jeden, der die Stadt von Norden her betrat. Über dem Kopf der *Justitia* thronte die Kaiserstatue, die als Torso erhalten geblieben ist. Zwei weitere Büsten werden zumeist für Bildnisse des Taddeo da Suessa und des Piero della Vigna gehalten; auf jeden Fall stellen sie Richter oder Verwaltungsbeamte dar, denen die Machtbefugnisse, die sie besitzen, vom Kaiser verliehen worden sind. Nach erhalten gebliebenen Zeichnungen zu urteilen, waren die Skulpturen wahrscheinlich wie folgt angeordnet: Die Richter befanden sich in Nischen zu beiden Seiten des Tordurchgangs, der Kopf der Justitia direkt über der Mitte des Torbogens. Darüber folgte ein Arkadengeschoß mit dem auf seinem Thron sitzenden Kaiser, zu dessen Seite links und rechts je eine Frauenstatue. Auch das nächsthöhere Geschoß trug Skulpturen, doch läßt sich nicht feststellen, wen oder was sie darstellten.

Mit dem Bau des Triumphtors von Capua wurde 1234 begonnen, als Friedrich noch einen gewissen finanziellen Spielraum hatte, und zweifellos war es von Anfang an als ein aufwendiges Unternehmen geplant. Denn Capua war die erste größere Stadt auf dem Territorium des Königreichs, und das Tor sollte alle Reisenden, die von Norden her kamen, daran gemahnen, daß sie hier der Autorität eines mächtigen, aber gerechten Königs unterstanden. In gewissem Sinn war das Tor ein bildlicher Ausdruck der *Konstitutionen von Melfi: Justitia* als Leitgedanke der Herrschaft und gleich daneben der Kaiser selbst, als Werkzeug der

Das Hohenstaufenkastell von Castellamare di Stabia beherrschte die Küste von Campanien. Solche Verteidigungswerke sicherten das Herrschaftsgebiet Friedrichs vom äußersten Westen Siziliens über die Vorgebirge bei Neapel bis zu der apulischen Küste und ihren undurchdringlichen Wäldern.

Justitia, jener gerechten Macht, die Mittlerin war zwischen Gott und der Welt. Das Tor von Capua versinnbildlichte den Auftrag des Monarchen, den Menschen im Auftrag *Justitias* Gesetzte zu geben, und es entsprach einer Interpretation des Königtums, die mit der Sichtweise römischer Staatsrechtler übereinstimmte und Parallelen zu den Auffassungen der päpstlichen Kurie über die Funktion des Papstes als Mittler zwischen Gott und Mensch aufwies. Auch dieser Mittler mußte sich bei seinen politischen und moralischen Urteilen an den Grundsätzen der *Justitia* orientieren. Die Ideen, denen Friedrich in Capua ein Denkmal setzte, waren also nicht neu; neu war lediglich ihre architektonische Umsetzung. Auch daß sie auf einen weltlichen Herrscher bezogen wurden, war zwar für den größten Teil Westeuropas relativ ungewöhnlich, nicht aber für das Königreich Sizilien, wo dies bereits in normannischer Zeit üblich gewesen war. Schon Roger II. hatte als *lex animata* gegolten, als lebende Inkarnation des Gesetzes und Vollstrecker der Gerechtigkeit.

Castel de Monte läßt sich wohl am treffendsten als Jagdschloß charakterisieren. Es war ein ungewöhnlich regelmäßiger Bau mit zwei übereinanderliegenden Stockwerken, jeweils acht Räume enthaltend, die sich zu einem exakten Achteck zusammenfügen. Diese strenge, fast mathematische Anordnung führt zu einer sehr gleichförmigen Raumaufteilung, so daß ein Raum dem anderen gleicht. Abwechslung bieten allenfalls einige verbliebene Skulpturen, Löwen im neoklassischen Stil Süditaliens, dazu die Friese über den schlichten Türdurchgängen. Wenn es überhaupt ein typisches Stilelement der Architektur Friedrichs gibt, dann sind es diese rechteckigen, von Gesimsfriesen gekrönten und von korinthischen Pilastern gesäumten Türöffnungen, die sich in Castel del Monte, Prato und anderswo finden; vielleicht sind dies Zeugnisse einer Hinwendung zur Antike, aber sie passen nicht recht zu dem übrigen Gebäude, das in seiner Schlichtheit eher an eine zisterziensische Proto-Gotik erinnert als an Vorbilder aus der klassischen Vergangenheit. Shearer hat sicherlich recht mit seinem Fazit: »In Castel del Monte sehen wir den Gipfelpunkt seiner Kunst, ein fast burgundisch-gotisches Bauwerk, bei dem klassische und antike Elemente nur eine sekundäre Rolle spielen.« Dasselbe gilt für das um dieselbe Zeit entstandene Castello del Maniace.

Es gibt keine Hinweise darauf, ob sich der Kaiser häufig in Castel del Monte aufhielt. Der Bau wurde 1240 in Angriff genommen, doch erst um die Zeit seines Todes fertiggestellt; er gehörte denn auch nie zu seinen Wohnsitzen, so sehr er gehofft haben mag, dort einmal seiner Leidenschaft für die Falknerei nachgehen zu können. Dafür hatte das Jagdschlößchen vielleicht auch nicht die richtige Größe. Die Räume im Obergeschoß waren nach den damaligen Maßstäben außergewöhnlich klein und beengt. Ähnliches läßt sich über Friedrichs Burg in Lagopesole sagen. Daß die Burgen Friedrichs ziemlich luxuriös möbliert waren, haben britische Ausgrabungen in Lucera zutage gefördert. Unter den dort ausgegrabenen Porzellangegenständen waren kostbare Stücke chinesischer Provenienz. Lucera mit seinem islamischen Personal war aber auch zweifellos die »orientalischste« unter allen Burgen Friedrichs.

Auch Friedrichs Bautätigkeit sollte weder im Hinblick auf Umfang noch ihre künstlerische Originalität überbewertet werden. Friedrich wußte um den möglichen propagandistischen Wert großer architektonischer Leistungen, und es wäre sicherlich falsch, ins entgegengesetzte

Extrem zu verfallen und die Bedeutung seiner Bauwerke völlig zu leugnen. Aber auch hier war er kein Neuerer, sondern stand in einer Tradition, die bis in das 11. Jahrhundert reichte, in Rom ebenso wie im Sizilien der beiden Rogers. Friedrich war kein großer Bauherr, aber seine Bauten brachten, so wie sie waren, seine Auffassungen von der Rolle des Herrschers und von den Freuden des Lebens zum Ausdruck.

KAPITEL 9
Das Ende der Eintracht, 1235

I

Schon auf dem Mainzer Hoftag hatte Friedrich Unternehmungen gegen die Lombardei angekündigt, und er drängte die deutschen Fürsten, sich daran zu beteiligen. Die Ankündigung zeugte von seiner Zuversicht, mit dem Widerstand seiner noch übriggebliebenen Gegner in Deutschland schnell fertigzuwerden. Herzog Friedrich von Österreich aus dem Hause Babenberg trotzte dem Kaiser immerhin bis 1241, um dann schließlich aufzugeben, aber die restliche Opposition in der Region Trifels und anderswo in Schwaben war nicht so furchterregend, daß der Kaiser sich dadurch von einer Rückkehr nach Italien hätte abhalten lassen. Die deutschen Fürsten erklärten sich nur zu gern bereit, ihrem Kaiser in der Lombardei beizustehen. Friedrich schätzte die Lage optimistisch ein; im August 1235 schrieb er seinem Bundesgenossen, dem Papst, daß erste Vorkehrungen für einen Feldzug in die Lombardei getroffen seien.

Friedrichs Entschluß, das lombardische Problem mit Krieg oder zumindest militärischer Einschüchterung zu lösen, stürzte Gregor IX. in große Besorgnis. Der Papst beschwor Kaiser und Fürsten, es nicht auf einen Krieg ankommen zu lassen. Schließlich hatte er ja Legaten in die lombardischen Städte geschickt, die sich nach Kräften bemühten, Bedingungen für eine gütliche Einigung auszuhandeln. Friedrich betrieb in diesem August 1235 ein nicht ungefährliches Spiel: In der Gewißheit, daß Gregor sehr an einer Friedenslösung für die Lombardei interessiert war, und selbst ein möglichst rasches Ende des lombardischen Widerstands wünschend, hoffte er, sein Säbelrasseln werde den Papst und seine Gesandten veranlassen, sich mit noch größerem Nachdruck um den Erfolg ihrer Vermittlungsmission in der Lombardei zu bemühen. Dabei kam Friedrich die wesentlich stärkere Machtposition zugute, die er nunmehr in Deutschland besaß. Auch Gregors Unterstützung während des Krieges und die Exkommunizierung Heinrichs (VII.) und einiger lombardischer Städte stärkte seine Zuversicht. In seinen Kriegsvorbereitungen gegen die lombardischen Städte sah er keineswegs einen Widerspruch zu den Bemühungen um eine friedliche Lösung.

Der Kaiser gab sogar noch 1235 seine Bedingungen für eine solche Friedenslösung bekannt. Eine Regelung sollte bis spätestens Weihnachten dieses Jahres getroffen werden, wahrscheinlich um im Fall einer friedlichen Verständigung genügend Zeit zu haben, die mit den Fürsten getroffenen Abmachungen zur Aushebung eines Heers rückgängig zu machen. Er forderte ferner von den Lombarden die Zahlung von dreißigtausend Mark, vermutlich in der Überzeugung, daß die norditalienischen Städte Einkünfte aus bestimmten Rechten bezogen, die eigentlich als Regalien dem König zustanden. Vom Papst verlangte Friedrich ferner die Exkommunizierung aller Lombarden, die bis zu dem gesetzten Termin keine Bereitschaft zum Einlenken erkennen ließen. Das war ein kühner Eingriff in päpstliche Politik. Gregor wird sich kaum darüber gefreut haben, daß der Kaiser ihm vorschrieb, wer zu welchem Zeitpunkt zu exkommunizieren sei. Trotzdem wurden am Heiligen Stuhl die kaiserlichen Forderungen ernst genommen, der päpstliche Legat in der Lombardei wurde zu höchster Eile angehalten und die lombardischen Städte an die Drohung des Kaisers erinnert, militärisch gegen sie vorzugehen – womit der Papst indirekt sein Unvermögen eingestand, Friedrich den Weg zu verlegen.

In seinen Briefen an Friedrich präsentierte sich Gregor als bereitwilliger Bundesgenosse. Er begriff, daß es seinem persönlichen Ansehen wie dem seines Amtes nicht schaden konnte, sich in diesem Konflikt als erfolgreicher Vermittler zu betätigen. So tat er alles, um sich dem Kaiser zu empfehlen, und schlug die Entsendung eines kaiserlichen Gesandten zu einer Friedenskonferenz in Rom im Dezember 1235 vor. Friedrich ging auf das Angebot ein, und der beste Mann, den er für diese Aufgabe finden konnte, war sein alter Weggefährte Hermann von Salza, der Großmeister des Deutschritterordens. Hermann kannte Papst Gregor persönlich und war dank enger Kontakte, die er auch von Deutschland aus zum Heiligen Stuhl hielt, über den Stand der Dinge stets auf dem laufenden geblieben.

Doch erneut machten die Lombarden die Chance für eine gütliche Einigung zunichte. Im November 1235 bekräftigten die Vertreter des Lombardenbundes ihre Opposition gegen den Kaiser und erneuerten feierlich die gegenseitigen Hilfeversprechungen, die sie sich gegeben hatten. Ein neues Mitglied des Bundes, die Stadt Ferrara, stellte aus kaiserlicher Sicht eine besondere Bedrohung dar: Ferrara beherrschte die Verbindungswege des nordöstlichen Italien, wo der Kaiser in Verona und Venedig noch zwei bedeutende Bundesgenossen besaß, mit Mittel- und Süditalien und konnte somit Friedrich von seinem südlichen Königreich abschneiden.

Um so schlimmer, daß die Bemühungen Friedrichs, eine deutsche Streitmacht aufzustellen, nicht von durchschlagendem Erfolg gekrönt waren. Es kam zu Verzögerungen, nicht zuletzt aufgrund von Zwistigkeiten zwischen einzelnen Bundesgenossen Friedrichs – dem Bayernherzog, dem König von Böhmen, dem *enfant terrible* Friedrich von Österreich und anderen Fürsten –, mit dem Ergebnis, daß das Weihnachtsultimatum verstrich, ohne daß Friedrich seine Drohungen gegen den Lombardenbund wahrmachen konnte. Es sollten noch mehrere Monate vergehen, ehe es zu den ersten ernsthaften Kampfhandlungen kam – das nach Verona entsandte Ritteraufgebot beispielsweise verließ Deutschland erst im April 1236. Aber diese Verzögerungen bestärkten Friedrich eher in seiner Entschlossenheit, die Lombarden in die Knie zu zwingen, als daß sie ihn entmutigt hätten. Besonders die Illoyalität Mailands erregte seinen Unwillen. Er sah darin nicht nur um ein politisches Aufbegehren, sondern eine Widersetzlichkeit gegen Gott.

Schon in den *Konstitutionen von Melfi* hatte er politischen Verrat und religiöse Ketzerei gleichgesetzt, und im nördlichen Italien wimmelte es förmlich von Ketzern. Nachdem der Kaiser die gewaltsame Unterdrückung der Ketzerei in Sizilien und in Deutschland gutgeheißen hatte, verkündete er nun der Welt seine Entschlossenheit, auch in der Lombardei mit der Ketzerei aufzuräumen. Der englische Chronist Matthew Paris hat überliefert, wie Friedrich selbst seine Ziele darstellte. In Italien habe »das Unkraut begonnen, den Weizen zu überwuchern«, hier waren Feinde Christi am Werk, die der Bestrafung sogar noch dringender bedurften als die Moslems im Osten. Er würde Norditalien erobern und dessen Reichtum an Geld, Waffen und Pferden gegen die lombardischen Ketzer einzusetzen wissen. Diese Worte erinnerten fast wörtlich an die Verlautbarungen des Heiligen Stuhls, als dieser knapp drei Jahrzehnte zuvor zum Kreuzzug gegen die katharischen Ketzer in Südfrankreich und ihre Beschützer aufgerufen hatte, und tatsächlich waren die Absichtserklärungen Friedrichs für niemand anderen als Gregor IX. bestimmt.

Der aber hatte ganz andere Vorstellungen. Wieder einmal hätte er den Kaiser am liebsten auf einen Kreuzzug nach Osten gesandt, wenn er auch diesmal wohl nicht beabsichtigte, dem Abwesenden die Herrschaft über das *regno* zu entreißen. Vor allem galt es, ihn von einer Invasion in der Lombardei abzubringen, um den Einfluß des Kaisers mit

Hilfe eines Kompromißfriedens dort und im übrigen Norditalien möglichst gering zu halten. Dem Papst schwebte also eine Regelung vor, die die Stellung des Papsttums stärken und die Freiheiten der lombardischen Städte letztlich bestätigen würde, und sei es mit noch so vielen Einschränkungen. Schon vor Jahren war Gregor mit großem Elan an diese Aufgabe herangegangen, hatte seine ehemaligen Freunde exkommuniziert und einen potentiellen Verbündeten, Heinrich (VII.), im Stich gelassen. Aber als nun allmählich deutlich wurde, daß Friedrich den päpstlichen Vermittlungsversuchen keine Chance geben wollte, verlor Gregor das Interesse an einem gemeinsamen Vorgehen. Im Grunde hatte er seine Ziele verfehlt und war nun entschlossen, den Kaiser dafür bezahlen zu lassen. Die vom Kaiser verkündeten Kriegspläne und die kurz darauf erfolgte Einberufung eines Reichstags, der im Juli 1236 in Piacenza stattfinden sollte, besiegelten das Ende der Gemeinsamkeit. Dabei hatte Friedrich deutlich gemacht, daß er bereit war, sich den Plänen Gregors bis zu einem gewissen Grad zu fügen: Ein neuer Kreuzzug sollte in Piacenza erörtert werden, ebenso die Wiederherstellung des Friedens in Italien. Aber Friedrich hielt an der Absicht fest, den Widerstand der Lombarden zu brechen und Norditalien politisch neu zu ordnen. Jedenfalls machte er deutlich, daß er die Freiheiten der aufständischen Kommunen zu beschneiden gedachte.

Die meisten Historiker haben bisher die Überzeugung geäußert, vom 11. Jahrhundert bis zum Tod Friedrichs II. habe ein unlösbarer Konflikt zwischen Papsttum und Kaisertum bestanden. Dabei ist häufig übersehen worden, daß es gerade unter Friedrich eine Periode friedvoller Beziehungen zwischen dem weltlichen und dem geistlichen Oberhaupt des Christentums gab. Gewiß hatte der von Gregor gleich zu Beginn seiner Amtszeit unternommene Versuch, Friedrich aus dem Weg zu räumen und das *regno* an sich zu reißen, ein Mißtrauen geweckt, das sich nie wieder völlig legen sollte, und in dem Propagandakrieg zwischen Papst und Kaiser, der bald darauf ausbrach, prallten denn auch nicht zuletzt die gegensätzlichen Auffassungen über das Verhalten Friedrichs während seines Kreuzzugs aufeinander. Dem aber stand eine verblüffende Bereitschaft zur Zusammenarbeit in der Zeit nach dem Frieden von San Germano gegenüber, wenn auch das Klima dieser Zusammenarbeit ein anderes war als das zwischen dem duldsameren Honorius III. und dem Kaiser. Es scheint, daß Honorius, ebenso wie Friedrich in der Zeit bis 1236, auf ein von wechselseitiger Abhängigkeit und Eintracht geprägtes Verhältnis zwischen den beiden höchsten Autoritäten auf Erden hinarbeitete: Zusammenarbeit im Dienste des Friedens.

Gregor IX. handelte mit mehr politischer Überlegung. Wie Friedrich war er eifersüchtig auf die Wahrung der Rechte und Würden seines Amtes bedacht. Der versöhnliche Kurs, den Friedrich im Anschluß an San Germano einschlug, verfehlte nicht seinen Eindruck auf Gregor. Doch der Glaube an den Fortbestand der guten Beziehungen war bei ihm weniger ausgeprägt als bei Friedrich, der mit etwas zuviel Optimismus davon ausging, er könne Gregor von der Notwendigkeit seines militärischen Vorgehens gegen die Lombardei überzeugen. Daß ihm dies nicht gelang, lag zum Teil auch an der Gegensätzlichkeit der Meinungen innerhalb der päpstlichen Kurie: Mächtige Stimmen aus den Reihen der Kardinäle nahmen für die Lombarden und gegen Friedrich Partei. Wie spätere Vorgänge deutlich machten, war es insbesondere der Genuese Sinibaldo de' Fieschi, der eine unversöhnliche Feindschaft gegen den Kaiser schürte. Ein weiterer Kirchenmann, der ein Gegner Friedrichs war (und namentlich gegen dessen Pläne zur Lösung der lombardischen Krise eintrat), war der Kardinalbischof von Palestrina.

Auch im Kreis der deutschen Fürsten scheint es Bedenken gegen die kaiserliche Italienpolitik gegeben zu haben. Zwar fand Gregor mit seinem Appell an die deutschen Fürsten offenbar keine ausdrückliche Zustimmung, aber über die Bitte des Kaisers um Truppen für die geplante Italien-Expedition waren sie auch nicht erfreut. Hermann von Salza stand wieder einmal auf der Seite Friedrichs und erhielt dafür großzügige Privilegien für seinen kriegerischen Orden. Hermann brachte es fertig, zugleich das vollste Vertrauen des Kaisers und den Respekt der päpstlichen Kurie zu genießen.

Unterdessen machte sich Piero della Vigna zum wortgewaltigen Verfechter der kaiserlichen Politik und verfiel dabei fast in das Extrem, von einem absoluten Vorrang des kaiserlichen Amtes zu sprechen. Damit nahm er bewußt das Risiko in Kauf, die Theoretiker des Papsttums herauszufordern und zu brüskieren. Friedrich war sich im übrigen der Meinungsverschiedenheiten innerhalb der päpstlichen Kurie bewußt, und einige der heikelsten Briefe, die della Vigna im Namen des Kaisers schrieb, waren im Grunde Versuche, sich die Gunst einflußreicher Kardinäle zu erkaufen, indem man erklärte, man wisse sehr wohl, daß die kollektive Macht der Kardinäle nicht geringer sei als die des Papstes. Doch diese Taktik verfing nicht.

Jakob von Palestrina wurde im Sommer 1236, keineswegs gegen seinen Willen, ins Zentrum des Geschehens versetzt, als Papst Gregor dem Patriarchen von Antiochien das Mandat als päpstlicher Legat in der Lombardei entzog und an seine Stelle den Bischof von Palestrina berief.

Jakobs erster Auftrag lautete, den geplanten Reichstag in Piacenza – seiner eigenen Heimatstadt – zu sabotieren. Unter seinem Einfluß scherten die Bürger von Piacenza aus dem kaiserlichen Lager aus, so daß ein neuer Ort für den Reichstag gesucht werden mußte. Gewiß gab es in der Lombardei nach wie vor zahlreiche hohenstaufenfreundliche Städte – Cremona beispielsweise oder das von den despotischen da Romanos beherrschte Verona –, wie überhaupt der jetzige Lombardenbund weitaus lockerer war als die lombardische Allianz, die gegen Barbarossa so erfolgreich standgehalten hatte. Die von der päpstlichen Kurie ausgehenden Signale waren allerdings unmißverständlich: Gregor hielt jetzt Ausschau nach Freunden in den Reihen seiner früheren Feinde, und diese suchten nach dem kläglichen Scheitern Heinrichs (VII.) ihrerseits nach einem Schutzpatron von wirklichem politischem Gewicht.

Friedrich empfand die Berufung des Bischofs von Palestrina als endgültige Absage an alle ernstgemeinten Vermittlungsbemühungen. Er sah in der Wahl Jakobs von Palestrina zum päpstlichen Legaten den Versuch des Papstes, im Zusammenwirken mit den Lombarden die Pläne des Kaisers zu durchkreuzen. Es war vorauszusehen, daß Jakob versuchen würde, eine für beide Seiten akzeptable Friedensregelung zwischen dem Kaiser und den Lombarden zu hintertreiben. Friedrich beklagte sich in Briefen an die Könige von England und Frankreich über diese Wendung der Dinge: Er fühle sich verpflichtet, den Lombarden einen Denkzettel zu erteilen, deren anmaßendes Gebaren in seinen Augen eine Beleidigung nicht nur für das Kaiserreich, sondern auch für die Kirche sei. Damit spielte er sicherlich auf die Ketzergemeinden in vielen lombardischen Städten an, aber auch die Vorstellung, daß er als Stellvertreter Gottes auf Erden mit Rebellen, die gegen ihn opponierten, ebenso streng ins Gericht gehen müsse wie mit religiösen Abtrünnigen, mochte hier eine Rolle spielen. Sobald der heilige Auftrag, dem lombardischen Ungehorsam und Heidentum ein Ende zu machen, erledigt sei, werde er sich auf einen neuen Kreuzzug in den Osten begeben. Sein lombardischer Feldzug solle, so erklärte er, nicht Ersatz oder Verhinderungsgrund für einen Kreuzzug sein, sondern Vorspiel dazu. Es gibt interessante Parallelen zwischen diesem Gedankengang und Konzepten, die die päpstliche Kurie im 13. Jahrhundert (vor allem nach dem Tod Gregors IX.) im Hinblick auf die Kriege gegen die Hohenstaufen vertreten sollte: der Kampf in Italien als erste Etappe eines Feldzuges, der in einem Kreuzzug nach Jerusalem seinen Höhepunkt und Abschluß finden würde.

Gregor brauchte in den päpstlichen Archiven nicht sehr tief zu graben, um die Rechtfertigung für seinen Propagandakrieg gegen Friedrich zu finden. In seiner Antwort auf die Klagen des Kaisers über Jakob von Palestrina fand sich wenig Neues. Er erinnerte unter Hinweis auf die Konstantinische Schenkung an den Anspruch des Papsttums, höchste moralische Instanz auf Erden zu sein, in weltlichen wie politischen Angelegenheiten, und beharrte auf dem Vorrang der geistlichen Sphäre vor der weltlichen (und damit des Papsttums vor allen anderen Herrschern). Gregor erinnerte daran, daß der Heilige Stuhl einst souverän entschieden hatte, Karl den Großen zum Kaiser zu krönen – und eine souveräne Entscheidung konnte, so die noch unausgesprochene Folgerung, jederzeit wieder rückgängig gemacht werden. In Gregors Antwort kamen indes auch Klagen über die Behandlung der Kirche durch den Kaiser und über seine Einmischung in Angelegenheiten des Kirchenstaates zur Sprache. Der Brief glich einer Kriegserklärung, und Gregor konnte unmöglich glauben, daß Friedrich ihn demütig zur Kenntnis nehmen würde. Vielmehr mußte jetzt mit einem Feldzug des Kaisers nach Norditalien gerechnet werden.

II

Es ist denkbar, daß Friedrich II. im Frühjahr 1236 mit der Möglichkeit eines langwierigen und erbitterten Krieges gegen die Lombarden rechnete. Er war kein glänzender Feldherr, und in der Vergangenheit hatte er seine größten Siege durch politische und diplomatische Manöver errungen (wie auf seinem Kreuzzug). Jedenfalls marschierte er im Juli 1236 mit einer Streitmacht aus Süddeutschland ab, die lediglich etwa tausend Ritter und ein paar tausend Fußsoldaten umfaßte. Sein Hilfsersuchen stieß bei den deutschen Fürsten auf zunehmendes Widerstreben. Sie zögerten, ihre Kräfte in einen Krieg zu investieren, der schließlich auch mit Truppen aus den kaiserfreundlichen Städten Norditaliens (und dazu nötigenfalls mit weiteren ausgehobenen Truppen aus Süditalien) hätte geführt werden können. Das Argument war bis zu einem gewissen Grad berechtigt, denn in der Tat fühlten sich die lombardischen Bundesgenossen Friedrichs von der um Mailand gescharten lombardischen Fronde bedroht genug, um zu beträchtlichen eigenen Kriegsanstrengungen bereit zu sein. Unterdessen hatte Friedrich die Hälfte seiner Ritter nach Verona vorausgeschickt, wo diese sich mit seinem gewichtigen Verbündeten Ezzelino da Romana vereinigen und auf das Eintreffen des Kaisers warten sollten.

Ezzelino gehört zusammen mit Friedrich II. zu den bestgehaßten Gestalten des 13. Jahrhunderts. Von päpstlicher Seite jedenfalls wurde er hemmungslos geschmäht, zumindest teilweise auch zu Recht: Im Jahr 1250 machte er gemeinsame Sache mit Ketzern, ging mit brutaler Rücksichtslosigkeit gegen seine politischen Gegner vor und demonstrierte öffentlich seine Verachtung für die Kirche, nicht zuletzt indem er Ausschreitungen in Kirchen beging oder zuließ. Als Papst Innozenz IV. 1254 von Venedig aus einen Kreuzzug zur Vernichtung Ezzelinos ausrief, fand dieses Vorgehen verbreitete Unterstützung bei den Städten und im Kleinadel. Ezzelino war 1254 zum Sinnbild eines verkommenen Machthabers geworden, eines Tyrannen, der die Hohenstaufen unterstützt und die bürgerlichen Freiheiten unterdrückt hatte. Seine Gegner traten als Beschützer und Verteidiger des Stadtstaates gegen despotische Machtansprüche an.

Aber erst um die Jahrhundertmitte wurden die Ressentiments gegen Ezzelino zu einem gewichtigen politischen Faktor, im Jahr 1235 war er für den Kaiser noch keine fühlbare Belastung. Er war einer der mächtigsten Feudalherren im Nordosten Italiens und beherrschte die strategisch bedeutsame Stadt Verona, das Tor zum Etschtal und damit zu Südtirol und Süddeutschland. Militärisch war Verona der ideale Ausgangspunkt für Feldzüge gegen den Lombardenbund: Brescia und Mailand lagen in der sich nach Westen hin anschließenden Tiefebene. Ezzelino war überdies ein fähiger Feldherr, wie seine in der Folge errungenen Siege deutlich machten; diese Begabung vor allem dürfte es gewesen sein, die ihn für die den Kaiser unterstützenden lombardischen Städte akzeptabel machte. Ein großer Nachteil aber war Ezzelinos Rivalität zu einem weiteren bedeutenden nordostitalienischen *signore*, Azzo d'Este, der die Herrschaft über die Städte im Hinterland Venedigs anstrebte – Vicenza, Treviso, Ferrara. Je mehr Ezzelino Anschluß an den Kaiser suchte und fand, desto enger schloß Azzo sich dem Lombardenbund an. Gleichwohl hielt er lange Zeit Verbindung zu Friedrich und verschrieb sich nicht unwiderruflich der Opposition. Sowohl Ezzelino als auch Azzo d'Este verfolgten ihre eigenen machtpolitischen Ziele und waren bereit, die Fronten zu wechseln, wenn es nötig oder vorteilhaft schien. Azzo ist als Verbündeter der lombardischen Städte in ihrem Kampf gegen die Tyrannei in der Geschichtsschreibung sicherlich besser weggekommen. Man muß deshalb darauf hinweisen, daß seine Ziele sich von denen seiner Rivalen nicht allzusehr unterschieden: Beide strebten nach der Herrschaft über große Teile Nordostitaliens, und gerade weil sie beide dasselbe anstrebten und es für sich allein haben wollten, prallten ihre Interessen so heftig aufeinander.

1236 schien Azzo d'Este entschlossen, einen Vorstoß ins Zentrum des Herrschaftsgebiets seines Erzrivalen zu wagen. Fraktionskämpfe in Vicenza hatten zu der Ernennung Azzo d'Estes zum Gouverneur *(podestà)* der Stadt geführt, und von Vicenza aus faßte Azzo das von Ezzelino beherrschte Verona ins Visier. Das Eintreffen Kaiser Friedrichs im August 1236 in Italien kam daher Ezzelino höchst gelegen. Friedrich hielt sich allerdings nicht lange in Verona auf, sondern reiste weiter in die ihm ergebene Stadt Cremona. Azzo, die lombardische Opposition und die Vicentiner bezogen am östlichen Ufer der Etsch Stellung, bereit zum Kampf mit den Truppen Ezzelinos und glücklich, daß die kaiserliche Streitmacht weitergezogen war. Doch das Ganze war eine Kriegslist: Vierzehn Tage später tauchten die kaiserlichen Truppen, erfrischt und verstärkt, wieder in der Gegend von Verona auf und marschierten auf Azzos Lager zu. Dieser und seine italienischen Bundesgenossen ließen es nicht auf eine Schlacht ankommen: Sie traten den Rückzug an, und die kaiserlichen Truppen konnten ungehindert in Richtung Vicenza marschieren. Die Stadt wurde belagert, weigerte sich aber, zu kapitulieren. Daraufhin ließ Friedrich die Befestigungswerke erstürmen, und seine Soldaten drangen plündernd und brandschatzend in die Stadt ein, die zum größten Teil in Schutt und Asche fiel. Friedrich sah in der Brandschatzung der Stadt eine hinreichende Strafe und begnügte sich im übrigen damit, einen Gouverneur seiner Wahl einzusetzen. Die Eroberung und Zerstörung Vicenzas sollte wohl vor allem dem Zweck dienen, im Nordosten Italiens ein Klima der Angst zu schüren und Städte, die sich das Schicksal Vicenzas ersparen wollten, zum Übertritt auf die kaiserliche Seite zu bewegen. Doch ein derart brutales Vorgehen konnte den Gegner natürlich erst recht in seiner Bereitschaft zum Kampf bestärken.

Friedrich war überrascht, wie schnell sein enges Bündnis mit Ezzelino Früchte getragen hatte; er war zudem überzeugt davon, sein in Vicenza errungener Sieg werde die Lombarden zur Aufgabe zwingen. Noch im November 1236 glaubte er an die Möglichkeit einer politischen Lösung des lombardischen Problems, und tatsächlich begannen die weniger fanatischen Parteien im antikaiserlichen Lager, ihre Haltung zu überdenken. Ein besonders wertvoller neuer Bundesgenosse war Ferrara, dessen starker Mann, ein alter *signore* namens Salinguerra, vor allem die handelspolitische Stellung seiner Stadt gegenüber den aggressiven Venezianern behauptet sehen wollte. Seine Partnerschaft mit Friedrich brachte der Stadt Ferrara größeren Wohlstand (und steigerte die Popularität Salinguerras), aber in Venedig erregte es Anstoß, daß

Ferrara mit kaiserlicher Hilfe die Herrschaft über das Flußsystem der östlichen Lombardei wiedergewann und Handelsprivilegien für die Königreiche Friedrichs erhielt. Die Rivalitäten zwischen den italienischen Städten führten eben oft dazu, daß der Kaiser den Gewinn eines neuen Verbündeten mit dem Verlust eines bisherigen Freundes bezahlen mußte. Venedig beispielsweise vollzog im Verlauf der dreißiger Jahre einen vollständigen Kurswechsel: Ungeachtet des ihr 1232 verliehenen kaiserlichen Privilegs, ging die Stadt ein Bündnis mit Genua ein, das vor kurzem noch der Erzfeind Mailands und Venedigs gewesen war.

Den Kaiser hatten seine raschen Anfangserfolge so zuversichtlich gestimmt, daß er glaubte, Italien schon Ende November verlassen zu können. So zog er denn im Winter und Frühling durch Österreich, wo er in weiten Teilen die kaiserliche Oberherrschaft wiederherstellte. Ansehnliche Privilegien wurden Anfang 1237 den Wienern zugeteilt, die früher von den österreichischen Herzögen erlassenen Gesetze bestätigt und ausgeweitet. In Österreich konnte Friedrich auch wieder Kontakt zu einigen deutschen Kurfürsten aufnehmen, denn er gedachte, seinen zweiten Sohn Konrad als Nachfolger des abgesetzten Heinrich zum deutschen König wählen zu lassen. Die Fürsten waren bereit, Konrad sowohl als König der Römer als auch als zukünftigen Kaiser und Nachfolger Friedrichs anzuerkennen, doch Friedrich legte großen Wert darauf, die Nachfolgefrage so verbindlich wie möglich zu regeln. Zu diesem Zeitpunkt war in dem gefangenen Heinrich noch ein potientieller Rivale am Leben, und es war nicht auszuschließen, daß der ins Lager der Gegner gewechselte Papst wieder einmal versuchen würde, sich in die deutschen Angelegenheiten einzumischen.

In einer Verlautbarung bezeichnete Friedrich die Wahl Konrads daher als Ausdruck des besonderen Mandats der Fürsten, die Sicherheit und den Wohlstand des Reichs zu garantieren, ein Auftrag, den sie von den *patres conscripti* des alten Rom geerbt hätten. In Rom empfand man es natürlich als Anmaßung, daß die Fürsten sich als Nachfolger des römischen Senats bezeichneten und den Anspruch erhoben, den Kaiser selbst und sogar seinen Nachfolger wählen zu können. Nach päpstlicher Auffassung war es niemand anders als der Papst, der einen deutschen König zum Kaiser erhob – durch den sakralen Akt der Salbung und Krönung. Damit nicht genug, forderte Friedrich die deutschen Prinzen auf, ein erbliches Anrecht des Hauses Hohenstaufen auf den Kaiserthron anzuerkennen. Friedrich machte deutlich, daß er von den Fürsten Loyalität und Unterstützung erwartete, wie kritisch sich auch immer die Beziehungen zum päpstlichen Rom gestalten würden. Zugleich nutzte

Friedrich die Wahl Konrads, den zum Wahlakt versammelten Fürsten sein Vertrauen auszusprechen.

Durch seine Abwesenheit von Italien hoffte Friedrich auch, sein gespanntes Verhältnis zu Gregor IX. zu verbessern. Immerhin hatte dieser dem Propagandakrieg gegen den Kaiser keine einschneidenden Aktionen folgen lassen, im Gegenteil hatte er Jakob von Palestrina in aller Stille das Legatenmandat für die Lombardei entzogen, da der Bischof in vielen Fällen übereilt gehandelt hatte. Mit Thomas von Santa Sabina und Rinaldo von Ostia wurden zwei versöhnlichere Kardinäle an seiner Stelle in den italienischen Norden entsandt. Sie sollten, so ihr Auftrag, die lombardischen Rebellen zu Friedensgesprächen überreden. Daß Gregor nach wie vor überzeugt war, er habe in den Angelegenheiten Norditaliens ein gewichtiges Wort mitzusprechen, zeigte seine Einladung an die lombardischen Städte, sich im Frühjahr 1237 in Mantua zu einer Konferenz mit den päpstlichen Legaten einzufinden. Auch Friedrich war an einer Wiederaufnahme von Verhandlungen gelegen, und es erschien ihm vernünftig, sie aufzunehmen, während er selbst außerhalb Italiens weilte und seinen deutschen Staatsgeschäften nachging. Ließ sich doch auf diese Weise prüfen, ob sein schneller Sieg über Vicenza die gewünschte Wirkung auf die rebellischen Städte gezeigt hatte. Wie kaum anders zu erwarten war, wurden Hermann von Salza und Piero della Vigna vom Kaiser nach Mantua entsandt, um mit den päpstlichen Legaten und den Lombarden zu verhandeln; die Entsendung zweier so hochrangiger Persönlichkeiten zeigt, daß dem Kaiser ernsthaft an einer Verhandlungslösung gelegen war.

Ende Juli kam es zu einem Zusammentreffen, allerdings nicht in Mantua, sondern in Brescia. Aber die kaiserlichen Delegierten traten in bedenklich selbstbewußter Stimmung auf. Sie waren sich des Rückhalts bei den deutschen Fürsten sicher, die den Kaiser drängten, den Konflikt mit kriegerischen Mitteln zu entscheiden: Der Streit mit den Lombarden sollte ein für alle Mal ein Ende finden. Überdies war klar geworden, daß die beiden Kardinäle nicht daran dachten, die Rebellen zur Rechenschaft zu ziehen. Ihrer Ansicht nach genügte es, den Lombardenbund aufzulösen und die Zusage zu erzwingen, daß die lombardischen Städte sich nie wieder zum gemeinsamen Widerstand gegen das Reich zusammentun würden. Die Rebellen sollten weder zu Geldstrafen herangezogen werden, noch sollten sie kaiserliche Gouverneure erhalten. Die einzige Wiedergutmachung, die sie leisten sollten, war die Aufstellung eines Kreuzzugsheers.

Diese Bedingungen gewähren einen aufschlußreichen Einblick in das Denken Gregors IX. Er hatte neuerliche Sorgen um die Sicherheit Jerusalems, da Friedrichs zehnjähriger Waffenstillstand mit Al-Kamil zu Ende ging, und war der Überzeugung, daß der Einfluß Friedrichs in der Lombardei nicht noch größer werden dürfe, als er es infolge der Ereignisse des Jahres 1236 ohnehin schon geworden war. Die Kardinäle vergrößerten diese Sorgen durch Berichte über das Elend in den vom Kaiser und von Ezzelino beherrschten Teilen der Lombardei: Gefangene würden gefoltert und verstümmelt, selbst Witwen und Waisen auf abscheulichste Weise mißhandelt, Kirchen geschändet. Meldungen solcher Art, ob zutreffend oder nicht, wurden getreulich nach Rom übermittelt. Das war einem Friedensschluß auf dem Verhandlungsweg nicht sehr förderlich, bedeutete jedoch nicht, daß Papst und Kaiser schon zu einem Waffengang entschlossen waren.

Gregor nahm seine Bemühungen um ernsthafte Gepräche deshalb wieder auf. Er wußte, daß der Kaiser keine Zeit vergeuden würde. Diesem schien es nun endlich zu gelingen, eine größere Streitmacht um sich zu scharen und über die Alpen zu führen. Sein Triumph über Vicenza, der den deutschen Fürsten die kaiserliche Macht demonstriert hatte, und die großzügigen Vergünstigungen, die er ihnen in der Vergangenheit gewährt hatte, begannen endlich Früchte zu tragen. Gemeinsam mit seinen italienischen Bundesgenossen stellte er nun mehr denn je eine ernst zu nehmende Bedrohung dar. Auch aus Süditalien konnte er mit militärischer Unterstützung rechnen, wo nicht zuletzt die gefürchteten Sarazenen von Lucera Säbel bei Fuß bereitstanden. Friedrich erreichte Mitte September Mantua zu einem Zeitpunkt, als auch die lombardischen Rebellen ihre Vorkehrungen für einen Waffengang getroffen hatten. Anfang November beschwor der Papst den Kaiser noch einmal, sich auf seine wichtigste Aufgabe, die Verteidigung Jerusalems, zu besinnen, doch zeugte der päpstliche Brief weniger von der Hoffnung, den Kaiser in letzter Minute noch umstimmen zu können, als von der Absicht, die eigenen Friedensbemühungen zu beteuern und dem Kaiser die Schuld an ihrem Scheitern zu geben.

Friedrich griff 1237 zu einer ähnlichen List, die schon 1236 erfolgreich gewesen war: Er versuchte, die Lombarden über die wirkliche Stoßrichtung seines Angriffs zu täuschen. So erweckte er im November den Anschein, als wolle er seine Truppen für die Überwinterung in Cremona zusammenziehen. Herbstwetter hatte eingesetzt, und in der lombardischen Tiefebene wurde es zunehmend feuchter und morastiger. Die Lombarden rechneten offenbar nicht mehr damit, daß es im laufenden Jahr noch zu nennenswerten Kampfhandlungen kommen werde.

Sie beschlossen, ihr Heerlager in Pontevico am Oglio abzubrechen, dem vermeintlichen Beispiel des Kaisers folgend. Die in die Winterpause entlassenen lombardischen Truppen marschierten zunächst entlang dem östlichen Ufer des Oglio nach Norden, ohne zu merken, daß sie von kaiserlichen Truppen verfolgt wurden, die sich am anderen Flußufer in Richtung der Stadt Cortenuova bewegten. Hier nämlich gedachten die Lombarden den Oglio zu überqueren und in ihre Winterquartiere in Mailand zu ziehen.

Die Kaiserlichen waren rund einen Tagesmarsch hinter ihren Gegnern zurück, als Kundschafter berichteten, daß die Lombarden bei Cortenuova über den Fluß gingen. Jetzt kam es auf schnelles Handeln an. Am 27. November wurde ein kaiserliches Vorauskommando in Eilmarsch gesetzt; der Feind sollte in die Enge getrieben, der volle Angriff aber noch vermieden werden. Doch der Trupp stieß auf eine größere Zahl lombardischer Einheiten, und es kam zur Schlacht. Die in die Flucht geschlagenen Lombarden zogen sich zu ihrer Hauptstreitmacht zurück. Ein relativ kleiner kaiserlicher Truppenverband hatte sich als fähig erwiesen, eine lombardische Schwadron zu besiegen.

Ermutigt durch diesen Sieg, befahl Friedrich nun den Angriff auf die lombardische Streitmacht. Die Lombarden hatten einen stabilen Verteidigungsring gebildet und wehrten sich standhaft gegen den Ansturm der Angreifer. Unter schrecklichen Verlusten hielten sie stand, bis der Einbruch der Nacht ein Weiterkämpfen praktisch unmöglich machte. Die Dunkelheit nutzend, räumten die lombardischen Rebellen noch während der Nacht das Feld und versuchten, sich in Sicherheit zu bringen. Aber nicht einmal dies gelang. Denn es hatte zu regnen begonnen, und die meisten Gefährte blieben im Schlamm stecken, ja selbst zu Pferde oder zu Fuß war es schwierig, voranzukommen. Für den Kaiser war es ein triumphaler Sieg. Die Lombarden hatten eine demütigende Niederlage erlitten. Nach Schätzungen kämpften auf dem Schlachtfeld von Cortenuova rund fünfunddreißigtausend Mann, davon rund neunzehntausend unter dem kaiserlichen Banner, der Rest auf der Seite des Lombardenbundes. In einem Brief an das englische Königshaus berichtete Friedrich, zehntausend Mann des Gegners seien getötet oder gefangengenommen worden. Wir können vermuten, daß diese Zahl übertrieben war; fest steht jedoch, daß der Kaiser einen entscheidenden Erfolg über die besten Kräfte der Lombarden errungen hatte.

Die Propagandisten des Kaisers leisteten denn auch prompte Arbeit: Sie sorgten dafür, daß Cortenuova zum Tagesgespräch an den europäischen Fürstenhöfen wurde. Piero della Vigna ergriff mit Freuden die

Gelegenheit, der Welt mitzuteilen, wie der Caesar Friedrich seine Feinde in Scharen vernichtet hatte. Mit einem sorgfältig inszenierten Triumphzug nach Cremona wurde der kaiserliche Sieg gefeiert und ausgeschlachtet. Wie einst in den Triumphzügen der antiken römischen Kaiser, wurden zahllose Gefangene mitgeführt, darunter der *podestà* von Mailand, Pietro Tiepolo (ein Sohn des Dogen von Venedig), mit einer Kette gefesselt. Noch im weit entfernten Rheinland erfuhren die Chronisten von dem prachtvollen Triumphzug Friedrichs und beeilten sich, die Kunde weiterzugeben.

In der Lombardei kam es nun, wie es kommen mußte: Der Lombardenbund begann sich aufzulösen. Lodi, so lange und so oft Zielscheibe und Opfer des milanesischen Expansionsdrangs gewesen, fiel am 12. Dezember 1237 fast kampflos an die kaiserlichen Truppen. Mailand befand sich bis zum Ende des Winters und zum Beginn der neuen Feldzugssaison im Angesicht der unweit der Stadt lagernden kaiserlichen Truppen. Die Reihen seiner Bündnispartner lichteten sich: Einer nach dem anderen kam beim Kaiser um Frieden ein oder ließ den Bund im Stich. Der Papst, von dem man sich Schutz und Hilfe erhofft hatte, konnte es mit Friedrich nicht aufnehmen. Es blieb Mailand nichts anderes übrig, als den Weg der anderen lombardischen Städte zu gehen und in Verhandlungen mit dem verhaßten Feind einzutreten.

Man sollte indes die Machtposition, die Friedrich II. nach Cortenuova einnahm, nicht überschätzen. Die Schlacht hatte die überlegene Schlagkraft der kaiserlichen Truppen demonstriert, diese Truppen aber stellten eine sehr bunte Mischung dar: ghibellinische Gefolgsleute des Kaisers waren darin ebenso versammelt wie sizilianische und deutsche Vasallen und Untertanen. Das Verhältnis Friedrichs zu diesen Bündnispartnern konnte sich möglicherweise verschlechtern. Zunächst aber mußte der Kaiser entscheiden, was in der Lombardei geschehen sollte. Sollte dort eine Zentralregierung eingesetzt werden, oder sollten die Städte ihre Rechte und Freiheiten behalten? Außerdem mußte versucht werden, den Papst zu besänftigen. Erneut stand der Kaiser vor einer politischen Herausforderung.

III

Friedrich verließ sich in den Wochen nach Cortenuova zu sehr auf die Wirkung seines Sieges, und daß Mailand sich so schnell zu Verhandlungen bereitfand, bestärkte ihn zudem noch in seiner Zuversicht. Die

Anticoli Corrado war eine Hochburg der staufischen Partei. Konrad von Antiochien, Konradins Vetter, hatte sie lange als festen Sitz, bis sie in die Hand der Anjous fiel.

Gespräche begannen im Dezember 1237, doch die Mailänder Unterhändler hatten wenig anzubieten. Die Abordnung aus Mailand schlug eine Friedensregelung vor, deren Bedingungen in etwa denen der päpstlichen Legaten ähnelten: Anerkennung der kaiserlichen Souveränität bei gleichzeitigem Fortbestand der kommunalen und territorialen Rechte Mailands, die Aufstellung von bis zu zehntausend Soldaten für einen Kreuzzug, dazu eventuell noch eine Geldstrafe. Die Mailänder unterbreiteten diese Vorschläge sicherlich in dem Wissen, die Unterstützung Papst Gregors zu haben. Doch ihr Angebot war dem Kaiser zu dürftig. Friedrich forderte die bedingungslose Kapitulation Mailands: Die Stadt müsse sich ihm auf Gedeih und Verderb unterwerfen, dann erst werde er nach seinem Gutdünken über das weitere Schicksal der Stadt entscheiden.

Ob Friedrich wirklich glaubte, Mailand würde auf derartige Bedingungen eingehen, ist schwer zu sagen. Vielleicht hoffte er, die Stadt zumindest unter die Kontrolle eines kaiserlichen *podestà* oder eines Militärgouverneurs stellen zu können, ihr eine hohe Geldstrafe aufzuerlegen und das Vermögen der führenden Rebellen einzuziehen. Die Mailänder hatten aber nicht vergessen, daß siebzig Jahre zuvor Friedrich I. ihre Stadt dem Erdboden gleichgemacht hatte. Sie waren überzeugt, daß auch Friedrich II. entschlossen war, Mailand für seinen Verrat am Kaiserreich brutal zu bestrafen (und vielleicht deuteten sie seine Absichten sogar richtig). Vielleicht hofften einige unter ihnen, die Berater des Kaisers würden mäßigend auf ihn einwirken. Doch ist kaum anzunehmen, daß die Cremoneser und die anderen ghibellinischen Städte Friedrich eine versöhnliche Haltung gegenüber Mailand nahelegten. In den Augen der Mailänder bedeuteten die Forderungen Friedrichs somit das Ende der Friedensverhandlungen; stolz ließen sie den Kaiser wissen, daß sie seine Antwort auf ihre Vorschläge als vollkommen unannehmbar empfanden; sie begannen, ihre Kräfte für einen erneuten Waffengang zu sammeln.

In der Frage der Rechte und Freiheiten der Städte nahm Friedrich eine in vieler Hinsicht ähnliche Haltung ein wie sein Großvater. Es mußte ihn herausfordern, wenn Kaufleute sich anmaßten, in einer Stadt souveräne Herrschaft auszuüben, gleich ob sich solches in Deutschland, Sizilien oder der Lombardei zutrug. Das bedeutet nicht, daß er nicht bereit gewesen wäre, mit solchen Städten zusammenzuarbeiten, denn er wußte, daß die freien Städte in Norditalien ein gewichtiger politischer Faktor waren. Selbst in Deutschland, wo er die Aufhebung der städtischen Freiheiten durch die Fürsten in deren Herrschaftsgebiet gutgeheißen hatte, waren mehrere Reichsstädte ohne nennenswerte Freiheitseinbußen davongekommen. Er war in gewissem Sinn ein Gegner der städtischen Selbstverwaltung, glaubte aber, auf der Grundlage des Friedens von Konstanz von 1183 zu einer Kompromißlösung kommen zu können. Die Bürger Cremonas, Reggios und der anderen loyalen Städte blieben daher von einer Verschärfung der kaiserlichen Kontrolle verschont. Im Gegenteil, ihre Loyalität brachte ihnen (wie schon unter Friedrich I.) die Bestätigung ihrer Rechte und Freiheiten ein.

Eines etwas anderen Vorgehens bedurfte es gegenüber Städten, die sich nur widerstrebend zum kaiserlichen Lager bekannt hatten. Das von den Veronesen eroberte Padua und das von Friedrichs eigenen Truppen eingenommene Lodi wurden unter die Kontrolle eines kaiserlichen *podestà* gestellt. Das bedeutete zunächst, daß die guelfische Opposition entmachtet und enteignet wurde und die Bürger die Souveränität des Kaisers anerkennen mußten; im übrigen mischte sich der *podestà* kaum in die inneren Verwaltungsangelegenheiten ein. Wie von den loyalen Städten wurde auch von den unter Aufsicht gestellten Städten erwartet, daß sie dem Kaiser Truppenkontingente für den lombardischen Krieg zur Verfügung stellten. In den Städten deutsche Garnisonen einzusetzen war nicht vorgesehen, und in vielen Fällen war der kaiserliche *podestà* in den unterworfenen Städten ein sizilianischer Baron. Darin äußerte sich ein allmählicher Wandel in Friedrichs Politik. Als sich sein Konflikt mit den lombardischen Rebellen und dem Papsttum verschärfte, beschloß er, in den Gebieten, deren künftige Loyalität gefährdet erschien, die Kontrolle zu verstärken. Aber das war noch keineswegs ein Versuch, die Lombardei nach dem sizilianischen Vorbild eines zentralisierten, bürokratischen Staatswesens zu regieren.

Friedrichs Sohn Enzo, König von Sardinien, wurde 1239 zum Generalvikar für die Lombardei berufen; seine Hauptaufgabe bestand jedoch darin, die Beziehungen zu den Bundesgenossen – zu den einzelnen kaiserlichen *podestàs* und den deutschen Heerführern – zu koordinieren. Enzos Stellung war in keinerlei Hinsicht etwa der eines sizilianischen Königs vergleichbar. Was er an schiedsrichterlichen Befugnissen gegenüber den Städten und ihren Bewohnern (die ihn als Berufungsinstanz anrufen konnten) besaß, war kaum von revolutionärem Zuschnitt. Seine Macht, Richter und Notare zu ernennen und andere traditionell dem Kaiser vorbehaltene Rechte wahrzunehmen, schränkte die Verwaltungshoheit der loyalen Städte kaum ein; sie bedurften ja sogar einer höheren Autorität, die imstande war, jene wesentlichen, auch in ihrem Interesse liegenden Aufgaben wahrzunehmen. Auch in der Zeit ihres Aufbegehrens gegen die Hohenstaufen hatten die Städte einer höheren Autorität bedurft, die diese Funktionen wahrnehmen konnte. Im 12. Jahrhundert hatte zum Teil der Lombardenbund, zum Teil Papst Alexander III. solche übergeordneten Aufgaben wahrgenommen, und auch in jüngerer Zeit hatten der Bund, Papst Gregor und zuletzt König Heinrich (VII.) eine bedeutende Rolle in den Kämpfen gegen Friedrich II. gespielt. Selbst wenn eine Stadt frei war, wollte sie sich unter die Souveränität einer höheren Macht gestellt wissen, sei es der Papst, der Kaiser oder sonst ein Fürst. Die Frage lautete nicht, ob eine solche höhere Macht anerkannt wurde, sondern wie weit ihre Rechte reichten. Selbst die Mailänder bestritten nicht, daß der Kaiser ihr oberster Souverän war und sein mußte; sie erklärten lediglich, sein tyrannisches Verhalten habe sie gezwungen, einige ihrer Verpflichtungen als nicht mehr bindend anzusehen. Außerdem beharrten sie darauf, daß sie dem Kaiser lediglich Treue schuldeten, nicht aber irgendwelche Steuern. Nur Venedig erhob ausdrücklich den Anspruch, weder vom Kaiser noch vom Papst noch von einer anderen höheren Macht abhängig zu sein – nachdem es jahrhundertelang mit Erfolg die Forderungen deutscher und byzantinischer Kaiser gegeneinander ausgespielt hatte.

Die Abreise der Mailänder Delegation vom kaiserlichen Hof bedeutete noch nicht das Ende der Hoffnung auf eine friedliche Lösung. Der Kaiser handelte mit Bedacht und Überlegung; zwar vermehrte er seine Streitkräfte, doch war das zunächst nur ein Versuch, den Widerstand der Mailänder mit Hilfe von Drohgebärden zu brechen. Im Juni 1238 waren lombardische, sizilianische und deutsche Truppen zu Friedrich gestoßen, letztere unter dem Befehl des neuen Königs der Römer, Konrad. Die Cremoneser brannten auf einen Waffengang und gewährten großzügige Unterstützung. Die Nachricht vom Krieg in Italien, die sich dank der kaiserlichen Briefe an die Könige von England und Frankreich schnell verbreitet hatte, führte zahlreiche Ritter aus weit entfernten Ländern in die Lombardei. Ritter aus Griechenland, Spanien, Ungarn, Frankreich und England kamen herbei, manche mit dem ausdrücklichen Auftrag, Friedrich zu helfen, wie etwa hundert englische Ritter vom Hof Heinrichs III., der ein Schwager des Kaisers war. Bei vielen aber handelte es sich einfach um junge Ritter auf der Suche nach einem Abenteuer. Ein Jahrzehnt zuvor hätten solche Männer vielleicht am Kreuzzug Friedrichs teilgenommen, ein Jahrzehnt später vielleicht an der Vertreibung der Mauren aus Andalusien. Der Respekt, den Friedrich in so weit entfernten Ländern wie England genoß, hatte weitreichende Auswirkungen auf sein Verhältnis zum Papsttum. Und doch bekundete der Kaiser auch in dieser Zeit wiederholt und nachdrücklich seine Hoffnung auf eine friedliche Lösung.

Gregors Wünsche mußten sich auf einen Rückschlag für den Kaiser in der Lombardei richten, und sie schienen sich zu erfüllen, als Friedrich sich bei der Belagerung Brescias festlief. An sich war der Angriff auf Brescia militärisch sinnvoll. Östlich von Mailand gelegen, konnte die Stadt, einmal erobert, als Brückenglied zwischen den ostlombardischen Machtbastionen des Kaisers um Verona und Mailand dienen. Fiel Brescia in kaiserliche Hand, würde Mailand sicherlich wieder Verhandlungen anbieten. Der Kaiser zog daher mit einem furchterregenden Arsenal von Katapulten, Rammböcken, Belagerungstürmen und Mineuren vor die Mauern der Stadt und begann die Belagerung, aber Brescia verteidigte sich standhaft. Ihre Katapulte zerschossen die kaiserlichen

Belagerungstürme, woraufhin Friedrich lombardische Kriegsgefangene als lebende Schilde an die Belagerungsmaschinen zu binden befahl, in der Hoffnung, die Brescianer würden den Beschuß einstellen. Als Antwort ließen diese gefesselte Gefangene von den Mauern herab, sobald die Kaiserlichen mit Rammböcken vorrückten. Die Belagerung zog sich hin. Im Oktober schien es, als würde sich der Sieg den Brescianern zuneigen: Bei einem nächtlichen Ausfall töteten sie zahlreiche im Schlaf überraschte Deutsche und drangen bis an den Rand des kaiserlichen Quartiers vor. Einsetzendes schlechtes Wetter gab Friedrich die Möglichkeit, den Feldzug für beendet zu erklären und seine Truppen geordnet nach Cremona zurückzuziehen. Aber er konnte nicht darüber hinwegtäuschen, daß er vor Brescia eine Niederlage erlitten hatte.

Eine bedeutsame Folge des Scheiterns vor Brescia war, daß Friedrich jetzt noch weniger als zuvor den Papst unter Druck zu setzen vermochte. Gerade erst im Sommer 1238 war Gregorio di Montelongo zum neuen päpstlichen Gesandten in der Lombardei ernannt worden, der dem Kaiser dort viele Jahre lang das Leben schwer machen sollte. Schon bevor sich die kaiserliche Niederlage vor Brescia abzeichnete, hatte Gregor IX. versucht, seine eigene Stellung in der Lombardei zu stärken. Jedenfalls wollte er im Fall einer Niederlage Friedrichs imstande sein, sich den Lombarden als ihr Schutzherr und Verbündeter zu präsentieren, der durch strategische Bündnisse dem Kaiser den Weg verlegte, ja ihn zum Rückzug aus der Lombardei zwang.

Noch andere Konflikte zwischen Papst und Kaiser taten sich 1238 auf. Friedrich wurde klar, daß Gregor seine Schritte in Italien beargwöhnte und jede Gelegenheit ergriff, um ihn herauszufordern. Als im Herbst 1238 die Nachricht eintraf, daß die Genuesen mit dem Kaiser gebrochen hatten, war niemand sehr überrascht; schon seit 1220 gab es Verärgerung in Genua, weil der Kaiser den genuesischen Kaufleuten ihre privilegierte Stellung im Sizilienhandel und ihre Herrschaft über Syrakus entzogen hatte. Sie trieben zwar weiterhin Handel mit Sizilien, aber mit dem Nachteil höherer Zölle und eines nur noch begrenzten Einflusses bei Hofe. Doch die Aufkündigung des Treueeids war ein heikler, ja gefährlicher Schritt. Genua stellte sich damit an die Seite Mailands, und der Kaiser war durchaus in der Lage, den genuesischen Handel mit dem Orient, dessen Routen durch sizilianische Gewässer führten, zu unterbinden. Überdies war zu erwarten, daß er künftig die Pisaner in ihrem Konkurrenzkampf unterstützen würde, den diese fast überall im Mittelmeer gegen die Genuesen führten. Als Titularkönig von Jerusalem konnte Friedrich möglicherweise sogar Einfluß auf den Handel der

Genuesen im Nahen Osten nehmen. Genua mußte für sein Vorgehen also schon ein triftiges Motiv haben – der *podestà* der Stadt behauptete, der Kaiser stelle unerträgliche finanzielle und militärische Forderungen und lege es offenbar darauf an, die althergebrachten Freiheiten Genuas zu unterdrücken.

Es hat nicht den Anschein, als habe Genua in dieser Sache von Anfang an auf Geheiß oder mit Ermunterung des Papstes gehandelt, aber Gregor frohlockte, als er die Neuigkeit erfuhr; er schickte prompt Solidaritätsbekundungen und Hilfsangebote nach Genua und schlug vor, die Stadt solle endlich die Aussöhnung mit ihrem stärksten Rivalen, Venedig, anstreben. Dieser Vorschlag war ein meisterlicher Schachzug des Papstes. Den einzigen denkbaren Ausgleich für den Verlust an maritimer Sicherheit, den Genua durch den Abfall vom Kaiser erlitt, würde es in einer vertrauensvollen Partnerschaft mit dem mächtigen Venedig finden. Tatsächlich brauchten die beiden Städte nicht viel Zeit, um ein Abkommen auszuarbeiten, in dem sie sich wechselseitigen Schutz zusicherten. Sie wollten gemeinsam gegen jeden vorgehen, der die freie Schiffahrt in den Gewässern um Italien zu stören versuchte, und daß damit vor allem die sizilianische Flotte gemeint war, unterliegt keinem Zweifel. Genua und Venedig sagten gemeinsam dem Papst ihre Unterstützung gegen diejenigen zu, die ihm Gefolgschaft und Gehorsam verweigerten, und verpflichteten sich unter anderem auch, bis 1247 kein Abkommen mit Friedrich ohne Zustimmung des Papstes einzugehen.

Wie weit sich Genuas Interessen in bestimmten Fragen mit denen des Heiligen Stuhls deckten, zeigt ein Artikel des Abkommens zwischen Genua und Venedig: Die Verkehrswege zwischen Sardinien und Genua sollten von beiden Vertragspartnern geschützt werden. Nun hatte Venedig kein unmittelbares Interesse an Sardinien, den Genuesen hingegen bereitete die Insel schon seit einiger Zeit große Sorgen. Schon im 12. Jahrhundert hatten sie Papst Alexander in der Hoffnung umworben, er werde ihnen einen Besitzanspruch auf die Insel zusprechen, die ein reicher Markt für Getreide, Wolle, Silber und nicht zuletzt auch Sklaven zu sein schien. Die Genuesen hatten sich bereiterklärt, die oberste Verfügungsgewalt des Papstes über die Insel anzuerkennen, und verlangten im Gegenzug das wirtschaftliche Hoheitsrecht über den Nordwesten und die Westküste der Insel. Natürlich wußten sie, daß auch der Segen des Papstes nicht über Nacht die Macht ihrer Rivalen, der Pisaner, brechen würde, die im Nordosten Sardiniens starke Bastionen unterhielten. Der Anspruch auf Oberhoheit über Sardinien, den die

Das Hohenstaufenkastell im toskanischen Prato zeigt die fortifikatorische Macht, die solche Befestigungsanlagen in ihrer Zeit gehabt haben. Die Schwalbenschwanz-Zinnen, die sogenannten ghibellinischen Zinnen, gaben dem Anreisenden schon von weitem zu erkennen, daß diese Stadt kaisertreu war: denn die Festungen der papsttreuen Guelfen besaßen anders geformte Zinnen.

Kirche traditionell, wenn auch mit zumeist geringer Wirksamkeit, erhob, kollidierte mit einem gleichartigen Rechtsanspruch, den Friedrich I. seinerseits zugunsten der Pisaner geltend gemacht hatte. In den dreißiger Jahren war Sardinien daher praktisch aufgeteilt zwischen rivalisierenden genuesischen und pisanischen Interessengruppen, die um päpstliche oder kaiserliche Unterstützung anriefen. Die Genuesen beriefen sich auf den Papst, die Pisaner suchten Unterstützung beim Kaiser. Gregor und Friedrich aber begannen, sich auf die unvermeidliche Auseinandersetzung vorzubereiten.

IV

Der Winter kam, und damit verbunden war ein langer Aufenthalt des kaiserlichen Hofes in Padua. Nun galt es, die Zeit zu nützen und mit diplomatischen Mitteln den auf dem Schlachtfeld errungenen Gewinn auszubauen. Friedrich ahnte den nächsten Schritt des Papstes schon voraus. Sicher glaubte er, Gregor trage sich mit der Absicht, ihn wieder einmal zu exkommunizieren, und tatsächlich verhängte der Papst am Palmsonntag des Jahres 1239 zum zweiten Mal den Bann über den Kaiser. Das eigentlich Verblüffende war nicht die Tatsache, daß die Exkommunizierung ausgesprochen wurde, sondern die offizielle Erklärung dafür. Die Vorgänge in der Lombardei spielten in den gegen Friedrich erhobenen Vorwürfen kaum eine Rolle. Er habe, so hieß es, im mittleren Italien Ländereien der Kirche an sich gebracht und päpstliche Legaten an der freien Durchreise gehindert. Das bezog sich offenbar auf die Inhaftierung englischer Legaten, die auf dem Weg nach Süden waren, denn die päpstlichen Gesandten in der Lombardei blieben unbehelligt. Eine weitere Anklage lautete, Friedrich habe nichts für die Verteidigung Jerusalems getan. Seit Jahren bestand der Heilige Stuhl ja darauf, daß Friedrich der Verteidigung der Heiligen Stadt Vorrang vor seiner Abrechnung mit Mailand einräumen müsse. Einige andere Passagen wirkten weit hergeholt und standen in keinerlei Zusammenhang mit der lombardischen Frage. Friedrich wurde vorgeworfen, einen in Sizilien festgehaltenen tunesischen Prinzen an der freien Weiterreise gehindert zu haben. Dies traf zwar zu, hatte aber nicht das geringste mit der Entwicklung in der Lombardei zu tun. Der Prinz diente Friedrich als Pfand in einem Spiel um das Gleichgewicht der Macht im Süden, und dieses Spiel zahlte sich aus, da die Herrscher von Tunis eine ansehnliche Tributzahlung in purem Gold an das Königreich Sizilien leisteten. Gregor jedoch behauptete, der junge Prinz sei aus Tunis geflohen, um sich taufen zu lassen, und erweckte so den Eindruck, Friedrich hintertreibe die Bekehrung eines Moslems zum Christentum. Das war ein Vorgeschmack auf die bald darauf einsetzende Kampagne des Papstes, Zweifel an der christlichen Glaubenstreue des Kaisers zu säen.

Ein nicht minder beweiskräftiges Zeichen für das geringschätzige Verhältnis Friedrichs zum Christentum war nach päpstlicher Ansicht sein Umgang mit der sizilianischen Kirche. Tatsächlich befaßt sich die Exkommunizierungsbulle in ihrem größten Teil mit den Vergehen Friedrichs im *regno*. Auch in diesem Punkt hatte es zahlreiche Vorwarnungen an die Adresse des Kaisers gegeben. Daß Friedrich von der

Geistlichkeit einen steuerlichen Beitrag zu den zunehmenden Kriegskosten verlangte, vakante Bischofssitze und andere Kirchenämter absichtlich lange unbesetzt ließ, sich die während dieser Zeit anfallenden Kircheneinkünfte aneignete und schließlich auch kirchliche Vermögenswerte einzog, zeigte nach päpstlicher Auffassung, daß er ein unversöhnlicher Feind des Christentums war. Und auch die Einrichtung von Kirchengerichten zur Verurteilung schuldig gewordener kirchlicher Amtsträger wurde ihm natürlich nicht als Verdienst angerechnet. Während Papst Gregor den Kaiser unverhohlen als Anstifter von Unruhen in Rom brandmarkte, blieb die Unterstützung, die er dem Heiligen Stuhl in den Jahren ihrer friedlichen Koexistenz gewährt hatte, selbstverständlich unerwähnt.

Gregor befleißigte sich zu diesem Zeitpunkt einer gänzlich anderen Strategie als einst im Krieg zu Beginn seines Pontifikats. Er wußte, daß es nicht leicht sein würde, das Königreich Sizilien zu erobern, ungeachtet aller dortigen Unzufriedenheit und Kritik am Verhalten des Kaisers. Gewiß schmiedete Gregor mit den Venezianern und den Genuesen Pläne für die militärische Besetzung des *regno* (im Juli und September 1239), doch mußte er dabei mit einem Zweifrontenkrieg rechnen, in dem es galt, den Kaiser in der Lombardei lange genug zu beschäftigen, um den beiden Stadtrepubliken Zeit zu geben, Truppen nach Süditalien zu bringen. Ein tollkühner Optimismus setzte voraus, daß sich für beide Kriegsschauplätze, den lombardischen und den sizilianischen, schon genug Truppen finden lassen würden. Aber wo sollten sie ausgehoben werden? Auch hier entschied Gregor sich für eine andere Lösung als im Jahr 1229. Diesmal wurde der Krieg als echter Kreuzzug präsentiert. Wie aus den damals von einem Ghibellinen geführten Annalen der Stadt Piacenza hervorgeht, proklamierte der päpstliche Legat Gregorio di Montelongo 1239 in Mailand einen Kreuzzug gegen den Kaiser; zunächst sollte dies den Enthusiasmus der Mailänder erneut entfachen, der durch den Mißerfolg von Cortenuova gedämpft worden war.

Von größerem und unmittelbarem Nutzen für die Sache Gregors war die Entsendung von Mönchen, die den Auftrag hatten, die Untertanen Friedrichs über den päpstlichen Bann zu informieren und sie zum Abfall vom Kaiser zu bewegen, und zu diesem Zweck kreuz und quer durch das Reich zogen. Friedrich ließ, als er davon erfuhr, die Grenzen des Königreichs Sizilien für alle Abgesandten der päpstlichen Kurie sperren und verbot die Verbreitung der päpstlichen Anklage. Die Geistlichkeit wurde gezwungen, trotz päpstlichen Verbots Gottesdienste im *regno* zu halten.

Für die kaiserliche Seite galt es, nicht nur militärische Maßnahmen zu treffen, sondern dem Papst auch propagandistisch entgegenzutreten. Der Papst konnte mit Hilfe seiner Legaten an den europäischen Höfen und durch klugen Einsatz der Mönche seine Sicht der Dinge schnell und wirksam verbreiten lassen, und Gregor hoffte, von so weit entfernten Ländern wie England, Ungarn und Skandinavien mit Geld und Soldaten unterstützt zu werden. Friedrich mußte das verhindern, indem er seinen europäischen Standeskollegen vor Augen führte, welche Gefahren ein päpstliches Eingreifen in Sizilien und in anderen Reichsgebieten prinzipiell für jeden Herrscher heraufbeschwor: für seinen Schwager Heinrich III. ebenso wie für seinen Nachbarn Ludwig IX. von Frankreich, einen Monarchen von zunehmender Bedeutung.

Aber Ludwig erwies sich ohnehin als bemerkenswert taub gegenüber den päpstlichen Bitten um Unterstützung. Seiner Ansicht nach war der Papst gegenüber dem Kaiser zu weit gegangen. Wäre Friedrich von einem Kirchenkonzil exkommuniziert worden, so hätte Ludwig, wie er sagte, vielleicht anders gehandelt. Heinrich III. von England dagegen zeigte sich aufgeschlossener für die päpstlichen Forderungen, fürchtete er doch, der Heilige Stuhl werde andernfalls auch gegen ihn eine feindliche Haltung einnehmen. Er ließ daher zu, daß in England im Sinne des Papstes gepredigt und Geld gesammelt wurde. Große Begeisterung entfachte die Kampagne allerdings nicht. Nur wenige Jahre zuvor hatten englische Ritter im Heer des Kaisers gegen die Lombarden gekämpft, und noch immer gab es in England beträchtliche Sympathien für Friedrich. Dieser beschwerte sich nicht zu Unrecht darüber, daß sein Schwager mit seiner Parteinahme für den Papst gegen die Gebote der Familiensolidarität verstieß.

Ludwig IX. beurteilte die Lage ganz ähnlich, wie Piero della Vigna es in seinem ersten großen öffentlichen Plädoyer gegen die Exkommunizierung seines Herrschers getan hatte. Friedrich habe, so erklärte Piero, nichts Unrechtes getan, sondern sei selbst zu Unrecht angegriffen worden; es dürfe aber nicht sein, daß jemand bestraft werde, der kein Unrecht begangen habe: »Was wir verdient erdulden, mit Leichtigkeit wird es ertragen. Nur die Strafe bedrückt, die unverschuldet uns trifft.« Es waren Verse Ovids, nicht Worte der Heiligen Schrift, mit denen Piero seine Rede begann. Daß Piero in der Lage war, den wortgewaltigen Anklagen der päpstlichen Kurie ebenbürtig entgegenzutreten, bewies er im April 1239, als er ein Rundschreiben an die Monarchen Europas abfaßte, das die Unterschrift des Kaisers trug. Darin wurde der sündige Priester, der ungerechte Richter und mit Blindheit geschlagene Prophet

Gregor IX. in lodernden Worten an den Pranger gestellt. »Unablässig und dringend fordern wir Euch auf«, so warnte er die gekrönten Häupter Europas, »unsere Schmach als Unrecht auch gegen Euch zu begreifen. Eilt zu Euren Häusern mit Wasser, wenn im Nachbarhaus Feuer ausbricht.« In einem unter seinem eigenen Namen veröffentlichten Pamphlet ging Piero della Vigna noch weiter: Er verglich Friedrich mit dem vor seinen Anklägern stehenden Jesus, sprach von den »Pharisäern«, die sich gegen ihren Herren, den Römischen Kaiser, versammelt hätten, erschrocken über seine Triumphe und voller Angst, daß es ihnen nach einem endgültigen Sieg des Kaisers über die Lombarden schlecht ergehen werde

Die verblüffende Analogie zwischen Kaiser Friedrich und Jesus, die Piero herstellte, sollte im weiteren Fortgang des Propagandakrieges in anderen Formulierungen und Varianten immer wieder auftauchen. Hervorgehoben wurde stets die Rolle des Kaisers als Werkzeug Gottes auf Erden, womit angedeutet werden sollte, daß nicht der falsche Hohepriester Gregor, sondern der Kaiser der rechtmäßige Stellvertreter Christi sei. Im Grunde waren diese Gedanken nicht ganz neu: Schon seit dem 11. Jahrhundert hatten deutsche Könige ihren Status als Stellvertreter Gottes auf Erden betont und damit den Widerstand des Heiligen Stuhls herausgefordert. Derartige Ausführungen, in antike und biblische Zitate oder Anspielungen gehüllt, waren schon Bestandteil der Propaganda Friedrichs I. gewesen. Besonders im Königreich Sizilien hatten sich unter dem starken Einfluß von Byzanz Ideen über das Wesen der Monarchie erhalten, die die Rolle des Herrschers als »Mundstück Gottes« auf Erden herausstellten.

Die Propagandaschrift aus der Feder della Vignas hatte eine ebenso heftige Antwort der päpstlichen Kurie zur Folge, und man bediente sich nun einer wahrhaft apokalyptischen Sprache. Gregor glaubte, in Friedrich einen Vorläufer des »Antichrist« vor sich zu haben, einen Leviathan, der mit seinem »Löwenmaul« den Namen Gottes schmähte, ein Ungeheuer mit dem Körper eines Panthers und den Tatzen eines Bären. Metapher wurde auf Metapher gehäuft; der Panther war zugleich ein »Wolf im Schafspelz«, dann wieder ein Skorpion. Aber das alles war nur die Einstimmung auf einen gezielten und konsequent geführten Angriff auf die Person Friedrichs. Nicht seine Politik allein, sondern sein schlechter Charakter wurde zum Gegenstand der Kampagne. So wie Friedrich den Papst als Verräter an den Grundsätzen des Glaubens und der Gerechtigkeit geschmäht hatte, schmähte Gregor nun den Kaiser, indem er ihn als einen Verräter am Christentum bezeichnete. Nicht genug damit, daß der Kaiser die Kirche ihrer Rechte und Besitztümer beraubt hatte, er hatte Moses, Jesus und Mohammed als »die drei Betrüger« tituliert, sich über das Dogma der jungfräulichen Geburt lustig gemacht und ein notorisch unmoralisches Leben geführt. Im übrigen warfen die päpstlichen Propagandisten dem Kaiser Sympathien und Nachsicht für eine der Religionen vor, über die er sich angeblich lustig gemacht hatte: den Islam.

Friedrich reagierte sofort und veröffentlichte eine von Piero della Vigna verfaßte Entgegnung. Für die Behauptung, er sei ein Ungläubiger, hatte er nur Spott übrig. Der Papst selbst sei es, der gegen die Gebote des Christentums verstoße. Wenn ein Papst in einer solchen Situation einen Kaiser mit Schmähungen überhäufe, so sei das allein schon ein Beweis für das Fehlen jeglicher Demut. Die Entgegnung enthielt ferner Andeutungen, aus denen sich die Empfehlung herauslesen ließ, der Heilige Stuhl solle zu einem Zustand unbefleckter Armut zurückkehren und die Schlachtfelder der Welt dem Fürsten des Friedens auf Erden überlassen, dem Römischen Kaiser. Am Ende begnügte sich Friedrich in seiner Entgegnung jedoch mit einer gemäßigteren Forderung. Die geistliche und die kaiserliche Macht müßten, so verkündete er, nebeneinander bestehen und miteinander auskommen, keine dürfe der anderen etwas nehmen. So wie die Sonne niemals den Mond verdunkeln könne, dürfe die geistliche Macht niemals versuchen, das Licht der weltlichen zu verfinstern.

Friedrich vergaß auch nicht, den Vorwurf zurückzuweisen, er habe Moses, Jesus und Mohammed als die drei großen Betrüger bezeichnet. Er stehe fest auf dem Boden des katholischen Glaubens, erkenne die ruhmreiche Rolle an, die Moses bei der Übergabe der göttlichen Gesetze an die Kinder Israels gespielt habe, und wisse sehr wohl, wie jeder andere in Glaubensdingen kundige Christ, daß Mohammed ein Feind Gottes sei, dessen Leib die Teufel in alle Winde zerstreut hätten, während seine Seele zu ewiger Höllenqual verdammt sei. Nicht Friedrich sei der eigentliche Antichrist, sondern Gregor; und er sei darüber hinaus auch noch ein falscher Prophet, wie Balaam, und ein Feind des Friedens, wie das rote Pferd im Buch der Offenbarung.

Wir können uns fragen, wie weit diese apokalyptischen Bilder bei den Zeitgenossen Eindruck machten. Ludwig IX., Heinrich III. und die führenden Köpfe in den italienischen Stadtstaaten waren sich jedenfalls darüber im klaren, daß hinter den von beiden Kontrahenten heraufbeschworenen düsteren Bildern und Visionen ein sehr irdischer Konflikt stand, der Kampf zwischen Papst und Kaiser um die Vorherrschaft, bei dem es auch um den Fortbestand städtischer Rechte und Freiheiten, die Verteidigung kirchlicher Vermögenswerte und die Sicherheit des Heiligen Landes ging. Die Chronisten des 13. Jahrhunderts ließen sich von den rhetorischen Kapriolen des päpstlich-kaiserlichen Konflikts selten blenden. Sie zitierten zwar hin und wieder aus den Briefen der Kontrahenten, zeigten aber kaum Interesse an der darin beschworenen Vorstellung, die letzten Tage der Menschheitsgeschichte würden bald anbrechen. Ihnen war klar, daß in dem Konflikt bald eine Entscheidung für die eine oder andere Seite fallen würde, sei es auf dem Schlachtfeld oder vor den Mauern einer der großen italienischen Städte, aber sie glaubten nicht, daß die feindlichen Lager für längere Zeit Bestand haben würden.

Gregor IX. war zweifellos entschlossen, Friedrich zu vernichten, und diese Entschlossenheit übertrug sich auch auf seinen Nachfolger Innozenz IV. Aber Innozenz war ein Organisator, ein kluger Politiker und Taktiker, während Gregor nichts von alledem war. Er hatte wenig Fähigkeiten. Seine Kardinäle trauten ihm überhaupt nichts zu, und seinen lombardischen Bundesgenossen war er entfremdet. Bei Senat und Volk von Rom war er unbeliebt; die Könige Europas waren seiner Ermahnungen überdrüssig. So standen alle Chancen gegen Papst Gregor, als er sich anschickte, den Kaiser zum Entscheidungskampf zu fordern und durch einen Sieg die Gerechtigkeit seiner Sache zu beweisen.

KAPITEL 10
Die Verwaltung des Königreichs

I

Wer eine Vorstellung von Art und Umfang der damaligen Staatsgeschäfte gewinnen will, sollte sich zunächst einen Eindruck von der Gedankenwelt Friedrichs verschaffen; einen Einblick gewähren die im Register von 1239-40 enthaltenen Briefe des Königs. Dazu erscheint es angebracht, auch einmal konkret den Ablauf einiger Tage zu rekonstruieren, um zu sehen, wie der stets auf Wanderschaft begriffene Hof die Leitung der großen und kleinen Regierungsgeschäfte praktisch bewältigte. Denn gerade die Register bezeugen die erstaunliche Vielfalt von Aufgaben, um die sich der König kümmerte.

Im Februar 1240 machte Friedrich im mittelitalienischen Foligno Station auf dem mühsamen Weg nach Süden. Hier antwortete er auf Anfragen des Erzbischofs von Messina, der im Konflikt mit Gregor IX. zu vermitteln versucht hatte. Friedrich machte keinen Hehl daraus, daß er an einer ehrlichen Friedensabsicht dieses Papstes zweifelte. Den beständigen Schmähungen aus Rom entgegentretend, erinnerte der Kaiser den Erzbischof daran, daß vor Jahren, als er nach Osten gezogen war und sein Leben im Dienste Christi eingesetzt hatte, Papst Gregor ins *regno* einmarschiert war. Seinen schließlichen Sieg über Gregor habe er, Friedrich, nicht ausgenützt, sondern versucht, zwischen Kirche und Reich einen Ausgleich herzustellen – nur um feststellen zu müssen, daß derselbe Papst in Mailand und anderswo von neuem die Zwietracht schürte. Der erhalten gebliebene Brief zeugt davon, wie gekränkt der Kaiser war; dem Papst wird darin die alleinige Verantwortung für die Zerwürfnisse angelastet. Aber auch ein drohender Unterton fehlt nicht, wenn Friedrich am Ende verspricht, sich die Herrschaft über das Herzogtum Spoleto und über die Marken zurückzuholen, Gebiete, die, wie er jetzt behauptet, der Heilige Stuhl dem Reich widerrechtlich abgenommen habe. Da die Truppen Friedrichs seit langem im Herzogtum standen und er selbst gerade auf dem Territorium von Spoleto weilte, waren dies keineswegs leere Drohungen – zumindest ein Teil des umstrittenen Gebiets stand bereits wieder unter kaiserlicher Herrschaft. Die Anweisungen Friedrichs an den Erzbischof enthalten an sich nichts bemerkenswert Neues, denn was Friedrich an dieser Stelle über den Papst und seine Politik sagte, stimmte mit anderen öffentlichen Bekundungen überein, wie sie sich beispielsweise in seinen Briefen an die Könige von England und Frankreich finden.

Genaueren Aufschluß darüber, wie sein Konflikt mit Gregor sich auf die sizilianische Innenpolitik auswirkte, gewähren die Briefe, in denen er sich zu Vorwürfen gegen bestimmte Barone im *regno* oder gegen angeblich auf den Papst eingeschworene Geistliche äußerte. Dem Jacopo Sacerdote aus den Abruzzi wurde beispielsweise nachgesagt, er habe die Taten und Befehle Friedrichs als nichtig bezeichnet, weil der Kaiser exkommuniziert sei. »Euer Exzellenz tun nicht recht daran, solche dreisten Anmaßungen durchgehen zu lassen«, belehrt er den Bischof; der Justitiar der Abruzzi werde daher eine Untersuchung durchführen müssen, und falls sich dabei das Fehlverhalten des Beschuldigten bestätige, müsse dieser aus dem *regno* ausgewiesen und sein gesamtes Hab und Gut zugunsten der königlichen Schatulle eingezogen werden. In Sulmona, ebenfalls im Nordosten des *regno* gelegen, wurde ein Kanonikus der Kirche San Panfilo namens Adenolfo beschuldigt, auf dem Höhepunkt des Konflikts die ganze Einwohnerschaft Sulmonas zur Ablegung eines Treueeids auf Gregor IX. aufgefordert zu haben; auch er sollte, falls sich seine Schuld herausstellte, vertrieben und enteignet werden.

Friedrich begrüßte es, wenn Verräter von seinen Untertanen vor Ort denunziert wurden; nach den Motiven der Denunzianten braucht man vielfach nicht lange zu suchen: Abgesehen von der Loyalität zum Kaiser, verbanden einige, wie Sinibaldo de Fossaseca oder Tommaso de Venavro, mit ihren Anzeigen sicherlich die Hoffnung auf Vergünstigungen oder auf die Rückgabe verlorener Ländereien. Der Konflikt zwischen Papst und Kaiser hatte nämlich auch zu Landräubereien der Papstanhänger geführt. Von 1240 an wurde freilich klar, daß die Papsttreuen nicht nur das verlieren würden, was sie sich vor kurzem angeeignet hatten, sondern alles, was sie besaßen. Große Gewinne flossen dank des erneuten Besitzwechsels in die Staatskasse Friedrichs II. Die zurückeroberten Gebiete ließen sich aber auch für politische Zwecke einsetzen: Friedrich konnte aus diesem Fundus, ohne daß es ihn eigentlich etwas kostete, treue Gefolgsleute für ihre Dienste im Krieg gegen den Papst entlohnen.

Ebensosehr wie um den Ausgang des Krieges sorgte Friedrich sich um dessen Kosten. Wieder und wieder zeugen die Register von den Versuchen des Kaisers, seine Einkünfte zu erhöhen, »insbesondere da wir für den derzeitigen Kampf in der Lombardei jetzt Geld brauchen«. Es gab, abgesehen von der Enteignung von Verrätern, zwei naheliegende Mittel zur Geldbeschaffung. Zum einen konnte Friedrich die ihm ergebenen Bankiers von Rom, Cremona, Parma, Poggibonsi oder selbst von Venedig und Wien um Kredite bitten. Doch war Friedrich stets um eine rasche Rückzahlung von Anleihen bemüht, um hohe Zinszahlungen zu vermeiden. Er war nicht bereit, seine Ressourcen zu verpfänden oder gegenüber den Bankiers vertragsbrüchig zu werden, wie spätere europäische Monarchen es häufig praktizieren sollten. Außerdem war zu seiner Zeit die Aufnahme von Krediten für gekrönte Häupter noch ein seltener Ausnahmefall; lediglich kurzfristige Anleihen zur Bestreitung unmittelbar notwendiger Ausgaben waren an der Tagesordnung, und auch bei Friedrich II. bestand das Problem eher in einem kurzfristigen Mangel an Bargeld als in einer tatsächlichen Deckung des Staatshaushalts. Einem königlichen Pagen etwa konnte das Geld für die Bezahlung von zwei Knappen und drei Pferden, die er brauchte, nicht zur Verfügung gestellt werden, weil das Geld einfach fehlte. Crescio von Amalfi, Oberkämmerer der Abruzzi, solle, so hieß es, das Geld vorstrecken. Es mutet unwahrscheinlich an, daß eine so bescheidene Summe am königlichen Hof nirgends aufzutreiben war, aber die kaiserliche Streitmacht war auf ihrem Marsch gen Süden mittlerweile in Tuscania (Toscanella), unweit von Rom, angelangt, und Friedrich hielt es offenbar für ratsam, mit der Wiederauffüllung seiner Kassen zu warten, bis er im *regno* war. In Süditalien angekommen, ordnete er an, daß mehrere Bankiers die noch ausstehenden Zinsen ausgezahlt bekamen – ein Akt der Gewissenhaftigkeit, der jedoch erkennen läßt, daß am Hofe Friedrichs und in den Kassen der Provinzialverwaltungen das Geld knapp war.

Die Kredite, die Friedrich von den norditalienischen Bankiers erhielt, sollten, soweit sich ersehen läßt, aus den Provinzialkassen im *regno* zurückgezahlt werden, wobei die Zahlung in Geld, hin und wieder aber auch in Naturalien erfolgte. Friedrich ging so vor, daß er seine Anleihen in der Lombardei und in der Toskana aufnahm und sich zur späteren Rückzahlung in Süditalien verpflichtete, das in den Augen der Geschäftsleute nach wie vor ein wohlhabendes Königreich war, dessen Einkünfte leicht zur Deckung ihrer Kredite ausreichten. Im November 1239, als Friedrich noch in Lodi saß, gewährten ihm römische Bankiers Kredite im Gesamtbetrag von rund 2270 Goldunzen – die Summe wurde offenbar in venezianischem Silber ausbezahlt, für die Rückzahlung waren jedoch Goldunzen vereinbart worden, wobei im zurückgezahlten Betrag eine Bearbeitungsgebühr und wahrscheinlich auch ein geringer Zinszuschlag enthalten waren. Ohne solche Gelder hätte Friedrich seine Streitkräfte, in deren Reihen zahlreiche Söldner dienten, nicht bezahlen können; er gab Anweisung, seinem Sohn Enzo, König von Sardinien, ebenfalls die zur Entlohnung seiner Truppen erforderlichen Mittel zur Verfügung zu stellen.

Es ist sicherlich bemerkenswert, wieviele römische Bankiers nach wie vor davon überzeugt waren, daß Gregor IX. gegen Friedrich II. unterliegen werde. Unter diesen Bankiers waren Männer aus bestem römischen Hause, selbst aus Familien, die als *papabile* galten: Pierleoni, Sinibaldi, Cenci. Die Bürger Roms hatten dem Papst ohnehin schon demonstriert, daß er, wenn es gegen Friedrich II. ging, auf ihre Unterstützung nicht zählen konnte. Daß auch Bankiers aus dem kaisertreuen Cremona vertreten waren, überrascht nicht. Bemerkenswerter ist da schon die Mitwirkung des Wiener Kaufmanns Heinrich Baum, der Friedrich tausend Silbermark in Cremoneser und Kölner Währung lieh. Im Januar 1240 bestätigte Friedrich dem Wiener Kaufmann in Arezzo eine Schuld von 1400 Goldunzen, deren Rückzahlung ihm um so schwerer fiel, als er die Hälfte des Kredits erst einen Monat zuvor in Parma in die Hände bekommen hatte. Er schlug daher eine neuartige Rückzahlungsmethode vor: Baum erhielt die Genehmigung, 4462,5 *salme* Weizen (über 500 Tonnen) aus Apulien auszuführen, genug, um zwei große Schiffe zu füllen; er konnte den Weizen liefern, wohin er wollte, nur nicht ins feindliche Venedig. Der Weizen stammte aus neuesten staatlichen Beständen und wurde Baum zu einem Verrechnungspreis von einer Drittel Goldunze pro *salma* überlassen. Der Wiener Kaufmann erhielt also Getreide im Wert von 1487,5 Goldunzen. Da ihm darüber hinaus die Exportsteuer erlassen wurde, die mindestens 300 Goldunzen ausgemacht hätte, konnte er seine 1400 Goldunzen durchaus als mit Zins zurückgezahlt betrachten. Ein ausgesprochen gutes Geschäft dürfte die Sache für Baum allerdings nicht gewesen sein, denn der zugrunde gelegte Verrechnungspreis von zehn *tari* pro *salma* war ziemlich hoch angesetzt, und angesichts der starken Schwankungen, denen der Getreidemarkt unterworfen war, konnte der Wiener Kaufmann keineswegs sicher sein, daß er seine Weizenladung zu einem einträglichen Preis würde losschlagen können.

Auf ein noch riskanteres Geschäft ließen sich einige Kaufleute aus Poggibonsi ein, die sich das Recht einräumen ließen, 1000 *salme* Weizen, die *salma* zu 13 *tari*, von Palermo oder Trapani aus zu exportieren. Friedrich gewährte ihnen dieses Privileg im November 1239 in Cre-

Die Insel Procida vor Neapel war eine Hochburg der Stauferpartei. Johann von Procida war der Anführer der Sizilianischen Vesper im Jahre 1282, dem Aufstand der Sizilianer gegen die Herrschaft Karls von Anjou. Die Niederlage Karls ermöglichte es Peter III. von Aragon, seine Ansprüche als Schwiegersohn des Staufers Manfred durchzusetzen. Die Insel fiel an Aragonien, was eine entscheidende Voraussetzung für den Aufstieg des späteren Spaniens zur Weltmacht war.

mona, während das Exportgeschäft erst im Februar 1240 stattfinden sollte. Der Kaiser ließ sich also das Geld in Norditalien auszahlen, wo er es für die Deckung seiner Kriegskosten brauchte, und versprach, es drei Monate später in Sizilien in Form von Naturalien aus den königlichen Getreidesilos zurückzuzahlen. Anders als der bedauernswerte Baum ließen sie sich jedoch, wie es scheint, freiwillig auf dieses Arrangement ein.

Friedrich sah in dem Getreide seiner Kornkammern Sizilien und Apulien ein wesentliches Mittel seiner Kriegsfinanzierung. Er brauchte dieses Getreide nicht nur als Handelsware, sondern auch als Proviant für die in den sizilianischen Gewässern operierende königliche Flotte oder (in Form von Zwieback) für die sizilianischen Garnisonen im Heiligen Land, aber am wichtigsten war ihm zweifellos, die überschüssigen Getreidevorräte zu Geld zu machen und damit seine Kriege in Norditalien zu finanzieren. Von Pisa aus schickte er im Dezember 1239 Anweisungen für eine bessere wirtschaftliche Nutzung der sizilianischen Getreideüberschüsse nach Palermo. Königlicher Weizen sollte nach Nordafrika und Spanien geliefert werden, wo ein besserer Preis zu erzielen sei; am Strand von Eraclea sollten Landungsstege für Boote errichtet werden.

Schon im Februar 1240 konnte Piero della Vigna im Auftrag des Kaisers Nicola Spinola, dem aus Genua stammenden Admiral der sizilianischen Flotte, den Plan unterbreiten, für 40 000 Goldunzen 50 000 *salme* Getreide nach Tunesien zu liefern, wo zur Zeit Nahrungsmittelknappheit, aber dank der Goldkarawanen aus Westafrika ein relativer Überfluß an Gold herrschte. Die Sizilianer verlangten denn auch nicht weniger als 37,5 *tari* pro *salma*, fast das Vierfache des Preises, zu dem Baum seinen Weizen bekam. Es war ein enormer Gewinn für die sizilianische Krone, und die Regierung hielt es sogar für angebracht, die Häfen zu sperren, so daß kein Kaufmann auf eigene Rechnung Getreide ausführen konnte, bevor die königlichen Schiffe ausgelaufen waren. Gleichwohl sah Nicola Spinola die Gefahr, daß private Kaufleute die sizilianische Krone in Tunesien unterbieten würden. Seine Agenten hatten bereits herausgefunden, daß die Genuesen in Sizilien Getreide aufkauften, das dann nicht nach Genua verfrachtet, sondern an den König von Tunis geliefert wurde. Friedrich sah keinen Grund, seine ungetreuen Bundesgenossen zu einem vorteilhaften Geschäft kommen zu lassen, und verhängte ein Embargo. Wahrscheinlich war ein solcher Eingriff des Königs in den Getreidehandel eher eine Ausnahme; fest steht aber, daß Getreide ein wichtiger Finanzposten war und daß der Krieg Friedrich praktisch dazu zwang, sein Getreide zu Geld zu machen. Erst das afrikanische Gold, das aufgrund der Hungersnot in Afrika vermehrt ins *regno* strömte, linderte die Geldnöte und ermöglichte die Neuprägung und Herausgabe der *augustales*.

Neben dem Getreidehandel unterstand auch der Handel mit Vieh, Fleisch und Salz einer strengen staatlichen Aufsicht. Der Export war für die Krone seit langem eine wichtige Einkommensquelle, wenigstens der Möglichkeit nach. In den frühen Jahren der Amtszeit Friedrichs hatten genuesische und andere Freibeuter das königliche Recht der Steuer-

und Zollerhebung an sich gezogen; jetzt, in einer Zeit militärisch bedingter Zwangslagen, war Friedrich fest entschlossen, alle Einnahmen den königlichen Beamten anzuvertrauen. Er erteilte genaue Instruktionen für die Überstellung der Einkünfte an eine zentrale Aufbewahrungsstätte, meist die königliche Schatzkammer in Messina. Hin und wieder gingen die Gelder auch direkt an den Hof. Gerüchte, wonach gewisse Provinzbeamte die Einkünfte aus den Handelssteuern nicht korrekt weiterleiten würden, gaben immer wieder Anlaß zu besorgten Nachforschungen. Jedes Anzeichen für ein mögliches Versagen des Systems wurde bei Hofe sorgfältig registriert und prompt mit Warnungen oder Ermahnungen an die zuständige Adresse beantwortet.

Im Oktober 1239 erließ Friedrich eine Weisung bezüglich der neuen Häfen im Königreich, aus denen Nahrungsmittel ausgeführt werden sollten. Eine Abschrift des Dokuments wurde ordnungsgemäß im Register abgelegt. Der Liste der offiziellen Ausfuhrhäfen, von denen aus Getreide auf dem Seeweg exportiert werden konnte – Palermo und Bari waren darunter – und in denen die königlichen Beamten den Güterumschlag überwachen mußten, wurden elf neue Namen angefügt. Dahinter stand die Absicht, Handelsbeschränkungen mit Gütern zu lockern, aus denen die Krone Einkünfte erzielen konnte. Nur wenigen dieser neuen Häfen war eine blühende Zukunft beschieden. Trapani sollte sich, wenn auch eigentlich erst nach 1300, zu einem der bedeutendsten sizilianischen Getreideausfuhrhäfen entwickeln, nicht zuletzt dank seiner vorteilhaften Lage für den Handel mit Afrika, Sardinien, Spanien und der südfranzösischen und norditalienischen Küste. Auch dem Hafen Augusta – dessen Name schon eine Wiedergeburt des alten Kaisertums verhieß – winkte eine glänzende Zukunft. Pescara hatte eine günstige Lage für den Adriahandel. Andere jedoch, wie San Cataldo in Apulien, verharrten im Schatten der traditionellen Handelsplätze und kamen über eine Zuträgerrolle nicht hinaus.

Von den königlichen Beamten in den neuen und alten Hafenstädten wurde erwartet, daß sie mit Fleiß und Sorgfalt die Ladungen registrierten und zählten, die Preise überprüften und alles Wissenswerte (einschließlich der kassierten Steuern und Zölle) in ihre Register eintrugen, von denen leider keines erhalten geblieben ist. Der König gewährte ihnen übrigens einen gewissen Handlungsspielraum: So war beispielsweise die Ausfuhr von Gütern nach Venedig für Friedrichs Untertanen nicht absolut tabu; Ausnahmen durften nur nicht allgemein bekannt werden. Es scheint, daß die Aussicht auf Gewinn stärker war als der Zorn des Königs auf seine einstigen Freunde im Nordosten Italiens.

Eine weitere Ware, für die Friedrich sich interessierte, war das Salz. Hier sind Bemühungen um eine staatliche Preisfestsetzung feststellbar. Die Krone übte seit 1231 eine weitgehende Kontrolle über die Salzgewinnung aus und hatte Salzvorräte für den Verkauf innerhalb des Königreichs angelegt. Manchmal lag die Regierung mit ihrem festgesetzten Salzpreis aber zu hoch, und in solchen Fällen war Friedrich durchaus bereit, seine Vorräte zu niedrigeren Preisen abzugeben, wenn seine Beamten ihm berichteten, daß die Nachfrage stockte. Der Preis durfte also gesenkt werden, wenn dies bewirkte, daß der königlichen Kasse das so dringend benötigte Geld dann auch wirklich zufloß.

In bezug auf den Handel mit Nutztieren war Friedrich vorsichtiger. Das Fleisch geschlachteter Tiere durfte natürlich gewinnträchtig exportiert werden (um so mehr, als zum Konservieren der verderblichen Ware nicht wenig Salz gebraucht wurde). Anders verhielt es sich bei lebenden Tieren: Immer wieder taucht in den Weisungen Friedrichs die Mahnung auf, die Ausfuhr von Pferden aus dem *regno* müsse verhindert, die Zucht kriegstauglicher Pferde zur eventuellen Verwendung in den kaiserlichen Streitkräften gefördert werden. Pferde galten als eine besonders wertvolle Handelsware, desgleichen Maultiere. Als sich ein Mangel an Packtieren auftat, forderte Friedrich, es müßten vermehrt Maultiere gezüchtet werden. Außerdem erlegte er verschiedenen Bezirken im südlichen Italien bestimmte Quoten von Maultieren auf, die sie über die Grenze bringen und seinen Truppen zuführen mußten. Der König erteilte Weisung, in der Region Capitanata Hafer zu säen, der als Futter für wichtige Nutztiere dienen sollte. Die Aufzucht von Pferden und Maultieren wurde also vom Kaiser sorgfältig aus der Ferne beobachtet und gelenkt. Und auch mit anderen Tierarten befaßte er sich. So erteilte er Anweisung, einige Schafherden, die ein sarazenischer Viehdieb sein eigen nannte, zugunsten der Krone einzuziehen; für das Gebiet um Messina wurde das Schlachten von Schweinen verfügt, teils weil Eicheln knapp geworden waren, teils weil eine Gruppe namhafter Kreuzfahrer, die in der Gegend ihr Lager aufgeschlagen hatte, bis zum Zeitpunkt ihres Aufbruchs ins Heilige Land versorgt werden mußte. Was an Fleisch übrig blieb, sollte zu Schinken verarbeitet werden, dessen Erzeugung seit einiger Zeit eine Spezialität Ostsiziliens war.

Auch Zugtiere vergaß der Kaiser nicht. An die sarazenische Stadtgemeinde Lucera sollten tausend Stück Vieh geliefert werden; die Namen aller Moslems, die eines der Tiere erhielten, sollten in einer Liste erfaßt werden. Dahinter stand der Gedanke, die sarazenische Kolonie an den Boden zu binden, »wie es in der Zeit von König Wilhelm geschah«, eine zusammengewürfelte Gemeinschaft aufsässiger, entwurzelter Rebellen in Bauern zu verwandeln, die wieder dieselbe landwirtschaftliche Produktivität entfalten würden wie vor der Vertreibung aus ihren angestammten Wohngebieten. Es ging also nicht nur darum, die Einkünfte aus Lucera und Umgebung zu steigern, sondern es spielten auch politische Motive eine wichtige Rolle. Im übrigen wurde mit großem Aufwand darauf geachtet, daß die aufs Festland umgesiedelten Sarazenen nicht wieder nach Sizilien zurückkehrten, wo die wenigen noch verbliebenen Moslems für Unruhe sorgten, wenigstens bis der Justitiar von Westsizilien Ende 1239 eine Vereinbarung mit ihnen zustande brachte.

Während die Sarazenen weitgehend aus Sizilien vertrieben waren, trafen nach wie vor Einwanderer aus dem nördlichen Afrika ein – nicht Moslems, sondern Juden. Von ihnen hatte der Kaiser wenig zu befürchten: Sie besaßen keine eigene politische Organisation und keine Loyalität gegenüber einem anderen Herrscher. Das wird im Register klar und deutlich ausgesprochen. Juden aus Nordafrika, möglicherweise von der Insel Djerba (die immer wieder einmal unter sizilianischer Herrschaft stand), sollten Dattelplantagen anlegen; mit ihrer Hilfe sollten ferner Indigo und diverse andere Pflanzen aus Nordafrika eingeführt werden. Entgegen der allgemeinen Vorstellung, war das Sizilien Friedrichs keine Insel der orientalischen Gärten und Palmenhaine, jedenfalls vorerst noch nicht.

Die Hälfte dessen, was die Juden erzeugten, sollte an die Krone abgeliefert werden. Wie die anderen Juden im Reich, wurden auch die Neueinwanderer als »Leibeigene der Kammer« behandelt. Die Regierung fand sich erst nach einigem Zögern dazu bereit, ihnen das Recht auf eine eigene Synagoge zuzugestehen. Sie sollten, wenn möglich, eine bereits bestehende, ungenutzte Synagoge in Palermo in Besitz nehmen und für ihre Bedürfnisse herrichten. Diese Entscheidung stand in enger Übereinstimmung mit Friedrichs jüngsten kirchlichen Erlassen und mit dem römischen Recht: kein Neubau von Synagogen, aber Erhaltung und Pflege der bestehenden. Der *secretus* von Palermo, Uberto Fallamonaca, zeigte sich besorgt, daß Sizilien vielleicht zu viele dieser ungläubigen Einwanderer anziehen könnte: Man dürfe ihnen ihre Zukunft nicht allzu gesichert erscheinen lassen, keinem dürfe sein Palmenhain länger als für fünf oder zehn Jahre verpachtet werden. Am königlichen Hof wünschte man offenbar, die Situation jederzeit im Griff zu behalten. Von jenem Geist der Toleranz, der Friedrich und seinem Hof immer wieder nachgesagt wird, ist hier wenig zu spüren. Es ging lediglich um das Interesse des Königreichs – der Hof wollte aus den neuen jüdischen Ansiedlungen Einkünfte für die Staatskasse ziehen.

Im übrigen bemühte man sich auch um andere, nichtjüdische Siedler: Riccardo Filangieri, kaiserlicher Statthalter im Heiligen Land, sollte um die Entsendung von Männern gebeten werden, die mit dem Anbau von Zuckerrohr vertraut waren; sie sollten hier einen Gewerbezweig wiederbeleben, der nach der Vertreibung der Moslems offenbar einen Niedergang erlebt hatte. Auch die Weinberge von Messina lieferten nicht die Erträge, die man bei Hofe erwartete. So wurde denn eine Untersuchung angeordnet, die ergab, daß im Gebiet von Messina, das seit langem christlich war und von den Moslems wenig geschätzt wurde, wirtschaftliche und soziale Probleme bestanden. Das Interesse Friedrichs galt jedoch mehr der fiskalischen als der wirtschaftlichen Seite. Gelegentlich wurde die Mahnung geäußert, die Besteuerung dürfe nicht zu Lasten der Ärmsten gehen; aber das übergeordnete Ziel war, die zweckmäßigsten Mittel zur Erhöhung der königlichen Einkünfte und zur Beschneidung der Ausgaben zu finden.

So erlegten sich die Justitiarè und Kastellane Friedrichs eine gewisse Zurückhaltung auf, wenn sie um Zuschüsse für die Instandsetzung ihrer Burgen einkamen; sie wußten, daß der Staatshaushalt schon extrem strapaziert war. Friedrich sah die Notwendigkeit starker Festungsbauten an der Nordgrenze des *regno* natürlich ein und hatte gegen dafür bestimmte Ausgaben keine Einwände, solange die Kontrolle darüber funktionierte. Als der Kaiser im April 1240 in Foggia weilte, empfing er die Kastellane von Bari und Trani; sie berichteten, daß die apulischen Burgen zu verwahrlosen drohten. Man könne dort den Himmel durch die Dächer sehen. Kein Zweifel, daß an den massiven Normannenburgen des späten 11. und des 12. Jahrhunderts allmählich der Zahn der Zeit nagte; besonders die im Landesinneren gelegenen Kastelle zeigten oft schon Spuren des Verfalls. Friedrich ließ zahlreiche apulische Burgen ausbauen und instand setzen, so etwa Goia del Colle oder die Burg von Bari, verbat sich aber große Geldausgaben. Und während hier nur für notwendigste Reparaturen Geld vorhanden war, wurden anderswo kostspielige Bauvorhaben ausgeführt: die Fertigstellung des berühmten Triumphtors von Capua, die Instandsetzung und Vollendung der Jagdschlösser in Apulien und Sizilien.

Denn es war keineswegs so, daß der Kaiser die eingezogenen Gelder ausschließlich für die Finanzierung seiner Kriege gebrauchte. Zwar läßt sich nicht mehr feststellen, wie groß der Teil seiner Einkünfte war, der für den Luxusbedarf des höfischen Lebens aufgewendet wurde; aus dem Register geht jedoch klar genug hervor, daß er auch in Kriegszeiten, etwa in den Pausen zwischen den Schlachten, seinem Bedürfnis nach Erholung und Entspannung nachkam. (Im Lauf einer langwierigen Belagerung ergab sich oft die Zeit für schöne Jagdausflüge.) Im Korrespondenzteil des Registers finden sich denn auch Anweisungen an seine Beamten im *regno*, sie sollten Negersklaven kaufen und ihnen das Trompeten- und Posaunenspiel beibringen; die Sklaven sollten zwischen sechzehn und zwanzig Jahre alt sein und dem Kaiser so bald wie möglich in die Lombardei nachgeschickt werden. Nachdem der Kaiser den lombardischen Schlachtfeldern den Rücken gekehrt hatte, widmete er sich kulinarischen Genüssen; so bestellte er im März 1240 aus Foggia im nördlichen Apulien griechische und andere süße Weine sowie erlesenen Fisch in Aspik.

Mehr als alles andere aber liebte Friedrich die Jagd, vor allem natürlich mit Falken, und das Register vermittelt einen Eindruck davon, wie weit er bei der Suche nach Exemplaren und Arten dieses Greifvogels ging. Er bevorzugte Falken von den Inseln zwischen Sizilien und Afrika wie Pantelleria oder Lampedusa, namentlich aber aus Malta. Doch auch aus dem hohen Norden bezog er Falken, wie aus seiner Korrespondenz mit Kaufleuten aus Lübeck hervorgeht. Um das Wohlergehen seiner Falken kümmerte er sich sogar aus der Ferne, und es bereitete ihm Sorgen, wenn einer von ihnen erkrankt war. Andererseits liebte er auch die Jagd mit Geparden und verlangte im Dezember 1239, man solle ihm sechs dieser Jagdleoparden nach Pisa bringen. Und als er sich einige Monate später der sizilianischen Grenze näherte, bat er darum, daß seine Tierbändiger ihm mit ihren Leoparden entgegenkämen. Es scheint, daß die Tiere in Apulien, wahrscheinlich in Lucera, gehalten wurden; bei den Bändigern handelte es sich zweifellos um Moslems, wie ja auch die Lieferanten dieser Tiere sicherlich in der islamischen Welt beheimatet waren.

Die Korrespondenz des Kaisers aus den Februartagen des Jahres 1240, als der Hof über Foligno und Viterbo in Richtung Süden zog, vermittelt einen guten Eindruck von der alltäglichen Regierungsarbeit, von den so verschiedenen Belangen und Problemen, mit denen der Kaiser beschäftigt war. Unter dem 8. Februar finden sich Briefe, in denen über Schmähungen aus der Feder von Anhängern Gregors IX. berichtet wird. Vom selben Tag aber datieren auch Schreiben, in denen es um die Paarung von Pferden und Eseln geht. Ein dringlicher Brief wurde an den *secretus* von Ostsizilien gesandt, veranlaßt durch Klagen über die schlampige Verwaltung königlicher Lagerhäuser in Messina (in denen wahrscheinlich Munition aufbewahrt wurde). Den Problemen des Nachschubs für die sizilianische Garnison im Heiligen Land sollte durch die Entsendung eines mit Getreide aus königlichen Beständen beladenen Schiffes nach Tyros abgeholfen werden, wo sich das Hauptquartier Ricardo Filangieris befand, des Legaten des Heiligen Reiches jenseits des Meeres, *bailli* des Königreichs Jerusalem. Auch Geldfragen spielten nicht bei den alltäglichen Regierungsgeschäften eine Rolle: Die königlichen Beamten von Porto Garigliano erhielten Weisungen zur Besteuerung von Nutztier-Exporten. Sie hatten am Hofe Friedrichs angefragt, welchen Steuersatz sie bei Pferden und Maultieren berechnen sollten; die Antwort lautete, die Ausfuhr solcher Tiere solle unbedingt verhindert, auf andere Tiere eine Steuer nach den geltenden Verordnungen erhoben werden (ein Siebentel des Warenwerts). Um Pferde und Maultiere ging es auch in einer kaiserlichen Beschlagnahmeverfügung, die am selben Tag an den Justitiar von Terra di Lavoro und von Molise hinausging. Schließlich wurden einem gewissen Simone de Ursone aus Capua 740 Goldunzen überwiesen, damit er Schulden bei römischen Bankiers begleichen konnte. Friedrich bediente sich hier seines üblichen Verfahrens, die Beamten im *regno* mit der Begleichung von Schulden zu beauftragen, die er außerhalb des *regno*, im Norden, gemacht hatte.

Diese Praktiken Friedrichs, mit den Ressourcen des *regno* die Kosten von Kriegen zu bestreiten, die er außerhalb Siziliens und in anderer Sache führte, waren zweifellos ein Grund dafür, daß in den vierziger Jahren im Königreich die Erbittung wuchs. Das Register erwähnt die Eintreibung der *collecta*, der Notsteuer für den Krieg, die sich zu einer quasi regulären, einmal im Jahr erhobenen Steuer entwickelte. Doch finden sich im Register selbst nur wenig Hinweise auf Unruhen im *regno*. Abgesehen von Streitereien zwischen Matrosen aus Savona und Genua in den Straßen von Messina und von den nicht seltenen Fällen, in denen »Verräter« denunziert wurden, gewinnt man bei der Lektüre des Registers den Eindruck, daß der abwesende Kaiser die Herrschaft über Sizilien fest im Griff hatte. Selbst die Sarazenen kamen nach einem halben Jahrhundert der Rebellion endlich zur Ruhe. Friedrichs stabiles Verwaltungsgerüst aus *secreti*, Justitiaren, Prokuratoren und Kastellanen erwies sich im wesentlichen als zuverlässig, oft genug dank neu rekrutierter Beamten, zumeist Männer aus Amalfi oder Salerno, die ausgebildete Juristen waren und häufig unmittelbar nach Beendigung ihres Studiums in Neapel in die königliche Verwaltung übernommen wurden.

Dennoch riefen Friedrichs Kriege in der Lombardei zunehmende Unzufriedenheit bei seinen Untertanen hervor, denen wachsende Steu-

Die Herrschaft der ludowingischen Landgrafen von Thüringen war zeitweise sogar eine antistaufische Gegenmacht, da sich Heinrich Raspe als Gegenkönig gegen Friedrich II. hatte wählen lassen. Die Wartburg in Thüringen ist im Laufe der Jahrhunderte zu einem mittelalterlichen Architekturmuseum geworden. Der Palas, der an der Wende des 12. zum 13. Jahrhundert aufgestockt wurde, enthält einen geräumigen Festsaal, dessen Fenstergalerien als gleichmäßige säulengekuppelte Gruppen gestaltet sind.

erlasten für fremde Zwecke aufgebürdet wurden. Überdies stellte sich die Frage, ob das Königreich überhaupt in der Lage sein würde, die Erzeugung von Weizen, Pökelfleisch und anderen Nahrungsmitteln im bisherigen Umfang aufrechtzuerhalten: Der Ausfall fähiger islamischer Landwirte bedeutete den Verlust spezieller praktischer Kenntnisse und Fertigkeiten, ein Verlust, der sich durch die Neuansiedlung von Juden aus Nordafrika nur teilweise wettmachen ließ. Sizilien und Apulien sollten zwar noch jahrhundertelang zu den großen Kornkammern des Mittelmeerraums gehören, aber in der Regierungszeit Friedrichs erlebten sie einen Bevölkerungsrückgang, und daher sanken auch die Erträge unter die zuvor erreichten Mengen. Deshalb siedelte Friedrich nicht nur Juden, sondern auch loyale Ghibellinen aus Norditalien im Königreich an, denn der Ackerbau war die eigentliche Quelle seines Reichtums und damit die Grundlage seiner politischen Macht. Seine normannischen Vorgänger hatten freilich über weitaus größeren Reichtum verfügt, und daß Friedrich auf die Hilfe römischer Bankiers zurückgreifen mußte, zeigte, wie sehr er seine finanziellen Reserven ausgeschöpft hatte. Es war ein unsicheres finanzielles Vermächtnis, das er seinen Nachfolgern hinterließ. Sie trugen diesem Umstand Rechnung, indem sie die Ressourcen des Königreichs in größerem Ausmaß als je zuvor an die toskanischen Bankiers verpfändeten. Darüber hinaus sorgte ihr Geldhunger, den sie durch ständige Steuerforderungen zu stillen suchten, im Innern für Unruhe.

KAPITEL 11
Ein anderes Verfahren, 1239-1245

I

Die Siegeshoffnungen Friedrichs richteten sich 1239 noch auf die lombardischen Schlachtfelder. Wie zehn Jahre zuvor, als sein überraschender militärischer Siegeszug in Süditalien Gregor IX. zum Kompromißfrieden von San Germano gezwungen hatte, sollte jetzt ein Triumph der kaiserlichen Truppen in der Lombardei den Papst zum Nachgeben zwingen. Außerdem setzte der Kaiser Hoffnungen auf einige Kardinäle, die für erneute Verhandlungen eintraten – Thomas von Santa Sabina beispielsweise. Diese Kardinäle waren nicht unbedingt Freunde der kaiserlichen Partei, aber sie befürchteten, daß Gregor bei seinem Kampf gegen Friedrich die zukünftige Sicherheit des Papsttums aufs Spiel setzte; sie legten weniger Wert auf weitschweifige Erklärungen über das Wesen der päpstlichen Autorität als auf die praktische Bewahrung dieser Autorität.

Friedrich brauchte, wenn er sein Konzept durchsetzen wollte, einen durchschlagenden militärischen Erfolg. Als dieser ihm zunächst versagt blieb, änderte er seine Strategie. Gewiß, die kaiserlichen Truppen nahmen unter seiner und Ezzelinos Führung im nordöstlichen Italien eine Guelfenfestung nach der anderen ein, aber sie scheiterten im Sommer 1239 bei dem Versuch, Treviso zu erobern, nachdem sie die Unterstützung des Herzogs d'Este verloren hatten. Den Abfall Venedigs bekam der Kaiser schmerzlich zu spüren; die Privilegien, die er der Stadtrepublik noch 1232 gewährt hatte, hatten die Venezianer nicht davon zu überzeugen vermocht, daß ihren Interessen durch ein Bündnis mit einem Herrscher gedient war, der das gesamte venezianische Hinterland unter seine Kontrolle zu bringen versuchte. Verlockender für Venedig wie Genua war die Aussicht auf einen Einmarsch päpstlicher Truppen in Süditalien und Sizilien. Weshalb mit dem Kaiser über wirtschaftliche Rechte im *regno* verhandeln, wenn sich statt dessen die Chance bot, mit päpstlicher Hilfe die Kontrolle über ganz Süditalien zu erlangen? Den Genuesen wurde sogar in Aussicht gestellt, sie könnten Syrakus wiederbekommen, die Hafenstadt, in der sie zwei Jahrzehnte eine führende Stellung eingenommen hatten, bis Friedrich 1220 seine legitimen Herrschaftsansprüche geltend gemacht hatte.

Als die kaiserliche Streitmacht im September 1239 einen erneuten Anlauf zur Eroberung Mailands nahm, wichen die lombardischen Rebellen einer offenen Konfrontation aus und ließen den Gegner ungehindert vor die Mauern der Stadt marschieren. Die Belagerung einer so ausgedehnten und gut befestigten Stadt wie Mailand war jedoch wenig aussichtsreich, und Friedrich sah sich schließlich gezwungen, nach Süden abzudrehen. Dort, in der lombardischen Tiefebene, hatte er noch zuverlässige Bundesgenossen; er zog nach Cremona und erfuhr dort zu seiner Freude, daß Como sich dem kaiserlichen Lager angeschlossen hatte. In Como bestand seit jeher Feindseligkeit gegenüber Mailand, und der neue Bündnispartner bedeutete einen Zugewinn an strategischer Stärke für die kaiserliche Seite.

Dennoch befand sich der Kaiser in einer Pattsituation. Darüber gab er sich keinen Illusionen hin. Schon im Sommer 1239 hatte er begonnen, sich Gedanken über »ein anderes Verfahren« zu machen; er äußerte sich dazu in einem Brief an den Erzbischof von Messina, der uns erhalten geblieben ist. An die Stelle der bisherigen Verhandlungsangebote an den Papst sollte jetzt die Androhung von Gewalt treten. Zum anderen wurden kaiserliche Rechtsansprüche in Mittelitalien, im Herzogtum Spoleto und in der Mark Ancona erhoben. Der Erzbischof, der zu einem Friedensschluß mit dem Papst geraten hatte, mußte sich nunmehr im klaren darüber sein, daß der Konflikt nach der Exkommunizierung des Kaisers eine andere Dimension angenommen hatte. Gleichwohl hatte Friedrich den Gedanken an Verhandlungen wohl noch nicht gänzlich aufgegeben. Gewiß hielt er den Krieg für unvermeidlich, aber der Zweck des Krieges bestand für ihn eben darin, den Gegner an den Verhandlungstisch zu zwingen. Weder jetzt noch später hatte der Kaiser es auf völlige Demütigung des Papstes abgesehen, wie sie sechzig Jahre später Philipp IV. von Frankreich dem glücklosen Bonifaz VIII. zufügte.

Im Verlauf des Sommers 1239 hatte Enzo im Auftrag seines Vaters erste militärische Schritte unternommen, die der kaiserlichen Partei beachtliche Erfolge einbrachten: Jesi, der Geburtsort des Kaisers, wurde für das Reich zurückerobert, ein Gewinn von mehr als bloß symbolischem Wert, denn Jesi lag der nördlichen Grenze des Königreichs Sizilien nahe. Es bedurfte indes der persönlichen Präsenz Friedrichs, um das zurückeroberte Gebiet gefügig zu machen. Auf den Rückschlag vor Mailand folgte rasch der Marsch nach Süden, ins ghibellinische Pisa,

Das Königreich Sizilien war von Natur aus ein festumgrenztes Gebilde mit nur einer einzigen Landgrenze im Norden. Um sie zu sichern, brachte Friedrich II. fast alle Grenzburgen in seinen Besitz und gründete Städte im Norden, die als Waffenplätze dienten. Die Abruzzen-Hauptstadt Aquila ist eine dieser Gründungen und trägt einen Adler in ihrem Wappen.

wo der Kaiser die Weihnachtstage 1239 verbrachte und Vorbereitungen für die Rückeroberung Mittelitaliens traf. Er hatte den Plan gefaßt, die zum Kirchenstaat gehörenden Städte zu umwerben, und wenn es sein mußte, auch zu erobern. Sein Ziel war, Gregor in Rom zu isolieren.

Der Spätwinter und das Frühjahr 1240 brachten dem Kaiser eine Reihe beachtlicher Erfolge. Während im umbrischen Hügelland etliche Orte fest in Guelfenhand blieben, konnte die Kaiserpartei die Rom am nächsten gelegenen Städte gewinnen: Viterbo, eine bedeutsame, von den Päpsten oft als Residenz benutzte Stadt, Corneto (heute Tarquinia genannt) und Sutri vor den Toren Roms. So nahe vor Rom, verkündete der Kaiser seine bevorstehende Ankunft und verhieß den Römern die Wiederkehr imperialer Herrlichkeit in ihrer Heimatstadt. Vielleicht spielte er tatsächlich kurze Zeit mit dem Gedanken, Rom zu seiner Hauptstadt zu machen, denn er begann allmählich, sein Verwaltungssystem in Sizilien und Italien auch auf den Norden auszudehnen: er setzte Sizilianer als *podestàs* im Norden ein und übertrug seinem obersten sizilianischen Gerichtshof die Zuständigkeit auch für Rechtsfälle nördlich der Grenze, in der Region zwischen dem *regnum Siciliae* und dem *regnum Italicum*. Als das Frühjahr 1240 anbrach, konnte der Kaiser hoffen, sein »anderes Verfahren« werde schnell und reibungslos zu den gewünschten Ergebnissen führen.

Aber es standen noch die Unterwerfung Roms und die Bezwingung Gregors aus. Auch hier war Optimismus angebracht. Der Papst hatte mächtige Gegner in Rom, und Meinungsverschiedenheiten zwischen einzelnen Fraktionen innerhalb des Kardinalskollegiums über lokalpolitische als auch reichspolitische Fragen verstärkten den Eindruck, Rom würde beim Nahen der kaiserlichen Truppen die Tore öffnen. Tatsächlich forderten die römischen Ghibellinen, man solle den Kaiser kommen und die Stadt in Besitz nehmen lassen. Für Gregor ging es um mehr als die Verteidigung Roms als Stadt. Dies war die Heimstätte der Apostel Petrus und Paulus, nach Jerusalem eine weitere heilige Stadt, die bedroht war. Friedrich, der schon in Jerusalem gewütet hatte, würde auch Rom der Verheerung preisgeben.

Am 22. Februar appellierte Gregor an die Stadt und die Welt. Nach einer großen Prozession vom päpstlichen Palast quer durch die Stadt bis zur konstantinischen Basilika des Vatikan beschwor der betagte Papst die Römer in einer leidenschaftlichen Rede, die Freiheit der Kirche zu schützen. Falls die Römer ihre Stadt nicht verteidigten, sollten an ihrer Stelle die beiden Apostel handeln. Deshalb nahm sich Gregor selbst die Tiara ab und setzte sie auf den Reliquienschrein mit den Schädeln der beiden Heiligen. Der Krieg gegen Friedrich war damit zum heiligen Krieg geweiht, zum Krieg um die Verteidigung des Glaubens. Diejenigen, die sich an diesem Krieg beteiligten, waren nichts Geringeres als Kreuzfahrer und konnten des himmlischen Lohns sicher sein, falls sie im Kampf für die kirchliche Sache ihr Leben lassen sollten. Aus Stoff zugeschnittene Kreuze wurden an die verteilt, die zum Eintritt in das päpstliche Heer bereit waren. Auch wenn es in Rom immer noch eine einflußreiche ghibellinische Opposition gab, war es Gregor doch gelungen, eine große und lautstarke Anhängerschaft zu mobilisieren. Die Verehrung der Römer für den Kaiser hatte sich als unstet erwiesen.

Friedrich provozierte den Papst nicht. Er wollte nicht als Eroberer, sondern als Friedensfürst in die Stadt einmarschieren. Außerdem besaß Rom starke Festungsmauern, und eingedenk der Erfahrungen vor Mailand zögerte Friedrich mit dem Einsatz seiner militärischen Mittel. Schließlich wollte Friedrich dem Papst auch keinen propagandistischen Erfolg bescheren, indem er dessen Paläste erstürmte und sich damit als Feind der Kirche zu erkennen gab. Denn er hielt nach wie vor konsequent an seinem vorgefaßten Vorgehensplan fest. Der Einsatz militärischer Gewalt, den er in seinem Brief an den Erzbischof von Messina ankündigte, sollte ein politisches Resultat zeitigen. So zog Friedrich 1240 an den Mauern Roms vorbei, um zunächst aus dem südlichen Italien noch stärkere Kräfte heranzuführen. Erst im Frühsommer des folgenden Jahres marschierte er wieder in die Umgebung der Stadt, in der Hoffnung, mit den Kardinälen verhandeln zu können, um den Papst politisch zu isolieren. Deshalb kam ihm gelegen, daß die deutschen Fürsten inzwischen den Großmeister des Deutschritterordens nach Rom gesandt hatten, der Verhandlungen mit der Kurie aufnehmen sollte. Der Papst, der sich kategorisch weigerte, mit Friedrich zu einem Ausgleich zu kommen, wurde in die Verhandlungen nicht einmal einbezogen.

Wichtiger noch war für Friedrich, daß sich allgemein der Wunsch nach Einberufung eines Kirchenkonzils verstärkte, auf dem die sich einander befehdenden Lager ihre Klagen zur Entscheidung vorlegen könnten, ein Gedanke, den Friedrich schon früher in Briefen an seine europäischen Amtskollegen, namentlich König Ludwig IX. von Frankreich, ausgesprochen hatte. Was dem Papst vorgeworfen wurde, war, daß er es seit der Exkommunizierung nicht zugelassen hatte, Friedrichs Fall vor die zuständigen Richter zu bringen. Freilich, welche Richter waren zuständig? Die Kardinäle wußten sehr wohl, daß einem Konzil, dessen Ziel die Versöhnung zwischen zwei verfeindeten Rivalen war, nur dann

Erfolg beschieden sein konnte, wenn ein Vermittler vorhanden war, der Autorität besaß. Da beide, Papst wie Kaiser, sich als oberste Weltherrscher begriffen und das Recht beanspruchten, über alles Irdische zu urteilen, kam als vermittelnde Instanz nur ein Gremium in Frage, das nach Lage der Dinge zum größten oder doch zu einem beträchtlichen Teil aus Kardinälen bestand. Friedrich wollte einem solchen Plan natürlich nur unter der Bedingung zustimmen, daß auf dem Konzil auch sein eigener Standpunkt zum Ausdruck kommen würde, vertreten etwa durch die deutschen Kirchenfürsten. Ebenso erwartete Gregor, daß die lombardischen Rebellen angemessen repräsentiert sein würden, ja er sah in einem Konzil in erster Linie eine Gelegenheit, den Kaiser in Anwesenheit seiner loyalen Gefolgsleute aus Italien und der übrigen christlichen Welt an den Pranger zu stellen. Für ihn war das geplante Konzil kein Mittel zum Frieden, sondern sollte die Niederlage des Kaisers besiegeln. Was zunächst wie ein ernsthafter Anlauf zu einer Friedenskonferenz wirkte, wurde so unversehens zu einer Bedrohung für den Kaiser.

In aller Eile berief Gregor also für Ostern 1241 ein Konzil ein, ohne ein Ergebnis der mühsamen Verhandlungen zwischen den Kardinälen und den Vertretern des Kaisers abzuwarten. Damit war er den Kardinälen geschickt zuvorgekommen. Doch Friedrich ließ sich davon nicht beeindrucken. Auf die Ankündigung eines Konzils, auf dem die Vertretung seiner Interessen nicht gewährleistet sein würde, reagierte er mit einer Kampfansage: Er erklärte ausdrücklich, er werde für die Sicherheit der von auswärts nach Rom anreisenden Konzilteilnehmer keine Gewähr übernehmen. Das bedeutete, daß er seinen sizilianischen, deutschen und anderen Untertanen den Besuch des Konzils praktisch verwehrte. Der Kaiser beabsichtigte ernsthaft, das Zustandekommen eines Konzils zu verhindern.

Die Kardinäle und Bischöfe, die sich aus Nordeuropa und der Lombardei nach Rom aufmachten, ahnten nicht, wie real die ihnen drohende Gefahr war. Sie versammelten sich im Frühjahr 1241 in Genua, um von dort auf dem Seeweg weiterzureisen, offenbar mit einem Großteil des Geldes, das in England und anderswo nach den päpstlichen Aufrufen zur finanziellen Unterstützung gespendet worden war. Am 3. Mai 1241 lauerte Admiral Ansaldo de Mari den genuesischen Schiffen mit einer pisanischen und sizilianischen Flotte vor der toskanischen Küste auf. Beim Anblick der auftauchenden Angreifer beeilten sich viele der genuesischen Matrosen, rasch noch ein Kreuzfahrergelübde abzulegen, doch aller fromme Mut nützte den Angegriffenen nichts; sie wurden überwältigt, viele erbarmungslos niedergemetzelt. Neben vieler kostbarer Beute fielen Friedrich Dutzende zum Konzil nach Rom berufene oder entsandte Kirchenvertreter in die Hände, zwei Kardinäle und viele Bischöfe darunter. Einer der Gefangenen war der Kardinalbischof von Palestrina, der weniger als alle anderen auf Gnade rechnen konnte.

Die Gefangenen erfuhren, wenigstens nach vatikanischer Überlieferung, eine entwürdigende Behandlung, nicht nur im Verlauf des Kampfes und unmittelbar danach, sondern auch später, als Häftlinge in toskanischen und süditalienischen Verliesen. Doch ist den überlieferten Berichten nicht unbedingtes Vertrauen zu schenken. Einer der gefangenen Kardinäle, Otto von St. Nikolaus, ließ sich während seiner Gefangenschaft in Süditalien immerhin zur Sache des Kaisers bekehren. Im Grunde konnte Friedrich an der Mißhandlung seiner Gefangenen auch wenig gelegen sein: die über hundert Kardinäle und Bischöfe waren wertvolle Pfänder. Von Ausnahmen wie im Falle Jakobs von Palestrina abgesehen, ging es dem Kaiser nicht in erster Linie um Bestrafung. Er hatte hochkarätige Geiseln in der Hand und konnte jetzt Bedingungen diktieren und den Papst an den Verhandlungstisch zwingen. Tatsächlich war es das Ergebnis des kaiserlichen Streichs, daß Gregor noch stärker in die Isolation geriet. Die Hoffnung auf Rückhalt durch ein Konzil mußte er aufgeben, denn nur die wenigsten Teilnehmer waren bis nach Rom gelangt, und mehrere seiner Kardinäle beschworen ihn, um Frieden zu bitten. Auch die in Gefangenschaft geratenen Kirchenmänner appellierten an ihn, dem Kampf ein Ende zu machen. Doch hatte Gregor auch entschlossene Anhänger: Sinibaldo de' Fieschi, Rainier von Viterbo und einige andere Kardinäle zeigten sich auch weiterhin unbeugsam.

Die Gefangennahme der Prälaten machte indes die Niederlagen nicht wett, die Friedrich im Nordosten einstecken mußte. Im Veneto gingen mehrere kaiserliche Bastionen verloren: Das von Salinguerra gehaltene Ferrara wurde 1240 verraten; die wahren Gewinner dieser Entwicklung waren die Venezianer, deren Interesse weniger einer politischen Niederlage des Kaisers als der wirtschaftlichen Vorrangstellung im oberen Adriagebiet galt. So befand sich der Kaiser gegen Jahresende 1240 wieder auf dem Weg in den Nordosten, bemüht, die Kontrolle über die Grenzregionen zwischen dem *regnum Italicum* und den Gebieten, auf die auch der Heilige Stuhl Rechtsansprüche erhob, zu behalten. Eine Schlüsselstellung nahmen hier das 1239 verlorengegangene Ravenna, das notorisch kaiserfeindliche Bologna und Faenza ein, das ebenfalls an einer der Hauptrouten nach Süden gelegen war. Die sechsmonatige Belagerung Faenzas endete im April 1241 mit der Kapitulation der hungernden Stadt. Friedrich zeigte sich versöhnlich, indem er Faenza Vergebung gewährte. Wahrscheinlich ließ er sich hierzu, wie schon öfter geschehen, durch Ghibellinen bewegen, die aus der Stadt vertrieben worden waren und auf eine Rückkehr in ihre unversehrte Heimat hofften. Der Kaiser wußte aber auch, daß es galt, einen Eindruck von Großmut zu erwecken. Angesichts der päpstlichen Propaganda, die den Kaiser als Tyrannen brandmarkte, wollte dieser seine Milde demonstrieren.

Nach dem Fall Faenzas lagen große Teile Italiens offen vor ihm, und Friedrich konnte sich nun wieder ungehindert zwischen Norden und Süden bewegen. Der Sommer 1241 sah ihn wieder in der Umgebung Roms, wo er einen engen Bund mit dem Kardinal Giovanni Colonna schloß, denn er benötigte Unterstützung, um sich problemlos vor den Toren Roms festsetzen zu können. Tatsächlich konnte er Gregor während des heißen Sommers in Rom einschließen. Der Papst aber, verschanzt in der gut befestigten Stadt, blieb unnachgiebig. Doch im August ereilte den Unversöhnlichen der Tod. Er starb, ohne Friedrich besiegt zu haben, aber auch ohne besiegt worden zu sein. Mit dem Tod des Papstes waren nicht sofort alle Probleme beseitigt, die Friedrich mit dem Heiligen Stuhl hatte. So sehr die päpstliche Kurie auch 1241 in sich zerstritten war, hatte Gregor unter den Kardinälen doch etliche Anhänger besessen. Friedrich konnte nur der Hoffnung Ausdruck verleihen, der nächste Papst möge ein Freund Gottes sein, ein Papst, der »die Irrtümer seiner Vorgänger korrigieren und das von ihnen begangene Unrecht wieder gutmachen« würde. Sein vordringlichstes Anliegen mußte es daher sein, in diesem Sinn Einfluß auf die Papstwahl zu nehmen. Friedrich konnte drei Trümpfe präsentieren: Die Kardinäle Jakob von Palestrina und Nikolaus von Ostia befanden sich als Geiseln in seiner Hand, Kardinal Giovanni Colonna hingegen hatte sich auf seine Seite geschlagen. Die Tore Roms blieben dem Kaiser jedoch nach wie vor verschlossen: Die kaiserfeindlichen Familien mit dem mächtigen römischen Senator Matteo Orsini an der Spitze übten weiterhin Einfluß aus und waren entschlossen, die Papstwahl ihren Interessen gemäß zu lenken. Sie wünschten sich einen Papst, der den Konfrontationskurs gegen Friedrich und die ihn unterstützenden Römer beibehalten würde. Matteo Orsinis Methoden waren dabei von bemerkenswerter Grausamkeit. Er ließ die in Rom anwesenden Kardinäle unter strenger Bewachung – zeitweise sogar gefesselt – in das von Erdbeben beschädigte Septizonium bringen, das den Kardinälen gewöhnlich als Versammlungsort zur Papstwahl diente, und sperrte sie in dem baufälligen Palast unter höchst barbarischen Bedingungen ein. Es heißt, ihre Bewacher hätten durch das beschädigte Dach ihre Notdurft auf die Kardinäle herab verrichtet. Als Regenwetter einsetzte, sickerte Wasser durch viele Risse und Löcher in das Kardinalsgelaß. Die Kardinäle erkrankten, drei von ihnen, darunter auch Robert von Somercote, starben.

Ungeachtet dieses Terrors blieben die Kardinäle gespalten. Die unbeugsamen Gegner Friedrichs, Sinibaldo de'Fieschi unter ihnen, wollten Romano von Torto als Papst; er gehörte zu den Kardinälen, die die Politik Gregors IX. fortsetzen wollten. Diese Fraktion umfaßte vier Kardinäle, Romano eingeschlossen. Die übrigen Versammelten favorisierten einen anderen Kardinal: Goffredo von Santa Sabina. Sie vertraten eine gemäßigtere Position und waren an Verhandlungen zur Beilegung des päpstlich-kaiserlichen Konflikts interessiert. Angesichts der entwürdigenden Behandlung durch Matteo Orsini entschlossen sich die Kardinäle nach qualvollen Wochen endlich zu einem einmütigen Vorgehen. Der Kardinal von Santa Sabina wurde zum gewählten Papst proklamiert und entschied sich für den Namen Cölestin IV.

Er hatte wenig Gelegenheit, mit irgend jemandem Frieden zu schließen. Seine einzige bedeutsame Amtshandlung als Papst war die Exkommunizierung Matteo Orsinis. Denn kaum drei Wochen nach seiner Wahl folgte er Gregor ins Grab, eine Folge seines Aufenthalts im Septizonium. Eine neue Wahl wurde anberaumt – kein leicht durchzuführendes Vorhaben, waren die meisten Kardinäle doch aus Rom geflohen. Giovanni Colonna saß in den Kerkern der Orsinis, und nur Sinibaldo de' Fieschi und ein oder zwei andere wagten es, in Rom auszuharren. Auch hielt ja der Kaiser noch immer zwei Kardinäle in seinem Gewahrsam. Es schien unmöglich, die Kardinäle auch nur zusammenzubringen; eine Einigung der völlig zerstrittenen Parteien war ferner denn je gerückt. So schleppten sich die Verhandlungen denn monatelang hin, und der vakante Stuhl Petri, der ganz Europa empörte, begann das Ansehen des Kaisers zu beschädigen. Die Rolle, die Matteo Orsini gespielt hatte, geriet dabei weitgehend in Vergessenheit; stattdessen wurde die Verantwortung Friedrich zugeschoben. Als der Kaiser den wachsenden Unmut auch über die noch immer andauernde Gefangenschaft Jakobs von Palestrina nicht mehr ignorieren konnte, kündigte er schließlich im Frühjahr 1243 die Freilassung seines Gefangenen an. Er hoffte, damit demonstrieren zu können, daß seine erste Sorge dem inneren Frieden der Kirche und nicht etwa der Wahrung seines eigenen Gesichts galt, und daß sein Akt als Ausdruck reinster Selbstlosigkeit und Großzügigkeit betrachtet werde.

Endlich wurde am 25. Juni 1243 Sinibaldo de' Fieschi zum Papst gewählt, ein genuesischer Aristokrat, der ein kanonischer Gelehrter von höchsten Geistesgaben und langjähriger Mitarbeiter Gregors IX. war. Er wählte den Namen Innozenz IV. Friedrich nahm die Nachricht von der Wahl des neuen Papstes mit Freude auf. Er ließ eine Verhandlungsdelegation zusammenstellen, zu der auch Piero della Vigna und der neue Großmeister des Deutschritterordens, Ansaldo de Mari, zählten, also die denkbar höchsten Würdenträger des kaiserlichen Hofes. Zweifellos war der Kaiser nach wie vor davon überzeugt, nun endlich auf dem Verhandlungswege zu einer Friedenslösung zu kommen. Weit entfernt von dem Gedanken, Rom und die Orsinis militärisch in die Knie zu zwingen, hatte er seine Truppen aus der Umgebung der Stadt zurückgezogen, genau wie es von ihm gefordert worden war. Er glaubte, in Innozenz einen Gesprächspartner zu finden, der für seine Vorstellungen empfänglicher als Gregor IX. war. So beglückwünschte er denn den Papst zu seiner Wahl und brachte die Hoffnung auf künftige Zusammenarbeit zum Ausdruck. Doch diese Hoffnung trog.

II

Vom Standpunkt der überzeugten Anhänger des Papstes aus gesehen, stand Innozenz IV. vor folgenden Aufgaben: Er mußte die von Gregor IX. erzielten Erfolge im Propagandakrieg gegen Friedrich II. behaupten und den in Bedrängnis geratenen lombardischen Rebellen weiterhin Zuspruch gewähren, um so mehr, als sie nun schon zwei ganze Jahre ohne einen Schutzherren hatten auskommen müssen. Zugleich mußte Innozenz aber auch versuchen, sich der Welt als einen weniger jähzornigen, weniger unbeherrschten Papst zu präsentieren, der nur von berechtigter Sorge über die kaiserlichen Übergriffe erfüllt war: über die Besetzung bisher unter päpstlicher Herrschaft stehender Territorien durch kaiserliche Truppen und über die unerfüllbaren Friedensbedingungen, die die kaiserliche Seite stellte. Auch der neue Papst glaubte wirklich, Friedrich II. habe Gott und der Kirche den Rücken gekehrt, und seine gelegentlichen Bekundungen der Treue zur Kirche seien nur Täuschungsversuche. Dazu kam, daß in Rom – wie übrigens in ganz Europa – Unklarheit über die dringlichsten Aufgaben der Christenheit bestand. Ludwig IX. von Frankreich etwa betrachtete den Konflikt des Papstes mit dem Kaiser als verwerfliche Ablenkung von einem höheren Ziel, der Wiederaufnahme des Krieges um die Rückgewinnung Jerusalems. Die gesamte Heilige Stadt war 1244 an die Choresmier verloren gegangen. Damit nicht genug, wurde das östliche Europa wieder einmal von Eroberern aus dem Fernen Osten heimgesucht: Ungarn war verwüstet, und mongolische Horden drohten bis zur Adria vorzudringen. Auch Deutschland schien akut bedroht, und die deutschen Fürsten wünschten und erwarteten vom Kaiser Unterstützung gegen die gefürchteten Angreifer. Friedrich verurteilte zwar die Mongolen in einem Rundschreiben, aber Worte allein halfen wenig. Angesichts dieser Lage der Dinge mußte das Beharren des Papstes auf einem Entscheidungskampf zwischen Papsttum und Kaiser vielen nur als ein weiterer Beitrag zum Ruin des Christentums erscheinen: »Ein in sich gespaltenes Volk wird untergehen.«

Innozenz war zunächst erpicht darauf, durch die Aufnahme von Verhandlungen mit Friedrich Zeit und Glaubwürdigkeit zu gewinnen. Wenige Wochen nach der Wahl des neuen Papstes traf am Hof Friedrichs eine päpstliche Gesandtschaft ein. Die Botschaft, die sie überbrachte, war vage. Ohne direkte Anklagen gegen Friedrich zu erheben, rechtfertigten die Gesandten das Verhalten des Heiligen Stuhls und erhoben die Forderung nach Reparationszahlungen für das vom Kaiser begangene Unrecht. Sie bestritten, daß die päpstliche Seite sich irgendetwas habe zuschulden kommen lassen, und schlugen die Einsetzung einer Kommission aus geistlichen und weltlichen Fürsten vor, die über die Schuldfrage und über die Höhe der Reparationen befinden solle. Insbesondere war Innozenz daran gelegen, die Lombarden in jede Verhandlungslösung einzubeziehen. Jedenfalls hatte er nicht die Absicht, sie dem kaiserlichen Zorn auszuliefern. Gregorio di Montelongo wurde erneut als päpstlicher Legat in die Lombardei gesandt und erhielt die Anweisung, der Kirche Freunde zu gewinnen und die Bevölkerung Norditaliens für das Papsttum einzunehmen. Die Beschwerden Friedrichs über die Amtsführung Gregorios hingegen wurden ignoriert.

Die Taktik der Kurie gegenüber dem Kaiser verfolgte offenkundig zwei Ziele: Auf der einen Seite sollte niemand dem Papst vorwerfen können, er habe sich einer Wiederaufnahme von Verhandlungen verweigert, andererseits mußte Innozenz' Verhalten Friedrichs Ehre und Würde verletzen und ihm signalisieren, daß die Versöhnung mit der Kirche nicht ohne erhebliche Zugeständnisse erreicht werden konnte, ja es erschien möglich, daß die päpstliche Kommission auf Konditionen bestehen würde, die für den Kaiser inakzeptabel waren, wie etwa den Verzicht auf mindestens einen seiner Throne. Einer weiteren Verzögerung der Verhandlungen diente wohl auch die Weigerung, die kaiserlichen Gesandten am Heiligen Stuhl anzuerkennen. Als Vertreter des exkommunizierten Kaisers standen, so verfügte Innozenz, auch dessen Abgesandte unter dem Bann, und er lehnte es daher ab, sie zu empfangen. Erst auf ihre wiederholten Bitten hin wurde ihnen eine Audienz gewährt.

Während dieser bewußt herbeigeführten Verzögerungen versuchte der Papst, in eine stärkere Verhandlungsposition zu gelangen. Hier war Innozenz freilich eher der Geführte als der Führende. Sein Ratgeber Rainier von Viterbo, der vielleicht unversöhnlichste Gegner, den Friedrich II. im Kreis der Kardinäle hatte, war an einer Verschärfung der Spannungen zwischen Papst- und Kaisertum persönlich interessiert. Seine nördlich von Rom gelegene Heimatstadt stand seit ihrer Eroberung im Winter 1240 unter kaiserlicher Kontrolle. Als sich in den Reihen der guelfisch gesinnten Familien Viterbos Unzufriedenheit ausbreitete, nützte Rainier die Gelegenheit, einen Staatsstreich zu inszenieren, dessen Ziel die Wiederherstellung der Guelfenherrschaft in der Stadt war. Die Aufständischen stürmten die kaiserliche Garnison und brachten die Stadt fast ohne Widerstand in ihre Hand. Lediglich eine Gruppe kaiserlicher Soldaten unter dem Befehl des von Friedrich eingesetzten *podestà* konnte sich in einer Bastion innerhalb der gut befestigten Stadt halten. Doch um die kaiserliche Herrschaft war es in Viterbo geschehen, und wieder einmal hatte sich, wie zuvor in der Lombardei und in Venezien, auf peinliche Weise offenbart, wie verwundbar die Parteigänger Friedrichs waren, wenn sich die Guelfen gegen sie verschworen.

Der Kaiser reagierte darauf, indem er eine Streitmacht vor den Stadtmauern Viterbos zusammenzog; im September 1243 belagerte er die Guelfen, die ihrerseits seinen *podestà* belagerten. Doch Viterbo war eine stark befestigte Stadt, und Friedrich hatte nur ein Belagerungsheer mittlerer Größe herangeführt. Es gelang ihm nicht, die Stadt zu erobern. Im November gab er den Versuch auf und erklärte sich sogar mit dem päpstlichen Vorschlag einverstanden, die kaiserliche Garnison unter freiem Geleit aus Viterbo abzuziehen. Das war nichts anderes als die völlige Kapitulation vor Rainier und seinen Gefährten. Offenbar hoffte der Kaiser, wenn schon nicht Rainier, so doch wenigstens Innozenz von seiner Kompromißbereitschaft zu überzeugen. Und in der Tat war er zu einem Entgegenkommen auf allen möglichen Gebieten bereit, falls nur der Papst sich zu Verhandlungen bereit erklärte. Für die Sicherheit der abziehenden Gefolgsleute des Kaisers hatte der Papst lediglich sein Wort gegeben, aber er konnte sie nicht garantieren. Als sie zusammen mit Teilen der kaiserlichen Streitmacht aus ihrem Bollwerk abzogen, wurden sie von den siegestrunkenen Guelfen angegriffen. Die Zusage sicheren Geleits erwies sich als wertlos: Viele verloren ihr Leben. Dies alles geschah unter den Augen des Kardinals Otto von St. Nikolaus, der mit dem Auftrag nach Viterbo gekommen war, für einen sicheren Rückzug der kaisertreuen Truppen zu sorgen.

Durch die blutigen Übergriffe auf die kaiserlichen Soldaten bei ihrem Auszug aus der Stadt geriet der Papst in eine zwielichtige Position, auch wenn kein Grund besteht, an der Ernsthaftigkeit seiner Zusage freien Geleits für die Männer des Kaisers zu zweifeln. Innozenz gab daher vor, seine Verpflichtungen aus der Vereinbarung mit Friedrich zu erfüllen, indem er beispielsweise forderte, daß enteigneter Ghibellinen-Besitz in Viterbo zurückgegeben und kaisertreue Bürger aus der Gefangenschaft entlassen werden müßten. Doch die Guelfen waren kaum in der Stimmung, auf ihn zu hören. Der Papst entsandte daraufhin ausgerechnet Rainier und Otto von St. Nikolaus nach Viterbo, um für Recht zu sorgen. Wahrscheinlich wies er sie unter der Hand an, so wenig wie möglich zu tun, denn er fürchtete, der Streit um die ghibellinischen Besitzrechte könnte die Stadt erneut in den Bürgerkrieg stürzen – oder gar dem Kaiser in die Hände treiben. Es war daher besser, nichts für die Ghibellinen zu unternehmen. Sie waren schließlich die Verbündeten seines Feindes.

Indem der Papst den Einfluß Friedrichs in der Region um Rom Stück für Stück zurückdrängte, hoffte er, im Verlauf der langwierigen Gespräche und Verhandlungen Vorteile für sich herausholen zu können. Eine offene Kampfansage vermied der Papst vorläufig, wohl wissend, daß er außerhalb der Kurie und der im Lombardenbund vereinigten Städte nicht mit viel Verständnis rechnen konnte. Schon Gregor IX. war bei dem Versuch, eine Widerstandsfront gegen Friedrich zu organisieren, in den meisten Teilen Deutschlands auf Ablehnung gestoßen. Die englischen Barone hatten es ihrem König Heinrich III. äußerst übel genommen, daß er dem Papst in dieser Sache so weit entgegengekommen war, und der französische Krieg sprach von der Notwendigkeit eines Kreuzzugs, nicht von einem Krieg gegen den Kaiser. In den letzten Jahren von Gregors Pontifikat hatten die fränkischen Ritter die Kontrolle über Galiläa und Jerusalem nach und nach verloren, trotz mehrerer kleiner Kreuzzüge unter den Fürsten von Champagne und Navarra (1239-40) und unter Friedrichs Freund Richard, Earl von Cornwall (1240-41). Deshalb drängte Ludwig von Frankreich auf einen Kreuzzug, ein Vorschlag, an dem auch Papst Innozenz ungeachtet seiner Auseinandersetzung mit dem Kaiser großes Interesse hatte. Klar war, daß den Interessen des

Papsttums am besten mit einem von Ludwig von Frankreich selbst geführten und vorwiegend auf französische Ritter gestützten Kreuzzug gedient sein würde. Aber auch ein ganz anderer Plan wurde ins Auge gefaßt: die Idee eines kaiserlichen Kreuzzugs, gestützt auf sizilianische, deutsche und vielleicht auch lombardische Kräfte. Doch zu diesen Plänen später mehr.

Im Winter 1243/44 kamen endlich ernsthafte Verhandlungen zwischen Papst und Kaiser in Gang. Kaiserliche Unterhändler waren, wie nicht anders zu erwarten, Piero della Vigna und Taddeo da Suessa. Nach mehrmonatigen Gesprächen wurden schließlich am Gründonnerstag des Jahres 1244 auf einer gemeinsamen Veranstaltung der päpstlichen Kurie, der kaiserlichen Gesandten und der Vertreter der Lombarden und anderer betroffener Parteien in Rom die ausgehandelten Bedingungen eines Friedensabkommens bekanntgegeben. Sie waren ein Kompromiß zwischen gegensätzlichen Ansprüchen. So sollten beispielsweise die Streitigkeiten um italienische Gebiete beigelegt werden, indem man zu den Besitzverhältnissen vor dem Palmsonntag 1239, dem Tag der Exkommunizierung Friedrichs durch Gregor IX. zurückkehrte. Friedrich sollte, so lautete eine weitere Bestimmung, keine sofortige Absolution erhalten, sondern sich zunächst einmal dem Exkommunizierungsbann beugen. Das hieß, daß er weder Gottesdienste noch Sakramente anordnen durfte, die dem Exkommunizierungserlaß zuwiderliefen, und der Kirche die Vermögenswerte zurückgeben mußte, die er ihr weggenommen hatte. Diese Rückgabeforderung bezog sich sowohl auf alle Erwerbungen seit 1239 als auch auf die Regulierung wesentlich älterer Gebietsansprüche, etwa in Sizilien und Benevent.

Eine Wiedergutmachung für die kaiserlichen Übergriffe gegen die gefangengenommenen Kirchenfürsten war eine weitere *conditio sine qua non*. Und über Wiedergutmachung hinaus war Bußfertigkeit gefordert, die der Kaiser durch Großmut und Wohltätigkeit unter Beweis zu stellen hatte. Er war zunehmend in den Ruf eines Kirchenfeindes geraten und mußte dem jetzt durch den Bau neuer Kirchen und Spitäler entgegenwirken. Die Bereitschaft, seinen Feinden zu verzeihen, war eine weitere Tugend, die der Papst von ihm einforderte – er sollte aufhören, seine Ansprüche gegen die Verbündeten des Papstes, in erster Linie wohl die lombardischen Rebellen, geltend zu machen, ja sollte sich sogar dafür verbürgen, daß guelfisches Eigentum an seine rechtmäßigen guelfischen Nutznießer zurückgegeben würde, gleich ob die jetzigen Besitzer Ghibellinen waren – was in der Regel der Fall war – oder nicht. Solche Eigentumsfragen sorgten in den italienischen Stadtstaaten für Konflikte, denn Ansprüche und Gegenansprüche reichten hier oft mehrere Generationen in die Vergangenheit zurück. Der Versuch der Wiederherstellung früherer Besitzverhältnisse trug daher im allgemeinen mehr zur Erregung der Gemüter als zur Wiederherstellung des inneren Friedens bei.

Zwei Paragraphen der Vereinbarung, eher allgemeiner Natur, fallen aus dem Rahmen. Der erste verlangte vom Kaiser die Anerkennung der Führungsrolle des Heiligen Stuhls in geistlichen Dingen, der zweite verpflichtete ihn, jedweden vom Papst für würdig befundenen Fürsten mit Truppen und Geld zu unterstützen. In der Hauptsache zielte dieser Artikel sicherlich auf die Unterstützung der von den Mongolen bedrohten deutschen Fürsten und des ungarischen Königs sowie auf Waffenhilfe für den Kreuzzug König Ludwigs IX. ab. Eine solche Unterstützung für den französischen König schien um so gerechtfertigter, als Ludwig sich seit langem um einen Kompromiß zwischen Papst und Kaiser bemüht hatte.

Ein Zeichen für das besondere Interesse des Heiligen Stuhls an einem Kreuzzug war die Teilnahme des fränkischen Kaisers von Konstantinopel an den Verhandlungen; er war auf der dringenden Suche nach Beistand gegen seine griechischen und slawischen Nachbarn, deren Bestreben es war, das glücklose, während des Vierten Kreuzzugs im Jahr 1204 etablierte lateinische Kaiserreich unter sich aufzuteilen. Schon Gregor IX. hatte dem lateinischen Kaiser von Konstantinopel Hilfe versprochen, und auch Innozenz IV. begrüßte den Gedanken an einen Missions- und Eroberungszug gegen die glaubensabtrünnigen Griechen, Bulgaren und Walachen. Der Kaiser von Konstantinopel sollte also zu den Nutznießern des kaiserlich-päpstlichen Friedensschlusses gehören, eine weitere Niederlage für Friedrich, dessen Beziehungen zu den Griechen weit enger als die zu den lateinischen Fürsten waren, die die Restbestände des byzantinischen Reichs regierten.

Friedrich II. war mit diesem Abkommen zufrieden, auch wenn es einen Gesichtsverlust für ihn zu bringen schien. Für die Aufhebung des päpstlichen Banns war er bereit, erhebliche Opfer zu bringen, ja sogar einzuräumen, im Streit mit dem unduldsamen Gregor IX. manchen Fehler begannen zu haben. Jedenfalls konnte der Kaiser den Deutschen die freudige Mitteilung machen, der Streit zwischen Papsttum und Kaisertum sei praktisch beigelegt.

Das Abkommen mit Innozenz IV. warf aber auch neue Probleme auf. Das angestrebte Ziel war eine allmähliche Entspannung durch den kaiserlichen Rückzug aus den besetzt gehaltenen Stellungen, durch die

Rückgabe von Eigentum und die demonstrative Anerkennung des Vorrangs der Kirche, wofür dem Kaiser die Aufhebung des gegen ihn ausgesprochenen Kirchenbanns zugesagt wurde. Doch die Absprachen waren unbestimmt. Wer sollte als erster seinen guten Willen demonstrieren, der Papst oder der Kaiser? Innozenz, der in dem Abkommen praktisch einen Unterwerfungsakt des Kaisers sah, erwartete die sofortige Räumung und Rückgabe der besetzten Teile des Kirchenstaats sowie der päpstlichen Enklave Benevent und anderer Territorien. Es genügte ihm nicht, daß der Kaiser seine Ehrfurcht vor der Kirche nur durch fromme Bekenntnisse oder eine nur teilweise Erfüllung des Abkommens bezeugte. Andererseits wollte Friedrich auch auf der päpstlichen Seite Anzeichen von Bewegung sehen. Kaum waren die Gesandten des Kaisers zurückgekehrt, forderte Innozenz in einem Brief ultimativ die Rückgabe besetzter Kirchenterritorien und erinnerte den Kaiser, daß das Friedensabkommen neben den Fragen zu Mittelitalien auch die Lombardei einschloß. Die traditionelle Rivalität zwischen Guelfen und Ghibellinen läßt allerdings Zweifel aufkommen, ob das Abkommen zwischen Papst und Kaiser die innerlombardischen Gegensätze zu entschärfen vermocht hätte: Dazu gab es zu viele konfliktträchtige Themen auf lokaler Ebene – Auseinandersetzungen über Besitzansprüche, lokalpolitische Mitspracherechte und dergleichen, dazu die nie endenden blutigen Fehden zwischen den verschiedenen örtlichen Sippen. Klar war bei alledem, daß Innozenz sich vor einer Fortsetzung der militärischen Aktivitäten der Verbündeten Friedrichs im Norden fürchtete.

Jetzt aber gingen dem Kaiser die päpstlichen Anmaßungen zu weit. Innozenz verlangte, daß Friedrich seinen Verpflichtungen nachkam, ließ aber offen, ob und wann er dem Exkommunizierten am Ende die Absolution erteilen werde. Was für Innozenz eine Demonstration päpstlicher Macht war, erschien in den Augen Friedrichs wie ein Vertragsbruch. Er ersuchte daher um schnellstmögliche Absolution und schlug anschließende Verhandlungen über die Rechte von Papst und Kaiser in Mittelitalien vor. Manche Anzeichen sprechen dafür, daß dieser Standpunkt im Kardinalskollegium einigen Anklang fand. Auch der lateinische Kaiser von Konstantinopel, der all seine Hoffnungen auf Unterstützung dahinschwinden sah, drängte auf eine rasche Absolution Friedrichs. Wenigstens einen Teil der ihm zugesagten Hilfstruppen benötigte er äußerst dringend. Innozenz behalf sich damit, die Argumente der Kardinäle mit der Ernennung eines Dutzends neuer Kardinäle zu beantworten, bei denen er davon ausgehen konnte, daß sie seine

Meinung teilten. Wie schon Gregor IX., bewies auch Innozenz die Entschlossenheit, der Kurie seine Politik zu diktieren.

Der Kaiser begann einzusehen, daß der Glaube an einen Frieden allzu optimistisch gewesen war. Doch noch immer hoffte er, den Papst zu einem Ausgleich bewegen zu können, und schlug ihm zu diesem Zweck ein persönliches Treffen vor. Dort wollte er Innozenz die umstrittenen Gebiete in Mittelitalien mit Benevent zurückgeben, zugleich aber die lange verwehrte Absolution einfordern. So kamen sie denn überein, sich zu treffen, und zwar in der nördlich von Rom gelegenen Ortschaft Narni. Friedrich schwebte die endgültige Unterzeichnung des Abkommens vor. Die Absichten des Papstes völlig verkennend, ging der Kaiser offenbar davon aus, daß ein eindringlich vorgetragener Friedensappell dem Konflikt ein Ende bereiten werde.

Im Juni 1244 machten sich Papst und Kaiser, jeder für sich, auf den Weg nach Narni. Innozenz schickte einen seiner Kardinäle mit einer ernüchternden Botschaft voraus: Hinter den in Rom erörterten Fragen stehe vor allem das lombardische Problem. Seine Lösung sei die Voraussetzung für den Frieden. Eine solche Botschaft dämpfte die Erwartung des Kaisers, daß das Treffen in Narni Resultate bringen werde. Denn Friedrich sah keinen Anlaß, dem Heiligen Stuhl ein Mitbestimmungsrecht in den lombardischen Fragen einzuräumen; aus seiner Sicht war es schon eine großzügige Geste, Innozenz wie auch dessen Vorgänger eine Vermittlerrolle im lombardischen Konflikt anzubieten. Jetzt aber maßte sich Innozenz sogar an, in einem Teil des Kaiserreichs über Friedrichs Kopf hinweg ordnend einzugreifen. Dies ging weit über eine neutrale Schiedsrichterrolle hinaus.

Doch noch unangenehmere Nachrichten sollten folgen. Der Papst war zwar aus Rom gen Norden abgereist, hatte aber in Città Castellana kehrtgemacht und sich nach Sutri gewendet. Verkleidet und mit nur wenigen Begleitern war er in Sutri abgestiegen und dann in die Küstenstadt Civitàvecchia weitergereist. Dort bestieg Innozenz ein genuesisches Schiff, das ihn in seine Heimat Genua brachte, wo er am 8. Juli an Land ging. Gleichzeitig waren seine Kardinäle aus Rom geflohen, einige nach Genua, andere zum Alpenrand, einige wenige, wie Rainier von Viterbo, in die guelfischen Bastionen in Mittelitalien. So wollte man einer Einkreisung durch die Truppen Friedrichs entgehen.

All dies läßt auf einen von langer Hand vorbereiteten Plan schließen. Die Genuesen hatten in Civitàvecchia auf den Papst gewartet; die Kardinäle hatten detaillierte Anweisungen, was ihre künftigen Aufgaben und ihre Reiserouten betraf. Innozenz dachte also nicht daran, in Narni mit Friedrich zusammenzutreffen. »Ein Vorspiel zum Exodus der Päpste nach Avignon« wird die Flucht des Papstes aus Mittelitalien häufig genannt, was um so plausibler erscheint, als Innozenz' eigentliches Reiseziel nicht Genua war, sondern Lyon, die südöstlich des französischen Königreichs gelegene Reichsstadt. Wie die Päpste des 14. Jahrhunderts, die siebzig Jahre lang nur eine Flußbreite entfernt von französischem Boden residieren sollten, suchte und fand Innozenz wenige Kilometer von der französischen Grenze entfernt Zuflucht vor den Wirren der italienischen Politik, in einer Stadt, in der das Wort des französischen Königs mehr Gewicht hatte als das des Kaisers.

Vielleicht war es gerade die Aussicht auf Zugeständnisse des Kaisers gewesen, die Innozenz zur Flucht veranlaßt hatte. Narni wäre vielleicht ein zweites Canossa geworden, und der Papst hätte keine andere Wahl gehabt, als das Treuebekenntnis Friedrichs zu akzeptieren. Damit wären ihm die Hände gebunden gewesen. Offensichtlich betrachtete Innozenz die in Rom ausgehandelte Vereinbarung als unbefriedigend, vielleicht argwöhnte er auch, Friedrich plane seine Gefangennahme. Zu solchen Mitteln hatten frühere sizilianische Könige häufig gegriffen, und schon zu ihren Zeiten war es dabei auch um Besitzrechte an der päpstlichen Enklave Benevent gegangen. Der Chronist Matthew Paris berichtet über Gerüchte, denen zufolge ein dreihundertköpfiger Rittertrupp bereitstand, den Papst zu entführen. Dies sieht freilich sehr nach einer nachträglichen Rechtfertigung der päpstlichen Flucht aus. Denn die Bereitstellung der genuesischen Schiffe in Civitàvecchia bedurfte langfristiger Planung, und dies allein läßt eine spontane Flucht unwahrscheinlich erscheinen. Die Schiffe mußten bestellt und von Genua aus auf die Reise geschickt werden, ein Unternehmen, daß sicherlich mehrere Wochen in Anspruch nahm.

Nach stürmischer Überfahrt erkrankte der Papst in Genua und konnte seine Reise erst drei Monate später fortsetzen. Kaiserliches Territorium durchquerend, begab er sich dann gemessenen Tempos nach Lyon, wo er wenige Wochen vor Weihnachten Quartier nahm. Dort verkündete er am Jahresende 1244, daß am 24. Juni 1245 in Lyon ein allgemeines Kirchenkonzil stattfinden werde; an vorrangiger Stelle unter den Themen sollte die Frage des Verhältnisses zwischen Kaiser Friedrich und dem Papsttum stehen. Es war ein böses Omen, daß der Kaiser in dem Schreiben lediglich als *princeps* (Fürst oder Herrscher) tituliert wurde, womit die Legitimität seiner Königs- und Kaiserwürden in Frage gestellt wurde. Ferner sollten auf dem Konzil der Verlust der heiligen Stadt Jerusalem, der gefährdete Fortbestand des lateinischen Reichs

Die Herren von Schloß Tirol zählten zu den mächtigen Gegnern der Grafen von Eppan. Zur Zeit Friedrichs II. führten sie gegen den zeitweise stauferfreundlichen Egno von Eppan einen erbitterten Krieg, der das ganze Eisack- und Pustertal verheerte. Egno unterlag, und 1253 ging sein Besitz an die Tiroler Grafen über. Die Arkaden des Palas von Schloß Tirol in Meran zeigen die Anmut, deren die Architektur der Epoche selbst in Verteidigungswerken fähig war. Die Burg kontrollierte nicht nur die Pässe über die Alpen, sondern auch das fruchtbare Land, das sich über Bozen hinaus nach Verona erstreckte.

von Konstantinopel und die mongolischen Eroberungszüge erörtert werden.

Der Kaiser plädierte unterdessen unbeirrt weiter für Frieden und seine Absolution. War Innozenz' Flucht ein Sieg über Friedrich oder eine Niederlage des Heiligen Stuhls? 1244 konnte dies noch niemand beurteilen.

III

Trotz der Flucht Innozenz' IV. blieb Friedrich bei seiner Politik und bemühte sich erneut um die Freundschaft derjenigen Kardinäle, von denen erwartet werden konnte, daß sie dem Papst von einer Verlängerung des Banns gegen den Kaiser abraten würden. Er war sogar bereit, die Sicherheit der aus Italien anreisenden Teilnehmer des Lyoner Konzils zu garantieren, eine großzügige Geste, die angesichts seines damaligen Überfalls auf die hochrangigen Rompilger jedoch wenig Vertrauen erweckte. Bedeutsamer war, daß der Kaiser darauf beharrte, das wenige Monate zuvor ausgehandelte, gleichsam unterschriftsreife Abkommen könne und solle noch immer als Vorlage für einen Friedensschluß dienen. Einiges spricht dafür, daß Friedrich etwa um die Zeit der Einberufung des Konzils weitere Positionen räumte. Offenbar dachte er sogar daran, einen Kreuzzug gen Osten zu geloben, um gegen die Ungläubigen Krieg zu führen; währenddessen sollte die Herrschaft über das Reich, ja vielleicht sogar die Krone selbst, seinem Sohn Konrad übertragen werden. Natürlich war auch hierfür Voraussetzung, daß Friedrich zuvor die besetzten Gebiete des Kirchenstaates zurückgab.

Man hat den Verdacht geäußert, der Kaiser habe mit derart weitgehenden Friedensbedingungen nur das Ziel verfolgt, Innozenz zu diskreditieren, indem der Eindruck erweckt wurde, der Papst sei nicht einmal bereit, eine »schändliche Kapitulation« zu akzeptieren. Da der Kaiser auch weiterhin seine Autorität gegen Rainier und die guelfische Opposition aufrechterhielt, könne Friedrich, so das Argument weiter, gar nicht ernsthaft die Absicht gehabt haben, die von seinen Parteigängern eroberten Teile des Kirchenstaats zurückzugeben, geschweige denn auf den Kaiserthron zu verzichten. Dieses Argument läßt jedoch einen entscheidenden Punkt außer acht: daß Friedrich gerade die Hoffnung besaß, Innozenz werde um so lieber in Verhandlungen eintreten, je stärker die Position des Kaisers im römischen Umland wurde. Unglücklicherweise aber gab die Anwesenheit kaiserlicher Truppen in unmittelbarer Nähe der Heiligen Stadt eher der päpstlichen Gegenpropaganda Argumente in die Hand, wie sich noch zeigen sollte.

Noch aus anderen Gründen standen für Friedrich die Aussichten schlecht, beim Lyoner Konzil ein Friedensabkommen zu erreichen. Die Sprache des päpstlichen Aufrufs zum Konzil ließ wenig Zweifel daran, daß Innozenz vorhatte, über Friedrich Gericht zu halten. In einer Flut von Schmähbriefen, von denen viele von Rainier von Viterbo stammten, wurde der Kaiser in apokalyptischen Worten als das vierte

Ungeheuer im Traum des Propheten Daniel dargestellt, als Zerstörer, der sich einbilde, er könne den Lauf der Geschichte verändern. Friedrich versuche, die Machtbefugnisse des Papstes an sich zu reißen oder wenigstens zu leugnen und präsentiere sich selbst als den wahren Stellvertreter Christi mit unbeschränkter Macht über die Kirche und die Laienschaft. Man vermeint hier eine zornige Antwort auf della Vigna herauszuhören, der Friedrich als einen von Gott Erwählten pries, welcher die zügellose Feindschaft gottloser Priester erdulden müsse. Vielleicht war es auch ein Echo auf die hochfliegenden monarchischen Ideen, die am sizilianischen Königshof seit der Regierungszeit Rogers II. gepredigt und praktiziert wurden. In der Hauptsache aber konzentrierte sich der päpstliche Propagandaapparat auf die üblichen Schmähungen: Friedrich als falscher Kreuzritter, als Freund der Moslems, als Feind des christlichen Glaubens, als Entführer von Kardinälen, als Todfeind Gregors IX., als Räuber päpstlicher Territorien und Rechte. Bei vielen dieser Pamphlete läßt sich nur schwer beurteilen, ob Innozenz den Wortlaut absegnete. Naheliegend scheint die Annahme, sein Freund aus Viterbo habe viel Zeit darauf verwendet, das Feuer zu schüren; im Namen des Papstes handelnd, schlug er aggressivere Töne an, als Innozenz ursprünglich vorgehabt hatte. In jedem Fall aber mußte Innozenz den Propagandakrieg für sich entscheiden, wenn bei seinem Lyoner Konzil irgend etwas anderes herauskommen sollte als schöne Worte und heroische Gesten.

Trotz der feindseligen Stimmung entsandte Friedrich Taddeo da Suessa nach Lyon, nicht ohne deutlich zu machen, daß die Friedensbedingungen des Heiligen Stuhls in der vorliegenden Form indiskutabel waren. Die Kapitulation vor dem Papst, ohne irgendeine Garantie für die Aufhebung des Banns, war für den Kaiser unzumutbar. Immerhin hatte Friedrich die Chance, auf dem Konzil von Lyon seinen Standpunkt darzulegen. Selbst eine von seinen Feinden beherrschte Veranstaltung war ein willkommenes Forum, sein Anliegen vorzutragen. Taddeo da Suessa war ein begabter Jurist und seit mehreren Jahren intim mit den Angelegenheiten des Kaisers vertraut. Er war der beste Sprecher, den Friedrich sich wünschen konnte.

Es war zu erwarten, daß seine Zuhörerschaft weitgehend aus Franzosen, Spaniern und Engländern bestehen würde, denn aus Deutschland hatten nicht viele Fürsten ihr Kommen angekündigt. Die dortigen Untertanen des Kaisers hielten es für wenig ratsam, auf dem Konzil zu erscheinen. Dennoch würden einige Persönlichkeiten anwesend sein, die als Vermittler in Frage kamen: unter den weltlichen Herrschern der

Graf von Toulouse, Raymond VII. von Saint-Gilles, ein Vasall sowohl Ludwigs IX. als auch Friedrichs II.; der Kaiser von Konstantinopel, von dem klar war, daß er die Nöte und Bedürfnisse der Ostreiche in den Vordergrund rücken würde. In Lyon versammelten sich wohl insgesamt nur etwa 150 Patriarchen, Erzbischöfe, Bischöfe und Äbte – es war ein recht bescheidenes Konzil.

In der Kathedrale von Lyon erhob sich Papst Innozenz am 28. Juni 1245, um über die Worte des Jeremia zu predigen: »Schauet doch und sehet, ob irgendein Schmerz sei wie mein Schmerz, der mich getroffen hat.« Dieser Vers beschwor das Bild eines verzweifelt darniederliegenden, von einem neuen Nebukadnezar verwüsteten Jerusalem herauf. Daß den Franken im Osten unbedingt geholfen werden müsse, war eines der Hauptanliegen, das der Papst in dieser Predigt vertrat. Er gab Friedrich die Verantwortung für den Fall Jerusalems und brandmarkte ihn als falschen Kreuzfahrer und als Bedrohung der Kirche. In der Liste der Schmähungen fehlte nichts, was nicht auch in der jüngsten Propagandakampagne ausgesprochen worden war: ein Kaiser, der die Gesellschaft von Sarazenen liebte, die Existenz Gottes leugnete, Kirchen abreißen ließ und dessen Umgang insbesondere mit der sizilianischen Kirche skandalös war. Natürlich vergaß der Papst nicht zu betonen, daß Friedrich nach kirchlicher Auffassung in seiner Eigenschaft als König von Sizilien Vasall des Papstes war. Wohl wissend, wie schwierig es sein würde, eine auf die lombardische Krise gestützte Anklage vorzutragen, stellte Innozenz vor allem sizilianische Probleme in den Vordergrund, die in den Jahren der Entfremdung und der gescheiterten Verhandlungen nach allem äußeren Anschein eine zweitrangige Rolle gespielt hatten: Er wies auf die »tyrannische« Herrschaft Friedrichs in Sizilien hin, die als warnendes Beispiel dafür diente, was dieser Kaiser dem übrigen Italien sowie seinen deutschen und burgundischen Untertanen noch anzutun gedachte. Im übrigen wußte man am Heiligen Stuhl sehr genau, daß es niemals gelingen würde, Friedrich das Genick zu brechen, solange es nicht gelang, seine Machtbasis im *regno* zu untergraben.

Der Inhalt der päpstlichen Anklage war so leicht vorhersehbar, daß es Taddeo da Suessa nicht schwerfiel, darauf zu antworten. Er entwarf vor dem Konzil das Bild eines demütigen und reuevollen Kaisers, der zum Einlenken und zur Zusammenarbeit mit dem Papst bereit war. Wie schon bei früherer Gelegenheit, betonte er, daß es der Wunsch des Kaisers sei, sich den Bedingungen des Abkommens von Rom zu unterwerfen, daß er aber im Gegenzug auf die eindeutige Zusage seiner Absolution bestehe. Wenn je eine Chance zum Frieden bestanden habe, dann jetzt; die Kardinäle und Konzilsteilnehmer sollten daher den päpstlichen Zorn auf den Kaiser zügeln. Damit noch nicht genug, unterbreitete Taddeo ein Angebot, das jede weitere Diskussion hätte erübrigen müssen: Friedrich würde sich höchstpersönlich den drei Feinden im Osten zuwenden: seine Kräfte auf den Krieg gegen die mongolischen Eroberer in Europa, auf die Rückeroberung Jerusalems und auf die Rückführung des östlichen Balkan, Griechenlands und angrenzender Gebiete unter die Oberhoheit Roms konzentrieren. Dies war ein direkter Appell an den Kaiser von Konstantinopel um Hilfe bei der Herstellung eines dauerhaften Friedens. Auch in andere Richtungen ergingen Appelle. Taddeo hoffte auf Unterstützung von Ludwig dem Heiligen sowie den Vertretern der christlichen Staaten in Syrien.

Im großen und ganzen hatte Taddeos Verteidigung Erfolg: Sie entlarvte Innozenz als den unversöhnlichen, voreingenommenen Mann, der er war. Das eigentliche Argument des Taddeoschen Plädoyers aber lautete, daß der Kaiser angesichts so schwerwiegender Anklagen nicht einfach in Abwesenheit verurteilt werden durfte. Er mußte eine Gelegenheit bekommen, sich höchstpersönlich zu verteidigen.

Ein weiteres Argument, das großen Eindruck hinterließ, war die Versicherung, daß der Kaiser die Absicht habe, der Kirche zurückzugeben, was ihr zustand, und ihr künftig seine Ehrfurcht zu erweisen. Diese Erklärung ließ sich nicht einfach ignorieren. Wenn Innozenz dieses großzügige Angebot Friedrichs dennoch ausschlug, dann nicht, weil ihm die vom Kaiser offerierten Bedingungen unzureichend erschienen, sondern weil er Zweifel an der Glaubwürdigkeit Friedrichs hegte. Wer, so fragte der Papst, könne ihn denn zwingen, seine Zusagen einzuhalten? War nicht zu befürchten, daß der Kaiser auch jetzt wieder, wie damals nach seinem Kreuzzugsgelübde, Gründe finden werde, die Einlösung des Abkommens hinauszuschieben, die Bedingungen nachträglich zu ändern oder sie umzudeuten? Taddeo schlug den englischen und französischen König als Garanten vor. Eingedenk der engen Beziehungen Heinrichs III. sowohl zum Papst als auch zum Kaiser und angesichts des wachsenden Ansehens Ludwigs IX. seien sie geeignete Bürgen. Doch der Papst lehnte ab, und ein wichtiges Motiv dafür war nach Ansicht von Matthew Paris die Befürchtung, Friedrich, Heinrich und Ludwig könnten sich gegen ihn verbünden. Immerhin aber sah sich Innozenz durch die Argumente Taddeos gezwungen, zuzugestehen, daß der Kaiser nach Lyon vorgeladen werden müsse. Bevor nicht der Vorwurf der Ketzerei in öffentlicher Verhandlung ausgeräumt oder bestätigt war, ließ sich offenkundig nichts weiter tun. Die Anklage gegen Friedrich wurde also vertagt.

In den ersten Julitagen suchten Innozenz und seine Berater nach einem Ausweg. Würde Friedrich persönlich in Lyon erscheinen, so würde er sich allein durch den Akt der Unterwerfung unter die Autorität des Konzils Vorteil verschaffen. Seine bloße Anwesenheit in Lyon konnte es also sehr viel schwerer machen, seine Friedensbedingungen und sein Ersuchen auf Absolution weiterhin abzulehnen. Ein Friedensschluß aber, verbunden mit der Ankündigung eines Kreuzzugs gen Osten, wäre, wie Innozenz wohl wußte, einem Sieg des Kaisers gleichgekommen. Daher fürchtete er dessen persönliche Präsenz. Jede Einigung, jeder Kompromiß mit Friedrich, selbst wenn er zum Vorteil des Papstes ausfiel, würde in gewisser Hinsicht einer Niederlage gleichkommen. Der Papst mußte der Welt also deutlich machen, daß es nicht seine Sache war, mit weltlichen Herrschern als gleicher mit gleichen zu verhandeln. Im Gegenteil stand ihm zu, sie auf der Grundlage seiner eigenen Machtfülle in ihre Schranken zu weisen. Denn hier ging es um seine Autorität als Stellvertreter Christi auf Erden.

Im Grunde blieb nur ein Weg offen: Friedrich mußte verurteilt und verdammt werden, noch bevor er nach Lyon kommen und sich vor dem Papst, den Vertretern der Kirche und den Augen der Welt rechtfertigen konnte. Der Kaiser war schon in Piemont eingetroffen und nur noch einige Tagesreisen von Lyon entfernt, als Innozenz am 17. Juli 1240 das Urteil gegen den abwesenden Angeklagten verkündete. Die Beschuldigungen wurden noch einmal *en detail* wiederholt, wobei der Schwerpunkt auf Friedrichs persönlichem Lebenswandel, seiner Politik im *regno* und seinem mittlerweile bestens bekannten Umgang mit den entführten Kardinälen lag. Daß es bislang nicht gelungen war, mit ihm Frieden zu schließen, wurde als Beweis für seine Kompromißunfähigkeit gewertet – ein unsinniger Schluß, der trotzdem seine Wirkung nicht verfehlte.

Außerdem griff der Papst zu einem weiteren Mittel. Die Exkommunizierung des Kaisers währte nun schon so lange, daß die Bestimmungen des vom 4. Laterankonzil (1215) beschlossenen *Excommunicamus*-Dekrets auf ihn angewendet werden konnten. Dieses besagte, daß die Untertanen eines exkommunizierten Herrschers von ihrer Gehorsamspflicht gegenüber dem Herrscher entbunden waren, wenn dieser länger als ein Jahr und einen Tag unter dem Bannstrahl der Kirche stand. Die Exkommunizierung Friedrichs lag zwar schon wesentlich länger zurück als ein Jahr, dennoch erklärte der Papst erst jetzt allen Untertanen des Kaisers, daß sie ihm keine Gefolgschaft mehr schuldeten, weder in Sizilien, Italien noch in Deutschland. Strittiger als alle anderen Teile des Richterspruchs war der Passus, in dem Innozenz erklärte, Friedrich sei nunmehr von seinem Kaiserthron sowie von allen seinen anderen Thronen verbannt und seiner sämtlichen Titel und Würden beraubt.

Die Absetzung eines Kaisers: Schon etliche Päpste hatten sich das Recht angemaßt, die Kaiserwürde abzuerkennen, die sie selbst ja durch den Akt der Salbung und Krönung in Rom verliehen; so hatte Innozenz III. – in mehr als einer Hinsicht ein Vorbild für seinen 1245 amtierenden Namensvetter – Kaiser Otto IV. für abgesetzt erklärt, den er Jahre zuvor eigenhändig gekrönt hatte. Darüber hinaus vertrat der Heilige Stuhl aber seit langem die Auffassung, auch andere Herrscher wie etwa die deutschen Könige, nach altem Herkommen von den Reichsfürsten gewählt, müßten sich dem Ratschluß des römischen Pontifex beugen, gleich ob sie ihre Herrscherwürde von ihm verliehen bekommen hatten oder nicht. Tatsächlich waren einige Könige formell päpstliche Vasallen, und in diesen Fällen waren die rechtlichen Verhältnisse zumindest theoretisch klar. Dies galt etwa für die Könige von England, Sizilien und Aragon. So ließ sich immerhin argumentieren, daß Friedrich in seiner Eigenschaft als König von Sizilien unter der Oberhoheit des Papstes stehe.

Aber der päpstliche Anspruch war leichter zu erheben als durchzusetzen. Im Lager von Innozenz machte man sich Gedanken über die praktischen Folgen – wie würden andere gekrönte Häupter auf den Versuch reagieren, einen König seines Thrones zu berauben? Ludwig IX. hatte sein tiefes Unbehagen schon mehrmals zum Ausdruck gebracht, und Innozenz mußte ihm und den anderen Herrschern sein Vorgehen begründen und sie überzeugen, wollte er sich nicht der Lächerlichkeit preisgeben, ein Urteil zu verkünden, das vom Rest der Welt abgelehnt oder ignoriert wurde. Und konnte die Absetzung Friedrichs Macht wirklich brechen? Im Juli 1245 mochte Innozenz sich noch der Hoffnung hingeben, Unterstützung von seiten rebellischer Vasallen des Reichs zu erhalten. Er dachte dabei in erster Linie an die Ritterschaft Englands, Frankreichs und Spaniens, vielleicht aber auch an Friedrichs sizilianische Untertanen, die ja angeblich unter der schweren Steuerlast, der Brutalität und Kirchenfeindlichkeit ihres Monarchen litten. In Wirklichkeit war die Absetzung Friedrichs, wie Innozenz sehr wohl wußte, nicht mehr als eine erneuerte Kriegserklärung.

Die entscheidendste Folge der Erklärung des Papstes war daher eine extreme Verhärtung der Fronten. Der Verhandlungsweg schien abgeschnitten. Der Gedanke an Krieg trat wieder in den Vordergrund, zur Freude des Papstes und der Guelfen, zum Leidwesen Friedrichs. Der Kaiser verlor zwar noch nicht gänzlich die Hoffnung auf eine Verhandlungslösung, aber er hegte keine großen Erwartungen mehr.

KAPITEL 12
Ein Kreuzzug ohne Ende, 1245-1250

I

Der Chance beraubt, sich in Lyon äußern und rechtfertigen zu können, reagierte der Kaiser auf die Nachricht von seiner Absetzung mit einem Wutanfall. Er erhielt die Meldung in Turin, wo er sich auf die Überquerung der Alpen vorbereitete. Auf die Nachricht hin ließ er eine der Schatztruhen öffnen, nahm eine Krone heraus, setzte sie sich zornig auf und rief aus: »Noch habe ich meine Krone nicht verloren und werde sie weder durch die Anfeindungen des Papstes noch durch den Beschluß der Kirchenversammlung verlieren!« Es war keine blinde Wut; Friedrich sah in diesem Moment die Folgen dessen, was Innozenz getan hatte, klar vor Augen. Wahrscheinlich wuchsen nun auch seine Zweifel über das Wesen der päpstlichen Macht. Jedenfalls schenkte er den Argumenten Piero della Vignas für eine fromme Kirche der Armen, in der der Papst nur noch geistliche Aufgaben zu erfüllen hätte, zunehmend Gehör. In seinen Briefen an die gekrönten Häupter Europas protestierte er ausdrücklich gegen die ungerechtfertigte Mandatsausweitung der Nachfolger Petri.

Noch immer wurden Versuche unternommen, die Konfliktparteien an den Verhandlungstisch zu bringen; den energischsten Versuch dazu unternahm jetzt Ludwig von Frankreich. Er teilte die Auffassung Friedrichs, die Absetzung des Kaisers stelle einen Affront gegen alle Könige der christlichen Welt dar, zum anderen beunruhigte ihn, daß Innozenz für den Krieg gegen Friedrich II. offenkundig mehr Enthusiasmus aufbrachte als für den Kreuzzug zum Nildelta, dem Ludwigs ganze Leidenschaft galt – von der Abwehr der Mongolen ganz zu schweigen. Innozenz war vernünftig genug, es mit seiner Kreuzzugspropaganda gegen Friedrich in Frankreich nicht zu weit zu treiben, aber gleichwohl war jeder Soldat, den die päpstliche Partei für den bevorstehenden Kampf gegen den Hohenstaufenkaiser rekrutierte, für den Kreuzzug zum Nil verloren. Ludwig IX. reiste daher Ende November nach Cluny und bat den dort weilenden Papst mehrere Tage lang, die Loyalitätsbeteuerungen des Kaisers zu akzeptieren. Doch weder diese noch weitere Appelle machten den geringsten Eindruck auf Innozenz.

Friedrich ging unterdessen so weit, seine Rechtgläubigkeit von einigen führenden Kirchenmännern seines Reichs prüfen zu lassen. Die Gutachter kamen zu der Einsicht, daß der Kaiser kein Ketzer war, und versuchten, auch den Papst davon zu überzeugen. Doch Innozenz traute ihnen nicht: Als sie eine Gesandtschaft zu seinem burgundischen Domizil schickten, beargwöhnte er zu Recht den Versuch, den Weg zu Verhandlungen zwischen Papst und Kaiser zu ebnen. Er erklärte den Emissären, eine nicht im Auftrag der Kirche, sondern privat durchgeführte Untersuchung sei für ihn bedeutungslos. Nur er selbst könne Friedrich zu diesen Fragen vernehmen und ihm die Beichte abnehmen. Und auch dies nur, wenn Friedrich allein zu ihm komme, ohne Truppen und auf sein ausdrückliches Geheiß. Diese beinahe unakzeptablen Bedingungen zeigten das Dilemma des Papstes: Innozenz konnte das in Lyon gefällte Urteil nicht widerrufen, ohne es damit selbst zum Fehlurteil zu stempeln.

Welche Chancen rechnete sich der Papst eigentlich aus? Konnte er einen Gegner in die Knie zwingen, der die zumindest nominelle Herrschaft über ganz Deutschland, die Gebiete westlich der Rhône, Teile der Lombardei und des Veneto, weite Strecken Mittelitaliens sowie über ganz Süditalien, Sizilien, Sardinien und Teile des christlichen Ostens ausübte? Alle Gläubigen zum Kampf gegen den abgesetzten Kaiser aufzurufen war eine Möglichkeit; die fanatischeren Mitglieder der Kurie mögen in der Situation des Jahres 1245 daran geglaubt haben, das Ziel auf diese Weise erreichen zu können. Es schien indes auch eine friedlichere Lösung des Problems zu geben. Zunächst einmal mußten alle künftigen Herrscherakte Friedrichs von der Kirche für unrechtmäßig erklärt werden. Denn ein abgesetzter Kaiser, der seine Herrschaft weiterhin ausübte, konnte als Tyrann bezeichnet und seine Ermordung als Tyrannenmord gerechtfertigt werden. Die päpstliche Kurie hoffte so, daß ihr die unangenehme Aufgabe, den abgesetzten Kaiser physisch zu vernichten, von dessen sizilianischen Untertanen abgenommen würde. Man glaubte schließlich zu wissen, daß die Sizilianer wegen der ihnen regelmäßig auferlegten Kriegssteuer oder *collectà*, die zur Finanzierung des Krieges in Nord- und Mittelitalien diente, mit ihrem König unzufrieden waren, und tatsächlich braute sich in Süditalien und Sizilien wachsender Unmut zusammen; Vorschriften, die die wirtschaftliche Betätigung einschränkten, wie etwa Embargoverfügungen oder verschärfte Kontrollen über einzelne Märkte oder den Zahlungsverkehr, machten sich in Stadt und Land schmerzlich bemerkbar. Ein neuer Unruheherd entstand in den Bergen Westsiziliens, wo eine kleine

Gruppe von Moslems, die der Umsiedlung nach Lucera entgangen war, 1246 zum bewaffneten Kampf aufrief, ein Vorgang, der im übrigen die Behauptung des Papstes Lügen strafte, Friedrich sei ein Freund der Sarazenen.

Die größte Gefahr für das Leben des Kaisers Friedrich ging indes 1246 von einer Verschwörung aus, die Bernardo Orlando Rossi einfädelte, der ein Schwager des Papstes, aber auch ein vertrauter Ratgeber des Kaisers war. Beteiligt waren mehrere ranghohe Staatsbeamte, die dem Kaiser in verschiedenen Funktionen gedient hatten: als Generalvikare in Mittelitalien, als Statthalter im *regno* oder, in einem Fall, als *podestà* in Parma. Es waren hochgeborene, aber vom Kaiser abhängige Staatsdiener, die nach der 1220 vollzogenen Verwaltungsreform in ihre hohen Ämter aufgestiegen waren. Guglielmo di Sanseverino beispielsweise war Großgrundbesitzer in Apulien und gehörte einer Familie an, die sich das ganze 13. Jahrhundert hindurch als loyale Gefolgschaft der legitimen Herrscher im südlichen Italien bewährte; Giacomo di Morra verwaltete im Auftrag des Kaisers die Mark Ancona, während sein Vater zwanzig Jahre zuvor dem engsten kaiserlichen Beraterkreis angehört hatte.

Die Verschwörung sprach sich bis in die Familie des Grafen von Caserta herum, eines Schwiegersohns des Kaisers. Friedrich erfuhr von dem Komplott in Grosseto in der Toskana, die er gerade Richtung Süden durchquerte. Wer immer es war, der Friedrich ins Bild setzte, dürfte zugleich auch die Verschwörer gewarnt haben. Zwei von ihnen, Pandolfo di Fasanella und Giacomo di Morra, flohen vom kaiserlichen Hof, bevor sie festgenommen werden konnten. Ihr Zufluchtsort sprach für sich: Es war Rom, wo sie von den Bediensteten des Papstes wie selbstverständlich in sichere Obhut genommen wurden. Andere Teilnehmer der Verschwörung, die sich auf süditalienischem Boden befanden, versuchten, die Bastionen von Sala und Capaccio zu besetzen, entschlossen, sich bis zum letzten zu verteidigen. Vielleicht hofften sie, ganz Süditalien werde sich in wütendem Protest erheben. Doch als zunächst Dala und schließlich auch Capaccio kapitulierten, wurde den Verschwörern die erwartete Strafe zuteil: Guglielmo di Sanseverino und seine Freunde wurden grausam verstümmelt, verbrannt oder geviertelt. Ihre Leichen wurden in den Städten Süditaliens zur Schau gestellt, um den Untertanen Friedrichs die Verwerflichkeit ihres Tuns deutlich zu machen. Zwar gab es noch eine Zeitlang einigen Widerstand, etwa in den von Sarazenen bewohnten Gebieten, aber im übrigen war die Verschwörung gescheitert, ohne eine Rebellion ausgelöst zu haben. Während des Jahres 1246 vernichtete der Kaiser, was sich noch an Opposition im Königreich regte, die in vielen Fällen nicht so sehr auf Sympathie für die Verschwörer oder den Papst beruhte, sondern auf dem Ärger über die wachsenden Steuerlasten. Die Reaktion des Kaisers auf die Erschütterungen des Jahres 1246 war unschwer vorauszusehen: Er verstärkte die staatliche Kontrolle anstatt sie zu lockern. Noch vor Ablauf des Jahres schuf er das neue Amt eines für das gesamte Königreich zuständigen Oberjustitiars. Der kaiserliche Hof sollte künftig ein wachsames Auge auf das *regno* haben, da man sich der Loyalität der Untertanen, ja selbst der höchsten Beamten nicht mehr sicher war.

Die Erkenntnis, daß er sich auf seine engste Gefolgschaft nicht mehr unbedingt verlassen konnte, schmerzte Friedrich tief. Ein Gefühl der Isolierung stellte sich ein, und das Zutrauen, den Kampf gegen Innozenz IV. zu organisieren und durchzustehen, ließ nach. Doch Friedrich war und blieb der Überzeugung, daß die Verschwörung nicht vom *regno* selbst und auch nicht von Parma ausgegangen war, von woher die Rebellen guelfische Waffenhilfe erhalten hatten. In seinen Augen hatte der Papst diesen Anschlag auf sein Leben angestiftet. Daß Innozenz IV. den Verschwörern Beifall zollte, steht außer Zweifel; er gratulierte sogar Pandolfo di Fasanella und Giacomo di Mora brieflich zu ihrer gelungenen Flucht vom kaiserlichen Hof und hoffte allem Anschein nach, die in Capaccio verschanzten Rebellen könnten mit Hilfe römischer Truppen befreit werden. Außerdem versicherte er den in Rom anwesenden Kardinälen, sie täten recht daran, den Verschwörern Schutz zu gewähren. Ob Innozenz IV. von dem Plan, Friedrich zu ermorden, von vornherein Kenntnis hatte und ihn billigte, ist schwer zu entscheiden. Festzustehen scheint, daß er und seine in Rom verbliebenen Kardinäle 1246 alles daransetzten, die Geldmittel für einen Angriff auf das *regno* aufzutreiben. Aber es läßt sich kaum beurteilen, ob es sich hierbei um ein mit den Verschwörern abgesprochenes Vorgehen handelte, etwa mit dem Ziel, päpstliche Truppen in Bereitschaft zu stellen, die südwärts marschieren sollten, sobald die Nachricht vom Tod Friedrichs einträfe. Der gewichtigste Zeuge dafür, daß Innozenz hinter dem Komplott steckte, ist Friedrich selbst, aber seine Aussagen über die Absichten des Papstes sind natürlich nicht allzu glaubwürdig. Im übrigen drückte Friedrich seinen Verdacht auch in sehr vorsichtiger Weise aus. So schrieb er beispielsweise an Heinrich III. von England, die Verschwörung habe ihren Ursprung in den unverantwortlichen Versprechungen desjenigen, »der bekanntlich unser Feind ist«, dessen Namen man aber besser nicht nennen solle, obwohl alle Welt von seiner Beteiligung an der Sache wisse.

Friedrich glaubte, Innozenz habe hohe Beamte des Kaiserreichs auf seine Seite gezogen, indem er ihnen attraktive Ämter oder andere Belohnungen in Süditalien in Aussicht gestellt habe. Daran könnte durchaus etwas Wahres sein: Für einen kurzen Zeitraum gelang es Innozenz, sich im südlichen Italien Verbündete zu schaffen, indem er jedem, der sich dem päpstlichen Lager verschrieb, Landbesitz und andere Privilegien versprach; indes handelte es sich durchweg um Männer, die bereits als Gegner Friedrichs in Erscheinung getreten und von denen einige aus diesem Grund aus dem *regno* geflohen waren. Ein glaubwürdiger Beleg ist vielleicht die Versicherung Friedrichs, die gefangengenommenen Rebellen hätten erklärt, sie seien um der Kirche willen zu Gegnern des Kaisers geworden; in den Augen Friedrichs war das ein Beweis dafür, daß der Papst sie zu ihrem Tun angestiftet hatte. Doch wenn die Rebellen sich auf die Kirche beriefen, so ließ dies auch noch eine andere, aus der Sicht Friedrichs freilich kaum weniger beunruhigende Deutung zu: daß die vom Papst verkündete Absetzung des Kaisers und der jahrelange Propagandakrieg gegen ihn seine Autorität im südlichen Italien untergraben hatten. Aus der Tatsache, daß die Rebellen sich offen als Gegner Friedrichs bekannten, folgt keineswegs, daß sie allesamt in eine Mordverschwörung verwickelt gewesen sein mußten; vielmehr ist anzunehmen, daß sie den päpstlichen Bannstrahl gegen Friedrich als Aufruf zur bewafffneten Meuterei gegen den ungeliebten Herrscher verstanden.

Vermutlich hätte der Papst einen Erfolg der Verschwörung zwar begrüßt, er muß aber deshalb nicht unbedingt der Anstifter gewesen sein. Am plausibelsten scheint die Annahme, daß er durch seine Agenten in Mittelitalien frühzeitig von dem Komplott erfuhr und nichts unternahm, um es zu vereiteln. Er hatte mit Friedrich schon 1245 abgeschlossen. Die Ermordung des ketzerischen Kaisers hätte nicht seine Mißbilligung gefunden. Doch um nicht in den Verdacht einer Beteiligung am Attentat auf den Kaiser zu kommen, hielt er sich so gut es ging aus der Sache heraus. Seine in Rom verbliebenen Kardinäle zogen die Fäden. Aber sicher sprach sich bis nach Burgund herum, welches Schicksal dem Kaiser zugedacht war. Ein deutscher Bischof erfuhr am päpstlichen Hof offenbar das Gerücht, über kurz oder lang würden Friedrichs eigene Höflinge sich gegen ihn wenden und ihn töten; als dies Friedrich zu Ohren kam, nahm er es als weiteren Beweis für Innozenz' mörderische Absichten. Wahrscheinlich aber sollte dieses Gerücht dem deutschen Bischof nur zu verstehen geben, daß die Tage des Kaisers gezählt waren und die deutsche Kirche nicht klug daran tue, für diesen babylonischen Despoten Partei zu ergreifen.

II

Die andere Methode, Friedrich zu beseitigen, war die Propagierung eines Kreuzzugs gegen ihn. Zwar war dies ein langwieriges Unterfangen mit ungewissem Ausgang, besonders jetzt, da der französische König auf dem Vorrang seines eigenen Kreuzzugs nach Ägypten bestand. Gleichwohl kam es nach dem Konzil von Lyon zu einer starken Ausweitung der Kreuzzugspropaganda, vor allem in Deutschland und Norditalien. Immer wieder wurde dabei betont, daß jeder, der sich an diesem Kreuzzug beteiligen würde, mit den Belohnungen rechnen könne, die normalerweise für eine Kreuzfahrtmission ins Heilige Land gewährt wurden. Man war sich am Heiligen Stuhl durchaus der Tatsache bewußt, daß die größte Anziehungskraft nach wie vor von Jerusalem ausging und daß es energischer Kampagnen bedurfte, um den innereuropäischen Kreuzzug gegen die Feinde des Papsttums populär zu machen (den die modernen Historiker im allgemeinen den »politischen Kreuzzug« nennen). Von den kirchlichen Rechtsgelehrten legitimiert, war ein solcher Kreuzzug in der Praxis doch etwas noch nie Dagewesenes, und die Ritter mußten erst davon überzeugt werden, daß er wünschenswert und notwendig sei.

In Deutschland gelang dies nur sehr unvollkommen. 1248 unternahm der Papst einen Versuch, eine Gruppe friesischer Ritter, die die Teilnahme am Kreuzzug Ludwig des Heiligen gelobt hatte, zur Umwandlung ihres Gelübdes und zum Eintritt in den Krieg gegen Friedrich II. zu bewegen: »Sie erhalten dafür denselben Ablaß, als würden sie nach Jerusalem ziehen«. Doch viele der Friesen, wenn nicht die meisten, wollten von dem Angebot nichts wissen. Sie hatten sich vorgenommen, nach Osten zu ziehen, und darin ließen sie sich auch von Innozenz nicht beirren. Im November 1247 schrieb Innozenz einen Brief an seinen Legaten in Deutschland, in dem er seine Freude über die gelungene Rekrutierung von fünfzehn deutschen und fünf französischen Rittern äußerte, die willens waren, statt gegen die Ägypter gegen Friedrich Krieg zu führen. Namen nennt der Brief allerdings nicht, und es findet sich auch kein Hinweis darauf, daß es sich etwa um besonders verdienstvolle Ritter gehandelt habe. Wenn schon die Anwerbung von zwanzig Freiwilligen für den Kampf gegen Friedrich so große Begeisterung auslöste, dürften die Ritter sich wohl nicht in allzu großer Zahl um die päpstliche Fahne geschart haben. Von 1246 an wurde der Kreuzzug gegen Friedrich in Dänemark und Polen propagiert, aber auch hier deutet nichts darauf hin, daß dadurch eine nennenswerte Begeisterung für den Kriegsdienst im antikaiserlichen Lager geweckt worden wäre.

Der lombardische Städtebund unter der Führung Mailands war ein mächtiger Gegner der staufischen Herrscher. Einzig Pisa war in den vielen Wirren der Epoche fast immer kaisertreu, ghibellinisch statt guelfisch. Dom und Kampanile, in den Jahren 1063 und 1174 begonnen, sind so ein Dokument staufischer Herrschaft in Oberitalien.

Vergleichsweise erfolgreicher verlief die Kampagne in der Lombardei. Gregorio di Montelongo investierte viel Energie in die Kreuzzugspropaganda unter den Guelfen, doch folgten seinen Aufrufen vor allem die, die ohnehin auf seiten des Papstes standen. Bedeutsam jedoch war die Entstehung guelfischer Brüderschaften, beispielsweise in Parma. Dies waren Gruppen von Rittern und Bürgern, die feierlich gelobten, den Kampf gegen die Staufer und gegen die Ketzerei zu führen, und denen dafür etliche Kreuzfahrerprivilegien gewährt wurden. Diese Brüderschaften halfen mit, die Kontrolle der Papisten über die Magistrate der von guelfischen Fraktionen beherrschten lombardischen und toskanischen Städte zu festigen. Doch ging es vor allem darum, den Sieg über ghibellinische oder andere Rivalen zu erringen, weniger um den Kampf gegen Friedrich II.

Auch aus England erhoffte Innozenz sich Unterstützung für seinen Kreuzzug, vor allem in finanzieller Form. Als Vasall des Papstes und Schwager des Kaisers befand sich Heinrich III. in einer prekären Situation. Im Sommer 1246 gab er dem erbitterten Drängen seiner geistlichen und weltlichen Vasallen nach und untersagte die Ausfuhr von Geldspenden für die römische Kirche. Doch Matthew Paris berichtet, der König habe danach seine Unterstützung für das Papsttum mit verdeckten Mitteln fortgesetzt. Einige seiner Bischöfe versuchten den Konflikt zu lösen, indem sie heimlich kleinere Gruppen von Rittern entsandten, die sich den päpstlichen Truppen anschlossen und ein volles Jahr lang auf Kosten ihrer englischen Auftraggeber mitkämpften. Wer keine Ritter erübrigen konnte, schickte statt dessen Geld. Doch eine imposante Streitmacht kam dabei nicht zustande. Papst Innozenz bot seinem Vasallen, dem König von England, im übrigen auch keine Gegenleistung.

Der Entschluß von Papst Innozenz IV., die von Gregor IX. propagierte Idee eines Kreuzzugs gegen Friedrich mit größerer Konsequenz und größerem Aufwand voranzutreiben, war folgenreich. Es war der erste großangelegte Versuch, die Kreuzzugsidee als Mittel zur Bekämpfung der politischen Gegner des Papsttums im Abendland selbst zu benutzen. Gewiß betonte der Heilige Stuhl, wie schon anläßlich des 1209 begonnen Albigenser-Kreuzzugs, daß es sich um den Kampf gegen eine bedrohliche Häresie handele. Im jetzigen Fall war der Gegner aber nicht eine Massenbewegung, sondern ein Herrscher, der es wagte, gegen den Vorherrschaftsanspruch des Papstes aufzubegehren.

Wie unsicher sich die päpstliche Partei der Wirkung ihrer Appelle war, geht aus der Tatsache hervor, daß sie die Kreuzzugsaufrufe immer wieder mit jenen traditionellen Argumenten begründete, mit denen auch frühere Kreuzzüge gerechtfertigt worden waren. So wurde der Krieg gegen den Kaiser zugleich als ein Krieg gegen die Moslems dargestellt, mit dem Argument, die Sarazenen von Lucera hätten bei den staufischen Feldzügen in Mittelitalien eine bedeutsame Rolle gespielt; es sei schockierend, daß diese Heiden, die schon einmal vom Boden Italiens vertrieben worden waren, jetzt unbehelligt in Sichtweite Roms umherzogen. Der Kreuzzug gegen Friedrich wurde aber auch als Vorstufe für den Krieg gegen Ägypten interpretiert. Ägypten war ja das erklärte Ziel des Kreuzzugs von Ludwig dem Heiligen, und man warf Friedrich vor, dessen Pläne zu sabotieren. Korrespondierte der Kaiser nicht mit dem Sultan von Ägypten? War nicht bekannt, daß er sich einst sogar mit Al-Kamil verbündet und unter dem Schutz dieser Allianz seinen Kreuzzug hatte durchführen können? Tatsächlich aber korrespondierte auch Papst Innozenz mit dem Sultan von Ägypten, in der Hoffnung, Friedrich von den anderen Mittelmeerländern isolieren zu können. In der päpstlichen Kurie beharrte man auf dem Gedanken, Jerusalem könne erst befreit werden, wenn die Feinde des Papstes in Süditalien und Sizilien vernichtet seien, und dieses Argument sollte wachsende Bedeutung erhalten für die Vorbereitung und Propagierung weiterer politischer Kreuzzüge gegen die Hohenstaufen wie später im 13. Jahrhundert gegen ihre aragonesischen Nachfolger.

Neben der Verheißung des Seelenheils winkten denen, die sich der Partei des Heiligen Stuhls anschlossen, noch andere verlockende Aussichten. Das vatikanische Archiv birgt eine große Zahl von Briefen an deutsche Fürsten, die Genehmigungen für sonst streng verpönte Eheschließungen zwischen nahen Blutsverwandten enthielten, ein offensichtlicher Versuch der Kurie, sich in den Reihen des deutschen Adels Freunde zu verschaffen. Zu den ersten Nutznießern dieser Politik gehörte Heinrich Raspe, Landgraf von Thüringen, der sich denn auch alsbald an die Spitze der Opposition gegen Friedrich II. setzte. Individuelle Kontakte dieser Art konnten jedoch nur langsam und schrittweise geknüpft werden. Im südlichen Italien gewann Innozenz einige Verbündete, indem er den von dort geflohenen Baronen – wie etwa den entkommenen Teilnehmern der Verschwörung gegen den Kaiser – die Rückgabe oder Arrondierung ihres Grundbesitzes versprach oder den Städten Handelsmonopole zusagte. Viele der so Begünstigten waren jedoch schon überzeugte Gegner Friedrichs; und viele Städte interessierten sich nicht für die päpstlichen Angebote, so sehr ihre Bürger mehr Selbständigkeit und Freiheit zu schätzen gewußt hätten.

Auch in Mittelitalien versprach der Papst potentiellen Bündnispartnern viele Vergünstigungen wie die Befreiung von bestimmten an den Heiligen Stuhl abzuführenden Steuern, Einschränkung ihrer militärischen Verpflichtungen (letzteres war ein sorgfältig kalkulierter Versuch, sich ihre Loyalität als freiwillige Waffenbrüder zu erhalten). Es war im wesentlichen dieselbe Politik, die Friedrich in der Lombardei gegenüber ghibellinischen Städten anwandte. Den Patriziern von Spoleto beispielsweise versprach Innozenz Anteile am Süditalienhandel, die er einmal verteilen zu können hoffte. Daß er das Recht hatte, solche Privilegien zu gewähren, daran bestand für Innozenz kein Zweifel, war er doch oberster Lehnsherr des Herzogtums Spoleto wie auch des Königreichs

Sizilien. Nur hatte er nicht die Macht, seinen Schützlingen auch den realen Genuß der ihnen gewährten Vergünstigungen zu verschaffen.

Die merkwürdigsten Avancen machte der Papst der Hafenstadt Ancona; ihr verlieh er 1245 Handelsrechte nicht nur für Sizilien, sondern auch für das christliche Königreich Jerusalem. Der Papst wies den Bischof von Akkon an, sicherzustellen, daß die Rechte der Kaufleute von Ancona in Nahost respektiert würden. Aber noch nie hatte ein Papst das Recht besessen, italienische Kaufleute von den Steuern des Königreichs Jerusalem zu befreien, denn dessen König galt nicht als sein Vasall. Es ist denkbar, daß Innozenz die Verantwortung für das Königreich Jerusalem mit der Begründung an sich zog, daß dessen gekrönter König, Friedrichs Sohn Konrad von Hohenstaufen, Monarch *in absentia* und zudem ein Feind war. Dennoch war es eine anmaßende Ausweitung der päpstlichen Rechte. Immerhin konnte Innozenz mit Hilfe solcher Gunsterweise einige mittelitalienischen Städte enger in sein Lager einbinden.

Vorbei war also die Zeit des Schattenboxens, vorbei die Zeit der Positionskämpfe hinter den Kulissen, während man im Vordergrund halbherzig nach Verhandlungslösungen suchte (in die zumindest Friedrich gewisse Hoffnungen setzte). Jetzt, 1245, schickte Innozenz IV. sich an, die gesamte Christenheit zur Unterstützung seines Kampfes gegen Friedrich II. zu mobilisieren. Er sah sich selbst keineswegs in der Rolle eines Flüchtlings, der in steter Gefährdung in einem entlegenen Winkel des von Friedrich beherrschten Reichs leben mußte und dem die Einreise nach Frankreich verwehrt war. Er konnte noch immer Macht ausüben und Menschen lenken. Und er wollte nicht glauben, daß Deutschland, Italien und Sizilien ihn nicht unterstützen würden.

III

Der Kreuzzug gegen Friedrich war im Grunde nur ein Mittel zum Zweck. Daran lassen die Briefe Innozenz' IV. wenig Zweifel. In Deutschland sollte die Dynastie der Hohenstaufen hinweggefegt werden, in Sizilien und Süditalien die Oberhoheit des Heiligen Stuhls durchgesetzt werden, sei es unmittelbar durch römische Herrschaft oder sei es durch die Einsetzung eines loyalen Vasallen. In den Jahren 1245/46 erließ Innozenz Dekrete für das Königreich Sizilien (wie die vorhin erwähnten Handelsprivilegien), getreu der Auffassung, daß mit der Absetzung des weltlichen Herrschers über das *regno* die oberste

Die staufischen Kaiserpaläste in den Städten Italiens und Deutschlands sind sämtlich untergegangen. Aber noch heute treten im Bild der Städte staufische Burganlagen als Geschlechtertürme in Erscheinung, wobei die deutschen Stadtpaläste oft die Form des Turmpalas haben, wie das Dreikönighaus in Trier besonders deutlich zeigt.

Autorität in die Hände des Papsttums zurückgefallen sei. Im italienischen Norden wurden die Guelfen dazu ermuntert, ihre ghibellinischen Rivalen zu unterwerfen. Wenn auf diese Weise in Europa eine neue Ordnung geschaffen war, dann erst konnte man sich ernsthaft den Aufgaben und Problemen der Kirche im Osten zuwenden. Es war ein enormes Programm, und der Versuch, es in die Tat umzusetzen, sollte für die nächsten hundert Jahre die Geschichte Italiens und des Reichs prägen.

In Deutschland lösten die beständigen Eingriffe des Papstes in die Reichspolitik beträchtlichen Unmut aus. Innozenz hatte sich verrechnet, wenn er geglaubt hatte, die deutschen Fürsten würden sich seiner vermeintlich höchsten Autorität beugen und der Absetzung des von ihnen gewählten Kaisers zustimmen. Sie hatten jahrhundertelang um die Sicherung ihres Rechts gekämpft, einen Kaiser wählen und auch abwählen zu können; die Tatsache, daß der Kandidat ihrer Wahl letzten Endes in Rom vom Papst zum Kaiser gekrönt wurde, war in ihren Augen weit weniger bedeutsam als der Wahlakt selbst. Nur von einigen der rheinischen Kurfürsten, den Erzbischöfen von Mainz, Köln und Trier, erfuhr der Papst handfeste Unterstützung in seinem Bemühen, die Absetzung Friedrichs durchzusetzen. Das Rheinland war von da an für den Kaiser zwar unsicheres Terrain, aber übermäßig stark war die Opposition gegen ihn selbst hier nicht. Ein rascher Feldzug würde, so glaubte Friedrich, genügen, um seine Gegner zum Schweigen zu bringen.

Überdies war es den geistlichen Kurfürsten nicht möglich, einen der Ihren auf den Thron zu wählen; sie mußten also im Lager der weltlichen Fürsten Helfer finden, die willens waren, das päpstliche Unternehmen zu unterstützen. Das war keineswegs leicht. Einschüchterungsmaßnahmen gegen den deutschen Klerus und Bestechungsversuche gegenüber weltlichem wie geistlichem Adel brachten nur schleppende Resultate: einen Ansehensverlust der Hohenstaufen, nicht aber ein nennenswertes Aufbegehren gegen den Kaiser. Die propäpstlichen Kurfürsten einigten sich darauf, daß der Landgraf von Thüringen, Heinrich Raspe, ihr Führer sein solle, und wählten ihn 1246 feierlich zum König der Römer. Im August 1246 errang er in Frankfurt sogar einen Sieg über Friedrichs Sohn Konrad. Aber dabei handelte es sich um eine Kraftprobe zwischen den treuesten Anhängern beider Parteien, deren Ausgang keine Rückschlüsse auf das künftige Verhalten der großen deutschen Fürsten zuließ. Und als Heinrich 1247 unerwartet starb, ging sein Lehen in den Besitz des Hauses Meißen über, das mit Friedrich verbündet war.

Die Rebellen hatten also wenig Aussicht auf Erfolg. Es schien gut möglich, daß sie das bloße Erscheinen des Kaisers zur Flucht bewegen würde. Als 1246 Friedrichs Namensvetter starb, der Herzog von Österreich, den der Kaiser lange und vergeblich zu zähmen versucht hatte, nutzte er die Gelegenheit und stellte Österreich unter seine unmittelbare kaiserliche Herrschaft. Die päpstliche Propaganda mochte ihren Eindruck auf den österreichischen Herzog aus dem Hause Babenberg nicht verfehlt haben, doch hatte er gleichwohl zu keiner Zeit eine nennenswerte Rolle im Widerstand gegen Friedrich von Hohenstaufen gespielt. Die einzige konkrete Auswirkung, die die päpstliche Kampagne auf das Verhältnis der beiden Herrscher zueinander hatte, war die, daß sie den Österreicher dazu bewog, den Plan einer familiären Verbindung mit dem Hause Hohenstaufen fallen zu lassen. Dieser Plan sah ursprünglich vor, daß eine Nichte des Herzogs den mittlerweile zum dritten Mal verwitweten Kaiser heiraten sollte. Die Ehe wurde nie geschlossen, aber dennoch konnte Friedrich II. sein Ziel, die Direktkontrolle über Österreich, erreichen.

Aus all dem wird deutlich, daß die fast dreißigjährige konsequente Politik des Kaisers gegenüber seinen deutschen Vasallen sich bezahlt machte. Die größeren Fürsten zeigten keine Neigung, denjenigen zu stürzen, der ihnen außerordentliche Privilegien eingeräumt, der Städte und Einkünfte unter ihre Hoheit gestellt hatte. Selbst die Bischöfe, von einigen wenigen Ausnahmen abgesehen, hatten Interesse an der Fortdauer der staufischen Herrschaft. Denn gerade sie hatten zu den ersten Nutznießern der großzügigen Politik Friedrichs in Deutschland gehört und wollten die Möglichkeiten der päpstlichen Einmischung in ihre Angelegenheiten auf ein Minimum reduziert sehen. Schon das Ansinnen, sich an den Kosten des antistaufischen Kreuzzugs zu beteiligen, empfanden sie als peinlich genug: Man verlangte von ihnen, ihr eigenes Geld in einen Treuebruch zu investieren, ohne daß irgend jemand ihnen für die Sicherheit ihrer Investition garantieren konnte.

Wenn es überhaupt ein Problem gab, das die Stellung Friedrichs in Deutschland gefährden konnte, dann war es ein ganz anderes: Die mongolischen Horden waren inzwischen in bedrohliche Nähe gekommen, und die deutschen Fürsten wünschten und erwarteten, daß der Kaiser gegen diese gefährliche Bedrohung seine Truppen ins Feld schickte. Daß er indessen in Italien Krieg führte, brachte sie auf. Aber vorläufig brachten sie ihren Ärger nur darin zum Ausdruck, daß sie sich mit der Entsendung von Truppen nach Italien sehr zurückhielten. Friedrich war nicht Otto der Große, der seine deutschen Untertanen durch einen beeindruckenden Sieg über den Feind im Osten von seinem Recht, ihr König zu sein, überzeugen konnte. Andererseits konnten die deutschen Fürsten auch nur wenig Hoffnung in einen Papst setzen, für den der Krieg gegen den vermeintlichen inneren Feind wichtiger war als die Verteidigung Europas gegen die mongolische Gefahr. Ihren Höhepunkt erreichte die mongolische Bedrohung zwischen 1242 und 1244; 1245 schien die größte unmittelbare Gefahr gebannt. Mochte sein, daß die Fürsten noch verstimmt waren, weil in dem Moment, als sie Hilfe gebraucht und angefordert hatten, keine gewährt worden war. Aber es gab jetzt auch für einen Gegenkönig keine Chance mehr, sich durch einen Feldzug gegen die Tataren auf Kosten des Kaisers politisch zu profilieren.

In der Erkenntnis, daß er Deutschland nicht für sich gewinnen konnte, wandte Innozenz sich wieder seinen langgehegten Plänen für eine Übernahme der Macht im *regno* zu. Hier konnte er versuchen, die Unzufriedenheit über eine mächtige Bürokratie anzufachen, die stets darauf erpicht war, den Finanzbedarf des kriegführenden Kaisers durch höhere Steuern zu decken. Das Scheitern der Mordverschwörung von 1246 offenbarte jedoch, wie schmal der Rückhalt war, den Innozenz in Süditalien genoß. Gleichwohl hoffte er nach wie vor, es werde zu einem gemeinsamen Einmarsch römischer, genuesischer, venezianischer und anderer italienischer Papstanhänger ins *regno* kommen.

1248 erließ der Papst für das noch gar nicht eroberte Königreich bereits Gesetze aller Art; unter anderem machte er die unter Friedrich II. erlassenen Gesetze rückgängig, die die Rolle der Kirche in Sizilien und im übrigen Süditalien betrafen, und formulierte großzügige Regelungen für die Unantastbarkeit der Priester durch die weltliche Gerichtsbarkeit des Königreichs. Selbst wenn ein Priester des Hochverrats angeklagt war, sollte sein Fall vor einem kirchlichen Gericht verhandelt werden. Für moralische Vergehen von Laien, wie etwa Ehebruch, sollten freilich ebenfalls die Kirchengerichte zuständig sein. Die von Friedrich und den Normannen unternommenen Versuche, das byzantinische Eherecht wiederzubeleben und es in die Zuständigkeit der weltlichen Gerichte zu geben, wurden entschieden negiert. Das Königreich sollte auf diese Weise ein kirchlich gelenkter Staat werden, mit einem in zahllose Vorschriften gezwängten, als bloße Marionette des Papstes fungierenden Herrscher. Zweifellos hoffte Innozenz nicht zuletzt, die sizilianischen Bischöfe und Äbte für sich einnehmen zu können, indem er ihnen Befugnisse anbot, die Friedrich ihnen seit langem verwehrte, wenigstens in der Praxis. Die süditalienische Geistlichkeit zeigte sich davon aber in weiten Teilen unbeeindruckt. Viele ihrer Würdenträger waren ohnehin Geschöpfe des Kaisers. Berardo, der Erzbischof von Palermo, gehörte zu den ständigen Begleitern des Exkommunizierten.

Auf jeden Fall mußte für das *regno* im Falle seiner Eroberung wieder ein weltlicher Herrscher gefunden werden. Innozenz mag mit dem Gedanken an eine direkte päpstliche Herrschaftsausübung gespielt haben und propagierte diesen Gedanken auch in gewisser Hinsicht, indem er eine unmittelbare Kontrolle des Heiligen Stuhls über wichtige Gesetzgebungsvorhaben und womöglich auch über weitläufige kircheneigene Gebiete postulierte. Sonst aber folgte er im wesentlichen dem Vorbild seines Namensvetters auf dem Stuhl Petri vierzig Jahre zuvor. Ein päpstlicher Statthalter wurde gebraucht, der getreulich die Anordnungen aus Rom ausführen und unter anderem auch die Sicherheit der Heiligen Stadt garantieren würde, der der Nachfolger Petri jetzt als Flüchtling den Rücken gekehrt hatte; ein Mann, der darüber hinaus die geplanten Kreuzzüge nach Syrien, Griechenland und Afrika kraftvoll vorantreiben und eventuelle Rebellionen von Parteigängern der Staufer niederschlagen würde.

Man weiß, daß der Papst im Winter 1249/50 außerordentlich heftige Bemühungen unternahm, den Earl von Cornwall zu gewinnen; dieser, König Heinrichs III. Bruder Richard, wurde zu Gesprächen an den päpstlichen Hof in Lyon eingeladen, wo er das Interesse von Matthew Paris erregte. Der berichtet in seiner Chronik von langen Geheimgesprächen zwischen dem Papst und dem Earl und deutet an, Innozenz sei entschlossen gewesen, Richard auf den sizilianischen Königsthron zu bringen. Tatsächlich wurde ihm dies nach dem Tod Friedrichs II. mindestens zweimal angetragen. Richard war wohlhabend und tatkräftig genug, um für die Rolle eines päpstlichen Statthalters qualifiziert zu sein. Im übrigen hatte sich am Hofe König Heinrichs III. die Stimmung gegen Friedrich inzwischen gewendet, was möglicherweise etwas mit den Geldforderungen der römischen Kurie und ihren Attacken auf den Kaiser zu tun hatte. Hinzu kam, daß sich Heinrich III. nach dem Tod Isabellas nicht mehr ohne weiteres zur Unterstützung seines verwitweten Schwagers verpflichtet fühlte. Auf jeden Fall hatte man am englischen Hof nicht den Eindruck, daß das Heiratsbündnis mit dem Kaiser irgendwelche meßbaren Vorteile eingebracht hatte, während es auf der anderen Seite mit Sicherheit eine Belastung für das Verhältnis zum Papst gewesen war. Vielleicht fand Earl Richard deshalb das Angebot des Papstes tatsächlich verlockend.

Es ist der Einwand erhoben worden, die Annahme eines solchen Angebots wäre gleichbedeutend gewesen mit dem Versuch, Richards Neffen Heinrich, den Sohn von Isabella und Friedrich, um sein Erbe zu bringen, denn Friedrich hoffte zu dieser Zeit, Heinrich zu seinem Thronnachfolger im *regno* aufbauen zu können. Ferner wird darauf hingewiesen, daß Friedrich und Richard sich in der Vergangenheit stets in dem dringenden Wunsch nach einem Verhandlungsfrieden zwischen Papst- und Kaisertum einig gewesen waren. Matthew Paris hielt es für undenkbar, daß Richard vorgehabt haben könnte, seinen Neffen zu verdrängen: »*Inhonestum videretur nepotem suum Henricum supplantare*«.

Eine plausible Annahme scheint hingegen die zu sein, daß Innozenz Richard das Angebot machte, ihm Unterstützung für einen militärischen Einfall nach Süditalien zu gewähren, nach dessen erfolgreicher Durchführung Heinrich zum König von Sizilien erklärt würde; Richard würde dann als Vormund des minderjährigen Königs fungieren, also das *regno* in Abstimmung mit dem Heiligen Stuhl regieren. So richtig es ist, daß der Papst immer wieder einmal die Auslöschung der Hohenstaufendynastie forderte, war er doch, wie die späteren Ereignisse zeigen sollten, bereit, mit den nächsten Verwandten des Kaisers zusammenzuarbeiten, wenn er hoffen konnte, dadurch rascher zum Ziel zu kommen. Wir sollten uns ohnehin hüten, in der Politik dieses Papstes nach einer konsequenten Linie zu suchen. In seiner wilden Entschlossenheit, Sieger in einem Kampf zu werden, für den der Heilige Stuhl, wie Innozenz wohl wußte, schlecht gerüstet war, erprobte er alle möglichen Optionen. Konsequent war er nicht, was seine Methoden, sondern nur was das Ziel betraf: die Absetzung Friedrichs, die er auf dem Konzil von Lyon ausgesprochen hatte, nun auch in der Realität durchzusetzen.

IV

Nachdem Friedrich die Verschwörung und die Rebellionsversuche des Jahres 1246 im südlichen Italien abgewehrt hatte, konnte er sich wieder den drängenden Problemen im nördlichen und mittleren Italien zuwenden. Anfang 1247, noch vor Ende des Winters, überschritt er die Nordgrenze des Königreichs Sizilien und marschierte nordwärts durch das Gebiet des Kirchenstaats. Zunächst galt sein Augenmerk der Lombardei. Er hatte vor, nördlich der Alpen mit den deutschen Fürsten zusammenzutreffen, sich ihrer Rückendeckung zu versichern und dann von Norden her militärisch gegen seine Widersacher in Norditalien vorzugehen. Mit Truppen aus allen Teilen seines Reichs plante er einen entscheidenden Schlag gegen die Verbündeten des Heiligen Stuhls. In dem auf seinem Weg liegenden Herzogtum Spoleto befanden sich, wie er wohl wußte, zwar päpstliche Truppen, die von zwei Kardinälen kommandiert wurden: Stephan von Santa Maria in Trastevere und Rainier von Viterbo. Aber sie hatten sich im Lauf des Jahres 1246 empfindliche Niederlagen eingehandelt. In der Lombardei bedrohte König Enzo von Sardinien mit seinen Truppen die Guelfen, in Parma hatte er die guelfische Partei, die mit der Verschwörung von 1246 sympathisiert hatte, zersprengt und einige ihrer Führer gefangengenommen, so daß die kaiserliche Macht hier wiederhergestellt schien. Der Kaiser wußte allerdings, daß er seine Stellung nur würde halten und festigen können, wenn es ihm gelang, die päpstlichen Pläne zu durchkreuzen. Falls es dem Papst etwa gelänge, in Deutschland Unruhe zu säen, würden auch die antikaiserlichen Guelfen in der Lombardei sofort die Gelegenheit zum Aufstand nutzen. Die Lage war also aus kaiserlicher Sicht hoffnungsvoll, aber nicht gefahrlos.

Seine unsichere Lage bewog den Kaiser dazu, auch weiterhin auf die Friedensappelle des französischen Königs einzugehen, zumal er noch immer überzeugt war, nur ein ehrliches Übereinkommen zwischen ihm und dem Papst könne wirklichen Frieden bringen. In seiner Korrespondenz mit König Ludwig wies Friedrich die Unterstellung zurück, er respektiere die geistliche Autorität des Papstes nicht. Er beteuerte, daß er nach wie vor bereit sei, Vertreter zu Friedensverhandlungen nach Lyon zu entsenden, wenngleich er zu zögern schien, vor seiner Zusammenkunft mit den deutschen Fürsten irgendwelche Schritte zu unternehmen. Wenn sie öffentlich den Schulterschluß mit ihm demonstrierten, und sei es nur, indem sie zu einer feierlichen Zusammenkunft mit ihm erschienen und dadurch zeigten, daß sie ihn nach wie vor als ihren Kaiser betrachteten, so mußte dies seine Position gegenüber dem Papsttum sicherlich stärken. Zudem hatte Friedrich die Hoffnung nicht aufgegeben, die weniger fanatischen Kardinäle würden früher oder später den Zorn des Papstes besänftigen können. Friedrich behauptete sogar, am päpstlichen Hof Verbündete zu haben, die prophezeit hätten, es werde zu einem echten Friedensschluß kommen, ja der Papst höchstpersönlich werde Friedrichs Sohn Heinrich, den Titularkönig von Sizilien, taufen. Wir haben es hier mit demselben übersteigerten Optimismus zu tun wie Ende 1246, als Friedrich allem Anschein nach ernsthaft mit dem Gedanken spielte, über die Alpen nach Lyon zu ziehen, um mit dem Papst ein Gespräch von Angesicht zu Angesicht zu führen.

Es liegt auf der Hand, daß hinter solchen hoffnungsfrohen Plänen der französische Königshof steckte. Wahrscheinlich ließ Friedrich auch bewußt seine fast unglaublich großzügigen Friedensbedingungen in Umlauf setzen: Er sei willens, ins Heilige Land zu ziehen und den Rest seiner Tage dort zu verbringen. Der Papst müsse sich nur bereit finden, Konrad an seiner Stelle zum Kaiser zu krönen, seine Exkommunizierung aufzuheben und ihm die Absolution für alle seine angeblichen Verbrechen zu erteilen. Matthew Paris berichtet, König Ludwig von Frankreich sei außer sich gewesen, als der Papst diese Offerten zurückwies. Was konnte Innozenz denn noch verlangen? Aber der Papst war offenbar überzeugt davon, Friedrich plane, der in Lyon tagenden Kurie mit militärischer Gewalt seinen Willen aufzuzwingen. Ludwig IX. wurde ersucht, den Papst vor einer Entführung zu schützen, und der französische König, stets ängstlich auf die Wahrung seiner Neutralität bedacht, erklärte wunschgemäß, er werde die Einquartierung kaiserlicher Truppen in einer so gefährdeten Grenzstadt wie Lyon nicht zulassen. In keinem Fall war er jedoch bereit, stellvertretend für Innozenz einen Krieg zu führen.

Im Hinblick auf Verhandlungen vertrat Innozenz nach wie vor eine unnachgiebige Position. Er verweigerte jedes Entgegenkommen, solange Friedrich (oder auch Konrad) sein Absetzungsdekret und seine anderen Bannsprüche gegen die Hohenstaufen ignorierten; allenfalls mit einem Exkaiser könne er über Bedingungen reden. Damit räumte er natürlich indirekt ein, daß er nicht vermocht hatte, Friedrich de facto als Kaiser abzusetzen. Während des Winters 1246/47 setzte Innozenz alle seine Machtmittel ein, um sicherzustellen, daß sein Widersacher südlich der Alpen blieb. Das geeignetste Mittel hierzu bestand darin, in der Lombardei so viel Unruhe zu stiften, daß Friedrich gezwungen würde, dort Halt einzulegen, um die Rebellen niederzuwerfen. Der Plan war nicht ohne Risiken: Würden die Lombarden, mit kaiserlichen Truppen vor ihren Stadtmauern, Wert darauf legen, den militärischen Rammbock für den Papst zu spielen?

Doch fand Papst Innozenz den Feldherrn, den er brauchte, und zwar in Gestalt des jungen Kardinals Ottaviano degli Ubaldini. Die starke Stellung, die dieser aufstrebende Prälat am päpstlichen Hof errang, stützte sich auf seinen großen persönlichen Einfluß in der Toskana, wo seine Familie über weitläufige Ländereien verfügte. Mit seiner juristischen und theologischen Gelehrsamkeit hingegen war es nicht so weit her, und auch seine militärischen Talente erwiesen sich in der Folge als längst nicht so beeindruckend wie seine diplomatischen. Sein erster großer Auftritt in Italien im Sommer 1247, als er an der Spitze einer beachtlichen militärischen Streitmacht Einzug hielt, entwickelte sich nicht gerade zum Triumphzug. Als er sich den piemontesischen Bergen näherte, mußte er feststellen, daß die dortigen Fürsten neuerdings wieder mit Friedrich II. sympathisierten. Dessen unehelicher Sohn Manfred hatte vor kurzem eine Prinzessin aus dem Hause Savoyen geheiratet, und auch der Herr von Montferrat, der mächtigste Großgrundbesitzer im nordwestlichen Italien, war im Sog der Savoyer ins kaiserliche Lager übergelaufen. So sah sich der bedauernswerte Ottaviano im westlichen Alpenbogen eingeklemmt, von wo aus sich ein zusammenhängendes kaisertreues Gebiet über die Alpen hinweg bis ins Rhônetal und weiter rhôneaufwärts dehnte – wo, in der Ferne, Lyon lag. Allem Anschein nach hegten die italienischen Fürsten keinen Zweifel daran, daß Friedrich als Sieger aus dem Zweikampf hervorgehen werde.

Weit wirksamere Entlastung als das operettenhaft-heroische Eingreifen des Kardinals brachte dem Papst die traditionelle Rivalität zwischen Guelfen und Ghibellinen in der Lombardei. So galt Parma neuerdings zwar wieder als prokaiserlich, aber ein verläßliches Loyalitätsbekenntnis hatte die Stadt nie abgelegt. 1246, während die Mordverschwörung gegen den Kaiser lief, hatte ein Mittelsmann des Heiligen Stuhls, Bernardo Orlando Rossi, in Parma Unruhen angezettelt. Päpstliche Gelder, die in der Folge nach Parma und ins Parmigiano flossen, ließen die Guelfen von Parma wieder zu getreuen Gefolgsleuten des Papstes werden. Die Folge war, daß Gregorio di Montelongo leichtes Spiel hatte, als er Parma zurückeroberte und die Stadt in ein Bündnis mit dem Lombardenbund führte. Das war ein um so größerer strategischer Rückschlag für Friedrich, als Parma den nördlichen Zugang zum Cisa-Paß und damit zum Arno-Tal und zur Toskana beherrschte und somit den Mailändern, den erbittertsten Feinden des Kaisers in der Lombardei, der Zugang nach Mittelitalien offenstand. Eigentlich war es zu dieser Zeit Enzos Aufgabe, Parma im Auge zu behalten, doch er war nicht an Ort und Stelle, als das päpstliche Heer aufmarschierte. So hatte er nichts anderes mehr tun können, als ein dringendes Hilfsersuchen an seinen Vater zu schicken. Bis auf weiteres versuchte er zunächst, die Heranführung weiterer Truppen des Papstes zu verhindern, indem er die Zugänge zur Stadt blockierte. Dies bekam unter anderem Ottaviano degli Ubaldini zu spüren, der inzwischen in die lombardische Tiefebene zurückgekehrt war und erneut feststellen mußte, daß er nicht weiterkam. Ezzelino da Romano verlegte ihm den Weg. Die Gelegenheiten, einen Durchbruch nach Parma zu versuchen, ließ Ottaviano ungenutzt verstreichen, und Gregorio de Montelongo erkannte, daß die Blockade Parmas die Stadt zu ersticken drohte.

Und dann, im Spätsommer 1247, traf der Kaiser persönlich ein, um die Oberaufsicht über die Belagerung Parmas zu übernehmen. Er hatte sich wirklich von seiner Alpenüberquerung abhalten lassen, wofür Innozenz nur dankbar sein konnte. Die Idee, die der Kaiser zur Lösung des Problems Parma hatte, verhieß nichts Gutes für die Einwohner der Stadt: Die Geschichte Parmas sollte zu Ende sein, eine neue Stadt nebenan erstehen, schöner und prächtiger und kündend von seinem bevorstehenden Triumph – Victoria sollte die Stadt heißen. Hier stand der Kaiser in Sichtweite der Mauern Parmas und waltete seines Amtes als höchster Herrscher auf Erden, indem er die Gründung einer neuen Stadt verfügte, einer kaiserlichen Hauptstadt für diesen Teil Italiens.

Daß Victoria wirklich jemals eine so prachtvolle Stadt war, wie Generationen von Chronisten es überliefert haben, mag man nicht recht glauben; im Laufe nur eines Sommers und Herbstes dürften viele der geplanten öffentlichen Bauwerke kaum über die Fundamente hinausgekommen sein – die Kathedrale von St. Victor, der Kaiserpalast mit Gerichtshof, Verwaltungstrakt, Harem und Menagerie für die exotischen Tiere des Kaisers. In der Tat gehörten Elefanten, Kamele, Löwen und Geparden zu den ersten Bewohnern der neuen Stadt. Aus den Ereignissen der Folgezeit läßt sich der Rückschluß ziehen, daß Victoria nicht besonders gut befestigt gewesen sein kann; es war zunächst wohl eher ein Lager nach römischer Art als eine wirkliche Stadt. Aber der Kaiser entschloß sich, hier sein Hauptquartier aufzuschlagen. Alles, was für die notwendigen militärischen Operationen in der Lombardei gebraucht wurde, sollte in Victoria deponiert werden: der kaiserliche Kriegsschatz (einschließlich Kaiserkrone und Roben), das *matériel de guerre* (nicht nur Waffen, sondern der ganze riesige Troß von Pferden, Maultieren und Ochsen), der Verpflegungstrain (in Gestalt von lebendem Vieh und weiterem Proviant) und auch die kaiserliche Bibliothek, darunter ein prachtvolles Jagdlehrbuch aus der Feder des Kaisers selbst.

Seine Jagdleidenschaft war es, die ihm hier zum Verhängnis wurde. Denn sie bewog ihn, Victoria zu verlassen, um in der Umgebung zu jagen. Das war die Chance, die die Parmesen zum Zuschlagen nutzten. Ein vorgetäuschter Ausfall der Verteidiger Parmas lockte die Soldaten der kaiserlichen Garnison aus der Stadt heraus. Unterdessen machte sich der verbliebene Rest der parmesischen Garnison, verstärkt durch die halbe Einwohnerschaft – Männer und Frauen, jung und alt –, auf den kurzen Weg nach Victoria. Die dort verbliebene kaiserliche Besat-

Der Marktplatz von Neapel vor dem mächtig aufragenden Vesuv verrät noch heute, weshalb Generationen die unvergleichliche Schönheit der Stadt so priesen, daß das Wort aufkam: Neapel sehen und sterben. Hier wurde Konradin von Hohenstaufen in gnadenloser Konsequenz hingerichtet, womit der Sieger Karl von Anjou demonstrieren wollte, daß die Herrschaft seines Geschlechtes über die Hohenstaufen endgültiger Natur sein würde.

zung wurde überwältigt, das Lager ausgeräumt. Im kaiserlichen Quartier fanden sich Gold, Silber, Juwelen, kostbare Kleider in unfaßbaren Mengen. Alles wurde sogleich abtransportiert, sogar die Kaiserkrone, und in der Kathedrale von Parma zur Schau gestellt. Nach Salimbenes Beschreibung zu urteilen, handelte es sich wahrscheinlich um die massive, für Otto den Großen angefertigte Krone, die sich heute, zusammen mit zahlreichen Stücken aus der Garderobe Friedrichs II., in der Wiener Hofburg befindet. Auch die prachtvolle Handschrift seines Jagdbuches war unter den Beutestücken. 1264 tauchte sie im Besitz eines Mailänder

Bürgers auf, der sie Karl von Anjou, dem Todfeind der Hohenstaufen, anbot.

Schlimmer als alles andere war indes der Verlust eines Menschen: Taddeo da Suessa fiel in die Hände der Parmesen; sie folterten ihn, hackten ihm die Hände ab und warfen ihn in den Kerker, wo er elend zugrunde ging. Für den Kaiser war der Verlust Taddeos ein schwerer Schlag. Er war ein Mann gewesen, der in seiner Treue zu Friedrich nie geschwankt hatte, ein Mann von bemerkenswerten Fähigkeiten. Er hatte Friedrich als Unterhändler gute Dienste geleistet; seine Mission nach Lyon im Jahr 1245, wo er gegenüber Papst und Kirche die kaiserliche Sache vertrat, bezeugte, welch große Gemeinsamkeit im Denken und welch gegenseitiges Vertrauen Friedrich und Taddeo verband.

Als Friedrich nach Victoria zurückkehrte und von seiner neuen Stadt nur noch die Trümmer vorfand, reagierte er, wie Salimbene berichtet, »rasend wie eine Bärin im Wald, der ihre Jungen weggenommen worden sind«. Nur drei Tage nach dem spektakulären Raubzug der Parmesen, am 22. Februar 1248, stand Friedrich als Rächer vor ihrer Tür. Sein plötzliches und selbstbewußtes Erscheinen tat seine Wirkung; die noch freudetrunkenen Guelfen gerieten in Panik und flohen, zahlreiche ihrer Beutestücke und Gefangenen zurücklassend. Doch weder ein Wiederaufbau Victorias noch die Wiederaufnahme der Belagerung Parmas versprachen außerordentliche Vorteile. Friedrich und seine Generäle besaßen die politische Weitsicht, zu erkennen, daß der Abfall Parmas als solcher keinen großen Schaden bedeuten mußte und auch die Zerstörung Victorias den Lombarden keinen nennenswerten strategischen Nutzen eingebracht hatte. Denn Parma war, wie bereits erwähnt, vor allem als Beherrscherin des Zugangs von der lombardischen Ebene über den Apennin zur Toskana interessant. Wollte Friedrich diesen Apenninübergang auch künftig kontrollieren, so reichte es, den südlich von Parma gelegenen Cisa-Paß von seinen Truppen besetzen zu lassen. Und so geschah es auch.

Dennoch traf Friedrich die Niederlage von Parma tief, vor allem in finanzieller Hinsicht. Ein großer Teil seines Kriegsschatzes war in die Hände des Feindes gefallen, und da sein Heer zu einem erheblichen Teil aus Söldnern bestand, gab es einen direkten Zusammenhang zwischen seiner Zahlungsfähigkeit und der Größe seines Heers. Im Sommer 1248 ließ er daher in Sizilien eine außerordentliche Kriegssteuer eintreiben, wobei auch die Kirchen herangezogen wurden. Der Kaiser tat somit genau das, was der Papst ihm seit langem zum Vorwurf machte. Gleichwohl wäre es ein Fehlschluß, anzunehmen, Friedrich habe in Parma einen nicht wiedergutzumachenden Rückschlag erlitten. Der gelungene Guelfencoup gab sicherlich seinen Feinden im nördlichen und mittleren Italien Auftrieb; seine Machtposition schien angeschlagen, und mancherorts glaubte man ihn schon wanken zu sehen. In Wirklichkeit war der Schlag von Parma nicht schwer genug, um Friedrichs Stellung ernsthaft zu gefährden. Doch hatte sich gezeigt, mit wie wenig Engagement die kaiserlichen Streitkräfte geführt wurden. Das Verständnis für Taktik, Täuschung und Aufklärung sowie für Grundregeln des Stellungskriegs war noch wenig entwickelt. Militärische Lagebeurteilungen erfolgten willkürlich und waren entsprechend unzuverlässig. Für Sieg oder Niederlage war der Eindruck, den man auf den Gegner machte, nicht weniger wichtig als die Effektivität der militärischen Operationen. Friedrich erkannte diese Probleme, vernachlässigte aber die militärischen Aspekte zugunsten der politischen. Er, der den kriegerischen Weg stets ungern eingeschlagen hatte, mußte nach den Ereignissen von Parma eingestehen, daß nun spektakuläre militärische Erfolge erforderlich waren, um die Siegesstimmung der Lombarden zu dämpfen und politische Erfolge erzielen zu können. Durch den Rückschlag von Parma rückte die Lombardei erst recht in den Brennpunkt des Geschehens. An eine Reise nach Deutschland oder gar nach Lyon war nicht mehr zu denken.

V

1248 war ein Jahr, um Bilanz zu ziehen. Friedrich hatte sich von der Schmach von Victoria noch nicht erholt, aber auch Innozenz war es noch nicht gelungen, die Christenheit zu mobilisieren. Von Vorteil für den Papst war, daß König Ludwig von Frankreich, der so gerne eine Versöhnung zwischen Kaiser und Papst herbeigeführt hätte, im Sommer vom neu angelegten Hafen Aigues-Mortes in Richtung Zypern und Ägypten ausgelaufen war – Verzögerungen, Niederlagen und Gefangenschaft sollten ihn für mehrere Jahre der Heimat fernhalten. Der Papst gewann hierdurch etwas mehr Spielraum für seinen eigenen Kreuzzug gegen Kaiser Friedrich. Dabei suchte er seine Bemühungen auf Mittel- und Süditalien zu konzentrieren. So organisierte er etwa ins Exil geflohene sizilianische Adlige zu einer Opposition, indem er ihnen Ländereien und Titel versprach, und unter dem Eindruck der Ereignisse von Parma gelang es ihm auch, einige in ihrer Loyalität schwankende Städte im Grenzbereich zum *regno* auf seine Seite zu ziehen. Ein symbolischer Triumph war hier die Rückeroberung Jesis, der Geburtsstadt des verhaßten Kaisers, durch Rainier von Viterbo.

Die Jahre 1248 und 1249 sahen einige bedeutsame personelle Wachablösungen in den Reihen beider Konfliktparteien. Der mittlerweile sehr alt gewordene Rainier konnte seine Aufgabe, für die Festung der päpstlichen Herrschaft in Mittelitalien zu sorgen, nicht mehr erfüllen. Klar war auch, daß er nicht mehr der Mann, den seit langem geplanten Einmarsch nach Süditalien zu organisieren. Er blieb jedoch an Ort und Stelle und schürte weiterhin den Haß gegen den Kaiser, bis er Ende 1250 starb. In Deutschland fand sich im Jahr 1248, einige Monate nach dem frühen Tod Heinrich Raspes, ein neuer Führer für die Opposition. Graf Wilhelm von Holland war kein mächtiger Fürst und konnte sich nur auf einzelne Hochburgen im Rheinland und in Teilen der Niederlande stützen. Er beschwor den Papst beständig, mehr Ritter zu seiner Unterstützung zu mobilisieren, vermochte aber selbst keine große Kampfbegeisterung zu wecken. Er war verläßlich, aber kaum jemand traute ihm zu, daß er die Unterstützung jener Kurfürsten gewinnen konnte, die noch nicht auf der Seite des Papstes standen. Sein Hauptinteresse galt offenbar dem Ziel, seinen holländischen Besitzungen die Provinz Zeeland hinzuzufügen.

Auch im kaiserlichen Lager gab es wichtige persönliche Veränderungen: König Enzo von Sardinien geriet Anfang 1249 in der Schlacht bei Fossalta, wo ein Bürgeraufgebot aus Cremona und Modena gegen die Guelfen von Bologna kämpfte, in Gefangenschaft. Er hatte sich als kaiserlicher Truppenführer in Norditalien bewährt, auch wenn er einige Male den Fehler begannen hatte, Stützpunkte mit unzureichender Besatzung zurückzulassen. Mit Ezzelino da Romano und den anderen Söldnerfürsten verband ihn eine enge und nützliche Freundschaft. Die Bologneser sperrten ihn in ein ziemlich gut ausgestattetes Gefängnis in ihrem Palazzo Communale, und dort blieb er trotz immer wieder unternommener Versuche, seine Freilassung zu erwirken, bis ans Ende seiner Tage. Sein unglückliches Schicksal lieferte den Dichtern Stoff und Inspiration.

Den vielleicht dramatischsten Machtverlust mußte jedoch Piero della Vigna hinnehmen. Der Kaiser, nach der Verschwörung von 1246 und dem Tod Taddeo da Suessas einsam geworden, entwickelte offenbar ein zunehmendes Mißtrauen auch gegen seine engsten Vertrauten. Auf Piero della Vigna hatte er sich über zwanzig Jahre lang gestützt: bei der Ausarbeitung von Gesetzestexten und politischen Strategien, bei der Abfassung von Pamphleten gegen die päpstlichen Machenschaften und

Das Jagdschloß Castel del Monte in Apulien. Der Bau wurde 1240 begonnen, aber erst um die Zeit seines Todes fertiggestellt. Gewohnt hat Friedrich II. hier nie, so sehr er auch gehofft haben mag, hier einmal seiner Leidenschaft für die Falknerei nachgehen zu können.

bei heiklen diplomatischen Missionen. Aber Piero war nicht so unbestechlich, wie kaiserliche Beamte es seinen eigenen Gesetzestexten zufolge hätten sein sollen; Salimbenes mißbilligender Darstellung nach hatte der Hofgelehrte mit Bestechungsgeldern ein großes Vermögen zusammengerafft, auf das der Kaiser nur allzu gerne selbst die Hand gelegt hätte. Jedenfalls ist es sicher kein Zufall, daß die Vorwürfe gegen della Vigna gerade zu der Zeit erhoben wurden, als Friedrich am akutesten unter finanziellen Nöten litt.

Friedrich reagierte auf die Beschuldigungen mit dem Mißtrauen, das enttäuschte und isolierte Despoten gerade gegenüber ihren ältesten und loyalsten Mitarbeitern oft an den Tag legen: Anfang 1249 wurde Piero della Vigna in Cremona überraschend verhaftet. Die Einwohner der Stadt, obwohl treue Gefolgsleute des Kaisers, nahmen die Nachricht offenbar mit Schadenfreude auf und machten keinen Hehl daraus, daß sie Piero gerne gelyncht hätten. Doch der wurde heimlich nach Borgo San Donnino (das heutige Fidenza) und von dort in die kaiserliche Festung San Miniato in der Toskana gebracht. Er wurde der Unterschlagung angeklagt, verurteilt und geblendet; die folgende Gefangenschaft konnte er nicht verwinden: An einem steinernen Pfeiler, an den er gekettet war, schlug er sich selbst den Schädel ein. In den Augen Dantes, der die Erinnerung an diesen Selbstmord bewahrte, wurde della Vigna ein Opfer der Mißgunst seiner Zeitgenossen. Die absolute Lauterkeit seines Staatsverständnisses habe ihm die Feindschaft derer eingetragen, die seinen hohen Maßstäben nicht gerecht werden konnten.

Die Vermutung, daß es Kritiker und Gegner della Vignas waren, die das Mißtrauen des Kaisers gegen den Gelehrten schürten, erscheint berechtigt. Davon abgesehen, müssen am Kaiserhof ganz unterschiedliche Vorstellungen über den künftig einzuschlagenden Weg vorhanden gewesen und diskutiert worden sein. Eine Reise Friedrichs nach Lyon war, wie erwähnt, bereits in Erwägung gezogen worden. Während ein Teil seiner Berater ihn drängte, sich vor allem auf die Verteidigung Süditaliens im Falle einer päpstlichen Invasion vorzubereiten, hätten andere, seine lombardischen Bündnispartner beispielsweise, lieber eine Intensivierung der militärischen Aktivitäten gegen Mailand, Parma und deren Freunde gesehen. Die Feindseligkeit, die die Einwohner Cremonas gegen Piero della Vigna an den Tag legten, ist besonders aufschlußreich. Hier zeigten Bürger einer Stadt, die seit jeher mit dem Kaiser im Bunde war, offen ihre Mißbilligung für die Person (oder die Politik) des engsten kaiserlichen Ratgebers. Es ist gut möglich, daß Piero della Vigna Friedrich drängte, seinen norditalienischen Bundesgenossen mehr finanzielle und militärische Lasten aufzubürden, ja vielleicht sogar die bisher lediglich auf dem Papier stehenden Befugnisse des kaiserlichen Generalvikars in der Lombardei zu nutzen, sei es für die Aufstellung einer großen kaiserlichen Streitmacht oder im Hinblick auf die künftige Errichtung eines zentralisierten *regnum Italicum*. Der nominelle kaiserliche Generalvikar, Enzo, hatte sich weder an das eine noch an das andere je herangewagt.

Eine andere Variante erfahren wir, wie immer, so auch in dieser Angelegenheit von Matthew Paris: Er bringt della Vigna in Verbindung mit einer weiteren Mordverschwörung gegen Friedrich II. Der Kaiser fühlte sich zu dieser Zeit nicht wohl; seine Ärzte verschrieben ihm Arzneien und Dampfbäder. Im Auftrag von Innozenz IV. hätten, so Matthew Paris, Piero della Vigna und der kaiserliche Leibarzt sowohl den Arzneien als auch den Badesalzen Gift beigemischt. Der Kaiser habe jedoch Verdacht geschöpft und den Arzt aufgefordert, in seinem Beisein die Hälfte der Medizin zu schlucken. Dem zu Tode erschrockenen Arzt sei es gelungen, einen Großteil der Arznei zu verschütten, doch sei ein Rest übriggeblieben, genug, um einigen auf ihre Hinrichtung wartenden Häftlingen etwas davon zu geben. Es habe sich gezeigt, daß die vermeintliche Arznei ein schnell und tödlich wirkendes Gift gewesen sei. Doch diese Geschichte erscheint aus mehreren Gründen unglaubhaft. Friedrich selbst bezichtigte della Vigna öffentlich eines anderen Vergehens: der Unterschlagung von Geldern. Hätten sich Hinweise auf ein erneutes päpstlich gesteuertes Komplott gegen sein Leben ergeben, Friedrich hätte zweifellos nicht versäumt, daraus Kapital für seine propagandistischen Attacken gegen Innozenz IV. zu schlagen. Die Propagandaarbeit des Kaiserhofs wurde durch den Abgang Piero della Vignas im übrigen kaum beeinträchtigt. Er hatte längst eine Generation von Nachfolgern herangezogen, deren rhetorische Fähigkeiten den seinen kaum nachstanden.

Folgenschwerer war da schon der Ausfall Enzos. Bologna schaffte es schließlich und endlich, Modena zu unterwerfen; andere bislang kaisertreue Städte, wie Como, erlagen den Drohungen oder Versprechungen des Lombardenbunds. Der Cisa-Paß mußte aufgegeben werden. Schwerer als dies alles wog jedoch, daß Kardinal Pietro Capoccio auf den Plan trat; er traf 1249 in Mittelitalien ein, um die Aufgaben Rainiers von Viterbo zu übernehmen. Schon im September stand er an der Spitze einer päpstlichen Streitmacht vor den Toren des *regno*. Es war zwar nicht das große Invasionsheer, das Innozenz IV. sich ausgemalt hatte, aber im päpstlichen Lager hatte man die Hoffnung, die Barone der nördlichen Grenzprovinzen des *regno* würden sich auf die Seite der Invasoren schlagen. Doch diese Hoffnungen zerstoben am 4. Oktober 1249, als die Truppen Capoccios nach einem Aufeinandertreffen mit einer sizilianischen Einheit nach Norden zurückgeschlagen wurden. Capoccio ließ sich dadurch nicht von dem Versuch abhalten, nördlich wie südlich der Grenze neue Verbündete zu suchen. Daß dies gelingen werde, glaubten Innozenz und sein Kardinal auch weiterhin. Ihren größten Erfolg verbuchten sie jedoch dadurch, daß die Anwesenheit päpstlicher Truppen in Mittelitalien einen Großteil der Mark Ancona unter ihre Kontrolle brachte.

Doch auch dies war nur ein scheinbarer Erfolg, denn er führte dazu, daß der Kaiser seine militärischen Kräfte im Mittelitalien zusammenzog und der Schwerpunkt des Konflikts weiter in den Norden rückte, als es dem Kardinal lieb gewesen wäre. Ein Einmarsch ins *regno* rückte in weite Ferne. Anfang 1250 drang das sizilianische Heer in die Mark Ancona ein und eilte von Sieg zu Sieg. Bei Cingoli fiel ihm das päpstliche Waffenarsenal in die Hände – und beinahe auch Kardinal Capoccio. Als Bettler verkleidet, konnte dieser durch die kaiserlichen Linien schlüpfen. Die päpstliche Machtstellung in der Region brach zusammen, und als der Sommer zu Ende ging, befanden sich von Ravenna an südwärts bis zur Grenze des *regno* die meisten Städte wieder in kaiserlicher Hand. Pietro Capoccio wurde in unrühmlicher Weise von seiner Mission abberufen und durch Ottaviano degli Ubaldini ersetzt, eine Entscheidung, die für die päpstliche Sache nichts Gutes verhieß, zumal sich zu den Erfolgen der kaiserlichen Truppen in Mittelitalien auch Siege an anderen Fronten gesellten. Uberto Pallavicini vernichtete im August 1250 bei Victoria eine parmesische Streitmacht; der Überlieferung nach dachten sich die Sieger grausige Torturen für ihre Gefangenen aus.

Auch in Deutschland vollzog sich Bedeutsames: Konrad von Hohenstaufen stellte in jenen rheinländischen Gebieten, die sich dem Grafen von Holland angeschlossen hatten, die kaiserliche Herrschaft wieder her. Graf Wilhelm wurde nicht ganz und gar ausgeschaltet, aber existierte danach kaum noch als politische Größe. So hatten die Streitkräfte des Kaisers 1250 einen großen Teil der durch die zwei Jahre zuvor erlittene Schmach von Parma verursachten Einbußen wieder wettgemacht. Zu größeren Absetzbewegungen kam es nicht mehr. Es hatte sich gezeigt, daß das päpstliche Lager nicht stark genug war, den Kaiser in Italien militärisch in die Defensive zu drängen. Es schien jetzt wieder möglich, daß Friedrich, wie schon vor Jahren geplant, die Alpen überqueren und in Lyon auftauchen würde – und niemand konnte Innozenz von seiner Überzeugung abbringen, der Kaiser werde in diesem Fall an der Spitze einer Streitmacht einmarschieren und ihn unter Druck setzen. Für den Papst stand fest: Wenn Lyon kein sicherer Ort mehr für ihn war, mußte er sich anderswo eine Zuflucht suchen, in noch sicherer Entfernung. Er fragte bei Heinrich III. an, ob er seinen Hof eventuell nach Bordeaux in der englischen Gascogne verlegen könne.

Ungünstig für Innozenz waren auch die Nachrichten, die aus dem Osten eintrafen. Im April 1250 hatten die französischen Kreuzfahrer am Nildelta eine schwere Niederlage erlitten, der französische König war in

Gefangenschaft geraten, und die ägyptischen Machthaber forderten nun ultimativ ein Lösegeld für ihn. Es war klar, daß die Franzosen in Ägypten gescheitert waren. Ludwig der Heilige verbrachte zwar, nachdem das Lösegeld für ihn gezahlt worden war, einige Monate im Heiligen Land, aber sein Augenmerk begann sich danach wieder auf die europäische Politik zu richten. Der Papst hatte ganz offensichtlich gehofft, die Zeit, während der der französische König in der Fremde weilte, nutzen zu können, um die kaiserliche Machtstellung in Italien zu brechen. Doch nun sah sich Innozenz wieder mit französischen Forderungen nach einem Verhandlungsfrieden mit dem Kaiser konfrontiert.

Einer der Botschafter, die Ludwig IX. an den päpstlichen Hof entsandte, war kein geringerer als Karl, Graf von Anjou, der Bruder Ludwigs und spätere König von Sizilien. Sein Auftrag lautete zu diesem Zeitpunkt noch, die Hohenstaufen zu unterstützen, nicht, sie zu vernichten. Die französischen Argumente stützten sich auf die Erfahrungen, die Ludwig der Heilige in Ägypten hatte machen müssen. Sein Kreuzzug hätte vielleicht einen weniger katastrophalen Verlauf genommen, wenn der Papst ihm stärkere Hilfe hätte zuteil werden lassen. Das Papsttum stand jetzt unter dem Vorwurf der unterlassenen Hilfeleistung, der Gefährdung des Heiligen Landes, der französischen Monarchie und des Christentums – um eines Kampfes willen, für den zunehmend weniger Menschen Verständnis aufbrachten. Nicht daß man beim Heiligen Stuhl den Ruf nach Verhandlungen ignoriert hätte. Man machte deutlich, daß man zu Gesprächen immer bereit sei, und zwar unter den bekannten Bedingungen: wenn Friedrich vor dem Papst erschien, um sich seinem Urteil zu stellen, und wenn er die päpstlichen Bedingungen für eine Friedensregelung in der Lombardei und Mittelitalien akzeptierte. Nach wie vor wollte Innozenz nur verhandeln, wenn von vornherein garantiert war, daß er obsiegen würde.

VI

Schon seit einigen Monaten ließ die Gesundheit Friedrichs II. zu wünschen übrig. Den Dezember 1250 verbrachte er im apulischen Castel Fiorentino. Dort litt er an einem heftigen Anfall von Ruhr. Friedrich wurde klar, daß seine Kräfte schwanden. Am 7. Dezember setzte er sein Testament auf. Es legte klares Zeugnis ab von seinem zentralen politischen Anliegen: der Wahrung und Weitergabe des staufischen Vermächtnisses. Er benannte Konrad zu seinem Erben in Deutschland, Italien und Sizilien; würde er aber ohne einen direkten Erben sterben, sollte die Thronfolge auf Isabellas Sohn Heinrich übergehen. Heinrich sollte ansonsten entweder den Thron von Arles oder aber das Königreich Jerusalem erben, je nach Konrads Belieben. Hunderttausend Goldunzen, kein geringer Betrag, sollten für die Rückeroberung des Heiligen Landes bereitgestellt werden. Heinrich scheint zu den Lieblingssöhnen des Kaisers gehört zu haben, aber Friedrich hing auch sehr an seinem unehelichen Sohn Manfred. Ihn betraute er mit der Leitung der Regierungsgeschäfte im *regno* in den Zeiten der Abwesenheit Konrads (der in Deutschland mit der Niederhaltung der Gegner des Kaisers beschäftigt war).

Friedrich lag auch etwas daran, denjenigen, denen er Schaden zugefügt hatte, Wiedergutmachung zukommen zu lassen. So verfügte er, daß der Kirche die ihr aberkannten Gebiete und Rechte zurückgegeben werden sollten, sofern dies ohne Schädigung der Ehre und Würde des Römischen Reiches geschehen könne – ein versöhnlicher Akt, der die Aufrichtigkeit seines Strebens nach einem Verhandlungsfrieden mit der römischen Kirche unterstreicht. Des weiteren sollte eine Amnestie für weniger schwere Vergehen verkündet und bestimmte Steuern sollten für immer abgeschafft werden, die, wie die *collectà* und andere Kriegssteuern, besonders auf seinen Untertanen gelastet hatten. Was seine persönlichen Wünsche betraf, so erkor der Kaiser die Kathedrale von Palermo zu seiner letzten Ruhestätte, wo auch schon sein Vater Heinrich VI., seine Mutter Constanze, sein Großvater Roger II. und seine erste Frau Konstanze begraben lagen. Dieser Wunsch zumindest sollte ihm erfüllt werden.

Friedrich befand sich im Kreis seiner Ratgeber, als er aufs Totenbett sank. Der Erzbischof von Palermo, Berardo, hatte stets an der Seite des Kaisers gegen das Papsttum gestritten. Er war einer der vielen, die sich um den Sterbenden versammelten. Da der Papst bis zuletzt die Absolution verweigert hatte, fiel Berardo die Aufgabe zu, Friedrich die letzte Beichte abzunehmen. Wenn wir dem Bericht von Matthew Paris Glauben schenken, hatte sich der Kaiser die graue Kutte eines Zisterziensermönchs übergezogen. Einst der mächtigste Herrscher der Christenheit, wollte er die Welt nun in der demütigen Haltung eines Bettelmönchs verlassen, von allen seinen irdischen Besitztümern getrennt. Es war ein Zeichen an alle um ihn Versammelten und an Gott, daß er sich nie von seinem Glauben abgekehrt hatte. Am 13. Dezember 1250, dreizehn Tage vor seinem 56. Geburtstag, starb er – zu einem Zeitpunkt, da sich das Blatt sowohl in Italien als auch in Deutschland wieder zu seinen

Gunsten zu wenden schien. An seiner Seite war Manfred, der designierte Regent für Sizilien. In einem Brief an König Konrad teilte Manfred den Tod seines Vaters in folgenden Worten mit: »Untergegangen ist die Sonne der Welt, die über den Völkern geleuchtet hat, untergegangen die Sonne der Gerechtigkeit, der Hort des Friedens.«

Den Sieg hatte er nicht errungen; aber er starb auch nicht als Besiegter. Sein größtes Ziel schien in greifbare Nähe gerückt: daß seine Söhne seine Königreiche erben und den Namen der Dynastie bewahren würden.

KAPITEL 13
Die Geister der Hohenstaufen

I

In die Tage des Jahreswechsels 1250/51 platzte in Lyon die Nachricht, daß der Erzfeind des Papstes gestorben war. »Mögen Himmel und Erde jubeln«, verkündete Innozenz und gab in einem Rundschreiben den Tod des Antichristen und Tyrannen bekannt. Doch die Gefahr sei nicht gebannt: das Haus Hohenstaufen sei nach wie vor ein gefährlicher Gegner, vor dem man auf der Hut sein müsse. So müsse die Kreuzzugspropaganda nunmehr gegen Konrad gerichtet werden, und die Sizilianer müsse man anspornen, sich ihrer staufischen Herren zu entledigen.

Friedrichs Tod bedeutete also keineswegs das Ende des Konflikts zwischen dem Papst und den Hohenstaufen. Innozenz hatte noch eine fast vierjährige Amtszeit vor sich, und seine Nachfolger, von denen viele in seiner gedanklichen Tradition standen, taten alles in ihrer Macht Stehende, um das von ihm gesteckte Ziel zu erreichen: die Austilgung des Hauses Hohenstaufen. Die von diesen Päpsten betriebene Politik war eine existenzielle Bedrohung für das Reich, das das Lebenswerk Friedrichs II. war oder doch hätte werden sollen: ein aus unterschiedlichen Teilen zusammengesetztes, durch die Loyalität zu einer Krone verbundenes dynastisches Reich, Sizilien und Deutschland umfassend, dazu große Teile Norditaliens. Dagegen war es das erklärte Ziel des Papsttums, den deutschen und den sizilianischen Thron an verschiedene Herrscherhäuser zu vergeben. In keinem von beiden sollte staufisches Blut vertreten sein, und beide sollten loyal hinter dem Papsttum stehen.

Aus dem plötzlichen Tod seines Widersachers versuchte das päpstliche Lager zunächst einmal Kapital zu schlagen, indem es wieder an einen Einfall ins südliche Italien dachte. Dabei konnten die päpstlichen Truppen Unruhen unter der Bevölkerung Neapels und der Grenzprovinzen nutzen, die zu Lebzeiten Friedrichs unbedeutend gewesen wären, jetzt aber außer Kontrolle zu geraten drohten. Daß Konrad im fernen Deutschland weilte, ermutigte die Rebellen in Süditalien sicherlich. Doch der Regent Manfred legte eine unerwartete Tatkraft an den Tag. Er erwies sich als fähiger Truppenführer und ging mit so viel Erfolg an die Wiederherstellung der Ordnung, daß Konrad aus dieser vorteilhaften Lage heraus dem Papst den Vorschlag machen konnte, die Differenzen der Vergangenheit endlich zu begraben. Er forderte Innozenz auf, ihn als König von Sizilien anzuerkennen. Doch dieses Ansinnen beruhte auf einer gründlichen Fehleinschätzung der Ziele des Papstes. Die Anerkennung einer staufischen Thronfolge in Deutschland oder Sizilien kam für Innozenz unter keinen Umständen in Frage. Er machte sich offenbar bereits Gedanken darüber, welcher Vertrauensmann des Heiligen Stuhls als künftiger Herrscher Siziliens die kirchlichen Armeen in Süditalien zum Sieg führen konnte.

Auf seiner Liste der abendländischen Fürsten, die für eine solche Rolle in Frage kamen, stand an erster Stelle Richard, Earl von Cornwall, doch es gelang Innozenz nicht, ihn für das Projekt zu gewinnen. So richtete sich der päpstliche Blick auf einen anderen englischen Prinzen, Edmund, den Sohn Heinrichs III. und Neffen Richards von Cornwall. Edmund jedoch war noch im Kindesalter. Ein geeigneterer Kandidat war sicherlich der Bruder Ludwigs IX., Karl von Anjou, der sich interessiert zeigte, dem Heiligen Stuhl in Italien zu Diensten zu sein, damit jedoch auf Ablehnung bei seinem Bruder stieß, denn der französische König war wie eh und je ängstlich darauf bedacht, im Konflikt zwischen Päpsten und Staufern streng neutral zu bleiben. Doch war einem Fürsten wie Karl zuzutrauen, daß er breiten Rückhalt für sich mobilisieren würde; die Vorstellung hingegen, der junge Edmund könne einen Kreuzzug nach Sizilien anführen, löste bei den englischen Baronen eher Heiterkeit aus, und alsbald dämmerte es auch dem Papst, daß die Ausrufung eines Kindes zum König von Sizilien nichts als Streit und Zeitverlust bringen würde. Die Nachfolger von Innozenz taten denn auch nichts lieber, als sich anderswo nach dem gesuchten neuen Bannerträger des Christentums umzuschauen.

Die Amtszeit Konrads IV. hatte 1254 mit seinem frühzeitigen Tod ein abruptes Ende genommen. Es war ihm nicht möglich gewesen, nach Sizilien zu kommen, um sein königliches Amt formell anzutreten. Auch Heinrich, Friedrichs Sohn aus der Ehe mit Isabella, war tot. Es schien, als würde die Zeit einige der Probleme des Papstes lösen. Konrad hatte in Deutschland einen Sohn gleichen Namens hinterlassen, der bereits erwachsen war; die Geschichtsbücher kennen ihn als Konradin, den »kleinen Konrad«. Aber Konradin schien kein gefährlicher Gegenspieler, und die deutschen Fürsten waren angesichts des Fehlens eines ernst zu nehmenden Thronfolgers verunsichert. Auch in Sizilien hatte das Papsttum es nur noch mit dem Regenten Manfred zu tun, der keine

Burg Bruck bei Lienz in Osttirol entstammt der Generation nach Friedrich II. Die auf einem hohen Fels gelegene Burg, die seit 1271 Residenz der »vorderen« Grafschaft Görz war, wird noch heute durch einen mächtigen Wohnturm bestimmt.

Herrschaftsansprüche über Mittelitalien, die Lombardei oder gar Deutschland erhob. Innozenz schöpfte aus all dem genügend Zuversicht, um in Verhandlungen mit Manfred einzutreten. Er wußte, daß Manfred viel daran gelegen war, sich die Legitimität seiner Herrschaft im südlichen Italien bestätigen zu lassen; hier bot sich somit eine geeignete Gelegenheit, einen Präzedenzfall für die vom Heiligen Stuhl beanspruchte Lehnsherrschaft über das Königreich Sizilien zu schaffen. Der Papst, glücklich über die endlich geernteten Früchte seiner Machtpolitik, reiste nach Neapel, um dirigierend an der Neuorganisation des *regno* mitzuwirken, an dem Abbau der zentralisierten normannischen Staatsverwaltung und der langfristigen Errichtung freier Stadtstaaten. Manfred ließ es auf eine Kraftprobe mit dem Papst erst gar nicht ankommen. Er zog sich unvermittelt aus Neapel in die sarazenische Hochburg Lucera zurück, wo er dem päpstlichen Zorn und den päpstlichen Soldaten trotzen zu können glaubte. Er hatte sich jetzt entschlossen, selbst die Hand nach der sizilianischen Königskrone auszustrecken. Er konnte die Methoden Innozenz' nicht billigen und argwöhnte vielleicht auch, der Papst habe vor, ihn lediglich als Platzhalter zu benutzen, bis er einen nichtstaufischen Fürsten fand, den er auf den sizilianischen Thron setzen konnte.

Der Tod von Papst Innozenz Ende 1254 festigte die Stellung Manfreds. Wie Friedrich II., erlebte auch Innozenz den Schlußakt des Kampfes, in den er so viel Kraft investiert hatte, nicht mehr. Er war so fest von der gottgewollten Macht des Papsttums überzeugt gewesen, daß er die Widersetzlichkeit der Hohenstaufen nur als Gotteslästerung hatte empfinden können. Mit seinem mangelnden Willen zum Kompromiß und der steten Bereitschaft, gegen seine Feinde das Mittel des Kreuzzugs anzuwenden, trug er indes viel zur Beschädigung des päpstlichen Ansehens an den Fürstenhöfen Europas bei. Doch dafür hatte er kein Gespür. Immerhin kann man ihm für seine zähe Entschlossenheit, die Konsequenz seines Handelns und seine Zielstrebigkeit sogar Respekt zollen. Er kannte sich im kanonischen Recht aus wie kein zweiter, und er gebrauchte die juristischen, theologischen und moralischen Argumente, die er zur Rechtfertigung seines Anliegens anführte, ohne jeden Zynismus. Kompromisse mit seinen Gegnern waren für ihn lediglich Mittel zum Zweck. Daß die Autorität des Papstes sich nicht nur über Vasallenkönigreiche wie Sizilien erstreckte, sondern über sämtliche Herrscher der christlichen Welt, war ein Anspruch, den es in erster Linie zu demonstrieren galt. »Ein sehr päpstlicher Papst« ist er genannt worden, ein Attribut, das sein unbeirrtes Eintreten für den absoluten

Vorrang des päpstlichen Herrschaftsanspruchs in Theorie wie Praxis charakterisiert.

Der Übergang der päpstlichen Tiara von Innozenz IV. an einen ähnlich gesinnten Papst, Alexander IV., berührte Manfred nur wenig. Er brachte die sizilianischen Barone zunächst dazu, ihn zu ihrem König zu wählen. Daß es die Barone waren (und dazu vielleicht noch der eine oder andere städtische Patrizier), die sich anmaßten, den König zu wählen, stand offenkundig im Widerspruch zur päpstlichen Auffassung, derzufolge der Herrscher Siziliens, da er päpstlicher Vasall war, vom Heiligen Stuhl bestimmt oder doch zumindest in seinem Amt bestätigt werden mußte. Die Zusammenkunft der Barone zur Wahl eines Königs war ein wirksames Mittel zur Umgehung des päpstlichen Prioritätsanspruchs. Das Verfahren schmeichelte den Baronen und garantierte ihre Loyalität für den Fall eines Konflikts mit einem Papst, der ihnen sicher kein so weitgehendes Mitspracherecht zugestehen würde. Andererseits mußte die Machtfülle der Krone nicht zwangsläufig unter dem Wahlakt leiden, vorausgesetzt, sie fand in einem Augenblick statt, da der Adel das Fehlen königlicher Autorität als wirklichen Mangel empfand.

Manfred ging schnell daran, die Herrschaftsmethoden und die Politik seines Vaters wieder zur Geltung zu bringen. Die Freiheitsrechte der auf dem Boden des Königreichs gelegenen Städte wurden rasch wieder beschnitten. Der glanzvolle Hof Friedrichs II. erstand wieder. Auch Manfred vertraute seine persönliche Sicherheit, wie sein Vater, den Sarazenen von Lucera an. Der von ihm gegründete Hafen Manfredonia sollte noch lange nach seinem Tod ein bedeutender Umschlagplatz für den adriatischen Getreidehandel bleiben. Friedrich II. hatte mit den griechischen Rumpfstaaten, die die Eroberung und Latinisierung Konstantinopels im Jahr 1204 überlebt hatten, Kontakte gepflegt; Manfred entwickelte diese weiter, indem er ein Heiratsbündnis zwischen seiner Tochter Helena und Michael II., dem Despoten von Epirus, herbeiführte. Durch diese Ehe kamen die Insel Korfu, die Stadt Durazzo und der albanische Küstenstreifen als Mitgift in staufischen Besitz.

Von Bedeutung für die Zukunft war auch eine Heiratsallianz mit Aragon: Der Thronerbe von Aragon-Katalonien, Peter, heiratete 1260 Manfreds Tochter Constanze. Die Heirat symbolisierte die Erneuerung eines Bundes, der dem Königreich Sizilien schon einmal Freunde und sogar militärische Unterstützung beschert hatte – als der junge Friedrich II. mit Constanze von Aragon verheiratet worden war. Eine besondere Ironie war, daß hier Jakob I. von Aragon, Eroberer von Mallorca, Valencia und anderen Territorien und zugleich ein Vasall des Papstes, die Tochter eines Fürsten heiratete, der der erklärte Feind seines unmittelbaren Lehnsherrn war. Es gab im Mittelmeerraum also Fürsten, die den Anspruch Manfreds auf den sizilianischen Thron anerkannten, einen Anspruch, der sich in seiner unangefochtenen Herrschaft ebenso manifestierte wie in der Loyalität eines großen Teils des sizilianischen Adels.

Manfred hatte einen klaren Erfolg über das Papsttum errungen. Im Lager des Papstes verzeichnete man denn auch kaum Fortschritte mit der angestrebten Wiedererlangung der vermeintlichen päpstlichen Rechte in Süditalien. Manfred hütete sich in der ersten Zeit davor, sich in mittel- oder norditalienische Angelegenheiten einzumischen. Er fühlte sich weder in der Lage, die Auseinandersetzungen zwischen den lombardischen Städten beizulegen, noch hielt er es für klug, im Norden irgendwelche Herrschafts- oder Gebietsansprüche anzumelden. Im weiteren Verlauf der fünfziger Jahre zeigte er sich allerdings zunehmend bestrebt, die ghibellinischen Bundesgenossen im mittleren Italien zu stärken, zweifellos in der Befürchtung, ihr eventueller Niedergang könne einen massiven Ansturm der Guelfen auf seine eigenen Territorien auslösen. So unterstützte er 1260 die Ghibellinen von Siena, die zusammen mit ihren toskanischen Verbündeten in der Schlacht von Montaperti ein vereintes Aufgebot der Guelfen schlugen. In den Versuchen Manfreds, seine Beziehungen auch zu etlichen nord- und mittelitalienischen Städten auszubauen, sah der Papst eine zunehmende Bedrohung für seinen Einfluß in der Lombardei und in der Toskana. Besonders folgenschwer wirkten sich in dieser Beziehung die lehnsherrlichen Bande aus, die er 1261 zu der piemontesischen Stadt Alessandria knüpfte, die ursprünglich als Symbol des lombardischen Widerstandswillens gegen die Hohenstaufen erbaut worden war. Daß Manfred ausgerechnet an dieser Stelle Norditaliens seine Rechte geltend machte, provozierte den Papst so sehr, daß Rom sich wieder intensiv auf die Suche nach einem Fürsten begab, der die Hohenstaufen von der Halbinsel vertreiben könnte.

II

Papst Urban IV.(1261–64), ein gebürtiger Franzose, fand einen Kandidaten in Obizzo d'Este, dem Generalkapitän einer propäpstlichen Städteliga, der so wichtige Orte wie Ferrara und Mantua angehörten. Das lombardische Problem, das noch immer weitergeschwelt hatte, gewann wieder an Aktualität. Anlaß war dieses Mal aber nicht der Versuch eines Heiligen Römischen Kaisers, seine Vormachtansprüche im nördlichen Italien durchzusetzen. Manfred war vielmehr in Fraktionskämpfe hineingezogen worden, die zwischen erklärten Parteigängern des Papstes, den Guelfen, und den erklärten Parteigängern eines momentan herrscherlosen Kaiserreichs, den Ghibellinen, tobten. Ezzelino war inzwischen durch einen Kreuzzug, den noch Innozenz IV. kurz vor seinem Tod gegen ihn auf den Weg gebracht hatte, seiner Macht beraubt worden. Die Ghibellinen waren daher auf der Suche nach neuen Schutzherren, und als Manfred der neue starke Mann des italienischen Südens zu werden schien, geschah dies in einem für ihr weiteres Geschick kritischen Augenblick.

Die Verpflichtungen, die Manfred in der Folge gegenüber seinen nördlichen Verbündeten einging, wurden in Rom als Bestätigung dafür empfunden, daß es mit den Hohenstaufen niemals Frieden geben konnte. Auch ohne einen gekrönten Kaiser an der Spitze schien die verhaßte Dynastie ganz Italien unter ihre Herrschaft bringen zu wollen. Das Problem bestand nicht nur in der Personalunion zwischen Reich und *regno*, wie Gregor IX. angenommen hatte. Vielmehr war jedem staufischen König von Sizilien daran gelegen, seinen Einfluß in der Lombardei, und nach Möglichkeit auch in Mittelitalien, geltend zu machen. Von solchen Überlegungen geleitet, erweckte Papst Urban den Plan zu neuem Leben, in den Reihen der europäischen Fürsten nach einem Feldherrn für das Papsttum zu suchen, einem »Bannerträger Christi«, der den Kreuzzug gegen die Dynastie Friedrichs mit der Eroberung Süditaliens und Siziliens zu einem siegreichen Ende führen würde.

Schon 1252 hatte der Heilige Stuhl erkundet, welche Aussichten bestanden, sich für diese Aufgabe die Dienste Karls von Anjou zu sichern. Zehn Jahre später, nachdem der Versuch mit Prinz Edmund kläglich gescheitert war, bot sich Karl noch immer als ein geeigneter und auch geneigter Anwärter auf die sizilianische Krone an. Seit 1246 trug er den Titel eines Grafen der Provence, eine Mitgift seiner Frau Beatrice. Damit gehörten zu seinem Lehen Gebiete, die Bestandteil des staufischen Reichs waren. Für einen Feldherrn, der sich mit dem Gedanken an einen – zweifellos – italienischen Krieg trug, war die Provence aufgrund der reichen Einkünfte, die sie abwarf, eine hervorragende Basis; sie hatte eine gut funktionierende Verwaltung und reiche Städte, allen voran die bedeutende Hafenstadt Marseille. Bis vor nicht langer Zeit hatte in der Provence ein Zweig des Hauses Aragon regiert, und als sie nun an Karl fiel, löste dies bei den aragonesischen Bundesgenossen Manfreds Verärgerung aus. Karl festigte seine Macht, indem er in Marseille und anderen Städten, die bisher eher an Selbständigkeit als an Zentralismus gewöhnt gewesen waren, die potentiellen Zentren politischer Opposition rücksichtslos zerstörte. Darüber hinaus mußte er versuchen, sich einige mächtige Adlige im provenzalischen Hinterland gefügig zu machen und sein Verhältnis zum Stadtstaat Genua zu klären, dessen Territorium sich an der Mittelmeerküste mit dem der Provence berührte. Sogar im westlichen Piemont begannen einzelne Feudalherrn, wie etwa der Graf von Saluzzo, Karl als ihren Souverän anzuerkennen. Er hatte nicht nur in fünfzehnjährigem intensivem Bemühen ein wohlhabendes mediterranes Imperium aufgebaut, sondern auch begonnen, aufmerksamen Anteil an den inneritalienischen Geschehnissen zu nehmen. Es bestand die Gefahr, daß die Häuser Anjou und Hohenstaufen im nordwestlichen Italien in Interessenkonflikte gerieten, denn Manfred erhob in Piemont eigene Ansprüche und suchte die Freundschaft Genuas.

Was aber vom päpstlichen Standpunkt aus für Karl sprach, war sein Charakter. Es fällt schwer, in ihm etwas anderes zu sehen als einen ehrgeizigen, selbstgerechten und opportunistischen Krieger. Als nachgeborener Sohn des Hauses Capet ursprünglich für eine kirchliche Laufbahn bestimmt, wurde er statt dessen schon als junger Mann mit der Herrschaft über Maine und die vor kurzem den englischen Königen wieder abgenommenen Gebiete des mittleren Loiretals belehnt. Um 1254 zog er nach Flandern, wo er im Gebiet um Valenciennes Land zu erwerben trachtete. Ein genuesischer Dichter beschrieb ihn als habgierig schon als Graf, und noch habgieriger als König. Arnolfo di Cambio, ein italienischer Bildhauer des 13. Jahrhunderts, der für die Stadt Rom ein lebensgroßes Standbild Karls meißelte, gab ihn mit einem ernsten, ja finsteren Gesichtsausdruck wieder; er beschwor damit das Bild eines kalten, zu allem entschlossenen Machtmenschen herauf. Gewiß fanden sich auch lobende Worte für ihn; so betätigte er sich als großzügiger Förderer der Künste. Und es läßt sich nicht leugnen, daß er sich in seinem Handeln, zumindest seit dem Jahr 1264, von tiefem religiösen Eifer leiten ließ. Seine ehrgeizige Erwerbspolitik im Mittelmeerraum war nicht nur vom eigenen Interesse bestimmt, sondern auch vom Gedanken an das Wohl der Christenheit. Gleichwohl war er kein unbedingter Ergebener der Päpste; er hatte vielmehr seine eigenen, wenn auch zuweilen überzogenen Vorstellungen und zog daraus weitergehende Konsequenzen, als es den meisten Päpsten lieb war.

Der Gegensatz zwischen der majestätisch drohenden Gebärde der Verteidigungsarchitektur und der feingliedrigen Zierlichkeit sakraler Bauwerke, oft am selben Ort, zeigt die zwei Gesichter der Architektur der Epoche, überfeinerte Grazie und fortifikatorische Gewalt. San Giovanni im Laterano ist ungefähr um 1230 entstanden, in der letzten Epoche hohenstaufischer Herrschaftsansprüche.

Die Jahre 1262 und 1263 stellten Karl auf eine schwere Geduldsprobe. Er mußte abwarten, ob der Papst sich für oder gegen einen Pakt mit Manfred entscheiden würde. Zur Debatte stand, ob der sizilianische König dem lateinischen Kaiser von Konstantinopel, der 1261 von den Griechen Nikäas abgesetzt worden war, Unterstützung gewähren und dafür vom Papst als rechtmäßiger König von Sizilien anerkannt werden würde. Am Ende gelangte der Papst zu der Einsicht, daß ein solcher Handel nicht gewinnbringend war – schließlich ging von Manfred eine Bedrohung für die norditalienischen Alliierten des Papstes aus, und viele von ihnen wollten unter keinen Umständen einen Friedensschluß zwischen dem Papst und den Staufern. So wurde Urban statt dessen mit Karl von Anjou einig. Dessen Auftrag lautete, an der Spitze eines großen Kreuzzugsheers Sizilien zu erobern. Karl sagte zu, für dieses Heer eine beträchtliche Zahl von Schiffen und Soldaten zu stellen, finanziert teils aus seinen eigenen Mitteln, teils aus einem Kreuzzugszehnten, der von den Untertanen erhoben werden sollte. Der Pakt untersagte Karl ausdrücklich, irgendwelche kaiserlichen Gebiete oder Titel in Italien oder gar Besitztümer des Kirchenstaats für sich zu beanspruchen. Das Schreckgespenst eines ganz Italien beherrschenden Königs sollte für immer verbannt werden

Der Papst wollte seine Verbindungen nutzen, um sicherzustellen, daß Konradin nicht die Krone des Heiligen Römischen Reiches erhalten und damit zur potentiellen Bedrohung für Italien würde. Karl selbst ertrotzte sich die Zusicherung, daß der Kreuzzug in seinem Namen propagiert würde, sowie das Recht, für die Dauer von drei Jahren den in Frankreich, der Provence und dem Königreich Arles erhobenen Kirchenzehnten für den eigenen Bedarf zu verwenden. Später sollte der Papst, so die Abmachung, wieder in den Genuß des jährlichen *census* kommen, eines vom König von Sizilien an seinen obersten Lehnsherrn in Rom zu entrichtenden Tributs. Vorläufig einigte man sich auf hunderttausend Goldunzen. Doch schon nach wenigen Monaten wurde deutlich, daß Karl die getroffenen Vereinbarungen sehr frei auslegte. Er ließ sich von den Bürgern Roms den Senatorentitel verleihen, obwohl es einen Bruch seines Abkommens mit dem Heiligen Stuhl bedeutete, in der Stadt der Päpste nicht einmal ein Ehrenamt zu übernehmen. Einige dem Hause Anjou feindlich gesonnene Kardinäle innerhalb der Kurie sahen sich zum Eingreifen veranlaßt, richteten aber nichts aus. Und Manfred reagierte mit einer dreisten Demonstration: Er ersuchte die Bürger Roms um eine Kaiserkrone – eine pure Schmeichelei, da niemand in der Stadt ernsthaft den Anspruch erhob, die Krone des Reichs vergeben zu können. Solche Forderungen konnten nicht allzu ernst genommen werden, und es ist auch nicht anzunehmen, daß Manfred sich in dieser Situation von Karl ernsthaft gefährdet fühlte.

Karl von Anjou war indes ein fähiger Organisator. Seine militärischen Planungen waren 1265 schon weit gediehen. Mit den lombardischen Städten und italienischen Adligen, durch deren Gebiet er seine antistaufischen Kreuzfahrer führen wollte, handelte er die Bedingungen hierfür aus. Rückendeckung sicherte er sich durch Abkommen mit den norditalienischen Guelfen wie Obizzo d'Este, fürchtete er doch zu Recht, die prostaufischen Fraktionen würden hinter seinem Rücken Unruhe stiften, während er sich mit allen Kräften auf die Eroberung des Südens konzentrierte. Er sah, anscheinend im Gegensatz zum neuen Papst Clemens IV., daß eine Invasion in Sizilien von verläßlichen und starken Bündnispartnern im nördlichen Italien abhängen würde. Eine vertraglich eingegangene Verpflichtung, in den zum Reich gehörenden Gebieten Norditaliens kein Amt zu übernehmen, war eine Sache; eine andere war es, Manfreds Verbündete im italienischen Norden außer acht zu lassen. Hier waren vor allem die Ghibellinen der Toskana eine Gefahr.

Das Hauptproblem Karls lag jedoch im finanziellen Bereich. Ludwig IX. von Frankreich war nicht bereit, ihm für sein Projekt, zu dem er nur höchst widerstrebend seine Einwilligung erteilt hatte, Geld zu geben. Die Ressourcen der Provence waren, wie sich bald herausstellte, für das großangelegte militärische Unternehmen nicht ausreichend. Und die Erträge aus dem Zehnten, die Karl für drei Jahre zugesprochen waren, flossen nicht im erhofften Maße. Besonders zurückhaltend war der französische Klerus, obwohl ein stimmgewaltiger Prälat namens Simon von Brie mit dem Auftrag durch die französischen Lande zog, für den Kreuzzug zu predigen und Gelder zu sammeln. Karl fand Verbündete in den Reihen der guelfischen Bankiers der Toskana, aber er mußte sich mit der Bitte um finanzielle Zuschüsse schließlich auch an den Heiligen Stuhl wenden, und der Papst verpfändete in der Tat seine Zinseinkünfte, um dringend benötigte flüssige Mittel zu beschaffen. Doch merkt schon Edouard Jordan dazu an, daß der künftige König von Sizilien noch nicht einmal sizilianischen Boden erreicht hatte, als die Gelder zur Neige gingen. Und auch die Hoffnung des Papstes, zahlreiche Freiwillige würden sich auf eigene Kosten der Streitmacht Karls anschließen, scheint sich nicht im erwarteten Ausmaß erfüllt zu haben. Gleichwohl hatte sich im Winter 1265 im nördlichen Italien eine große buntzusammengewürfelte Streitmacht zusammengefunden: Franzo-

Karl von Anjou, der französische König, machte der Herrschaft der Staufer im Süden ein Ende. Im Bunde mit dem Papst triumphierte er über den letzten Staufer, den Jüngling Konradin, und führte die französische Herrschaft über Süditalien herauf. Seine Statue im Konservatorenpalast in Rom präsentiert ihn als unanfochtenen christlichen Herrscher, der über den staufischen Rivalen triumphiert hat.

sen, Provenzalen, Italiener, ja selbst Deutsche, Engländer und Spanier, ein schlagkräftiges Heer aus Kreuzfahrern, Söldnern, feudalen Vasallen und Abenteurern. Manche waren darauf aus, in Süditalien Land, Ämter oder andere Einnahmequellen zu ergattern, andere begnügten sich mit der Aussicht, als Gegenleistung für ihre Hilfe bei der Vernichtung der Erben Friedrichs mit dem Erlaß ihrer Sünden belohnt zu werden.

Am 3. Februar 1266 überschritt das Heer Karls von Anjou die Grenze des *regno* und marschierte gen Süden, einem ersten Schlagabtausch mit staufischen Truppen bei Benevent entgegen. Karl war vom Papst schon vor Beginn des Invasionsfeldzugs zum König gekrönt worden, ein Vorgang, der die neue Abhängigkeit des Königs von Sizilien von seinem Lehnsherrn symbolisierte. Am 26. Februar wurde die Streitmacht Manfreds vernichtend geschlagen; Manfred selbst kämpfte mit großer Tapferkeit und fiel auf dem Schlachtfeld. Mit ihm starben viele führende sizilianische Royalisten, dazu auch ghibellinische Mitkämpfer, Bundesgenossen aus der Toskana etwa, die dem Hause Friedrichs treu geblieben waren. Andere gerieten in Gefangenschaft. Da Manfrad exkommuniziert war, wurde er ohne kirchliches Zeremoniell bestattet, wohl aber mit all den Ehren, die einem besiegten Fürsten zustanden.

Karl von Anjou war nun, schnell und fast mühelos, der neue Herr über das *regno* geworden. Endlich einmal hatte ein päpstliches Vorhaben gegen die Hohenstaufen mit einem Triumph geendet. Der Sieg, nach dem Gregor IX. und Innozenz IV. vergeblich gestrebt hatten, war nun allem Anschein nach binnen weniger Wochen errungen worden. Karls Triumph war um so vollständiger, als seine sizilianischen Gegner nicht nur ihren gewählten König, sondern auch viele ihrer nachgeordneten Führer verloren hatten. Einige Adlige versuchten, Widerstandsnester in den Bergen zu halten; Karl indes zeigte sich gegenüber den Gegnern von gestern gnädig. Er versuchte auch nicht, von heute auf morgen die bestehende Verwaltung oder die Aristokratie anzutasten; er sah vielmehr deutlich, daß er deren Hilfe benötigte, wenn er die Einkünfte und Abgaben, die er von seinen neuen Untertanen erwartete, jemals bekommen wollte. Seine eigenen Gefolgsleute erlebten deshalb so manche Enttäuschung. Der neue König dachte nicht daran, ihnen die großen Ländereien zuzuschanzen, die sie sich als Belohnung für ihre militärische Unterstützung erhofft hatten.

Karl zerschlug also nicht das vorgefundene Verwaltungssystem. Der neue Staatsapparat war nicht dem Vorbild der normannisch-staufischen Bürokratie nachempfunden, sondern er war mit ihr identisch, ging in nahezu bruchloser Kontinuität aus ihr hervor. Viele der Beamten aus den Schulen Amalfis und Salernos arbeiteten mit demselben Eifer, mit dem sie einst Friedrich gedient hatten, jetzt für ihren neuen, gegenüber seinen Vorgängern so ganz anderen König. Sicher verweigerten sich einzelne der neuen Herrschaft: Giovanni da Procida, der bis in Friedrichs letzte Lebenstage an dessen Seite gewesen war, floh an den Hof von Aragon. Von den von Friedrich II. erlassenen Gesetzen ließ Karl von Anjou diejenigen, die schon vor der formellen Absetzung des Kaisers in Lyon bestanden hatten, im wesentlichen unangetastet.

Der Sieg in der Schlacht von Benevent brachte Karl auch Gewinne außerhalb des *regno* ein. Er eignete sich die Herrschaft über Korfu und Albanien an (einschließlich des Titels eines Königs von Albanien), obwohl diese Territorien als Mitgift an das Haus Hohenstaufen gefallen waren. Wichtiger noch war, daß der Prestigegewinn, den der Triumph von Benevent ihm bescherte, die Zahl seiner Anhänger im nördlichen Italien beträchtlich vermehrte. Zwar sah er sich unter päpstlichem Druck gezwungen, sein römisches Senatorenamt niederzulegen, aber als der Lombardenbund 1266 in Mailand tagte, entsandte Karl eigene Beobachter zu der Konferenz und befahl, den Fortgang der lombardischen Angelegenheiten aufmerksam im Auge zu behalten. Hatte Karl auch erkannt, daß er im Rahmen seines Abkommens mit Rom darauf bedacht sein mußte, nördlich des *regno* persönlich kein gewichtiges Amt zu übernehmen, so akzeptierte er doch eine ganze Menge Ehrenämter, etwa als *podestà* oder *signore* guelfischer Städte wie Florenz, und konnte so seinen Einfluß weit über das *regno* hinaus ausdehnen.

In Rom war man sich der Tatsache bewußt, daß sich aus einer solchen Entwicklung Nachteile für das Papsttum ergeben konnten. Aber die dominierenden Mitglieder der Kurie waren guelfenfreundlich gesinnt, und so war die Versuchung groß, sich der politischen und militärischen Kraftquellen Karls zu bedienen, um auch im nördlichen und mittleren Italien für klare Verhältnisse zu sorgen. Übergeordnetes Ziel des Heiligen Stuhls blieb es jedoch, den Wirkungskreis Karls auf Süditalien und den Mittelmeerraum zu beschränken. In Rom hoffte man, seinen Tatendrang nach Osten zu lenken; die Ressourcen des *regno* sollten am besten für einen Kreuzzug zur Rückeroberung Jerusalems und, wie manche meinten, auch Konstantinopels genutzt werden. Für das nördliche Italien, und erst recht für Deutschland, mußte ein anderer Herrscher gefunden werden, ein Fürst, der die Trennung des *regno* vom Reich besiegeln würde.

Das Denkmal bei Montaperti erinnert an den Sieg der Ghibellinen von Siena, die 1260 gemeinsam mit ihren toskanischen Verbündeten ein Aufgebot der Guelfen schlugen. Ein strenger Pinienhain gibt heute dem Monument eine fast sakrale Würde, die jene Verbindung von Kaisertum, Süden und antiken Formen beschwört, die das Bild Friedrichs von Hohenstaufen bis in die Gegenwart hinein geprägt hat.

III

Aber auch den Ghibellinen mangelte es nicht an Hoffnungen. Sie sahen in Friedrichs Sohn Konrad IV., den Manfred vom sizilianischen Thron verdrängt hatte, einen möglichen künftigen Schutzherrn. Flüchtlinge aus Süditalien und vertriebene Ghibellinen aus der Toskana appellierten in Deutschland an Prinz Konradin, nach Italien zu ziehen und für die Sache der Hohenstaufen dasselbe zu versuchen, was Karl auf Geheiß des Papstes vollbracht hatte. Der Sieg Karls bei Benevent hatte demonstriert, wie leicht ein solches Unternehmen gelingen konnte, wenn nur zum richtigen Zeitpunkt die Unterstützung groß genug war.

Doch Konradin war erst vierzehn Jahre alt, und der Enthusiasmus, den er zweifellos besaß, konnte seinen Mangel an militärischer und diplomatischer Erfahrung nicht wettmachen. Zum Glück gab es für ihn jedoch nördlich und südlich der Grenzen des *regno* zahlreiche potentielle Bündnispartner. Und in der Tat waren die Wirkungen dramatisch, als der jugendliche Herausforderer 1267 im nördlichen Italien auftauchte. Wie einst der junge Friedrich sich durch seine bloße Präsenz große Teile Deutschlands untertan gemacht hatte, flößte jetzt sein Enkel den süditalienischen Baronen und Städten den Mut ein, sich gegen den ungeliebten neuen Herrscher aus Frankreich aufzulehnen. Die Ghibellinen fühlten sich als Zeugen einer Wiederholung früherer staufischer Wundertaten und glaubten an den glorreichen Wiederaufstieg der Dynastie. Sizilien trat in den Aufstand, und eine vom König von Tunis entsandte Berbertruppe landete auf der Insel. Als einstiger Vasall der Staufer sah der tunesische Herrscher jetzt möglicherweise eine Chance gekommen, sich vom Joch sizilianischer Lehnsherrschaft zu befreien. Mit einem blitzartigen militärischen Schlag gegen Karl von Anjou konnte Tunis sich möglicherweise seiner Pflicht zur regelmäßigen Tributzahlung an den sizilianischen Hof entledigen. Sizilien drohte im Chaos der Rebellion zu versinken. Aber auch auf dem Festland waren die Entwicklungen nicht minder schwerwiegend: Heinrich, Prinz von Kastilien, hatte den Invasionsfeldzug Karls unterstützt und damit gerechnet, als Gegenleistung in dem eroberten Reich Ländereien und Titel übertragen zu bekommen. Nur mit Almosen abgespeist, kehrte er Karl den Rücken und stellte eine kleine Streitmacht auf, die Richtung Rom marschierte. Er wurde von den Ghibellinen der Toskana zum Generalkapitän gewählt, und es schien, als könne er zu einem der wichtigsten Heerführer Konradins avancieren.

Der herzliche Empfang, der Konradin im ghibellinischen Pisa berei-

Ein Detail des Reliefs aus Ravello zeigt Kettenhemd, Streitaxt und Helm, mit denen das Fußvolk der Stauferzeit bewaffnet war. Bei solcher Ausrüstung wird deutlich, weshalb auch kleine Einheiten des Heeres große Landstriche beherrschen konnten: die Bevölkerung der Dörfer und Städte hatte dieser Kriegstechnik wenig entgegenzusetzen.

tet wurde, ermunterte ihn, weiter nach Süden vorzudringen und sein legitimes Erbe zu beanspruchen. Er verfügte über Geld, und so hatten sich sogar manche norditalienischen Barone, wie etwa die Herren von Saluzzo, entschieden, ihm Beistand zu gewähren. Was Konradin weiteren Mut einflößte, war die Tatsache, daß Karl von Anjou eilends nach Süden marschierte und sich bemühte, den dort aufgeflackerten Widerstand zumindest teilweise niederzuschlagen, bevor Konradin die Grenzen des Königreichs Sizilien überschritt. Als besondere Bedrohung empfand Karl die sarazenische Hochburg Lucera, die sich zum staufischen Lager bekannte. Trotz der harschen Verdammungsurteile, die die Päpste in ihren gegen Manfred (und davor gegen Friedrich II.) gerichteten Kreuzzugsaufrufen über die Sarazenen von Lucera gefällt hatten, hatte Karl von Anjou den Fortbestand der moslemischen Kolonie nicht in Frage gestellt, ja hatte sich sogar in den luxuriösen Palast einquartiert, den der verhaßte Kaiser in Lucera hatte erbauen lassen. Erst im Jahr 1300 kam für die Kolonie das Ende. Schon jetzt allerdings, bei der Belagerung von 1268, drohte die Stadt dem Erdboden gleichgemacht zu werden. Gerettet wurde sie dadurch, daß sich anderswo die Ereignisse überstürzten: Konradin marschierte mit einer beachtlichen, gut ausgerüsteten Streitmacht ins *regno* ein – die Ritter Heinrichs von Kastilien trugen die neuen schweren eisernen Rüstungen. Die römischen Familien Orsini und Annibaldi erklärten sich für die Hohenstaufen. Der Autoritätsschwund Karls erreichte einen kritischen Punkt.

Er brach daraufhin die Belagerung Luceras ab und begab sich in das nordwestlich davon gelegene Grenzstädtchen Tagliacozzo. Dort kam es zu einer äußerst erbitterten Schlacht. Die Ghibellinen schienen zunächst die Oberhand zu gewinnen; erst eine in verzweifelter Lage energisch vorgenommene Umgruppierung seiner Truppen brachte einen Umschwung zugunsten Karls, dessen Seite schließlich den Sieg errang. Die Verluste auf beiden Seiten waren enorm. Konradin entkam, wurde aber bald darauf gefangengenommen. Es folgte eine über mehrere Monate anhaltende gnadenlose Abrechnung mit den Feinden Karls, die sich der Erhebung von 1267 und der Invasion von 1268 angeschlossen hatten. Erst jetzt wurden zahlreiche süditalienische Barone aus der früheren loyalen Gefolgschaft Manfreds und seines Vaters von Haus und Hof gejagt und durch Gefolgsleute des neuen Königs, Männer aus der Provence, aus Frankreich und Norditalien ersetzt. Nicht wenige Franzosen, Provenzalen und Toskaner wurden mit hohen Ämtern in den zentralen Verwaltungsbehörden in Neapel belohnt oder in den Provinzen als Justitiare oder Steuereinnehmer eingesetzt. Mehr als andere profitierten auf lange Sicht die Florentiner, die in der Folge als Hoflieferanten und Bankiers eines Herrscherhauses, auf dessen Erfolg sie schon vor Tagliacozzo gesetzt hatten, gut verdienten. Karl vergalt ihnen ihre Dienste mit Steuervergünstigungen, Münzprivilegien und Zugriffsrechten auf Getreidevorräte, wie sie nicht einmal den sizilianischen Untertanen des Königs offenstanden.

Das bedeutet nicht etwa, daß Süditaliener hinfort im Staatsapparat des *regno* keine Rolle mehr gespielt hätten. Die aus der Schule Amalfis stammenden Beamten, die sich schon unter Friedrich II. hervorgetan hatten, nahmen auch weiterhin bedeutende Positionen ein. Die Struktur der Verwaltung änderte sich nur geringfügig. Zwar wurden nun beispielsweise mehr Dokumente auf französisch abgefaßt, da dies die dem König geläufigste Sprache war und sich die Verbindung zu seinen Domänen Anjou und Maine leichter bewerkstelligen ließ, wenn er einige französische Beamte beschäftigte. Aber all dies machte keine umwälzenden Reformen erforderlich.

Nur eine markante Änderung vollzog sich: Es entwickelte sich eine bis dahin nicht dagewesene Tendenz, den verzweigten und leistungsfähigen Verwaltungsapparat zur Auspressung illoyaler Untertanen zu gebrauchen. Drückende Kriegssteuern wurden eingeführt – genau jene *collectà*, für deren Erhebung Friedrich II. vom Heiligen Stuhl so heftig kritisiert worden war. Die damit finanzierten Kriege wurden in Norditalien, in Afrika, Albanien, Griechenland und im Heiligen Land geführt, und genauso, wie sich einst bei den Untertanen Friedrichs Ärger darüber angestaut hatte, seine auswärtigen Kriege zu finanzieren, geschah es auch jetzt unter Karl.

Unter dem Eindruck der Ereignisse von Tagliacozzo brach auch im übrigen Süditalien und in Sizilien die Rebellion gegen Karl zusammen. Mit Konfiszierungen und Todesurteilen versuchte sich der König Respekt zu verschaffen und mit gelegentlichen Gnadenakten Dankbarkeit zu sichern. Eine von Karls Taten löste selbst bei den Zeitgenossen Entsetzen aus. Der junge Konradin wurde, zusammen mit seinen Gefährten, zum Tod durch Enthaupten verurteilt. Unter den Mitverurteilten war der Staufer Friedrich von Antiochia – Karl ging es wirklich darum, die Dynastie der Hohenstaufen auszulöschen, denn diese allein hätte einen legalen Anspruch auf die sizilianische Königskrone geltend machen können, zwar nicht im Sinne einer päpstlich verliehenen, aber doch einer durch Erbrecht begründeten Legitimität. Die Anweisungen, die Innozenz IV. zwanzig Jahre zuvor seinen Parteigängern gegeben hatte, mußten buchstabengetreu befolgt werden: Das Haus Hohenstaufen mußte gründlich und endgültig entmachtet werden. Wenn die physische Vernichtung seiner noch lebenden Mitglieder das sicherste Mittel hierzu war, dann war Karl nicht der Mann, der vor dieser Konsequenz zurückgeschreckt wäre. So wurde denn, im Oktober 1268, der sechzehnjährige Abenteurer Konradin zum Richtblock geführt. Es war ein Akt, der zu seiner Zeit Schrecken und Abscheu verbreitete und der Partei der Ghibellinen einen Märtyrer bescherte. Dennoch war Karl seinem letzten staufischen Gegenspieler noch nicht begegnet.

IV

Es ist nicht notwendig, an dieser Stelle detailliert zu untersuchen, welche Auswirkungen die Schlacht bei Tagliacozzo im Norden hatte; begnügen wir uns damit, zu sagen, daß der Aufstieg Karls von Anjou zur bestimmenden politischen Kraft damit auch in Norditalien gesichert schien und die Lombardei sowie die Toskana jetzt fest in guelfischer Hand waren. Die eindeutige Verschiebung der politischen Gewichte, wie sie schon Innozenz IV. angestrebt hatte, war endlich bewerkstelligt. Nur die strikte Trennung des sizilianischen Throns von der lombardischen Machtsphäre war noch nicht erreicht. Es gelang Karl sogar, sich wieder zum Senator von Rom wählen zu lassen, ungeachtet der Tatsache, daß die Stadt dem jungen Konradin auf seinem Weg nach Süden zugejubelt hatte. Niemand schien sich dem König jetzt noch in den Weg stellen zu können.

Aber gerade die Unangefochtenheit seiner Machtstellung war es, die zu einer Gegenreaktion führte: Papst Gregor X., dem es ein besonderes Anliegen war, den päpstlichen Einfluß in der Romagna wieder zu stärken, begab sich auf die Suche nach einem Fürsten, der sich ausschließlich um das nördliche Italien kümmern und mithelfen sollte, die lange angestrebte politische Trennung zwischen Nord und Süd zu verwirklichen. Der Kandidat seiner Wahl, Rudolf von Habsburg, römischer König, vermochte die päpstlichen Hoffnungen zwar nicht zu erfüllen, doch hatte der Schatten, den er von Norden her über die Alpen warf, immerhin die Wirkung, Karl beständig daran zu erinnern, daß die von ihm als König von Sizilien geltend gemachten Rechte in der Lombardei und in Piemont sehr wohl anfechtbar waren.

Weder Papst Gregor X. noch Papst Nikolaus III. hatten ein ungetrübtes Verhältnis zu Karl von Anjou. Sie bemühten sich sehr, zu einer friedlichen Beilegung der Differenzen mit dem byzantinischen Reich zu

Das nicht mehr erhaltene Tor zu Capua, von Friedrich II. selbst entworfen, war ein noch in der Renaissance bewundertes Kunstwerk der staufischen Herrschaft. Unter den zahlreichen Skulpturen, die es schmückten, befand sich die Kolossalfigur der Justitia als Sinnbild der kaiserlichen Gerechtigkeit.

gelangen. Die Rückeroberung Konstantinopels im Jahr 1261 durch Michael VIII. Palaiologos hatte ein seit zweihundert Jahren bestehendes Problem wieder auf die Tagesordnung gesetzt: die offene Weigerung der griechischen Kirche, die Oberhoheit des römischen Papstes anzuerkennen oder sich auch nur in Theologie und liturgischer Praxis der Westkirche anzugleichen. Nun war dem Heiligen Stuhl nicht verborgen geblieben, daß Michael VIII. von Feinden bedrängt war und alles daransetzte, rivalisierende Anwärter auf seinen Thron in Schach zu halten. Michael war daher an einem Ausgleich mit dem Papsttum interessiert, und nach entsprechenden Instruktionen handelten seine Gesandten auf dem Lyoner Konzil von 1274. Eine Reihe westlicher Fürsten, als deren Wortführer Karl von Anjou auftrat, behauptete jedoch, die Griechen würden die gegenüber dem Heiligen Stuhl eingegangenen Verpflichtungen niemals erfüllen; Gewalt sei das einzige Mittel, um sie zu bekehren. Karl setzte sich beredt für einen Kreuzzug gegen Konstantinopel ein, den er selbst anzuführen gedachte und dessen erklärtes Ziel es sein sollte, den lateinischen Kaiser wieder auf den Thron zu setzen.

Karl verband als Lehnsherr über Albanien und Teile Achäas zweifellos eigene territoriale Interessen mit dem Kreuzzug. Sein vorrangiges Interesse galt jedoch dem Heiligen Land. 1277 kaufte er Maria von Antiochia die Krone von Jerusalem ab, wobei das Recht der Veräußererin, über diese Krone zu verfügen, durchaus zweifelhaft war. (Auch die Könige von Zypern erhoben Anspruch auf diesen Thron.) Karl schickte Nachschub und Soldaten ins Heilige Land. Wohl wissend, mit welchen Argumenten er seinen eigenen »Kreuzzug« gegen Manfred gerechtfertigt hatte, suchte er sein neuestes Unternehmen als einen Akt der Hilfe für ein Königreich darzustellen, das unter unerträglichem Druck seitens der ägyptischen Mameluken stand. Auf diesem Felde sollten die Ressourcen des Königreichs Sizilien zum Einsatz gebracht werden. Er würde der Welt zeigen, daß ein sizilianischer König aus dem Hause Anjou auch als Kreuzfahrer mehr zuwege brachte als ein staufischer Kaiser. In seiner Teilnahme an der Rückgewinnung Konstantinopels sah er wahrscheinlich einen wichtigen strategischen Schritt auf dem Weg nach Osten.

Karls Vorhaben, einen Kreuzzug zunächst gegen die Griechen und dann weiter ins Heilige Land zu unternehmen, kam der Verwirklichung näher, als Simon von Brie im Jahr 1281 als Martin IV. zum Papst gewählt wurde. Als begeisterter Förderer der guelfischen Sache trug Martin das Seine zur militärischen Zerschlagung des griechischen Kaisertums bei. Er exkommunizierte Michael VIII., weil dieser es versäumt hatte, die

San Miniato zählte zu den wenigen Plätzen der Toskana, die befestigte Stützpunkte der Hohenstaufen waren, ein Riegel gegen den lombardischen Städtebund, der das Gebiet von Mailand und Brescia im Norden bis zu Ferrara und Bologna im Süden für die päpstliche Herrschaft sicherte. Mitunter hatten diese Städte die Appenninenhalbinsel so fest in der Gewalt, daß Konradin von Hohenstaufen bei seinem vergeblichen Griff nach dem Königreich seiner Väter mit dem Schiff vom Norden Italiens in dessen Süden ziehen mußte, wo er wieder auf kaisertreues Gebiet traf. Noch heute gibt der Turm des ehemaligen Kastells, das Jahrhunderte hindurch als Steinbruch gedient hat, die Mächtigkeit dieser staufischen Festung zu erkennen.

zugesagte Vereinigung der griechischen mit der römischen Kirche zu vollziehen, und schmiedete diverse westliche Kräfte zu einem Bündnis gegen Byzanz zusammen. Venedig sollte den Anjous und den abgesetzten Ostkaisern Beistand leisten; die Venezianer waren loyale Gefolgsleute des lateinischen Herrscherhauses in Konstantinopel gewesen, dem sie nach der Rückeroberung der Stadt durch den Vierten Kreuzzug im Jahr 1204 selbst zur Herrschaft verholfen hatten.

Im Frühjahr 1282 wurden in Messina Schiffe für die Kreuzzugsflotte gebaut. Aber sie stach nie in See. Am 30. März 1282 um die Vesperzeit wurde vor der Kirche Santo Spirito am Stadtrand von Palermo eine jungverheiratete sizilianische Frau von einer Gruppe französischer Soldaten belästigt. Die Sache artete in eine Schlägerei aus, Blut floß, und in der Stadt erscholl der Ruf: »*Maranu li francisi!*« – »Tod den Franzosen!« Die Soldaten der Garnison in Palermo wurden niedergemetzelt, und die Rebellion breitete sich über ganz Sizilien aus und hielt mehrere Wochen an. Am 28. April 1282 fiel sogar die Kasernen- und Arsenalstadt Messina in Rebellenhände. Karl von Anjou hatte Sizilien verloren, plötzlich und unerwartet. Damit nicht genug, sprang der Funke des Aufstands auch auf das süditalienische Festland über.

Wer waren die Rebellen, und was wollten sie? Beide Fragen sind, unter dem Blickwinkel späterer Entwicklungen betrachtet, wohl nur schwer zu beantworten. Auf dem Höhepunkt des Aufstandes wandten sich Vertreter der sizilianischen Städte und des Adels mit der Bitte um Schutz an den Papst: Sie wollten Sizilien unter seine unmittelbare Verfügungsgewalt gestellt sehen, als eine freie Gemeinschaft oder Gruppe von Städten. Zweifellos schwebte den Städten ein ähnlicher Status vor, wie ihn Perugia oder Orvieto im Kirchenstaat besaßen: freie Kommunen oder Stadtstaaten, die gleichwohl den Papst als ihren förmlichen Souverän anerkannten. Namentlich in Messina waren Forderungen nach städtischen Freiheitsrechten seit langem erhoben worden. Doch Martin IV. war ebensowenig wie Karl von Anjou geneigt, solchen Forderungen nachzugeben. Er beantwortete sie mit einem klaren Nein.

Ein weiteres Ziel der Rebellen war es sicherlich, die amalfischen, französischen und provenzalischen Beamten fortzujagen, die mit so großer bürokratischer Perfektion Steuern eingetrieben hatten. Aber das durch sie verkörperte Verwaltungssystem war, wie gesehen, im wesentlichen von den Staufern hinterlassen worden, nur daß es jetzt vielleicht noch effizienter funktionierte als seinerzeit unter Friedrich. Jedenfalls hatten die Gründe des Protests viel Ähnlichkeit mit denen, die gegen Friedrich II. in seinen letzten Regierungsjahren erhoben worden waren:

Klagen über zu hohe Steuerlasten und andere staatliche Eingriffe in das Wirtschaftsleben wurden allenorts erhoben. Es ist auch denkbar, daß sich auf Sizilien Unmut über eine Vernachlässigung der Insel zugunsten der festländischen Provinzen des Königreichs angestaut hatte. Einige der Rebellen hatten schon vor Jahren, bei der Niederschlagung der Revolte von 1267/68, die strafende Hand der Anjous zu spüren bekommen; und schließlich könnten die vielen Griechen, die es auf Sizilien nach wie vor gab, die Politik Karls gegenüber Byzanz mißbilligt haben. Französische Historiker haben auf die Behauptung, Karl habe in Sizilien möglicherweise ein noch repressiveres Regiment geführt als Friedrich, sehr empfindlich reagiert. Fest steht (weil ein späterer Papst 1285 diesen Sachverhalt einräumte), daß die regelmäßigen Zusammenkünfte der Justitiare, bei denen über die Berechtigung der gegen ihre Amtsführung erhobenen Beschwerden befunden wurde, im Lauf der Regierungszeit Karls abgeschafft wurden. Klar ist auch, daß Karl kaum auf Sizilien weilte – nur anläßlich des tunesischen Kreuzzugs von 1270/71 kam er auf die Insel. Doch es waren nicht allein die Inselbewohner, die rebellierten. Zusammenfassend muß man sagen, daß die Sizilianische Vesper in ihrer ersten Phase wohl ein Protest gegen Mißstände in der Verwaltung war; den Zündfunken lieferten Spannungen zwischen der Einwohnerschaft Palermos und den fremden Garnisonstruppen, aber es gab auch im ganzen *regno* eine Menge leicht entzündlichen Konfliktstoffs.

Noch andere Interessen steckten indes hinter dieser Revolte, mächtige Rivalen, die darauf aus waren, nach mehr als dreißig Jahren die Ansprüche der Nachfahren Friedrichs II. auf den sizilianischen Thron wiederzubeleben. Es ist schon angemerkt worden, daß Manfred sich durch die Heirat mit der Krone von Aragon verbunden hatte. Dort lenkten Höflinge aus dem staufischen Lager das Interesse von Königin Constanze und König Peter von Aragon auf das Königreich ihres Großvaters und Vaters. Giovanni da Procida gehörte zu den Mitgliedern ihres Hofstaats, die in diesem Sinne wirkten. Für den König gab es einige Gründe, ein Gegner Karls von Anjou zu sein. Bevor das Haus Anjou sich die Provence untertan gemacht hatte, hatten die aragonesischen Könige dort aufgrund ihrer dynastischen Verbindungen Einfluß ausgeübt. Außerdem hatten die Aragonesen, genauer gesagt die katalanischen Kaufleute von Barcelona, großes Interesse an einer Ausweitung ihres politischen und wirtschaftlichen Einflusses im nordwestlichen Afrika; sie empfanden die Lehnsherrschaft über Tunis, die Karl sich durch einen kurzen Kreuzzug im Jahr 1270 gesichert hatte, als hinderlich. Der Konflikt zwischen Anjou und Aragon begann nicht 1282, aber die Ereignisse in Sizilien sorgten dafür, daß die seit langem schwelende Rivalität sich zuspitzte.

Wenige Wochen nach der Sizilianischen Vesper schiffte sich Peter von Aragon mit der katalanischen Flotte in Barcelona ein, um, wie er erklärte, einen weiteren »Kreuzzug« gegen den König von Tunis zu unternehmen – ohne daß er es für nötig gehalten hätte, dessen Lehnsherrn Karl von Anjou vorher zu Rate zu ziehen. In Wirklichkeit war Tunis nur ein vorgetäuschtes Ziel. Die Reise sollte nach Sizilien gehen. Das sizilianische Parlament war in Palermo zusammengetreten und stimmte einem von aragonesischen Gesandten unterbreiteten Vorschlag zu, König Peter nach Sizilien einzuladen, damit er die sizilianische Krone, deren rechtmäßige Erbin seine staufische Frau sei, in Empfang nehmen könne; im August landete er in Trapani, durchreiste das westliche Sizilien und gelangte nach Palermo, wo er im September 1282 gekrönt wurde. Die Ablehnung der sizilianischen Forderung nach freien Stadtstaaten durch den Papst hatte die Sizilianer dem aragonesischen König und seiner staufischen Frau in die Arme getrieben.

Es ist unterstellt worden, das Vorgehen Peters sei Teil einer großen Verschwörung gewesen, gemeinsam unternommen von Aragon, Sizilien und dem bedrängten Byzanz, deren Ziel die Vernichtung Karls von Anjou war. Unbestreitbar ist, daß am Vorabend der Sizilianischen Vesper Kontakte zwischen Barcelona und Konstantinopel bestanden, doch verliefen die Ereignisse schneller, als Peter es erwartet hatte. Die sizilianische Revolte entbrannte spontan, und sie kam seinen Invasionsplänen sicherlich sehr entgegen. Wahrscheinlich aber hatte er warten wollen, bis die Flotte Karls in Richtung Konstantinopel abgesegelt sein und Sizilien schutzlos daliegen würde. Denn der sizilianischen Flotte war seine eigene weit unterlegen, und so dürfte er auf eine Seeschlacht ganz und gar nicht erpicht gewesen sein. Wie auch immer, Sizilien fiel ihm in den Schoß. Damit waren jedoch nicht sämtliche staufischen Ansprüche befriedigt. Aragonesische Bodentruppen drangen in der Folge nordwärts nach Kalabrien vor, nachdem sie zuvor die Flotte Karls von Anjou in der Meerenge zwischen Sizilien und dem Festland ausgeschaltet hatten. Peter von Aragon hoffte, in der Bucht von Neapel bedeutsame militärische Erfolge erringen zu können: Er hatte sich vorgenommen, das Königreich Friedrichs II. zurückzuerobern. Dabei war ihm der Beistand der norditalienischen Ghibellinen sicher, die willkommenen Flankenschutz gaben, indem sie päpstliche und französische Statthalter aus ihren Städten verjagten. Selbst das papistische Perugia sagte sich von Martin IV. los.

Der Einfluß Karls im nördlichen Italien schwand dahin. Bei den Pisanern und anderen Ghibellinen hingegen wuchs die Siegeszuversicht. Aber im Süden kamen die aragonesischen Truppen nur langsam voran. Karl organisierte in Apulien eine wirksame Gegenwehr und bewies unerwartetes Standvermögen. Die wachsenden Kriegskosten belasteten Peter enorm; hinzu kamen schlechte Nachrichten aus Spanien: Die Barone aus dem bergigen aragonesischen Hinterland waren von Peters Abenteurertum nie angetan gewesen. 1285 wurde von Frankreich aus mit päpstlichem Segen ein Kreuzzug gegen Aragon unternommen; die Kreuzfahrer wurden zwar geschlagen, fanden aber hier und da, selbst in Barcelona, Anklang und Unterstützung. Als Karl von Anjou und Peter von Aragon im selben Jahr, 1285, starben, war eine Pattsituation zwischen den Gegnern entstanden: Sizilien stand zwar unter aragonesischer Kontrolle, und der Erbe Karls, Karl II., befand sich gar in aragonesischem Gewahrsam, aber der Vormarsch auf dem Festland war steckengeblieben.

König Jakob II. von Aragon, der Sohn Peters, der Sizilien als eine finanzielle, militärische und diplomatische Belastung empfand, erklärte sich bereit, seine Truppen von der Insel abzuziehen; als Gegenleistung verlangte er Frieden und – keine geringe Forderung – die Abtretung Sardiniens und Korsikas, die bisher päpstliche Domänen waren. Sein Bruder Friedrich, Regent von Sizilien, erhob vehementen Einspruch gegen diese Politik und sprach damit dem entsetzten sizilianischen Adel aus dem Herzen. Friedrich handelte sogar dem ausdrücklichen Willen seines Bruders zuwider, indem er im Dezember 1297 die ihm von einem sizilianischen Parlament angetragene Krone Siziliens annahm. Von da an befand er sich, bis fünf Jahre später Frieden geschlossen wurde, im Grunde im Kriegszustand sowohl mit Aragon als auch mit den Angevinen von Neapel, dem Heiligen Stuhl und weiteren Widersachern. Friedrich erhielt sogleich die Unterstützung der Ghibellinen. Flüchtlinge aus guelfisch beherrschten Städten strömten an seinen Hof; der Papst verdammte und exkommunizierte ihn, die radikalen Franziskaner rühmten ihn als Friedensfürst, der gesandt worden sei, um die falschen römischen Götter zu stürzen. Nördlich der Alpen wurde er als der neue Friedrich begrüßt, der zurückgekehrte Kaiser, der das von den Hohenstaufen begonnene Werk zu Ende und die Menschheit ins Goldene Zeitalter führen würde.

In Wirklichkeit war er ein pragmatisch denkender Herrscher, der versuchte, sein Bestes zu tun, um das überkommene normannische Regierungssystem in einer Zeit zu retten, die durch die zunehmende Aushöhlung der königlichen Macht durch mächtige Vasallen gekennzeichnet war. Er war sogar bereit, einen Beitrag zum Kompromiß mit dem Papsttum und den Angevinen zu leisten: 1302 erklärte er sich mit seiner Zurückstufung zum »König von Trinacria« (»Dreiecksland«) und mit der Rückgabe »Trinacrias« an die Angevinen nach seinem Tod einverstanden. (Dazu kam es dann aber doch nicht.) Die Angevinen nannten sich weiterhin »Könige von Jerusalem und Sizilien«, obgleich sie in Wirklichkeit Jerusalem im Jahr 1291 vollständig an die Mamelucken verloren hatten und von Sizilien nach der Sizilianischen Vesper von 1282 bestenfalls noch ein Eckchen (Milazzo) ihr eigen nennen konnten. Auch im angevinischen Königreich wurde dem normannischen Verwaltungssystem allmählich der Boden entzogen, indem norditalienischen Kaufleuten oder adligen Emporkömmlingen weitgehende Rechte und ausgedehnte Ländereien übertragen wurden. In den ländlichen Gegenden kam es häufig zu – wenn auch nur vereinzelten und folgenlosen – Revolten.

Peter von Aragon hatte also nur einen kleinen Teil der Hinterlassenschaft Friedrichs II. wiedergewonnen. Deutschland spielte in seinen Erwägungen keine Rolle, und in Norditalien konnte er sich zu keiner Zeit auf eine vergleichbare Hausmacht stützen wie einst die Hohenstaufen oder neuerdings die Angevinen; aber im Unterschied zu diesen beiden hatte er auch keine eigenen Truppen in die Region entsandt. Und schließlich legten seine Nachfolger keinen allzu großen Wert auf den Besitz Siziliens. Anders sah dies nur Friedrich, der Sohn Peters und Namensvetter Friedrichs II. Ein Faktor, der im nördlichen Italien größere politische Wirkung hatte als aragonesische Truppen oder aragonesisches Geld, war freilich die Erinnerung an Friedrich II. Wir tun gut daran, einen Blick auf die Wirkungsgeschichte dieses Namens zu werfen.

V

Man darf die Bedeutung Friedrichs II. nicht nur aus seiner eigenen Regierungszeit heraus beurteilen, sondern muß auch die dramatischen Nachspiele mit einbeziehen: die Machtkämpfe in Sizilien, kulminierend in jenem als Sizilianische Vesper in die Geschichte eingegangenen Aufstand von 1282. Aber nicht nur die sizilianischen Aufständischen, sondern auch andere Rebellen unterschiedlichster Art beriefen sich auf Friedrich II., in Italien und vor allem auch in Deutschland. Mit dem

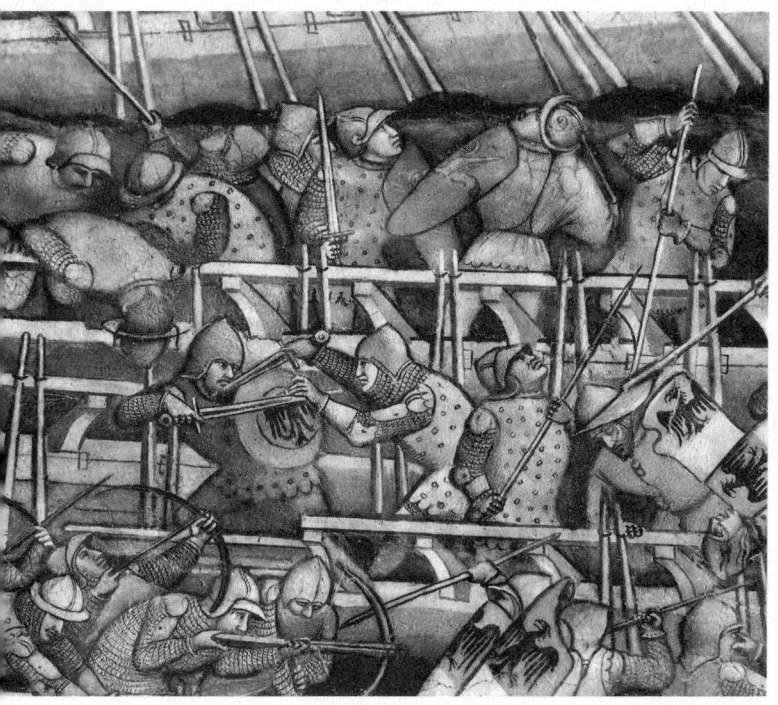

Die Darstellung einer Kampfszene aus der Stauferzeit, die im Spinello Aretino erhalten geblieben ist, zeigt Rüstung, Bewaffnung und Kampftechnik der Epoche ziemlich deutlich. Auf den ersten Blick fällt das Kettenhemd ins Auge, das aus der Lamellenrüstung entwickelt wurde und für das Fußvolk zweckmäßiger war als der schwere, unbewegliche Panzer der Berittenen.

Namen dieses Kaisers verband sich ein bizarres, aber politisch wirkungsmächtiges Gewebe von Darstellungen und Deutungen seiner Regierungszeit und ihrer Ereignisse. Vorläufer dieser legendenhaften Ausdeutung lassen sich in Friedrichs erstem und angestammtem Königreich finden, etwa in jenem kalabrischen Kloster, in dem der Prophet Joachim von Fiore (1145–1202) seine Interpretation des Zustandes der Welt zu Papier brachte.

Joachim von Fiore teilte die Menschheitsgeschichte in drei Zeitalter ein, an die sich das Jüngste Gericht und das Ende der Zeit anschließen sollten. Im ersten Zeitalter, das zugleich dem ersten personalen Element der Dreieinigkeit entsprach, war der Mensch Sklave des Gesetzes, war durch seine Furcht vor Gott an diesen gebunden. Dieses »Zeitalter des Vaters« deckte sich mit dem Zeitraum des Alten Testaments, der »Vater« war ein zorniger, unbarmherziger Gott. Das »Zeitalter des Sohnes« beschrieb Joachim hingegen als eine Ära des Glaubens und der demütigen Unterordnung unter die Wünsche Gottes nach Maßgabe des Evangeliums. Aber erst im prophezeiten »Zeitalter des Geistes« würde sich die gesamte Menschheit eines immerwährenden Sabbats im Zustand der Liebe zu Gott und der Erkenntnis seiner Göttlichkeit erfreuen. Es würde eine Epoche der mystischen Kontemplation sein. Sich selbst und seine Zeitgenossen siedelte Joachim im zweiten Zeitalter an, doch sah er das dritte bereits herannahen. Aufgrund komplizierter Berechnungen gelangte er zu der Überzeugung, der Eintritt der Menschheit in die neue Phase ihres Seins werde im Jahr 1260 endgültig erfolgen, und zwar im Anschluß an ein kurzes Interregnum des Antichristen: eines Antichristen freilich, der nicht nur die Guten und Gläubigen verfolgen und unterdrücken würde, sondern auch eine ganz an materiellen Interessen orientierte, bis ins Mark korrupte Kirche.

Diese Gedanken fanden eine rasche und weite Verbreitung; einer der ersten aufmerksamen Zuhörer Joachims war Richard Löwenherz auf seinem Weg zum Kreuzzug ins Heilige Land. Besonders großen Einfluß aber hatte die Philosophie Joachims von Fiore in dem halben Jahrhundert nach seinem Tod auf den gerade erst vom Papst gesegneten Franziskanerorden; das beispielhafte Leben seines die Armut predigenden Gründers war in den Augen einiger radikaler Mitglieder des Ordens ein Zeichen dafür, daß er ein Vorbote des dritten Zeitalters gewesen war.

Das dramatische Ringen zwischen Papst und Kaiser in der ersten Hälfte des 13. Jahrhunderts konnte der Aufmerksamkeit dieser Propheten natürlich nicht entgehen. Hatten sie im Heiligen Franziskus einen Vorboten des dritten Zeitalters gesehen, so deuteten sie den Kampf zwischen Friedrich und seinen Widersachern auf dem Stuhl Petri als Zeichen dafür, daß die Endphase des zweiten Zeitalters begonnen hatte. Ein seit 1240 in Italien kursierender »Kommentar zu Jeremia« prophezeite die Bestrafung und Vernichtung einer verweltlichten Kirche; der Anbruch des neuen Zeitalters im Jahr 1260 sollte der krönende Abschluß dieses Strafgerichts sein, als dessen Werkzeug kein geringerer als Friedrich II. benannt wurde. Solche Pamphlete ließen ein eher zwiespältiges Bild des Kaisers entstehen: Den Fanatikern der einen Seite galt er als Antichrist, denen der anderen als Säuberer einer entarteten und gottlosen Kirche. Denkbar ist, daß Ideen wie diese von anderer Seite zusätzliche Durchschlagskraft erhielten: So trugen etwa die Mongoleneinfälle in das östlichen Europa, die genau in diese Phase fielen, zu dem Glauben bei, die Menschheit stehe an einem Abgrund. Ebenso wirkten die in den päpstlichen Rundbriefen formulierten und von den Wandermönchen gepredigten Attacken gegen den Antichristen Friedrich wie eine (wenn auch aus unerwarteter Richtung kommende) Bestätigung dafür, daß tatsächlich die letzten zwei Jahrzehnte des Zeitalters des Sohnes angebrochen waren: Die Propheten der Endzeit hielten Ausschau nach Zeichen aller Art und wurden natürlich überall fündig.

Ein aufschlußreiches Beispiel für die Breitenwirkung dieser mystischen Botschaften finden wir in Schwaben, wo es in den vierziger Jahren des 13. Jahrhunderts einen breiten Widerspruch gegen die päpstlichen Hoheitsansprüche gab. Schwäbische Ketzer propagierten hier eine Kirche der Armen und sprachen den Geistlichen die Befugnis ab, die Sakramente zu vollziehen. Dies war zum Teil eine Reaktion auf das päpstliche Interdikt, unter dem Deutschland zu dieser Zeit stand. Da papsttreue Priester vielen Gläubigen die Erteilung der Sakramente verweigerten, begannen die Verschmähten, jenen Kritikern aufmerksameres Gehör zu schenken, die die Daseinsberechtigung einer Priesterschaft schlechthin in Frage stellten. Von besonderem Interesse ist, daß die schwäbischen Ketzer die Auffassung vertraten, König Konrad und der Kaiser hätten eher als der Papst die Würde, an die Spitze der neuen Kirche der Armen zu treten; für sie und nicht für den römischen Pontifex solle daher gebetet werden.

Die Bedeutung dieser Ketzerbewegung, die zugleich eine soziale Bewegung von Handwerkern war, sollte nicht unterschätzt werden. Einheimische Prediger wie Bruder Arnold, der von Hause aus Dominikaner war, traten für die radikalen Anschauungen ein. Arnold sah in dem Papst statt in Friedrich den Antichristen und porträtierte Friedrich II. als Schutzpatron der Armen. Bis zum Jahr 1260 werde der Kaiser die weltlich gewordene römische Kirche zerschlagen und ihre Reichtümer an die Armen verteilt haben. Die Tugendhaftigkeit der Armut herauszustreichen war nicht gerade neu, aber neu war sicherlich, dies als das politische Programm Friedrichs auszugeben. Somit war der gegen den Kaiser erhobene Vorwurf mangelnder Großzügigkeit gegenüber der Kirche in Sizilien und anderswo in unerwarteter Weise auf das Papsttum selbst zurückgefallen – was dem Kaiser von päpstlicher Seite als Verbrechen angekreidet wurde, wandelte sich nördlich der Alpen zur Tugend.

Aus den Ereignissen des Jahres 1250 konnten die Anhänger Joachims keine Zuversicht schöpfen. Norman Cohn schreibt: »Friedrichs Tod war ein katastrophaler Schlag sowohl für die deutschen Joachiten, die damit ihres Heilands, als auch für die italienischen Joachiten, die damit ihres Antichristen beraubt wurden«. Der Ausweg aus dem Dilemma lag in einer neuen Prophezeiung: Das Zeitalter des Geistes sollte in der Tat 1260 anbrechen (oder, als dieses Datum verstrichen war, in einer unbestimmten, aber sehr nahen Zukunft), und zwar mit Hilfe von Kaiser Friedrich. Denn der Kaiser würde zurückkehren. Entweder war er gar nicht wirklich gestorben, sondern hatte sich nur von der Welt zurückgezogen (um vielleicht irgendwo als einsamer Büßer zu leben), oder aber er war tot; dann würde er als neuer Friedrich wieder auferstehen, um seine unerledigt gebliebenen Aufgaben zu Ende zu führen. Die Joachiten Siziliens vermuteten ihn im Innern des Ätna; in der Tat war er im Dezember 1250 am Kraterrand des Vulkans gesehen worden, begleitet von seinen Rittern, die im wilden Galopp die Steilhänge des Berges hinuntergepprescht waren, um dann in den Tiefen des Meeres zu verschwinden und mit ihrem Herrn seinen Aufenthaltsort im Innern der Erde aufzusuchen. Der Vulkan mit seinen mächtigen Lavaströmen war seit langem ein Objekt apokalyptischer Visionen. Einer dieser Legenden zufolge lag unter diesem Berg König Arthur begraben. Die sibyllinischen Orakel, die auch 1250 noch kursierten, sprachen von der geheimnisvollen Rückkehr dessen, auf dem die Hoffnungen der Menschheit ruhten: »Er lebt und lebt nicht«.

In den Jahren nach 1250 traten in endloser Folge Männer auf, die von sich behaupteten, der wiedergekehrte Kaiser zu sein. Am stärksten grassierte das Fieber in Deutschland. In den achtziger Jahren des 13. Jahrhunderts trat in der Stadt Neuss ein Herausforderer Rudolfs von Habsburg auf; er bot tatsächlich dem König der Römer eine Krone an und verlangte als Gegenleistung nur, von Rudolf als Friedrich von Hohenstaufen anerkannt zu werden. Als er sich schon eine beträchtliche Gefolgschaft gesichert hatte, ließ König Rudolf ihn ergreifen und als Ketzer verbrennen. Seine Anhänger weigerten sich jedoch, an seinen Tod zu glauben. Er werde, so behaupteten sie, am dritten Tage wiederkehren, und es ging das Gerücht um, in der Totenasche hätten sich keine Knochen gefunden, lediglich eine Bohne, Symbol der Wiedergeburt. 1284 gab sich ein Einsiedler aus Worms als Kaiser Friedrich aus.

Mit der Zeit wandelte sich allerdings das Bild Friedrichs. Es war jetzt nicht mehr der jugendliche, der »ewig junge« Friedrich, dessen Rückkehr man sich ausmalte – wobei das Bild des Deutschland im Sturm erobernden Knaben aus Apulien Pate gestanden haben dürfte –, auch nicht ein von jahrelanger Einsiedlerschaft gezeichneter, gealterter Friedrich. Vielmehr mischten sich in das Bild Friedrichs II. nun zunehmend Züge seines Großvaters Friedrich Barbarossa, des gealterten Kriegers, der ostwärts nach Jerusalem gezogen war, um sein Schild an einen Olivenbaum zu hängen und eine neue Menschheitsepoche einzuläuten. Die apokalyptischen Visionen, die am Hof Barbarossas erörtert worden waren, hatten die Kreuzzugspläne Barbarossas zweifellos beeinflußt. Auch hier entstand mithin das Bild eines »Endzeit-Kaisers«, wenn auch ohne joachitische Verbrämungen. Und es gab auch Versuche, den plötzlichen Ertrinkungstod Barbarossas in einen vorübergehenden Rückzug aus der Welt umzudeuten: so entstand die Legende, der Kaiser schlafe in einer Höhle unter dem Berg Kyffhäuser, auf den Augenblick wartend, da er in die Welt zurückkehren müsse, um die Christenheit zu erlösen. Es traten Zeugen auf, die ihn gesehen haben wollten, in seiner Höhle an einem Tisch sitzend, durch dessen Platte sein roter Bart hindurchgewachsen war. In der populären Eschatologie verschmolzen dieser Friedrich und sein gleichnamiger Enkel zu einer einzigen Gestalt, deren Aura dadurch nur noch erhöht wurde. Noch im 14. Jahrhundert wurde in Deutschland hartnäckig verkündet, Friedrichs Rückkehr stehe unmittelbar bevor.

Schlußbetrachtung

In diesem Buch ist die These vertreten worden, daß der mittelalterliche König von Sizilien und Kaiser des Römischen Reichs, der seit dem 13. Jahrhundert allenthalben als *stupor mundi*, als Weltwunder also, tituliert wurde, nicht der verfrühte Renaissancedespot war, zu dem er im allgemeinen hochstilisiert wird, sondern ein Kind seiner Zeit. Man sollte die Herrscherqualitäten Friedrichs nicht unterschätzen, aber er war ganz bestimmt nicht der unversöhnliche Gegner des Papsttums, als der er gewöhnlich hingestellt wird. Er legte vielmehr eine aufrichtige, manchmal erstaunliche Kompromißbereitschaft an den Tag und war sein ganzes Leben lang ein überzeugter Anhänger der Kreuzzugsbewegung. Zwar gab es in seiner Regierungspraxis manches, das ihn von seinen Thronnachbarn in Frankreich und Spanien unterschied: eine straffer zentralisierte Verwaltung in Sizilien (freilich nicht von ihm geschaffen), ein extrem dezentrales Regierungssystem in Deutschland. In beiden Fällen aber ging er von dem aus, was er vorfand, stellte es in seiner gleichsam klassischen, ursprünglichen Form wieder her und übernahm dann die Rolle eines soliden Konservativen: Und nichts anderes war er, denn sein Denken enthielt nur sehr wenige Elemente, die man als radikal bezeichnen könnte.

Der seine Regierungszeit entscheidend prägende Faktor war der erbitterte Machtkampf zwischen Papst und Kaiser. Gewiß, selbst in diesen Konflikt waren längere Perioden der Harmonie eingebettet. Und wenn es dann aber hart auf hart ging, waren es zumeist nicht die Päpste, sondern die lombardischen Städte, die den Aufruhr wagten. Dabei waren deren Probleme und Anliegen im Grunde eher lokalpolitischer Natur, so daß man versucht ist, die Schlacht von Cortenuova oder die Belagerung Parmas lediglich als Einsprensel in einem Krieg zu betrachten, der seit Mitte des 12. Jahrhunderts zwischen Mailand und seinen Verbündeten auf der einen und dem von Cremona angeführten Lager auf der anderen Seite im Gange war – einem Krieg, den Päpste und Kaiser sicher als ernste Bedrohung für den Frieden in ganz Europa empfanden und den sie unter Kontrolle zu bringen hofften, indem sie sich selbst zur obersten Macht- und Schiedsinstanz auf italienischem Boden aufschwangen. Große Sorge bereitete den Päpsten daneben auch die Personalunion zwischen Sizilien und Süditalien einer- und dem Heiligen Römischen Reich andererseits, wie sie sowohl unter Friedrich als auch unter seinem Vater bestand; aber auch in diesem Punkt zeichnete sich Friedrich durch eine nicht zu unterschätzende Kompromißfähigkeit aus.

Friedrich betrieb eine, um es mit einem Wort zu sagen, dynastische Politik. Wie der französische König Ludwig IX. oder der König von Aragon, Jakob der Eroberer, war er bestrebt, die ererbten und die dazuerworbenen Gebiete ungeschmälert an seine Erben weiterzugeben. Und wie sie, mußte er sich entscheiden, ob er diese Gebiete unter seinen Söhnen aufteilen oder sie im ganzen seinem ältesten Sohn vererben sollte. Zwei Faktoren bestimmten diese Entscheidung. Der erste war, daß der Papst sich anmaßte, sie an seiner statt zu treffen; dies konnte Friedrich nicht akzeptieren. Der zweite war, daß sein ältester Sohn Heinrich gegen ihn aufbegehrte und von der Thronfolge ausgeschlossen werden mußte. Das dynastische Leitmotiv seiner Politik äußerte sich gegen Ende seines Lebens in dem Wunsch, seinem zweiten Sohn Konrad ein ungeteiltes Erbe zu sichern; davor gab es freilich Zeiten, in denen er an Lösungen dachte, die dem päpstlichen Ideal der Loslösung Siziliens vom Reich wesentlich näher kamen.

Die Anziehungskraft, die Friedrich II. auf die Historiker und die breitere Öffentlichkeit ausgeübt hat, beruhte zumindest teilweise auf der Unterstellung, er sei Rationalist, ja Freidenker gewesen, seiner Zeit voraus, aufgewachsen in der toleranten Atmosphäre des semi-islamischen Sizilien, ein Freund der Juden und Sarazenen – die Verkörperung eines Herrscherideals, dem kein einziger christlicher Monarch des Mittelalters wirklich gerecht wurde, auch nicht in Sizilien oder Spanien. Gemessen an den Normen seiner eigenen Zeit, war Friedrich tatsächlich ein höchst toleranter Mensch, aber nicht wenn man moderne Auffassungen von der Gleichberechtigung und Gleichbehandlung aller Religionen als Vergleichsmaßstab anlegt. Er hatte nichts von der offenherzigen Frömmigkeit seines Zeit- und Amtsgenossen Ludwig von Frankreich, aber man sollte die Beziehungen, die er zu den Zisterziensern unterhielt, nicht geringschätzen. Er war Christ und zugleich Kritiker der Auswüchse päpstlicher Machtpolitik, unter denen er oft zu leiden hatte; in diesem Punkt fand er die Zustimmung nicht weniger Zeitgenossen, so etwa des Mönchs Matthew Paris.

Friedrich war ein Mann von beachtlichen Geistesgaben und mit einer gewissen politischen Befähigung; sein doppeltes Erbteil brachte ihn in die Verlegenheit, sich mit einer Römischen Kirche anlegen zu müssen, die den ehrgeizigen Anspruch erhob, oberste Autorität und Instanz der christlichen Welt zu sein. Er tat dies unschlüssig und ohne entscheidendes Ergebnis. So unternahm er, auch nachdem der Fehdehandschuh bereits geworfen war, kaum ernsthafte Versuche, den moralischen Autoritätsanspruch des Papsttums in Zweifel zu ziehen. Er bemühte sich, bestimmte gegen ihn erhobene Vorwürfe zu entkräften, war aber nicht darauf aus, den Mann auf dem Stuhl Petri zu entmachten, den er noch immer als Stellvertreter Christi anerkannte. Das Ideal einer Kirche der (tugendhaften) Armen wurde an seinem Hof sicherlich diskutiert, ohne daß jedoch seine Propagierung besonders gefordert worden wäre.

In diesem Buch habe ich eine Neuinterpretation einer Regierungszeit und einer Politik versucht, die im Grunde stets zu geradlinig gedeutet worden ist. Es wäre völlig falsch, zu glauben, Friedrich sei in der Umsetzung seiner politischen Überzeugungen immer einer klaren Linie gefolgt. Zum einen veränderten sich diese Überzeugungen im Lauf der Zeit, zum anderen war er durchaus in der Lage, gleichzeitig unterschiedliche Ziele zu verfolgen, die dem heutigen Beobachter als unvereinbare Gegensätze oder zumindest als höchst inkonsistent erscheinen. Daß er in Sizilien die normannische Autokratie wiederzubeleben trachtete und zugleich in Deutschland die weitgehenden Machtbefugnisse der Fürsten festschrieb (und damit auch die weitgehende Machtlosigkeit des Monarchen), konnten die Historiker nicht miteinander vereinbaren. Es gibt indes einen gemeinsamen Nenner: den Gedanken, daß ein guter Herrscher seinen Untertanen ihre seit langem angestammten Rechte belassen müsse. Viel zu viel ist in die Tatsache hineingedeutet worden, daß er einen Justitiar für Deutschland ernannte oder einen Generalvikar für Norditalien. Bei beidem handelte es sich nicht um Akte eines verfrühten aufgeklärten Despotismus, sondern um ausgesprochen konservative Maßnahmen. Friedrich geriet freilich auch in so manches Dilemma, wenn er etwa mit konkurrierenden Rechts- oder Vorherrschaftsansprüchen innerhalb seiner vielen Königreiche konfrontiert wurde. Das war auf seiner Reise nach Zypern und ins Heilige Land der Fall.

Die Historiker sollten nicht glauben, solche Inkonsequenzen im Denken und Tun stets einer rationalen Erklärung zuführen zu müssen. Friedrich fiel aus seiner Epoche nicht heraus und war auch kein politisches Genie und kein Visionär; die Versuche seiner Ratgeber, namentlich des Piero della Vigna, eine einigermaßen widerspruchsfreie Theorie des Königtums zu entwerfen, zeitigten nur wenige konkrete Resultate und diese hauptsächlich in Süditalien. Ganz abgesehen davon, sollte man die Verkündung eines Regierungsprogramms nicht mit seiner praktischen Verwirklichung verwechseln. Der Torturm von Capua, die *augustales* und die *Konstitutionen von Melfi* waren lediglich Manifestationen eines Willens, die allein nicht genügten, um die römische Autokratie, von der sie kündeten, Realität werden zu lassen.

Friedrichs Lebensstil hatte nicht so viel von dem eines orientalischen Prinzen an sich, wie vermutet wird, wenn auch der sizilianische Hof mit seinen moslemischen Tänzerinnen und Trompetern auf Besucher aus dem Norden Europas höchst exotisch gewirkt haben muß. Aber Friedrichs kulturelles Mäzenatentum war nur ein schwacher Abglanz dessen, was seine normannischen Vorfahren in dieser Beziehung geleistet hatten. Das lag zum einen sicher an seinen permanenten Kriegen in der Lombardei, die Aufmerksamkeit und Geld verschlangen; zum anderen daran, daß Sizilien sich langsam, aber sicher seiner islamischen Bindungen entledigte, eine Entwicklung, die in der Vertreibung der Sarazenen von der Insel und in der Gründung Luceras als moslemischer Garnisonsstadt in Apulien kulminierte. Die fruchtbare Koexistenz von Christen, Moslems und Juden, die sich gemeinsamen kulturellen Aufgaben widmeten wie der Übersetzung wichtiger Texte, war etwa am kastilischen Königshof viel eher Realität als am sizilianischen. In der Regierungszeit Friedrichs II. wurde die *convivencia* in Sizilien nicht etwa wiedergeboren, sondern beerdigt.

Seine Widersacher, die Päpste, betrieben die Beseitigung seiner Macht mit weitaus größerer Entschlossenheit als er jemals die Vernichtung der ihren. Es ist, im vollsten Wortsinn, die tragische Geschichte eines Mannes, der von seinen Gegnern unaufhörlich gezwungen wurde, sich zur Wehr zu setzen, eines Mannes, der Opfer seines doppelten dynastischen Erbes wurde. Eines seiner Ideale war die Bewahrung dieses Erbes, nicht nur zum Zweck der eigenen Machtsicherung, sondern auch weil er seinen Erben die Territorien, Titel und Rechte, mit denen er von Gott belehnt zu sein glaubte, unversehrt hinterlassen wollte. Er war nicht Sizilianer, nicht Römer, nicht Deutscher, und noch weniger war er ein Halb-Moslem. Am ehesten schon war er ein Herrscher zwischen den Kulturen. Denn Friedrich II. war ein Staufer und ein Hauteville.

Nachwort zur Taschenbuchausgabe

Friedrich II. – von der archäologischen Freilegung eines Verschütteten

Das Leben Friedrichs II. muß, wie die Schätze einer archäologischen Fundstätte, schichtweise zutage gefördert werden. Die oberste Schicht, die alles andere nur allzu wirksam verdeckt, besteht in den Vorstellungen über diesen Kaiser, wie sie sich im öffentlichen Bewußtsein unserer Zeit festgesetzt haben. Nicht nur in der deutschsprachigen Welt ist dieses Bild maßgeblich von Ernst Kantorowicz' großartigem, temperamentvollem, jugendlichen Buch *Friedrich der Zweite* von 1927 geprägt worden, einem literarischen Meisterwerk und politischen Traktat zugleich, das aber auch ganz bewußt den Versuch machte, den Heroen Friedrich von seinem größeren geschichtlichen Umfeld zu isolieren und als einen Mann zu präsentieren, der seiner Zeit voraus war. Die Verbindung Kantorowicz' zum Kreis um Stefan George ist bekannt und erklärt einiges von dem Ton, in dem das Buch gehalten ist. Weniger bekannt ist, daß Kantorowicz ein Zögling des bedeutenden, einer unverdienten Vernachlässigung anheimgefallenen Kultur- und Wirtschaftshistorikers Eberhard Gothein war, dessen *Culturentwicklung Süditaliens* (1886) noch heute gelesen wird (wenn auch fast nur in ihrer gekürzten italienischen Ausgabe) und der als Pionierarbeit der historischen Anthropologie Bewunderung gebührt, exponiert sie doch nicht nur die sozialen Strukturen und geistigen Strömungen, sondern auch die volkstümlichen Überzeugungen und Bräuche im ehemaligen Königreich Friedrichs II. zweihundert Jahre nach seinem Tod. Gothein bildet zugleich das Verbindungsglied zwischen Kantorowicz und Jacob Burckhardt, denn Kantorowicz' Lehrer saß als Student zu Füßen des großen Burckhardt, und sein Buch über die Kultur Süditaliens war ein Versuch, Burckhardts Kulturbegriff auf neuartige und aufregende Weise fruchtbar zu machen. Burckhardt aber trug mehr als jeder andere dazu bei, das Image Friedrichs II. als einer nicht-mittelalterlichen, aus seiner Zeit herausfallenden Figur festzuzurren, als eines Herrschers, der teils Renaissance-Fürst und teils orientalischer Despot war. Wie Burckhardt in seiner *Kultur der Renaissance in Italien* schrieb:

»Aufgewachsen unter Verrat und Gefahr in der Nähe von Sarazenen, hatte er sich frühe gewöhnt an eine völlig objektive Beurteilung und Behandlung der Dinge ... Friedrichs Verordnungen (besonders seit 1231) laufen auf die völlige Zernichtung des Lehnstaates, auf die Verwandlung des Volkes in eine willenlose, ganze richterliche Gewalt und die Verwaltung in einer bisher für das Abendland unerhörten Weise.«

An anderer Stelle führte er aus:

»Der Begriff einer solidarischen ›abendländischen Christenheit‹ hatte schon im Verlauf der Kreuzzüge bisweilen bedenklich gewankt, und Friedrich II. mochte demselben bereits entwachsen sein.«

In einer Passage, die auf Gothein besonderen Eindruck gemacht haben dürfte, wies Burckhardt auf eine enge Affinität zwischen Friedrich II. und Ferdinand (oder Ferrante) I. von Aragon hin, der von 1458 bis 1494 das Königreich Neapel regierte:

»Rastlos tätig, als einer der stärksten politischen Köpfe anerkannt, dabei kein Wüstling, richtet er alle seine Kräfte, auch die eines unversöhnlichen Gedächtnisses und einer tiefen Vorstellung, auf die Zernichtung seiner Gegner. ... Für die Beschaffung der Mittel in diesem Kampfe und in seinen auswärtigen Kriegen wurde wieder etwa in jener mohammedanischen Weise gesorgt, die Friedrich II. angewandt hatte.«

Für Burckhardt war Ferrante die Verwirklichung Friedrichs II. im neuen politischen Kontext des 15. Jahrhunderts, der Mann, der, dem Ideal vom Staat als Kunstwerk nachstrebend, den Kampf gegen die Barone weiterführte, die sich von den Zügeln, die Friedrich II. ihnen angelegt hatte, mittlerweile wieder befreit hatten. War Friedrich II. ein vorzeitiger Renaissance-Fürst, so war Ferrante ein Renaissance-Fürst im Quattrocento, dessen Mythos Burckhardt glauben machte, er zeichne sich durch all die Qualitäten aus, die auch seinem illustren Vorläufer Friedrich nachgesagt wurden: rücksichtslose Durchsetzung von Staatsinteressen, despotische Herrschaft nach orientalischem Vorbild, Manipulation der Wirtschaft sowie natürlich Förderung der Künste.

Dieses Bild Friedrichs II. läßt sich weit hinter Burckhardt zurückverfolgen; beim Versuch, das zu tun, stoßen wir auf eine weitere archäologische Schicht, die aus dem 13. Jahrhundert stammt. Das von dem englischen Chronisten Matthew Paris überlieferte Bild Friedrichs II. als stupor mundi wurde von späteren Historikern so freizügig aufgegriffen und weiterverarbeitet, daß seine Aura schließlich alle Facetten der Persönlichkeit Friedrichs II. und seiner Politik umströmte: seinen heroischen Kampf gegen die Anmaßungen des Papsttums, aber auch sein kulturelles Mäzenatentum, seinen angeblichen Skeptizismus und Rationalismus wie auch seine Freundschaft zu Juden und Muslimen. Freilich kann man schwerlich erwarten, im Kloster von St. Albans im nördlichsten der bedeutenden christlichen Königreiche des 13. Jahrhunderts, wo Matthew Paris seine Chronik niederschreibt, einen Autor anzutreffen, dessen Horizont so weit reicht, daß er in der Lage wäre, durch einen Vergleich mit anderen bedeutenden Herrschergestalten der Zeit wie Jakob I. von Aragon oder, etwas später, Alfonso X. von Kastilien, dem Weisen, das Gewöhnliche an Friedrich II. herauszuarbeiten. Ein solcher Vergleich hätte nämlich sichtbar gemacht, wie sehr Friedrichs kulturelle Präferenzen denen anderer großer Fürsten ähnelten, die dank der Geographie ihrer Länder mit Juden und Muslimen in Berührung kamen. Außerdem spricht einiges dafür, daß Matthew Paris' Vorstellung von Friedrich II. als einem stupor mundi viel mehr aus der nur zu deutlich sichtbaren Bewunderung des Mönchs für den politischen Giganten resultierte, der es wagen konnte, der Macht und den Anmaßungen des Papsttums die Stirn zu bieten, als aus der Bewertung seiner kulturellen Interessen oder seines angeblich so orientalisch geprägten, von Bauchtänzerinnen, Kamelen und heidnischen Gelehrten bevölkerten Hofes.

Fra Salimbene, der launige Chronist, dem wir so umfassende Einblicke in das politische, gesellschaftliche und religiöse Leben im Italien des 13. Jahrhunderts verdanken, hatte gegenüber Matthew Paris den Vorteil, daß er die Länder, um die Papst und Kaiser sich stritten, aus eigener Anschauung kannte. Salimbenes Empfänglichkeit für farbige Anekdoten über Friedrich II. beschert uns etliches, das die bizarre Reputation dieses Kaisers verständlicher macht: die Geschichte, wie er zwei Gefangene zu unterschiedlichen Tageszeiten füttern und ihnen dann den Bauch aufschlitzen ließ, um zu sehen, wie das Verdauungssystem funktioniert; oder die von dem Mann, den er in ein luftdichtes Faß sperren ließ, in der Hoffnung, beobachten zu können, wie nach dem Tod des armen Teufels die Seele aus dem Faß entwich. Es gibt Argumente dafür, Friedrich II. auch auf dieser Ebene unter die Lupe zu nehmen, denn es wäre falsch, das Image, das er zu seinen Lebzeiten verbreitete, zu ignorieren. Abgesehen davon, daß die Beschäftigung mit Mythen wie diesen uns zu verstehen hilft, warum er als Herrscher so gefürchtet war, können wir daraus auch etwas über Einstellungen zum naturwissenschaftlichen Experimentieren und über mögliche Konflikte zwischen – in moderner Sprache ausgedrückt – Wissenschaft und Religion im 13. Jahrhundert lernen.

Noch in derselben archäologischen Schicht, aber ganz unten, nahe dem Übergang zum tiefsten Sediment, findet sich eine dünne Grenzschicht, bei deren Durchsicht wir noch größere Sorgfalt walten lassen müssen. Die Feinde Friedrichs in der päpstlichen Kurie entfesselten gegen ihn nämlich eine Propagandakampagne, die an Schärfe sogar die unermüdliche Hetze Gregors VII. gegen Heinrich IV. übertraf. Die päpstlichen Pamphlete gehörten übrigens zu den maßgeblichen Quellen, aus denen Matthew Paris schöpfte. Für den Rückschau haltenden Historiker sind solche Texte wichtig, weil sie verraten, wie es dem Vatikan, der ja kaum über nennenswerte militärische Kräfte verfügte, gelingen konnte, die öffentliche Meinung in ganz Europa zu beeinflussen, obwohl einzelne Fürsten wie König Ludwig IX. von Frankreich erhebliche Zweifel an der Weisheit und Stichhaltigkeit der päpstlichen Anklagen gegen seinen Herrscherkollegen Friedrich hegten. Unter Gregor IX. und Innozenz IV. wurde der päpstliche Propagandaapparat in Dauerbetrieb gehalten, und seine giftigsten Parolen spuckte er im Zuge des um die Wende zum 14. Jahrhundert tobenden Machtkampfes zwischen Papst Bonifaz VIII. und König Philip dem Schönen von Frankreich aus. Die raffinierte päpstliche Propaganda trug mit voller Absicht viel zur Modellierung des Bildes vom ungläubigen Kaiser Friedrich bei, der sich von sarazenischen Sklavinnen – wenn nicht gar von Knaben – verwöhnen ließ, der Moses, Jesus und Mohammed als die drei Hochstapler verhöhnte und sich nicht zuletzt rücksichtslos am Vermögen der Kirche in Sizilien vergriff.

Dieser Greuelpropaganda wurde von Friedrichs Hof immer wieder eindrucksvoll gegengesteuert. Der Schlüsselbegriff ist hier Friedrichs Hof, denn wir haben keine Möglichkeit, festzustellen, welche der elegant gewundenen lateinischen Formulierungen in den kaiserlichen Briefen die persönlichen Ansichten Friedrichs reflektierten – die ohnehin je nach den politischen Umständen starken Schwankungen unterworfen gewesen sein dürften – und welche aus der spitzen Feder seiner fähigen Berater Piero della Vigna, Taddeo da Suessa usw. stammten. Charles Homer Haskins fiel auf, daß das geradlinige Latein des Friedrich zugeschriebenen Buches über die Kunst des Jagens mit Vögeln wenig

Ähnlichkeit mit mit der kunstvollen, fast barocken Sprache der kaiserlichen Briefe aufweist.

Dazu kommt ein weiteres Problem von unabsehbarer Fatalität, auf das der bedeutende deutsche Historiker Peter Herde hingewiesen hat:* Die meisten kaiserlichen Briefe sind uns, ebenso wie viele ihrer päpstlichen Gegenstücke, nur durch Briefsammlungen überliefert, die oft viele Jahrzehnte nach dem tatsächlichen Konflikt zwischen Friedrich II. und dem Heiligen Stuhl zusammengestellt wurden; noch 1317–18 wurden etliche dieser Briefsammlungen von Hand kopiert. Kann man davon ausgehen, daß die so überlieferten Versionen der kaiserlichen und päpstlichen Briefe authentisch sind? Und wenn ja, wurden die Briefe auch abgesandt? Diese ungeklärten Fragen, deren wissenschaftliche Beantwortung immerhin allmählich vorankommt, konfrontieren uns mit der höchst unbequemen Möglichkeit, daß der ganze kunstvolle Überbau, den Kantorowicz für seine Schilderung des Titanenkampfes errichtet hat, sich auf ein Fundament aus Briefen stützt, von denen womöglich sehr viele nie veröffentlicht (d. h. verschickt, in großem Rahmen kopiert und verteilt) oder sogar erst nach dem Tod Friedrichs II. und Innozenz' IV. geschrieben wurden. Damit soll nicht ausgeschlossen werden, daß einige der apokalyptischsten päpstlichen Briefe, die um 1240 in Umlauf kamen, authentisch sind und die Sichtweisen hochrangiger Kurienmitglieder, vor allem des Kardinals Rainier von Viterbo, reflektieren. Wie Herde allerdings aufzeigen konnte, änderte sich mit jedem Wechsel auf dem päpstlichen Thron die Tonart im Krieg der Briefe; »der bombastische Schreibstil zum Beispiel, der mit der Persönlichkeit Gregors IX. im Einklang stand, verschwand nach dessen Tod zwar nicht sofort, wich aber mit der Zeit einer eher an Logik und kanonischem Recht orientierten Argumentation« – wie bei einem so hochkarätigen Juristen wie Innozenz IV. auf dem Heiligen Stuhl eigentlich nicht anders zu erwarten.

Daß diese Grabungsschicht nicht leicht zu durchdringen ist, liegt auf der Hand; dennoch möchte dieses Buch sich der Herausforderung stellen, direkt bis in die unterste archäologische Schicht durchzustoßen,

---

* P. Herde, Literary activities of the imperialist and papal chanceries during the struggle between Frederick II and the papacy, in W. Tronzo (Hrsg.) Intellectual Life at the Court of Frederick II of Hohenstaufen (Washington, D.C. 1994), S. 227–39. Dieser Band, der die Ergebnisse einer Konferenz an der National Gallery of Art in Washington resümiert, enthält eine Reihe ganz unterschiedlicher Studien zu bildender Kunst, Architektur, geistigen Strömungen usw. unter Friedrich II.

zum wirklichen Friedrich. Hier ergeben sich indes sogleich neue Probleme. Die Frage, welche Vergangenheit die wirkliche sei, ist ausgiebig erörtert worden, insbesondere im Licht der bemerkenswerten Arbeiten Jacques Le Goffs und der bedeutenden, von ihm begründeten mediävistischen Schule. Im Zuge seines Versuchs, sich an das Leben König Ludwigs des Heiligen von Frankreich – eines Zeitgenossen Friedrichs II. – heranzutasten, wies Le Goff darauf hin, daß es nicht damit getan sei, bloß die Details der Politik des Königs zu durchforsten, sondern daß es darauf ankomme, die gesamte kulturelle Einbettung zu verstehen: Was zum Beispiel stellten sich die Menschen unter einem König vor? Über welche Macht verfügte er – wobei nicht nur an politische Machtbefugnisse zu denken ist, sondern auch an die fast magischen Kräfte, die mittelalterlichen Monarchen zugeschrieben wurden, am sinnfälligsten in dem Bild des Königs als Anwender göttlicher Heilkräfte, der durch bloßes Handauflegen einen Menschen von der Skrofulose befreien konnte. (Marc Bloch hat mit seinem hochgerühmten Buch *Les rois taumaturges* eine Pionierarbeit zu diesem Thema vorgelegt.) Dieser Interpretation zufolge ist die Vorstellung, die die Menschen von einem König hatten, für die historische Bewertung vorrangig gegenüber seinem Tun als König – unter anderem deshalb, weil sein politisches Handeln ohnehin nicht direkt sichtbar ist, sondern nur durch die Augen anderer, im Falle des Heiligen Ludwig etwa durch die seines Biographen Joinville. Es ist wichtig, sich zu vergegenwärtigen, daß Friedrich II. keinen Joinville hatte, keinen zeitgenössischen Biographen, der ihn auf seinen Reisen begleitet und etwa versucht hätte, in der Auseinandersetzung mit der päpstlichen Progaganda seine Vorzüge ins rechte Licht zu setzen. Vieles von dem, was wir über Friedrichs Persönlichkeit zu wissen glauben, stammt aus Schilderungen von Personen, die ihm und seinem Kampf gegen das Papsttum, die Lombarden und andere Feinde bestenfalls neutral, schlimmstenfalls äußerst feindlich gegenüberstanden.

Im Falle Friedrichs II. sind dennoch Fortschritte in der Forschung möglich. Vergleiche mit anderen Fürsten seiner Zeit aus dem Mittelmeerraum können uns helfen zu beurteilen, ob er mit seiner sogenannten Toleranz gegenüber Juden und Muslimen wirklich außerhalb der Norm lag. Das Nachdenken über seine Verwurzelung im sizilianischen Normannenkönigreich einerseits, im Deutschland Friedrich Barbarossas und Heinrichs VI. andererseits erlaubt uns begründete Annahmen darüber, welche Voraussetzungen für die Wiedererringung der königlichen Macht in Sizilien und Süditalien bestanden oder weshalb die lombardischen Städte so großes Mißtrauen gegen einen Kaiser hegten, der denselben Namen trug wie der Kaiser, der ihre städtischen Freiheiten am nachhaltigsten in Frage gestellt hatte: sein deutscher Großvater Friedrich Barbarossa.

Je näher man hinsieht, desto klarer wird, daß Kantorowicz bei all seiner literarischen Meisterschaft als Historiker eine Kardinalssünde begangen hat: Weil er es versäumte, sich mit dem weiteren Umfeld, der Vorgeschichte und den Nachwirkungen von Friedrichs Herrschaft zu beschäftigen, übersah er, daß dieser Herrscher in der Tat sehr viele politische und kulturelle Einstellungen mit anderen Fürsten des Mittelmeerraumes, ja des ganzen westlichen Europa, gemein hatte. Mit seinem Interesse an der Naturwissenschaft stand Friedrich ganz und gar nicht einzigartig da; in England unterhielt Heinrich II. schon im 12. Jahrhundert einen privaten Zoo. Friedrichs Rolle als Förderer und Schirmherr der lyrischen Dichtung muß sich an einer ähnlichen mäzenatischen Praxis bei den Herzögen von Aquitanien oder des Languedoc schon vor seiner Zeit oder bei seinen zeitgenössischen Herrscherkollegen in Katalonien oder der Provence messen lassen (zum Beispiel beim späteren Gegenspieler seiner Dynastie, Karl von Anjou). Der »wunderbare Erneuerer« wird gewiß niemals seine Unverwechselbarkeit als bedeutende politische Gestalt verlieren, nie seine Faszination als Förderer der Naturwissenschaften und Pionier einer vergleichenden Religionskunde; als Kreuzzügler hingegen war er, ebenso wie als Herrscher über Sizilien, die Lombardei und Deutschland, ein Konservativer und hielt sich an die Konventionen und politischen Modelle des späten 12. Jahrhunderts.

Friedrich II. war, wie der Untertitel der englischen Originalausgabe dieses Buches zum Ausdruck bringt, *a medieval emperor*, ein mittelalterlicher Kaiser. Dieses Attribut nimmt ihm nichts von seiner Größe als einer der bestimmenden Gestalten des 13. Jahrhunderts. Verabschieden können wir uns dagegen von dem grausamen orientalischen Despoten und Vorläufer ebenso grausamer Renaissance-Tyrannen, als den Burckhardt uns Friedrich hinterlassen hat. Er erscheint vielmehr als ein Herrscher, dem etliche äußerst schwierige Probleme zu lösen aufgegeben waren, Probleme, an die er manchmal mit einer überraschend versöhnlichen Einstellung heranging, wie bei seinen vielen Versuchen, seinen Frieden mit dem Heiligen Stuhl zu machen. Die Ursachen dieser Probleme wie auch die Motive für seine kulturellen Interessen lassen sich im normannischen Sizilien und im Deutschland und Italien Barbarossas auffinden. In diesem Sinn betont das vorliegende Buch das sizilianische und, wenn auch in geringerem Grad, das kaiserliche Vermächtnis, das Friedrich II. erbte. Von dem Gedanken, ihn in den Kontext seines Zeitalters, des 12. Jahrhunderts, zu stellen, hat sich auch Wolfgang Stürner in seiner 1992 publizierten Studie über die ersten beiden Lebensjahrzehnte Friedrichs leiten lassen, die parallel zur ersten umfassenden Biographie seines Vaters Heinrich VI. seit Toeches Standardwerk von 1867 erschienen ist.*

In der deutschen Ausgabe wurde der Text den etwas anderen Erwartungen des deutschen Lesepublikums angepaßt; eigentlich war das Buch im Geist der englischen Tradition der Geschichtsschreibung verfaßt, die nicht so gern an der erzählenden Darstellung klebt und einen analytischeren Ansatz vorzieht; die im Original enthaltenenen analytischen Betrachtungen sind in der deutschen Ausgabe teilweise weggefallen. Eine andere Eigenart der englischen Historiographie ist ihre Vorliebe für provozierende, polarisierende Argumente der Art, wie sie sich in meinem – vielleicht zu geringschätzigen – Urteil über das Jagdschlößchen Friedrichs, Castel del Monte, finden.

Man sollte jedoch darauf sehen, daß das Verwerfen früherer Interpretationen nicht zur Selbstgefälligkeit wird. Die Neubewertung berühmter geschichtlicher Gestalten ist zu einem Geschäft geworden, das fast schon keiner stichhaltigen Rechtfertigung mehr bedarf und sich durch eine gewisse Zügellosigkeit auszeichnet. Bei dieser Spielart der Geschichte kann man sich einen Namen damit machen, daß man – um willkürlich ein Beispiel aus jüngerer Zeit herauszugreifen – nachweist, daß Winston Churchill in bezug auf das Empire rassistische Ansichten vertrat, die heute inakzeptabel wären. Es scheint von daher nur recht und billig, darauf hinzuweisen, daß, als der Plan für mein Buch reifte, weder die Absicht noch die Erwartung bestand, das bisherige Bild von der Herrschaft Friedrichs II. als der eines »mittelalterlichen Kaisers« radikal in Frage zu stellen. Erst als sich im Verlauf des Studiums der Quellen die übereinander gelagerten archäologischen Schichten abzeichneten, drängte sich die Notwendigkeit auf, vom Bild des verfrühten Renaissance-Fürsten wegzukommen, das ich wie so viele andere vor mir zu finden erwartet hatte.

* P. Csendes, Heinrich VI. (Darmstadt 1993) und W. Stürner, Friedrich II., Teil I: Die Königsherrschaft in Sizilien und Deutschland 1194–1220 (Darmstadt 1992), beide erschienen in der Reihe Gestalten des Mittelalters und der Renaissance, herausgegeben von P. Herde. Beide Bücher reflektieren eine sorgfältige kritische Durchsicht der Primärquellen, referieren die umfangreiche neuere Literatur zum Thema aber zwangsläufig nur selektiv. Stürner sieht sich in seinem Buch noch nicht in der Lage, ein Urteil über die legendären Elemente des überlieferten Friedrich-Bildes abzugeben, da es mit der Krönung Friedrichs zum Kaiser endet. Ein Fortsetzungsband wird die restlichen dreißig Jahre abdecken.

Vergegenwärtigen sollte sich der deutsche Leser ferner, daß Friedrich seine größten politischen Probleme in Italien hatte, sei es mit der Lombardei, dem Heiligen Stuhl oder mit seinem sizilianischen Königreich, und daß daher Deutschland in diesem Buch nicht so prominent vorkommt, wie es bei einem deutschen, schweizerischen oder österreichischen Autor wohl der Fall wäre. Wie auch immer, der Hinweis erscheint angebracht, daß dieses Buch von einem Historiker des Mittelmeerraums geschrieben worden ist, dessen besonderes Interesse Italien, Sizilien und den Inseln des westlichen Mittelmeers gilt und dessen akademischer Lehrer einer der bedeutendsten Historiker der Kreuzzüge gewesen ist. Anders als für Kantorowicz, der den Süden Italiens – in der Nachfolge Gotheins und im Geist einer großen deutschen Tradition der Studienreisen nach Neapel und Sizilien – als eine ferne, exotische Welt darstellte, erscheint er dem Autor als der selbstverständliche Ausgangs- und Endpunkt der vorliegenden Darstellung; Deutschland rückt daher in weiten Teilen dieses Buches an die Peripherie, auch wenn von dieser Peripherie sicher Impulse ausgingen, die nicht vernachlässigt werden dürfen.

In einem Europa, das sich von den Geißeln des Antisemitismus' und des Rassenhasses noch immer nicht ganz hat befreien können, mutet das herkömmliche Bild des getauften Sultans Friedrich, der an seinem Hof die multikulturelle Gesellschaft praktizierte und mit Juden und Muslimen auf bestem Fuß stand, so fortschrittlich an, daß man versucht ist, seine Beibehaltung wünschenswert zu finden. Wenn es nur den Tatsachen entspräche! Der Historiker steht aber unter der gebieterischen Verpflichtung, seinen Gegenstand auf keinen Fall durch die Brille moderner Ideale oder Mythen zu sehen. Während die einen das liebgewordene Image des toleranten, weltklugen Friedrich pflegten, haben andere den Staufer in manipulativer Anwendung wirkungsvoller politischer Mythen als den prototypischen deutschen Führer porträtiert; von dieser gefährlichen Schimäre hat sich Ernst Kantorowicz gefangennehmen lassen. Das Anliegen dieses Buches ist es, Friedrich seinem Jahrhundert, dem 13. Jahrhundert, zurückzugeben.

Cambridge, im August 1994

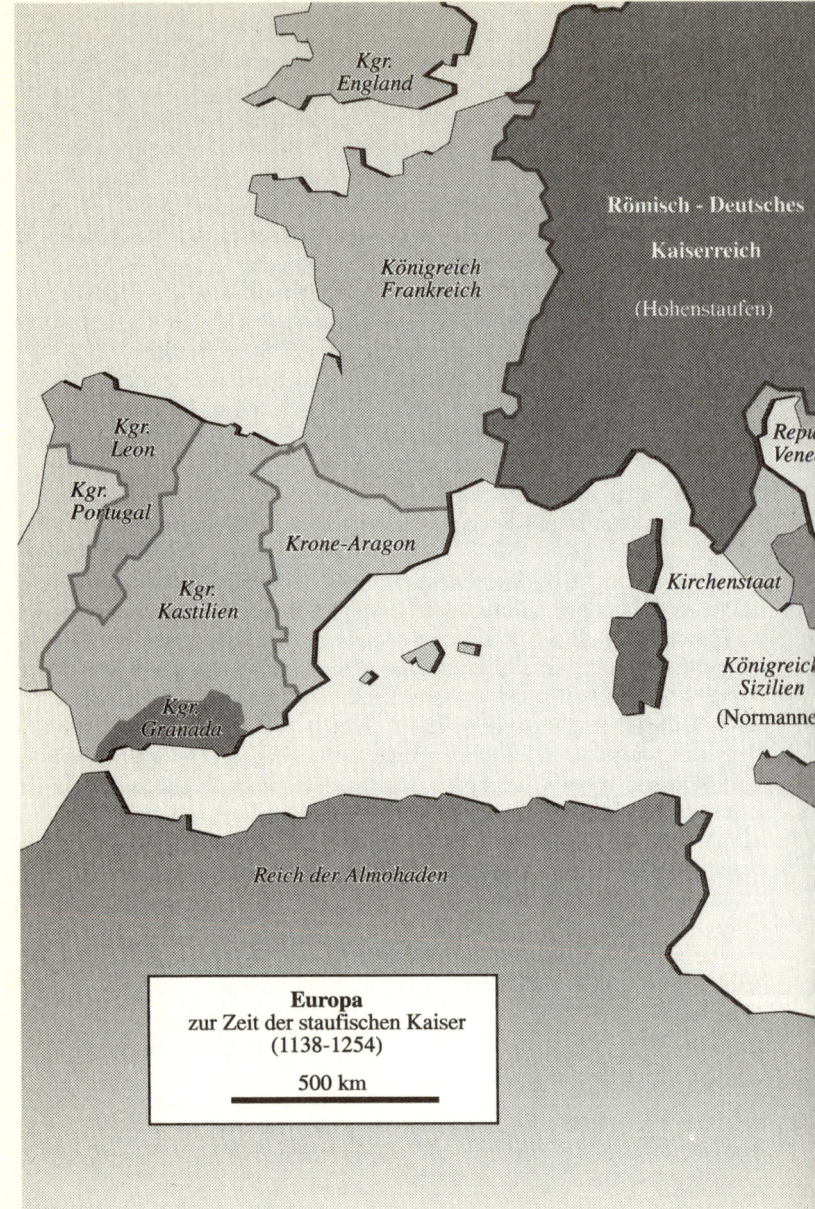

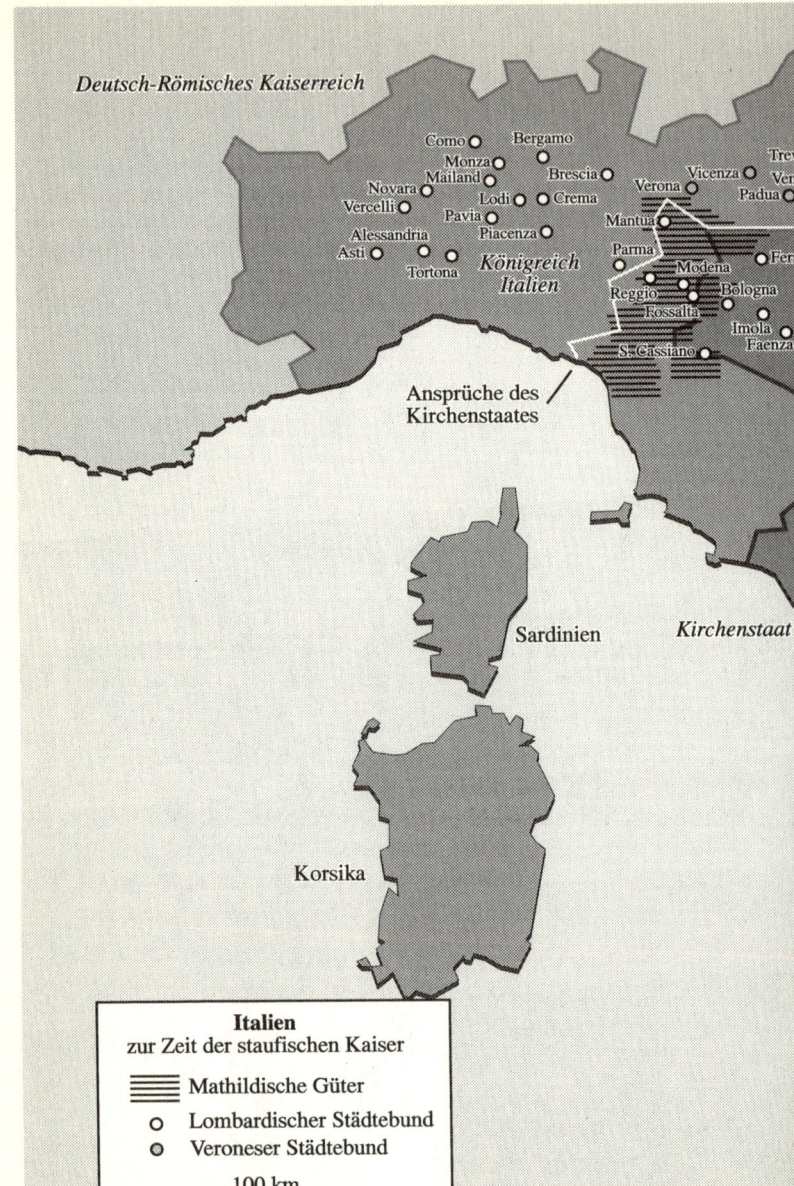

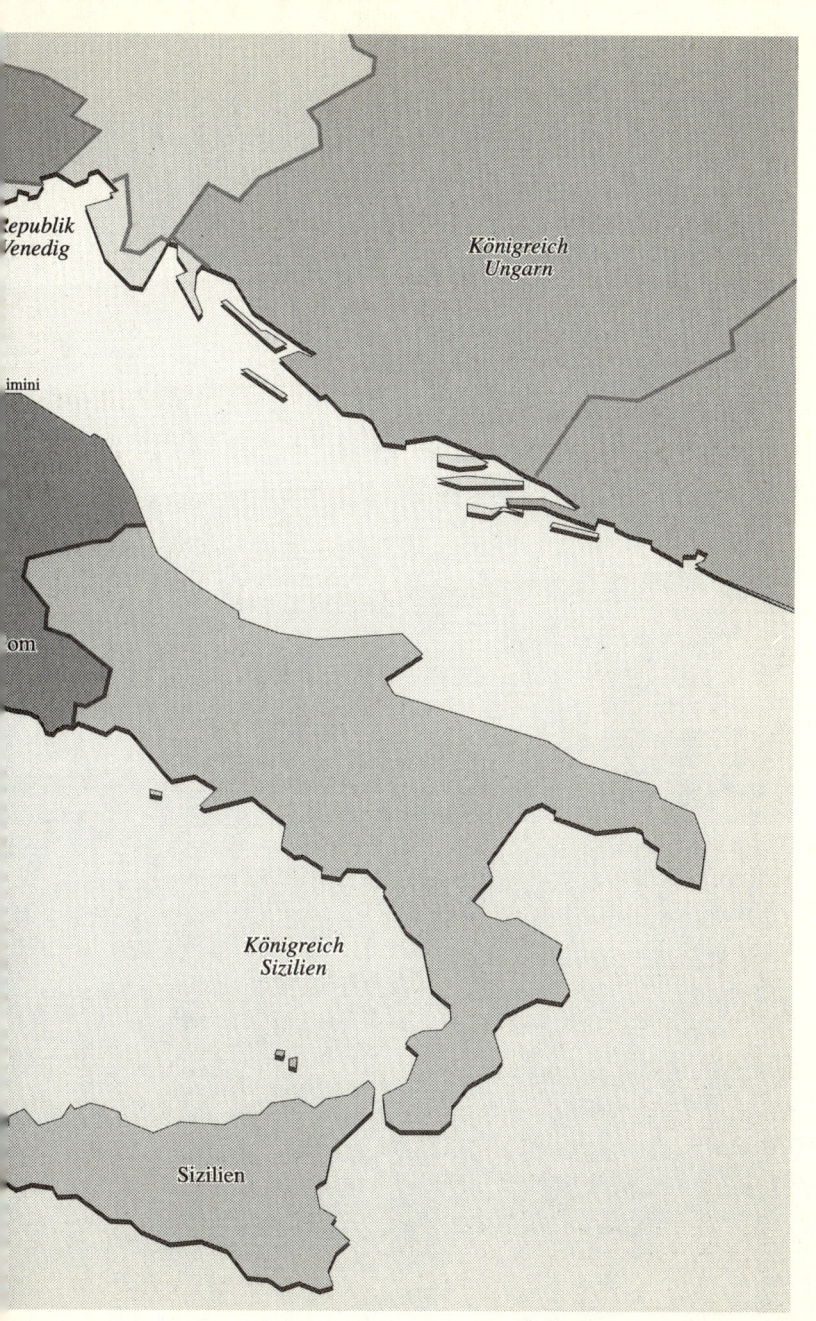

Bibliographie und Anmerkungen

Abkürzungen

AF: Atti del convegno internazionale di studi federiciani, Palermo 1950 (Palermo 1952)

HB: J. L. A. Huillard-Bréholles, Historia diplomatica Friderici secundi, 6 Bde. in 12 Teilen (Paris 1852-61)

MGH: Monumenta Germaniae Historica

Epistolae saeculi XIII e regestis pontificum Romanorum selectae

Constitutiones Imperatorum

PF: Probleme um Friedrich II., hrsg. von J. Fleckenstein (Vorträge und Forschungen, 16, Sigmaringen 1974)

SM[1] Stupor Mundi. Zur Geschichte Friedrichs II. von Hohenstaufen. Hrsg. G. Wolf, (1. Aufl., Darmstadt 1966)

SM[2] Stupor Mundi. Zur Geschichte Friedrichs II. von Hohenstaufen. Hrsg. G. Wolf, (2. Aufl., Darmstadt 1982)

Dieser Anhang soll einige der wichtigsten Primärquellen und der in jüngerer Zeit erschienenen Arbeiten über Friedrich II. vorstellen. Eine vollständige Bibliographie würde nicht nur einen immensen Umfang annehmen, sondern auch Werke von höchst unterschiedlichem Wert umfassen. Außerdem sind gute Bibliographien zum Thema bereits vorhanden: Die wichtigste ist die von C. A. Willemsen, Bibliografia federiciana: Fonti e letteratura storica su Federico II e gli ultimi svevi (Società di storia patria per la Puglia, Bibliografie e fonti archivistiche, 1, Bari 1982), von der sich bei MGH auch eine deutsche Ausgabe findet. Eine kürzere kritische Literaturübersicht, vorwiegend über die in italienischer Sprache erschienenen Arbeiten, gibt G. Pepe, Lo stato ghibellino di Federico II (2. Aufl. Bari 1951), wiederveröffentlicht unter dem Titel Carlo Magno e Federico II (Florenz 1968). Eine weitere, überwiegend jedoch überholte Literaturliste findet sich bei T. C. van Cleve, The Emperor Frederick II of Hohenstaufen, Immutator Mundi (Oxford 1972).

(a) Biographien Friedrichs II.

Wenn man ältere Werke beiseite läßt, wie etwa T. L. Kington, History of Frederick II, Emperor of the Romans, from chronicles and documents published within the last ten years, (2 Bde., Cambridge 1862), sind die vielleicht wichtigsten frühen Studien die von Eduard Winkelmann, Philip von Schwaben und Otto IV. von Braunschweig, (2 Bde., Leipzig 1873-78), und Kaiser Friedrich II. (2 Bde., Leipzig 1889-97), beide erschienen in der Reihe Jahrbücher des Deutschen Reiches. Die detaillierte chronologische Darstellung wird durch ausführliche Zitate aus den Originalquellen in den Fußnoten ergänzt. Aber Winkelmann konnte seine Studien über die letzten zwanzig Jahre der Regierungszeit Friedrichs nicht zu Ende führen; einige Hinweise auf seinen Ansatz lassen sich aus seiner kurzen Abhandlung ›Zur Geschichte Kaiser Friedrichs II. in den Jahren 1239 bis 1241‹, Forschungen zur deutschen Geschichte, 12 (1872) ersehen.

In der ersten Hälfte des 20. Jahrhunderts hatten spektakuläre Interpretationen der Regierungszeit Friedrichs Hochkonjunktur, so etwa P. Wiegler, Der Antichrist. Eine Chronik des 13. Jahrhunderts (Hellerau b. Dresden, 1928), oder R. Oke, The Boy from Apulia, (London 1936); in einem dieser Werke jedoch schien sich die wissenschaftliche Kompetenz des Fachhistorikers mit der Weitsicht des Propheten zu verbinden: Ernst Kantorowiczs Kaiser Friedrich der Zweite (Berlin 1927) rief bei seinem Erscheinen stürmische Debatten hervor. Zur Entstehungsgeschichte des Buches siehe D. Abulafia, Italy, Sicily and the Mediterranean, 1050-1400 (London 1987). Ein großer Teil der Diskussion ist in SM[1] zusammengefaßt. Mit Kantorowicz selbst befaßt sich E. Grünewald, Ernst Kantorowicz und Stefan George. Beiträge zur Biographie des Historikers bis zum Jahre 1938 und seinem Jugendwerk ›Kaiser Friedrich der Zweite‹ (Wiesbaden 1982). In der Tradition des Buches von Kantorowicz bewegt sich W. von den Steinen, ›Der Verwandler der Welt‹. Kaiser Friedrich der Zweite. Zum 700. Todestag, in: W. von den Steinen, Menschen im Mittelalter. Gesammelte Forschungen, Betrachtungen, Bilder, Hrsg. P. von Moos (Bern 1967).

Die erste Ausgabe der Biographie von Kantorowicz erschien ohne Quellenangaben, aber 1931 kam ein Ergänzungsband heraus, mit zahlreichen Quellentexten, Erläuterungen und Exkursen. Die danach publizierten Werke über Friedrich II. standen stark im Bann der Kantorowiczschen Deutung Friedrichs als des »apulischen Wunderkinds«, als eines Herrschers, der zumindest teilweise seiner Zeit voraus gewesen sei; ein Beispiel ist die engagierte und geistreiche Biographie von Georgina Masson, Frederick II of Hohenstaufen. A Life (London 1957), deutsch: Das Staunen der Welt. Friedrich II. von Hohenstaufen (Stuttgart 1985). Als neueres Standardwerk gilt T. C. van Cleve, The Emperor Frederick II of Hohenstaufen, Immutator Mundi (Oxford 1972). Das Buch erscheint mir indes farblos und kommt in keiner Hinsicht weit über Kantorowicz hinaus, weder was den Aufbau noch was die Deutung betrifft; es ist lediglich detailreicher. Van Cleves Thesen zur Kontinuität zwischen normannischem und staufischem Sizilien muten höchst fragwürdig an. Sein Buch wirkt außerdem ziemlich antiquiert, weil viele jüngere Arbeiten über Sizilien und Norditalien darin keine Berücksichtigung gefunden haben. Brauchbarer, wenngleich vielleicht ein wenig zu sehr ins andere Extrem fallend ist K. Leyser, ›Emperor Frederick II‹, in: ders., Medieval Germany and its Neighbours (London 1982).

Die mit Abstand beste unter den kürzeren Abhandlungen zum Thema ist H. M. Schaller, Friedrich der Zweite, erschienen in der Reihe Persönlichkeit und Geschichte, Bd. 34 (Frankfurt/Zürich 1964). Schaller legt allerdings zu großes Gewicht auf die Rhetorik der kaiserlichen Monarchie. Ähnliches gilt für A. de Stefano, L'idea imperiale di Federico II (Bologna 1952) und das weiter oben aufgeführte Werk von G. Pepe. Eine vielgelesene Biographie in deutscher Sprache ist E. Horst, Friedrich der Staufer (Düsseldorf 1975). Neueren Datums ist H. Fink, Ich bin der Herr der Welt (München 1986). Fink beleuchtet die Rolle Friedrichs als »Tyrann« des 13. Jahrhunderts, ohne jedoch einen großen Schritt über Kantorowicz hinaus zu gelangen. Aus der früheren DDR stammt B. Gloger, Kaiser, Gott und Teufel (Berlin/Ost 1970), das sich durch seine ausführliche Beschäftigung mit Friedrichs spätmittelalterlicher Wirkungsgeschichte auszeichnet.

Wichtige Aufsatzsammlungen sind AF und PF (siehe die Liste der Abkürzungen). Von G. Wolfs Stupor Mundi (SM^1, SM^2) sind zwei Ausgaben erschienen, die sich zur Hälfte überschneiden. In diesen Bänden sind wichtige, fast durchweg wertvolle Arbeiten zu vielen Aspekten der Amtsführung und Politik Friedrichs gesammelt. Das in PF enthaltene Material ist indessen durchweg neu und deckt ein ähnlich breites Themenspektrum ab.

(b) Regierungszeitübergreifende Themen

Eingehende Zuwendung hat das Verhältnis Friedrichs zur sizilianischen Kirche gefunden, zunächst durch den wertvollen Artikel von H. J. Pybus, ›The Emperor Frederick II and the Sicilian Church‹, Cambridge Historical Journal, 3 (1929/30), S. 134-63, danach in Arbeiten von James M. Powell: ›Frederick II and the Church in the Kingdom of Sicily, 1220-40‹, Church History, 30 (1961), S. 28-34, und ›Frederick II and the church: a revisionist view‹, Catholic Historical Review, 44 (1962/63), S. 487-97; später bei N. Kamp, Kirche und Monarchie im staufischen Königreich Sizilien (4 Bde., Münster 1973-, wird fortgesetzt).

Was die Juden unter Friedrich II. betrifft, insbesondere ihre Rechtsstellung und ihre wirtschaftliche Betätigung in Sizilien, so ist als Standardwerk nach wie vor unersetzlich R. Straus, Die Juden im Königreich Sizilien unter Normannen und Staufern (Heidelberg 1910). Über das Verhältnis Friedrichs zur dortigen islamischen Welt siehe J. Hauzinski, Polityka orientalna Fideryka II, enthalten in der Sammlung Universytet Adama Mickiewicza w Posnaniu, Seria historica, 79 (Posen 1978); das Werk enthält eine Zusammenfassung in deutscher Sprache.

(c) Primärquellen

Am Beginn jeder Liste muß hier J. L. A. Huillard-Bréholles umfassende Sammlung von Urkunden und anderem Quellenmaterial stehen: Historia diplomatica Friderici secundi (6 Bde. in 12 Teilen, Paris 1852-61). Einen authentischeren Einblick in das ursprünglich im neapolitanischen Archivio di Stato aufbewahrt gewesene Register Friedrichs II. gewährt C. Carcani (Hrsg.), Constitutiones regum regni utriusque Siciliae mandante Friderico II Imperatore per Petrum de Vinea Capuanum Praetorio Praefectum et Cancellarium ... et Fragmentum quod superest Regesto eiusdem Imperatoris Ann. 1239 & 1240 (Neapel 1786). Zur Geschichte dieses Dokuments siehe W. Hagemann, ›La nuova edizione del Regesto di Federico II‹, AF, S. 315-36.

Einige wichtige zusätzliche Dokumente aus den Archiven von Marseille, Neapel und anderswo finden sich bei E. Winkelmann, Acta imperii inedita (2 Bde., Innsbruck 1880-85); hier läßt sich Material identifizieren, das ursprünglich in den verlorengegangenen Registern Friedrichs aus den Jahren vor 1239 und nach 1240 enthalten gewesen sein muß. Zu den Briefen und der Laufbahn Piero della Vignas siehe J. L. A. Huillard-Bréholles, Étude sur la vie, la correspondance et la role politique de Pierre de la Vigne (Paris 1865).

Zur päpstlichen Korrespondenz siehe die Sammelbände in den Monumenta Germaniae Historica, Epistolae Selectae, Hrsg. C. Rodenberg (allerdings mit zahlreichen Lücken), sowie die Publikationen der École Française de Rome: E. Berger (Hrsg.), Les Registres d'Innocent IV (1243-54) (4 Bde., Paris 1884-1921); das Schwergewicht liegt hier freilich mehr auf den Beziehungen zu Frankreich als auf denen zum Kaiserreich; von zahlreichen Dokumenten werden zudem nur Zusammenfassungen angeboten.

Speziell über Honorius III. arbeitete P. Pressutti (Hrsg.), Regesta Honorii Papae III (2 Bde., Rom 1888-95). Eine neue, sehr sorgfältige Ausgabe der Briefe Innozenz' III. wird derzeit vom Österreichischen Institut in Rom vorbereitet; bis sie herauskommt, muß mit der unzuverlässigen Ausgabe von Migne, Patrologia Latina, Bde. 214-16, vorliebgenommen werden.

Die als Quellen nutzbaren Chroniken sind zu zahlreich, als daß man sie hier vollständig auflisten könnte. Die Gelehrten, die als erste die Chronologie seiner Regierungszeit rekonstruierten, mußten ihre Informationen aus einer großen Zahl von Chroniken zusammentragen, in denen sich manchmal nur bruchstückhafte Hinweise fanden. Friedrich II. hatte keinen Hofchronisten, und es wurde zu seinen Lebzeiten auch nur wenig über ihn geschrieben – erstaunlich, wenn man bedenkt, was für eine Wirkung auf die Zeitgenossen von ihm ausging. Der süditalienische Notar Richard von San Germano hinterließ allerdings eine Chronik der Regierungszeit Friedrichs, aus der Perspektive des regno: Ryccardi de Sancto Germano, Chronica, Hrsg. C. A. Garufi, Rerum italicarum scriptores, 2. Folge, Bd. 7, Teil 2 (Bologna 1936-38) [auch in MGH, SS, 19]. Der englische Chronist Matthew Paris war von Friedrich fasziniert: Matthew Paris,

Chronica majora, 7 Bde., Hrsg. H. R. Luard (Rolls Series, 1872-83), teilweise deutsch: Auszüge aus der größeren Chronik des Matthaeus von Paris, übers. von Georg Grandaur und Wilhelm Wattenbach (Leipzig 1890); siehe auch seine Historia minor, 3 Bde., Hrsg. F. Madeen (Rolls Series, 1865-9).

Als Figur im Hintergrund taucht Friedrich zwangsläufig in drei wichtigen lombardischen Chroniken auf: den guelfischen und ghibellinischen Annalen von Piacenza und den (nur guelfischen) Annalen von Parma: Annales placentini gibellini, MGH, SS, 18; Annales placentini guelfi, MGH, SS, 18, und MGH, Scriptores in usum scholarum, Hrsg. O. Holder-Egger (Hannover/Leipzig 1901); Annales parmenses maiores, MGH, SS, 18; Chronicon parmense, Rerum italicarum scriptores, 2. Aufl., Bd. 9, Teil 9.

Der Franziskaner Salimbene hat in seine Chronica mehrere dramatische Berichte aus dem Leben und Wirken Friedrichs eingeflochten: G. Scalia (Hrsg.), Scrittori d'Italia, Bari 1966; ältere Ausgabe: F. Bernini (Hrsg.), Scrittori d'Italia, Bari 1942. Eine weitere Ausgabe findet sich in MGH, SS, 32, deutsch: Die Chronik des Salimbene de Adam. Nach der Ausgabe der Monumenta Germaniae bearbeitet von Alfred Doren (2 Bde., 1914).

Die Annalenschreiber von Genua, wo Stadtchroniken Tradition besaßen, hielten eine Menge sehr wertvoller Informationen fest: L. T. Belgrano und C. Imperiale di Sant'Angelo (Hrsg.), Annali genovesi di Caffaro e dé suoi continuatori, 4 Bde. (Fonti per la Storia d'Italia, Rom 1890-1929). Weitere ergiebige italienische Quellen sind die Carmina triumphalia tria de Victoria urbe eversa, MGH, SS, 18, sowie für Venedig die Chronik des Dogen Andrea Dandolo, in Rerum italicarum scriptores, 2. Aufl., Bd. 12, Teil 1.

Unter den deutschen Chroniken, die im Vergleich zu den italienischen durchweg enttäuschen, siehe besonders die Kölner Chronica regia coloniensis, Hrsg. G. Waitz, MGH in usum scholarum (Hannover 1880). Erwähnenswert sind die Annales Bremenses, MGH, SS, 17, die Annales Erphordenses, MGH, SS, 16, und die Annales Wormatienses, MGH, SS, 17.

Was die Kreuzzüge betrifft, so gibt es nichts, das sich mit den Memoiren Philips von Novara vergleichen ließe: C. Kohler (Hrsg.), Mémoires (Paris 1913); in englischer Übersetzung erschienen als: The Wars of Frederick II against the Ibelins in Syria and Cyprus, Hrsg. J. L. LaMonte und M. J. Hubert (New York 1936). Die arabischen Chronisten der Epoche Friedrichs liegen in nicht immer verläßlicher französischer Übersetzung vor in: Recueil des historiens des croisades, historiens orientaux, Bde. 1, 2, 4. Siehe jedoch das italienische Sammelwerk von M. Amari, Biblioteca arabo-sicula, versione italiana (2 Bde., Turin/Rom 1880-81), das aber nur auf Sizilien Bezug nimmt. Eine englische Ausgabe in Auszügen besorgte F. Gabrieli, Arab Historians of the Crusades (London 1969).

Die Konstitutionen von Melfi sind im Verlauf von nunmehr fünf Jahrhunderten in zahlreichen Druckausgaben und Nachdrucken erschienen. Beginnen wir mit Sixtus Riessingers neapolitanischer Ausgabe von 1475, vor einiger Zeit als Faksimiledruck neu aufgelegt: Constitutiones regni Siciliae ›Liber Augustalis‹ Neapel 1475, mit einer Einleitung von Hermann Dilcher (Glashütten/Taunus 1973); die klein geratene Schrift des Reprints ist schwer zu entziffern. Neben der von Carcani besorgten Ausgabe, die auch das Register von 1239/40 enthält, gibt es eine von Andreas von Isernia kommentierte Ausgabe: Constitutiones regni utriusque Siciliae, Glossis ordinariis, Commentariis excellentiis. I. U. D. Domini Andreae de Isernia, ac Bartholomaei Capuani (Lyon 1568); erwähnt werden müssen auch die neueren deutschen Ausgaben und Forschungsergebnisse, die unter der Ägide von Hermann Dilcher zustande gekommen sind: Die Konstitutionen Friedrichs II. für sein Königreich Sizilien, Hrsg. H. Conrad, T. von der Lieck-Buyken, W. Wagner; H. Dilcher, Die sizilische Gesetzgebung Kaiser Friedrichs II. Quellen der Constitutionen von Melfi und ihrer Novellen, erschienen in der Reihe Studien und Quellen zur Welt Kaiser Friedrichs II. (Köln und Sigmaringen, 1972-74).

(d) Bibliographie und Anmerkungen zu den einzelnen Kapiteln

Kapitel 1

Eine lebendige Darstellung der normannischen Eroberung Siziliens und der politischen Geschichte des normannischen Königtums bietet J. J. Norwich, The Normans in the South, 1013-1130 (London 1967), fortgesetzt vom selben Autor mit The Kingdom in the Sun, 1130-1194 (London 1970); deutsch: Die Wikinger im Mittelmeer. Das Südreich der Normannen, 1016-1130 (Wiesbaden 1968) und: Die Normannen in Sizilien, 1130-1194 (Wiesbaden 1971). Von Bedeutung bleibt das Standardwerk von F. Chalandon, Histoire de la domination normande en Italie et en Sicile (2 Bde., Paris 1907). Zur Wirtschaft des Königreichs siehe I. Peri, Uomini, città e campagne in Sicilia (Bari 1979) und D. Abulafia, The Two Italies: economic relations between the Norman kingdom off Sicily and me northern communes (Cambridge 1977), sowie D. Abulafia, ›The crown and the economy under Roger II and his successors‹, Dumbarton Oaks Papers, 37 (1983), S. 1-14. Zu Verwaltungspraxis und Regierungsmethoden siehe insbesondere E. Jamison, ›The Norman Administration of Apulia and Capua more especially under Roger II and William I‹, Papers of the British School at Rome, 6 (1913); M. Caravale, Il Regno normanno di Sicilia (Mailand 1966); E. Mazzarese Fardella, Aspetti dell'organizzazione amministrativa nello stato normanno-svevo (Mailand 1966), sowie die Studie von H. Takayama, Viator, 16 (1985). Über die Frage, ob die normannische Monarchie sich ihre Vorstellungen von einer idealen Herrschaft aus dem Westen oder aus Byzanz geborgt hat, gibt der grundlegende Artikel von W. Ullmann Auskunft, ›Rulership and the rule of law in the Middle Ages: The case of Norman Sicily‹, Acta Juridica (1978). Siehe dagegen L. R. Ménager, ›L'institution monarchique dans les états normands d'Italie‹, Cahiers de civilisation médiévale, 2 (1959), wiederabgedruckt in L. R. Ménager, Hommes et institutions de l'Italie normande (London 1981). Ein wichtiger Beitrag zu diesem Thema ist auch J. Deér, The Dynastic Porphyry Tombs of the Norman Period in Sicily (Washington, D.C., 1959).

Zum kulturellen Leben siehe E. Jamison, Admiral Eugenius of Sicily. His Life and Work and the authorship of the ›Epistola ad Petrum‹ and the ›Historia Hugonis Falcandi Siculi‹ (London 1957) sowie F. Giunta, Bizantini e bizantinismo nella Sicilia normanna (2. Aufl., Palermo 1974); C. H. Haskins, Studies in the History of Medieval Science (Cambridge, Mass., 1924). Zu den schönen Künsten: O. Demus, Byzantine Art and the West (London 1970); O. Demus, The Mosaics of Norman Sicily (London 1949/50); E. Kitzinger, The Art of Byzantium and the Medieval West: Collected Studies, Hrsg. W. E. Kleinbauer (Bloomington, Indiana, 1976).

Zur Außenpolitik sind, außer Chalandon, erwähnenswert: P. Lamma, Comneni e Staufer: Ricerche sui rapporti fra Bisanzio e l'Occidente nel secolo XII (2 Bde., Rom 1955-57) für das Verhältnis zu Byzanz, sowie D. Abulafia, The Norman kingdom of Africa, in: Anglo-Norman Studies, 7 (1985), S. 26-49. Ein bedeutendes Werk reicht thematisch weiter, als sein Titel ahnen läßt: M. Amari, Storia dei musulmani di Sicilia, 3 Bde. in 5 Teilen, 2., von C. A. Nallino besorgte Ausg. (Catania 1933-39). Von zweifelhaftem Wert sind dagegen D. C. Douglas, The Norman Fate (London 1976) oder A. Ahmad, History of Islamic Sicily (London 1975).

Kapitel 2

Die Literatur über Barbarossa ist nicht befriedigender als die über Friedrich II. Ein zuverlässiges Einstiegswerk ist H. Simonsfeld, Friedrich I. (Leipzig 1908), in der Reihe der Jahrbücher erschienen. Zwei Biographien aus jüngerer Zeit sind P. Munz, Frederick Barbarossa: A study in medieval politics (London 1969) und M. Pacaut, Friedrich Barbarossa (Stuttgart 1969), die Übersetzung eines 1967 in Paris erschienenen französischen Werks. Keines von beiden vermag jedoch voll zu überzeugen. Allgemeine Darstellungen liefern K. Hampe, Deutsche Kaisergeschichte in der Zeit der Salier und Staufer (Leipzig 1923), H. Fuhrmann, Deutsche Geschichte im hohen Mittelalter. Von der Mitte des 11. bis zum Ende des 12. Jahrhunderts (Göttingen 1978), und G. Barraclough, The Origins of Modern Germany (Oxford 1946), ein eigenwilliges, aber sehr anregendes Buch. Eine wichtige, sehr nüchterne Arbeit ist K. Jordan, Heinrich der Löwe. Eine Biographie (München 1979).

Eine abwechslungsreiche und kostbare Aufsatzsammlung ist: Popolo e Stato in Italia nell'età di Federico Barbarossa. Alessandria e la Lega Lombarda. Relazioni al XXXIII congresso storico subalpino per la celebrazione dell' VIII centenario della fondazione di Alessandria, Alessandria 1968 (Turin 1970). Wichtiges Material, das über die Motive Barbarossas Auskunft gibt, findet sich in K. R. Brühl, Fodrum, Gistum, Servitium Regis (Köln 1968) sowie in K. Leyser, Frederick Barbarossa, Henry II and the Hand of St. James, Medieval Germany and its

Neighbours (London 1982). Als Einstiegsliteratur in das Studium seiner Italienpolitik eignet sich am besten die von seinem Onkel Otto von Freising hinterlassene und von Rahewin fortgeführte Chronik; siehe MGH, SS, 20. Siehe aber auch J. K. Hyde, Society and Politics in Medieval Italy (London 1972) und D. Waley, The Italian City-Republics (London 1969, 3. Aufl. 1988). E. F. Butler, The Lombard Communes (London 1906, Reprint Westport, Conn., 1969) ist nach wie vor eine lohnende Lektüre.

Für Heinrich VI. bleibt der Aufsatz von H. Toeche grundlegend: Heinrich VI. (Leipzig 1867); siehe aber auch J. Haller, Heinrich VI. und die Römische Kirche (Darmstadt 1962), eine Sammlung wertvoller Aufsätze über Heinrichs Beziehungen zum Papsttum. C. M. Brand, Byzantium Confronts the West, 1180-1204 (Cambridge, Mass. 1968), gibt eine sehr klare Darstellung der Beziehungen Heinrichs zu Konstantinopel. Seine Sizilienpolitik ist das Thema von D. Clementi, ›Calendar of the Diplomas of the Hohenstaufen Emperor Henry VI concerning the Kingdom of Sicily‹, Quellen und Forschungen aus italienischen Archiven und Bibliotheken, 35 (1955); siehe auch D. Abulafia, The Two Italies (Cambridge 1977), wo die Verbindungen zwischen Heinrich und den Genuesern, Pisanern und Venezianern zur Zeit der Eroberung Siziliens dargestellt sind.

Ein umfangreicher und optisch beeindruckender Ausstellungskatalog, Die Zeit der Staufer (5 Bde., Stuttgart 1977-79), beschränkt sich weitgehend auf Deutschland und Friedrich I., enthält aber auch Material über Italien und die späteren Staufer. Enthalten sind darin ferner wichtige Artikel über Geschichte, Kunst und Architektur des Stauferreichs.

Kapitel 3

Empfehlenswerter als T. C. van Cleves Friedrich-Biographie ist seine ältere Arbeit: Markward von Anweiler and the Sicilian Regency (Princeton 1937). Über den Kirchenstaat in dieser Periode siehe das ausgezeichnete Werk von D. Waley, The Papal State in the Thirteenth Century (London 1961); zu Innozenz selbst siehe H. Tillmann, Papst Innozenz III. (Bonn 1954).

Die Schriften Peters von Eboli hat G. B. Siragusa herausgegeben: Carmen de rebus Siculis, erschienen in der Reihe Fonti per la Storia d'Italia (Rom 1905); eine weitere Ausgabe, besorgt von E. Rota, ist in der Reihe Rerum italicarum scriptores erschienen (2. Ausg., Bd. 31, Teil 1).

Zu Walther von der Vogelweide siehe A. T. Hatto, ›Otto IV und Walther von der Vogelweide‹, Hrsg. S. Beyschlag (Darmstadt 1971); für Deutschland insgesamt siehe E. Winkelmann, Philipp von Schwaben und Otto von Braunschweig (siehe oben).

Markward und der »politische Kreuzzug« sind das Thema von E. Kennan, ›Innocent III and the first political crusade; a comment on the limitations of papal power‹, Traditio, 27 (1971). Dazu siehe auch N. Housley, The Italian Crusades: The papal-Angevin alliance and the crusades against Christian lay powers, 1245-1343 (Oxford 1982).

Die genuesischen Freibeuter sind das Thema von D. Abulafia, ›Henry Count of Malta and his Mediterranean Activities, 1203-1230‹, Medieval Malta: Studies on Malta before the Knights, Hrsg. A. T. Luttrell (London 1975), wiederabgedruckt und durch eine Übersicht über neuere Literatur ergänzt in D. Abulafia, Italy, Sicily and the Mediterranean, 1050-1400 (London 1987).

Van Cleve, Frederick II (s. oben), bringt definitive Klarheit in die Frage, welche Erziehung Friedrich zuteil wurde; man beachte den Kontrast zu Kantorowicz in diesem Punkt.

Zur Politik Philips von Schwaben bis hin zu seinen Beziehungen zu Byzanz siehe D. Queller, The Fourth Crusade (Leicester 1978); zur Schlacht von Bouvines siehe G. Duby, Le dimanche de Bouvines, 27 juillet 1214 (Paris 1973). Philip Augustus steht im Mittelpunkt von J. Baldwin, The Government of Philip Augustus (Baltimore 1986).

Zum Fünften Kreuzzug siehe neuerdings J. M. Powell, Anatomy of a Crusade (Philadelphia 1986).

Kapitel 4

Von Bedeutung ist auch hier wieder E. F. Butler, The Lombard Communes (London 1906). Siehe auch G. Fasolie, Aspetti della politica italiana di Federico II (Bologna 1964).

Eine aufschlußreiche Studie der Beziehungen zwischen Friedrich und Genua ist J. M. Powell, Genoese policy and the kingdom of Sicily, 1220-1240, Medieval Studies, 28 (1966), S. 346-354.

Die beste Einführung in die Assisen von Capua und die in Messina erlassenen Dekrete ist die Lektüre der Chronik Richards von San Germano (siehe oben). Siehe aber auch den wichtigen Kommentar von H. J. Pybus, ›The Emperor Fredrick II and the Sicilian Church‹, Cambridge Historical Journal, 3 (1929/30); Pybus hebt die Auswirkungen hervor, die die Rückgewinnung der königlichen Domänen auf die Kirche des regno hatte. Zu den Juden siehe R. Straus, a.a.O, zu den Sarazenen M. Amari, a.a.O. Über Lucera gibt es die eingehende Untersuchung von P. Egidi, La colonia saracena di Lucera e la sua distruzione (Lucera 1915); siehe dazu auch Archivio storico per le provincie napoletane, 36-39 (1911-14), sowie P. Egidi, Codice diplomatico dei Saraceni di Lucera (Neapel 1917); seine eindrucksvoll dokumentierte Arbeit befaßt sich jedoch hauptsächlich mit der Zerstörung der Kolonie durch Karl II. um das Jahr 1300. Vgl. E. Pontieri, ›Lucera svevo-angioina‹, Atti dell'Accademia Pontiniana, n.s., 17 (1966), S. 5-26. Zu den dortigen Ausgrabungen siehe D. Whitehouse, ›Ceramici e vetri medioevali provenienti dal Castello di Lucera‹, Bollettino d'Arte (1966), S. 171-178.

Zum Kreuzzug siehe die Bibliographie zu Kapitel 5.

Kapitel 5

Die beste Darstellung des Kreuzzugs bietet J. Prawer, Histoire du royaume latin de Jérusalem, Bd. II (Paris 1970). Siehe ferner T. C. van Cleve, ›The crusade of Frederick II‹, in K. Setton (Hrsg.), A History of the Crusades, Bd. II: The Later Crusades (Philadelphia 1962). Die französische Ausgabe von C. Kohler (1913 erschienen) gibt einen Überblick über die Überlieferungsgeschichte dieses Textes.

Die Probleme Friedrichs im christlichen Osten erörtert G. F. Hill, A History of Cyprus, (4 Bde., Cambridge 1940-52). Konstitutionelle Fragen stehen im Mittelpunkt einer lebhaften Debatte, tonangebend bestritten von J. Prawer, ›Estates, Communities and the Constitution of the Latin Kingdom of Jerusalem‹, Proceedings of the Israel Academy of Sciences and Humanities, II (1966), und von J. Riley-Smith, The Feudal Nobility and the Kingdom of Jerusalem, 1099-1277 (London 1973), letzteres gerade im Hinblick auf die Epoche Friedrichs II. besonders lesenswert.

Zu den Ereignissen in der Heiligen Grabeskirche siehe H. E. Mayer, ›Das Pontifikale von Tyrus‹, Dumbarton Oaks Papers, 21 (1967).

Die Frühgeschichte des Deutschen Ritterordens ist das Thema von M. L. Favreaus Studien zur Frühgeschichte des Deutschen Ordens (Kiel, o. J.); als ergänzende Lektüre zu empfehlen ist E. Christiansens engagiert geschriebenes Buch The Northern Crusades (London 1980), das sich mit den Aktivitäten des Ordens in Osteuropa befaßt.

Zu künstlerischen Errungenschaften wie dem Riccardiana-Psalter siehe H. Buchthal, Miniature Painting in the Latin Kingdom of Jerusalem (Oxford 1957). Den besten Einstieg in den architektonischen Themenkreis bietet M. Benvenisti, The Crusaders in the Holy Land (Jerusalem 1970) und M.Benvenisti (Hrsg.), The Crusaders' Fortress of Montfort (Jerusalem 1983), Reprint (mit zusätzlichem Material) aus dem Bulletin of the Metropolitan Museum of Art (New York 1927).

Kapitel 6

Zu diesem Themenbereich liegt außerordentlich viel Literatur vor. Von besonderem Gewicht ist das ältere Werk von T. Buyken, Das römische Recht in den Constitutionen von Melfi (Wissenschaftl. Abhandlungen der Arbeitsgemeinschaft für Forschung des Landes Nordrhein-Westfalen, 17, Köln 1960), und Die Constitutionen von Melfi und das Jus Francorum (Abhandlungen der Rheinisch-Westfälischen Akademie der Wissenschaften, 51, Opladen 1973). Vgl. auch die Arbeit der polnischen Historikerin I. Malinowska-Kwiatkowska, Prawo prywatne w ustawodawstwie Królestwa Sycylii (1140-1231) (Polnische Akademie der Wissenschaften, Warschau, Breslau u.a. 1973).

Die englische, von J. M. Powell übersetzte Ausgabe, The Liber Augustalis or Constitutions of Melfi (Syracuse, N.Y., 1971), hat der Übersetzer, der Fachmann für die Regierungszeit Friedrichs II. ist, mit einer kurzen Einführung in das Dokument und die Epoche versehen.

Zu jus und justitia siehe W. Ullmann, The Growth of Papal Government (3. Aufl., London 1970) und E. Kantorowicz, The King's Two Bodies (Princeton 1957). Zum Thema Fegefeuer bietet J. Le Goff, Die Geburt des Fegefeuers (aus dem Französ., Stuttgart 1984), einen außerordentlich gescheiten Diskussionsbeitrag.

Die Wirtschaftspolitik Friedrichs ist Gegenstand zweier wichtiger Untersuchungen: J. M. Powell, ›Medieval monarchy and trade: The economic policy of Frederick II in the Kingdom of Sicily‹, Studi medivali, Ser. 3, 3 (1966), S. 420-524, ist ein voluminöser Artikel, in dem die Dekrete von 1231 angemessene Berücksichtigung finden; E. Maschke, ›Die Wirtschaftspolitik Friedrichs II. im Königreich Sizilien‹, Vierteljahrschrift für Sozial- und Wirtschaftsgeschichte, 55 (1966), S. 289-328, nachgedruckt in SM2, widerspricht Powell in vielen Punkten. Meine eigene Interpretation folgt einer mittleren Linie. Einige weiterführende Gedanken steuert F. M. De Robertis bei: ›La politica economica di Federico II di Svevia‹, Atti delle seconde giornate federiciane, Oria, 16/17 Oktober 1971 (Società di storia patria per la Puglia, Convegni, 4, Bari 1974), S. 27-40.

Zu den Beziehungen zwischen Sizilien und Norditalien unter Friedrich II. siehe H. Chone, Die Handelsbeziehungen Kaiser Friedrichs II. zu den Seestädten Venedig, Pisa, Genua (Berlin 1902, Repr. Liechtenstein 1965); J. M. Powell, Medieval Studies, 38 (1966).

Zu den augustales finden sich wertvolle Einsichten bei R. Lopez, ›Back to Gold, 1252‹, Economic History Review, Ser. 2, 9 (1956/7); eine umfassendere Erörterung des Themas bietet D. Abulafia, ›Maometto e Carlomagno: le due aree monetarie dell'Italia medievale, dell'oro e dell'argento‹, Annali della Storia d'Italia Einaudi, 6, Hrsg. U. Tucci und R. Romano (Turin 1983), wiederabgedruckt in D. Abulafia, Italy, Sicily and the Mediterranean, 1050-1400 (London 1987).

Zum Thema Monopole siehe D. Abulafia, ›The crown and the economy under Roger II and his successors‹, Dumbarton Oaks Papers, 27 (1983), S. 1-14, wo der Versuch gemacht wird, den wirtschaftlichen Dirigismus Friedrichs in einen breiteren Kontext zu stellen.

Kapitel 7

Zur Chronologie der Ereignisse siehe van Cleve, Fredrick II; vgl. G. Blondel, Études sur la politique de l'empereur Frédric II en Allemagne et sur les transformations de la constitution allemande dans la première moitié du XIII' siècle (Paris 1892). Wichtig ist auch die Studie von E. Klingelhöfer, Die Reichsgesetze von 1220, 1231-2 und 1235, ihr Werden und ihre Wirkung im deutschen Staat Friedrichs II., in: Quellen und Studien zur Verfassungsgeschichte des Deutschen Reiches in Mittelalter und Neuzeit, 8, Heft 2 (Weimar 1955), wiederabgedruckt in SM¹, SM². Siehe auch ZS.

Zu den Beziehungen zu Dänemark siehe J. Danstrup und H. Koch (Hrsg.), Danmarks Historie, Bd. III; H. Koch, Kongemagt og Kirke, 1060-1241 (Kopenhagen 1963), sowie Bd. IV, E. Kjersgaard, Borgerkrig og Kalmarunion, 1241-1448 (Kopenhagen, 1963).

Die den deutschen Fürsten eingeräumten Privilegien sind veröffentlicht in MGH, Const II, ebenso wie der Mainzer Landfriede.

Zu den Juden in Deutschland siehe das grundlegende Werk von G. Kisch, Forschungen zur Rechts- und Sozialgeschichte der Juden in Deutschland während des Mittelalters (Stuttgart 1955).

Kapitel 8

Den besten Einstieg bietet die von C. H. Haskins herausgegebene Essaysammlung: Studies in the History of Medieval Culture (Oxford 1929), wo griechische und lateinische Briefe, die Falknerei und andere Themen diskutiert werden. Für die Juden siehe C. Sirat, A History of Jewish Philosophy in the Middle Ages (Cambridge 1985).

Zu Michael Scotus siehe neben Haskins auch L. Thorndike, Michael Scot (London 1965). Brauchbares Material findet sich auch in PF, SM¹, SM².

Zum griechischen Geistesleben siehe M.B. Wellas, Griechisches aus dem Umkreis Kaiser Friedrichs II., Münchener Beiträge zur Mediävistik und Renaissance-Forschung, 33 (München 1983); vgl. auch den Kurzbeitrag von J. M. Powell, ›Frederick II's knowledge of Greek‹, Speculum, 38 (1963), S. 481f.

Friedrichs Beiträge zur Vogelkunde werden deutlich aus dem von C. A. Willemsen herausgegebenen Faksimile des vatikanischen MS Palatine Latin 1071 (Graz 1969); vom selben Experten liegt eine weitere kommentierte Ausgabe des Werks vor (Leipzig 1942); siehe ferner die ausgezeichnet kommentierte englische Ausgabe von C. A. Wood und F. M. Fyfe, The Art of Falconry, being the ›De Arte Venandi cum Avibus‹' of Frederick II of Hohenstaufen (Stanford 1943). Auch Haskins, Medieval Science, trägt einiges Erhellende zum Thema bei.

Über die scuola siciliana existiert eine besonders umfangreiche Literatur. Eine Kombination aus Kommentaren, Texten und Übersetzungen findet sich in der ergiebigen Studie von F. Jensen, The Poets of the Scuola Siciliana (New York, 1986). Zu den Dichtern selbst siehe M. Catalano, La scuola poetica siciliana (Messina 1948), eine gute, aber wenig zur Kenntnis genommene Gesamtdarstellung. Jüngeren Datums und daher aktueller ist R. Baehr, ›Die sizilianische Dichterschule und Friedrich II.‹, in PF.

Ausgewählte Werkbeispiele finden sich, übersetzt von C. A. Willemsen, in: Kaiser Friedrich II. und sein Dichterkreis (2. Aufl., Wiesbaden 1977). Vollständig dokumentiert sind die Werke der sizilianischen Dichterschule in B. Panvini,

La scuola poetica siciliana (2 Bde., Florenz 1955-58), wobei Bd. I das am Hof Friedrichs entstandene Material enthält. Zum Werk von Giacomo da Lentini existiert eine kommentierte Ausgabe: E. F. Langley, The Poetry of Giacomo da Lentino, Sicilian Poet of the thirteenth century (Cambridge, Mass., 1915). Eine umstrittene Darstellung der Frühgeschichte der europäischen Minnelyrik gibt P. Dronke, Medieval Latin Literature and the Rise of the Love Lyric (2 Bde., 2. Aufl. Oxford 1968); dasselbe Thema behandelt im Rahmen eines weniger revolutionären Ansatzes L. T. Topsfield, Troubadours and Love (Cambridge 1975).

Der kompetenteste Kenner und Kommentator der Bautätigkeit Friedrichs ist C. A. Willemsen, der aus seiner Euphorie darüber, daß ein Sohn Deutschlands und des Nordens so nachhaltig im südlichen Italien wirkte, keinen Hehl macht; siehe insbesondere: Kaiser Friedrichs II. Triumphtor zu Capua (Wiesbaden 1953), und: Castel del Monte: das vollendetste Baudenkmal Kaiser Friedrichs des Zweiten (Frankfurt 1982); vom selben Autor gibt es weitere, allgemeinere Darstellungen zum Thema, darunter: Apulien, Kathedralen und Kastelle (DuMont Reiseführer, 2. Aufl., Köln 1973) sowie: Apulia – Imperial Splendour in Southern Italy (mit D. Odenthal) (London 1959). Eine Gesamtdarstellung, ursprünglich erschienen in ZS, Bd. III, ist später separat in italienischer Sprache aufgelegt worden: C. A. Willemsen, I castelli di Federico II nell'Italia meridionale (Neapel 1978).

Zur Burg von Prato siehe W. Hotz, Pfalzen und Burgen der Stauferzeit (Darmstadt 1981).

Nach wie vor lesenswert ist C. Shearer, The Renaissance of Architecture in Southern Italy. A Study of Frederick II of Hohenstaufen and the Capua Triumphtor Archway and Towers (Cambridge 1935). Zu den auf die Gotik hinweisenden Stilelementen siehe F. Bologna, I pittori alla corte angioina di Napoli, 1266-1414, e un riesame dell'arte nell'età federiciana (Rom 1969).

E. Kantorowicz, The King's Two Bodies (Princeton 1957), enthält wichtige Gedanken zum Triumphtor von Capua und zum Begriff der justitia.

Eine eingehendere Erörterung der Künste im sizilianischen Königreich Friedrichs II. findet sich in ZS, Bde. III und V, wo insbesondere die dem kaiserlichen Hof zugeordneten Kameen im römischen Stil gewürdigt werden (R. Kahnsitz, ›Staufische Kameen‹, Bd. V, S. 477-520). Einige Kenner der Materie halten es freilich für wahrscheinlicher, daß ein großer Teil des von Kahnsitz besprochenen Materials aus dem Florenz der Medici-Zeit stammt.

Kapitel 9

Die beste Arbeit über die italienischen »Tyrannen« ist J. Larner, Italy in the Age of Dante and Petrarch, 1216-1380 (London 1980); siehe auch ders., Lords of the Romagna (London 1965). Eine sehr nützliche Gesamtdarstellung bietet D. M. Bueno de Mesquita, The place of despotism in Italian politics', in: J. Hales, R. Highfield, B.Smalley (Hrsg.), Europe in the late Middle Ages (London 1965), S.

301-331. Zum Verhältnis Friedrichs zu den »Tyrannen« siehe G. Fasoli, Aspetti della politica italiana di Federico II (Bologna 1964).

Die Probleme Friedrichs mit den Genuesen erörtert Chone, Handelsbeziehungen, a.a.O.; zur sardinischen Frage gibt es eine umfangreiche Spezialliteratur. Die grundlegenden geschichtlichen Abläufe schildern beispielsweise: A. Boscolo, La Sardegna dei Guidicati (Cagliari 1969) oder F. Artizzu, La Sardegna pisana e genovese (Sassari 1985). Siehe auch C. Imperiale di Sant'Angelo, Genova e le sue relazioni con Federico II (Venedig 1923).

Zum Konflikt mit den Päpsten siehe Huillard-Bréholles, Pierre de la Vigne, MGH Ep., sowie – für Mittelitalien – Waley, Papal State.

Kapitel 10

Dieses Kapitel basiert auf einer sorgfältigen Analyse des Registers Friedrichs II. unter Benutzung der Carcani-Ausgabe von 1786 und der in Neapel erhalten gebliebenen Photographien. Siehe auch HB, Bd. V (zum Register) und HB, Einleitung, S. 420-422 (zu den Bankanleihen Friedrichs).

Eine Darstellung der Ereignisse von 1243 findet sich in W. Hagemann, ›La nuova edizione del Regesto di Federico II‹, AF; vgl. D. Abulafia, ›Kantorowicz and Friedrich II‹.

Besonders wertvolle Aufschlüsse über die sizilianischen Getreideexporte liefert Maschke, Wirtschaftspolitik. Vgl. auch Peri, Città e campagna, und Powell, ›Medieval Monarchy and Trade‹.

Der grundlegende Beitrag über das Beamtentum ist N. Kamp, ›Vom Kämmerer zum Sekreten: Wirtschaftsreformen und Finanzverwaltung im staufischen Königreich Sizilien‹, PF. Siehe dazu auch W. E. Hempel, Der sizilianische Großhof unter Kaiser Friedrich II. (Leipzig 1940).

Zur Stellung der Juden siehe Straus, Die Juden, a.a.O., mit einem kommentierten Dokumentenverzeichnis.

Kapitel 11

Der Brief an den Erzbischof von Messina ist dem Register von 1239-40, a.a.O., entnommen.

Der Aufruf Gregors IX. zum Kreuzzug gegen Friedrich II. wird behandelt in W. Koster, Der Kreuzablaß im Kampfe der Kurie mit Friedrich II. (Münster 1913). Vgl. M. Housley, The Italian Crusaders (Oxford 1982) oder F.H. Russell, The Just War in the Middle Ages (Cambridge 1975). Wichtige Quellen zu diesem Komplex sind die Schriften des Matthew Paris, die genuesischen Annalen und die päpstlichen Briefe.

Richard, Earl von Cornwall, ist der Protagonist bei N. Denholm-Young, Richard of Cornwall (Oxford 1947). Zu den Ereignissen in Rom siehe u.a. P. Partner, The Lands of St Peter (London 1972).

Eine gute Arbeit über Innozenz IV. ist C. Rodenberg, Innocenz IV. und das Königreich Sizilien, 1245-1254 (Halle 1892). Siehe auch W. Ullmann, Reflections on the conflict between Frederick II and the papacy, Archivio storico pugliese, 13 (1960), S. 16-39, wiederveröffentlicht in W. Ullmann, Scholarship and Politics in the Middle Ages (London 1978); vom selben Autor auch, Frederick II's opponent Innocent IV as Melchisedek, in: AF.

Kapitel 12

In der vierbändigen Veröffentlichung der École Française de Rome gibt E. Berger einen zusammenfassenden Überblick über die päpstlichen Register aus der Amtszeit Innozenz' IV.; derselbe Autor analysiert in Saint Louis et Innocent IV (Paris 1893) die Rolle des französischen Königs in der internationalen Politik seiner Zeit.

Die Verschwörung gegen Friedrich erörtert K. Hampe, Papst Innocenz IV. und die sizilianische Verschwörung von 1246, Sonderband der Heidelbergischen Akademie, phil.-hist. Kl., VII, (Heidelberg 1923).

Zur Belagerung Parmas und ihrer Vorgeschichte siehe insbesondere die Studie in AF.

Zum Sturz Piero della Vignas siehe Huillard-Bréholles, Pierre de la Vigne.

Zum Grabmal Friedrichs II. (und Rogers II:) siehe F. Deér, The Dynastic Porphyry Tombs of the Norman Period in Sicily (Washington, D. C., 1959).

Die wichtigste Quelle für dieses Kapitel ist Vat. Reg. 21 im vatikanischen Geheimarchiv.

Kapitel 13

Eine sehr kurzweilige Darstellung der Ereignisse nach 1250 gibt Sir Steven Runciman, The Sicilian Vespers; a history of the Mediterranean world in the later thirteenth century (Cambridge 1958), deutsch: Die Sizilianische Vesper. Eine Geschichte der Mittelmeerwelt im Ausgang des 13. Jahrhunderts (München 1959); seine Einschätzung Friedrichs II. weicht von der meinigen allerdings ein gutes Stück ab. Siehe auch E. Léonard, Les Angevins de Naples (Paris 1954); David Abulafia, ›Charles of Anjou and the Sicilian Vespers‹, History Today, 32 (May 1982); H. Wieruszowski, Politics and Culture in Medieval Spain and Italy (collected studies, Rom 1970); zum wichtigen Thema der Kontinuität der Regierungsmethoden siehe L. Cadier, Essai sur l'administration du royaume de Sicile sous Charles Ier et Charles II d'Anjou (Paris 1891). N. Housley, The Italian Crusades (Oxford 1982), enthält viel Material über Manfred – allerdings eingebettet in eine in vieler Hinsicht neo-guelfisch eingefärbte Darstellung. Einen weiter zurückreichenden Zeitrahmen und faszinierende Ideen über die im Sizilien des 13. Jahrhunderts wirksamen Vorstellungen von »Nationalstaatlichkeit« bietet H. Bresc, Un monde méditerranéen; Économie et Société en Sicile, 1300-1450 (2 Bde., Rom/Palermo 1986).

Zum Aufstieg des Hauses Aragon siehe J. Hillgarth, The Problem of a Catalan Mediterranean Empire (English Historical Review, Beiheft Nr.8, London 1975), sowie T. N. Bisson, The Medieval Crown of Aragon; a short history (Oxford 1986).

Über die Geschichte Deutschlands nach dem Tod Friedrichs ist die Literaturlage enttäuschend. Eine der neueren deutschen Arbeiten zu diesem Thema, H.Thomas, Deutsche Geschichte im Spätmittelalter, 1250-1500 (1983), ist nur von untergeordneter Bedeutung. Die vielleicht nach wie vor beste Darstellung bleibt G. Barraclough, The Origins of Modern Germany (Oxford 1946), noch vor F. R. H. du Boulay, Germany in the Later Middle Ages (London 1983).

Zum Nimbus Friedrichs II. im 14. und 15. Jahrhundert siehe N.Cohn, The Pursuit of the Millennium (2. Aufl., London, 1970), deutsch: Das neue irdische Paradies (Reinbek 1988). Ferner auch B. Gloger, Kaiser, Gott und Teufel (Berlin/Ost 1970) und A. G. Dickens, The German Nation and Martin Luther (London 1967). Einiges Material zum Thema findet sich außerdem in: Die Zeit der Staufer, Bde. III und V, a.a.O. Der Friedrich-Kult des 20. Jahrhunderts ist eines der Themen meines Beitrags: Kantorowicz and Frederick II., a.a.O., und wäre weiterer Studien wert. Ein Artikel, den M. Burleigh jüngst über Albert Brackmanns geschichtswissenschaftliche Laufbahn veröffentlicht hat (History Today, 37, März 1987), verrät, daß hier ein verschüttetes wissenschaftlich-literarisches Erbe seiner Bearbeitung harrt. Ein großer Teil der Hohenstaufen-Forschung der späten dreißiger und frühen vierziger Jahre des 13. Jahrhunderts wurde mindestens indirekt vom deutschen NS-Regime finanziert, und etliche Gelehrte kompromittierten sich mit enthusiastischen Beiträgen über Themen wie die rassische Reinheit der staufischen Dynastie. Daß A. Brackmann sich hieran beteiligte, überrascht um so mehr, als er selbst gegen Kantorowicz geltend gemacht hatte, man könne »Geschichte weder als George-Jünger schreiben noch als Katholik noch als Protestant noch als Marxist, sondern nur als Individuum auf der Suche nach der Wahrheit«. Dieses Gebot hat übrigens oft zu übermäßiger Konzentration auf winzigste Details bei gleichzeitiger Vernachlässigung der allgemeinen Fragen geführt. Und Detailbesessenheit kann auf ihre Art durchaus ein Hindernis für das Verständnis der Vergangenheit sein.

Register

Aachen 137ff.
Abbad, Ibn 165
Acerra, Graf Diepold von 115ff., 127
Akkra 216f., 220
Al-Idrisi 54f.
Al-Kamil, Sultan 192, 195, 205ff., 276
Aleramici, Adelaide von 18, 31
Alexander III. (Papst) 86
Alexander IV. (Papst) 405
Alice von Armenien, Prinzessin 216
Anaklet II. (Papst) 61
Anweiler, Markward von 101, 106, 109ff., 114–117, 160
Aquino, Thomas von 275, 280
Assisen von Capua 160ff.
Augustalis (Münze) 248f.

Balduin I., König 31
Bari, Maio von 42
Barlais, Aimery 199, 218
Bath, Adelard von 57
Berardo von Palermo (Erzbischof) 398
Boamund, Graf 41
Boccaccio, Giovanni 243
Bohemund (Prinz von Tarent) 30
Bohemund IV., Fürst 203
Botron, Etienne de 217
Brescia 319
Brienne, Johann von 221, 224
Brienne, Walter von 112, 114ff.

Capoccio, Pietro (Kardinal) 395
Capua, Triumphtor 296
Castel del Monte, Jagdschloß 298
Clemens IV. (Papst) 411
Cohen, Juda ben Salomon 275f.
Cölestin III. (Papst) 63, 97
Cölestin IV. (Papst) 351
Constanze von Aragon, Königin 120f., 405, 425f.
Cremona 85, 176

D'Este, Azzo 308
D'Este, Obizzo 406
Damietta 170f.
Dante 288
De arte (Buch Friedrichs II.) 284
de la Perche, Stephan 46
Djerba 165
Doxopatrios (Doxopater) 57
Dschubair, Ibn 19, 45

Eboli, Peter von 104
Ed-Din, Shams 209
Edmund von England, Prinz 402
Engelbert von Köln (Erzbischof) 253f.
Enzo von Sardinien, König 283, 317, 392
Eugenius, Emir 46, 56, 58

Falcandus, Hugo 58
Falknerei 283ff., 339

Fallamonaca, Uberto 45
Fasanella, Pandolfo di 372
Ferrara 310
Fibonacci, Leonardo 273
Fiore, Joachim von 429
Franziskanerorden 187, 191, 430
Friedrich I. Barbarossa, Kaiser 62f., 71ff., 78ff., 433
Friedrich von Aragon, König 427f.

Genua 131, 155f.
Gregor IX. (Papst) 184, 187ff., 220ff., 263, 301ff., 322ff.
Gregor X. (Papst) 420

Hadrian IV. (Papst) 62, 71
Hauteville, Adelaide 52
Hauteville, Robert (Guiscard) 23ff., 29
Hauteville, Roger (I.) 23, 26
Hauteville, Tankred, Graf von Lecce 23, 47, 95
Heinrich (Sohn Friedrichs II.) 398
Heinrich VII., König 256ff.
Heinrich der Freibeuter, Graf von Malta 149f., 171
Heinrich der Löwe (Herzog von Sachsen) 89, 95, 97
Heinrich III. von England, König 324, 376, 383
Heinrich IV. von Hohenstaufen, König 72
Heinrich VI., König 93ff., 100ff.
Heinrich VII., König 145
Heinrich von Braunschweig 145
Heinrich von Kastilien, Prinz 416
Heinrich, Graf von Schwerin 254f.
Heinrich von Zypern, König 198f.
Helena (Tochter König Manfreds) 405

Holland, Graf Wilhelm von 392, 396
Honorius III. (Papst) 146, 170, 175, 183f.

Ibelin, Baron Johann von 198ff., 216, 218
Ibn Sabin 276
Ibn Tibbon, Familie 274
Innozenz II. (Papst) 61ff.
Innozenz III. (Papst) 107ff., 118ff., 130, 138
Innozenz IV. (Papst) 327, 352ff., 374ff.
Innozenz IX. 404
Isabella (Yolande) von Jerusalem, Königin 171, 174f., 195
Isabella von England 264

Jaffa, Johann von 218
Jakob II. von Aragon, König 427
Jakob von Palestrina (Bischof) 305f., 311
Jerusalem 31, 92, 171, 207ff., 422
Johann von Brienne, König von Jerusalem 171, 174

Karl der Große, Kaiser 137
Karl von Anjou, König 402, 407ff., 422ff.
Katharer 177
Keramaios, Theophanes 57
Komnenos, Manuel 65
Konrad III., König 47, 63, 92
Konrad IV., König 310, 397f., 401f.
Konrad von Marburg (Inquisitor) 263
Konradin 402, 416ff.
Konstanz 132
Konstanze von Sizilien, Königin 64, 100ff.

Konstitutionen von Melfi 229ff.
Kreuzzug, politischer 374ff.
Kreuzzüge 92, 112, 138, 158, 170ff., 188f., 192, 208, 220, 355

L'Aleman, Garnier 217
Lentini, Giacomo da 289f.
Lombardei 77, 82, 99, 151, 176ff., 301ff., 313ff., 384
Lombardenbund 85f., 99, 176, 181
Lothar II. 63
Lucera 166ff., 418
Ludwig IX. von Frankreich, König 324, 369, 386, 391, 396, 402, 411
Ludwig von Bayern, Herzog 255

Mahdia, Philip von 45
Mailand 82, 85, 151, 180ff., 314ff.
Maimonides (Moses ben Maimon) 275
Manfred von Sizilien, König 283, 387, 398, 401ff., 413
Manopello, Graf von 114f.
Martin IV. 422ff.
Mathildische Güter 64, 152, 154
Michael II. von Epirus 405
Michael VIII. Palaiologos, König 422
Montelongo, Gregorio di 319
Mora, Giacomo di 371f.
Morra, Henry de 223
Mostacci, Iacopo 289f.

Nikolaus III. (Papst) 420
Normannen 21ff.
Novara, Philip von 197, 218

Österreich 381
Otto I., Kaiser 74

Otto IV. von Braunschweig, König 105, 120, 124ff., 136, 145
Otto von Bayern, Herzog 261
Otto von Lüneburg und Braunschweig, Herzog 267

Pagliara, Walter von 110f., 114f., 118, 150
Palestrina, Jakob von 349, 351
Palmer, Richard 46
Parma 387
Peter von Aragon, König 405, 425ff.
Philip Augustus, König 128, 136
Philipp von Schwaben 105f., 119f.
Pisa 131

Raspe, Landgraf Heinrich 377, 380
Richard, Earl von Cornwall 383
Roger (Borsa) 30
Roger II., König 28, 31ff., 54ff., 66f.
Rom 346ff.
Romana, Ezzelino da 307f.
Rossi, Bernardo Orlando 371
Rudolf von Habsburg, König 420

Sabaras, Ibn 55
Salerno, Romuald von 52, 66
Salza, Hermann von 188, 204, 213, 227f., 254, 302, 305, 311
Sardinien 320f.
Sclavus, Roger 48
Scotus, Michael 55, 274f., 277f.
Sidon, Balian von 217
Sizilianische Vesper 425
Spoleto, Herzog Rainald von 205, 223
Suessa, Taddeo da 363, 390

Tassilgardo, Familie 42
Theodor (Magister) 280
Toskana 152

Ubaldini, Ottaviano degli (Kardinal) 386, 396
Urban II. (Papst) 27
Urban IV. (Papst) 406

Venedig 87
Vicenza 309
Victoria (Stadt) 388
Vigna, Piero della 230, 281, 305, 311, 324, 392ff.
Viterbo (Stadt) 354f.

Viterbo, Rainier von 354, 392
Vogelweide, Walther von der 129, 292

Waldemar von Dänemark, König 254f.
Wilhelm I. (der Schlechte), König 43, 55, 62, 65
Wilhelm II. (der Gute), König 47, 64f., 95
Wilhelm III. von Sizilien, König 63, 95
Wilhelm (Capparone) 116

Zypern 198ff., 218

Bildnachweis

Die Aufnahmen dieses Bandes stammen zum großen Teil von Carl Strüwe, der in den dreißiger Jahren, im Jahr 1941 und nochmals nach dem Krieg Italien auf den Spuren der Staufer bereiste. Die Originale befinden sich im Besitz der Kunsthalle Bielefeld.

Die Bauten in Tirol, Böhmen und in Deutschland sind abgebildet in: Walter Holz, *Pfalzen und Burgen der Stauferzeit,* Darmstadt 1981 (^{2}1988).

GOLDMANN

Erinnerungen aus der alten Heimat

Marion Gräfin Dönhoff,
Kindheit in Ostpreußen — 12810

Alexander Fürst zu Dohna-Schlobitten,
Erinnerungen eines alten Ostpreußen — 12822

Gerhard von Jordan,
Unser Dorf in Schlesien — 12842

Marianne Peyinghaus,
Stille Jahre in Gertlauken — 12830

Goldmann · Der Taschenbuch-Verlag

GOLDMANN

Geschichte bei Siedler

Ferdinand Seibt,
Glanz und Elend des Mittelalters 12825

Ferdinand Seibt,
Karl V. 12837

Walter, Bußmann, Zwischen Preußen
und Deutschland 12831

Heiko A. Oberman,
Luther 12827

Goldmann · Der Taschenbuch-Verlag

Peter Scholl-Latour
Eine Welt in Auflösung
Vor den Trümmern
der Neuen Friedensordnung

Welche Welt erwartet uns nach dem Ende jener Neuen Friedensordnung, die von Bush und Clinton verheißen wurde? Die Sowjetunion ist zerbrochen; jetzt fragt sich, welche Folgen ihr Untergang für Europa, für den Orient, für Amerika haben wird.
Peter Scholl-Latour hat die Brennpunkte der Entwicklung in Augenschein genommen. Er war in Sarajewo wie in Beirut, er hat das blutigverworrene Geschehen im Kaukasus ebenso erforscht wie jene atmosphärischen Veränderungen in Kasachstan oder der Mongolei, wo sich nach dem Ende des Kommunismus alte Glaubensmächte regen. Von Minneapolis bis nach Wladiwostok, von Medellín bis nach Phnom Penh spannt sich der Bogen seiner Reisen. Was er dabei entdeckt hat, ist eine »Welt in Auflösung«.

Hans-Dietrich Genscher:
»Ich habe selten ein Buch mit soviel
persönlichem Gewinn gelesen.«

Siedler Verlag
ISBN 3-88680-405-4